O'REILLY

Deep Learning avec Keras et TensorFlow

Mise en œuvre et cas concrets

3e édition

Aurélien Géron

Traduction de l'anglais par Hervé Soulard
Actualisation par Anne Bohy pour la 3e édition

DUNOD

Conception de la couverture : Karen Montgomery
Illustratrice : Kate Dullea

NOUS NOUS ENGAGEONS EN FAVEUR DE L'ENVIRONNEMENT :

PAPIER CERTIFIÉ

Nos livres sont imprimés sur des papiers certifiés pour réduire notre impact sur l'environnement.

Le format de nos ouvrages est pensé afin d'optimiser l'utilisation du papier.

Depuis plus de 30 ans, nous imprimons 70 % de nos livres en France et 25 % en Europe et nous mettons tout en œuvre pour augmenter cet engagement auprès des imprimeurs français.

Nous limitons l'utilisation du plastique sur nos ouvrages (film sur les couvertures et les livres).

11 rue Paul Bert, 92240 Malakoff
www.dunod.com
ISBN 978-2-10-084769-3

Table des matières

Avant-propos

L'intelligence artificielle en pleine explosion

Auriez-vous cru, il y a seulement 10 ans, que vous pourriez aujourd'hui poser toutes sortes de questions à voix haute à votre téléphone, et qu'il réponde correctement ? Que des voitures autonomes sillonneraient déjà les rues (surtout américaines, pour l'instant) ? Qu'un logiciel, AlphaGo, parviendrait à vaincre Ke Jie, le champion du monde du jeu de go, alors que, jusqu'alors, aucune machine n'était jamais arrivée à la cheville d'un grand maître de ce jeu ? Que des intelligences artificielles (IA) génératives telles que DALL-E ou MidJourney pourraient produire toutes sortes d'images sur demande, allant même jusqu'à remporter des compétitions artistiques ? Ou encore qu'une IA conversationnelle telle que ChatGPT verrait le jour, capable de discuter de tout, de corriger ou traduire vos documents, d'inventer des histoires, de composer des poèmes, ou encore de programmer ?

Au rythme où vont les choses, on peut se demander ce qui sera possible dans 10 ans ! Les docteurs feront-ils quotidiennement appel à des IA pour les assister dans leurs diagnostics ? Les jeunes écouteront-ils des tubes personnalisés, composés spécialement pour eux par des machines analysant leurs habitudes, leurs goûts et leurs réactions ? Des robots pleins d'empathie tiendront-ils compagnie aux personnes âgées ? Quels sont vos pronostics ? Notez-les bien et rendez-vous dans 10 ans ! Une chose est sûre : le monde ressemble de plus en plus à un roman de science-fiction.

L'apprentissage automatique se démocratise

Au cœur de ces avancées extraordinaires se trouve le Machine Learning (ML, ou *apprentissage automatique*) : des systèmes informatiques capables d'apprendre à partir d'exemples. Bien que le ML existe depuis plus de 50 ans, il n'a véritablement pris son envol que depuis une douzaine d'années, d'abord dans les laboratoires de recherche, puis très vite chez les géants du web, notamment les GAFA (Google, Apple, Facebook et Amazon).

À présent, le Machine Learning envahit les entreprises de toutes tailles. Il les aide à analyser des volumes importants de données et à en extraire les informations les plus utiles (*data mining*). Il peut aussi détecter automatiquement les anomalies de production, repérer les tentatives de fraude, segmenter une base de clients afin de mieux cibler les offres, prévoir les ventes (ou toute autre série temporelle), classer automatiquement les prospects à appeler en priorité, optimiser le nombre de conseillers de clientèle en fonction de la date, de l'heure et de mille autres paramètres, etc. La liste d'applications s'agrandit de jour en jour.

Cette diffusion rapide du Machine Learning est rendue possible en particulier par trois facteurs :

- Les entreprises sont pour la plupart passées au numérique depuis longtemps : elles ont ainsi des masses de données facilement disponibles, à la fois en interne et *via* Internet.
- La puissance de calcul considérable nécessaire pour l'apprentissage automatique est désormais à la portée de tous les budgets, en partie grâce à la loi de Moore[1], et en partie grâce à l'industrie du jeu vidéo : en effet, grâce à la production de masse de cartes graphiques puissantes, on peut aujourd'hui acheter pour un prix d'environ 1 000 € une carte graphique équipée d'un processeur GPU capable de réaliser des milliers de milliards de calculs par seconde[2]. En l'an 2000, le superordinateur ASCI White d'IBM avait déjà une puissance comparable… mais il avait coûté 110 millions de dollars ! Et bien sûr, si vous ne souhaitez pas investir dans du matériel, vous pouvez facilement louer des machines virtuelles dans le cloud.
- Enfin, grâce à l'ouverture grandissante de la communauté scientifique, toutes les découvertes sont disponibles quasi instantanément pour le monde entier, notamment sur *https://arxiv.org*. Dans combien d'autres domaines peut-on voir une idée scientifique publiée puis utilisée massivement en entreprise la même année ? À cela s'ajoute une ouverture comparable chez les GAFA : chacun s'efforce de devancer l'autre en matière de publication de logiciels libres, en partie pour soigner son image de marque, en partie pour que ses outils dominent et que ses solutions de cloud soient ainsi préférées, et, qui sait, peut-être aussi par altruisme (il n'est pas interdit de rêver). Il y a donc pléthore de logiciels libres d'excellente qualité pour le Machine Learning.

Dans ce livre, nous utiliserons TensorFlow, développé par Google et passé en open source fin 2015. Il s'agit d'un outil capable d'exécuter toutes sortes de calculs de façon distribuée, et particulièrement optimisé pour entraîner et exécuter des réseaux de neurones artificiels. Comme nous le verrons, TensorFlow contient notamment une excellente implémentation de l'API Keras, qui simplifie grandement la création et l'entraînement de réseaux de neurones artificiels.

L'avènement des réseaux de neurones

Le Machine Learning repose sur un grand nombre d'outils, provenant de plusieurs domaines de recherche : notamment la théorie de l'optimisation, les statistiques,

1. Une loi vérifiée empiriquement depuis 50 ans et qui affirme que la puissance de calcul des processeurs double environ tous les 18 mois.
2. Par exemple, 64 téraFLOPS pour la carte GeForce RTX 4080 de NVidia. Un téraFLOPS égale mille milliards de FLOPS. Un FLOPS est une opération à virgule flottante par seconde.

l'algèbre linéaire, la robotique, la génétique et bien sûr les neurosciences. Ces dernières ont inspiré les réseaux de neurones artificiels, des modèles simplifiés des réseaux de neurones biologiques qui composent votre cortex cérébral : c'était en 1943, il y a plus de 80 ans ! Après quelques années de tâtonnements, les chercheurs sont parvenus à leur faire apprendre diverses tâches, notamment de classification ou de régression (c'est-à-dire prévoir une valeur en fonction de plusieurs paramètres). Malheureusement, lorsqu'ils n'étaient composés que de quelques couches successives de neurones, ces réseaux ne semblaient capables d'apprendre que des tâches rudimentaires. Et lorsque l'on tentait de rajouter davantage de couches de neurones, on se heurtait à des problèmes en apparence insurmontables : d'une part, ces réseaux de neurones « profonds » exigeaient une puissance de calcul rédhibitoire pour l'époque, des quantités faramineuses de données, et surtout, ils s'arrêtaient obstinément d'apprendre après seulement quelques heures d'entraînement, sans que l'on sache pourquoi. Dépités, la plupart des chercheurs ont abandonné le *connexionnisme*, c'est-à-dire l'étude des réseaux de neurones, et se sont tournés vers d'autres techniques d'apprentissage automatique qui semblaient plus prometteuses, telles que les arbres de décision ou les machines à vecteurs de support (SVM).

Seuls quelques chercheurs particulièrement déterminés ont poursuivi leurs recherches : à la fin des années 1990, l'équipe de Yann Le Cun est parvenue à créer un réseau de neurones à convolution (CNN, ou ConvNet) capable d'apprendre à classer très efficacement des images de caractères manuscrits. Mais chat échaudé craint l'eau froide : il en fallait davantage pour que les réseaux de neurones ne reviennent en odeur de sainteté.

Enfin, une véritable révolution eut lieu en 2006 : Geoffrey Hinton et son équipe mirent au point une technique capable d'entraîner des réseaux de neurones profonds, et ils montrèrent que ceux-ci pouvaient apprendre à réaliser toutes sortes de tâches, bien au-delà de la classification d'images. L'apprentissage profond, ou *Deep Learning*, était né. Suite à cela, les progrès sont allés très vite, et, comme vous le verrez, la plupart des articles de recherche cités dans ce livre datent d'après 2010.

Objectif et approche

Pourquoi ce livre ? Quand je me suis mis au Machine Learning, j'ai trouvé plusieurs livres excellents, de même que des cours en ligne, des vidéos, des blogs, et bien d'autres ressources de grande qualité, mais j'ai été un peu frustré par le fait que le contenu était d'une part complètement éparpillé, et d'autre part généralement très théorique, et il était souvent très difficile de passer de la théorie à la pratique.

J'ai donc décidé d'écrire le livre *Hands-On Machine Learning with Scikit-Learn, Keras, and TensorFlow* (ou HOML), avec pour objectif de couvrir les principaux domaines du Machine Learning, des simples modèles linéaires aux SVM en passant par les arbres de décision et les forêts aléatoires, et bien sûr aussi le Deep Learning et même l'apprentissage par renforcement (Reinforcement Learning, ou RL). Je voulais que le livre soit utile à n'importe quelle personne ayant un minimum d'expérience de programmation (si possible en Python[3]), en axant l'apprentissage sur la pratique, avec de nombreux exemples de code. Vous retrouverez ainsi tous les exemples de code de ce livre sur *https://github.com/ageron/handson-ml3*, sous la forme de notebooks Jupyter.

Notes sur l'édition française

La première moitié de HOML est une introduction au Machine Learning, reposant sur la bibliothèque Scikit-Learn[4]. La seconde moitié est une introduction au Deep Learning, reposant sur les bibliothèques Keras et TensorFlow. Dans l'édition française, ce livre a été scindé en deux :

- la première partie (chapitres 1 à 9) a été traduite dans le livre *Machine Learning avec Scikit-Learn*, aux éditions Dunod (3ᵉ édition, 2023) ;
- la seconde partie (chapitres 10 à 19) a été traduite dans le livre que vous tenez entre les mains, *Deep Learning avec Keras et TensorFlow*. Les chapitres ont été renumérotés de 2 à 11, et un nouveau chapitre 1 a été ajouté, reprenant les points essentiels de la première partie.

Exemples de code

Tous les exemples figurant dans ce livre sont en open source et disponibles sous *https://github.com/ageron/handson-ml3* en tant que notebooks Jupyter : il s'agit de documents interactifs comportant du texte, des images et des fragments de code exécutable (en Python dans notre cas). La façon la plus simple et la plus rapide de commencer est d'exécuter ces notebooks en utilisant Google Colab, un service gratuit vous permettant d'exécuter directement en ligne n'importe quel notebook Jupyter, sans avoir à installer quoi que ce soit sur votre machine. Vous aurez seulement besoin d'un navigateur internet et d'un compte Google.

Dans ce livre, je supposerai que vous utilisez Google Colab, mais j'ai aussi testé les notebooks sur d'autres plateformes en ligne comme Kaggle ou Binder, que vous pouvez donc utiliser si vous préférez. Sinon, vous pouvez aussi installer les bibliothèques et outils requis (ou l'image Docker de ce livre) et exécuter les notebooks directement sur votre propre ordinateur : reportez-vous aux instructions figurant sur la page *https://homl.info/install*.

Prérequis

Bien que ce livre ait été écrit plus particulièrement pour les ingénieurs en informatique, il peut aussi intéresser toute personne sachant programmer et ayant quelques bases mathématiques. Il ne requiert aucune connaissance préalable sur le Machine Learning mais il suppose les prérequis suivants :

3. J'ai choisi le langage Python d'une part parce que c'est mon langage de prédilection, mais aussi parce qu'il est simple et concis, ce qui permet de remplir le livre de nombreux exemples de code. En outre, il s'agit actuellement du langage le plus utilisé en Machine Learning.

4. Cette bibliothèque a été créée par David Cournapeau en 2007, et le projet est maintenant dirigé par une équipe de chercheurs à l'Institut national de recherche en informatique et en automatique (Inria).

- vous devez avoir un minimum d'expérience de programmation ;
- sans forcément être un expert, vous devez connaître le langage Python, et si possible également ses bibliothèques scientifiques, en particulier NumPy, pandas et Matplotlib ;
- enfin, si vous voulez comprendre comment les algorithmes fonctionnent (ce qui n'est pas forcément indispensable, mais est tout de même très recommandé), vous devez avoir certaines bases en mathématiques dans les domaines suivants :
  - l'algèbre linéaire, notamment comprendre les vecteurs et les matrices (par exemple comment multiplier deux matrices, transposer ou inverser une matrice),
  - le calcul différentiel, notamment comprendre la notion de dérivée, de dérivée partielle, et savoir comment calculer la dérivée d'une fonction.

Si vous ne connaissez pas encore Python, il existe de nombreux tutoriels sur Internet, que je vous encourage à suivre : ce langage est très simple et s'apprend vite. En ce qui concerne les bibliothèques scientifiques de Python et les bases mathématiques requises, le site *github.com/ageron/handson-ml3* propose quelques tutoriels (en anglais) sous la forme de notebooks Jupyter. De nombreux tutoriels en français sont disponibles sur Internet. Le site *fr.khanacademy.org* est particulièrement recommandé pour les mathématiques.

Plan du livre

- Le chapitre 1 reprend les éléments du livre *Machine Learning avec Scikit-Learn* qui sont indispensables pour comprendre le Deep Learning. Il présente d'abord Google Colab, qui est l'interface en ligne gratuite et recommandée pour exécuter facilement tous les exemples de code de ce livre sans avoir à installer quoi que ce soit sur votre ordinateur (des instructions d'installation sont disponibles sur *github.com/ageron/handson-ml3* si vous préférez exécuter le code sur votre machine). Puis il présente les bases du Machine Learning, comment entraîner divers modèles linéaires à l'aide de la descente de gradient, pour des tâches de régression et de classification, et il présente quelques techniques de régularisation.
- Le chapitre 2 introduit les réseaux de neurones artificiels et montre comment les mettre en œuvre avec Keras.
- Le chapitre 3 montre comment résoudre les difficultés particulières que l'on rencontre avec les réseaux de neurones profonds.
- Le chapitre 4 présente l'API de bas niveau de TensorFlow, utile lorsque l'on souhaite personnaliser les rouages internes des réseaux de neurones.
- Le chapitre 5 montre comment charger et transformer efficacement de gros volumes de données lors de l'entraînement d'un réseau de neurones artificiels.
- Le chapitre 6 présente les réseaux de neurones convolutifs et leur utilisation pour la vision par ordinateur.
- Le chapitre 7 montre comment analyser des séries temporelles à l'aide de réseaux de neurones récurrents, ou avec des réseaux de neurones convolutifs.

- Le chapitre 8 présente le traitement automatique du langage naturel à l'aide de réseaux de neurones récurrents, ou de réseaux de neurones dotés de mécanismes d'attention, notamment le fameux transformeur, au cœur de systèmes tels que ChatGPT.
- Le chapitre 9 traite de l'apprentissage automatique de représentations à l'aide d'autoencodeurs ou de réseaux antagonistes génératifs (GAN). L'objectif est de découvrir, avec ou sans supervision, des motifs dans les données. Ces architectures de réseaux de neurones artificiels sont également utiles pour générer de nouvelles données semblables à celles reçues en exemple (par exemple pour générer des images de visages). Ce chapitre présente également les modèles de diffusion, sur lesquels reposent de nombreux systèmes de génération d'images, tels que Dall-E 2 ou Stable Diffusion.
- Le chapitre 10 aborde l'apprentissage par renforcement, dans lequel un agent apprend par tâtonnements au sein d'un environnement dans lequel il peut recevoir des récompenses ou des punitions. Nous étudierons notamment la technique employée par DeepMind pour créer une IA capable d'apprendre toute seule à jouer à de nombreux jeux Atari, jusqu'à atteindre souvent un niveau surhumain.
- Le chapitre 11 présente comment entraîner et déployer à grande échelle les réseaux de neurones artificiels construits avec TensorFlow.

Les différents types de textes en exergue

Ce symbole indique une astuce ou une suggestion.

Ce symbole indique une précision ou une remarque générale.

Ce symbole indique une difficulté particulière ou un piège à éviter.

Remerciements

Jamais, dans mes rêves les plus fous, je n'aurais imaginé que la deuxième édition de ce livre rencontrerait un public aussi vaste. J'ai reçu de nombreux messages de lecteurs, avec beaucoup de questions, certains signalant gentiment des erreurs et la plupart m'envoyant des mots encourageants. Je suis extrêmement reconnaissant envers tous ces lecteurs pour leur formidable soutien. Merci beaucoup à vous tous ! N'hésitez pas à me contacter si vous voyez des erreurs dans les exemples de code ou simplement pour poser des questions (*https://homl.info/issues3*) ! Certains lecteurs ont également expliqué en quoi ce livre les avait aidés à obtenir leur premier emploi ou à résoudre un problème concret sur lequel ils travaillaient. Ces retours sont incroyablement motivants. Si vous trouvez ce livre utile, j'aimerais beaucoup que vous puissiez partager votre histoire avec moi, que ce soit en privé (par exemple, via *https://linkedin.*

com/in/aurelien-geron) ou en public (par exemple dans un tweet *via* @aureliengeron ou par le biais d'un commentaire Amazon).

Grand merci aussi à toutes les personnes merveilleuses qui ont offert de leur temps et leur expertise pour réviser cette troisième édition, en corrigeant des erreurs et en faisant d'innombrables suggestions. Cette édition est tellement meilleure grâce à cela : Olzhas Akpambetov, George Bonner, Francois Chollet, Siddha Ganju, Sam Goodman, Matt Harrison, Sasha Sobran, Lewis Tunstall, Leandro von Werra et mon cher frère Sylvain. Vous êtes tous incroyables !

Je suis également très reconnaissant envers toutes les personnes qui m'ont soutenu tout au long du chemin, en répondant à mes questions, en suggérant des améliorations et en contribuant au code sur GitHub : en particulier, Yannick Assogba, Ian Beauregard, Ulf Bissbort, Rick Chao, Peretz Cohen, Kyle Gallatin, Hannes Hapke, Victor Khaustov, Soonson Kwon, Éric Lebigot, Jason Mayes, Laurence Moroney, Sara Robinson, Joaquin Ruales et Yuefeng Zhou.

Ce livre n'existerait pas sans le personnel fantastique d'O'Reilly, en particulier Nicole Taché, qui m'a fait des commentaires perspicaces, toujours encourageants et utiles : je ne pouvais pas rêver d'un meilleur éditeur. Merci également à Michele Cronin, qui m'a encouragé et m'a permis d'arriver au bout. Merci à toute l'équipe de la production, en particulier Elizabeth Kelly et Kristen Brown. Merci également à Kim Cofer pour la révision minutieuse, et à Johnny O'Toole, qui a géré la relation avec Amazon et répondu à beaucoup de mes questions. Merci à Kate Dullea pour l'amélioration importante de mes illustrations. Merci à Marie Beaugureau, Ben Lorica, Mike Loukides et Laurel Ruma d'avoir cru en ce projet et de m'avoir aidé à le définir. Merci à Matt Hacker et à toute l'équipe d'Atlas pour avoir répondu à toutes mes questions techniques concernant AsciiDoc, MathML et LaTeX, ainsi qu'à Nick Adams, Rebecca Demarest, Rachel Head, Judith McConville, Helen Monroe, Karen Montgomery, Rachel Roumeliotis et tous les autres membres d'O'Reilly qui ont contribué à ce livre.

Je n'oublierai jamais les personnes formidables qui m'ont aidé sur les deux premières éditions du livre : amis, collègues, experts, dont de nombreux membres de l'équipe de TensorFlow. La liste est longue : Olzhas Akpambetov, Karmel Allison, Martin Andrews, David Andrzejewski, Paige Bailey, Lukas Biewald, Eugene Brevdo, William Chargin, François Chollet, Clément Courbet, Robert Crowe, Mark Daoust, Daniel « Wolff » Dobson, Julien Dubois, Mathias Kende, Daniel Kitachewsky, Nick Felt, Bruce Fontaine, Justin Francis, Goldie Gadde, Irene Giannoumis, Ingrid von Glehn, Vincent Guilbeau, Sandeep Gupta, Priya Gupta, Kevin Haas, Eddy Hung, Konstantinos Katsiapis, Viacheslav Kovalevskyi, Jon Krohn, Allen Lavoie, Karim Matrah, Grégoire Mesnil, Clemens Mewald, Dan Moldovan, Dominic Monn, Sean Morgan, Tom O'Malley, James Pack, Alexander Pak, Haesun Park, Alexandre Passos, Ankur Patel, Josh Patterson, André Susano Pinto, Anthony Platanios, Anosh Raj, Oscar Ramirez, Anna Revinskaya, Saurabh Saxena, Salim Sémaoune, Ryan Sepassi, Vitor Sessak, Jiri Simsa, Iain Smears, Xiaodan Song, Christina Sorokin, Michel Tessier, Wiktor Tomczak, Dustin Tran, Todd Wang, Pete Warden, Rich Washington, Martin Wicke, Edd Wilder-James, Sam Witteveen, Jason Zaman, Yuefeng Zhou, et mon frère Sylvain.

Je souhaite également remercier Jean-Luc Blanc, des éditions Dunod, pour avoir soutenu ce projet, et pour la gestion et les relectures attentives des deux premières éditions. Merci également à Matthieu Daniel, qui a pris la suite de Jean-Luc Blanc pour cette troisième édition. Je tiens aussi à remercier vivement Hervé Soulard pour la traduction des deux premières éditions et Anne Bohy pour la traduction de la troisième. Enfin, je remercie chaleureusement Brice Martin, des éditions Dunod, pour sa relecture extrêmement rigoureuse, ses excellentes suggestions et ses nombreuses corrections.

Pour finir, je suis infiniment reconnaissant à ma merveilleuse épouse, Emmanuelle, et à nos trois enfants, Alexandre, Rémi et Gabrielle, de m'avoir encouragé à travailler dur pour ce livre. Leur curiosité insatiable fut inestimable : expliquer certains des concepts les plus difficiles de ce livre à ma femme et à mes enfants m'a aidé à clarifier mes pensées et à améliorer directement de nombreuses parties de ce livre. J'ai même eu droit à des biscuits et du café, qui pourrait en demander davantage ?

1

Les fondamentaux du Machine Learning

Avant de partir à l'assaut du mont Blanc, il faut être entraîné et bien équipé. De même, avant d'attaquer le Deep Learning avec TensorFlow et Keras, il est indispensable de maîtriser les bases du Machine Learning. Si vous avez lu le livre *Machine Learning avec Scikit-Learn* (A. Géron, Dunod, 3e édition, 2023), vous êtes prêt(e) à passer directement au chapitre 2. Dans le cas contraire, ce chapitre vous donnera les bases indispensables pour la suite[5].

Nous commencerons par découvrir Google Colab, un service web gratuit qui est bien utile pour exécuter du code Python en ligne, sans avoir à installer quoi que ce soit sur votre machine.

Ensuite, nous étudierons la régression linéaire, l'une des techniques d'apprentissage automatique les plus simples qui soient. Cela nous permettra au passage de rappeler ce qu'est le Machine Learning, ainsi que le vocabulaire et les notations que nous emploierons tout au long de ce livre. Nous verrons deux façons très différentes d'entraîner un modèle de régression linéaire : premièrement, une méthode analytique qui trouve directement le modèle optimal (c'est-à-dire celui qui s'ajuste au mieux au jeu de données d'entraînement) ; deuxièmement, une méthode d'optimisation itérative appelée *descente de gradient* (en anglais, *gradient descent* ou GD), qui consiste à modifier graduellement les paramètres du modèle de façon à l'ajuster petit à petit au jeu de données d'entraînement.

Nous examinerons plusieurs variantes de cette méthode de descente de gradient que nous utiliserons à maintes reprises lorsque nous étudierons les réseaux de

---

5. Ce premier chapitre reprend en grande partie le chapitre 4 du livre *Machine Learning avec Scikit-Learn* (3e édition, 2023), ainsi que quelques éléments essentiels des chapitres 1 à 3 de ce dernier.

neurones artificiels : descente de gradient groupée (ou batch), descente de gradient par mini-lots (ou mini-batch) et descente de gradient stochastique.

Nous examinerons ensuite la régression polynomiale, un modèle plus complexe pouvant s'ajuster à des jeux de données non linéaires. Ce modèle ayant davantage de paramètres que la régression linéaire, il est plus enclin à surajuster (*overfit*, en anglais) le jeu d'entraînement. C'est pourquoi nous verrons comment détecter si c'est ou non le cas à l'aide de courbes d'apprentissage, puis nous examinerons plusieurs techniques de régularisation qui permettent de réduire le risque de surajustement du jeu d'entraînement.

Enfin, nous étudierons deux autres modèles qui sont couramment utilisés pour les tâches de classification : la régression logistique et la régression softmax.

Ces notions prises individuellement ne sont pas très compliquées, mais il y en a beaucoup à apprendre dans ce chapitre, et elles sont toutes indispensables pour la suite, alors accrochez-vous bien, c'est parti !

1.1 INTRODUCTION À GOOGLE COLAB

N'hésitez pas à prendre votre ordinateur et à exécuter pas à pas les exemples de code. Comme je l'ai indiqué dans la préface, tous les exemples figurant dans ce livre sont en open source et disponibles sous *https://github.com/ageron/handson-ml3* en tant que notebooks Jupyter : il s'agit de documents interactifs comportant du texte, des images et des fragments de code exécutable (en Python dans notre cas). Dans la suite de ce livre, je supposerai que vous utilisez ces notebooks dans Google Colab, un service gratuit vous permettant d'exécuter directement en ligne n'importe quel notebook Jupyter, sans avoir à installer quoi que ce soit sur votre machine. Si vous souhaitez utiliser une autre plateforme en ligne (comme par exemple Kaggle) ou si vous préférez tout installer localement sur votre propre ordinateur, reportez-vous aux instructions figurant sur la page GitHub de ce livre.

1.1.1 Exécuter les exemples de code en utilisant Google Colab

Ouvrez tout d'abord un navigateur web et tapez *https://homl.info/colab3* : ceci vous conduira sur Google Colab et affichera la liste des notebooks Jupyter pour ce livre (voir figure 1.1). Vous trouverez un notebook par chapitre, ainsi que quelques notebooks et aide-mémoire supplémentaires pour NumPy, Matplotlib, Pandas, l'algèbre linéaire et le calcul différentiel. Si vous cliquez par exemple sur `02_end_to_end_machine_learning_project.ipynb`, le notebook du chapitre 2 de la version originale s'ouvrira dans Google Colab (voir figure 1.2). Comme expliqué dans l'avant-propos, le chapitre que vous êtes en train de lire est un résumé de la première partie de la version originale, et il contient des exemples de code du chapitre 4 de la version originale. Les chapitres 2 à 11 de ce livre correspondent aux chapitres 10 à 19 de la version originale.

Figure 1.1 – Liste des notebooks dans Google Colab

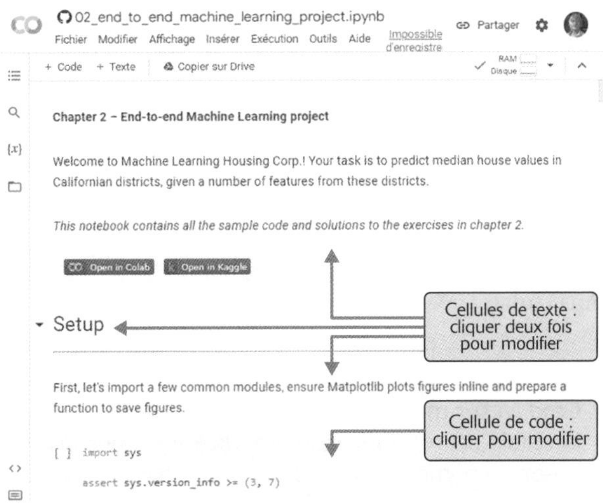

Figure 1.2 – Votre notebook dans Google Colab

Un notebook Jupyter est constitué d'une suite de cellules. Chaque cellule contient soit du code exécutable, soit du texte. Essayez de double-cliquer sur la première cellule de texte (qui contient la phrase « Welcome to Machine Learning Housing Corp.! »). Ceci ouvrira la cellule en mode Mise à jour. Notez que les notebooks Jupyter comportent des balises de formatage (p. ex. **gras**, *italiques*, # Titre, [texte du lien](URL), etc.). Essayez de modifier ce texte, puis appuyez sur Maj+Entrée pour voir le résultat.

Ensuite, créez une nouvelle cellule comportant du code en sélectionnant Insérer → Cellule de code dans le menu. Vous pouvez également utiliser le bouton + Code dans la barre d'outils, ou placer le curseur de votre souris sur le bas de la cellule pour faire apparaître les options + Code et + Texte puis cliquer sur + Code. Saisissez du code Python dans la nouvelle cellule de code, comme par exemple `print("Bonjour !")`, puis appuyez sur Maj+Entrée pour l'exécuter (ou cliquez sur le bouton ▷ près du bord gauche de la cellule).

Si vous n'êtes pas encore connecté à votre compte Google, il vous sera demandé de le faire maintenant (si vous n'avez pas encore de compte Google, il vous faudra en créer un). Une fois connecté, vous verrez apparaître un avertissement de sécurité indiquant que ce notebook n'a pas été créé par Google. Une personne mal intentionnée pourrait créer un notebook tentant de vous leurrer pour vous faire saisir votre mot de passe Google lui permettant d'accéder à vos données personnelles, c'est pourquoi, avant d'exécuter un notebook, vous devez toujours vous assurer que vous pouvez faire confiance à son auteur (ou vérifier soigneusement ce que va faire chaque cellule de code avant de l'exécuter). Si vous me faites confiance (ou si vous comptez vérifier chaque cellule de code), vous pouvez cliquer maintenant sur « Exécuter malgré tout ».

Colab vous allouera un nouvel environnement d'exécution (ou runtime) : il s'agit d'une machine virtuelle gratuite, hébergée sur les serveurs de Google et incluant un grand nombre d'outils et de bibliothèques Python, en particulier tout ce qu'il vous faut pour la plupart des chapitres (dans quelques-uns d'entre eux, vous devrez exécuter une commande pour installer des bibliothèques supplémentaires). Cela prendra quelques secondes. Après quoi, Colab vous connectera automatiquement à ce runtime et l'utilisera pour exécuter le code de votre nouvelle cellule. Chose importante, le code s'exécute dans ce runtime, et non sur votre machine. La sortie associée à votre code s'affichera sous la cellule. Félicitations, vous venez d'exécuter du code Python dans Colab !

Pour insérer une nouvelle cellule de code, vous pouvez aussi taper Ctrl-M (ou Cmd-M sur macOS) suivi de A (comme « Above », pour insérer au-dessus de la cellule active) ou B (comme « Below », pour insérer en dessous). Vous disposez de nombreux autres raccourcis clavier : vous pouvez les visualiser et les modifier en tapant Ctrl-M (ou Cmd-M) puis H. Si vous choisissez d'exécuter les notebooks dans Kaggle ou sur votre propre machine en utilisant JupyterLab ou un environnement de développement tel que Visual Studio Code avec l'extension Jupyter, vous constaterez quelques différences mineures (les runtimes sont appelés *kernels*, l'interface utilisateur et les raccourcis clavier sont légèrement différents, etc.), mais il n'est pas trop difficile de passer d'un environnement Jupyter à un autre.

1.1.2 Sauvegarder vos modifications de code et vos données

Si vous apportez des modifications dans un notebook Colab, elles persisteront tant que l'onglet correspondant restera ouvert dans votre navigateur. Mais une fois que vous l'aurez fermé, les modifications seront perdues. Pour éviter cela, prenez soin d'enregistrer une copie de votre notebook dans votre drive Google en sélectionnant

Fichier → Enregistrer une copie dans Drive. Vous pouvez aussi télécharger le notebook sur votre ordinateur en sélectionnant Fichier → Télécharger → Télécharger le fichier .ipynb. Vous pourrez par la suite vous rendre sur *https://colab.research.google.com* et rouvrir le notebook (soit à partir de Google Drive, soit en le rechargeant à partir de votre ordinateur).

Google Colab n'est conçu que pour un usage interactif : vous pouvez vous amuser dans les notebooks et modifier le code à votre idée, mais vous ne pouvez pas demander aux notebooks de tourner pendant longtemps sans intervention de votre part, car dans un tel cas le runtime serait interrompu et toutes ses données seraient perdues.

Si le notebook génère des données importantes pour vous, veillez à télécharger ces données avant la fermeture de votre runtime. Pour cela, cliquez sur l'icône Fichiers (voir figure 1.3, étape 1), trouvez le fichier que vous voulez télécharger, cliquez sur la barre verticale pointillée à côté de celui-ci (étape 2), puis cliquez sur Télécharger (étape 3). Vous pouvez aussi monter votre drive Google sur le runtime, ce qui permet au notebook de lire et écrire des fichiers directement sur Google Drive comme s'il s'agissait d'un dossier local. Pour cela, cliquez sur l'icône Fichiers (étape 1), puis cliquez sur l'icône Google Drive (entourée d'un cercle sur la figure 1.3) et suivez les instructions à l'écran.

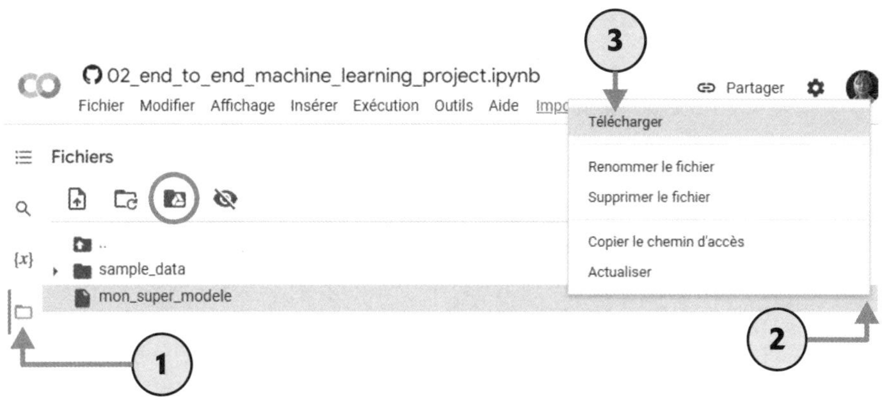

Figure 1.3 – Téléchargement d'un fichier à partir du runtime de Google Colab (étapes 1 à 3), ou montage de votre drive Google (icone encerclée)

Par défaut, votre drive Google sera monté sur */content/drive/MyDrive*. Si vous voulez sauvegarder un fichier de données, copiez-le simplement sous ce dossier en exécutant : `!cp /content/mon_super_modele /content/drive/MyDrive`. Toute commande débutant par un caractère « ! » (parfois appelé caractère bang) est interprétée comme une commande système et non comme une commande Python : dans cet exemple, `cp` est la commande Linux permettant de copier un fichier vers un autre emplacement. Remarquez que les runtimes de Colab s'exécutent sous Linux (et plus précisément, sa distribution Ubuntu).

1.1.3 Puissance et danger de l'interactivité

Les notebooks Jupyter sont interactifs, ce qui est très pratique : vous pouvez exécuter les cellules une par une, vous arrêter quand vous voulez, insérer une cellule, modifier le code, revenir en arrière et ré-exécuter la cellule, etc., et je vous encourage vivement à le faire. Si vous vous contentez d'exécuter les cellules l'une après l'autre sans jamais les modifier, vous n'apprendrez pas aussi vite. Cependant, cette souplesse a un prix : il est très facile d'exécuter les cellules dans le mauvais ordre ou d'oublier d'en exécuter une. Si cela se produit, il y a des chances que l'exécution des cellules suivantes échoue. En particulier, la première cellule de code de chaque notebook comporte des instructions d'initialisation (telles que des importations), par conséquent veillez à l'exécuter en premier, sinon rien ne fonctionnera.

Si vous obtenez une erreur que vous ne comprenez pas, essayez de redémarrer le runtime (en sélectionnant, dans le menu, Exécution → Redémarrer l'environnement d'exécution) puis ré-exécutez toutes les cellules depuis le début du notebook. Ceci résout souvent le problème. Sinon, il est probable que l'une de vos modifications a introduit une erreur majeure dans le notebook : revenez simplement au notebook d'origine et essayez à nouveau. En cas de nouvel échec, signalez le problème sur le projet GitHub.

1.1.4 Différences entre le code du livre et le code du notebook

Vous trouverez peut-être parfois quelques petites différences entre le code de ce livre et celui des notebooks. Il peut y avoir plusieurs raisons à cela :

- Une bibliothèque logicielle peut avoir évolué légèrement au moment où vous lirez ces lignes, ou peut-être qu'en dépit de ma vigilance j'ai fait une erreur dans le livre. Malheureusement, je n'ai pas de baguette magique pour corriger le code dans ce livre mais je peux corriger les notebooks. Par conséquent, si vous obtenez une erreur à l'exécution après avoir copié du code figurant dans ce livre, vérifiez si vous en trouvez une version modifiée dans les notebooks : je m'efforcerai de les conserver sans erreur et compatibles avec les versions les plus récentes des bibliothèques logicielles.
- Les notebooks comportent un peu de code additionnel pour améliorer les figures (pour ajouter des libellés, définir des tailles de police, etc.) et les enregistrer en haute résolution afin d'illustrer ce livre. Vous pouvez sans problème ignorer ce code supplémentaire si vous le souhaitez.

J'ai privilégié la lisibilité et la simplicité du code en le rendant aussi linéaire et plat que possible, en ne définissant que quelques fonctions et classes. Ceci, pour que le code que vous êtes en train d'exécuter se trouve sous vos yeux, sans avoir à le rechercher sous plusieurs couches d'abstraction, et aussi pour que vous puissiez le modifier aisément. Par souci de simplicité, la gestion des erreurs est limitée, et j'ai placé certains des imports utilisés le moins couramment à proximité de l'endroit où ils sont utilisés (au lieu de les placer en début de fichier, selon les recommandations de la PEP 8 Python). Ceci dit, votre code de production ne sera pas très différent : juste un petit peu plus modulaire, avec davantage de tests et de gestion d'erreurs.

OK ! Maintenant que vous êtes familiarisé avec Colab et que vous pouvez exécuter du code Python, vous êtes prêt à apprendre les bases du Machine Learning.

1.2 QU'EST-CE QUE LE MACHINE LEARNING ?

Le *Machine Learning* (apprentissage automatique) est la science (et l'art) de programmer les ordinateurs de sorte qu'ils puissent apprendre à partir de données.

Voici une définition un peu plus générale :

> « *[L'apprentissage automatique est la] discipline donnant aux ordinateurs la capacité d'apprendre sans qu'ils soient explicitement programmés.* »
>
> Arthur Samuel, 1959

En voici une autre plus technique :

> « *Étant donné une tâche T et une mesure de performance P, on dit qu'un programme informatique apprend à partir d'une expérience E si les résultats obtenus sur T, mesurés par P, s'améliorent avec l'expérience E.* »
>
> Tom Mitchell, 1997

Votre filtre anti-spam, par exemple, est un programme d'apprentissage automatique qui peut apprendre à identifier les e-mails frauduleux à partir d'exemples de pourriels ou « *spam* » (par exemple, ceux signalés par les utilisateurs) et de messages normaux (parfois appelés « *ham* »). Les exemples utilisés par le système pour son apprentissage constituent le jeu d'entraînement (en anglais, *training set*). Chacun d'eux s'appelle une observation d'entraînement (on parle aussi d'échantillon ou d'instance). Dans le cas présent, la tâche T consiste à identifier parmi les nouveaux e-mails ceux qui sont frauduleux, l'expérience E est constituée par les données d'entraînement, et la mesure de performance P doit être définie. Vous pourrez prendre par exemple le pourcentage de courriels correctement classés. Cette mesure de performance particulière, appelée *exactitude* (en anglais, *accuracy*), est souvent utilisée dans les tâches de classification.

Pour cette tâche de classification, l'apprentissage requiert un jeu de données d'entraînement « étiqueté » (voir figure 1.4), c'est-à-dire pour lequel chaque observation est accompagnée de la réponse souhaitée, que l'on nomme étiquette ou cible (*label* ou *target* en anglais). On parle dans ce cas d'*apprentissage supervisé*.

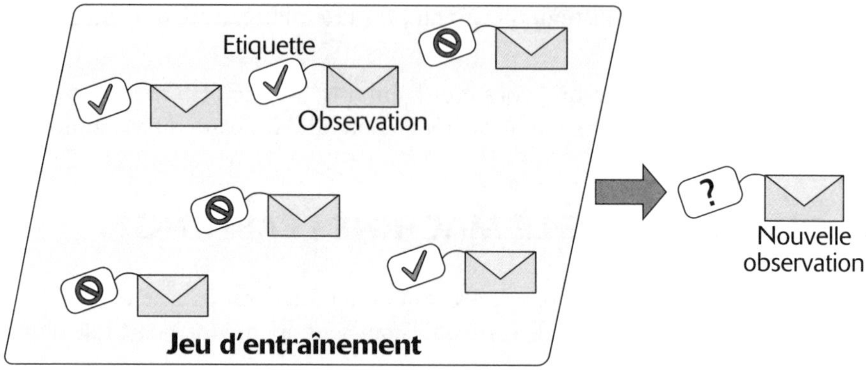

Figure 1.4 – Jeu d'entraînement étiqueté pour une tâche de classification (détection de spam)

Une autre tâche très commune pour un système d'auto-apprentissage est la tâche de « régression », c'est-à-dire la prédiction d'une valeur. Par exemple, on peut chercher à prédire le prix de vente d'une maison en fonction de divers paramètres (sa superficie, le revenu médian des habitants du quartier...). Tout comme la classification, il s'agit d'une tâche d'apprentissage supervisé : le jeu de données d'entraînement doit posséder, pour chaque observation, la valeur cible. Pour mesurer la performance du système, on peut par exemple calculer l'erreur moyenne commise par le système (ou, plus fréquemment, la racine carrée de l'erreur quadratique moyenne, comme nous le verrons dans un instant).

Il existe également des tâches de Machine Learning pour lesquelles le jeu d'entraînement n'est pas étiqueté. On parle alors d'apprentissage non supervisé. Par exemple, si l'on souhaite construire un système de détection d'anomalies (p. ex. pour détecter les produits défectueux dans une chaîne de production, ou pour détecter des tentatives de fraudes), on ne dispose généralement que de très peu d'exemples d'anomalies, donc il est difficile d'entraîner un système de classification supervisé. On peut toutefois entraîner un système performant en lui donnant des données non étiquetées (supposées en grande majorité normales), et ce système pourra ensuite détecter les nouvelles observations qui sortent de l'ordinaire. Un autre exemple d'apprentissage non supervisé est le partitionnement d'un jeu de données, par exemple pour segmenter les clients en groupes semblables, à des fins de marketing ciblé (voir figure 1.5). Enfin, la plupart des algorithmes de réduction de dimension, dont ceux dédiés à la visualisation des données, sont aussi des exemples d'algorithmes d'apprentissage non supervisé.

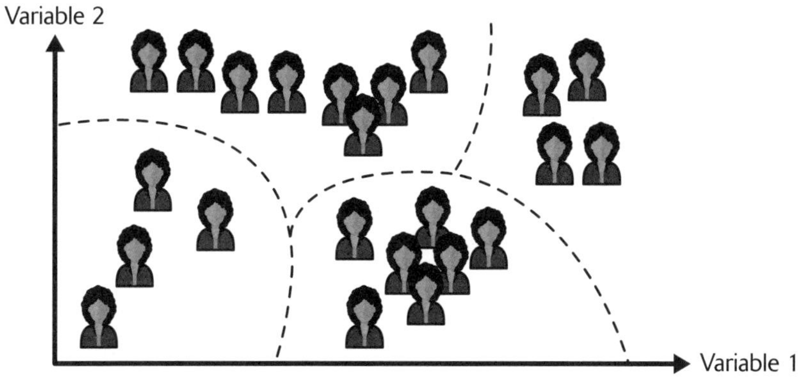

Figure 1.5 – Le partitionnement, un exemple d'apprentissage non supervisé

Résumons : on distingue les tâches d'apprentissage supervisé (classification, régression...), et les tâches d'apprentissage non supervisé (partitionnement, détection d'anomalie, réduction de dimension...). Un système de Machine Learning passe en général par deux phases : pendant la phase d'apprentissage il est entraîné sur un jeu de données d'entraînement, puis pendant la phase d'inférence il applique ce qu'il a appris sur de nouvelles données et effectue des prédictions. Il existe toutes sortes de variantes de ce schéma général, mais c'est le principe à garder à l'esprit.

1.3 COMMENT LE SYSTÈME APPREND-IL ?

L'approche la plus fréquente consiste à créer un modèle prédictif et d'en régler les paramètres afin qu'il fonctionne au mieux sur les données d'entraînement. Par exemple, pour prédire le prix d'une maison en fonction de sa superficie et du revenu médian des habitants du quartier, on pourrait choisir un modèle linéaire, c'est-à-dire dans lequel la valeur prédite est une somme pondérée des paramètres, plus un *terme constant* (en anglais, *intercept* ou *bias*). Cela donnerait l'équation suivante :

Équation 1.1 – Un modèle linéaire du prix des maisons

$$prix = \theta_0 + \theta_1 \times superficie + \theta_2 \times revenu\ médian$$

Dans cet exemple, le modèle a trois paramètres : θ_0, θ_1 et θ_2. Le premier est le terme constant, et les deux autres sont les *coefficients de pondération* (ou poids) des variables d'entrée. La phase d'entraînement de ce modèle consiste à trouver la valeur de ces paramètres qui minimise l'erreur du modèle sur le jeu de données d'entraînement.[6]

6. Le nom « terme constant » peut être un peu trompeur dans le contexte du Machine Learning car il s'agit bien de l'un des paramètres du modèle que l'on cherche à optimiser, et qui varie donc pendant l'apprentissage. Toutefois, dès que l'apprentissage est terminé, ce terme devient bel et bien constant. Le nom anglais *bias* porte lui aussi à confusion car il existe une autre notion de biais, sans aucun rapport, présentée plus loin dans ce chapitre.

Une fois les paramètres réglés, on peut utiliser le modèle pour faire des prédictions sur de nouvelles observations : c'est la phase d'inférence (ou de prédiction). L'espoir est que si le modèle fonctionne bien sur les données d'entraînement, il fonctionnera également bien sur de nouvelles observations (c'est-à-dire pour prédire le prix de nouvelles maisons). Si la performance est bien moindre, on dit que le modèle a « surajusté » le jeu de données d'entraînement. Cela arrive généralement quand le modèle possède trop de paramètres par rapport à la quantité de données d'entraînement disponibles et à la complexité de la tâche à réaliser. Une solution est de réentraîner le modèle sur un plus gros jeu de données d'entraînement, ou bien de choisir un modèle plus simple, ou encore de contraindre le modèle, ce qu'on appelle la *régularisation* (nous y reviendrons dans quelques paragraphes). À l'inverse, si le modèle est mauvais sur les données d'entraînement (et donc très probablement aussi sur les nouvelles données), on dit qu'il « sous-ajuste » les données d'entraînement. Il s'agit alors généralement d'utiliser un modèle plus puissant ou de diminuer le degré de régularisation.

Formalisons maintenant davantage le problème de la régression linéaire.

1.4 RÉGRESSION LINÉAIRE

Comme nous l'avons vu, un modèle linéaire effectue une prédiction en calculant simplement une somme pondérée des variables d'entrée, en y ajoutant un terme constant :

Équation 1.2 – Prédiction d'un modèle de régression linéaire

$$\hat{y} = \theta_0 + \theta_1 x_1 + \theta_2 x_2 + \ldots + \theta_n x_n$$

Dans cette équation :

- $\hat{y}$ est la valeur prédite,
- n est le nombre de variables,
- x_i est la valeur de la $i^{\text{ème}}$ variable,
- θ_j est le $j^{\text{ème}}$ paramètre du modèle (terme constant θ_0 et coefficients de pondération des variables $\theta_1, \theta_2, \ldots, \theta_n$).

Ceci peut s'écrire de manière beaucoup plus concise sous forme vectorielle :

Équation 1.3 – Prédiction d'un modèle de régression linéaire (forme vectorielle)

$$\hat{y} = h_{\boldsymbol{\theta}}(\mathbf{x}) = \boldsymbol{\theta} \cdot \mathbf{x}$$

Dans cette équation :

- $\boldsymbol{\theta}$ est le *vecteur des paramètres* du modèle, il regroupe à la fois le terme constant θ_0 et les coefficients de pondération θ_1 à θ_n (ou poids) des variables. Notez que, dans le texte, les vecteurs sont représentés en minuscule et en gras (par exemple **x**), les scalaires (les simples nombres) sont représentés en minuscule et en italique, par exemple *n*, et les matrices sont représentées en majuscule et en gras, par exemple **X**.

- $\mathbf{x}$ est le *vecteur des valeurs* d'une observation, contenant les valeurs x_0 à x_n, où x_0 est toujours égal à 1.
- $\boldsymbol{\theta} \cdot \mathbf{x}$ est le produit scalaire de $\boldsymbol{\theta}$ et de $\mathbf{x}$, qui est égal à $\theta_0 x_0 + \theta_1 x_1 + \ldots + \theta_n x_n$, et que l'on notera dans ce livre $\boldsymbol{\theta}^T\mathbf{x}$.
- $h_{\boldsymbol{\theta}}$ est la fonction hypothèse, utilisant les paramètres de modèle $\boldsymbol{\theta}$.

En Machine Learning, les vecteurs sont souvent représentés sous forme de vecteurs colonnes, qui sont des tableaux 2D avec une seule colonne. Si $\boldsymbol{\theta}$ et $\mathbf{x}$ sont des vecteurs colonnes, alors $\boldsymbol{\theta}^T$ est la transposée de $\boldsymbol{\theta}$ (c'est-à-dire une matrice à une seule ligne, ce qu'on appelle un *vecteur ligne*), et $\boldsymbol{\theta}^T\mathbf{x}$ représente le produit matriciel de $\boldsymbol{\theta}^T$ et de $\mathbf{x}$. C'est bien sûr la même prédiction, sauf qu'elle est maintenant représentée par une matrice à une seule cellule plutôt que par une valeur scalaire. Dans ce livre, j'utiliserai cette notation pour éviter d'alterner entre produit scalaire et produit matriciel.

Par souci d'efficacité, on réalise souvent plusieurs prédictions simultanément. Pour cela, on regroupe dans une même matrice $\mathbf{X}$ toutes les observations pour lesquelles on souhaite faire des prédictions (ou plus précisément tous leurs vecteurs de valeurs). Par exemple, si l'on souhaite faire une prédiction pour 3 observations dont les vecteurs de valeurs sont respectivement $\mathbf{x}^{(1)}$, $\mathbf{x}^{(2)}$ et $\mathbf{x}^{(3)}$, alors on les regroupe dans une matrice $\mathbf{X}$ dont la première ligne est la transposée de $\mathbf{x}^{(1)}$, la seconde ligne est la transposée de $\mathbf{x}^{(2)}$ et la troisième ligne est la transposée de $\mathbf{x}^{(3)}$:

$$\mathbf{X} = \begin{pmatrix} (\mathbf{x}^{(1)})^T \\ (\mathbf{x}^{(2)})^T \\ (\mathbf{x}^{(3)})^T \end{pmatrix}$$

Pour réaliser simultanément une prédiction pour toutes les observations, on peut alors simplement utiliser l'équation suivante :

Équation 1.4 – Prédictions multiples d'un modèle de régression linéaire

$$\hat{\mathbf{y}} = \mathbf{X}\boldsymbol{\theta}$$

- $\hat{\mathbf{y}}$ est le vecteur des prédictions. Son $i^{\text{ème}}$ élément correspond à la prédiction du modèle pour la $i^{\text{ème}}$ observation.
- Plus haut, l'ordre n'importait pas car $\boldsymbol{\theta} \cdot \mathbf{x} = \mathbf{x} \cdot \boldsymbol{\theta}$, mais ici l'ordre est important. En effet, le produit matriciel n'est défini que quand le nombre de colonnes de la première matrice est égal au nombre de lignes de la seconde matrice. Ici, la matrice $\mathbf{X}$ possède 3 lignes (car il y a 3 observations) et n+1 colonnes (la première colonne est remplie de 1, et chaque autre colonne correspond à une variable d'entrée). Le vecteur colonne $\boldsymbol{\theta}$ possède n+1 lignes (une pour le terme constant, puis une pour chaque poids de variable d'entrée) et bien sûr une seule colonne. Le résultat $\hat{\mathbf{y}}$ est un vecteur colonne contenant 3 lignes (une par observation) et une colonne. De plus, si vous vous étonnez qu'il n'y ait plus de transposée dans cette équation, rappelez-vous que chaque ligne de $\mathbf{X}$ est déjà la transposée d'un vecteur de valeurs.

Voici donc ce qu'on appelle un *modèle de régression linéaire*. Voyons maintenant comment l'entraîner. Comme nous l'avons vu, entraîner un modèle consiste à définir ses paramètres de telle sorte que le modèle s'ajuste au mieux au jeu de données d'entraînement. Pour cela, nous avons tout d'abord besoin d'une mesure de performance qui nous indiquera si le modèle s'ajuste bien ou mal au jeu d'entraînement. Dans la pratique, on utilise généralement une mesure de l'erreur commise par le modèle sur le jeu d'entraînement, ce qu'on appelle une *fonction de coût*. La fonction de coût la plus courante pour un modèle de régression est la racine carrée de l'*erreur quadratique moyenne* (en anglais, *root mean square error* ou RMSE), définie dans l'équation 1.5 :

Équation 1.5 – Racine carrée de l'erreur quadratique moyenne (RMSE)

$$\text{RMSE}(\mathbf{X}, h) = \sqrt{\frac{1}{m}\sum_{i=1}^{m}\left[h(\mathbf{x}^{(i)}) - y^{(i)}\right]^2}$$

- Notez que, pour alléger les notations, la fonction d'hypothèse est désormais notée h plutôt que $h_{\boldsymbol{\theta}}$, mais il ne faut pas oublier qu'elle est paramétrée par le vecteur $\boldsymbol{\theta}$. De même, nous écrirons simplement RMSE($\mathbf{X}$) par la suite, même s'il ne faut pas oublier que la RMSE dépend de l'hypothèse h.
- m est le nombre d'observations dans le jeu de données.

Pour entraîner un modèle de régression linéaire, il s'agit de trouver le vecteur $\boldsymbol{\theta}$ qui minimise la RMSE. En pratique, il est un peu plus simple et rapide de minimiser l'erreur quadratique moyenne (MSE, simplement le carré de la RMSE), et ceci conduit au même résultat, parce que la valeur qui minimise une fonction positive minimise aussi sa racine carrée.

1.4.1 Équation normale

Pour trouver la valeur de $\boldsymbol{\theta}$ qui minimise la fonction de coût, il s'avère qu'il existe une *solution analytique*, c'est-à-dire une formule mathématique nous fournissant directement le résultat. Celle-ci porte le nom d'*équation normale* (voir équation 1.6).

Équation 1.6 – Équation normale

$$\hat{\boldsymbol{\theta}} = \left(\mathbf{X}^T\mathbf{X}\right)^{-1}\mathbf{X}^T\mathbf{y}$$

Dans cette équation :

- $\hat{\boldsymbol{\theta}}$ est la valeur de $\boldsymbol{\theta}$ qui minimise la fonction de coût,
- $\mathbf{y}$ est le vecteur des valeurs cibles $y^{(1)}$ à $y^{(m)}$.

Générons maintenant des données à l'allure linéaire sur lesquelles tester cette équation (figure 1.6) :

```
import numpy as np
np.random.seed(42) # pour rendre l'exemple reproductible
m = 100  # nombre d'observations
X = 2 * np.random.rand(m, 1)  # vecteur colonne
y = 4 + 3 * X + np.random.randn(m, 1)  # vecteur colonne
```

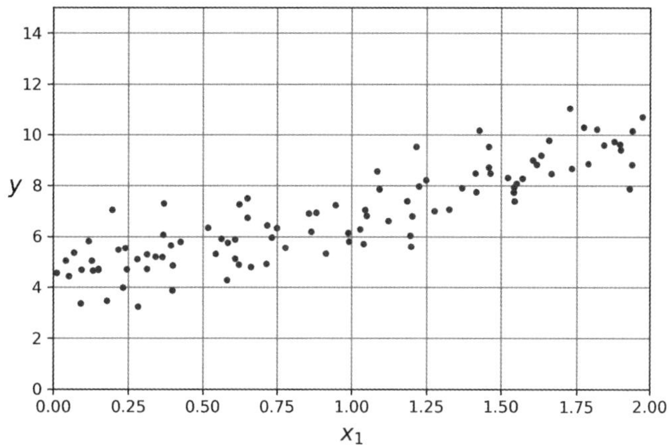

Figure 1.6 – Jeu de données généré aléatoirement

Calculons maintenant $\hat{\theta}$ à l'aide de l'équation normale. Nous allons utiliser la fonction `inv()` du module d'algèbre linéaire `np.linalg` de NumPy pour l'inversion de matrice, et l'opérateur `@` pour les produits matriciels :

```
from sklearn.preprocessing import add_dummy_feature
X_b = add_dummy_feature(X)  # ajouter x0 = 1 à chaque observation
theta_best = np.linalg.inv(X_b.T @ X_b) @ X_b.T @ y
```

L'opérateur `@` effectue un produit matriciel. Si `A` et `B` sont des tableaux NumPy, alors `A @ B` est équivalent à `np.matmul(A,B)`. Beaucoup d'autres bibliothèques telles que TensorFlow, PyTorch et JAX acceptent aussi l'opérateur `@`. Cependant, vous ne pouvez pas utiliser `@` sur de purs tableaux Python (qui sont des listes de listes).

Nous avons utilisé la fonction $y = 4 + 3x_1$ + bruit gaussien pour générer les données. Voyons ce que l'équation a trouvé :

```
>>> theta_best
array([[4.21509616],
       [2.77011339]])
```

Nous aurions aimé obtenir $\theta_0 = 4$ et $\theta_1 = 3$, au lieu de $\theta_0 = 4{,}215$ et $\theta_1 = 2{,}770$. C'est assez proche, mais le bruit n'a pas permis de retrouver les paramètres exacts de la fonction d'origine. Plus le jeu de données est petit et plus le bruit est important, plus c'est difficile.

Maintenant nous pouvons faire des prédictions à l'aide de $\hat{\theta}$:

```
>>> X_new = np.array([[0], [2]])
>>> X_new_b = add_dummy_feature(X_new)  # ajouter x0 = 1 à chaque observation
>>> y_predict = X_new_b(theta_best)
>>> y_predict
array([[4.21509616],
       [9.75532293]])
```

Représentons graphiquement les prédictions de ce modèle (figure 1.7) :

```
import matplotlib.pyplot as plt
plt.plot(X_new, y_predict, "r-",label="Prédictions")
plt.plot(X, y, "b.")
[...]  # finitions : libellés, axes, quadrillage et légende
plt.show()
```

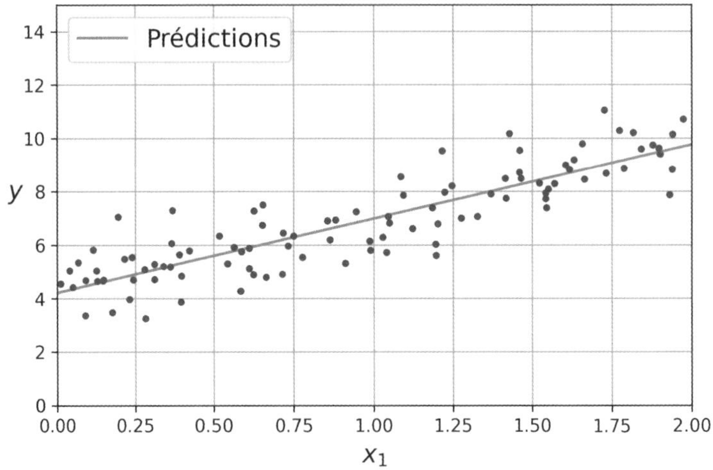

Figure 1.7 – Prédictions du modèle de régression linéaire

Effectuer une régression linéaire avec Scikit-Learn est relativement simple[7] :

```
>>> from sklearn.linear_model import LinearRegression
>>> lin_reg = LinearRegression()
>>> lin_reg.fit(X, y)
>>> lin_reg.intercept_, lin_reg.coef_
(array([4.21509616]), array([[2.77011339]]))
>>> lin_reg.predict(X_new)
array([[4.21509616],
       [9.75532293]])
```

Remarquez que Scikit-Learn sépare le terme constant (`intercept_`) des coefficients de pondération des variables (`coef_`). La classe `LinearRegression` repose sur la fonction `scipy.linalg.lstsq()` (le nom signifie *least squares*, c'est-à-dire « méthode des moindres carrés »). Vous pourriez l'appeler directement comme suit :

```
>>> theta_best_svd, residuals, rank, s = np.linalg.lstsq(X_b, y, rcond=1e-6)
>>> theta_best_svd
array([[4.21509616],
       [2.77011339]])
```

7. Notez que Scikit-Learn sépare le terme constant (`intercept_`) des coefficients de pondération des variables (`coef_`).

Cette fonction calcule $\hat{\boldsymbol{\theta}} = \mathbf{X}^{+}\mathbf{y}$, où $\mathbf{X}^{+}$ est la pseudo-inverse de $\mathbf{X}$ (plus précisément la pseudo-inverse de Moore-Penrose). Vous pouvez utiliser `np.linalg.pinv()` pour calculer cette pseudo-inverse directement:

```
>>> np.linalg.pinv(X_b) @ y
array([[4.21509616],
       [2.77011339]])
```

Cette pseudo-inverse est elle-même calculée à l'aide d'une technique très classique de factorisation de matrice nommée *décomposition en valeurs singulières* (en anglais, *singular value decomposition* ou SVD). Cette technique parvient à décomposer le jeu d'entraînement $\mathbf{X}$ en produit de trois matrices $\mathbf{U}$, $\boldsymbol{\Sigma}$ et $\mathbf{V}^T$ (voir `numpy.linalg.svd()`). La pseudo-inverse se calcule ensuite ainsi : $\mathbf{X}^{+}=\mathbf{V}\boldsymbol{\Sigma}^{+}\mathbf{U}^{T}$. Pour calculer la matrice $\boldsymbol{\Sigma}^{+}$, l'algorithme prend $\boldsymbol{\Sigma}$ et met à zéro toute valeur plus petite qu'un seuil minuscule, puis il remplace les valeurs non nulles par leur inverse, et enfin il transpose la matrice. Cette approche est bien plus rapide que de calculer l'équation normale, et elle gère bien les cas limites : en effet, l'équation normale ne fonctionne pas lorsque la matrice $\mathbf{X}^T\mathbf{X}$ n'est pas inversible (notamment lorsque $m < n$ ou quand certains attributs sont redondants), alors que la pseudo-inverse est toujours définie.

1.4.2 Complexité algorithmique

L'équation normale calcule l'inverse de $\mathbf{X}^T\mathbf{X}$, qui est une matrice $(n+1) \times (n+1)$ (où n est le nombre de variables). La complexité algorithmique d'une inversion de matrice se situe entre $O(n^{2,4})$ et $O(n^3)$, selon l'algorithme d'inversion utilisé. Autrement dit, si vous doublez le nombre de variables, le temps de calcul est multiplié par un facteur compris entre $2^{2,4} = 5,3$ et $2^3 = 8$.

L'approche SVD utilisée par la classe `LinearRegression` de Scikit-Learn est d'ordre $O(n^2)$. Si vous doublez le nombre de variables, vous multipliez approximativement le temps de calcul par 4.

L'équation normale et l'approche SVD deviennent toutes deux très lentes lorsque le nombre de variables devient grand (p. ex. 100 000). En revanche, les deux sont linéaires vis-à-vis du nombre d'observations dans le jeu d'entraînement (algorithmes en $O(m)$), donc elles peuvent bien gérer un gros volume de données, à condition qu'il tienne en mémoire.

Par ailleurs, une fois votre modèle de régression linéaire entraîné (en utilisant l'équation normale ou n'importe quel autre algorithme), obtenir une prédiction est extrêmement rapide : la complexité de l'algorithme est linéaire par rapport au nombre d'observations sur lesquelles vous voulez obtenir des prédictions et par rapport au nombre de variables. Autrement dit, si vous voulez obtenir des prédictions sur deux fois plus d'observations (ou avec deux fois plus de variables), le temps de calcul sera *grosso modo* multiplié par deux.

Nous allons maintenant étudier une méthode d'entraînement de modèle de régression linéaire très différente, mieux adaptée au cas où il y a beaucoup de variables ou trop d'observations pour tenir en mémoire.

1.5 DESCENTE DE GRADIENT

La *descente de gradient* est un algorithme d'optimisation très général, capable de trouver des solutions optimales à un grand nombre de problèmes. L'idée générale de la descente de gradient est de corriger petit à petit les paramètres dans le but de minimiser une fonction de coût.

Supposons que vous soyez perdu en montagne dans un épais brouillard et que vous puissiez uniquement sentir la pente du terrain sous vos pieds. Pour redescendre rapidement dans la vallée, une bonne stratégie consiste à avancer vers le bas dans la direction de plus grande pente. C'est exactement ce que fait la descente de gradient : elle calcule le gradient de la fonction de coût au point $\boldsymbol{\theta}$, puis progresse en direction du gradient descendant. Lorsque le gradient est nul, vous avez atteint un minimum !

En pratique, vous commencez par remplir $\boldsymbol{\theta}$ avec des valeurs aléatoires (c'est ce qu'on appelle l'*initialisation aléatoire*). Puis vous l'améliorez progressivement, pas à pas, en tentant à chaque étape de faire décroître la fonction de coût (ici la MSE), jusqu'à ce que celle-ci converge vers un minimum (voir figure 1.8).

Un élément important dans l'algorithme de descente de gradient est la dimension des pas, que l'on détermine par l'intermédiaire de l'hyperparamètre `learning_rate` (taux d'apprentissage).

Un hyperparamètre est un paramètre de l'algorithme d'apprentissage, et non un paramètre du modèle. Autrement dit, il ne fait pas partie des paramètres que l'on cherche à optimiser pendant l'apprentissage. Toutefois, on peut très bien lancer l'algorithme d'apprentissage plusieurs fois, en essayant à chaque fois une valeur différente pour chaque hyperparamètre, jusqu'à trouver une combinaison de valeurs qui permet à l'algorithme d'apprentissage de produire un modèle satisfaisant. Pour évaluer chaque modèle, on utilise alors un jeu de données distinct du jeu d'entraînement, appelé le *jeu de validation*. Ce réglage fin des hyperparamètres s'appelle *hyperparameter tuning* en anglais.

Si le taux d'apprentissage est trop petit, l'algorithme devra effectuer un grand nombre d'itérations pour converger et prendra beaucoup de temps (voir figure 1.9).

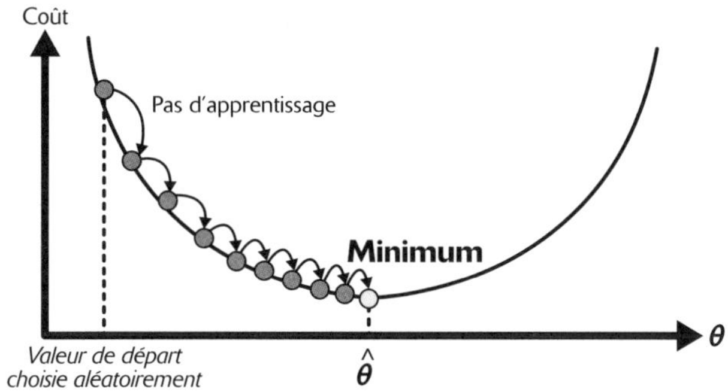

Figure 1.8 – Dans cette représentation de la descente de gradient, les paramètres du modèle sont initialisés de manière aléatoire et sont modifiés de manière répétée afin de minimiser la fonction de coût. La taille des étapes d'apprentissage est proportionnelle à la pente de la fonction de coût, de sorte que les étapes deviennent plus petites à mesure que le coût s'approche du minimum

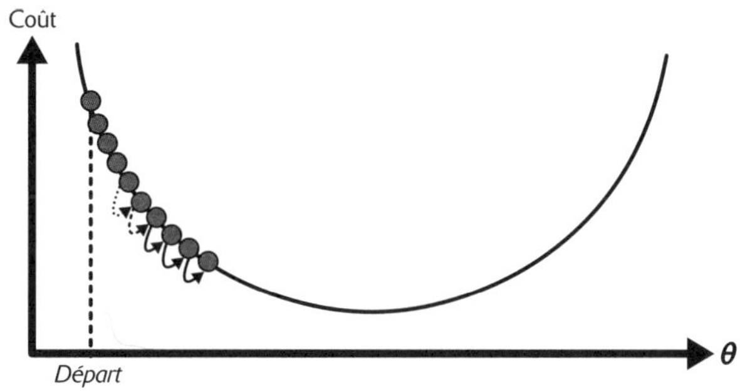

Figure 1.9 – Le taux d'apprentissage est trop petit

Inversement, si le taux d'apprentissage est trop élevé, vous risquez de dépasser le point le plus bas et de vous retrouver de l'autre côté, peut-être même plus haut qu'avant. Ceci pourrait faire diverger l'algorithme, avec des valeurs de plus en plus grandes, ce qui empêcherait de trouver une bonne solution (voir figure 1.10).

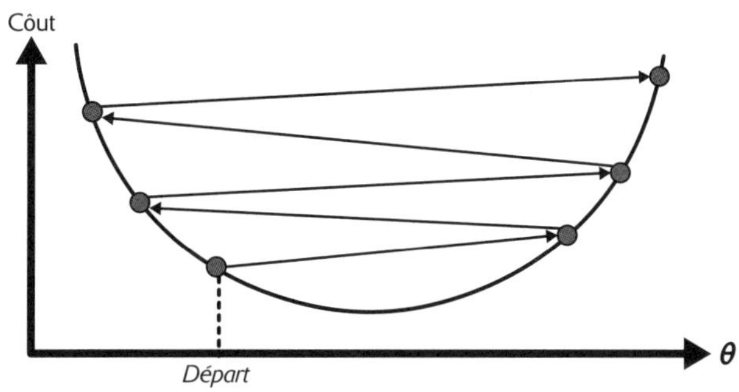

Figure 1.10 – Le taux d'apprentissage est trop élevé

De plus, toutes les fonctions de coût n'ont pas la forme d'une jolie cuvette régulière. Il peut y avoir des trous, des crêtes, des plateaux et toutes sortes de reliefs irréguliers, ce qui complique la convergence vers le minimum. La figure 1.11 illustre les deux principaux pièges de la descente de gradient. Si l'initialisation aléatoire démarre l'algorithme sur la gauche, alors l'algorithme convergera vers un *minimum local*, qui n'est pas le *minimum global*. Si l'initialisation commence sur la droite, alors il lui faut très longtemps pour traverser le plateau. Et si l'algorithme est arrêté prématurément, vous n'atteindrez jamais le minimum global.

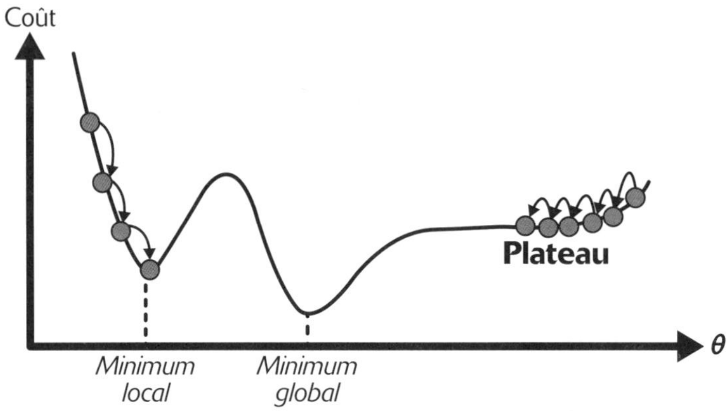

Figure 1.11 – Pièges de la descente de gradient

Heureusement, la fonction de coût MSE du modèle de régression linéaire est une *fonction convexe*, ce qui signifie que si vous prenez deux points quelconques de la courbe, le segment de droite les joignant n'est jamais en dessous de la courbe. Ceci signifie qu'il n'y a pas de minima locaux, mais juste un minimum global. C'est aussi une fonction continue dont la pente ne varie jamais abruptement[8]. Ces deux faits ont une conséquence importante : il est garanti que la descente de gradient s'approchera aussi près que l'on veut du minimum global (si vous attendez suffisamment longtemps et si le taux d'apprentissage n'est pas trop élevé).

Si la fonction de coût a la forme d'un bol, il peut néanmoins s'agir d'un bol déformé si les variables ont des échelles très différentes. La figure 1.12 présente deux descentes de gradient, l'une (à gauche) sur un jeu d'entraînement où les variables 1 et 2 ont la même échelle, l'autre (à droite) sur un jeu d'entraînement où la variable 1 a des valeurs beaucoup plus petites que la variable 2.[9]

8. Techniquement parlant, sa dérivée est *lipschitzsienne*, et par conséquent uniformément continue.

9. La variable 1 étant plus petite, il faut une variation plus importante de θ_1 pour affecter la fonction de coût, c'est pourquoi la cuvette s'allonge le long de l'axe θ_1.

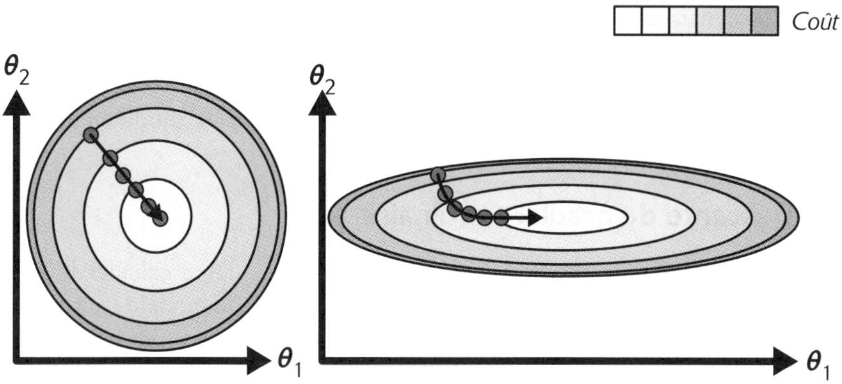

Figure 1.12 – Descente de gradient avec (à gauche) et sans (à droite) réduction des variables

Comme vous pouvez le constater, à gauche l'algorithme de descente de gradient descend directement vers le minimum et donc l'atteint rapidement, tandis qu'à droite il part dans une direction presque orthogonale à la direction du minimum global et se termine par une lente progression dans le fond d'une vallée pratiquement plate. Au bout du compte il atteindra le minimum, mais cela prendra très longtemps.

Lorsque vous effectuez une descente de gradient, vous devez veiller à ce que toutes les variables aient la même échelle, sinon la convergence sera beaucoup plus lente. Pour cela, une solution est de centrer et réduire les variables d'entrée, c'est-à-dire soustraire à chaque variable sa moyenne, puis diviser le résultat par l'écart-type : c'est ce qu'on appelle *normaliser* une variable, dans le contexte du Deep Learning.

Voici comment mettre en œuvre la normalisation avec NumPy :

```
X_norm = (X - X.mean(axis=0)) / X.std(axis=0)
```

Ou bien vous pouvez utiliser la classe `StandardScaler` de Scikit-Learn :

```
from sklearn.preprocessing import StandardScaler
scaler = StandardScaler()
X_norm = scaler.fit_transform(X)
```

Une fois le modèle entraîné, il est important de bien penser à appliquer exactement la même transformation aux nouvelles observations (en utilisant la moyenne et l'écart-type mesurés sur le jeu d'entraînement). Si vous utilisez Scikit-Learn, il s'agit de réutiliser le même `StandardScaler` et d'appeler sa méthode `transform()`, et non sa méthode `fit_transform()`.

La figure 1.12 illustre aussi le fait que l'entraînement d'un modèle consiste à rechercher une combinaison de paramètres du modèle minimisant une fonction de coût (sur le jeu d'entraînement). C'est une recherche dans l'*espace de paramètres* du modèle : plus le modèle comporte de paramètres, plus l'espace comporte de dimensions et plus difficile est la recherche : rechercher une aiguille dans une botte de foin à 300 dimensions est plus compliqué que dans un espace à trois dimensions. Heureusement, sachant que la fonction de coût est convexe dans le cas d'une régression linéaire, l'aiguille se trouve tout simplement au fond de la cuvette.

1.5.1 Descente de gradient ordinaire

Pour implémenter une descente de gradient, vous devez calculer le gradient de la fonction de coût par rapport à chaque paramètre θ_j du modèle : autrement dit, vous devez calculer quelle est la modification de la fonction de coût lorsque vous modifiez un petit peu θ_j. C'est ce qu'on appelle une *dérivée partielle*. Cela revient à demander « quelle est la pente de la montagne sous mes pieds si je me tourne vers l'est ? », puis de poser la même question en se tournant vers le nord (et ainsi de suite pour toutes les autres dimensions, si vous pouvez vous imaginer un univers avec plus de trois dimensions). La dérivée partielle de la fonction de coût (MSE) par rapport à θ_j, notée $\frac{\partial}{\partial \theta j} MSE(\boldsymbol{\theta})$ se calcule comme suit :

Équation 1.7 – Dérivées partielles de la fonction de coût

$$\frac{\partial}{\partial \theta_j} \mathrm{MSE}(\boldsymbol{\theta}) = \frac{2}{m} \sum_{i=1}^{m} \left(\boldsymbol{\theta}^T \mathbf{x}^{(i)} - y^{(i)} \right) x_j^{(i)}$$

Au lieu de calculer individuellement chaque dérivée partielle, vous pouvez utiliser la formulation vectorielle suivante pour les calculer toutes ensemble. Le vecteur gradient, noté $\nabla_{\boldsymbol{\theta}} \mathrm{MSE}(\boldsymbol{\theta})$, est composé de toutes les dérivées partielles de la fonction de coût (une pour chaque paramètre du modèle) :

Équation 1.8 – Vecteur gradient de la fonction de coût

$$\nabla_{\boldsymbol{\theta}} \mathrm{MSE}(\boldsymbol{\theta}) = \begin{pmatrix} \frac{\partial}{\partial \theta_0} \mathrm{MSE}(\boldsymbol{\theta}) \\ \frac{\partial}{\partial \theta_1} \mathrm{MSE}(\boldsymbol{\theta}) \\ \vdots \\ \frac{\partial}{\partial \theta_n} \mathrm{MSE}(\boldsymbol{\theta}) \end{pmatrix} = \frac{2}{m} \mathbf{X}^T (\mathbf{X}\boldsymbol{\theta} - \mathbf{y})$$

Notez que cette formule implique des calculs sur l'ensemble du jeu d'entraînement X, à chaque étape de la descente de gradient ! C'est pourquoi l'algorithme s'appelle *batch gradient descent* en anglais (*descente de gradient groupée*) : il utilise l'ensemble des données d'entraînement à chaque étape. À vrai dire, *full gradient descent* (descente de gradient complète) serait un nom plus approprié. De ce fait, il est extrêmement lent sur les jeux d'entraînement très volumineux (mais nous verrons plus loin des algorithmes de descente de gradient bien plus rapides). Cependant, la descente de gradient s'accommode bien d'un grand nombre de variables : entraîner un modèle de régression linéaire lorsqu'il y a des centaines de milliers de variables est bien plus rapide avec une descente de gradient qu'avec une équation normale ou une décomposition en valeurs singulières (SVD).

Une fois que vous avez le vecteur gradient (qui pointe vers le haut), il vous suffit d'aller dans la direction opposée pour descendre. Ce qui revient à soustraire $\nabla_{\boldsymbol{\theta}}\text{MSE}(\boldsymbol{\theta})$ de $\boldsymbol{\theta}$. C'est ici qu'apparaît le taux d'apprentissage η[10] : multipliez le vecteur gradient par η pour déterminer le pas de la progression vers le bas :

Équation 1.9 – Pas de descente de gradient

$$\boldsymbol{\theta}^{(\text{étape suivante})} = \boldsymbol{\theta} - \eta\nabla_{\boldsymbol{\theta}}\text{MSE}(\boldsymbol{\theta})$$

Voyons une implémentation rapide de cet algorithme :

```
eta = 0.1  # taux d'apprentissage
n_epochs = 1000
m = len(X_b)  # nombre d'observations

np.random.seed(42)
theta = np.random.randn(2, 1) # init. aléatoire des paramètres du modèle

for epoch in range(n_epochs):
    gradients = 2 / m * X_b.T @ (X_b @ theta - y)
    theta = theta - eta * gradients
```

Ce n'était pas trop difficile ! Chacune des itérations sur le jeu d'entraînement s'appelle une *époque* (en anglais, *epoch*). Voyons maintenant le `theta` qui en résulte :

```
>>> theta
array([[4.21509616],
       [2.77011339]])
```

C'est exactement ce que nous avions obtenu avec l'équation normale ! La descente de gradient a parfaitement fonctionné. Mais que se serait-il passé avec un taux d'apprentissage différent ? La figure 1.13 présente les 20 premiers pas de la descente de gradient en utilisant trois taux d'apprentissage différents. La ligne au bas de chaque graphique représente le point de départ choisi aléatoirement, puis les époques successives sont représentées par des lignes de plus en plus sombres.

10. Êta (η) est la 7ième lettre de l'alphabet grec.

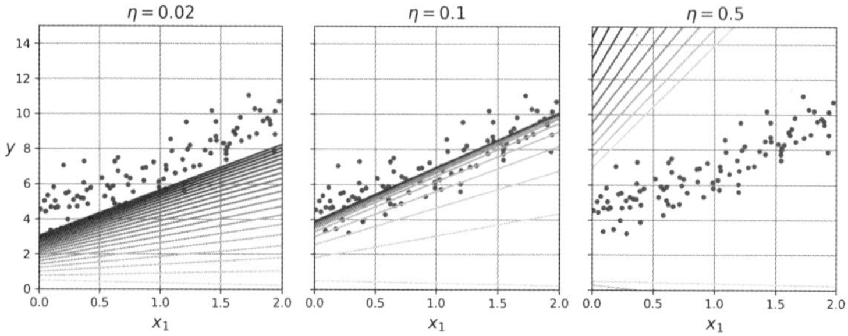

Figure 1.13 – Descente de gradient avec divers taux d'apprentissage

À gauche, le taux d'apprentissage est trop faible : l'algorithme aboutira au bout du compte à la solution, mais cela prendra très longtemps. Au milieu, le taux d'apprentissage semble assez bon : en quelques époques seulement, l'algorithme a déjà convergé vers la solution. À droite, le taux d'apprentissage est trop haut, l'algorithme diverge, sautant ici et là et s'éloignant finalement de plus en plus de la solution à chaque étape.

Si les données sont normalisées, un taux d'apprentissage de 0,01 sera souvent correct. Si vous constatez que l'algorithme met trop de temps à converger, il faudra l'augmenter, et inversement si l'algorithme diverge, il faudra le diminuer.

Vous vous demandez peut-être comment choisir le nombre d'époques. Si ce nombre est trop faible, vous serez encore très loin de la solution optimale lorsque l'algorithme s'arrêtera ; mais s'il est trop élevé, vous perdrez du temps alors que les paramètres du modèle n'évolueront plus. Une solution simple consiste à choisir un très grand nombre d'époques, mais à interrompre l'algorithme lorsque le vecteur de gradient devient très petit, c'est-à-dire quand sa norme devient inférieure à un très petit nombre ϵ (appelé *tolérance*), ce qui signifie que la descente de gradient a (presque) atteint son minimum.

Bien sûr, plus vous choisirez un ϵ petit, plus le résultat sera précis, mais plus vous devrez attendre avant que l'algorithme ne s'arrête.

1.5.2 Descente de gradient stochastique

Le principal problème de la descente de gradient ordinaire, c'est qu'elle utilise à chaque étape l'ensemble du jeu d'entraînement pour calculer les gradients, ce qui la rend très lente lorsque le jeu d'entraînement est de grande taille. À l'extrême inverse, la *descente de gradient stochastique* choisit à chaque étape une observation prise au hasard dans l'ensemble d'entraînement et calcule les gradients en se basant uniquement sur cette seule observation. Bien évidemment, travailler sur une seule observation à la fois rend l'algorithme beaucoup plus rapide puisqu'il n'a que très peu de données à manipuler à chaque itération. Cela permet aussi de l'entraîner sur des jeux de données de grande taille, car il n'a besoin que d'une seule observation en mémoire à chaque itération.

Par contre, étant donné sa nature stochastique (c'est-à-dire aléatoire), cet algorithme est beaucoup moins régulier qu'une descente de gradient ordinaire : au lieu de décroître doucement jusqu'à atteindre le minimum, la fonction de coût va effectuer des sauts vers le haut et vers le bas et ne décroîtra qu'en moyenne. Au fil du temps, elle arrivera très près du minimum, mais une fois là elle continuera à effectuer des sauts aux alentours sans jamais s'arrêter (voir figure 1.14). Par conséquent, lorsque l'algorithme est stoppé, les valeurs finales des paramètres sont bonnes, mais pas optimales.

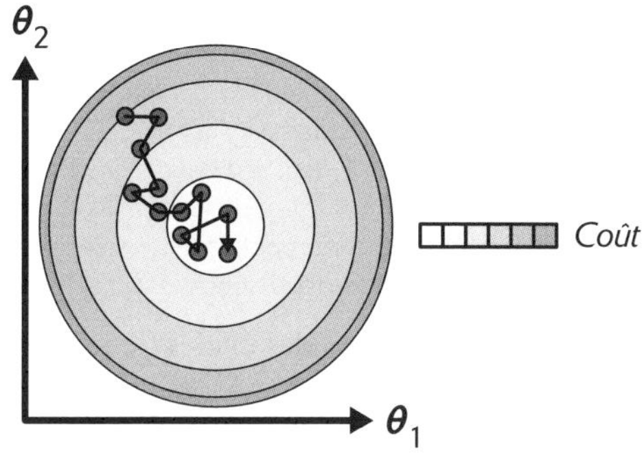

Figure 1.14 – Avec la descente de gradient stochastique, chaque étape de l'entraînement est beaucoup plus rapide mais aussi beaucoup plus aléatoire qu'avec la descente de gradient ordinaire

Lorsque la fonction de coût est très irrégulière (comme sur la figure 1.11), ceci peut en fait aider l'algorithme à sauter à l'extérieur d'un minimum local, et donc la descente de gradient stochastique a plus de chances de trouver le minimum global que la descente de gradient ordinaire.

Par conséquent, cette sélection aléatoire est un bon moyen d'échapper à un minimum local, mais n'est pas satisfaisante car l'algorithme ne va jamais s'arrêter au minimum. Une solution à ce dilemme consiste à réduire progressivement le taux d'apprentissage : les pas sont grands au début (ce qui permet de progresser rapidement et d'échapper aux minima locaux), puis ils réduisent progressivement, permettant à l'algorithme de s'arrêter au minimum global. Ce processus est semblable à l'algorithme portant en anglais le nom de *simulated annealing* (ou *recuit simulé*) parce qu'il est inspiré du processus métallurgique consistant à refroidir lentement un métal en fusion. La fonction qui détermine le taux d'apprentissage à chaque itération s'appelle l'*échéancier d'apprentissage* (en anglais, *learning schedule*). Si le taux d'apprentissage est réduit trop rapidement, l'algorithme peut rester bloqué sur un minimum local ou même s'immobiliser à mi-chemin du minimum. Si le taux d'apprentissage est réduit trop lentement, l'algorithme peut sauter pendant longtemps autour du minimum et finir au-dessus de l'optimum si vous tentez de l'arrêter trop tôt.

Ce code implémente une descente de gradient stochastique en utilisant un calendrier d'apprentissage très simple :

```
n_epochs = 50
t0, t1 = 5, 50  # hyperparam. d'échéancier d'apprent.
```

```
def learning_schedule(t):
    return t0 / (t + t1)

np.random.seed(42)
theta = np.random.randn(2, 1)  # init. aléatoire

for epoch in range(n_epochs):
    for iteration in range(m):
        random_index = np.random.randint(m)
        xi = X_b[random_index : random_index + 1]
        yi = y[random_index : random_index + 1]
        gradients = 2 * xi.T @ (xi @ theta - yi)  # pour la SGD,
                                                  # ne pas diviser par m
        eta = learning_schedule(epoch * m + iteration)
        theta = theta - eta * gradients
```

Par convention, nous effectuons des cycles de m itérations : chacun de ces cycles s'appelle une *époque* (en anglais, *epoch*). Alors que le code de la descente de gradient ordinaire effectue 1 000 fois plus d'itérations sur l'ensemble du jeu d'apprentissage, ce code-ci ne parcourt le jeu d'entraînement qu'environ 50 fois et aboutit à une solution plutôt satisfaisante :

```
>>> theta
array([[4.21076011],
       [2.74856079]])
```

La figure 1.15 présente les 20 premières étapes de l'entraînement (notez l'irrégularité des pas).

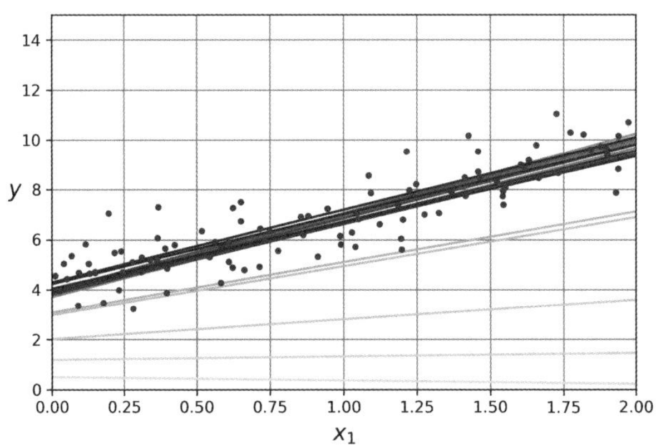

Figure 1.15 – Vingt premiers pas d'une descente de gradient stochastique

Remarquez qu'étant donné que les observations sont choisies au hasard, certaines d'entre elles peuvent être sélectionnées plusieurs fois par époque, alors que d'autres ne le seront jamais. Si vous voulez être sûr que l'algorithme parcoure toutes les observations durant chaque époque, vous pouvez adopter une autre approche qui consiste à mélanger le jeu d'entraînement comme on bat un jeu de cartes (en prenant soin de mélanger conjointement les variables d'entrée et les étiquettes), à le parcourir observation par observation, puis à mélanger à nouveau, et ainsi de suite. Cependant, la convergence est en général plus lente.

Lorsqu'on utilise une descente de gradient stochastique, les observations d'entraînement doivent être indépendantes et identiquement distribuées (IID), pour garantir que les paramètres évoluent vers l'optimum global, en moyenne. Un moyen simple d'y parvenir consiste à mélanger les observations durant l'entraînement (p. ex. en choisissant aléatoirement chaque observation, ou en battant le jeu d'entraînement au début de chaque époque). Si vous ne mélangez pas les observations, et si par exemple celles-ci sont triées par étiquette, alors la descente de gradient stochastique commencera par optimiser pour une étiquette, puis pour la suivante, et ainsi de suite, et ne convergera pas vers le minimum global.

Pour effectuer avec Scikit-Learn une régression linéaire par descente de gradient stochastique (ou SGD), vous pouvez utiliser la classe `SGDRegressor` qui par défaut optimise la fonction de coût du carré des erreurs (MSE). Le code suivant effectue au maximum 1 000 époques (`max_iter`) ou tourne jusqu'à ce que la perte devienne inférieure à 10^{-5} (`tol`) durant 100 époques (`n_iter_no_change`). Il commence avec un taux d'apprentissage de 0,1 (`eta0`), en utilisant le calendrier d'apprentissage par défaut (différent de celui ci-dessus). À la fin, il n'effectue aucune régularisation (`penalty=None`, expliqué un peu plus loin).

```
from sklearn.linear_model import SGDRegressor
sgd_reg = SGDRegressor(max_iter=1000, tol=1e-5, penalty=None, eta0=0.01,
                       n_iter_no_change=100, random_state=42)
sgd_reg.fit(X, y.ravel())  # y.ravel() car fit() attend des cibles 1D
```

Là encore, vous obtenez une solution assez proche de celle donnée par l'équation normale :

```
>>> sgd_reg.intercept_, sgd_reg.coef_
(array([4.21278812]), array([2.77270267]))
```

Tous les estimateurs de Scikit-Learn peuvent être entraînés en utilisant la méthode `fit()`, mais certains estimateurs possèdent aussi une méthode `partial_fit()` que vous pouvez appeler pour exécuter une seule passe d'entraînement sur une ou plusieurs observations (elle ignore les hyperparamètres tels que `max_iter` ou `tol`). En appelant `partial_fit()` de manière répétée, on entraîne graduellement le modèle. Ceci est utile lorsque vous souhaitez avoir davantage de contrôle sur le processus d'entraînement. Les autres modèles disposent, à la place, d'un hyperparamètre `warm_start` (et certains possèdent les deux) : si vous définissez `warm_start=True`, l'appel de la méthode `fit()` sur un modèle entraîné ne réinitialise pas le modèle, mais poursuit simplement l'entraînement là où il s'est arrêté, en respectant les hyperparamètres tels que `max_iter` et `tol`. Notez que `fit()` réinitialise le compteur d'itérations utilisé par le calendrier d'apprentissage, alors que `partial_fit()` ne le fait pas.

1.5.3 Descente de gradient par mini-lots

Le dernier algorithme de descente de gradient que nous allons étudier s'appelle *descente de gradient par mini-lots* (en anglais, *mini-batch gradient descent*). Il se comprend aisément, une fois que vous connaissez les deux autres méthodes de descente de gradient, ordinaire et stochastique : à chaque étape, au lieu de calculer les dérivées partielles sur l'ensemble du jeu d'entraînement (DG ordinaire) ou sur une seule observation (DG stochastique), la descente de gradient par mini-lots calcule le gradient sur de petits sous-ensembles d'observations sélectionnées aléatoirement qu'on appelle *mini-lots*. Le principal avantage par rapport à la descente de gradient stochastique, c'est que vous améliorez les performances du fait de l'optimisation matérielle des opérations matricielles, particulièrement lorsque vous tirez parti de processeurs graphiques (comme nous le verrons avec TensorFlow).

La progression de l'algorithme dans l'espace des paramètres est moins désordonnée que dans le cas de la descente de gradient stochastique, tout particulièrement lorsque les mini-lots sont relativement grands. Par conséquent, la descente de gradient par mini-lots aboutira un peu plus près du minimum qu'une descente de gradient stochastique, par contre elle aura plus de mal à sortir d'un minimum local (dans le cas des problèmes où il existe des minima locaux, ce qui n'est pas le cas de la régression linéaire grâce à la fonction de coût MSE). La figure 1.16 montre les chemins suivis dans l'espace des paramètres par trois algorithmes de descente de gradient durant leur entraînement. Ils finissent tous à proximité du minimum, mais la descente de gradient ordinaire s'arrête effectivement à ce minimum, tandis que la descente de gradient stochastique et celle par mini-lots continuent à se déplacer autour. Cependant, n'oubliez pas que la descente de gradient ordinaire prend beaucoup de temps à chaque étape, et que les deux derniers algorithmes auraient aussi atteint le minimum si vous aviez utilisé un bon échéancier d'apprentissage.

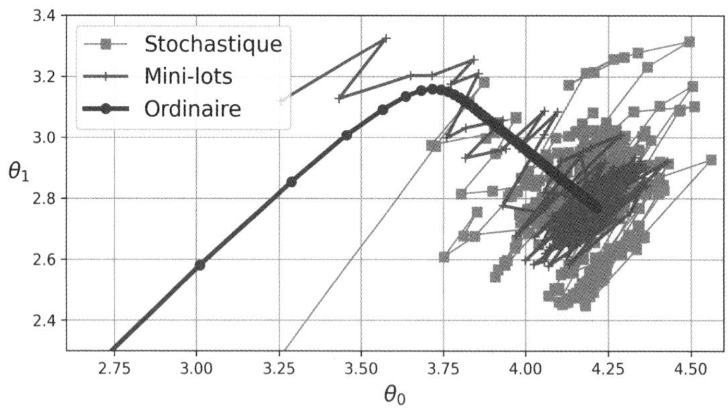

Figure 1.16 – Cheminement dans l'espace des paramètres de plusieurs descentes de gradient

Comparons les algorithmes de régression linéaire dont nous avons parlé jusqu'ici[11] (rappelons que m est le nombre d'observations du jeu d'entraînement et n son nombre de variables).

Tableau 1.1 – Comparaison d'algorithmes de régression linéaire

Algorithme	m grand	Hors-mémoire possible ?	n grand	Hyper-paramètres	Normali-sation requise ?	Scikit-Learn
Équation normale	rapide	non	lent	0	non	non disponible
SVD	rapide	non	lent	0	non	`LinearRegression`
DG ordinaire	lent	non	rapide	2	oui	non disponible
DG stochastique	rapide	oui	rapide	≥ 2	oui	`SGDRegressor`
DG par mini-lots	rapide	oui	rapide	≥ 2	oui	non disponible

Il n'y a pratiquement aucune différence après l'entraînement : tous ces algorithmes aboutissent à des modèles très similaires et effectuent des prédictions exactement de la même manière.

1.6 RÉGRESSION POLYNOMIALE

Et si la complexité de vos données ne peut se modéliser par une ligne droite ? Étonnamment, vous pouvez aussi utiliser un modèle linéaire pour ajuster des données non linéaires. L'un des moyens d'y parvenir consiste à ajouter les puissances de chacune des variables comme nouvelles variables, puis d'entraîner un modèle linéaire sur ce nouvel ensemble de données : cette technique porte le nom de *régression polynomiale*.

Voyons-en un exemple : générons d'abord quelques données non linéaires (voir figure 1.17) à l'aide d'une fonction polynomiale de la forme $y = ax^2 + bx + c$, en y ajoutant des aléas :

```
np.random.seed(42)
m = 100
X = 6 * np.random.rand(m, 1) - 3
y = 0.5 * X ** 2 + X + 2 + np.random.randn(m, 1)
```

11. Si l'équation normale ne s'applique qu'à la régression linéaire, les algorithmes de descente de gradient peuvent, comme nous le verrons, permettre d'entraîner de nombreux autres modèles.

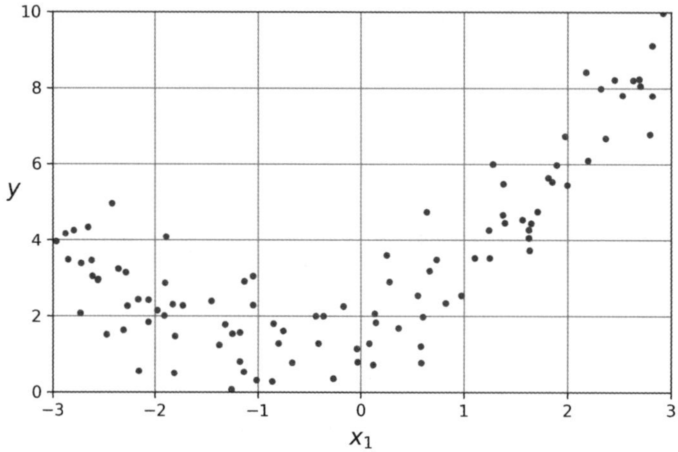

Figure 1.17 – Jeu de données non linéaire avec aléas générés

Il est clair qu'une ligne droite n'ajustera jamais correctement ces données. Utilisons donc la classe `PolynomialFeatures` de Scikit-Learn pour transformer nos données d'apprentissage, en ajoutant les carrés (polynômes du second degré) des variables aux variables existantes (dans notre cas, il n'y avait qu'une variable) :

```
>>> from sklearn.preprocessing import PolynomialFeatures
>>> poly_features = PolynomialFeatures(degree=2, include_bias=False)
>>> X_poly = poly_features.fit_transform(X)
>>> X[0]
array([-0.75275929])
>>> X_poly[0]
array([-0.75275929, 0.56664654])
```

`X_poly` contient désormais la variable originelle de `X` plus le carré de celle-ci. Nous pouvons alors ajuster un modèle `LinearRegression` à notre jeu d'entraînement complété (voir figure 1.18) :

```
>>> lin_reg = LinearRegression()
>>> lin_reg.fit(X_poly, y)
>>> lin_reg.intercept_, lin_reg.coef_
(array([1.78134581]), array([[0.93366893, 0.56456263]]))
```

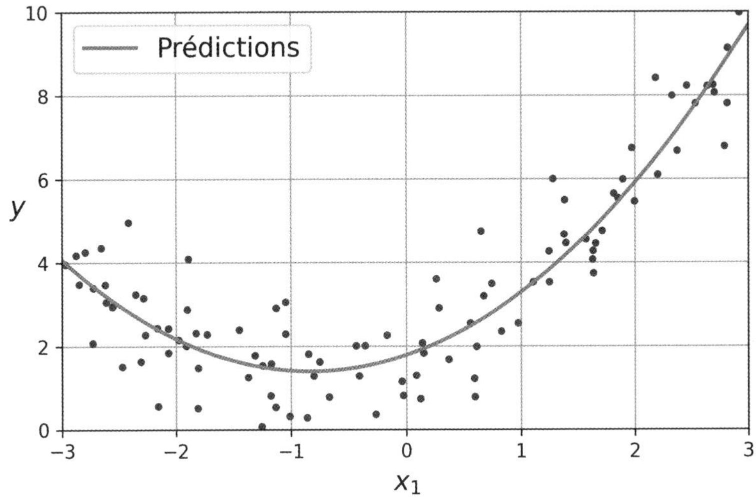

Figure 1.18 – Prédictions du modèle de régression polynomiale

Ce n'est pas mal ! Le modèle donne l'estimation $\hat{y} = 0{,}56\ x_1^2 + 0{,}93\ x_1 + 1{,}78$ alors que la fonction d'origine était $y = 0{,}5\ x_1^2 + 1{,}0\ x_1 + 2{,}0 +$ *aléa gaussien*.

Notez que lorsqu'il y a des variables multiples, la régression polynomiale est capable de mettre en évidence des relations entre ces variables (ce que ne peut pas faire un modèle de régression linéaire simple). Ceci est rendu possible par le fait que `PolynomialFeatures` ajoute toutes les combinaisons de variables jusqu'à un certain degré. Si vous avez par exemple deux variables *a* et *b*, `PolynomialFeatures` avec `degree=3` ne va pas seulement ajouter les variables a^2, a^3, b^2 et b^3, mais aussi les combinaisons ab, a^2b et ab^2.

`PolynomialFeatures(degree=d)` transforme un tableau comportant *n* variables en un tableau comportant $\frac{(n+d)!}{d!n!}$ variables, où factorielle *n* (notée *n*!) = 1 × 2 × 3 × … × *n*. Attention à l'explosion combinatoire du nombre de variables !

1.7 COURBES D'APPRENTISSAGE

Si vous effectuez une régression polynomiale de haut degré, il est probable que vous ajusterez beaucoup mieux les données d'entraînement qu'avec une régression linéaire simple. La figure 1.19 applique par exemple un modèle polynomial de degré 300 aux données d'entraînement précédentes, puis compare le résultat à un modèle purement linéaire et à un modèle quadratique (polynôme du second degré). Notez comme le modèle polynomial de degré 300 ondule pour s'approcher autant que possible des observations d'entraînement.

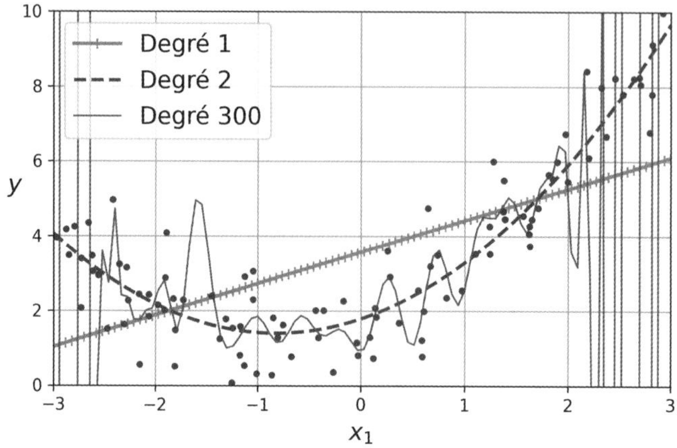

Figure 1.19 – Régression polynomiale de haut degré

Ce modèle polynomial de haut degré surajuste considérablement les données d'entraînement, alors que le modèle linéaire les sous-ajuste. Le modèle qui se généralisera le mieux dans ce cas est le modèle du second degré. C'est logique, vu que les données ont été générées à l'aide d'un polynôme du second degré. Mais en général, vous ne saurez pas quelle fonction a généré les données, alors comment décider de la complexité à donner au modèle ? Comment pouvez-vous déterminer si votre modèle surajuste ou sous-ajuste les données ?

Une solution, comme nous l'avons vu plus haut, consiste à entraîner plusieurs fois le modèle avec des degrés polynomiaux différents, jusqu'à trouver le degré qui produit le meilleur modèle, évalué sur un jeu de données de validation.

Plutôt que de réserver des données pour le jeu de validation, on peut effectuer ce qu'on appelle une *validation croisée* : on découpe le jeu de données d'entraînement en *k* morceaux (ou *k folds* en anglais), et on entraîne le modèle sur tous les morceaux sauf le premier, que l'on utilise ensuite pour évaluer le modèle. Puis on réinitialise ce modèle et on l'entraîne à nouveau, mais cette fois-ci sur tous les morceaux sauf le deuxième, que l'on utilise pour évaluer le modèle, et ainsi de suite. Pour chaque combinaison d'hyperparamètres, on obtient ainsi *k* évaluations. On peut alors choisir la combinaison qui produit la meilleure évaluation en moyenne. Voir les classes `GridSearchCV` et `RandomizedSearchCV` de Scikit-Learn.

Un autre moyen consiste à étudier les courbes d'apprentissage, qui représentent graphiquement l'erreur d'entraînement et l'erreur de validation du modèle en fonction de l'itération d'entraînement : il suffit d'évaluer le modèle à intervalles réguliers durant l'entraînement, à la fois sur le jeu d'entraînement et sur le jeu de validation, et de représenter graphiquement les résultats. Si le modèle ne peut être entraîné de manière incrémentale (c'est-à-dire s'il n'a pas de méthode `partial_fit()` ni de `warm_start`), alors vous pouvez l'entraîner plusieurs fois sur des sous-ensembles du jeu d'entraînement que vous agrandirez peu à peu.

Scikit-Learn dispose d'une fonction bien utile pour cela : elle entraîne et évalue le modèle en utilisant la validation croisée. Par défaut, elle réentraîne le modèle sur des sous-ensembles croissants du jeu d'entraînement, mais, si le modèle permet un apprentissage incrémental, lorsque vous appelez `learning_curve()` vous pouvez spécifier `exploit_incremental_learning=True` pour qu'à la place elle entraîne le modèle incrémentalement. La fonction renvoie les tailles de jeu d'entraînement pour lesquelles elle a évalué le modèle, ainsi que les scores d'entraînement et de validation mesurés pour chaque taille et pour chaque passe de validation croisée. Utilisons cette fonction pour obtenir les courbes d'apprentissage du modèle de régression linéaire ordinaire (voir figure 1.20) :

```
from sklearn.model_selection import learning_curve

train_sizes, train_scores, valid_scores = learning_curve(
    LinearRegression(), X, y, train_sizes=np.linspace(0.01, 1.0, 40), cv=5,
    scoring="neg_root_mean_squared_error")
train_errors = -train_scores.mean(axis=1)
valid_errors = -valid_scores.mean(axis=1)

plt.plot(train_sizes, train_errors, "r-+", linewidth=2, label="Entraînement")
plt.plot(train_sizes, valid_errors, "b-", linewidth=3, label="Validation")
[...]  # finitions : libellés, axes, quadrillage et légende
plt.show()
```

Examinons les courbes d'apprentissage du modèle de régression linéaire simple (une droite) :

```
lin_reg = LinearRegression()
plot_learning_curves(lin_reg, X, y)
```

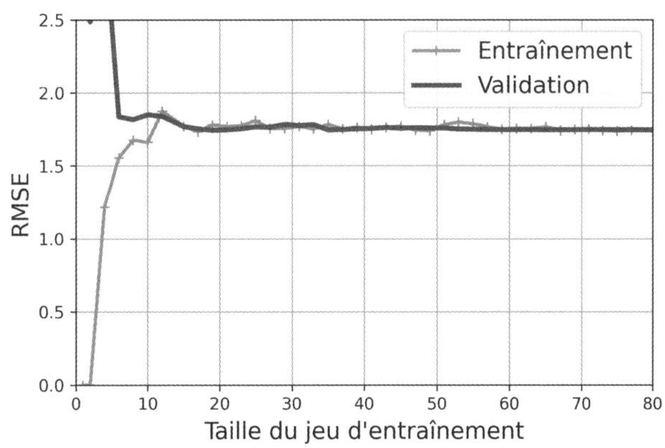

Figure 1.20 – Courbes d'apprentissage

Ce modèle sous-ajuste. Pour comprendre pourquoi, voyons d'abord l'erreur d'entraînement. Lorsque le jeu d'entraînement ne comporte qu'une ou deux observations, le modèle peut les ajuster parfaitement, c'est pourquoi la courbe commence à zéro. Mais à mesure qu'on ajoute de nouvelles observations au jeu d'entraînement, le modèle a de plus en plus de mal à les ajuster, d'une part à cause du bruit, et d'autre part parce que ce n'est pas linéaire du tout. C'est pourquoi l'erreur sur le jeu d'entraînement augmente jusqu'à atteindre un plateau : à partir de là, l'ajout de nouvelles observations au jeu d'entraînement ne modifie plus beaucoup l'erreur moyenne, ni en bien ni en mal. Voyons maintenant l'erreur de validation : lorsque le modèle est entraîné à partir de très peu d'observations, il est incapable de généraliser correctement, c'est pourquoi l'erreur de validation est relativement importante au départ. Puis le modèle s'améliore à mesure qu'il reçoit davantage d'exemples d'entraînement, c'est pourquoi l'erreur de validation diminue lentement. Cependant, il n'est toujours pas possible de modéliser correctement les données à l'aide d'une ligne droite, c'est pourquoi l'erreur finit en plateau, très proche de l'autre courbe.

Ces courbes d'apprentissage sont caractéristiques d'un modèle qui sous-ajuste : les deux courbes atteignent un plateau, elles sont proches et relativement hautes.

Si votre modèle sous-ajuste les données d'entraînement, ajouter d'autres exemples d'entraînement ne servira à rien. Vous devez choisir un meilleur modèle ou trouver de meilleures variables.

Voyons maintenant les courbes d'apprentissage d'un modèle polynomial de degré 10 sur les mêmes données (voir figure 1.21) :

```
from sklearn.pipeline import make_pipeline

polynomial_regression = make_pipeline(
    PolynomialFeatures(degree=10, include_bias=False),
    LinearRegression())

train_sizes, train_scores, valid_scores = learning_curve(
    polynomial_regression, X, y, train_sizes=np.linspace(0.01, 1.0, 40), cv=5,
    scoring="neg_root_mean_squared_error")
[...]  # comme précédemment
```

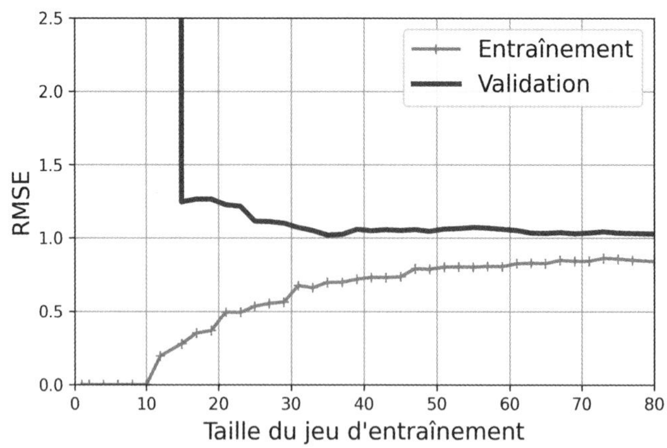

Figure 1.21 – Courbes d'apprentissage pour le modèle polynomial de degré 10

Ces courbes d'apprentissage ressemblent un peu aux précédentes, mais il y a deux différences très importantes :

1. L'erreur sur les données d'entraînement est très inférieure à la précédente.
2. Il y a un écart entre les courbes. Cela signifie que le modèle donne des résultats nettement meilleurs sur le jeu d'entraînement que sur le jeu de validation, ce qui est la marque d'un modèle qui surajuste. Cependant, si vous augmentez le nombre d'observations de votre jeu d'entraînement, les deux courbes se rapprocheront.

Un moyen d'améliorer un modèle qui surajuste consiste à lui donner davantage d'observations d'entraînement, jusqu'à ce que l'erreur de validation se rapproche de l'erreur d'entraînement.

Le compromis entre biais et variance

Résultat théorique important en statistiques et en apprentissage automatique, l'erreur de généralisation d'un modèle peut s'exprimer comme la somme de trois erreurs très différentes :

- *Biais* : cette composante de l'erreur de généralisation est due à de mauvaises hypothèses, comme par exemple de supposer que les données sont linéaires lorsqu'elles sont quadratiques. Un modèle à haut biais a plus de chances de sous-ajuster les données d'entraînement[12].
- *Variance* : cette composante de l'erreur est due à la sensibilité excessive du modèle à de petites variations dans le jeu d'entraînement. Un modèle ayant beaucoup de degrés de liberté (comme par exemple un modèle polynomial de degré élevé) aura vraisemblablement une variance élevée, et par conséquent surajustera les données d'entraînement.
- *Erreur irréductible* : elle est due au bruit présent dans les données. Le seul moyen de réduire cette composante de l'erreur consiste à nettoyer les données (c'est-à-dire à réparer les sources de données, par exemple les capteurs défectueux, à détecter et à supprimer les données aberrantes, etc.).

Accroître la complexité d'un modèle va en général accroître sa variance et réduire son biais. Inversement, réduire la complexité d'un modèle accroît son biais et réduit sa variance. C'est pourquoi cet arbitrage entre biais et variance est qualifié de *compromis*.

12. Cette notion de biais ne doit pas être confondue avec le terme constant (ou biais) du modèle linéaire.

1.8 MODÈLES LINÉAIRES RÉGULARISÉS

Comme nous l'avons vu aux chapitres 1 et 2, un bon moyen de réduire le surajustement consiste à régulariser le modèle (c'est-à-dire à lui imposer des contraintes) : moins il a de degrés de liberté, plus il lui est difficile de surajuster les données. Un moyen simple de régulariser un modèle polynomial consiste à réduire le nombre de degrés du polynôme.

Pour un modèle linéaire, la régularisation consiste en général à imposer des contraintes aux coefficients de pondération du modèle. Nous allons maintenant étudier la régression ridge, la régression lasso et elastic net qui imposent des contraintes sur ces pondérations de trois façons différentes.

1.8.1 Régression ridge

Également appelée *régularisation de Tikhonov* ou *régression de crête*, la *régression ridge* est une version régularisée de la régression linéaire : un *terme de régularisation* égal à $\frac{\alpha}{m}\sum_{i=1}^{n} \theta_i^2$ est ajouté à la fonction de coût. Ceci force l'algorithme d'apprentissage non seulement à ajuster les données, mais aussi à maintenir les coefficients de pondération du modèle aussi petits que possible. Notez que le terme de régularisation ne doit être ajouté à la fonction de coût que durant l'entraînement. Une fois le modèle entraîné, vous évaluerez les performances du modèle en utilisant la MSE (ou la RMSE) non régularisée.

L'hyperparamètre α contrôle la quantité de régularisation que vous voulez imposer au modèle. Si $\alpha = 0$, on a tout simplement affaire à une régression linéaire. Si α est très grand, alors tous les coefficients de pondération finiront par avoir des valeurs très proches de zéro et le résultat sera une ligne horizontale passant par la moyenne des données. L'équation suivante présente la fonction de coût d'une régression ridge[13].

Équation 1.10 – Fonction de coût d'une régression ridge

$$J(\boldsymbol{\theta}) = \text{MSE}(\boldsymbol{\theta}) + \frac{\alpha}{m}\sum_{i=1}^{n}\theta_i^2$$

Notez que le terme constant θ_0 n'est pas régularisé (la somme commence à $i = 1$, et non 0). Si nous définissons $\mathbf{w}$ comme le vecteur de pondération des variables (θ_1 à θ_n), alors le terme de régularisation est simplement égal à $\alpha(\|\mathbf{w}\|_2)^2/m$, où $\|\mathbf{w}\|_2$ représente la norme ℓ_2 du vecteur de pondération $\mathbf{w}$ (voir l'encart sur les normes ℓ_k, ci-dessous).

Pour une descente de gradient ordinaire, ajoutez simplement $\alpha\mathbf{w}$ à la partie du vecteur gradient de la MSE correspondant aux pondérations des variables, sans rien ajouter au terme constant (voir équation 1.8).

13. Il est courant d'utiliser la notation $J(\boldsymbol{\theta})$ pour les fonctions de coût ne disposant pas d'un nom court : j'utiliserai souvent cette notation dans la suite de ce livre. Le contexte expliquera clairement de quelle fonction de coût il s'agit.

Les normes ℓ_k

Il existe diverses mesures de distance ou *normes* :

- Celle qui nous est la plus familière est la *norme euclidienne*, également appelée *norme* ℓ_2. La norme ℓ_2 d'un vecteur $\mathbf{v}$, notée $\|\mathbf{v}\|_2$ (ou tout simplement $\|\mathbf{v}\|$) est égale à la racine carrée de la somme des carrés de ses éléments. Par exemple, la norme d'un vecteur contenant les éléments 3 et 4 est égale à la racine carrée de $3^2 + 4^2 = 25$, c'est-à-dire 5. Une ville située 3 km à l'est et 4 km au sud se situe à 5 km à vol d'oiseau.
- La *norme* ℓ_1 d'un vecteur $\mathbf{v}$, notée $\|\mathbf{v}\|_1$, est égale à la somme de la valeur absolue des éléments de $\mathbf{v}$. On l'appelle parfois *norme de Manhattan* car elle mesure la distance entre deux points dans une ville où l'on ne peut se déplacer que le long de rues à angle droit. Par exemple si vous avez rendez-vous à 3 blocs vers l'est et 4 blocs vers le sud, vous devrez parcourir 4 + 3 = 7 blocs.
- Plus généralement, la norme ℓ_k d'un vecteur $\mathbf{v}$ contenant n éléments est définie par la formule: $\| v \|_k = (| v_0 |^k + | v_1 |^k + \ldots + | v_n |^k)^{\frac{1}{k}}$. La norme ℓ_0 donne simplement le nombre d'éléments non nuls du vecteur, tandis que la norme ℓ_∞ fournit la plus grande des valeurs absolues des éléments de ce vecteur. Plus l'index de la norme est élevé, plus celle-ci donne d'importance aux grandes valeurs en négligeant les petites. Les plus utilisées, de loin, sont les normes ℓ_1 et ℓ_2.

Il est important de centrer-réduire les variables (en utilisant par exemple un `StandardScaler`) avant d'effectuer une régression ridge, car celle-ci est sensible aux différences d'échelle entre les variables d'entrée. C'est vrai de la plupart des modèles régularisés.

La figure 1.22 présente différents modèles de régression ridge entraînés sur des données linéaires à bruit très important avec différentes valeurs α. À gauche, on a effectué des régressions ridge ordinaires, ce qui conduit à des prédictions linéaires. À droite, les données ont été tout d'abord étendues en utilisant `PolynomialFeatures(degree=10)`, puis centrées-réduites en utilisant `StandardScaler`, et enfin on a appliqué aux variables résultantes un modèle ridge, correspondant donc à une régression polynomiale avec régularisation ridge. Notez comme en accroissant α on obtient des prédictions plus lisses, moins extrêmes, plus raisonnables[14] : ceci correspond à une réduction de la variance du modèle, mais à un accroissement de son biais.

14. D'où le nom anglais de « ridge », qui signifie *crête* ou *arête*.

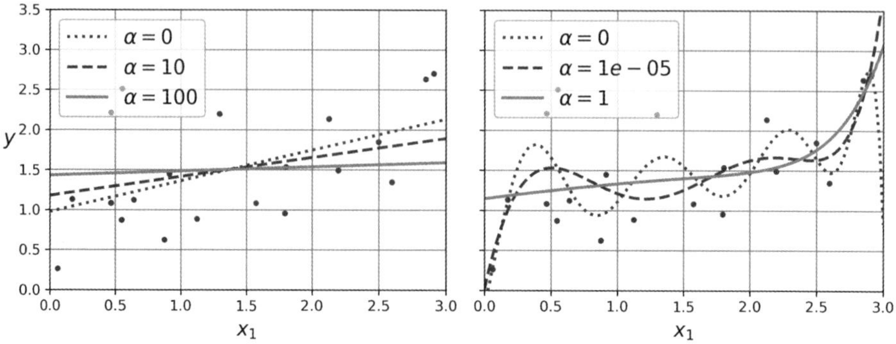

Figure 1.22 – Un modèle linéaire (à gauche) et un modèle polynomial (à droite), tous deux avec différents niveaux de régularisation ridge

Tout comme la régression linéaire, la régression ridge peut s'effectuer soit en résolvant une équation (solution analytique), soit en effectuant une descente de gradient. Les avantages et inconvénients sont les mêmes. L'équation 1.11 présente la solution analytique, où **A** est la *matrice identité*[15] $(n+1) \times (n+1)$, à l'exception d'une valeur 0 dans la cellule en haut à gauche, correspondant au terme constant.

Équation 1.11 – Solution analytique d'une régression ridge

$$\hat{\boldsymbol{\theta}} = \left(\mathbf{X}^T\mathbf{X} + \alpha\mathbf{A}\right)^{-1} \mathbf{X}^T\mathbf{y}$$

Voici comment effectuer une régression ridge par la méthode analytique avec Scikit-Learn (il s'agit d'une variante de la solution ci-dessus utilisant une technique de factorisation de matrice d'André-Louis Cholesky) :

```
>>> from sklearn.linear_model import Ridge
>>> ridge_reg = Ridge(alpha=1, solver="cholesky")
>>> ridge_reg.fit(X, y)
>>> ridge_reg.predict([[1.5]])
array([[1.55325833]])
```

Et en utilisant une descente de gradient stochastique[16] :

```
>>> sgd_reg = SGDRegressor(penalty="l2", alpha=0.1 / m, tol=None,
...                        max_iter=1000, eta0=0.01, random_state=42)
...
>>> sgd_reg.fit(X, y.ravel())  # y.ravel() car fit() attend des cibles 1D
>>> sgd_reg.predict([[1.5]])
array([1.55302613])
```

15. Une matrice carrée remplie de zéros, à l'exception des 1 sur la diagonale principale (d'en haut à gauche à en bas à droite).

16. Vous pouvez aussi utiliser la classe `Ridge` avec `solver="sag"`. La descente de gradient moyenne stochastique (*stochastic average* GD ou SAG) est une variante de la descente de gradient stochastique SGD. Pour plus de détails, reportez-vous à la présentation de Mark Schmidt *et al.*, University of British Columbia : *https://homl.info/12*.

L'hyperparamètre `penalty` définit le type de terme de régularisation à utiliser. En spécifiant `"l2"`, vous demandez au SGD d'ajouter à la fonction de coût MSE un terme de régularisation égal à `alpha` fois le carré de la norme ℓ_2 du vecteur des pondérations. C'est semblable à la régression ridge, sauf qu'il n'y a pas de division par m dans ce cas ; c'est pourquoi nous avons transmis `alpha=0.1 / m`, pour obtenir le même résultat que `Ridge(alpha=0.1)`.

La classe `RidgeCV` effectue aussi une régression ridge, mais elle ajuste automatiquement les hyperparamètres au moyen d'une validation croisée. C'est à peu près équivalent à l'utilisation de `GridSearchCV`, mais optimisé pour la régression ridge et beaucoup plus rapide. Plusieurs autres estimateurs (principalement linéaires) ont des variantes CV (c'est-à-dire à validation croisée) très efficaces, comme par exemple `LassoCV` et `ElasticNetCV`.

1.8.2 Régression lasso

La régression *least absolute shrinkage and selection operator* (appelée plus simplement *régression lasso*) est une autre version régularisée de la régression linéaire : tout comme la régression ridge, elle ajoute un terme de régularisation à la fonction de coût, mais elle utilise la norme ℓ_1 du vecteur de pondération au lieu de la moitié du carré de la norme ℓ_2. Notez que la norme ℓ_1 est mutipliée par 2α, alors que la norme ℓ_2 était multipliée par α / m dans la régression ridge. Ces facteurs ont été choisis pour garantir une valeur α optimale quelle que soit la taille du jeu d'entraînement : différentes normes aboutissent à différents facteurs (pour plus de détails, voir *https://github.com/scikit-learn/scikit-learn/issues/15657*).

Équation 1.12 – Fonction de coût de la régression lasso

$$J(\boldsymbol{\theta}) = \text{MSE}(\boldsymbol{\theta}) + 2\alpha\sum_{i=1}^{n}|\theta_i|$$

La figure 1.23 présente les mêmes résultats que la figure 1.22, mais en remplaçant les régressions ridge par des régressions lasso et en utilisant des valeurs α différentes.

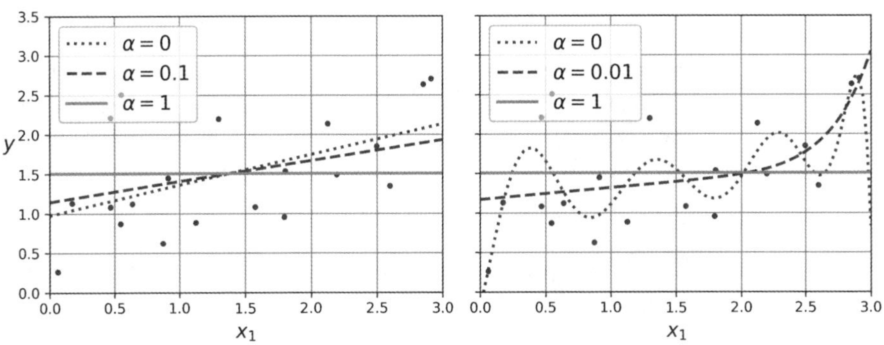

Figure 1.23 – Un modèle linéaire (à gauche) et un modèle polynomial (à droite), tous deux utilisant différents niveaux de régularisation lasso

Une caractéristique importante de la régression lasso est qu'elle tend à éliminer les poids des variables les moins importantes (elle leur donne la valeur zéro). Voyez par exemple la ligne à tirets du graphique de droite de la figure 1.23 (avec $\alpha = 10^{-7}$) qui ressemble *grosso modo* à une fonction du 3e degré : tous les coefficients de pondération des variables polynomiales de haut degré sont nuls. Autrement dit, la régression lasso effectue automatiquement une sélection des variables et produit un *modèle creux* (sparse, en anglais), avec seulement quelques coefficients de pondération non nuls.

L'observation de la figure 1.24 vous permettra de comprendre intuitivement pourquoi : les axes représentent deux paramètres du modèle et les courbes de niveau en arrière-plan représentent différentes fonctions de perte. Sur le graphique en haut à gauche, les courbes de niveau correspondent à la perte ℓ_1 ($|\theta_1| + |\theta_2|$), qui décroît linéairement lorsque vous vous rapprochez de l'un des axes. Ainsi, si vous initialisez les paramètres du modèle à $\theta_1 = 2$ et $\theta_2 = 0{,}5$, effectuer une descente de gradient fera décroître de la même manière les deux paramètres (comme le montre la ligne pointillée), et par conséquent θ_2 atteindra en premier la valeur 0 (étant donné qu'il était plus proche de 0 au départ). Après quoi, la descente de gradient suit la rigole jusqu'à atteindre $\theta_1 = 0$ (par bonds successifs étant donné que les gradients de ℓ_1 ne sont jamais proches de zéro, mais valent soit –1, soit 1 pour chaque paramètre). Sur le graphique en haut à droite, les courbes de niveau représentent la fonction de coût de la régression lasso (c.-à-d. une fonction de coût MSE plus une perte ℓ_1). Les petits cercles blancs matérialisent le chemin suivi par la descente de gradient pour optimiser certains paramètres du modèle initialisés aux alentours de $\theta_1 = 0{,}25$ et $\theta_2 = -1$: remarquez à nouveau que le cheminement atteint rapidement $\theta_2 = 0$, puis suit la rigole et finit par osciller aux alentours de l'optimum global (représenté par le carré).

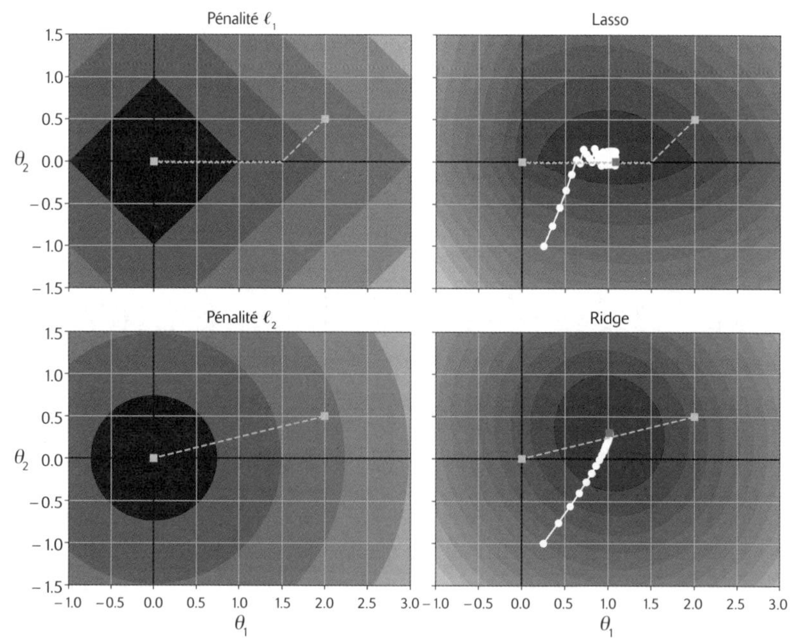

Figure 1.24 – Régularisation de régressions lasso et ridge

Si nous augmentions α, l'optimum global se déplacerait vers la gauche le long de la ligne pointillée, alors qu'il se déplacerait vers la droite si nous diminuions α (dans cet exemple, les paramètres optimaux pour la fonction de coût MSE non régularisée sont $\theta_1 = 2$ et $\theta_2 = 0{,}5$.

Les deux graphiques du bas illustrent la même chose mais cette fois pour une pénalité ℓ_2. Sur le graphique en bas à gauche, vous pouvez remarquer que la perte ℓ_2 diminue lorsqu'on s'approche de l'origine, c'est pourquoi la descente de gradient progresse directement vers ce point. Sur le graphique en bas à droite, les courbes de niveau représentent la fonction de coût d'une régression ridge (c.-à-d. une fonction de coût MSE plus une perte ℓ_2). Comme vous pouvez le voir, les gradients diminuent à mesure que les paramètres s'approchent de l'optimum global, ce qui fait que la descente de gradient ralentit naturellement. Ceci limite les rebonds de part et d'autre, ce qui aide la régression ridge à converger plus vite que la régression lasso. Remarquez enfin que les paramètres optimaux (représentés par le carré) se rapprochent de plus en plus de l'origine lorsque vous augmentez α, mais ne sont jamais éliminés entièrement.

Lorsque vous utilisez une régression lasso, pour éviter que la descente de gradient ne rebondisse à la fin aux alentours de l'optimum, vous devez diminuer graduellement le taux d'apprentissage durant l'entraînement (l'algorithme continuera à osciller autour de l'optimum, mais le pas sera de plus en plus petit, et donc il convergera).

La fonction de coût de la régression lasso n'est pas différentiable en $\theta_i = 0$ (pour $i = 1, 2, \ldots, n$), mais la descente de gradient fonctionne néanmoins fort bien si vous utilisez à la place un *vecteur de sous-gradient* $\mathbf{g}$[17] lorsque $\theta_i = 0$, quel que soit i. L'équation 1.13 définit un vecteur de sous-gradient que vous pouvez utiliser pour la descente de gradient dans le cas d'une fonction de coût lasso.

Équation 1.13 – Vecteur de sous-gradient pour une régression lasso

$$g(\boldsymbol{\theta}, J) = \nabla_{\boldsymbol{\theta}} \mathrm{MSE}(\boldsymbol{\theta}) + 2\alpha \begin{pmatrix} \mathrm{signe}(\theta_1) \\ \mathrm{signe}(\theta_2) \\ \vdots \\ \mathrm{signe}(\theta_n) \end{pmatrix} \quad \text{où } \mathrm{signe}(\theta_i) = \begin{cases} -1 & \text{si } \theta_i < 0, \\ 0 & \text{si } \theta_i = 0, \\ +1 & \text{si } \theta_i > 0. \end{cases}$$

Voici un petit exemple Scikit-Learn utilisant la classe `Lasso` :

```
>>> from sklearn.linear_model import Lasso
>>> lasso_reg = Lasso(alpha=0.1)
>>> lasso_reg.fit(X, y)
>>> lasso_reg.predict([[1.5]])
array([1.53788174])
```

17. Vous pouvez considérer qu'un vecteur de sous-gradient en un point non différentiable est un vecteur intermédiaire entre les vecteurs de gradient autour de ce point. Par exemple, la fonction $f(x) = |x|$ n'est pas dérivable en 0, mais sa dérivée est –1 pour $x < 0$ et + 1 pour $x > 0$, donc toute valeur comprise entre –1 et + 1 est une sous-dérivée de $f(x)$ en 0.

Remarquez que vous pourriez également utiliser un `SGDRegressor(penalty ="l1", alpha=0.1)`.

1.8.3 Régression elastic net

La régression elastic net (que l'on peut traduire par « filet élastique ») est un compromis entre régression ridge et régression lasso : le terme de régularisation est une somme pondérée des termes de régularisation de ces deux régressions, contrôlée par le ratio de mélange (ou mix ratio) r : lorsque $r = 0$, elastic net équivaut à la régression ridge, et quand $r = 1$, c'est l'équivalent d'une régression lasso.

Équation 1.14 – Fonction de coût d'elastic net

$$J(\boldsymbol{\theta}) = \text{MSE}(\boldsymbol{\theta}) + r\left(2\alpha\sum_{i=1}^{n}|\theta_i|\right) + (1-r)\left(\frac{\alpha}{m}\sum_{i=1}^{n}\theta_i^2\right)$$

Alors quand devriez-vous effectuer une régression linéaire simple (c.-à-d. sans régularisation), ou au contraire utiliser une régularisation ridge, lasso ou elastic net ? Il est pratiquement toujours préférable d'avoir au moins un petit peu de régularisation, c'est pourquoi vous devriez éviter en général d'effectuer une régression linéaire simple. La régression ridge est un bon choix par défaut, mais si vous soupçonnez que seules quelques variables sont utiles, vous devriez préférer une régression lasso ou elastic net, car elles tendent à réduire les coefficients de pondération des variables inutiles, comme nous l'avons expliqué. En général, elastic net est préférée à lasso, étant donné que lasso peut se comporter de manière erratique lorsque le nombre de variables est supérieur au nombre d'observations du jeu d'entraînement ou lorsque plusieurs des variables sont fortement corrélées.

Voici un court exemple Scikit-Learn utilisant `ElasticNet` (`l1_ratio` correspond au ratio de mélange r) :

```
>>> from sklearn.linear_model import ElasticNet
>>> elastic_net = ElasticNet(alpha=0.1, l1_ratio=0.5)
>>> elastic_net.fit(X, y)
>>> elastic_net.predict([[1.5]])
array([1.54333232])
```

1.8.4 Arrêt précoce

Une manière très différente de régulariser les algorithmes d'apprentissage itératifs tels que la descente de gradient consiste à stopper cet apprentissage dès que l'erreur de validation atteint un minimum. C'est ce qu'on appelle l'*arrêt précoce* (*early stopping*). La figure 1.25 présente un modèle complexe (ici un modèle de régression polynomiale de haut degré) entraîné à l'aide d'une descente de gradient ordinaire sur le jeu de données polynomiales utilisé précédemment. Au fur et à mesure des cycles ou « époques », l'algorithme apprend et son erreur de prédiction (RMSE) sur le jeu d'apprentissage décroît avec son erreur de prédiction sur le jeu de validation. Cependant, au bout d'un moment l'erreur de validation cesse de décroître et commence même à augmenter à nouveau. Ceci indique que le modèle a commencé à surajuster les données d'entraînement. Avec l'arrêt précoce, vous interrompez simplement l'entraînement dès que l'erreur de validation atteint le minimum. C'est une technique de régularisation tellement simple et efficace que Geoffrey Hinton l'a qualifiée de « superbe repas gratuit ».

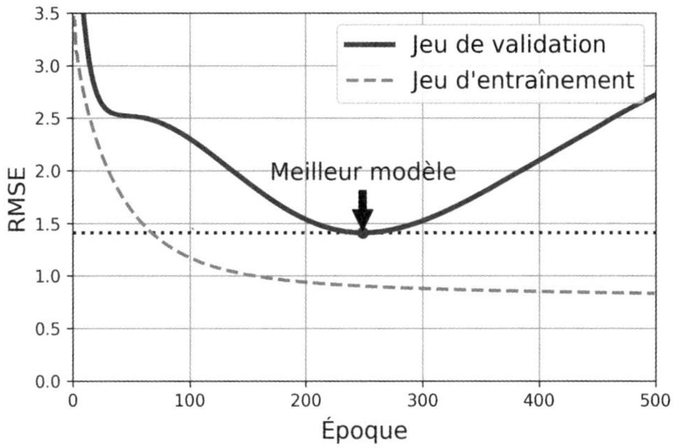

Figure 1.25 – Régularisation par arrêt précoce

Avec les descentes de gradient stochastique et par mini-lots, les courbes ne sont pas si régulières et il peut être difficile de savoir si l'on a atteint le minimum ou non. Une solution consiste à ne s'arrêter que lorsque l'erreur de validation a été supérieure au minimum pendant un certain temps (c'est-à-dire lorsque vous êtes convaincu que le modèle ne fera pas mieux), puis d'effectuer un retour arrière vers les paramètres du modèle pour lesquels l'erreur de validation était minimale.

Voici une implémentation simple de l'arrêt précoce :

```
from copy import deepcopy
from sklearn.metrics import mean_squared_error
from sklearn.preprocessing import StandardScaler

X_train, y_train, X_valid, y_valid = [...]  # découper le jeu de données

preprocessing = make_pipeline(
        PolynomialFeatures(degree=90, include_bias=False), StandardScaler())
X_train_prep = preprocessing.fit_transform(X_train)
X_valid_prep = preprocessing.transform(X_valid)
sgd_reg = SGDRegressor(penalty=None, eta0=0.002, random_state=42)
n_epochs = 500
best_valid_rmse = float('inf')

for epoch in range(n_epochs):
    sgd_reg.partial_fit(X_train_prep, y_train)
    y_valid_predict = sgd_reg.predict(X_valid_prep)
    val_error = mean_squared_error(y_valid, y_valid_predict, squared=False)
    if val_error < best_valid_rmse:
        best_valid_rmse = val_error
        best_model = deepcopy(sgd_reg)
```

Ce code ajoute tout d'abord les variables polynomiales et met à l'échelle toutes les variables d'entrée, tant pour le jeu d'entraînement que pour le jeu de validation (le code suppose que vous avez découpé le jeu d'entraînement originel en un jeu d'entraînement plus petit et un jeu de validation). Puis il crée un modèle `SGDRegressor` sans régularisation, avec un faible taux d'apprentissage. Dans la boucle d'entraînement, il appelle `partial_fit()` au lieu de `fit()`, pour effectuer un apprentissage incrémental. À chaque époque, il mesure la RMSE sur le jeu de validation. Si celle-ci est inférieure à la plus faible RMSE obtenue jusqu'ici, il sauvegarde une copie du modèle dans la variable `best_model`. Cette implémentation n'arrête pas vraiment l'entraînement, mais elle vous permet, après l'entraînement, de revenir au meilleur modèle. Notez que le modèle est copié en utilisant `copy.deepcopy()`, car on copie à la fois les hyperparamètres du modèle et les paramètres appris. Par contraste, `sklearn.base.clone()` ne copie que les hyperparamètres du modèle.

1.9 RÉGRESSION LOGISTIQUE

Certains algorithmes de régression peuvent être utilisés pour la classification (et inversement). La *régression logistique* (appelée également *régression logit*) est utilisée couramment pour estimer la probabilité qu'une observation appartienne à une classe particulière (p. ex. quelle est la probabilité que cet e-mail soit un pourriel ?). Si la probabilité estimée est supérieure à un seuil donné (en général 50 %), alors le modèle prédit que l'observation appartient à cette classe (appelée la *classe positive*, d'étiquette « 1 »), sinon il prédit qu'elle appartient à l'autre classe (la *classe négative*, d'étiquette « 0 »). C'est en fait un classificateur binaire.

1.9.1 Estimation des probabilités

Comment cela fonctionne-t-il ? Tout comme un modèle de régression linéaire, un modèle de régression logistique calcule une somme pondérée des caractéristiques d'entrée (plus un terme constant), mais au lieu de fournir le résultat directement comme le fait le modèle de régression linéaire, il fournit la *logistique* du résultat :

Équation 1.15 – Probabilité estimée par le modèle de régression logistique (forme vectorielle)

$$\hat{p} = h_{\boldsymbol{\theta}}(\mathbf{x}) = \sigma\left(\boldsymbol{\theta}^T \mathbf{x}\right)$$

La fonction (notée $\sigma()$) est une *fonction sigmoïde* (c'est-à-dire en forme de « S ») qui renvoie des valeurs comprises entre 0 et 1. Elle est définie par l'équation 1.16 et la figure 1.26 :

Équation 1.16 – Fonction sigmoïde

$$\sigma(t) = \frac{1}{1 + \exp(-t)}$$

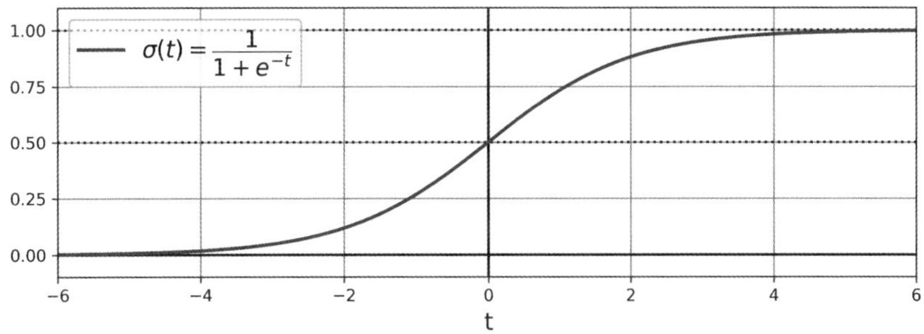

Figure 1.26 – Fonction sigmoïde

Une fois que le modèle de régression logistique a estimé la probabilité $\hat{p} = h_{\boldsymbol{\theta}}(\mathbf{x})$ qu'une observation **x** appartienne à la classe positive, il peut alors faire aisément sa prédiction $\hat{y}$:

Équation 1.17 – Prédiction du modèle de régression logistique

$$\hat{y} = \begin{cases} 0 & \text{si } \hat{p} < 0,5 \\ 1 & \text{si } \hat{p} \geq 0,5 \end{cases}$$

Remarquez que $\sigma(t) < 0,5$ lorsque $t < 0$, et $\sigma(t) \geq 0,5$ lorsque $t \geq 0$, c'est pourquoi un modèle de régression logistique prédit 1 si $\mathbf{x}^T\boldsymbol{\theta}$ est positif, ou 0 s'il est négatif.

Le score *t* est souvent appelé *logit* : ceci parce que la fonction logit, définie par logit(*p*) = log(*p* / (1 – *p*)), est l'inverse de la fonction sigmoïde. En fait, si vous calculez le logit de la probabilité estimée *p*, vous constaterez que le résultat est *t*. Le logit est aussi appelé *logarithme de cote* (en anglais, *log-odds*) car il représente le logarithme du rapport entre la probabilité estimée de la classe positive et la probabilité estimée de la classe négative.

1.9.2 Entraînement et fonction de coût

Nous savons maintenant comment un modèle de régression logistique estime les probabilités et effectue ses prédictions. Mais comment est-il entraîné ? L'objectif de l'entraînement consiste à définir le vecteur des paramètres $\boldsymbol{\theta}$ afin que le modèle estime des probabilités élevées pour les observations positives ($y = 1$) et des probabilités basses pour les observations négatives ($y = 0$). La fonction de coût suivante traduit cette idée dans le cas d'une unique observation d'entraînement **x** :

Équation 1.18 – Fonction de coût pour une seule observation d'entraînement

$$c(\boldsymbol{\theta}) = \begin{cases} -\log(\hat{p}) & \text{si } y = 1 \\ -\log(1 - \hat{p}) & \text{si } y = 0 \end{cases}$$

Cette fonction de coût fonctionne parce que – log(t) devient très grand lorsque t s'approche de 0, par conséquent le coût sera grand si le modèle estime une probabilité proche de 0 pour une observation positive, et il sera également très grand si le modèle estime une probabilité proche de 1 pour une observation négative. Par ailleurs, – log(t) est proche de 0 lorsque t est proche de 1, et par conséquent le coût sera proche de 0 si la probabilité estimée est proche de 0 pour une observation négative ou proche de 1 pour une observation positive, ce qui est précisément ce que nous voulons.

La fonction de coût sur l'ensemble du jeu d'entraînement est le coût moyen sur l'ensemble de ses observations. Elle peut s'écrire sous forme d'une simple expression, nommée *perte logistique* (en anglais, *log loss*) :

Équation 1.19 – Fonction de coût de la régression logistique (perte logistique)

$$J(\boldsymbol{\theta}) = -\frac{1}{m}\sum_{i=1}^{m}\left[y^{(i)}\log\left(\hat{p}^{(i)}\right) + (1 - y^{(i)})\log\left(1 - \hat{p}^{(i)}\right)\right]$$

La perte logistique n'est pas sortie soudainement d'un chapeau. On peut démontrer mathématiquement (par inférence bayésienne) qu'en minimisant cette perte on aboutit à un modèle dont le maximum de vraisemblance est optimal, en supposant que les observations ont une distribution gaussienne autour de la moyenne de leur classe. Lorsque vous utilisez la perte logistique, vous faites implicitement cette hypothèse. Plus cette hypothèse est fausse, plus le modèle sera biaisé. De même, lorsque nous avons utilisé la MSE pour entraîner les modèles de régression linéaire, nous supposions implicitement que les données étaient purement linéaires, plus un peu de bruit gaussien. Par conséquent, si les données ne sont pas linéaires (mais quadratiques, par exemple) ou si le bruit n'est pas gaussien (par exemple si les données aberrantes ne sont pas exponentiellement rares) alors le modèle sera biaisé.

La mauvaise nouvelle, c'est qu'il n'existe pas de solution analytique connue pour calculer la valeur de $\boldsymbol{\theta}$ qui minimise cette fonction de coût (il n'y a pas d'équivalent de l'équation normale). Mais la bonne nouvelle, c'est que cette fonction de coût est convexe, c'est pourquoi un algorithme de descente de gradient (comme tout autre algorithme d'optimisation) est assuré de trouver le minimum global (si le taux d'apprentissage n'est pas trop grand et si vous attendez suffisamment longtemps). La dérivée partielle de la fonction de coût par rapport au $j^{\text{ème}}$ paramètre du modèle θ_j se calcule comme suit :

Équation 1.20 – Dérivée partielle de la fonction de coût logistique

$$\frac{\partial}{\partial \theta_j} J(\boldsymbol{\theta}) = \frac{1}{m}\sum_{i=1}^{m}\left(\sigma\left(\boldsymbol{\theta}^T \mathbf{x}^{(i)}\right) - y^{(i)}\right)x_j^{(i)}$$

Cette équation ressemble beaucoup à l'équation 1.7 : pour chaque observation, elle calcule l'erreur de prédiction et la multiplie par la valeur de la $j^{ème}$ variable, puis elle calcule la moyenne sur toutes les observations d'apprentissage. Une fois que vous avez le vecteur gradient contenant toutes les dérivées partielles, vous pouvez l'utiliser dans un algorithme de descente de gradient ordinaire. Et voilà, vous savez maintenant comment entraîner un modèle de régression logistique. Pour une descente de gradient stochastique, vous ne prendrez qu'une seule observation à la fois, et, pour une descente de gradient par mini-lots, vous n'utiliserez qu'un mini-lot à la fois.

1.9.3 Frontières de décision

Utilisons le jeu de données Iris pour illustrer la régression logistique : c'est un jeu de données très connu qui comporte la longueur et la largeur des sépales et des pétales de 150 fleurs d'iris de trois espèces différentes : *Iris setosa*, *Iris versicolor* et *Iris virginica* (voir figure 1.27).

Figure 1.27 – Fleurs de trois espèces d'iris[18]

Essayons de construire un classificateur pour détecter les iris de type *virginica* en se basant uniquement sur la largeur du pétale. Tout d'abord, chargeons les données et examinons-les rapidement :

```
>>> from sklearn.datasets import load_iris
>>> iris = load_iris(as_frame=True)
>>> list(iris)
['data', 'target', 'frame', 'target_names', 'DESCR', 'feature_names',
 'filename', 'data_module']
>>> iris.data.head(3)
   sepal length (cm)  sepal width (cm)  petal length (cm)  petal width (cm)
0                5.1               3.5                1.4               0.2
1                4.9               3.0                1.4               0.2
2                4.7               3.2                1.3               0.2
```

18. Photos reproduites à partir des pages Wikipédia correspondantes. Photo d'*Iris virginica* de Frank Mayfield (Creative Commons BY-SA 2.0), photo d'*Iris versicolor* de D. Gordon E. Robertson (Creative Commons BY-SA 3.0), photo d'*Iris setosa* dans le domaine public.

```
>>> iris.target.head(3)  # remarquez que les données ne sont pas mélangées
0    0
1    0
2    0
Name: target, dtype: int64
>>> iris.target_names
array(['setosa', 'versicolor', 'virginica'], dtype='<U10')
```

Maintenant, partageons les données et entraînons un modèle de régression logistique sur le jeu d'entraînement :

```
from sklearn.linear_model import LogisticRegression
from sklearn.model_selection import train_test_split

X = iris.data[["petal width (cm)"]].values
y = iris.target_names[iris.target] == 'virginica'
X_train, X_test, y_train, y_test = train_test_split(X, y, random_state=42)

log_reg = LogisticRegression(random_state=42)
log_reg.fit(X_train, y_train)
```

Examinons les probabilités estimées par le modèle pour les fleurs ayant des tailles de pétales comprises entre 0 cm et 3 cm (figure 1.28)[19] :

```
X_new = np.linspace(0, 3, 1000).reshape(-1, 1)  # transformer en vecteur
                                                 # colonne
y_proba = log_reg.predict_proba(X_new)
decision_boundary = X_new[y_proba[:, 1] >= 0.5][0, 0]

plt.plot(X_new, y_proba[:, 0], "b--", linewidth=2,
         label="Proba Iris non-virginica")
plt.plot(X_new, y_proba[:, 1], "g-", linewidth=2,
         label="Proba Iris virginica")
plt.plot([decision_boundary, decision_boundary], [0, 1], "k:", linewidth=2,
         label="Frontière de décision")
[...] # finitions : quadrillage, libellés, axes, légende, flèches et exemples
plt.show()
```

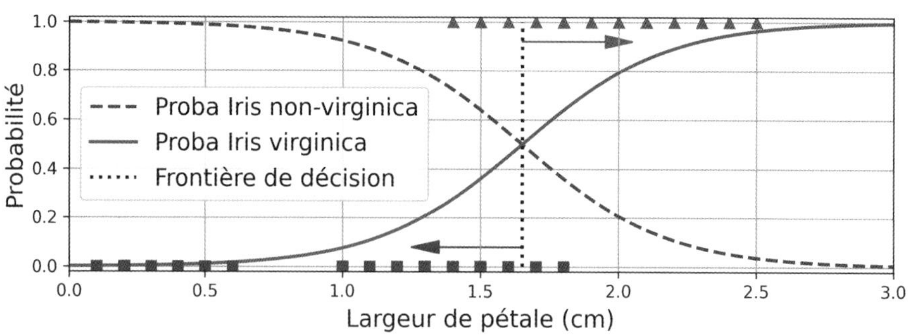

Figure 1.28 – Probabilités estimées et frontière de décision

19. La fonction `reshape()` de NumPy permet d'avoir une dimension égale à –1, ce qui équivaut à « automatique » : sa valeur est déduite de la longueur du tableau et des autres dimensions.

La largeur des pétales des fleurs d'*Iris virginica* (représentées par des triangles) s'étage de 1,4 cm à 2,5 cm, tandis que les autres fleurs d'iris (représentées par des carrés) ont en général une largeur de pétales inférieure, allant de 0,1 cm à 1,8 cm. Remarquez qu'il y a un léger recouvrement. Au-dessus de 2 cm, le classificateur estime avec une grande confiance que la fleur est un *Iris virginica* (il indique une haute probabilité pour cette classe), tandis qu'en dessous de 1 cm, il estime avec une grande confiance que la fleur n'est pas un *Iris virginica* (haute probabilité pour la classe « *Iris* non-*virginica* »). Entre ces deux extrêmes, le classificateur n'a pas de certitude. Cependant, si vous lui demandez de prédire la classe (en utilisant la méthode `predict()` plutôt que la méthode `predict_proba()`), il renverra la classe la plus probable, et par conséquent il y a une *frontière de décision* aux alentours de 1,6 cm où les deux probabilités sont égales à 50 % : si la largeur de pétale est supérieure à 1,6 cm, le classificateur prédira que la fleur est un *Iris virginica*, sinon il prédira que ce n'en est pas un (même s'il n'est pas vraiment sûr de cela) :

```
>>> decision_boundary
1.6516516516516517
>>> log_reg.predict([[1.7], [1.5]])
array([True, False])
```

La figure 1.29 est une autre représentation graphique du même jeu de données, obtenue cette fois-ci en croisant deux variables : la largeur des pétales et leur longueur. Une fois entraîné, le classificateur de régression logistique peut estimer la probabilité qu'une nouvelle fleur soit un *Iris virginica* en se basant sur ces deux variables. La ligne en pointillé représente les points où le modèle estime une probabilité de 50 % : c'est la frontière de décision du modèle. Notez que cette frontière est linéaire[20]. Chaque ligne parallèle matérialise les points où le modèle estime une probabilité donnée, de 15 % (en bas à gauche), jusqu'à 90 % (en haut à droite). D'après le modèle, toutes les fleurs au-dessus de la ligne en haut à droite ont plus de 90 % de chances d'être des *Iris virginica*.

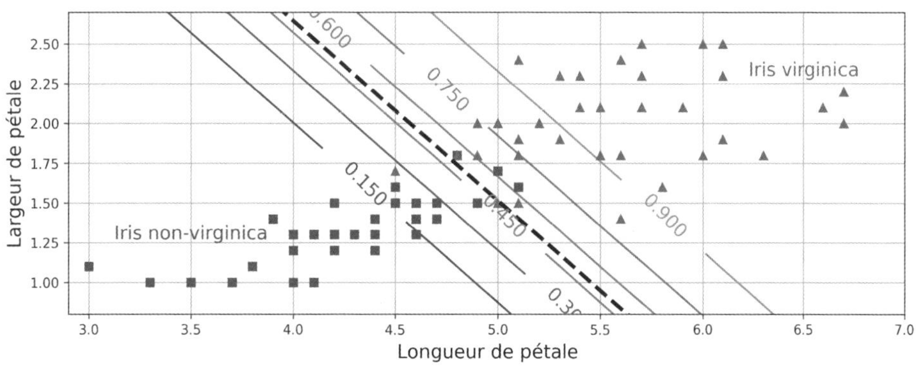

Figure 1.29 – Frontière de décision linéaire

20. C'est l'ensemble des points **x** tels que $\theta_0 + \theta_1 x_1 + \theta_2 x_2 = 0$, ce qui définit une ligne droite.

Tout comme les autres modèles linéaires, les modèles de régression logistique peuvent être régularisés à l'aide de pénalités ℓ_1 ou ℓ_2. En pratique, Scikit-Learn ajoute une pénalité ℓ_2 par défaut.

> L'hyperparamètre contrôlant l'importance de la régularisation du modèle `LogisticRegression` de Scikit-Learn n'est pas `alpha` (comme pour les autres modèles linéaires), mais son inverse : `C`. Plus la valeur de `C` est élevée, *moins* le modèle est régularisé.

1.9.4 Régression softmax

La régression logistique est bien utile pour la classification binaire, mais que faire lorsque l'on a besoin d'un classificateur pour plus de deux classes ? Une solution consiste à entraîner un classificateur binaire pour chaque classe, en agrégeant toutes les autres classes. C'est la stratégie « OvR » (*one-versus-rest*, c'est-à-dire « un contre le reste »), également appelée « OvA » (*one-versus-all*, « un contre tous »). Lorsque l'on doit classer une nouvelle observation, on interroge chaque classificateur binaire, et celui qui donne le score le plus élevé est le vainqueur : c'est sa classe qu'il faut choisir. Une autre stratégie consiste à entraîner un classificateur binaire pour chaque paire de classes. C'est la stratégie « OvO » (*one-versus-one*, « un contre un »). Là encore, pour classer une nouvelle observation, on doit interroger tous les classificateurs binaires, mais cette fois-ci il faut choisir la classe qui remporte le plus de duels, ou bien celle dont le score total est le plus élevé.

Mais il existe une autre approche : la *régression softmax*, également appelée *régression logistique multinomiale*, est capable de traîter plusieurs classes simultanément.

Le principe en est simple : étant donné une observation $\mathbf{x}$, le modèle de régression softmax calcule d'abord un score $s_k(\mathbf{x})$ pour chaque classe k, puis estime la probabilité de chaque classe en appliquant aux scores la *fonction softmax* (encore appelée *exponentielle normalisée*). La formule permettant de calculer $s_k(\mathbf{x})$ devrait vous sembler familière, car c'est la même que pour calculer la prédiction en régression linéaire :

Équation 1.21 – Score softmax pour la classe *k*

$$s_k(\mathbf{x}) = \left(\boldsymbol{\theta}^{(k)}\right)^T \mathbf{x}$$

Notez que chaque classe possède son propre vecteur de paramètres $\boldsymbol{\theta}^{(k)}$. Tous ces vecteurs constituent les lignes de la *matrice de paramètres* $\boldsymbol{\Theta}$.

Une fois que vous avez calculé le score de chaque classe pour l'observation $\mathbf{x}$, vous pouvez estimer la probabilité $\hat{p}_k$ que cette observation appartienne à la classe k en transformant ces scores par la fonction softmax. La fonction calcule l'exponentielle de chaque score puis effectue un recalibrage (en divisant par la somme de toutes les exponentielles). Les scores sont souvent appelés *logits* ou *log-odds* (bien qu'il s'agisse en fait de log-odds non normalisés).

Équation 1.22 – Fonction softmax

$$\hat{p}_k = \sigma\left(\mathbf{s}(\mathbf{x})\right)_k = \frac{\exp\left(s_k(\mathbf{x})\right)}{\sum_{j=1}^{K} \exp\left(s_j(\mathbf{x})\right)}$$

Dans cette équation :

- K est le nombre de classes.
- $\mathbf{s}(\mathbf{x})$ est un vecteur contenant les scores de chaque classe pour l'observation $\mathbf{x}$.
- $\sigma(\mathbf{s}(\mathbf{x}))_k$ est la probabilité estimée que l'observation $\mathbf{x}$ appartienne à la classe k compte tenu des scores de chaque classe pour cette observation.

Tout comme le classificateur de régression logistique, le classificateur de régression softmax prédit la classe ayant la plus forte probabilité estimée (c'est-à-dire simplement la classe ayant le plus haut score) :

Équation 1.23 – Prédiction du classificateur de régression softmax

$$\hat{y} = \underset{k}{\operatorname{argmax}}\ \sigma\left(\mathbf{s}(\mathbf{x})\right)_k = \underset{k}{\operatorname{argmax}}\ s_k(\mathbf{x}) = \underset{k}{\operatorname{argmax}}\left(\left(\boldsymbol{\theta}^{(k)}\right)^T \mathbf{x}\right)$$

L'opérateur *argmax* renvoie la valeur d'une variable qui maximise une fonction. Dans cette équation, il renvoie la valeur de k qui maximise la probabilité estimée $\sigma(\mathbf{s}(\mathbf{x}))_k$.

Le classificateur de régression softmax ne prédit qu'une classe à la fois (c'est-à-dire qu'il est multi-classes, mais non multi-sorties) c'est pourquoi il ne doit être utilisé qu'avec des classes mutuellement exclusives, comme c'est le cas par exemple pour les différentes variétés d'une même plante. Vous ne pouvez pas l'utiliser pour reconnaître plusieurs personnes sur une image.

Maintenant que vous savez comment ce modèle estime les probabilités et fait des prédictions, intéressons-nous à l'entraînement. L'objectif est d'avoir un modèle qui estime une forte probabilité pour la classe ciblée (et par conséquent de faibles probabilités pour les autres classes). Minimiser la fonction de coût suivante, appelée *entropie croisée* (en anglais, *cross entropy*), devrait aboutir à ce résultat car le modèle est pénalisé lorsqu'il estime une faible probabilité pour la classe ciblée. On utilise fréquemment l'entropie croisée pour mesurer l'adéquation entre un ensemble de probabilités estimées d'appartenance à des classes et les classes ciblées.

Équation 1.24 – Fonction de coût d'entropie croisée

$$J(\boldsymbol{\Theta}) = -\frac{1}{m}\sum_{i=1}^{m}\sum_{k=1}^{K} y_k^{(i)} \log\left(\hat{p}_k^{(i)}\right)$$

Dans cette équation, $y_k^{(i)}$ est la probabilité cible que la $i^{\text{ème}}$ observation appartienne à la classe k. En général, cette probabilité cible est soit 1, soit 0, selon que l'observation appartient ou non à la classe k.

Notez que lorsqu'il n'y a que deux classes ($K = 2$), cette fonction de coût est équivalente à celle de la régression logistique (log loss, équation 1.19).

> **Entropie croisée**
>
> L'entropie croisée trouve son origine dans la théorie de l'information de Claude Shannon. Supposons que vous vouliez transmettre quotidiennement et de manière efficace des informations météorologiques. S'il y a 8 possibilités (ensoleillé, pluvieux, etc.), vous pouvez encoder chacune de ces options sur 3 bits (puisque $2^3 = 8$). Cependant, si vous pensez que le temps sera ensoleillé pratiquement tous les jours, il serait plus efficace de coder « ensoleillé » sur un seul bit, et les 7 autres options sur 4 bits (en commençant par un 1). L'entropie croisée mesure le nombre moyen de bits que vous transmettez pour chaque option. Si les suppositions que vous faites sur le temps sont parfaites, l'entropie croisée sera égale à l'entropie des données météorologiques elles-mêmes (à savoir leur caractère imprévisible intrinsèque). Mais si vos suppositions sont fausses (p. ex. s'il pleut souvent), l'entropie croisée sera supérieure, d'un montant supplémentaire appelé *divergence de Kullback-Leibler*.
>
> L'entropie croisée entre deux distributions de probabilités p et q est définie par $H(p,q) = -\sum_x p(x) \log q(x)$ (du moins lorsque les distributions sont discrètes). Pour plus de détails, consultez ma vidéo sur le sujet : *https://homl.info/xentropy*.

Le vecteur gradient par rapport à $\boldsymbol{\theta}^{(k)}$ de cette fonction de coût se définit comme suit :

Équation 1.25 – Vecteur gradient de l'entropie croisée pour la classe *k*

$$\nabla_{\boldsymbol{\theta}^{(k)}} J(\boldsymbol{\Theta}) = \frac{1}{m} \sum_{i=1}^{m} \left(\hat{p}_k^{(i)} - y_k^{(i)} \right) \mathbf{x}^{(i)}$$

Vous pouvez maintenant calculer le vecteur gradient de chaque classe, puis utiliser une descente de gradient (ou un autre algorithme d'optimisation) pour trouver la matrice des paramètres $\boldsymbol{\Theta}$ qui minimise la fonction de coût.

Utilisons la régression softmax pour répartir les fleurs d'iris en trois classes. Le classificateur `LogisticRegression` de Scikit-Learn utilise automatiquement une régression softmax (dans le cas où `solver="lbfgs"`, ce qui est la valeur par défaut) lorsque vous l'entraînez sur plus de deux classes. Il applique aussi par défaut une régularisation ℓ_2 que vous pouvez contrôler à l'aide de l'hyperparamètre `C`, comme mentionné précédemment :

```
X = iris.data[["petal length (cm)", "petal width (cm)"]].values
y = iris["target"]
X_train, X_test, y_train, y_test = train_test_split(X, y, random_state=42)

softmax_reg = LogisticRegression(C=30, random_state=42)
softmax_reg.fit(X_train, y_train)
```

Par conséquent, la prochaine fois que vous trouverez un iris ayant des pétales de 5 cm de long et de 2 cm de large et que vous demanderez à votre modèle de vous dire de quel type d'iris il s'agit, il vous répondra *Iris virginica* (classe 2) avec une probabilité de 96 % (ou *Iris versicolor* avec une probabilité de 4 %) :

```
>>> softmax_reg.predict([[5, 2]])
array([2])
>>> softmax_reg.predict_proba([[5, 2]]).round(2)
array([[0.  , 0.04, 0.96]])
```

La figure 1.30 présente les frontières de décision qui en résultent, matérialisées par les couleurs d'arrière-plan : vous remarquerez que les frontières de décision entre les classes prises deux à deux sont linéaires. La figure présente aussi les probabilités pour la classe *Iris versicolor*, représentées par des courbes (ainsi, la ligne étiquetée 0.30 représente la frontière des 30 % de probabilité). Notez que le modèle peut prédire une classe ayant une probabilité estimée inférieure à 50 %. Ainsi, au point d'intersection de toutes les frontières de décision, toutes les classes ont une même probabilité de 33 %.

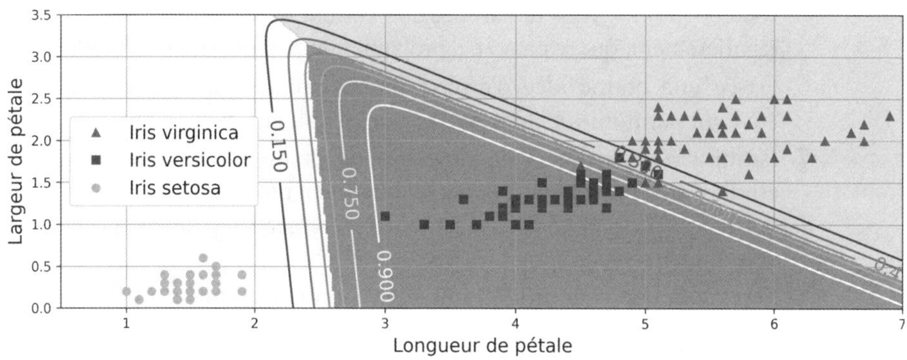

Figure 1.30 – Frontières de décision d'une régression softmax

Dans ce chapitre, vous avez vu différentes manières d'entraîner des modèles linéaires, aussi bien pour la régression que pour la classification. Vous avez utilisé une solution analytique pour résoudre la régression linéaire, effectué une descente de gradient et avez étudié différentes pénalités pouvant être ajoutées à la fonction de coût durant l'entraînement pour régulariser le modèle. Au passage, vous avez également appris à représenter graphiquement les courbes d'apprentissage et à les analyser, ainsi qu'à implémenter l'arrêt précoce. Enfin, vous avez appris comment fonctionnent la régression logistique et la régression softmax. Nous avons ouvert les premières boîtes noires du Machine Learning ! Dans les chapitres qui suivent, nous en ouvrirons d'autres, à commencer par celle des machines à vecteurs de support.

1.10 EXERCICES

1. Quel algorithme d'entraînement de régression linéaire pouvez-vous utiliser si vous avez un jeu d'entraînement comportant des millions de variables ?
2. Supposons que les variables de votre jeu d'entraînement aient des échelles très différentes. Quels algorithmes peuvent en être affectés, et comment ? Comment pouvez-vous y remédier ?
3. Une descente de gradient peut-elle se bloquer sur un minimum local lorsque vous entraînez un modèle de régression logistique ?
4. Tous les algorithmes de descente de gradient aboutissent-ils au même modèle si vous les laissez s'exécuter suffisamment longtemps ?
5. Supposons que vous utilisiez une descente de gradient ordinaire, en représentant graphiquement l'erreur de validation à chaque cycle (ou époque) : si vous remarquez que l'erreur de validation augmente régulièrement, que se passe-t-il probablement ? Comment y remédier ?
6. Est-ce une bonne idée d'arrêter immédiatement une descente de gradient par mini-lots lorsque l'erreur de validation augmente ?
7. Parmi les algorithmes de descente de gradient que nous avons étudiés, quel est celui qui arrive le plus vite à proximité de la solution optimale ? Lequel va effectivement converger ? Comment pouvez-vous faire aussi converger les autres ?
8. Supposons que vous utilisiez une régression polynomiale. Après avoir imprimé les courbes d'apprentissage, vous remarquez qu'il y a un écart important entre l'erreur d'entraînement et l'erreur de validation. Que se passe-t-il ? Quelles sont les trois manières de résoudre le problème ?
9. Supposons que vous utilisiez une régression ridge. Vous remarquez que l'erreur d'entraînement et l'erreur de validation sont à peu près identiques et assez élevées : à votre avis, est-ce le biais ou la variance du modèle qui est trop élevé(e) ? Devez-vous accroître l'hyperparamètre de régularisation α ou le réduire ?
10. Qu'est-ce qui pourrait vous inciter à choisir une régression…
    - ridge plutôt qu'une simple (c.-à-d. sans régularisation) ?
    - lasso plutôt que ridge ?
    - elastic net plutôt que lasso ?
11. Supposons que vous vouliez classer des photos en extérieur/intérieur et jour/nuit. Devez-vous utiliser deux classificateurs de régression logistique ou un classificateur de régression softmax ?
12. Implémentez une descente de gradient ordinaire avec arrêt précoce pour une régression softmax sans utiliser Scikit-Learn, mais uniquement NumPy. Utilisez-la pour une tâche de classification telle que celle sur le jeu Iris.

Les solutions de ces exercices sont données à l'annexe A.

2

Introduction aux réseaux de neurones artificiels avec Keras

Les oiseaux nous ont donné l'envie de voler, la bardane est à l'origine du Velcro, et bien d'autres inventions se sont inspirées de la nature. Il est donc naturel de s'inspirer du fonctionnement du cerveau pour construire une machine intelligente. Voilà la logique à l'origine des *réseaux de neurones artificiels*: il s'agit d'un modèle d'apprentissage automatique inspiré des réseaux de neurones biologiques que l'on trouve dans notre cerveau. Cependant, même si les avions ont les oiseaux pour modèle, ils ne battent pas des ailes pour voler. De façon comparable, les réseaux de neurones artificiels sont progressivement devenus assez différents de leurs cousins biologiques. Certains chercheurs soutiennent même qu'il faudrait éviter totalement l'analogie biologique, par exemple en parlant d'*unités* au lieu de *neurones*, de peur que nous ne limitions notre créativité aux systèmes biologiquement plausibles[21].

Les réseaux de neurones artificiels sont au cœur de l'apprentissage profond. Ils sont polyvalents, puissants et extensibles, ce qui les rend parfaitement adaptés aux tâches d'apprentissage automatique extrêmement complexes, comme la classification de milliards d'images (p. ex., Google Images), la reconnaissance vocale (p. ex., Apple Siri), la recommandation de vidéos auprès de centaines de millions d'utilisateurs (p. ex., YouTube) ou l'apprentissage nécessaire pour battre le champion du monde du jeu de go (AlphaGo de DeepMind).

La première partie de ce chapitre est une introduction à ces réseaux de neurones artificiels, en commençant par une description rapide des toutes premières architectures. Nous présenterons ensuite les *perceptrons multicouches*, qui sont largement employés aujourd'hui (d'autres architectures seront détaillées dans les chapitres suivants).

21. Nous pouvons garder le meilleur des deux mondes en restant ouverts aux sources d'inspiration naturelles, sans craindre de créer des modèles biologiques irréalistes, tant qu'ils fonctionnent bien.

La deuxième partie expliquera comment mettre en œuvre des réseaux de neurones à l'aide de l'API Keras de TensorFlow. Il s'agit d'une API de haut niveau, simple et très bien conçue, qui permet de construire, d'entraîner, d'évaluer et d'exécuter des réseaux de neurones. Mais ne vous y trompez pas, malgré sa simplicité, sa puissance et son adaptabilité vous permettent de construire une large diversité d'architectures de réseaux de neurones. Elle suffira probablement à la plupart de vos utilisations. Cependant, si jamais vous aviez besoin d'une plus grande souplesse encore, vous avez la possibilité d'écrire vos propres composants Keras à l'aide de son API de bas niveau ou même d'utiliser TensorFlow directement, comme vous le verrez au chapitre 4.

Commençons par une petite rétrospective afin de comprendre comment sont nés les réseaux de neurones artificiels !

2.1 DU BIOLOGIQUE À L'ARTIFICIEL

Les réseaux de neurones artificiels existent depuis déjà un bon moment. Ils ont été décrits pour la première fois en 1943 par le neurophysiologiste Warren McCulloch et le mathématicien Walter Pitts. Dans leur toute première publication[22], ils ont présenté un modèle informatique simplifié de la collaboration des neurones biologiques du cerveau des animaux dans le but d'effectuer des calculs complexes à l'aide de la *logique propositionnelle*. Il s'agissait de la première architecture de réseaux de neurones artificiels. Depuis lors, de nombreuses autres ont été imaginées.

Les premiers succès ont laissé croire qu'il serait rapidement possible de discuter avec des machines véritablement intelligentes. Dans les années 1960, quand il est devenu clair que cette promesse ne serait pas tenue (tout au moins pas avant un certain temps), les financements ont trouvé d'autres destinations et les réseaux de neurones sont entrés dans une longue période d'hibernation. Le début des années 1980 a vu renaître l'intérêt pour le *connexionnisme* (l'étude des réseaux de neurones), lorsque de nouvelles architectures ont été inventées et que de meilleures techniques d'apprentissage ont été développées. Mais les progrès étaient lents et, dans les années 1990, d'autres méthodes d'apprentissage automatique puissantes ont été proposées, comme les machines à vecteurs de support (SVM)[23]. Elles semblaient offrir de meilleurs résultats et se fonder sur des bases théoriques plus solides. Une fois encore, l'étude des réseaux de neurones est retournée dans l'ombre.

Nous assistons à présent à un regain d'intérêt pour les réseaux de neurones artificiels. Va-t-il s'évanouir comme les précédents ? Il y a quelques bonnes raisons de croire que celui-ci sera différent et que ce regain d'intérêt aura un impact bien plus profond sur nos vies :

- Il existe maintenant des données en quantités absolument gigantesques pour entraîner ces réseaux, et ils sont souvent bien meilleurs que les autres techniques d'apprentissage automatique sur les problèmes larges et complexes.

22. Warren S. McCulloch et Walter Pitts, « A Logical Calculus of the Ideas Immanent in Nervous Activity », *The Bulletin of Mathematical Biology*, 5, n° 4 (1943), 115-113 : *https://homl.info/43*.
23. Voir le chapitre 5 de l'ouvrage *Machine Learning avec Scikit-Learn*, A. Géron, Dunod (3e édition, 2023).

- L'extraordinaire augmentation de la puissance de calcul depuis les années 1990 rend aujourd'hui possible l'entraînement de grands réseaux de neurones en un temps raisonnable. Cela est en partie dû à la loi de Moore (le nombre de composants dans les circuits intégrés a doublé tous les deux ans environ au cours des 50 dernières années), mais également à l'industrie du jeu qui a stimulé la production par millions de cartes graphiques équipées de GPU puissants. Par ailleurs, grâce aux plateformes de Cloud, tout le monde a accès à cette puissance.
- Les algorithmes d'entraînement ont également été améliorés. Pour être honnête, ils ne sont que légèrement différents de ceux des années 1990, mais ces ajustements relativement limités ont eu un impact extrêmement positif.
- Certaines limites théoriques des réseaux de neurones se sont révélées plutôt bénignes dans la pratique. Par exemple, de nombreuses personnes pensaient que leurs algorithmes d'entraînement étaient condamnés car ils resteraient certainement bloqués dans des optima locaux, mais il s'avère que ce n'est pas vraiment un problème en pratique, surtout pour les réseaux de très grande taille : ces optima locaux fournissent des résultats quasi équivalents à ceux de l'optimum global.
- Les réseaux de neurones semblent être entrés dans un cercle vertueux de financement et de progrès. Des produits incroyables fondés sur ceux-ci font régulièrement la une de l'actualité. Ils attirent ainsi de plus en plus l'attention, et donc les financements. Cela conduit à de nouvelles avancées et encore plus de produits étonnants.

2.1.1 Neurones biologiques

Avant d'aborder les neurones artificiels, examinons rapidement un neurone biologique (voir la figure 2.1). Il s'agit d'une cellule à l'aspect inhabituel que l'on trouve principalement dans les cerveaux des animaux. Elle est constituée d'un *corps cellulaire*, qui comprend le noyau et la plupart des éléments complexes de la cellule, ainsi que de nombreux prolongements appelés *dendrites* et un très long prolongement appelé *axone*. L'axone peut être juste un peu plus long que le corps cellulaire, mais aussi jusqu'à des dizaines de milliers de fois plus long. Près de son extrémité, il se décompose en plusieurs ramifications appelées *télodendrons*, qui se terminent par des structures minuscules appelées *synapses terminales* (ou simplement *synapses*) et reliées aux dendrites ou directement aux corps cellulaire d'autres neurones[24]. Les neurones biologiques produisent de courtes impulsions électriques appelées *potentiels d'action* (PA, ou *signaux*), qui voyagent le long des axones et déclenchent, au niveau des synapses, la libération de signaux chimiques appelés *neurotransmetteurs*. Lorsqu'un neurone reçoit en quelques millisecondes un nombre suffisant de ces neurotransmetteurs, il déclenche ses propres impulsions électriques (en réalité cela dépend des neurotransmetteurs, car certains d'entre eux inhibent ce déclenchement).

24. En réalité, elles ne sont pas reliées, juste suffisamment proches pour échanger très rapidement des signaux chimiques.

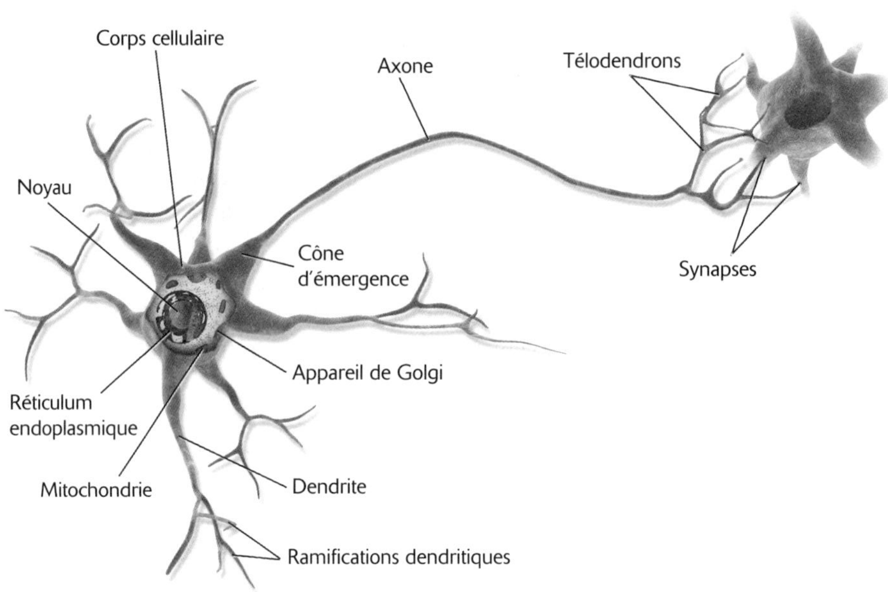

Figure 2.1 – Un neurone biologique[25]

Chaque neurone biologique semble donc se comporter de façon relativement simple, mais ils sont organisés en un vaste réseau de milliards de neurones, chacun étant en général relié à des milliers d'autres. Des calculs extrêmement complexes peuvent être réalisés par un réseau de neurones relativement simples, de la même manière qu'une fourmilière complexe peut être construite grâce aux efforts combinés de simples fourmis. L'architecture des réseaux de neurones biologiques[26] fait encore l'objet d'une recherche active, mais certaines parties du cerveau ont été cartographiées. On a pu constater que les neurones sont souvent organisés en couches successives, notamment dans le cortex cérébral (la couche externe de notre cerveau), comme l'illustre la figure 2.2.

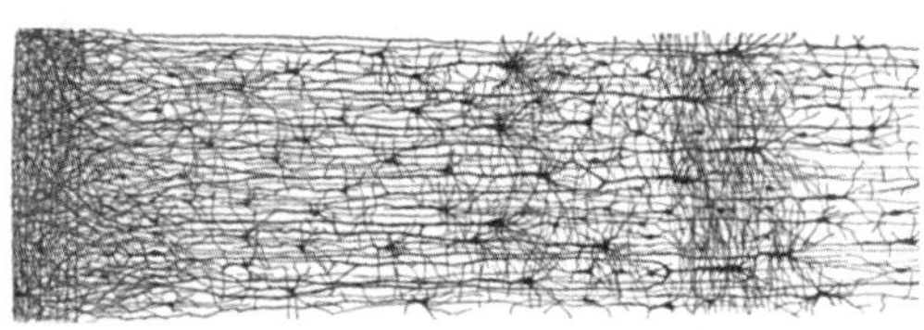

Figure 2.2 – Couches multiples dans un réseau de neurones biologiques (cortex humain)[27]

25. Image de Bruce Blaus (Creative Commons 3.0, *https://creativecommons.org/licenses/by/3.0/*), source *https://en.wikipedia.org/wiki/Neuron*.

26. Dans le contexte de l'apprentissage automatique, l'expression *réseau de neurones* fait en général référence non pas aux réseaux de neurones biologiques, mais aux réseaux de neurones artificiels.

27. Dessin de la stratification corticale par S. Ramon y Cajal (domaine public), source *https://en.wikipedia.org/wiki/Cerebral_cortex*.

2.1.2 Calculs logiques avec des neurones

McCulloch et Pitts ont proposé un modèle très simple de neurone biologique, c'est-à-dire le premier *neurone artificiel* : il présente une ou plusieurs entrées binaires (active/inactive) et une sortie binaire. Le neurone artificiel active simplement sa sortie lorsque le nombre de ses entrées actives dépasse un certain seuil. Ils ont montré que, malgré la simplicité de ce modèle, il est possible de construire un réseau de neurones artificiels pouvant calculer n'importe quelle proposition logique. Par exemple, nous pouvons construire des réseaux de neurones artificiels qui effectuent différents calculs logiques (voir la figure 2.3), en supposant qu'un neurone est activé lorsqu'au moins deux de ses connexions d'entrée le sont.

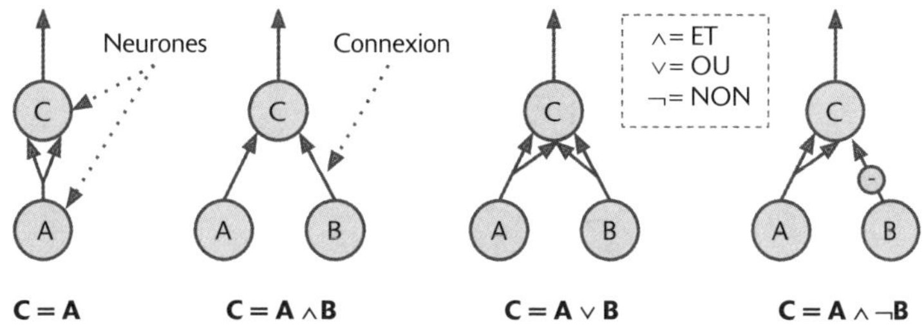

Figure 2.3 – Réseaux de neurones artificiels réalisant des calculs logiques élémentaires

Voyons ce que réalisent ces réseaux :

- Le premier réseau à gauche correspond à la fonction identité. Si le neurone A est activé, alors le neurone C l'est également (puisqu'il reçoit deux signaux d'entrée du neurone A). De la même façon, si le neurone A est désactivé, le neurone C l'est aussi.
- Le deuxième réseau réalise un ET logique. Le neurone C est activé uniquement lorsque les neurones A et B sont activés (un seul signal d'entrée ne suffit pas à activer le neurone C).
- Le troisième neurone effectue un OU logique. Le neurone C est activé si le neurone A ou le neurone B est activé (ou les deux).
- Enfin, si nous supposons qu'une connexion d'entrée peut inhiber l'activité du neurone (ce qui est le cas avec les neurones biologiques), alors le quatrième réseau met en œuvre une proposition logique un peu plus complexe. Le neurone C est activé uniquement si le neurone A est actif et si le neurone B est inactif. Si le neurone A est actif en permanence, nous obtenons alors un NON logique : le neurone C est actif lorsque le neurone B est inactif, et inversement.

Vous pouvez imaginer comment ces réseaux peuvent être combinés pour calculer des expressions logiques complexes (voir les exercices à la fin de ce chapitre).

2.1.3 Le perceptron

Le *perceptron*, inventé en 1957 par Frank Rosenblatt, est l'une des architectures de réseau de neurones artificiels les plus simples. Il se fonde sur un neurone artificiel légèrement différent (voir la figure 2.4), appelé *unité logique à seuil* (en anglais, *threshold logic unit* ou TLU) ou parfois *unité linéaire à seuil* (*linear threshold unit*). Les entrées et la sortie sont à présent des nombres (à la place de valeurs binaires, actif/inactif) et chaque connexion en entrée possède un poids. La TLU calcule une somme pondérée des entrées ($z = w_1 x_1 + w_2 x_2 + \ldots + w_n x_n + b = \mathbf{x}^T\mathbf{w} + b$), puis elle applique une *fonction échelon* (*step function*) à cette somme et produit le résultat : $h_\mathbf{w}(\mathbf{x}) = \text{step}(z) = \text{step}(\mathbf{x}^T\mathbf{w})$. Ceci ressemble beaucoup à une régression logistique, à ceci près qu'on applique une fonction échelon au lieu de la fonction sigmoïde (voir chapitre 1). Tout comme dans la régression logistique, les paramètres du modèle sont les poids d'entrée **w** et le terme constant (en anglais, *bias*) *b*.

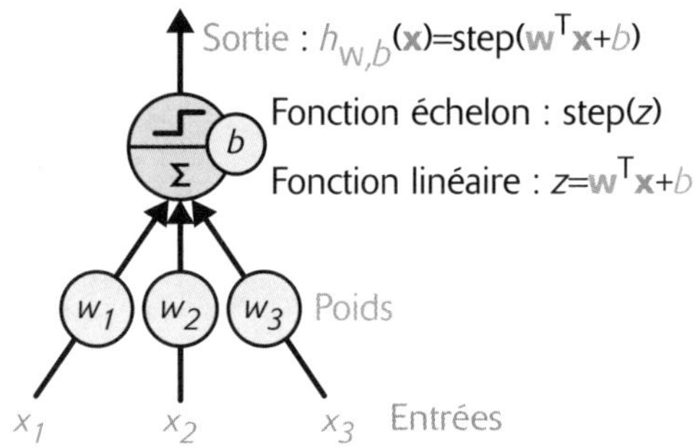

Figure 2.4 – Une unité logique à seuil : un neurone artificiel qui calcule une somme pondérée de ses entrées plus un terme constant *b*, puis lui applique une fonction échelon

Dans les perceptrons, la fonction échelon (ou fonction en escalier) la plus répandue est la *fonction de Heaviside* (voir les équations 2.1). La fonction signe est parfois utilisée également.

Équations 2.1 – Fonctions échelon répandues dans les perceptrons (en supposant que le seuil soit égal à 0)

$$\text{heaviside}(z) = \begin{cases} 0 & \text{si } z < 0 \\ 1 & \text{si } z \geq 0 \end{cases} \qquad \text{sgn}(z) = \begin{cases} -1 & \text{si } z < 0 \\ 0 & \text{si } z = 0 \\ +1 & \text{si } z > 0 \end{cases}$$

Une seule TLU peut être employée pour une classification binaire linéaire simple. Il calcule une fonction linéaire de ses entrées et, si le résultat dépasse un seuil, présente en sortie la classe positive, sinon la classe négative. Ceci peut évoquer pour vous une régression logistique (voir chapitre 1) ou un classificateur SVM linéaire[28]. Vous pourriez, par exemple, utiliser une seule TLU pour classer les iris en fonction de la longueur et de la largeur des pétales. L'entraînement d'une telle TLU consisterait à trouver les valeurs appropriées pour les poids w_1, w_2 et b_2 (l'algorithme d'entraînement sera présenté plus loin).

28. Voir le chapitre 5 de l'ouvrage *Machine Learning avec Scikit-Learn*, A. Géron, Dunod (3e édition, 2023).

Un perceptron est constitué d'une ou plusieurs TLU organisées en une seule couche de TLU[29], chaque TLU étant connectée à toutes les entrées. Une telle couche est appelée *couche intégralement connectée*, ou *couche dense*. Les entrées constituent la *couche d'entrée*. Et, étant donné que la couche de TLU produit les sorties finales, elle est appelée *couche de sortie*. À titre d'exemple, un perceptron doté de deux entrées et de trois sorties est représenté à la figure 2.5. Il est capable de classer des instances dans trois classes binaires différentes, ce qui en fait un classificateur multi-étiquettes. Il peut aussi être utilisé pour une classification multi-classes.

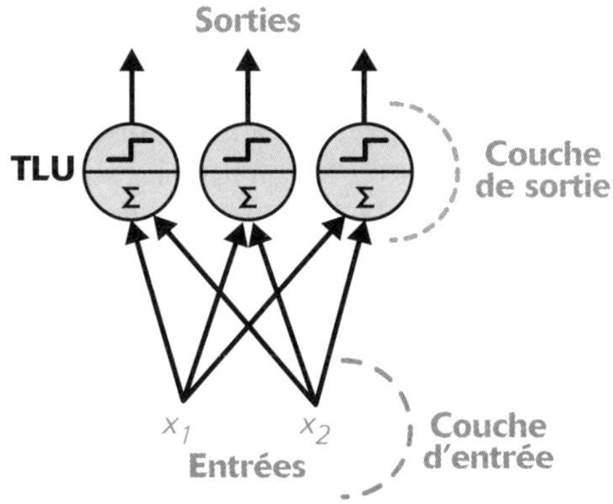

Figure 2.5 – Architecture perceptron avec deux neurones d'entrée, un neurone de terme constant et trois neurones de sortie

Grâce à l'algèbre linéaire, l'équation 2.2 permet de calculer efficacement les sorties d'une couche de neurones artificiels pour plusieurs instances à la fois.

Équation 2.2 – Calculer les sorties d'une couche intégralement connectée

$$h_{\mathbf{W},\mathbf{b}}(\mathbf{X}) = \phi(\mathbf{XW} + \mathbf{b})$$

Dans cette équation :

- Comme toujours, $\mathbf{X}$ représente la matrice des données d'entrée. Elle comprend une ligne par observation (ou instance) et une colonne par variable.
- La matrice des poids $\mathbf{W}$ contient tous les poids des connexions. Elle comprend une ligne par entrée et une colonne par neurone.
- Le vecteur de termes constants $\mathbf{b}$ contient un terme constant par neurone.
- La fonction ϕ est la *fonction d'activation* : lorsque les neurones artificiels sont des TLU, il s'agit d'une fonction échelon (nous verrons d'autres fonctions d'activation plus loin).

En mathématiques, on ne peut effectuer la somme d'une matrice et d'un vecteur. Cependant, dans le domaine de l'analyse de données, on autorise la *diffusion automatique* (en anglais, *broadcasting*) qui consiste à ajouter le vecteur à chacune des lignes

29. Le terme *perceptron* est parfois employé pour désigner un minuscule réseau constitué d'une seule TLU.

de la matrice. Par conséquent, **XW** + **b** s'obtient en effectuant d'abord le produit de **X** par **W**, ce qui donne une matrice avec une ligne par instance et une colonne par sortie, puis en ajoutant le vecteur **b** à chacune des lignes de cette matrice, ce qui ajoute chaque terme constant à la sortie correspondante, pour chaque instance. Après quoi, la fonction ϕ est appliquée à chacun des éléments de la matrice résultante.

Comment entraîne-t-on un perceptron ? L'algorithme d'entraînement du perceptron proposé par Rosenblatt se fonde largement sur la *règle de Hebb*. Dans son ouvrage *The Organization of Behavior* publié en 1949 (Wiley), Donald Hebb suggérait que, si un neurone biologique déclenche souvent un autre neurone, alors la connexion entre ces deux neurones se renforce. Cette idée a été ensuite résumée par la phrase de Siegrid Löwel : « *cells that fire together, wire together* », ou « les neurones qui s'activent en même temps se relient entre eux » ; autrement dit, le poids d'une connexion entre deux neurones tend à augmenter lorsqu'ils s'activent simultanément. Cette règle est devenue plus tard la règle de Hebb (ou *apprentissage hebbien*). Les perceptrons sont entraînés à partir d'une variante de cette règle qui prend en compte l'erreur effectuée par le réseau lorsqu'il réalise une prédiction ; la règle d'apprentissage du perceptron renforce les connexions qui aident à réduire l'erreur. Plus précisément, le perceptron reçoit une instance d'entraînement à la fois et, pour chacune, effectue ses prédictions. Pour chaque neurone de sortie qui produit une prédiction erronée, il renforce les poids des connexions liées aux entrées qui auraient contribué à la prédiction juste. La règle est illustrée à l'équation 2.3.

Équation 2.3 – Règle d'apprentissage du perceptron (mise à jour du poids)

$$w_{i,j}^{(\text{étape suivante})} = w_{i,j} + \eta(y_j - \hat{y}_j)x_i$$

Dans cette équation :

- $w_{i,j}$ correspond au poids de la connexion entre le $i^{\text{ème}}$ neurone d'entrée et le $j^{\text{ème}}$ neurone de sortie ;
- x_i est la $i^{\text{ème}}$ valeur d'entrée de l'instance d'entraînement courante ;
- $\hat{y}_j$ est la sortie du $j^{\text{ème}}$ neurone de sortie pour l'instance d'entraînement courante ;
- y_j est la sortie souhaitée pour le $j^{\text{ème}}$ neurone de sortie pour l'instance d'entraînement courante ;
- η est le taux d'apprentissage (voir chapitre 1).

Puisque la frontière de décision de chaque neurone de sortie est linéaire, les perceptrons sont incapables d'apprendre des motifs complexes (tout comme les classificateurs à régression logistique). Cependant, si les instances d'entraînement peuvent être séparées de façon linéaire, Rosenblatt a montré que l'algorithme converge forcément vers une solution[30]. Il s'agit du *théorème de convergence du perceptron*.

Scikit-Learn fournit une classe `Perceptron` qui implémente un réseau de TLU. Nous pouvons l'employer très facilement, par exemple sur le jeu de données Iris (présenté au chapitre 1) :

30. Notez que cette solution n'est pas unique : lorsque les points peuvent être séparés de façon linéaire, il existe une infinité d'hyperplans qui peuvent les séparer.

```
import numpy as np
from sklearn.datasets import load_iris
from sklearn.linear_model import Perceptron

iris = load_iris(as_frame=True)
X = iris.data[["petal length (cm)", "petal width (cm)"]].values
y = (iris.target == 0)  # Iris setosa

per_clf = Perceptron(random_state=42)
per_clf.fit(X, y)

X_new = [[2, 0.5], [3, 1]]
y_pred = per_clf.predict(X_new)  # prédit True et False pour ces 2 fleurs
```

Vous l'avez peut-être remarqué, l'algorithme d'entraînement du perceptron ressemble énormément à la descente de gradient stochastique (présentée au chapitre 1). En réalité, l'utilisation de la classe `Perceptron` de Scikit-Learn équivaut à employer un `SGDClassifier` avec les hyperparamètres suivants: `loss="perceptron"`, `learning_rate="constant"`, `eta0=1` (le taux d'apprentissage) et `penalty=None` (aucune régularisation).

Dans leur monographie de 1969 intitulée *Perceptrons*, Marvin Minsky et Seymour Papert ont souligné plusieurs faiblesses importantes des perceptrons, notamment le fait qu'ils sont incapables de résoudre certains problèmes triviaux, comme le problème de classification du OU exclusif (XOR) (voir la partie gauche de la figure 2.6). Bien entendu, cela reste vrai pour n'importe quel modèle de classification linéaire, comme les classificateurs à régression logistique, mais les chercheurs en attendaient beaucoup plus des perceptrons et la déception a été si profonde que certains ont totalement écarté les réseaux de neurones au profit d'autres problèmes de plus haut niveau, comme la logique, la résolution de problèmes et les recherches. Le manque d'applications pratiques a également joué en leur défaveur.

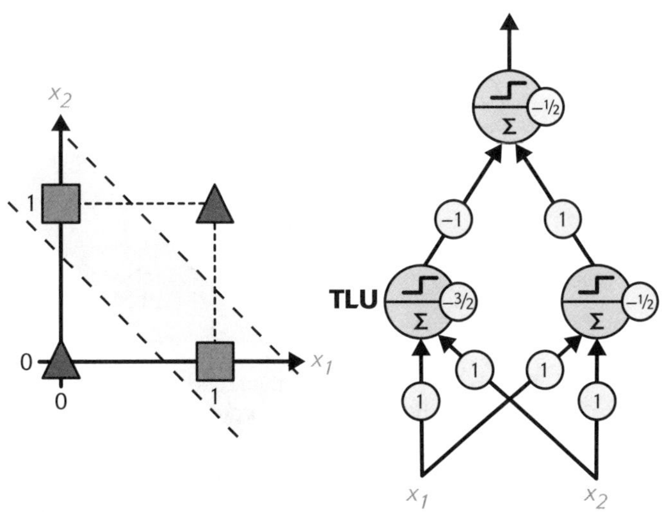

Figure 2.6 – Problème de classification OU exclusif et perceptron multicouche pour le résoudre

Il est cependant possible de lever certaines limites des perceptrons en empilant plusieurs perceptrons. Le réseau de neurones résultant est appelé *perceptron multicouche* (en anglais, *multi-layer perceptron* ou MLP). Un perceptron multicouche est capable de résoudre le problème du OU exclusif, comme nous pouvons le vérifier en calculant la sortie de celui-ci représenté en partie droite de la figure 2.6. Avec les entrées (0, 0) ou (1, 1), le réseau produit la sortie 0. Avec les entrées (0, 1) ou (1, 0), il génère 1. Essayez de vérifier que ce réseau résoud bien le problème du OU exclusif[31] !

Contrairement aux classificateurs à régression logistique, les perceptrons ne fournissent pas en sortie une probabilité de classe. C'est une des raisons qui font préférer la régression logistique aux perceptrons. De plus, les perceptrons n'utilisent aucune régularisation par défaut. L'entraînement s'arrête dès qu'il n'y a plus d'erreurs de prédiction sur le jeu d'entraînement, c'est pourquoi le modèle ne se généralise pas aussi bien qu'une régression logistique ou qu'un classificateur SVM linéaire. Cependant, les perceptrons peuvent se révéler un peu plus rapides à entraîner.

2.1.4 Perceptron multicouche et rétropropagation

Un perceptron multicouche est constitué d'une *couche d'entrée* (de transfert uniquement), d'une ou plusieurs couches de TLU appelées *couches cachées* et d'une dernière couche de TLU appelée *couche de sortie* (voir la figure 2.7). Les couches proches de la couche d'entrée sont généralement appelées les *couches basses*, tandis que celles proches des sorties sont les *couches hautes*.

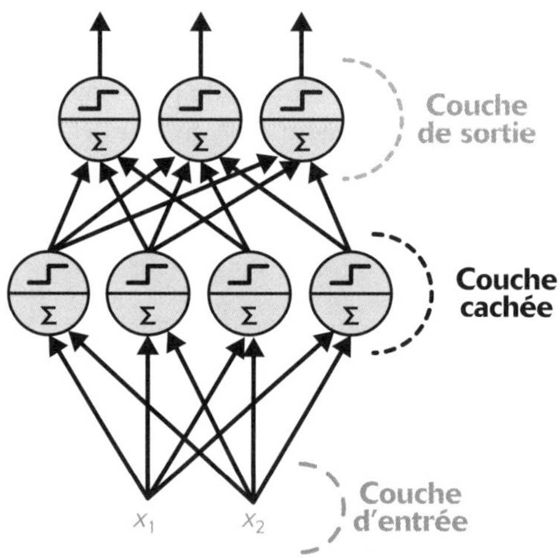

Figure 2.7 – Perceptron multicouche avec deux entrées, une couche cachée de quatre neurones et trois neurones de sortie

31. Par exemple, quand les entrées sont (0, 1) le neurone en bas à gauche calcule $0 \times 1 + 1 \times 1 - 3 / 2 = -1 / 2$, qui est une valeur négative, et sa sortie vaut donc 0. Le neurone en bas à droite calcule $0 \times 1 + 1 \times 1 - 1 / 2 = 1 / 2$, qui est une valeur positive, et sa sortie vaut donc 1. Le neurone de sortie reçoit en entrée les sorties des deux neurones précédents et calcule $0 \times (-1) + 1 \times 1 - 1 / 2 = 1 / 2$. Cette valeur étant positive, il produit en sortie 1.

Puisque le signal va dans une seule direction (des entrées vers les sorties), cette architecture est un exemple de *réseau de neurones à propagation avant* (en anglais, *feedforward neural network*) ou *réseau de neurones non bouclé*.

Lorsqu'un réseau de neurones possède un grand nombre de couches cachées[32], on parle de *réseau de neurones profond* (en anglais, *deep neural network* ou DNN). Le domaine du Deep Learning (ou apprentissage profond) étudie les DNN et plus généralement les modèles qui comprennent des piles de calcul profondes. Toutefois, de nombreuses personnes parlent de Deep Learning dès que des réseaux de neurones entrent en jeu (même s'ils manquent de profondeur).

Pendant de nombreuses années, les chercheurs se sont efforcés de trouver une manière d'entraîner les perceptrons multicouches, sans succès. Au début des années 1960, plusieurs chercheurs ont envisagé la possibilité d'utiliser une descente de gradient pour entraîner les réseaux de neurones, mais comme nous l'avons vu au chapitre 1, ceci nécessite de calculer les gradients de l'erreur du modèle par rapport à chacun de ses paramètres; à l'époque, on ne savait pas vraiment comment le faire efficacement, compte tenu de la complexité du modèle et du grand nombre de ses paramètres, et avec les moyens informatiques disponibles à l'époque.

Puis, en 1970, un chercheur nommé Seppo Linnainmaa a présenté dans son mémoire de thèse une technique permettant de calculer automatiquement et efficacement tous les gradients. Cet algorithme est désormais nommé *différentiation automatique en mode inverse* (en anglais et en abrégé, *inverse-mode autodiff*). En seulement deux passes sur le réseau (une avant, une arrière), l'algorithme est capable de calculer les gradients de l'erreur du réseau par rapport à chacun des paramètres du modèle. Autrement dit, il peut déterminer l'ajustement à appliquer à chaque poids de connexion et à chaque terme constant pour réduire l'erreur faite par le réseau de neurones. Ces gradients peuvent alors être utilisés pour l'étape suivante d'une descente de gradient. Si vous répétez ce processus de calcul automatique des gradients et de descente de gradient pas à pas, l'erreur du réseau de neurones diminuera progressivement jusqu'à atteindre un minimum. La combinaison de la différentiation automatique en mode inverse et de la descente de gradient est maintenant appelée *rétropropagation*.

Il existe différentes techniques de différentiation automatique, chacune avec ses avantages et inconvénients. La différentiation automatique en mode inverse est bien adaptée lorsque la fonction à différentier possède de nombreuses variables (à savoir les poids des connexions et les termes constants) et peu de sorties (par exemple, une seule perte). Si vous voulez en savoir davantage sur la différentiation automatique, reportez-vous à l'annexe B.

32. Dans les années 1990, un réseau possédant plus de deux couches cachées était considéré profond. Aujourd'hui, il n'est pas rare qu'ils comportent des dizaines de couches, voire des centaines. La définition de « profond » est donc relativement floue.

La rétropropagation peut en fait être appliquée à toutes sortes de graphes informatiques, pas seulement aux réseaux de neurones : d'ailleurs, le sujet de thèse de Linnainmaa ne portait pas directement sur les réseaux de neurones mais était plus général. Il s'est encore écoulé quelques années avant qu'on commence à appliquer la rétropropagation aux réseaux de neurones, mais ce n'était toujours pas une pratique courante. Puis, en 1985, David Rumelhart, Geoffrey Hinton et Ronald Williams ont publié un article révolutionnaire[33] analysant comment la rétropropagation permettait aux réseaux de neurones d'apprendre des représentations internes utiles. Leurs résultats étaient si impressionnants que la rétropropagation s'est popularisée très rapidement dans ce domaine. Aujourd'hui, c'est de loin la technique d'entraînement la plus utilisée pour les réseaux de neurones.

Examinons de manière un peu plus détaillée comment fonctionne cet algorithme de rétropropagation :

- Il traite un mini-lot à la fois (par exemple de 32 instances chacun) et parcourt à plusieurs reprises le jeu d'entraînement complet. Chaque passe est appelée *époque* (*epoch*)
- Chaque mini-lot est transmis à la couche d'entrée du réseau, qui l'envoie à la première couche cachée. L'algorithme calcule ensuite la sortie de chaque neurone dans cette couche (pour chaque instance du mini-lot). Le résultat est transmis à la couche suivante, sa sortie est déterminée et passée à la couche suivante. Le processus se répète jusqu'à la sortie de la dernière couche, la couche de sortie. Il s'agit de la *passe en avant*, comme pour réaliser les prédictions, excepté que tous les résultats intermédiaires sont conservés car ils sont nécessaires à la *passe en arrière*.
- Il mesure ensuite l'erreur de sortie du réseau (il utilise une fonction de perte qui compare la sortie souhaitée et la sortie réelle du réseau, et qui retourne une mesure de l'erreur).
- Puis il détermine dans quelle mesure chaque terme constant de sortie et chaque connexion à la couche de sortie a contribué à l'erreur. Il procède de façon analytique en appliquant la *règle de la chaîne* (probablement la règle essentielle des calculs), qui confère rapidité et précision à cette étape.
- L'algorithme poursuit en mesurant la portion de ces contributions à l'erreur qui revient à chaque connexion de la couche précédente, de nouveau avec la règle de la chaîne et ainsi de suite jusqu'à la couche d'entrée. Cette passe en arrière mesure efficacement le gradient d'erreur sur tous les poids des connexions et les termes constants du réseau en propageant vers l'arrière le gradient d'erreur dans le réseau (d'où le nom de l'algorithme).
- L'algorithme se termine par une étape de descente de gradient de façon à ajuster tous les poids des connexions dans le réseau, en utilisant les gradients d'erreur calculés précédemment.

33. David Rumelhart *et al.*, *Learning Internal Representations by Error Propagation* (rapport technique du Defense Technical Information Center, septembre 1985).

Il est important d'initialiser de façon aléatoire les poids des connexions pour toutes les couches cachées, sinon l'entraînement va échouer. Par exemple, si tous les poids et les termes constants sont fixés à zéro, alors tous les neurones d'une couche donnée seront identiques, la rétropropagation les affectera exactement de la même manière et ils resteront donc égaux. Autrement dit, même s'il possède des centaines de neurones dans chaque couche, notre modèle fonctionnera comme si chaque couche ne contenait qu'un seul neurone, ce qui n'est pas génial. Au contraire, une initialisation aléatoire *brise la symétrie* et permet à la rétropropagation d'entraîner et de faire collaborer des neurones variés.

En résumé, la rétropropagation effectue des prédictions sur un mini-lot (passe en avant), mesure l'erreur, puis remonte toutes les couches en sens inverse pour mesurer la contribution à l'erreur de chacun des paramètres (passe en arrière), et enfin ajuste les poids des connexions et les termes constants pour réduire l'erreur (étape de descente de gradient). Pour que la rétropropagation fonctionne correctement, les auteurs ont apporté une modification essentielle à l'architecture du perceptron multicouche. Ils ont remplacé la fonction échelon par la fonction sigmoïde, $\sigma(z) = 1 / (1 + \exp(-z))$. Ce changement est fondamental, car la fonction échelon comprend uniquement des segments plats et il n'existe donc aucun gradient à exploiter (la descente de gradient ne peut pas progresser sur une surface plane). En revanche, la fonction sigmoïde possède une dérivée non nulle en tout point, ce qui permet à la descente de gradient de progresser à chaque étape. L'algorithme de rétropropagation peut être employé avec d'autres *fonctions d'activation*, à la place de la fonction sigmoïde. En voici deux autres souvent utilisées :

- La fonction *tangente hyperbolique* $\tanh(z) = 2\sigma(2z) - 1$:

  Tout comme la fonction sigmoïde, cette fonction d'activation a une forme de « S », est continue et dérivable, mais ses valeurs de sortie se trouvent dans la plage –1 à 1 (à la place de 0 à 1 pour la fonction sigmoïde), ce qui tend à rendre la sortie de chaque couche plus ou moins centrée sur zéro au début de l'entraînement. La convergence s'en trouve souvent accélérée.

- La fonction ReLU (*rectified linear unit*) : $\text{ReLU}(z) = \max(0, z)$:

  Elle est continue, mais non dérivable en $z = 0$ (la pente change brutalement, ce qui fait rebondir la descente de gradient de part et d'autre de ce point de rupture) et sa dérivée pour $z < 0$ est 0. Cependant, dans la pratique, elle fonctionne très bien et a l'avantage d'être rapide à calculer. Elle est donc devenue la fonction par défaut[34]. Par ailleurs, le fait qu'elle n'ait pas de valeur de sortie maximale aide à diminuer certains problèmes au cours de la descente de gradient (nous y reviendrons au chapitre 3).

Ces fonctions d'activation répandues et leurs dérivées sont représentées à la figure 2.8. Mais pourquoi avons-nous besoin d'une fonction d'activation ? Si nous

34. Étant donné que les neurones biologiques semblent mettre en œuvre une fonction d'activation de type sigmoïde (en forme de « S »), les chercheurs se sont longtemps bornés à des fonctions de ce type. Mais, en général, on constate que la fonction d'activation ReLU convient mieux aux réseaux de neurones artificiels. Voilà l'un des cas où l'analogie avec la nature a pu induire en erreur.

enchaînons plusieurs transformations linéaires, nous obtenons une transformation linéaire. Prenons, par exemple, $f(x) = 2x + 3$ et $g(x) = 5x - 1$. L'enchaînement de ces deux fonctions linéaires donne une autre fonction linéaire : $f(g(x)) = 2(5x - 1) + 3 = 10x + 1$. Par conséquent, si nous n'avons pas une certaine non-linéarité entre les couches, quelle que soit la profondeur de la pile des couches, elle équivaut à une seule couche. Il est alors impossible de résoudre des problèmes très complexes. Inversement, un réseau de neurones profond suffisamment large avec des fonctions d'activation non linéaires peut, en théorie, se rapprocher de toute fonction continue.

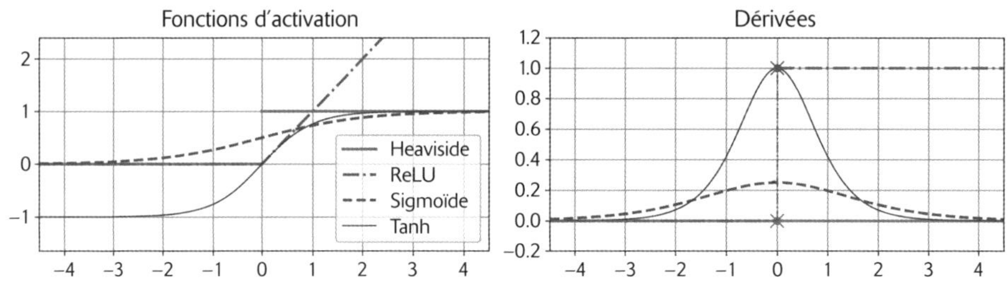

Figure 2.8 – Fonctions d'activation (à gauche) et leurs dérivées (à droite)

Vous savez à présent d'où viennent les réseaux neuronaux, quelle est leur architecture et comment leurs sorties sont calculées. Vous avez également découvert l'algorithme de rétropropogation. Mais à quoi pouvons-nous réellement employer ces réseaux ?

2.1.5 Perceptron multicouche de régression

Tout d'abord, les perceptrons multicouches peuvent être utilisés pour des tâches de régression. Si nous souhaitons prédire une seule valeur (par exemple le prix d'une maison en fonction de ses caractéristiques), nous n'avons besoin que d'un seul neurone de sortie : sa sortie sera la valeur prédite. Pour une régression multivariable (c'est-à-dire prédire de multiples valeurs à la fois), nous avons besoin d'un neurone de sortie poue chaque dimension de sortie. Par exemple, pour localiser le centre d'un objet dans une image, nous devons prédire des coordonnées en 2D et avons donc besoin de deux neurones de sortie. Pour placer un cadre d'encombrement autour de l'objet, nous avons besoin de deux valeurs supplémentaires : la largeur et la hauteur de l'objet. Nous arrivons donc à quatre neurones de sortie.

Scikit-Learn comporte une classe `MLPRegressor` (MLP pour *multi-layer perceptron*) que nous allons utiliser pour construire un perceptron multi-couches comportant trois couches cachées de 50 neurones chacune et l'entraîner sur le jeu de données immobilières de Californie. Pour simplifier, nous utiliserons la fonction `fetch_california_housing()` de Scikit-Learn pour charger les données. Ce jeu de données est plus simple que celui utilisé au chapitre 2 de l'ouvrage *Machine Learning avec Scikit-Learn* (Aurélien Géron, 3e édition, 2023), car il ne comporte que des variables quantitatives (il ne comporte plus de variable `ocean_proximity`) et il n'y a plus de données manquantes. Le code qui suit récupère le jeu de données et le partage, puis il crée un pipeline qui va normaliser les variables avant de les transmettre à `MLPRegressor`. C'est très important pour les réseaux de neurones, car ils sont entraînés à l'aide d'une descente de gradient et nous avons vu au chapitre 1 que la convergence est moins efficace lorsque les variables ont des échelles très différentes. Enfin, le code entraîne le modèle et évalue son erreur de validation. Le modèle utilise la fonction d'activation ReLU dans les couches cachées, et il utilise une variante de la descente de gradient dénommée *Adam* (voir chapitre 3) pour minimiser l'erreur quadratique moyenne, avec un petit peu de régularisation ℓ_2 (que vous pouvez contrôler à l'aide de l'hyperparamètre `alpha`) :

```
from sklearn.datasets import fetch_california_housing
from sklearn.metrics import mean_squared_error
from sklearn.model_selection import train_test_split
from sklearn.neural_network import MLPRegressor
from sklearn.pipeline import make_pipeline
from sklearn.preprocessing import StandardScaler

housing = fetch_california_housing()
X_train_full, X_test, y_train_full, y_test = train_test_split(
    housing.data, housing.target, random_state=42)
X_train, X_valid, y_train, y_valid = train_test_split(
    X_train_full, y_train_full, random_state=42)

mlp_reg = MLPRegressor(hidden_layer_sizes=[50, 50, 50], random_state=42)
pipeline = make_pipeline(StandardScaler(), mlp_reg)
pipeline.fit(X_train, y_train)
y_pred = pipeline.predict(X_valid)
rmse = mean_squared_error(y_valid, y_pred, squared=False)  # environ 0.505
```

Nous obtenons une RMSE de validation d'environ 0,505, ce qui est comparable à ce que nous obtiendrions avec un classificateur de forêt aléatoire. Pas trop mal pour un premier essai !

Remarquez que ce perceptron multicouche n'utilise aucune fonction d'activation pour la couche de sortie, ce qui le rend libre de fournir toute valeur qu'il souhaite. En général, cela ne pose pas de problème, mais si vous voulez garantir que la sortie soit toujours positive, alors vous devriez utiliser la fonction d'activation ReLU dans la couche de sortie, ou la fonction d'activation `softplus`, qui est une variante lissée de ReLU : softplus(z) = log(1 + exp(z)). Softplus donne une valeur proche de 0 lorsque z est négatif, et proche de z lorsque celui-ci est positif. Enfin, si vous voulez garantir que les prédictions tombent toujours dans une plage de valeurs donnée, vous pouvez utiliser la fonction sigmoïde ou la tangente hyperbolique, puis recalibrer les valeurs cibles dans la plage appropriée : 0 à 1 pour la fonction sigmoïde, et –1 à 1 pour la tangente hyperbolique. Malheureusement, la classe `MLPRegressor` ne propose pas de fonction d'activation dans la couche de sortie.

Construire et entraîner un perceptron multicouche standard avec Scikit-Learn en quelques lignes de code seulement est très pratique, mais les fonctionnalités du réseau de neurones sont limitées. C'est pourquoi nous passerons à Keras dans la deuxième partie de ce chapitre.

La classe `MLPRegressor` utilise l'erreur quadratique moyenne, ce qui est en général ce que l'on souhaite pour la régression, mais si le jeu d'entraînement comprend un grand nombre de valeurs aberrantes, l'erreur absolue moyenne sera peut-être préférable. Il est également possible d'utiliser la fonction de perte de Huber, qui combine les deux précédentes. La perte de Huber est quadratique lorsque l'erreur est inférieure à un seuil δ (en général 1), mais linéaire lorsque l'erreur est supérieure à δ. La partie linéaire la rend moins sensible aux valeurs aberrantes que l'erreur quadratique moyenne, tandis que la partie quadratique lui permet de converger plus rapidement et plus précisément que l'erreur absolue moyenne. Toutefois, `MLPRegressor` n'autorise que l'erreur quadratique moyenne.

Le tableau 2.1 récapitule l'architecture type d'un perceptron multicouche de régression.

Tableau 2.1 – Architecture type d'un perceptron multicouche de régression

Hyperparamètre	Valeur type
Nombre de couches cachées	Dépend du problème, mais en général entre 1 et 5
Nombre de neurones par couche cachée	Dépend du problème, mais en général entre 10 et 100
Nombre de neurones de sortie	1 par dimension de prédiction
Fonction d'activation de la couche cachée	ReLU
Fonction d'activation de la sortie	Aucune ou ReLU/softplus (pour des sorties positives) ou sigmoid/tanh (pour des sorties bornées)
Fonction de perte	MSE ou Huber en cas de valeurs aberrantes

2.1.6 Perceptron multicouche de classification

Les perceptrons multicouches peuvent également être employés pour des tâches de classification. Dans le cas d'un problème de classification binaire, nous avons besoin d'un seul neurone de sortie avec la fonction d'activation sigmoïde : la sortie sera une valeur entre 0 et 1, que nous pouvons interpréter comme la probabilité estimée de la classe positive. La probabilité estimée de la classe négative est égale à 1 moins cette valeur

Ils sont également capables de prendre en charge les tâches de classification binaire à étiquettes multiples[35]. Par exemple, nous pouvons disposer d'un système de classification des courriers électroniques qui prédit si chaque message entrant est un courrier sollicité (*ham*) ou non sollicité (*spam*), tout en prédisant s'il est urgent ou non. Dans ce cas, nous avons besoin de deux neurones de sortie, tous deux avec la fonction d'activation sigmoïde : le premier indiquera la probabilité que le courrier soit non sollicité, tandis que le second indiquera la probabilité qu'il soit urgent. Plus généralement, nous affectons un neurone de sortie à chaque classe positive. Notez

35. Voir le chapitre 3 de l'ouvrage *Machine Learning avec Scikit-Learn*, A. Géron, Dunod (3e édition, 2023).

que le total des probabilités de sortie ne doit pas nécessairement être égal à 1. Cela permet au modèle de sortir toute combinaison d'étiquettes : nous pouvons avoir du courrier sollicité non urgent, du courrier sollicité urgent, du courrier non sollicité non urgent et même du courrier non sollicité urgent (mais ce cas sera probablement une erreur).

Lorsque chaque instance ne peut appartenir qu'à une seule classe, parmi trois classes possibles ou plus (par exemple, les classes 0 à 9 pour la classification d'image de chiffres), nous avons besoin d'un neurone de sortie par classe et nous pouvons utiliser la fonction d'activation softmax pour l'intégralité de la couche de sortie (voir la figure 2.9). Cette fonction[36] s'assurera que toutes les probabilités estimées sont comprises entre 0 et 1 et que leur somme est égale à 1 (ce qui est obligatoire si les classes sont exclusives). Comme nous l'avons vu au chapitre 1, il s'agit d'une classification multiclasse.

En ce qui concerne la fonction de perte, étant donné que nous prédisons des distributions de probabilités, la perte d'entropie croisée (encore appelée *x-entropie* ou *perte logistique*, voir chapitre 1) est en général un bon choix.

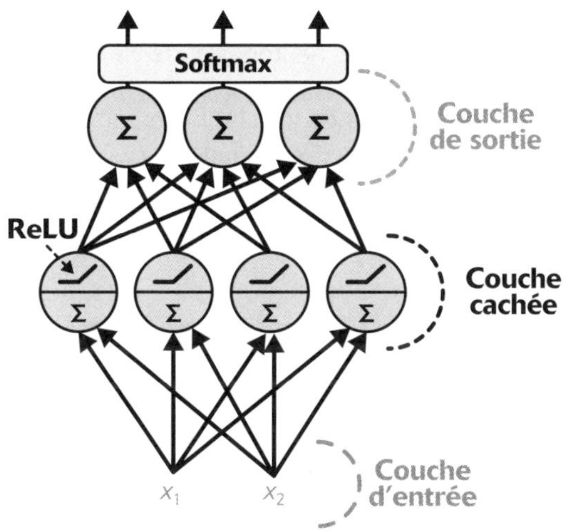

Figure 2.9 – Un perceptron multicouche moderne (avec ReLU et softmax) pour la classification

Scikit-Learn possède une classe `MLPClassifier` dans le package `sklearn.neural_network`. Celle-ci est presque identique à la classe `MLPRegressor`, à ceci près qu'elle minimise l'entropie croisée plutôt que l'erreur quadratique moyenne. Essayez-la maintenant, par exemple sur le jeu de donnés Iris. Il s'agit d'une tâche pratiquement linéaire, c'est pourquoi une seule couche constituée de 5 à 10 neurones devrait suffire (n'oubliez pas de normaliser les variables).

36. Voir le chapitre 1.

Le tableau 2.2 récapitule l'architecture type d'un perceptron multicouche de classification.

Tableau 2.2 – Architecture type d'un perceptron multicouche de classification

Hyperparamètre	Classification binaire	Classification binaire multi-étiquette	Classification multiclasse
Nombre de couches cachées	De 1 à 5 couches en général, selon la tâche		
Nombre de neurones de sortie	1	1 par étiquette binaire	1 par classe
Fonction d'activation de la couche de sortie	Sigmoïde	Sigmoïde	Softmax
Fonction de perte	Entropie croisée	Entropie croisée	Entropie croisée

Avant d'aller plus loin, nous vous conseillons de faire l'exercice 1 donné à la fin de ce chapitre. Il vous permettra de jouer avec diverses architectures de réseaux de neurones et de visualiser leurs sorties avec *TensorFlow Playground*. Ainsi, vous comprendrez mieux les perceptrons multicouches, y compris les effets de tous les hyperparamètres (nombre de couches et de neurones, fonctions d'activation, etc.).

À présent que les concepts ont été établis, nous pouvons commencer à implémenter des perceptrons multicouches avec Keras !

2.2 IMPLÉMENTER UN PERCEPTRON MULTICOUCHE AVEC KERAS

Keras est l'API de haut niveau de TensorFlow pour le Deep Learning. Elle permet de construire, d'entraîner, d'évaluer et d'exécuter facilement toutes sortes de réseaux de neurones. La bibliothèque Keras originelle a été développée par François Chollet dans le cadre d'un projet de recherche[37] et publiée en tant que projet open source en mars 2015. Elle est rapidement devenue populaire, en raison de sa facilité d'utilisation, de sa souplesse et de sa belle conception.

37. Projet ONEIROS (*Open-ended Neuro-Electronic Intelligent Robot Operating System*). François Chollet a rejoint Google en 2015, où il continue à diriger le projet Keras.

Keras est une API de haut niveau et n'effectue pas elle-même les opérations de bas niveau : elle fait appel pour cela à une bibliothèque sous-jacente (ou *backend*). Par le passé, plusieurs backends étaient disponibles : TensorFlow, PlaidML, Theano, ou encore Microsoft Cognitive Toolkit (CNTK). Cependant, la plupart de ces bibliothèques étant devenues obsolètes, Keras s'est focalisée uniquement sur TensorFlow. En parallèle, TensorFlow a intégré sa propre implémentation de l'API Keras, nommée *tf.keras* ! Heureusement, les choses se sont simplifiées depuis TensorFlow 2.0, car tf.keras est devenue un simple alias vers la bibliothèque Keras officielle. Ouf ! Pour finir, la version 3.0 de Keras, parue en décembre 2023, supporte à nouveau plusieurs backends : TensorFlow, PyTorch[38], ou JAX. Si vous préférez utiliser le backend PyTorch ou JAX, vous devez installer la bibliothèque correspondante, définir la variable d'environnement `KERAS_BACKEND` (dont la valeur doit être `"tensorflow"`, `"torch"` ou `"jax"`), et utiliser `keras` plutôt que `tf.keras` dans votre code. La plupart des exemples de code Keras devraient fonctionner sans autre modification (voir *https://keras.io* pour plus de détails).

Et maintenant, utilisons Keras ! Nous commencerons par construire un perceptron multicouche pour classer des images.

Les runtimes Colab sont dotés de versions récentes de Tensorflow et de Keras préinstallées. Si toutefois vous souhaitez les installer sur votre propre machine, reportez-vous aux instructions d'installation de *https://homl.info/install*.

2.2.1 Construire un classificateur d'images avec l'API séquentielle

Nous devons tout d'abord charger un jeu de données. Nous utiliserons *Fashion MNIST*, qui est un équivalent exact de MNIST[39]. Leur format est identique (70 000 images en niveaux de gris de 28×28 pixels chacune, avec 10 classes), mais les images de Fashion MNIST représentent des articles de mode à la place de chiffres manuscrits. Chaque classe est donc plus variée et le problème se révèle plus compliqué. Par exemple, un modèle linéaire simple donne une exactitude de 92 % avec MNIST, mais seulement de 83 % avec Fashion MNIST.

38. La popularité de PyTorch a considérablement augmenté en 2018, essentiellement grâce à sa simplicité et à son excellente documentation, ce qui n'était pas véritablement les points forts de TensorFlow 1.x à l'époque. Toutefois, TensorFlow 2 est aussi simple que PyTorch, d'une part parce que Keras est devenue son API de haut niveau officielle, mais aussi parce que les développeurs ont largement simplifié et nettoyé le reste de l'API. La documentation a aussi été totalement réorganisée et il est beaucoup plus facile d'y trouver ce que l'on cherche. De façon comparable, les principales faiblesses de PyTorch (par exemple une portabilité limitée et aucune analyse du graphe de calcul) ont été grandement comblées dans PyTorch 1.0. Une saine compétition paraît bénéfique pour tout le monde.

39. Voir le chapitre 3 de l'ouvrage *Machine Learning avec Scikit-Learn*, A. Géron, Dunod (3e édition, 2023).

Charger le jeu de données avec Keras

Keras dispose de fonctions utilitaires pour récupérer et charger des jeux de données communs, comme MNIST, Fashion MNIST et quelques autres. Chargeons Fashion MNIST. Celui-ci est déjà mélangé et partagé entre un jeu d'entraînement (60 000 images) et un jeu de test (10 000 images), mais nous mettrons de côté les 5 000 dernières images du jeu d'entraînement pour la validation :

```
import tensorflow as tf
fashion_mnist = tf.keras.datasets.fashion_mnist.load_data()
(X_train_full, y_train_full), (X_test, y_test) = fashion_mnist
X_train, y_train = X_train_full[:-5000], y_train_full[:-5000]
X_valid, y_valid = X_train_full[-5000:], y_train_full[-5000:]
----
```

TensorFlow est en général importé sous le nom `tf`, et l'API Keras est disponible *via* `tf.keras`.

Le chargement de MNIST ou de Fashion MNIST avec Keras, à la place de Scikit-Learn, présente une différence importante : chaque image est représentée non pas sous forme d'un tableau à une dimension de 784 éléments, mais sous forme d'un tableau 28×28. Par ailleurs, les intensités des pixels sont représentées par des entiers (de 0 à 255) plutôt que par des nombres à virgule flottante (de 0,0 à 255,0). Jetons un coup d'œil à la forme et au type de données du jeu d'entraînement :

```
>>> X_train.shape
(55000, 28, 28)
>>> X_train.dtype
dtype('uint8')
```

Pour une question de simplicité, nous allons réduire les intensités de pixels à la plage 0-1 en les divisant par 255,0 (cela les convertit également en nombres à virgule flottante) :

```
X_train, X_valid, X_test = X_train / 255., X_valid / 255., X_test / 255.
```

Avec MNIST, lorsque l'étiquette est égale à 5, cela signifie que l'image représente le chiffre manuscrit 5. Facile. En revanche, avec Fashion MNIST, nous avons besoin de la liste des noms de classes pour savoir ce que nous manipulons :

```
class_names = ["T-shirt/top", "Trouser", "Pullover", "Dress", "Coat",
               "Sandal", "Shirt", "Sneaker", "Bag", "Ankle boot"]
```

Par exemple, la première image du jeu d'entraînement représente une bottine :

```
>>> class_names[y_train[0]]
'Ankle boot'
```

La figure 2.10 montre quelques éléments du jeu de données Fashion MNIST.

Figure 2.10 – Quelques exemples tirés de Fashion MNIST

Créer le modèle avec l'API séquentielle

Construisons à présent le réseau de neurones ! Voici un perceptron multicouche de classification avec deux couches cachées :

```
tf.random.set_seed(42)
model = tf.keras.Sequential()
model.add(tf.keras.layers.Input(shape=[28, 28]))
model.add(tf.keras.layers.Flatten())
model.add(tf.keras.layers.Dense(300, activation="relu"))
model.add(tf.keras.layers.Dense(100, activation="relu"))
model.add(tf.keras.layers.Dense(10, activation="softmax"))
```

Détaillons ce code :

- Tout d'abord, définissons le germe (en anglais, *seed*) du générateur de nombres aléatoires de TensorFlow afin de pouvoir reproduire les résultats : de cette manière, les poids aléatoires des couches cachées et de la couche de sortie seront les mêmes à chaque fois que vous exécuterez votre notebook. Vous pourriez aussi choisir d'utiliser la fonction `tf.keras.utils.set_random_seed()`, qui permet de définir commodément les germes aléatoires pour TensorFlow, Python et NumPy.
- La ligne suivante crée un modèle `Sequential`. C'est le modèle Keras le plus simple pour les réseaux de neurones : il est constitué d'une seule pile de couches connectées de façon séquentielle. Il s'agit de l'*API de modèle séquentiel*, ou *API séquentielle*.
- Ensuite, nous construisons la première couche (une couche d'entrée, de type `Input`) et l'ajoutons au modèle. Nous spécifions sa forme (`shape`), qui n'inclut pas la taille du lot mais uniquement la forme des instances. Keras a besoin de la forme des entrées pour déterminer la forme de la matrice des poids de connexion de la première couche cachée.
- Nous ajoutons alors une couche `Flatten`, dont le rôle est de convertir chaque image d'entrée en un tableau à une dimension : à titre d'exemple, si elle reçoit un lot de forme [32, 28, 28], elle le reformatera en un tableau [32, 784]. Autrement

dit, si elle reçoit une donnée d'entrée `X`, elle calcule `X.reshape(-1, 784)`. Cette couche ne possède aucun paramètre et a pour seule fonction d'effectuer un prétraitement simple.

- Puis, nous ajoutons une couche cachée `Dense` constituée de 300 neurones. Elle utilisera la fonction d'activation ReLU. Chaque couche `Dense` gère sa propre matrice de poids, qui contient tous les poids des connexions entre les neurones et leurs entrées. Elle gère également un vecteur de termes constants (un par neurone). Lorsqu'elle reçoit des données d'entrée, elle calcule l'équation 2.2.
- Une deuxième couche cachée `Dense` de 100 neurones est ensuite ajoutée, elle aussi avec la fonction d'activation ReLU.
- Enfin, nous ajoutons une couche de sortie `Dense` avec 10 neurones (un par classe) en utilisant la fonction d'activation softmax car les classes sont exclusives.

Spécifier `activation="relu"` équivaut à spécifier `activation=tf.keras.activations.relu`. D'autres fonctions d'activation sont disponibles dans le package `tf.keras.activations` et nous en utiliserons plusieurs dans cet ouvrage. La liste complète est disponible à l'adresse *https://keras.io/api/layers/activations*. Nous définirons aussi notre propre fonction d'activation au chapitre 4.

Au lieu d'ajouter les couches une par une comme nous l'avons fait, il est souvent plus commode de transmettre une liste de couches au moment de la création du modèle `Sequential`. Vous pouvez aussi laisser tomber la couche `Input` et spécifier `input_shape` au niveau de la première couche :

```
model = tf.keras.Sequential([
    tf.keras.layers.Flatten(input_shape=[28, 28]),
    tf.keras.layers.Dense(300, activation="relu"),
    tf.keras.layers.Dense(100, activation="relu"),
    tf.keras.layers.Dense(10, activation="softmax")
])
```

La méthode `summary()` du modèle affiche toutes les couches du modèle[40], y compris leur nom (généré automatiquement, sauf s'il est précisé au moment de la création de la couche), la forme de leur sortie (`None` signifie que la taille du lot peut être quelconque) et leur nombre de paramètres. Le résumé se termine par le nombre total de paramètres, qu'ils soient entraînables ou non. Dans notre exemple, nous avons uniquement des paramètres entraînables (nous verrons quelques paramètres non entraînables dans la suite de ce chapitre) :

```
>>> model.summary()
Model: "sequential"
_________________________________________________________________
Layer (type)                Output Shape              Param #
=================================================================
flatten (Flatten)            (None, 784)               0
_________________________________________________________________
```

40. Vous pouvez aussi utiliser `tf.keras.utils.plot_model()` pour générer une image du modèle.

```
dense (Dense)                (None, 300)               235500
_________________________________________________________________
dense_1 (Dense)              (None, 100)               30100
_________________________________________________________________
dense_2 (Dense)              (None, 10)                1010
=================================================================
Total params: 266,610
Trainable params: 266,610
Non-trainable params: 0
_________________________________________________________________
```

Les couches `Dense` possèdent souvent un *grand nombre* de paramètres. Par exemple, la première couche cachée a 784 × 300 poids de connexions et 300 termes constants. Au total, cela fait 235 500 paramètres ! Le modèle dispose ainsi d'une grande souplesse d'ajustement aux données d'entraînement, mais le risque de surajustement est accru, en particulier lorsque les données d'entraînement sont peu nombreuses. Nous y reviendrons ultérieurement.

Chaque couche du modèle doit avoir un nom unique (p. ex. `"dense_2"`). Vous pouvez fixer explicitement les noms des couches en utilisant l'argument `name` du constructeur, mais en général il est plus simple de laisser Keras définir automatiquement les noms des couches, comme nous l'avons fait. Keras prend le nom de classe de la couche et le convertit en « snake case » (une convention de nommage où les mots en minuscules sont séparés par des caractères de soulignement) : ainsi, une couche de la classe `MaCouchePerso` sera nommée par défaut "`ma_couche_perso`". Keras veille également à ce que le nom soit globalement unique, même entre modèles, en lui ajoutant un indice si nécessaire, comme dans `"dense_2"`. Mais pourquoi se soucier de l'unicité des noms entre modèles ? Tout simplement parce que cela permet de fusionner des modèles facilement, sans risque de conflits de noms.

L'état global de tout ce qui est géré par Keras est conservé dans une session Keras ; vous pouvez l'effacer en utilisant `tf.keras.backend.clear_session()`. Ceci réinitialise en particulier les compteurs de noms.

Vous pouvez aisément obtenir la liste des couches du modèle grâce à son attribut `layers`, ou utiliser la méthode `get_layer()` pour accéder à une couche de nom donné :

```
>>> model.layers
[<keras.layers.core.flatten.Flatten at 0x7fa1dea02250>,
<keras.layers.core.dense.Dense at 0x7fa1c8f42520>,
<keras.layers.core.dense.Dense at 0x7fa188be7ac0>,
<keras.layers.core.dense.Dense at 0x7fa188be7fa0>]
>>> hidden1 = model.layers[1]
>>> hidden1.name
'dense'
>>> model.get_layer('dense') is hidden1
True
```

Tous les paramètres d'une couche sont accessibles à l'aide des méthodes `get_weights()` et `set_weights()`. Dans le cas d'une couche `Dense`, cela comprend à la fois les poids des connexions et les termes constants :

```
>>> weights, biases = hidden1.get_weights()
>>> weights
array([[ 0.02448617, -0.00877795, -0.02189048, ...,  0.03859074, -0.06889391],
       [ 0.00476504, -0.03105379, -0.0586676 , ..., -0.02763776, -0.04165364],
       ...,
       [ 0.07061854, -0.06960931,  0.07038955, ..., 0.00034875,  0.02878492],
       [-0.06022581,  0.01577859, -0.02585464, ..., 0.00272203, -0.06793761]],
       dtype=float32)
>>> weights.shape
(784, 300)
>>> biases
array([0., 0., 0., 0., 0., 0., 0., 0., ...,  0., 0., 0.], dtype=float32)
>>> biases.shape
(300,)
```

La couche `Dense` initialise les poids des connexions de façon aléatoire (indispensable pour briser la symétrie, comme nous l'avons vu précédemment) et les termes constants à zéro, ce qui convient parfaitement. Pour employer une méthode d'initialisation différente, il suffit de fixer `kernel_initializer` (*kernel*, ou *noyau*, est un autre nom pour la matrice des poids des connexions) ou `bias_initializer` au moment de la création de la couche. Nous reviendrons sur les initialiseurs au chapitre 3, mais vous en trouverez la liste complète à l'adresse *https://keras.io/api/layers/initializers*.

La forme de la matrice des poids dépend du nombre d'entrées. C'est pourquoi nous avons fourni le paramètre `input_shape` lors de la création du modèle. Vous pouvez très bien ne pas le faire, auquel cas Keras attendra simplement de connaître la forme de l'entrée pour construire réellement les paramètres du modèle. Cela se produira lorsque vous lui fournirez des données (par exemple, au cours de l'entraînement) ou lorsque vous appellerez sa méthode `build()`. Tant que les paramètres du modèle ne sont pas véritablement construits, certaines opérations ne seront pas possibles (comme sauvegarder le modèle ou afficher son résumé). Par conséquent, si vous connaissez la forme de l'entrée au moment de la création du modèle, il est préférable de l'indiquer.

Compiler le modèle

Après qu'un modèle a été créé, nous devons appeler sa méthode `compile()` pour préciser la fonction de perte et l'optimiseur. Nous pouvons également indiquer une liste de mesures ou *métriques* supplémentaires qui seront calculées au cours de l'entraînement et de l'évaluation :

```
model.compile(loss="sparse_categorical_crossentropy",
              optimizer="sgd",
              metrics=["accuracy"])
```

Utiliser `loss="sparse_categorical_crossentropy"` équivaut à utiliser `loss=tf.keras.losses.sparse_categorical_crossentropy`. De même, spécifier `optimizer="sgd"` équivaut à spécifier `optimizer=tf.keras.optimizers.SGD()`, et `metrics=["accuracy"]` est équivalent à `metrics=[tf.keras.metrics.sparse_categorical_accuracy]` (lorsque cette fonction de perte est employée). Nous utiliserons beaucoup d'autres fonctions de perte, optimiseurs et métriques dans cet ouvrage. Vous en trouverez les listes complètes aux adresses *https://keras.io/api/losses*, *https://keras.io/api/optimizers* et *https://keras.io/api/metrics*.

Ce code mérite quelques explications. Tout d'abord, nous utilisons la perte `"sparse_categorical_crossentropy"` car nous avons des étiquettes clairsemées (pour chaque instance, il n'existe qu'un seul indice de classe cible, de 0 à 9 dans ce cas) et les classes sont exclusives. Si, à la place, nous avions une probabilité cible par classe pour chaque instance (comme des vecteurs *one-hot*, par exemple `[0., 0., 0., 1., 0., 0., 0., 0., 0., 0.]` pour représenter une classe 3), nous opterions pour la fonction de perte `"categorical_crossentropy"`. Si nous réalisions une classification binaire (avec une ou plusieurs étiquettes binaires), nous choisirions alors la fonction d'activation `"sigmoid"` (c'est-à-dire logistique) dans la couche de sortie à la place de la fonction d'activation `"softmax"`, ainsi que la fonction de perte `"binary_crossentropy"`.

Pour convertir des étiquettes clairsemées (c'est-à-dire des indices de classes) en étiquettes de vecteurs *one-hot*, servez-vous de la fonction `tf.keras.utils.to_categorical()`. La fonction `np.argmax()`, avec `axis=1`, effectue l'opération inverse.

Quant à l'optimiseur, `"sgd"` signifie que nous entraînerons le modèle à l'aide d'une descente de gradient stochastique simple. Autrement dit, Keras mettra en œuvre l'algorithme de rétropropagation décrit précédemment (c'est-à-dire une différentiation automatique en mode inverse plus une descente de gradient). Nous verrons au chapitre 3 des optimiseurs plus efficaces qui améliorent la descente de gradient, et non la différentiation automatique.

Lorsqu'on utilise l'optimiseur `SGD`, le réglage du taux d'apprentissage est important. Par conséquent, pour fixer le taux d'apprentissage, nous utiliserons généralement `optimizer=tf.keras.optimizers.SGD(learning_rate=__???__)` plutôt que `optimizer="sgd"`, qui prend par défaut `learning_rate=0.01`.

Enfin, puisqu'il s'agit d'un classificateur, il est utile de mesurer son exactitude (`"accuracy"`) pendant l'entraînement et l'évaluation, c'est pourquoi nous avons spécifié `metrics=["accuracy"]`.

Entraîner et évaluer le modèle

Le modèle est maintenant prêt pour l'entraînement. Pour cela, nous devons simplement appeler sa méthode `fit()` :

```
>>> history = model.fit(X_train, y_train, epochs=30,
...                     validation_data=(X_valid, y_valid))
...
Epoch 1/30
1719/1719 [==============================] - 2s 989us/step
  - loss: 0.7220 - sparse_categorical_accuracy: 0.7649
  - val_loss: 0.4959 - val_sparse_categorical_accuracy: 0.8332
Epoch 2/30
1719/1719 [==============================] - 2s 964us/step
  - loss: 0.4825 - sparse_categorical_accuracy: 0.8332
  - val_loss: 0.4567 - val_sparse_categorical_accuracy: 0.8384
[...]
Epoch 30/30
1719/1719 [==============================] - 2s 963us/step
  - loss: 0.2235 - sparse_categorical_accuracy: 0.9200
  - val_loss: 0.3056 - val_sparse_categorical_accuracy: 0.8894
```

Nous lui fournissons les caractéristiques d'entrée (`X_train`) et les classes cibles (`y_train`), ainsi que le nombre d'époques d'entraînement (dans le cas contraire, il n'y en aurait qu'une, ce qui serait clairement insuffisant pour converger vers une bonne solution). Nous passons également un jeu de validation (facultatif). Keras calculera la perte et les métriques supplémentaires sur ce jeu à la fin de chaque époque, ce qui se révélera très utile pour déterminer les performances réelles du modèle. Si les performances sur le jeu d'entraînement sont bien meilleures que sur le jeu de validation, il est probable que le modèle surajuste le jeu d'entraînement ou qu'il y a une erreur, comme une différence entre les données du jeu d'entraînement et celles du jeu de validation.

Les erreurs de forme sont assez courantes, tout particulièrement quand on débute, c'est pourquoi vous devez vous familiariser avec les messages d'erreur : essayez d'ajuster un modèle avec des entrées ou des étiquettes n'ayant pas la bonne forme et voyez quelles erreurs vous obtenez. De même, essayez de compiler le modèle avec `loss="categorical_crossentropy"` au lieu de `loss="sparse_categorical_crossentropy"`, ou de supprimer la couche `Flatten`.

Et voilà, le réseau de neurones est entraîné. Au cours de chaque époque de l'entraînement, Keras affiche le nombre de mini-lots traités à gauche de la barre de progression. La taille d'un lot est de 32 par défaut. Étant donné que le jeu d'entraînement comporte 55 000 images, le modèle traite 1 719 lots au cours de chaque époque : 1 718 de taille 32, et un de taille 24. Après la barre de progression, vous pouvez voir le temps moyen d'entraînement par échantillon, ainsi que la perte et l'exactitude (ou toute autre métrique supplémentaire demandée) à la fois sur le jeu d'entraînement et sur celui de validation. Remarquez que la perte dans l'entraînement a diminué, ce qui est bon signe, et que l'exactitude de la validation a atteint 89,26 % après 30 époques, et est donc légèrement inférieure à celle de l'entraînement. Nous pouvons donc en conclure qu'il y a surajustement, mais qu'il n'est pas très important.

Au lieu de passer un jeu de validation avec l'argument `validation_data`, vous pouvez indiquer dans `validation_split` la portion du jeu d'entraînement que Keras doit utiliser pour la validation. Par exemple, `validation_split=0.1` lui demande d'utiliser les derniers 10 % des données (avant mélange) pour la validation.

Si le jeu d'entraînement est fortement dissymétrique, avec certaines classes surreprésentées et d'autres sous-représentées, il peut être utile de définir l'argument `class_weight` lors de l'appel à la méthode `fit()` afin de donner un poids plus important aux classes sous-représentées et un poids plus faible à celle surreprésentées. Ces poids seront utilisés par Keras dans le calcul de la perte. Si des poids sont nécessaires pour chaque instance, nous pouvons utiliser l'argument `sample_weight`. Si `class_weight` et `sample_weight` sont tous deux précisés, Keras les multiplie. Les poids par instance peuvent être utiles lorsque certaines instances ont été étiquetées par des experts tandis que d'autres l'ont été au travers d'une collaboration participative : les premières peuvent avoir un poids plus important. Nous pouvons également fournir des poids d'instance (mais pas de classe) pour le jeu de validation en les ajoutant en troisième élément du n-uplet `validation_data`.

La méthode `fit()` retourne un objet `History` qui contient les paramètres d'entraînement (`history.params`), la liste des époques effectuées (`history.epoch`) et, le plus important, un dictionnaire (`history.history`) donnant la perte et les métriques supplémentaires calculées à la fin de chaque époque sur le jeu d'entraînement et le jeu de validation (si présent). En utilisant ce dictionnaire pour créer un DataFrame Pandas et en invoquant sa méthode `plot()`, nous obtenons les courbes d'apprentissage illustrées à la figure 2.11 :

```
import matplotlib.pyplot as plt
import pandas as pd
pd.DataFrame(history.history).plot(
    figsize=(8, 5), xlim=[0, 29], ylim=[0, 1], grid=True, xlabel="Epoch",
    style=["r--", "r--.", "b-", "b-*"])
plt.show()
```

L'exactitude d'entraînement (`sparse_categorical_accuracy`) et celle de validation (`val_sparse_categorical_accuracy`) augmentent toutes deux régulièrement au cours de l'entraînement, tandis que les pertes d'entraînement (`loss`) et de validation (`val_loss`) décroissent. C'est bien ! Les courbes de validation sont relativement proches l'une de l'autre au début, mais elles s'écartent ensuite, ce qui signifie qu'il y a un peu de surajustement. Dans ce cas particulier, le modèle semble présenter de meilleures performances sur le jeu de validation que sur le jeu d'entraînement en début d'entraînement. Mais ce n'est pas le cas : l'erreur de validation est calculée à la *fin* de chaque époque, tandis que l'erreur d'entraînement est calculée à l'aide d'une moyenne glissante *pendant* chaque époque. La courbe d'entraînement doit donc être décalée d'une moitié d'époque vers la gauche. Avec ce décalage, nous constatons que les courbes d'entraînement et de validation se chevauchent presque parfaitement au début de l'entraînement.

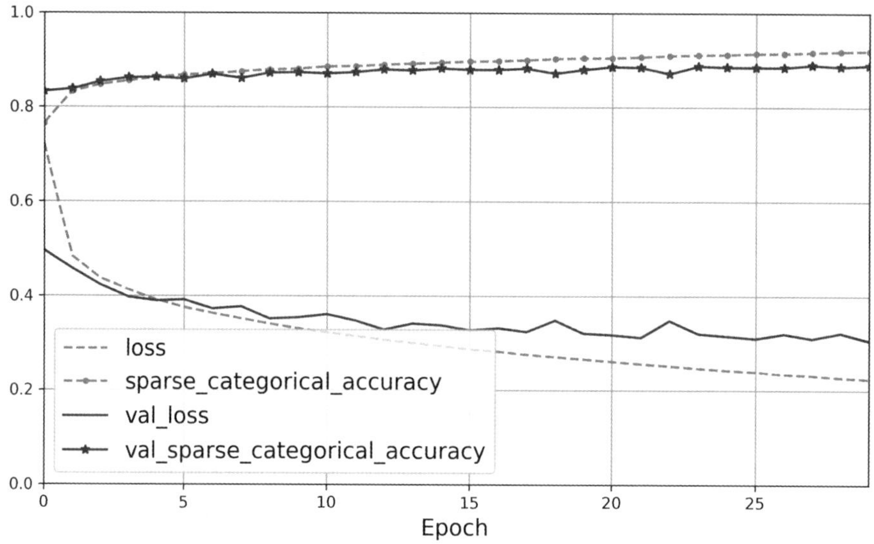

Figure 2.11 – Courbes d'apprentissage : la perte et l'exactitude moyennes d'entraînement mesurées sur chaque époque, ainsi que la perte et l'exactitude moyennes de validation mesurées à la fin de chaque époque

Les performances du jeu d'entraînement finissent par dépasser celles du jeu de validation, comme c'est généralement le cas lorsque l'entraînement est suffisamment long. Nous pouvons voir que le modèle n'a pas encore assez convergé, car la perte de validation continue à diminuer. Il serait donc préférable de poursuivre l'entraînement. Il suffit d'invoquer une nouvelle fois la méthode `fit()`, car Keras reprend l'entraînement là où il s'était arrêté : une exactitude de validation proche de 89 % devrait pouvoir être atteinte, tandis que l'exactitude d'entraînement va continuer à augmenter jusqu'à 100 %, ce qui n'est pas toujours le cas.

Si vous n'êtes pas satisfait des performances de votre modèle, revenez en arrière et ajustez les hyperparamètres. Le premier à examiner est le taux d'apprentissage. Si cela ne change rien, essayez un autre optimiseur (réajustez toujours le taux d'apprentissage après chaque changement d'un hyperparamètre). Si les performances sont toujours mauvaises, essayez d'ajuster les hyperparamètres du modèle, par exemple le nombre de couches, le nombre de neurones par couche et le type des fonctions d'activation attribuées à chaque couche cachée. Vous pouvez également affiner d'autres hyperparamètres, comme la taille du lot (fixée dans la méthode `fit()` à l'aide de l'argument `batch_size`, dont la valeur par défaut est 32). Nous reviendrons sur le réglage des hyperparamètres à la fin de ce chapitre. Dès que vous êtes satisfait de l'exactitude de validation de votre modèle, vous devez, avant de le mettre en production, l'évaluer sur le jeu de test afin d'estimer l'erreur de généralisation. Pour cela, il suffit d'utiliser la méthode `evaluate()` (elle reconnaît plusieurs autres arguments, comme `batch_size` et `sample_weight` ; voir sa documentation pour plus de détails) :

```
>>> model.evaluate(X_test, y_test)
313/313 [==============================] - 0s 626us/step
  - loss: 0.3243 - sparse_categorical_accuracy: 0.8864
[0.32431697845458984, 0.8863999843597412]
```

Il est fréquent d'obtenir des performances légèrement moins bonnes sur le jeu de test que sur le jeu de validation[41]. En effet, les hyperparamètres sont ajustés non pas sur le jeu de test mais sur le jeu de validation (cependant, dans cet exemple, puisque les hyperparamètres n'ont pas été affinés, l'exactitude inférieure est juste due à la malchance). Résistez à la tentation d'ajuster les hyperparamètres sur le jeu de test car votre estimation de l'erreur de généralisation sera alors trop optimiste.

Utiliser le modèle pour faire des prédictions

Utilisons maintenant la méthode `predict()` pour effectuer des prédictions sur de nouvelles instances. Puisque nous n'avons pas de véritables nouvelles instances, nous utilisons simplement les trois premières du jeu de test :

```
>>> X_new = X_test[:3]
>>> y_proba = model.predict(X_new)
>>> y_proba.round(2)
array([[0.  , 0.  , 0.  , 0.  , 0.  , 0.01, 0.  , 0.02, 0.  , 0.97],
       [0.  , 0.  , 0.99, 0.  , 0.01, 0.  , 0.  , 0.  , 0.  , 0.  ],
       [0.  , 1.  , 0.  , 0.  , 0.  , 0.  , 0.  , 0.  , 0.  , 0.  ]],
      dtype=float32)
```

Pour chaque instance, le modèle estime une probabilité par classe, de la classe 0 à la classe 9. C'est semblable à la sortie de la méthode `predict_proba()` des classificateurs de Scikit-Learn. Par exemple, pour la première image, il estime que la probabilité de la classe 9 (bottine) est de 96 %, que celle de la classe 7 (sneaker) est de 2 %, que celle de la classe 5 (sandale) est de 1 %, et que celles des autres classes sont négligeables. Autrement dit, il « croit » que la première image est une chaussure, probablement une bottine, mais éventuellement une sandale ou une basket. Si nous nous intéressons uniquement à la classe dont la probabilité estimée est la plus élevée (même si celle-ci est relativement faible), nous pouvons utiliser à la place la méthode `argmax()` pour obtenir pour chaque instance l'index de la classe ayant la plus grande probabilité :

```
>>> import numpy as np
>>> y_pred = y_proba.argmax(axis=-1)
>>> y_pred
array([9, 2, 1])
>>> np.array(class_names)[y_pred]
array(['Ankle boot', 'Pullover', 'Trouser'], dtype='<U11')
```

Le classificateur réalise une classification correcte des trois images (elles sont représentées à la figure 2.12) :

```
>>> y_new = y_test[:3]
>>> y_new
array([9, 2, 1], dtype=uint8)
```

41. Voir le chapitre 2 de l'ouvrage *Machine Learning avec Scikit-Learn*, A. Géron, Dunod (3e édition, 2023).

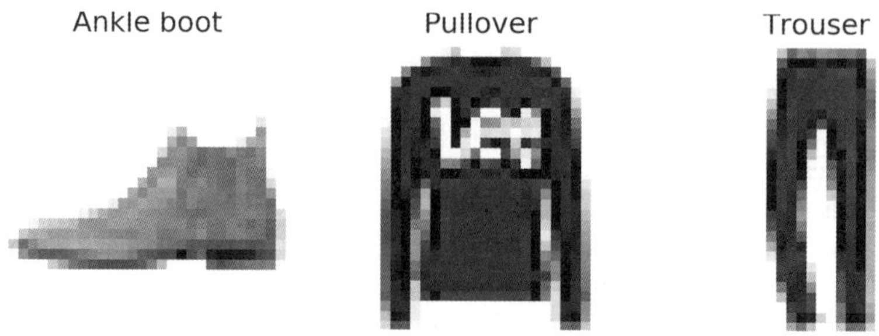

Figure 2.12 – Classification correcte d'images du jeu Fashion MNIST

Vous savez à présent utiliser l'API séquentielle pour construire, entraîner, évaluer et utiliser un perceptron multicouche de classification. Mais qu'en est-il de la régression ?

2.2.2 Construire un perceptron multicouche de régression avec l'API séquentielle

Revenons au problème des prix immobiliers en Californie et tentons de le résoudre en utilisant le même perceptron multicouche que précédemment, avec 3 couches cachées constituées de 50 neurones chacune, mais cette fois en le construisant avec Keras.

Avec l'API séquentielle, la méthode de construction, d'entraînement, d'évaluation et d'utilisation d'un perceptron multicouche de régression pour effectuer des prédictions est comparable à celle employée dans le cas de la classification. Les principales différences résident dans le fait que la couche de sortie comprend un seul neurone (puisque nous voulons prédire une seule valeur) et aucune fonction d'activation, que la fonction de perte est l'erreur quadratique moyenne, que la métrique est la RMSE, et que nous utilisons un optimiseur d'Adam comme le fait le `MLPRegressor` de ScikitLearn. De plus, dans cet exemple nous n'avons pas besoin d'une couche `Flatten`, mais nous utilisons à la place une couche `Normalization` en tant que première couche : elle fait la même chose que le `StandardScaler` de Scikit-Learn, mais elle doit être adaptée aux données d'entraînement en appelant sa méthode `adapt()` avant d'appeler la méthode `fit()` du modèle (Keras dispose d'autres couches de prétraitement, dont nous parlerons au chapitre 5). Voyons cela :

```
tf.random.set_seed(42)
norm_layer = tf.keras.layers.Normalization(input_shape=X_train.shape[1:])
model = tf.keras.Sequential([
    norm_layer,
    tf.keras.layers.Dense(50, activation="relu"),
    tf.keras.layers.Dense(50, activation="relu"),
    tf.keras.layers.Dense(50, activation="relu"),
    tf.keras.layers.Dense(1)
])
optimizer = tf.keras.optimizers.Adam(learning_rate=1e-3)
model.compile(loss="mse", optimizer=optimizer,
              metrics=["RootMeanSquaredError"])
norm_layer.adapt(X_train)
history = model.fit(X_train, y_train, epochs=20,
                    validation_data=(X_valid, y_valid))
```

```
mse_test, rmse_test = model.evaluate(X_test, y_test)
X_new = X_test[:3]
y_pred = model.predict(X_new)
```

La couche `Normalization` apprend la moyenne et l'écart-type des variables du jeu d'entraînement lorsque vous appelez la méthode `adapt()`. Pourtant, lorsque vous affichez la synthèse du modèle, ces statistiques sont indiquées non entraînables : c'est parce que ces paramètres ne sont pas affectés par la descente de gradient.

Comme vous pouvez le constater, l'API séquentielle est plutôt propre et simple. Cependant, bien que les modèles séquentiels soient extrêmement courants, il est parfois utile de construire des réseaux de neurones à la topologie plus complexe ou possédant plusieurs entrées ou sorties. Pour cela, Keras offre l'API fonctionnelle.

2.2.3 Construire un modèle complexe avec l'API fonctionnelle

Un réseau de neurones *Wide & Deep* est un exemple de réseau non séquentiel. Cette architecture a été présentée en 2016 dans un article publié par Heng-Tze Cheng *et al.*[42] Elle connecte tout ou partie des entrées directement à la couche de sortie (voir la figure 2.13). Grâce à cette architecture, le réseau de neurones est capable d'apprendre à la fois les motifs profonds (en utilisant le chemin profond) et les règles simples (au travers du chemin court)[43]. À l'opposé, un perceptron multicouche classique oblige toutes les données à passer par l'intégralité des couches, et cette suite de transformations peut finir par déformer les motifs simples présents dans les données.

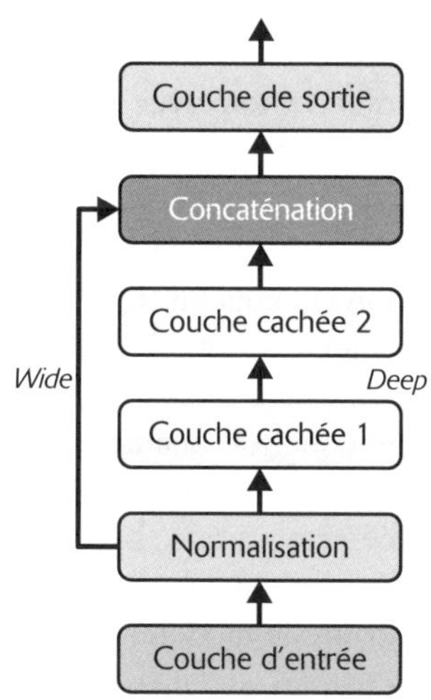

Figure 2.13 – Réseau de neurones Wide & Deep

42. Heng-Tze Cheng *et al.*, « Wide & Deep Learning for Recommender Systems », *Proceedings of the First Workshop on Deep Learning for Recommender Systems* (2016), 7-10 : *https://homl.info/widedeep*.

43. Le chemin court peut également servir à fournir au réseau de neurones des caractéristiques préparées manuellement.

Construisons un tel réseau pour traiter le problème des prix immobiliers en Californie :

```
normalization_layer = tf.keras.layers.Normalization()
hidden_layer1 = tf.keras.layers.Dense(30, activation="relu")
hidden_layer2 = tf.keras.layers.Dense(30, activation="relu")
concat_layer = tf.keras.layers.Concatenate()
output_layer = tf.keras.layers.Dense(1)

input_ = tf.keras.layers.Input(shape=X_train.shape[1:])
normalized = normalization_layer(input_)
hidden1 = hidden_layer1(normalized)
hidden2 = hidden_layer2(hidden1)
concat = concat_layer([normalized, hidden2])
output = output_layer(concat)

model = tf.keras.Model(inputs=[input_], outputs=[output])
```

Globalement, les cinq premières lignes créent l'ensemble des couches du modèle, les six lignes suivantes utilisent ces couches comme des fonctions pour passer de l'entrée à la sortie, et la dernière ligne crée un objet Keras `Model` pointant vers l'entrée et la sortie. Étudions maintenant ce code de manière plus détaillée :

- Nous créons d'abord cinq couches : une couche `Normalization` pour centrer et réduire les données d'entrée, deux couches `Dense` de 30 neurones chacune utilisant la fonction d'activation `ReLU`, une couche `Concatenate`, et enfin une nouvelle couche `Dense` avec un seul neurone en tant que couche de sortie, sans aucune fonction d'activation.
- Puis nous créons un objet `Input` (nous utilisons le nom de variable `input_` pour éviter tout conflit de nom avec la fonction intégrée `input()` de Python). Il spécifie le type de l'entrée qui sera fournie au modèle, y compris sa forme (`shape`) et son type (`dtype`). En réalité, un modèle peut avoir plusieurs entrées, comme nous le verrons plus loin.
- Ensuite, nous utilisons la couche `Normalization` comme une fonction, en lui transmettant l'objet `Input`. Voilà pourquoi cette méthode de construction porte le nom d'*API fonctionnelle*. Nous indiquons simplement à Keras comment il doit connecter les couches ; aucune donnée réelle n'est encore traitée, étant donné que l'objet `Input` n'est qu'une spécification de données. Autrement dit, c'est une entrée symbolique. La sortie de cet appel de fonction est aussi symbolique : `normalized` ne stocke aucune donnée véritable mais sert simplement à construire le modèle.
- De même, nous transmettons alors `normalized` à `hidden_layer1`, qui produit en sortie `hidden1`, que nous transmettons à `hidden_layer2`, qui renvoie en sortie `hidden2`.
- Jusqu'ici nous avons connecté les couches séquentiellement, mais nous utilisons ensuite `concat_layer` pour concaténer l'entrée à la sortie de la seconde couche cachée. Là encore, il n'y a aucune concaténation effective pour l'instant : il ne s'agit que d'une opération symbolique, pour construire le modèle.

- Puis nous transmettons `concat` à `output_layer`, qui nous donne la sortie finale.
- Enfin, nous créons un `Model` Keras, en précisant les entrées et les sorties à utiliser.

Après que le modèle Keras a été construit, tout se passe comme précédemment : nous devons le compiler, l'entraîner, l'évaluer et l'utiliser pour des prédictions.

Mais comment pouvons-nous transmettre un sous-ensemble des caractéristiques par le chemin large et un sous-ensemble différent (avec un chevauchement éventuel) par le chemin profond (voir la figure 2.14) ? Pour cela, une solution consiste à utiliser de multiples entrées. Par exemple, supposons que nous souhaitions envoyer cinq caractéristiques sur le chemin large (0 à 4) et six caractéristiques sur le chemin profond (2 à 7). Nous pouvons procéder comme suit :

```
input_wide = tf.keras.layers.Input(shape=[5])  # caractéristiques 0 à 4
input_deep = tf.keras.layers.Input(shape=[6])  # caractéristiques 2 à 7
norm_layer_wide = tf.keras.layers.Normalization()
norm_layer_deep = tf.keras.layers.Normalization()
norm_wide = norm_layer_wide(input_wide)
norm_deep = norm_layer_deep(input_deep)
hidden1 = tf.keras.layers.Dense(30, activation="relu")(norm_deep)
hidden2 = tf.keras.layers.Dense(30, activation="relu")(hidden1)
concat = tf.keras.layers.concatenate([norm_wide, hidden2])
output = tf.keras.layers.Dense(1)(concat)
model = tf.keras.Model(inputs=[input_wide, input_deep], outputs=[output])
```

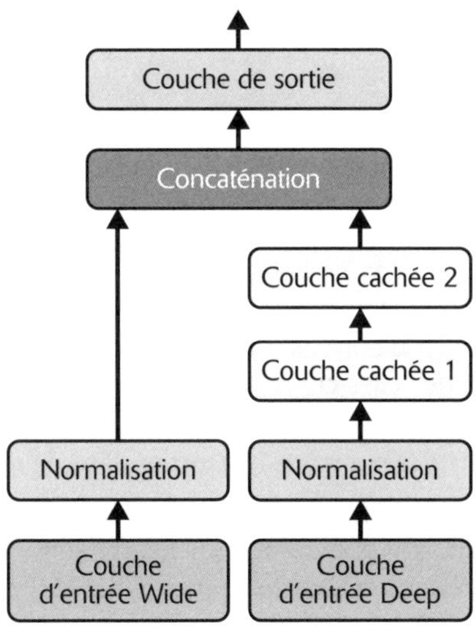

Figure 2.14 – Prise en charge d'entrées multiples

Notons quelques différences par rapport à l'exemple précédent :

- Chaque couche `Dense` est créée et appelée sur la même ligne. C'est une pratique courante qui rend le code plus concis sans perdre en clarté. Cependant, nous ne pouvons pas faire de même pour la couche `Normalization` car nous avons besoin d'une référence vers cette couche pour pouvoir appeler sa méthode `adapt()` avant d'ajuster le modèle.

- Nous avons utilisé `tf.keras.layers.concatenate()`, qui crée une couche `Concatenate` et l'appelle avec les entrées données.
- Nous avons spécifié `inputs=[input_wide, input_deep]` lors de la création du modèle, étant donné qu'il y a deux entrées.

Nous pouvons à présent compiler ce modèle de façon habituelle, mais, lorsque nous invoquons la méthode `fit()`, nous devons passer non pas une seule matrice d'entrée `X_train` mais un couple de matrices `(X_train_wide, X_train_deep)`, une pour chaque entrée. Cela reste vrai pour `X_valid`, mais aussi pour `X_test` et `X_new` lors des appels à `evaluate()` et à `predict()` :

```
optimizer = tf.keras.optimizers.Adam(learning_rate=1e-3)
model.compile(loss="mse", optimizer=optimizer,
              metrics=["RootMeanSquaredError"])

X_train_wide, X_train_deep = X_train[:, :5], X_train[:, 2:]
X_valid_wide, X_valid_deep = X_valid[:, :5], X_valid[:, 2:]
X_test_wide, X_test_deep = X_test[:, :5], X_test[:, 2:]
X_new_wide, X_new_deep = X_test_wide[:3], X_test_deep[:3]

norm_layer_wide.adapt(X_train_wide)
norm_layer_deep.adapt(X_train_deep)
history = model.fit((X_train_wide, X_train_deep), y_train, epochs=20,
                    validation_data=((X_valid_wide, X_valid_deep), y_valid))
mse_test = model.evaluate((X_test_wide, X_test_deep), y_test)
y_pred = model.predict((X_new_wide, X_new_deep))
```

Au lieu de transmettre un n-uplet `(X_train_wide, X_train_deep)`, vous pouvez transmettre un dictionnaire `{"input_wide": X_train_wide, "input_deep": X_train_deep}`, si vous spécifiez `name="input_wide"` et `name="input_deep"` lors de la création des entrées. Ceci est fortement recommandé lorsqu'il y a beaucoup d'entrées, pour clarifier le code et éviter de se tromper sur l'ordre de celles-ci.

Les sorties multiples pourront être utiles dans de nombreux cas :

- L'objectif peut l'imposer. Par exemple, nous pourrions souhaiter localiser et classer le principal objet d'une image. Il s'agit à la fois d'une tâche de régression (trouver des coordonnées du centre de l'objet, ainsi que sa largeur et sa hauteur) et d'une tâche de classification.
- De manière comparable, nous pouvons avoir plusieurs tâches indépendantes basées sur les mêmes données. Nous pourrions évidemment entraîner un réseau de neurones par tâche, mais, dans de nombreux cas, les résultats obtenus sur toutes les tâches seront meilleurs en entraînant un seul réseau de neurones avec une sortie par tâche. En effet, le réseau de neurones peut apprendre des caractéristiques dans les données qui seront utiles à toutes les

tâches. Par exemple, nous pouvons effectuer une *classification multitâche* sur des images de visages en utilisant une sortie pour classer l'expression faciale de la personne (sourire, surprise, etc.) et une autre pour déterminer si elle porte des lunettes.

- La technique de la régularisation (c'est-à-dire une contrainte d'entraînement dont l'objectif est de réduire le surajustement et d'améliorer ainsi la capacité de généralisation du modèle) constitue un autre cas d'utilisation. Par exemple, nous pourrions souhaiter ajouter des sorties supplémentaires dans une architecture de réseau de neurones (voir la figure 2.15) afin que la partie sous-jacente du réseau apprenne par elle-même quelque chose d'intéressant sans s'appuyer sur le reste du réseau.

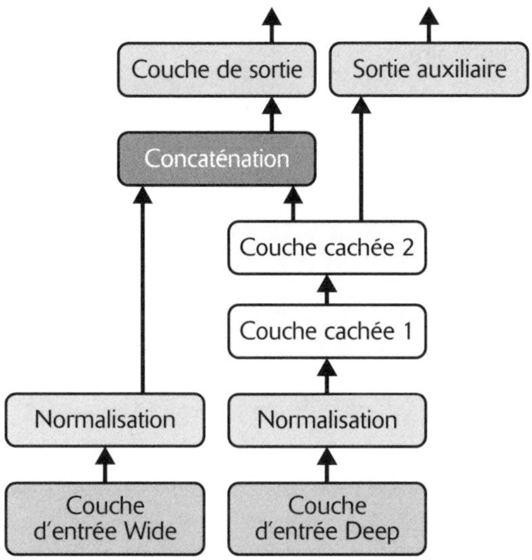

Figure 2.15 – Prise en charge des sorties multiples, dans ce cas pour ajouter une sortie supplémentaire dans un but de régularisation

L'ajout d'une sortie supplémentaire n'a rien de compliqué : il suffit de la connecter à la couche appropriée et de l'ajouter à la liste des sorties du modèle. Par exemple, le code suivant construit le réseau représenté à la figure 2.15 :

```
[...]  # Comme avant, jusqu'à la couche de sortie principale
output = tf.keras.layers.Dense(1)(concat)
aux_output = tf.keras.layers.Dense(1)(hidden2)
model = tf.keras.Model(inputs=[input_wide, input_deep],
                       outputs=[output, aux_output])
```

Chaque sortie a besoin de sa propre fonction de perte. Lorsque nous compilons le modèle, nous devons donc lui passer une liste de fonctions de perte. Si nous transmettons une seule fonction de perte, Keras suppose qu'elle concerne toutes les sorties. Par défaut, Keras calculera toutes les pertes et les additionnera simplement afin d'obtenir la perte finale utilisée pour l'entraînement. Puisque nous accordons plus d'importance à la sortie principale qu'à la sortie auxiliaire (qui ne sert qu'à la régularisation), nous voulons donner un poids supérieur à la perte de la sortie principale. Heureusement, il est possible de définir tous les poids des pertes lors de la compilation du modèle :

```
optimizer = tf.keras.optimizers.Adam(learning_rate=1e-3)
model.compile(loss=("mse", "mse"), loss_weights=(0.9, 0.1),
              optimizer=optimizer, metrics=["RootMeanSquaredError"])
```

Au lieu de transmettre un n-uplet `loss=("mse", "mse")`, vous pouvez transmettre un dictionnaire `loss={"output": "mse", "aux_output": "mse"}` à condition d'avoir spécifié `name="output"` et `name="aux_output"` lors de la création des couches. Tout comme pour les entrées, ceci clarifie le code et évite les erreurs lorsqu'il y a plusieurs sorties. Vous pouvez aussi spécifier `loss_weights` à l'aide d'un dictionnaire.

Au moment de l'entraînement du modèle, nous devons fournir des étiquettes pour chaque sortie. Dans cet exemple, la sortie principale et la sortie auxiliaire doivent essayer de prédire la même chose. Elles doivent donc utiliser les mêmes étiquettes. En conséquence, au lieu de passer `y_train`, nous devons indiquer `(y_train, y_train)` ou un dictionnaire `{"output": y_train, "aux_output": y_train}` si les sorties ont été nommées `"output"` et `"aux_output"`. Il en va de même pour `y_valid` et `y_test` :

```
norm_layer_wide.adapt(X_train_wide)
norm_layer_deep.adapt(X_train_deep)
history = model.fit(
    (X_train_wide, X_train_deep), (y_train, y_train), epochs=20,
    validation_data=((X_valid_wide, X_valid_deep), (y_valid, y_valid))
)
```

Lors de l'évaluation du modèle, Keras renvoie la somme des pertes pondérées, ainsi que toutes les pertes et métriques individuelles :

```
eval_results = model.evaluate((X_test_wide, X_test_deep), (y_test, y_test))
weighted_sum_of_losses, main_loss, aux_loss, main_rmse, aux_rmse = eval_results
```

Si vous avez spécifié `return_dict=True`, alors `evaluate()` renvoie un dictionnaire plutôt qu'un grand n-uplet.

De manière comparable, la méthode `predict()` va retourner des prédictions pour chaque sortie :

```
y_pred_main, y_pred_aux = model.predict((X_new_wide, X_new_deep))
```

La méthode `predict()` renvoie un n-uplet et ne possède pas d'argument `return_dict` permettant d'obtenir à la place un dictionnaire. Cependant, vous pouvez en créer un en utilisant `model.output_names` :

```
y_pred_tuple = model.predict((X_new_wide, X_new_deep))
y_pred = dict(zip(model.output_names, y_pred_tuple))
```

Comme vous pouvez le constater, vous pouvez construire toutes sortes d'architectures avec l'API fonctionnelle. Voyons ensuite une dernière façon de construire des modèles Keras.

2.2.4 Construire un modèle dynamique avec l'API de sous-classement

L'API séquentielle et l'API fonctionnelle sont toutes deux déclaratives : nous commençons par déclarer les couches à utiliser, ainsi que leurs connexions, et ensuite seulement nous alimentons le modèle en données à des fins d'entraînement ou de prédiction.

Cette approche présente plusieurs avantages : le modèle peut facilement être sauvegardé, cloné et partagé ; sa structure peut être affichée et analysée ; le framework étant capable de déduire des formes et de vérifier des types, les erreurs peuvent être identifiées précocement (c'est-à-dire avant que des données ne traversent le modèle). Elle permet également un débogage facile, puisque l'intégralité du modèle est un graphe statique de couches. En revanche, son inconvénient est justement son caractère statique. Certains modèles demandent des boucles, des formes variables, des branchements conditionnels et d'autres comportements dynamiques. Dans de tels cas, ou simplement si un style de programmation plus impératif vous convient mieux, vous pouvez vous tourner vers l'*API de sous-classement de modèle* ou *API de sous-classement* (en anglais, *subclassing API*).

Avec cette approche, il suffit de créer une sous-classe de la classe `Model`, de créer les couches requises dans le constructeur et de les utiliser ensuite dans la méthode `call()` pour effectuer les calculs nécessaires. Par exemple, la création d'une instance de la classe `WideAndDeepModel` suivante donne un modèle équivalent à celui construit précédemment à l'aide de l'API fonctionnelle :

```
class WideAndDeepModel(tf.keras.Model):

    def __init__(self, units=30, activation="relu", **kwargs):
        super().__init__(**kwargs)  # nécessaire pour pouvoir nommer le modèle
        self.norm_layer_wide = tf.keras.layers.Normalization()
        self.norm_layer_deep = tf.keras.layers.Normalization()
        self.hidden1 = tf.keras.layers.Dense(units, activation=activation)
        self.hidden2 = tf.keras.layers.Dense(units, activation=activation)
        self.main_output = tf.keras.layers.Dense(1)
        self.aux_output = tf.keras.layers.Dense(1)

    def call(self, inputs):
        input_wide, input_deep = inputs
        norm_wide = self.norm_layer_wide(input_wide)
        norm_deep = self.norm_layer_deep(input_deep)
        hidden1 = self.hidden1(norm_deep)
        hidden2 = self.hidden2(hidden1)
        concat = tf.keras.layers.concatenate([norm_wide, hidden2])
        output = self.main_output(concat)
        aux_output = self.aux_output(hidden2)
        return output, aux_output

model = WideAndDeepModel(30, activation="relu", name="my_cool_model")
```

Cet exemple ressemble au précédent, excepté que nous séparons la création des couches[44] dans le constructeur de leur usage dans la méthode `call()`. Nous n'avons pas besoin de créer d'objets `Input` : nous pouvons utiliser l'argument `input` de la méthode `call()`.

Maintenant que nous avons une instance de modèle, nous pouvons la compiler, adapter ses couches de normalisation (en utilisant `model.norm_layer_wide.adapt(...)` et `model.norm_layer_deep.adapt(...)`), l'ajuster, l'évaluer et l'utiliser pour faire des prédictions, exactement comme nous l'avons fait avec l'API fonctionnelle.

La grande différence avec cette API est que nous pouvons inclure quasiment tout ce que nous voulons dans la méthode `call()` : boucles `for`, instructions `if`, opérations TensorFlow de bas niveau – la seule limite sera votre imagination (voir le chapitre 4) ! Cette API convient donc à ceux qui souhaitent expérimenter de nouvelles idées, en particulier aux chercheurs. Cependant, cette souplesse supplémentaire a un prix : l'architecture du modèle est cachée dans la méthode `call()`. Keras ne peut donc pas facilement l'inspecter ; le modèle ne peut pas être cloné à l'aide de `tf.keras.models.clone_model()` ; et, lors de l'appel à `summary()`, nous n'obtenons qu'une liste de couches, sans information sur leurs interconnexions. Par ailleurs, Keras étant incapable de vérifier préalablement les types et les formes, les erreurs sont faciles. En conséquence, à moins d'avoir réellement besoin de cette flexibilité, il est préférable de se cantonner à l'API séquentielle ou à l'API fonctionnelle.

Les modèles Keras peuvent être utilisés comme des couches normales. Vous pouvez donc facilement les combiner pour construire des architectures complexes.

Vous savez à présent comment construire et entraîner des réseaux de neurones avec Keras. Voyons comment vous pouvez les enregistrer !

2.2.5 Enregistrer et restaurer un modèle

Enregistrer un modèle Keras entraîné peut difficilement être plus simple :

```
model.save("my_keras_model", save_format="tf")
```

Lorsque vous spécifiez `save_format="tf"`[45], Keras enregistre le modèle en utilisant le format *SavedModel* de TensorFlow : c'est un répertoire (avec le nom donné) contenant plusieurs fichiers et sous-répertoires. En particulier, le fichier *saved_model.db* contient l'architecture et la logique du modèle sous forme d'un graphe de calcul sérialisé, de sorte que vous n'avez pas besoin de déployer le code source du modèle pour

44. Des modèles Keras disposant d'un attribut `output`, nous ne pouvons pas nommer ainsi la couche de sortie principale. Nous choisissons donc `main_output`.

45. C'est à l'heure actuelle l'option par défaut, mais l'équipe Keras travaille sur un nouveau format qui pourrait devenir l'option par défaut dans les versions futures, c'est pourquoi je préfère définir explicitement le format pour préserver l'avenir.

l'utiliser en production: *SavedModel* est suffisant (nous verrons comment cela fonctionne au chapitre 4). Le fichier *keras_metadata.pb* contient des informations supplémentaires dont Keras a besoin. Le sous-répertoire *variables* contient toutes les valeurs des paramètres (y compris les poids des connexions, les termes constants, les données de normalisation et les paramètres de l'optimiseur) partagés éventuellement entre plusieurs fichiers si le modèle est de très grande taille. Enfin, le répertoire *assets* peut contenir d'autres fichiers, tels que des échantillons de données, des noms de variables, des noms de classe, etc. Par défaut, le répertoire *assets* est vide. Étant donné que l'optimiseur est aussi sauvegardé, y compris ses hyperparamètres et ses états éventuels, vous pouvez recharger le modèle et poursuivre l'entraînement si vous le souhaitez.

Si vous spécifiez `save_format="h5"` ou si vous utilisez un nom de fichier se terminant par *.h5*, *.hdf5* ou *.keras*, alors Keras enregistre le modèle dans un seul fichier en utilisant un format spécifique à Keras basé sur le format HDF5. Cependant, la plupart des outils de déploiement de TensorFlow requièrent à la place le format SavedModel.

En général, vous aurez un script qui entraîne un modèle et l'enregistre, ainsi qu'un ou plusieurs autres scripts (ou des services web) qui chargent le modèle et l'utilisent pour l'évaluer ou effectuer des prédictions. Charger le modèle est tout aussi facile que de l'enregistrer:

```
model = tf.keras.models.load_model("my_keras_model")
y_pred_main, y_pred_aux = model.predict((X_new_wide, X_new_deep))
```

Vous pouvez aussi employer `save_weights()` et `load_weights()` pour enregistrer et restaurer uniquement les valeurs des paramètres. Ceci inclut les poids de connexion, les termes constants, les statistiques de prétraitement, l'état de l'optimiseur, etc. Les valeurs des paramètres sont enregistrées dans un ou plusieurs fichiers tels que *my_weights.data-00004-of-00052*, plus un fichier index tel que *my_weights.index*.

Enregistrer juste les poids est plus rapide et consomme moins d'espace disque que d'enregistrer le modèle tout entier, c'est pourquoi il est bon d'enregistrer des points de reprise durant l'entraînement. Si vous entraînez un modèle de grande taille, et que cela prend des heures ou des jours, alors vous devez enregistrer régulièrement ces points de reprise pour ne pas tout perdre en cas de panne. Mais comment dire à la méthode `fit()` d'enregistrer ces points de reprise? On utilise des rappels (ou *callbacks*).

2.2.6 Utiliser des rappels

La méthode `fit()` accepte un argument `callbacks` permettant de spécifier la liste des objets que Keras appellera au début et à la fin de l'entraînement, au début et à la fin de chaque époque, et même avant et après le traitement de chaque lot. Par exemple, le rappel `ModelCheckpoint` enregistre des points de reprise du modèle à intervalle régulier au cours de l'entraînement, par défaut à la fin de chaque époque:

```
checkpoint_cb = tf.keras.callbacks.ModelCheckpoint("my_checkpoints",
                                                   save_weights_only=True)
history = model.fit([...], callbacks=[checkpoint_cb])
```

De plus, si nous utilisons un jeu de validation au cours de l'entraînement, nous pouvons indiquer `save_best_only=True` lors de la création de `ModelCheckpoint`, ce qui permet d'enregistrer le modèle uniquement lorsque ses performances sur le jeu de validation sont les meilleures obtenues jusqu'ici. Ainsi, nous n'avons pas besoin de nous préoccuper d'un entraînement trop long et du surajustement du jeu entraînement : il suffit de restaurer le dernier modèle enregistré après l'entraînement pour récupérer le meilleur modèle sur le jeu de validation. C'est une manière simple d'implémenter un arrêt précoce[46], mais en réalité elle n'interrompt pas l'entraînement.

Une autre solution se fonde sur le rappel `EarlyStopping`. Il interrompra l'entraînement lorsqu'il ne constatera plus aucun progrès sur le jeu de validation pendant un certain nombre d'époques (fixé dans l'argument `patience`) et, si vous spécifiez `restore_best_weights=True`, il reviendra au meilleur modèle à la fin de l'entraînement. Nous pouvons combiner ces deux rappels afin d'entregistrer des points de reprise intermédiaires du modèle (en cas de panne de l'ordinateur) et d'interrompre l'entraînement lorsqu'il n'y a plus d'amélioration, afin d'économiser du temps et des ressources et de réduire le surajustement :

```
early_stopping_cb = tf.keras.callbacks.EarlyStopping(patience=10,
                                                      restore_best_weights=True)
history = model.fit([...], callbacks=[checkpoint_cb, early_stopping_cb])
```

Le nombre d'époques peut être élevé car l'entraînement s'arrêtera automatiquement lorsqu'il n'y aura plus d'amélioration (veillez simplement à ne pas choisir un taux d'apprentissage trop petit, car sinon il pourrait continuer à progresser très lentement jusqu'à la fin). Le rappel `EarlyStopping` enregistrera les poids du meilleur modèle en RAM et vous les restituera à la fin de l'entraînement.

Le package `tf.keras.callbacks` propose de nombreux autres rappels (voir *https://keras.io/api/callbacks*).

Si nous avons besoin d'un plus grand contrôle, nous pouvons aisément écrire nos propres rappels. Par exemple, le rappel personnalisé suivant affiche le rapport entre la perte de validation et la perte d'entraînement au cours de l'entraînement (par exemple, pour détecter un surajustement) :

```
class PrintValTrainRatioCallback(tf.keras.callbacks.Callback):
    def on_epoch_end(self, epoch, logs):
        ratio = logs["val_loss"] / logs["loss"]
        print(f"Epoch={epoch}, val/train={ratio:.2f}")
```

Vous l'aurez compris, nous pouvons implémenter `on_train_begin()`, `on_train_end()`, `on_epoch_begin()`, `on_epoch_end()`, `on_batch_begin()` et `on_batch_end()`. En cas de besoin, les rappels peuvent également être employés au cours de l'évaluation et des prédictions, par exemple

46. Voir le chapitre 1.

pour le débogage. Dans le cas de l'évaluation, nous pouvons implémenter `on_test_begin()`, `on_test_end()`, `on_test_batch_begin()` ou `on_test_batch_end()`, qui sont appelées par `evaluate()`. Dans le cas des prédictions, nous pouvons mettre en œuvre `on_predict_begin()`, `on_predict_end()`, `on_predict_batch_begin()` ou `on_predict_batch_end()`, qui sont appelées par `predict()`.

Examinons à présent un autre instrument que vous devez absolument ajouter à votre boîte à outils si vous utilisez Keras : TensorBoard.

2.2.7 Utiliser TensorBoard pour la visualisation

TensorBoard est un excellent outil interactif de visualisation que nous pouvons employer pour examiner les courbes d'apprentissage pendant l'entraînement, comparer les courbes et les métriques de plusieurs exécutions, visualiser le graphe de calcul, analyser des statistiques d'entraînement, afficher des images générées par notre modèle, visualiser des données multidimensionnelles complexes projetées en 3D et regroupées automatiquement pour nous, analyser votre réseau (c.-à-d. mesurer son débit pour identifier les goulots d'étranglement), etc. TensorBoard est installé en même temps que TensorFlow. Cependant, il vous faudra une extension (ou plug-in) de TensorBoard pour visualiser les données de profilage. Si vous avez suivi les instructions d'installation données sur *https://homl.info/install* de manière à tout exécuter localement, alors l'extension est déjà installée, mais si vous utilisez Colab, alors vous devez exécuter la commande suivante :

```
%pip install -q -U tensorboard-plugin-profile
```

Pour utiliser TensorBoard, nous devons modifier notre programme afin qu'il place les données à visualiser dans des fichiers de journalisation binaires spécifiques appelés *fichiers d'événements* (en anglais, *event files*). Chaque enregistrement de données est appelé *résumé* (*summary*). Le serveur TensorBoard surveille le répertoire de journalisation et récupère automatiquement les modifications afin de mettre à jour les visualisations : nous pouvons ainsi visualiser des données dynamiques (avec un court délai), comme les courbes d'apprentissage pendant l'entraînement. En général, nous indiquons au serveur TensorBoard un répertoire de journalisation racine et configurons notre programme de sorte qu'il écrive dans un sous-répertoire différent à chaque exécution. De cette manière, la même instance de serveur TensorBoard nous permet de visualiser et de comparer des données issues de plusieurs exécutions du programme, sans que tout se mélange.

Appellons le répertoire de journalisation racine *my_logs* et définissons également une petite fonction qui générera un chemin de sous-répertoire en fonction de la date et de l'heure courantes afin que le nom soit différent à chaque exécution :

```
from pathlib import Path
from time import strftime

def get_run_logdir(root_logdir="my_logs"):
    return Path(root_logdir) / strftime("run_%Y_%m_%d_%H_%M_%S")

run_logdir = get_run_logdir()  # ce qui donne my_logs/run_2022_08_01_17_25_59
```

Point très intéressant, Keras fournit un rappel `TensorBoard()` bien pratique qui se chargera de créer le répertoire de journalisation (ainsi que les répertoires parents si nécessaire), puis crée les fichiers d'événements et y enregistre les résumés durant l'entraînement. Il mesurera durant l'entraînement et la validation les pertes et les métriques (dans ce cas, la MSE et la RMSE), et effectuera aussi un profilage de votre réseau de neurones. Il est très simple à utiliser :

```
tensorboard_cb = tf.keras.callbacks.TensorBoard(run_logdir,
                                                profile_batch=(100, 200))
history = model.fit([...], callbacks=[tensorboard_cb])
```

Ce n'est pas plus compliqué que cela ! Dans cet exemple, il effectuera un profilage du réseau entre les lots 100 et 200 durant la première époque. Pourquoi 100 et 200 ? À vrai dire, il faut souvent un certain nombre de lots avant que le réseau de neurones se « réveille », et donc vous ne voulez pas effectuer le profilage trop tôt. De plus, ce profilage consomme des ressources, c'est pourquoi il est préférable de ne pas l'effectuer pour chaque lot.

Ensuite, essayez de passer le taux d'apprentissage de 0,001 à 0,002 et ré-exécutez le code, avec un nouveau sous-répertoire de journalisation. Vous obtiendrez une structure de répertoire semblable à celle-ci :

```
my_logs
├── run_2022_08_01_17_25_59
│   ├── train
│   │   ├── events.out.tfevents.1659331561.my_host_name.42042.0.v2
│   │   ├── events.out.tfevents.1659331562.my_host_name.profile-empty
│   │   └── plugins
│   │       └── profile
│   │           └── 2022_08_01_17_26_02
│   │               ├── my_host_name.input_pipeline.pb
│   │               └── [...]
│   └── validation
│       └── events.out.tfevents.1659331562.my_host_name.42042.1.v2
└── run_2022_08_01_17_31_12
    └── [...]
```

Il existe un répertoire pour chaque exécution, chacun contenant un sous-répertoire pour les journaux d'entraînement et un autre pour les journaux de validation. Ces deux sous-répertoires contiennent des fichiers d'événements, mais les journaux d'entraînement incluent également des informations de profilage.

Maintenant que les fichiers d'événements sont prêts, il est temps de démarrer le serveur TensorBoard. Vous pouvez le faire directement depuis Jupyter ou Colab en utilisant l'extension Jupyter pour TensorBoard qui est installée en même temps que la bibliothèque TensorBoard. Cette extension est pré-installée dans Colab. Le code qui suit charge l'extension Jupyter pour TensorBoard, puis démarre un serveur TensorBoard pour le répertoire *my_logs*, s'y connecte et affiche l'interface utilisateur directement dans Jupyter. Le serveur se met en écoute sur le premier port TCP disponible dont le numéro est supérieur ou égal à 6006 (à moins que vous n'ayez choisi un port spécifique en utilisant l'option `--port`).

```
%load_ext tensorboard
%tensorboard --logdir=./my_logs
```

Si vous exécutez tout sur votre propre machine, il est possible de démarrer TensorBoard en exécutant `tensorboard --logdir=./my_logs` dans un terminal. Vous devez d'abord activer l'environnement Conda dans lequel vous avez installé TensorBoard, puis vous rendre dans le répertoire *handson-ml3*. Une fois le serveur démarré, rendez-vous sur *http://localhost:6006*.

Maintenant, l'interface web de TensorBoard doit s'afficher. Cliquez sur l'onglet SCALARS pour visualiser les courbes d'apprentissage (voir la figure 2.16). Dans l'angle inférieur gauche, sélectionnez les journaux à visualiser (par exemple les journaux d'entraînement de la première et de la seconde exécution), puis cliquez sur `epoch_loss`. Vous remarquerez que la perte d'apprentissage a diminué pendant les deux exécutions mais que la baisse a été un peu plus rapide dans la seconde, car nous avons utilisé un taux d'apprentissage supérieur.

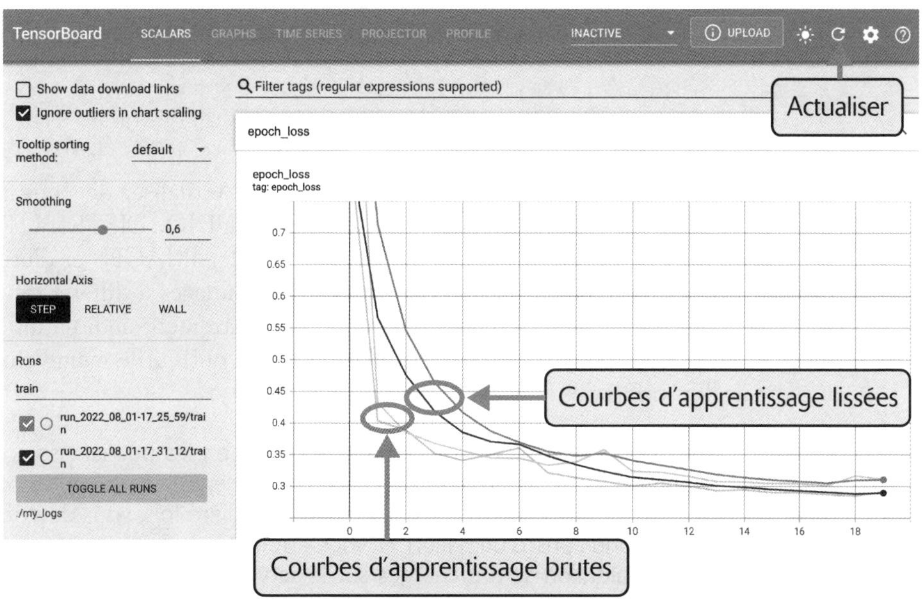

Figure 2.16 – Visualisation des courbes d'apprentissage avec TensorBoard

Vous pouvez également visualiser l'intégralité du graphe de calcul dans l'onglet GRAPHS, les poids appris (avec une projection en 3D) dans l'onglet PROJECTOR et les informations de profilage dans l'onglet PROFILE. Le rappel `TensorBoard()` dispose également d'options pour journaliser des données supplémentaires (pour plus de détails, consultez la documentation). Vous pouvez cliquer sur le bouton Actualiser

(⟳) en haut à droite pour que TensorBoard rafraîchisse les données, ou cliquer sur le bouton Paramètres (⚙) pour activer le rafraîchissement automatique et en spécifier la fréquence.

Par ailleurs, TensorFlow offre aussi une API de bas niveau dans le package `tf.summary`. Le code suivant crée un `SummaryWriter` à l'aide de la fonction `create_file_writer()` puis l'utilise comme contexte Python pour la journalisation des valeurs scalaires, des histogrammes, des images, de l'audio et du texte, autant d'éléments qui peuvent être visualisés avec TensorBoard :

```
test_logdir = get_run_logdir()
writer = tf.summary.create_file_writer(str(test_logdir))
with writer.as_default():
    for step in range(1, 1000 + 1):
        tf.summary.scalar("my_scalar", np.sin(step / 10), step=step)

        data = (np.random.randn(100) + 2) * step / 100  # agrandit
        tf.summary.histogram("my_hist", data, buckets=50, step=step)

        images = np.random.rand(2, 32, 32, 3) * step / 1000  # éclaircit
        tf.summary.image("my_images", images, step=step)

        texts = ["The step is " + str(step), "Its square is " + str(step ** 2)]
        tf.summary.text("my_text", texts, step=step)

        sine_wave = tf.math.sin(tf.range(12000) / 48000 * 2 * np.pi * step)
        audio = tf.reshape(tf.cast(sine_wave, tf.float32), [1, -1, 1])
        tf.summary.audio("my_audio", audio, sample_rate=48000, step=step)
```

Si vous exécutez ce code et cliquez sur le bouton Actualiser de TensorBoard, vous verrez apparaître plusieurs onglets : IMAGES, AUDIO, DISTRIBUTIONS, HISTOGRAMS et TEXT. Essayez de cliquer sur l'onglet IMAGES et d'utiliser le curseur au-dessus de chaque image pour visualiser ces images à différentes étapes. De même, passez à l'onglet AUDIO et écoutez l'enregistrement audio à différentes étapes. Comme vous pouvez le voir, TensorBoard est un outil utile même en dehors du cadre de TensorFlow et du Deep Learning.

Vous pouvez partager vos résultats en ligne en les publiant sous *https://tensorboard.dev*. Pour cela, exécutez simplement `!tensorboard dev upload --logdir ./my_logs`. La première fois, vous devrez accepter les conditions d'utilisation et vous authentifier. Après quoi vos fichiers de journalisation seront chargés sur le serveur et vous obtiendrez un lien permanent vous permettant de visualiser vos résultats dans une interface TensorBoard.

Faisons le point sur ce que vous avez appris jusqu'ici dans ce chapitre. Vous savez maintenant d'où viennent les réseaux de neurones, ce qu'est un perceptron multicouche et comment l'utiliser pour la classification et la régression, comment utiliser l'API séquentielle de tf.keras pour construire un perceptron multicouche et comment employer l'API fonctionnelle ou l'API de sous-classement pour construire des modèles à l'architecture encore plus complexe (y compris des modèles Wide & Deep, ainsi que des modèles à entrées et sorties multiples). Nous avons expliqué comment enregistrer et restaurer un modèle, utiliser les rappels pour les sauvegardes intermédiaires, l'arrêt précoce, et d'autres fonctions. Enfin, nous avons présenté la visualisation avec TensorBoard. Avec ces connaissances, vous pouvez déjà utiliser les réseaux de neurones pour vous attaquer à de nombreux problèmes ! Mais vous vous demandez peut-être comment choisir le nombre de couches cachées, le nombre de neurones dans le réseau et tous les autres hyperparamètres. C'est ce que nous allons voir à présent.

2.3 RÉGLER PRÉCISÉMENT LES HYPERPARAMÈTRES D'UN RÉSEAU DE NEURONES

La souplesse des réseaux de neurones constitue également l'un de leurs principaux inconvénients : de nombreux hyperparamètres doivent être ajustés. Il est non seulement possible d'utiliser n'importe quelle architecture de réseau imaginable mais, même dans un simple perceptron multicouche, nous pouvons modifier le nombre de couches, le nombre de neurones par couche, le type de fonction d'activation employée par chaque couche, la logique d'initialisation des poids, le type d'optimiseur à utiliser, son taux d'apprentissage, la taille des lots, etc. Dans ce cas, comment pouvons-nous connaître la combinaison d'hyperparamètres la mieux adaptée à une tâche ?

Une solution consiste à convertir votre modèle Keras en un estimateur Scikit-Learn, puis à utiliser `GridSearchCV` ou `RandomizedSearchCV` pour régler les hyperparamètres[47]. Vous pouvez utiliser pour cela une *classe enveloppe* (en anglais, *wrapper class*) de la bibliothèque SciKeras telle que `KerasRegressor` et `KerasClassifier` (pour plus de détails, consultez *https://github.com/adriangb/scikeras*). Cependant, il existe un meilleur moyen : vous pouvez utiliser la bibliothèque Keras Tuner, qui est une bibliothèque de réglage des hyperparamètres pour les modèles Keras. Elle offre différentes stratégies d'optimisation, est hautement adaptable et dispose d'une excellente intégration avec TensorBoard. Voyons comment l'utiliser.

Si vous avez suivi les instructions d'installation de *https://homl.info/install* pour tout exécuter localement, alors Keras Tuner est déjà installé ; mais si vous utilisez Colab, vous devrez exécuter `%pip install -q -U keras-tuner`. Ensuite, importez `keras_tuner`, en général sous le nom `kt`, puis écrivez une fonction qui construit, compile et renvoie un modèle Keras. La fonction doit recevoir en argument un objet `kt.HyperParameters`, qu'elle pourra utiliser pour définir les hyperparamètres (entiers, flottants, chaînes, etc.) avec leurs intervalles de variation ; ces hyperparamètres seront utilisés pour construire et compiler le modèle. À titre d'exemple, la fonction suivante construit et compile un perceptron multicouche pour classifier les images Fashion MNIST, en utilisant des hyperparamètres tels que le nombre de couches cachées (`n_hidden`), le nombre de neurones par couche

47. Voir le chapitre 2 de l'ouvrage *Machine Learning avec Scikit-Learn*, A. Géron, Dunod (3e édition, 2023).

(n_neurons), le taux d'apprentissage (learning_rate) et le type d'optimiseur à utiliser (optimizer) :

```
import keras_tuner as kt

def build_model(hp):
    n_hidden = hp.Int("n_hidden", min_value=0, max_value=8, default=2)
    n_neurons = hp.Int("n_neurons", min_value=16, max_value=256)
    learning_rate = hp.Float("learning_rate", min_value=1e-4, max_value=1e-2,
                             sampling="log")

    optimizer = hp.Choice("optimizer", values=["sgd", "adam"])
    if optimizer == "sgd":
        optimizer = tf.keras.optimizers.SGD(learning_rate=learning_rate)
    else:
        optimizer = tf.keras.optimizers.Adam(learning_rate=learning_rate)

    model = tf.keras.Sequential()
    model.add(tf.keras.layers.Flatten())
    for _ in range(n_hidden):
        model.add(tf.keras.layers.Dense(n_neurons, activation="relu"))
    model.add(tf.keras.layers.Dense(10, activation="softmax"))
    model.compile(loss="sparse_categorical_crossentropy", optimizer=optimizer,
                  metrics=["accuracy"])
    return model
```

La première partie de la fonction définit les hyperparamètres. Par exemple, hp.Int("n_hidden", min_value=0, max_value=8, default=2) vérifie s'il existe déjà un hyperparamètre nommé "n_hidden" dans l'objet hp de la classe HyperParameters. Si ce n'est pas le cas, elle enregistre un nouvel hyperparamètre entier nommé "n_hidden" dont les valeurs possibles vont de 0 à 8 (inclus) et renvoie la valeur par défaut, qui vaut 2 dans ce cas (lorsque le paramètre d'appel default n'est pas défini, alors c'est min_value qui est renvoyée). L'hyperparamètre "n_neurons" est enregistré de la même manière. L'hyperparamètre "learning_rate" est enregistré comme un flottant compris entre 10^{-4} et 10^{-2}, et comme sampling="log", les taux d'apprentissage de toutes les tailles seront échantillonnés également. Enfin, l'hyperparamètre optimizer est enregistré avec deux valeurs possibles : "sgd" ou "adam" (la valeur par défaut est la première, soit "sgd" dans ce cas). Selon la valeur de optimizer, nous créons un optimiseur SGD ou Adam avec le taux d'apprentissage donné.

La deuxième partie de la fonction construit simplement le modèle en utilisant les valeurs des hyperparamètres. Elle crée un modèle Sequential commençant par une couche Flatten, suivie par le nombre demandé de couches cachées (comme déterminé par l'hyperparamètre n_hidden) en utilisant une fonction d'activation ReLU et une couche de sortie comportant 10 neurones (un par classe) en utilisant la fonction d'activation softmax. Enfin, la fonction compile le modèle et le renvoie.

Si maintenant vous voulez effectuer une recherche aléatoire basique, vous pouvez créer un tuner kt.RandomSearch en transmettant la fonction build_model au constructeur, puis appeler la méthode search() du tuner :

```
random_search_tuner = kt.RandomSearch(
    build_model, objective="val_accuracy", max_trials=5, overwrite=True,
    directory="my_fashion_mnist", project_name="my_rnd_search", seed=42)
random_search_tuner.search(X_train, y_train, epochs=10,
                           validation_data=(X_valid, y_valid))
```

Le tuner `RandomSearch` appelle d'abord `build_model()` une première fois avec un objet `Hyperparameters` vide, juste pour rassembler toutes les spécifications des hyperparamètres. Puis, dans l'exemple présent, il réalise cinq essais; lors de chaque essai, il construit un modèle en utilisant des hyperparamètres échantillonnés au hasard dans leurs plages de valeurs respectives, puis il entraîne ce modèle durant 10 époques et l'enregistre dans un sous-répertoire de *my_fashion_mnist/my_rnd_search*. Étant donné que `overwrite=True`, le répertoire *my_rnd_search* est supprimé avant le début de l'entraînement. Si vous exécutez ce code une deuxième fois, mais avec `overwrite=False` et `max_trials=10`, le tuner reprendra l'ajustement là où il s'était arrêté, en exécutant cinq essais supplémentaires: ceci signifie que vous n'avez pas besoin d'exécuter tous les essais en une seule fois. Enfin, sachant que `objective` a la valeur `"val_accuracy"`, le tuner préfère les modèles ayant une exactitude de validation supérieure, c'est pourquoi une fois que le tuner a terminé, vous pouvez obtenir le meilleur modèle comme ceci:

```
top3_models = random_search_tuner.get_best_models(num_models=3)
best_model = top3_models[0]
```

Vous pouvez aussi appeler `get_best_hyperparameters()` pour obtenir les `kt.HyperParameters` des meilleurs modèles:

```
>>> top3_params = random_search_tuner.get_best_hyperparameters(num_trials=3)
>>> top3_params[0].values  # meilleures valeurs des hyperparamètres
{'n_hidden': 5,
 'n_neurons': 70,
 'learning_rate': 0.00041268008323824807,
 'optimizer': 'adam'}
```

Chaque tuner est guidé par un prétendu *oracle*: avant chaque essai, le tuner demande à l'oracle ce que devrait être le prochain essai. Le tuner `RandomSearch` utilise un `RandomSearchOracle` plutôt simpliste qui choisit simplement l'essai suivant au hasard, comme nous l'avons vu précédemment. Sachant que l'oracle garde trace de tous les essais, vous pouvez lui demander de vous donner le meilleur et vous pouvez afficher un résumé de cet essai:

```
>>> best_trial = random_search_tuner.oracle.get_best_trials(num_trials=1)[0]
>>> best_trial.summary()
Trial summary
Hyperparameters:
n_hidden: 5
n_neurons: 70
learning_rate: 0.00041268008323824807
optimizer: adam
Score: 0.8736000061035156
```

Ceci présente les meilleurs hyperparamètres (comme précédemment), ainsi que l'exactitude de validation. Vous pouvez aussi accéder à toutes les métriques directement:

```
>>> best_trial.metrics.get_last_value("val_accuracy")
0.8736000061035156
```

Si les performances du meilleur modèle vous conviennent, vous pouvez continuer à l'entraîner durant quelques époques sur le jeu d'entraînement tout entier (`X_train_full` et `y_train_full`), puis l'évaluer sur le jeu de test, et enfin le déployer en production (voir chapitre 11) :

```
best_model.fit(X_train_full, y_train_full, epochs=10)
test_loss, test_accuracy = best_model.evaluate(X_test, y_test)
```

Dans certains cas, vous pouvez vouloir ajuster les hyperparamètres de prétraitement des données, ou les arguments de `model.fit()` tels que la taille de lot. Pour cela, vous devrez utiliser une technique légèrement différente : au lieu d'écrire une fonction `build_model()`, vous devez définir une sous-classe de `kt.HyperModel` avec deux méthodes, `build()` et `fit()`. La méthode `build()` fait exactement la même chose que la fonction `build_model()`. La méthode `fit()` reçoit en arguments un objet `HyperParameters` et un modèle compilé, ainsi que tous les arguments de `model.fit()`, puis ajuste le modèle et renvoie l'objet `History`. Point essentiel, la méthode `fit()` peut utiliser des hyperparamètres pour décider comment prétraiter les données, choisir la taille de lot, etc. À titre d'exemple, la classe qui suit construit le même modèle que précédemment, avec les mêmes hyperparamètres, mais elle utilise aussi un hyperparamètre booléen `"normalize"` pour contrôler s'il faut ou non centrer et réduire les données d'entraînement avant d'ajuster le modèle :

```
class MyClassificationHyperModel(kt.HyperModel):
    def build(self, hp):
        return build_model(hp)

    def fit(self, hp, model, X, y, **kwargs):
        if hp.Boolean("normalize"):
            norm_layer = tf.keras.layers.Normalization()
            X = norm_layer(X)
        return model.fit(X, y, **kwargs)
```

Vous pouvez alors transmettre une instance de cette classe au tuner de votre choix, au lieu de lui transmettre la fonction `build_model`. Construisons par exemple un tuner `kt.Hyperband` basé sur une instance de `MyClassificationHyperModel` :

```
hyperband_tuner = kt.Hyperband(
    MyClassificationHyperModel(), objective="val_accuracy", seed=42,
    max_epochs=10, factor=3, hyperband_iterations=2,
    overwrite=True, directory="my_fashion_mnist", project_name="hyperband")
```

Ce tuner ressemble à la classe `HalvingRandomSearchCV`[48] : il commence par entraîner de nombreux modèles différents durant quelques époques, puis il élimine les pires modèles et ne conserve que `1/factor` des meilleurs modèles (c'est-à-dire les trois premiers dans ce cas), répétant ce processus de sélection jusqu'à ce qu'il ne reste qu'un seul modèle[49]. L'argument `max_epochs` contrôle le nombre maximal d'époques pendant lesquelles le meilleur modèle sera entraîné. L'ensemble du processus est exécuté

48. Voir le chapitre 2 de l'ouvrage *Machine Learning avec Scikit-Learn*, A. Géron, Dunod (3e édition, 2023).
49. L'algorithme *Hyperband* est en fait un peu plus sophistiqué que les partages en deux successifs de *Halving*, voir sur *https://homl.info/hyperband* la publication de Lisha Li *et al.*, « Hyperband: A Novel Bandit-Based Approach to Hyperparameter Optimization », *Journal of Machine Learning Research*, 18 avril 2018, 1-52.

deux fois dans ce cas (`hyperband_iterations=2`). Le nombre total d'époques d'entraînement sur l'ensemble des modèles de chacune des itérations d'hyperband est d'environ `max_epochs * (log(max_epochs) / log(factor)) ** 2`, soit à peu près 44 époques dans cet exemple. Les autres arguments sont les mêmes que pour `kt.RandomSearch`.

Exécutons maintenant le tuner Hyperband. Nous utiliserons le rappel `TensorBoard`, en pointant cette fois vers le répertoire racine de journalisation (le tuner se chargera d'utiliser un sous-répertoire différent pour chaque essai) ainsi qu'un rappel `EarlyStopping` :

```
root_logdir = Path(hyperband_tuner.project_dir) / "tensorboard"
tensorboard_cb = tf.keras.callbacks.TensorBoard(root_logdir)
early_stopping_cb = tf.keras.callbacks.EarlyStopping(patience=2)
hyperband_tuner.search(X_train, y_train, epochs=10,
                       validation_data=(X_valid, y_valid),
                       callbacks=[early_stopping_cb, tensorboard_cb])
```

Maintenant si vous ouvrez TensorBoard en faisant pointer `-logdir` vers le répertoire *my_fashion_mnist/hyperband/tensorboard*, vous verrez apparaître au fur et à mesure tous les résultats des essais. Pensez à ouvrir l'onglet HPARAMS : il contient un récapitulatif de toutes les combinaisons d'hyperparamètres essayées, avec les métriques correspondantes. Remarquez qu'il y a trois vues à l'intérieur de l'onglet HPARAMS : la vue Table, la vue Parallel Coordinates (coordonnées parralèles) et la vue Scatter Plots (nuages de points). En bas de la colonne de gauche, désélectionnez toutes les métriques hormis `validation.epoch_accuracy` : ceci donnera plus de clarté au graphique. Dans la vue Parallel Coordinates, sélectionnez une plage de valeurs élevées dans la colonne `validation.epoch_accuracy` : seules les combinaisons d'hyperparamètres ayant fourni des résultats dans cette plage de valeurs seront conservées. Cliquez sur l'une des combinaisons d'hyperparamètres : la courbe d'apprentissage correspondante apparaîtra en bas de la page. Prenez le temps de consulter chacun des onglets : ceci vous aidera à comprendre l'effet de chacun des hyperparamètres sur la performance, ainsi que leurs interactions.

Hyperband est plus sophistiqué qu'une recherche purement aléatoire dans la façon dont il alloue ses ressources, mais le cœur de son fonctionnement reste une exploration aléatoire de l'espace des hyperparamètres ; il est rapide, mais rustique. Cependant, Keras Tuner possède aussi un tuner nommé `kt.BayesianOptimization` : cet algorithme apprend graduellement quelles sont les régions de l'espace des hyperparamètres les plus prometteuses en ajustant un modèle probabiliste appelé processus gaussien. Ceci lui permet de zoomer progressivement sur les meilleurs hyperparamètres. L'inconvénient, c'est que cet algorithme possède aussi ses propres paramètres : `alpha` représente le niveau de bruit attendu dans les mesures de performance entre essais (il vaut 10^{-4} par défaut), et `beta` spécifie l'importance de l'exploration effectuée par l'algorithme par rapport à la simple exploitation des bonnes régions connues de l'espace des hyperparamètres (il vaut 2,6 par défaut). À ceci près, ce tuner s'utilise juste comme les précédents :

```
bayesian_opt_tuner = kt.BayesianOptimization(
    MyClassificationHyperModel(), objective="val_accuracy", seed=42,
```

```
    max_trials=10, alpha=1e-4, beta=2.6,
    overwrite=True, directory="my_fashion_mnist", project_name="bayesian_opt")
bayesian_opt_tuner.search([...])
```

Le réglage des hyperparamètres est un domaine de recherche toujours actif et de nombreuses autres approches sont en cours d'évaluation. Par exemple, consultez l'excellent article de DeepMind publié en 2017 dans lequel les auteurs ont utilisé un algorithme évolutionniste pour optimiser conjointement une population de modèles et leurs hyperparamètres[50]. Google a également utilisé une approche évolutionniste, non seulement pour la recherche des hyperparamètres, mais également pour explorer toutes sortes d'architectures de modèles : cette démarche est au cœur du service *AutoML* de Google Vertex AI (voir chapitre 11). Le terme *AutoML* qualifie tout système se chargeant d'une grande partie de l'enchaînement de tâches (ou workflow) du Machine Learning. Des algorithmes évolutionnistes ont même été employés avec succès pour entraîner des réseaux de neurones individuels, remplaçant l'omniprésente descente de gradient ! À titre d'exemple, consultez le billet publié en 2017 par Uber dans lequel les auteurs introduisent leur technique de *Deep Neuroevolution* (*https://homl.info/neuroevol*).

Malgré tous ces progrès formidables et tous ces outils et services, il est encore bon d'avoir une idée de ce que sont les valeurs raisonnables de chaque hyperparamètre afin que vous puissiez construire rapidement un prototype et limiter l'espace de recherche. Les sections suivantes font quelques recommandations pour le choix du nombre de couches cachées et de neurones dans un perceptron multicouche, et pour la sélection des bonnes valeurs de certains hyperparamètres principaux.

2.3.1 Nombre de couches cachées

Pour bon nombre de problèmes, nous pouvons commencer avec une seule couche cachée et obtenir des résultats raisonnables. Un perceptron multicouche doté d'une seule couche cachée peut théoriquement modéliser les fonctions même les plus complexes pour peu qu'il possède suffisamment de neurones. Mais, pour des problèmes complexes, les réseaux profonds ont une *efficacité paramétrique* beaucoup plus élevée que les réseaux peu profonds. Ils peuvent modéliser des fonctions complexes avec un nombre de neurones exponentiellement plus faible que les réseaux superficiels, ce qui leur permet d'atteindre de meilleures performances avec la même quantité de données d'entraînement.

Afin de comprendre pourquoi, faisons une analogie. Supposons qu'on vous demande de dessiner une forêt à l'aide d'un logiciel de dessin, mais qu'il vous soit interdit d'utiliser le copier-coller. Cela prendrait énormément de temps : il faudrait alors dessiner chaque arbre individuellement, branche par branche, feuille par feuille. Si, à la place, vous pouvez dessiner une feuille, la copier-coller pour dessiner une branche, puis copier-coller cette branche pour créer un arbre, et finalement copier-coller cet arbre pour dessiner la forêt, vous aurez terminé en un rien de temps. Les données du monde réel ont souvent une telle structure hiérarchique et les DNN en tirent automatiquement profit. Les couches cachées inférieures modélisent des

50. Max Jaderberg *et al.*, « *Population Based Training of Neural Networks* » (2017) : *https://homl.info/pbt*.

structures de bas niveau (par exemple, des traits aux formes et aux orientations variées). Les couches cachées intermédiaires combinent ces structures de bas niveau pour modéliser des structures de niveau intermédiaire (par exemple, des carrés et des cercles). Les couches cachées supérieures et la couche de sortie associent ces structures intermédiaires pour modéliser des structures de haut niveau (par exemple, des visages).

Cette architecture hiérarchique accélère non seulement la convergence des DNN vers une bonne solution, mais elle améliore également leur capacité à accepter de nouveaux jeux de données. Par exemple, si vous avez déjà entraîné un modèle afin de reconnaître les visages sur des photos et si vous souhaitez à présent entraîner un nouveau réseau de neurones pour reconnaître des coiffures, vous pouvez démarrer l'entraînement avec les couches inférieures du premier réseau. Au lieu d'initialiser aléatoirement les poids et les termes constants des quelques premières couches du nouveau réseau de neurones, vous pouvez les fixer aux valeurs des poids et des termes constants des couches basses du premier. De cette manière, le réseau n'aura pas besoin de réapprendre toutes les structures de bas niveau que l'on retrouve dans la plupart des images. Il devra uniquement apprendre celles de plus haut niveau (par exemple, les coupes de cheveux). C'est ce que l'on appelle le *transfert d'apprentissage*.

En résumé, pour de nombreux problèmes, vous pouvez démarrer avec juste une ou deux couches cachées, pour de bons résultats. Par exemple, vous pouvez facilement atteindre une exactitude supérieure à 97 % sur le jeu de données MNIST en utilisant une seule couche cachée et quelques centaines de neurones, mais une exactitude de plus de 98 % avec deux couches cachées et le même nombre total de neurones, pour un temps d'entraînement quasi identique. Lorsque les problèmes sont plus complexes, vous pouvez augmenter progressivement le nombre de couches cachées, jusqu'à ce que vous arriviez au surajustement du jeu d'entraînement. Les tâches très complexes, comme la classification de grandes images ou la reconnaissance vocale, nécessitent en général des réseaux constitués de dizaines de couches (ou même des centaines, mais non intégralement connectées, comme nous le verrons au chapitre 6) et d'énormes quantités de données d'entraînement. Cependant, ces réseaux ont rarement besoin d'être entraînés à partir de zéro. Il est beaucoup plus fréquent de réutiliser des parties d'un réseau préentraîné qui effectue une tâche comparable. L'entraînement en devient beaucoup plus rapide et nécessite moins de données (nous y reviendrons au chapitre 3).

2.3.2 Nombre de neurones par couche cachée

Le nombre de neurones dans les couches d'entrée et de sortie est évidemment déterminé par le type des entrées et des sorties nécessaires à la tâche. Par exemple, la tâche MNIST exige $28 \times 28 = 784$ entrées et 10 neurones de sortie.

Une pratique courante consiste à dimensionner les couches cachées de façon à former un entonnoir, avec un nombre de neurones toujours plus faible à chaque couche. La logique est que de nombreuses caractéristiques de bas niveau peuvent se fondre dans un nombre de caractéristiques de haut niveau moindre. Par exemple, un réseau de neurones type pour MNIST peut comprendre trois couches cachées, la première avec 300 neurones, la deuxième, 200, et la troisième, 100. Cependant, cette pratique a été largement abandonnée car il semble qu'utiliser le même nombre de neurones dans toutes les couches cachées donne d'aussi bonnes, voire meilleures, performances dans la plupart des cas. Par ailleurs, cela fait un seul hyperparamètre à ajuster au lieu d'un par couche. Cela dit, en fonction du jeu de données, il peut être parfois utile d'avoir une première couche cachée plus importante que les autres.

Comme pour le nombre de couches, vous pouvez augmenter progressivement le nombre de neurones, jusqu'au surajustement du réseau. Vous pouvez également tenter de construire un modèle ayant un peu plus de couches et de neurones que nécessaire, puis d'utiliser l'arrêt précoce et d'autres techniques de régularisation de façon à éviter un excès de surajustement. Vincent Vanhoucke, ingénieur chez Google, a surnommé cette approche « pantalon à taille élastique » : au lieu de perdre du temps à rechercher un pantalon qui correspond parfaitement à votre taille, il suffit d'utiliser un pantalon élastique qui s'adaptera à la bonne taille. Grâce à elle, nous évitons des couches d'étranglement qui risquent de ruiner votre modèle. De fait, si une couche comprend trop peu de neurones, elle n'aura pas assez de puissance de représentation pour conserver toutes les informations utiles provenant des entrées (par exemple, une couche à deux neurones ne peut produire que des données 2D, donc si elle reçoit en entrée des données 3D, certaines informations seront perdues). Quelle que soit la taille ou la puissance du reste du réseau, cette information ne pourra pas être retrouvée.

En général, il sera plus intéressant d'augmenter le nombre de couches que le nombre de neurones par couche.

2.3.3 Taux d'apprentisage, taille de lot et autres hyperparamètres

Le nombre de couches cachées et le nombre de neurones ne sont pas les seuls hyperparamètres que vous pouvez ajuster dans un perceptron multicouche. En voici quelques autres parmi les plus importants, avec des conseils pour le choix de leur valeur :

- *Taux d'apprentissage*

  Le taux d'apprentissage est probablement l'hyperparamètre le plus important. En général, sa valeur optimale est environ la moitié du taux d'apprentissage maximal (c'est-à-dire, le taux d'apprentissage au-dessus duquel l'algorithme d'entraînement diverge[51]). Une bonne manière de déterminer un taux d'apprentissage approprié consiste à entraîner le modèle sur quelques centaines d'itérations, en commençant avec un taux d'apprentissage très bas (par exemple 10^{-5}) et de l'augmenter progressivement jusqu'à une valeur très grande (par exemple 10). Pour cela, on multiplie le taux d'apprentissage par un facteur constant à chaque itération (par exemple $(10/10^{-5})^{1/500}$ de façon à aller de 10^{-5} à 10 en 500 itérations). Si la perte est une fonction du taux d'apprentissage (en utilisant une échelle logarithmique pour le taux

51. Voir le chapitre 1.

d'apprentissage), elle doit commencer par baisser. Après un certain temps, le taux d'apprentissage sera beaucoup trop grand et la perte reprendra son ascension : le taux d'apprentissage optimal se situera un peu avant le point à partir duquel la perte a commencé à grimper (généralement environ 10 fois plus faible qu'au point de revirement). Vous pouvez ensuite réinitialiser le modèle et l'entraîner de façon normale en utilisant ce taux d'apprentissage pertinent. Nous reviendrons sur d'autres techniques d'optimisation du taux apprentissage au chapitre 3.

- *Optimiseur*

  Le choix d'un optimiseur plus performant que la pure et simple descente de gradient par mini-lots (et l'ajustement de ses hyperparamètres) est également très important. Nous étudierons plusieurs optimiseurs élaborés au chapitre 3.

- *Taille des lots*

  La taille des lots peut également avoir un impact significatif sur les performances du modèle et le temps d'entraînement. Une taille de lot importante a l'avantage d'exploiter pleinement les accélérateurs matériels, comme les GPU (voir le chapitre 11), ce qui permet à l'algorithme d'entraînement de voir plus d'instances chaque seconde. C'est pourquoi de nombreux chercheurs et professionnels conseillent de choisir une taille de lot aussi grande que possible adaptée à la mémoire RAM du GPU. Il y a cependant un problème. Dans la pratique, les tailles de lots élevées conduisent souvent à des instabilités de l'entraînement, en particulier au début, et la généralisation du modèle résultant risque d'être moins facile que celle d'un modèle entraîné avec une taille de lot plus faible. En avril 2018, Yann LeCun a même tweeté « Friends don't let friends use mini-batches larger than 32 » (les vrais amis ne laissent pas leurs amis utiliser des mini-lots de taille supérieure à 32), citant un article[52] publié en 2018 par Dominic Masters et Carlo Luschi dans lequel les auteurs concluent que les petits lots (de 2 à 32) sont préférables car ils produisent de meilleurs modèles pour un temps d'entraînement inférieur. D'autres travaux de recherche préconisent l'opposé : en 2017, Elad Hoffer *et al.*[53], ainsi que Priya Goyal *et al.*[54], ont montré qu'il était possible de choisir de très grandes tailles de lots (jusqu'à 8 192) en utilisant diverses techniques, comme l'échauffement du taux d'apprentissage (c'est-à-dire démarrer l'entraînement avec un taux d'apprentissage faible, puis l'augmenter progressivement, comme nous le verrons au chapitre 3), et d'obtenir des temps d'entraînement très courts, sans impact sur la généralisation. Une stratégie consiste donc à essayer une taille de lot importante, en utilisant une phase d'échauffement du taux d'apprentissage,

52. Dominic Masters et Carlo Luschi, « *Revisiting Small Batch Training for Deep Neural Networks* » (2018) : *https://homl.info/smallbatch*.

53. Elad Hoffer *et al.*, « Train Longer, Generalize Better: Closing the Generalization Gap in Large Batch Training of Neural Networks », *Proceedings of the 31st International Conference on Neural Information Processing Systems* (2017), 1729-1739 : *https://homl.info/largebatch*.

54. Priya Goyal *et al.*, *Accurate, Large Minibatch SGD: Training ImageNet in 1 Hour* (2017) : *https://homl.info/largebatch2*.

et, si l'entraînement est instable ou les performances finales décevantes, à basculer sur une taille de lot réduite.

- *Fonction d'activation*

  Nous avons expliqué comment choisir la fonction d'activation précédemment dans ce chapitre : la fonction ReLU sera en général un bon choix par défaut pour toutes les couches cachées, mais pour la couche de sortie cela dépend réellement de la tâche.

- *Nombre d'itérations*

  Dans la plupart des cas, le nombre d'itérations d'entraînement n'a pas besoin d'être ajusté : il suffit d'effectuer, à la place, un arrêt précoce.

Le taux d'apprentissage optimal dépend des autres paramètres, en particulier de la taille du lot. Par conséquent, si vous modifiez n'importe quel hyperparamètre, n'oubliez pas de revoir le taux d'apprentissage.

Leslie Smith a publié en 2018 un excellent article[55] qui regorge de bonnes pratiques concernant le réglage précis des hyperparamètres d'un réseau de neurones. N'hésitez pas à le consulter.

Voilà qui conclut notre introduction aux réseaux de neurones artificiels et à leur mise en œuvre avec Keras. Dans les prochains chapitres, nous présenterons des techniques d'entraînement de réseaux très profonds. Nous verrons également comment personnaliser les modèles avec l'API de bas niveau de TensorFlow et comment charger et prétraiter efficacement des données avec l'API tf.data. Nous détaillerons d'autres architectures de réseaux de neurones répandues : réseaux de neurones convolutifs pour le traitement des images, réseaux de neurones récurrents et transformeurs pour les données séquentielles et le texte, autoencodeurs pour l'apprentissage des représentations et réseaux antagonistes génératifs pour la modélisation et la génération de données[56].

2.4 EXERCICES

1. TensorFlow Playground (*https://playground.tensorflow.org/*) est un simulateur de réseaux de neurones très intéressant développé par l'équipe de TensorFlow. Dans cet exercice, vous entraînerez plusieurs classificateurs binaires en seulement quelques clics et ajusterez l'architecture du modèle et ses hyperparamètres afin de vous familiariser avec le fonctionnement des réseaux de neurones et le rôle de leurs hyperparamètres. Prenez le temps d'explorer les aspects suivants :

55. Leslie N. Smith, « *A Disciplined Approach to Neural Network Hyper-Parameters: Part 1 – Learning Rate, Batch Size, Momentum, and Weight Decay* » (2018) : *https://homl.info/1cycle*.

56. Quelques autres architectures de réseaux de neurones artificiels sont présentées dans l'annexe C.

a. Motifs appris par un réseau de neurones. Entraînez le réseau de neurones par défaut en cliquant sur le bouton d'exécution (Run, en haut à gauche). Notez la rapidité avec laquelle il trouve une bonne solution au problème de classification. Les neurones de la première couche cachée ont appris des motifs simples, tandis que ceux de la seconde ont appris à combiner ces motifs simples en motifs complexes. En général, plus le nombre de couches est élevé, plus les motifs peuvent être complexes.
b. Fonctions d'activation. Remplacez la fonction d'activation Tanh par la fonction ReLU et entraînez de nouveau le réseau. Notez que la découverte de la solution est encore plus rapide mais que, cette fois-ci, les frontières sont linéaires. Cela provient de la forme de la fonction ReLU.
c. Risques de minima locaux. Modifiez l'architecture du réseau de sorte qu'elle comprenne une couche cachée avec trois neurones. Entraînez le réseau à plusieurs reprises (pour réinitialiser les poids du réseau, cliquez sur le bouton de réinitialisation Reset situé à gauche du bouton de lecture Play). Notez que le temps d'entraînement varie énormément et que le processus peut même rester bloqué dans un minimum local.
d. Comportement lorsqu'un réseau de neurones est trop petit. Supprimez à présent un neurone pour n'en conserver que deux. Vous remarquerez que le réseau est alors incapable de trouver une bonne solution, même si vous l'exécutez à plusieurs reprises. Le modèle possède trop peu de paramètres et sous-ajuste systématiquement le jeu d'entraînement.
e. Comportement lorsqu'un réseau de neurones est suffisamment large. Fixez le nombre de neurones à huit et entraînez le modèle plusieurs fois. Notez qu'il est à présent invariablement rapide et ne reste jamais bloqué. Cela révèle une découverte importante dans la théorie des réseaux de neurones : les grands réseaux de neurones restent rarement bloqués dans des minima locaux et, même lorsqu'ils le sont, ces optima locaux sont souvent presque aussi bons que l'optimum global. Toutefois, les réseaux peuvent stagner sur de grandes portions plates pendant un long moment.
f. Risque de disparition des gradients dans des réseaux profonds. Sélectionnez à présent le jeu de données Spiral (celui dans l'angle inférieur droit sous « DATA ») et modifiez l'architecture du réseau en lui donnant quatre couches cachées de huit neurones chacune. L'entraînement prend alors beaucoup plus de temps et reste souvent bloqué sur des plateaux pendant de longues périodes. Notez également que les neurones des couches supérieures (sur la droite) tendent à évoluer plus rapidement que ceux des couches inférieures (sur la gauche). Le problème de disparition des gradients peut être minimisé avec une meilleure

initialisation des poids et d'autres techniques, de meilleurs optimiseurs (comme AdaGrad ou Adam) ou la normalisation par lots (voir le chapitre 3).

   g. Allez plus loin. Prenez au moins une heure pour jouer avec les autres paramètres et constater leurs actions. Vous développerez ainsi une compréhension intuitive des réseaux de neurones.

2. Avec les neurones artificiels d'origine (comme ceux de la figure 2.3), dessinez un réseau qui calcule $A \oplus B$ (où $\oplus$ représente l'opération de OU exclusif, XOR). Un indice : $A \oplus B = (A \wedge \neg B) \vee (\neg A \wedge B)$.
3. Pourquoi est-il, en général, préférable d'utiliser un classificateur à régression logistique plutôt qu'un perceptron classique (c'est-à-dire une seule couche d'unités logiques à seuils entraînées à l'aide de l'algorithme d'entraînement du perceptron) ? Comment pouvez-vous modifier un perceptron pour qu'il soit équivalent à un classificateur à régression logistique ?
4. Pourquoi la fonction d'activation sigmoïde était-elle un élément indispensable dans l'entraînement des premiers perceptrons multicouches ?
5. Nommez trois fonctions d'activation répandues. Savez-vous les tracer ?
6. Supposons que vous disposiez d'un perceptron multicouche constitué d'une couche d'entrée avec dix neurones intermédiaires, suivie d'une couche cachée de cinquante neurones artificiels, et d'une couche de sortie avec trois neurones artificiels. Tous les neurones artificiels utilisent la fonction d'activation ReLU.
   a. Quelle est la forme de la matrice d'entrée $\mathbf{X}$?
   b. Quelle est la forme de la matrice des poids $\mathbf{W}_h$ de la couche cachée et celle du vecteur de termes constants $\mathbf{b}_h$?
   c. Quelle est la forme de la matrice des poids $\mathbf{W}_o$ de la couche de sortie et celle du vecteur de termes constants $\mathbf{b}_o$?
   d. Quelle est la forme de la matrice de sortie $\mathbf{Y}$ du réseau ?
   e. Écrivez l'équation qui calcule la matrice de sortie $\mathbf{Y}$ du réseau en fonction de $\mathbf{X}$, $\mathbf{W}_h$, $\mathbf{b}_h$, $\mathbf{W}_o$ et $\mathbf{b}_o$.
7. Combien de neurones faut-il dans la couche de sortie pour classer des courriers électroniques dans les catégories *spam* ou *ham* ? Quelle fonction d'activation devez-vous choisir dans la couche de sortie ? Si, à la place, vous voulez traiter le jeu MNIST, combien de neurones devez-vous placer dans la couche de sortie, avec quelle fonction d'activation ? Reprenez ces mêmes questions pour un réseau qui doit prédire le prix des maisons dans le jeu de données California Housing, que vous pouvez charger à l'aide de la fonction `sklearn.datasets.fetch_california_housing()`.
8. Qu'est-ce que la rétropropagation et comment opère-t-elle ? Quelle est la différence entre la rétropropagation et la différentiation automatique en mode inverse ?

9. Quels sont les hyperparamètres ajustables dans un perceptron multicouche ? Si le perceptron multicouche surajuste les données d'entraînement, comment modifier les hyperparamètres pour résoudre ce problème ?
10. Entraînez un perceptron multicouche profond sur le jeu de données MNIST (vous pouvez le charger à l'aide de la fonction `tf.keras.datasets.mnist.load_data()`) et voyez si vous pouvez obtenir une exactitude supérieure à 98 % en ajustant manuellement les hyperparamètres. Essayez de rechercher le taux d'apprentissage optimal à l'aide de la méthode décrite dans ce chapitre (c'est-à-dire en augmentant le taux d'apprentissage de façon exponentielle, en représentant graphiquement la perte et en déterminant le point à partir duquel celle-ci se remet à croître rapidement). Essayez ensuite d'ajuster les hyperparamètres à l'aide du Tuner de Keras en utilisant toutes les options d'implémentation (sauvegarde de points de reprise, utilisation de l'arrêt précoce et tracé des courbes d'apprentissage avec TensorBoard).

Les solutions de ces exercices sont données à l'annexe A.

3

Entraînement de réseaux de neurones profonds

Au chapitre 2, vous avez construit, entraîné et ajusté vos premiers réseaux de neurones artificiels. Il s'agissait de réseaux assez peu profonds, avec seulement quelques couches cachées. Comment devons-nous procéder dans le cas d'un problème très complexe, comme la détection de centaines de types d'objets dans des images en haute résolution ? Nous aurons alors probablement à entraîner un réseau de neurones beaucoup plus profond, avec peut-être des dizaines de couches, chacune contenant des centaines de neurones, reliés par des centaines de milliers de connexions. Ce n'est plus du tout une promenade de santé. Voici quelques-uns des problèmes que nous pourrions rencontrer :

- Nous pourrions être confrontés au problème des gradients qui deviennent de plus en plus petits ou de plus en plus grands au cours de la rétropropagation à travers le réseau. Dans les deux cas, cela complique énormément l'entraînement des couches inférieures.
- Nous pourrions manquer de données d'entraînement pour un réseau aussi vaste, ou leur étiquetage pourrait être trop coûteux.
- L'entraînement pourrait être extrêmement lent.
- Un modèle comprenant des millions de paramètres risquera fort de conduire au surajustement du jeu d'entraînement, en particulier si nous n'avons pas assez d'instances d'entraînement ou si elles comportent beaucoup de bruit.

Dans ce chapitre, nous allons examiner chacun de ces problèmes et proposer des techniques pour les résoudre. Nous commencerons par explorer le problème d'instabilité des gradients et présenterons quelques-unes des solutions les plus répandues. Nous aborderons ensuite le transfert d'apprentissage et le préentraînement non supervisé, qui peuvent nous aider à traiter des problèmes complexes même lorsque les données étiquetées sont peu nombreuses. Puis nous examinerons différents optimiseurs qui permettent d'accélérer énormément l'entraînement des grands modèles. Enfin, nous verrons quelques techniques de régularisation adaptées aux vastes réseaux de neurones.

Armés de ces outils, nous serons en mesure d'entraîner des réseaux très profonds : bienvenue dans le monde du Deep Learning !

3.1 PROBLÈMES D'INSTABILITÉ DES GRADIENTS

Comme expliqué au chapitre 2, l'algorithme de rétropropagation opère de la couche de sortie vers la couche d'entrée, en propageant au fur et à mesure le gradient d'erreur. Lorsque l'algorithme a déterminé le gradient de la fonction de coût par rapport à chaque paramètre du réseau, il utilise les gradients obtenus pour modifier chaque paramètre au cours d'une étape de descente du gradient.

Malheureusement, alors que l'algorithme progresse vers les couches inférieures, les gradients deviennent souvent de plus en plus petits. Par conséquent, la mise à jour par descente de gradient modifie très peu les poids des connexions des couches inférieures et l'entraînement ne converge jamais vers une bonne solution. C'est ce qu'on appelle le problème de *disparition des gradients* (*vanishing gradients*). Dans certains cas, l'opposé peut se produire. Les gradients deviennent de plus en plus grands jusqu'à ce que les couches reçoivent des modifications de poids extrêmement importantes, ce qui fait diverger l'algorithme. Il s'agit du problème d'*explosion des gradients* (*exploding gradients*), qui se rencontre principalement dans les réseaux de neurones récurrents (voir le chapitre 7). Plus généralement, les réseaux de neurones profonds souffrent de l'instabilité des gradients : différentes couches peuvent apprendre à des vitesses très différentes.

Ce comportement malheureux a été observé empiriquement depuis un moment et il est l'une des raisons de l'abandon des réseaux de neurones profonds au début des années 2000. L'origine de cette instabilité des gradients pendant l'entraînement n'était pas claire, mais un article[57] publié en 2010 par Xavier Glorot et Yoshua Bengio a éclairci la question. Les auteurs ont identifié quelques suspects, notamment l'association de la fonction d'activation sigmoïde (alias logistique) répandue à l'époque et de la technique d'initialisation des poids également la plus répandue à ce moment-là, à savoir une distribution normale de moyenne zéro et d'écart-type 1. En résumé, ils ont montré qu'avec cette fonction d'activation et cette technique d'initialisation, la variance des sorties de chaque couche est largement supérieure à celle de ses entrées. Lors de la progression dans le réseau, la variance ne cesse d'augmenter après chaque couche, jusqu'à la saturation de la fonction d'activation dans les couches supérieures. Ce comportement est aggravé par le fait que la moyenne de la fonction sigmoïde est non pas 0 mais 0,5 : la fonction tangente hyperbolique a une moyenne égale à 0 et se comporte légèrement mieux que la fonction sigmoïde dans les réseaux profonds.

57. Xavier Glorot et Yoshua Bengio, « Understanding the Difficulty of Training Deep Feedforward Neural Networks », *Proceedings of the 13th International Conference on Artificial Intelligence and Statistics* (2010), 249-256 : *https://homl.info/47*.

Si vous examinez la fonction d'activation sigmoïde (voir la figure 3.1), vous constatez que, lorsque les entrées deviennent grandes (en négatif ou en positif), la fonction sature en 0 ou en 1, avec une dérivée extrêmement proche de 0 (c'est-à-dire que la courbe est aplatie aux deux extrémités). Lorsque la rétropropagation intervient, elle n'a pratiquement aucun gradient à transmettre en arrière dans le réseau. En outre, le faible gradient existant est de plus en plus dilué pendant la rétropropagation, à chaque couche traversée depuis les couches supérieures. Il ne reste donc quasi plus rien pour les couches inférieures.

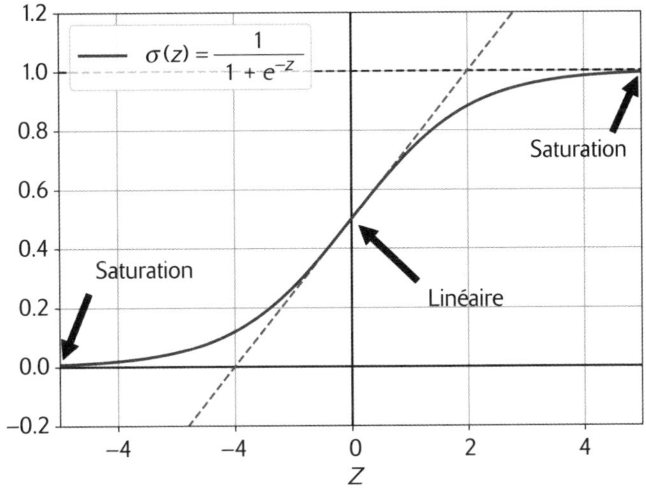

Figure 3.1 – Saturation de la fonction d'activation sigmoïde

3.1.1 Initialisations de Glorot et de He

Dans leur article, Glorot et Bengio proposent une manière d'atténuer énormément ce problème d'instabilité des gradients. Ils soulignent que le signal doit se propager correctement dans les deux directions : vers l'avant au moment des prédictions, et vers l'arrière lors de la rétropropagation des gradients. Il ne faut pas que le signal disparaisse, ni qu'il explose et sature. Pour que tout se passe proprement, les auteurs soutiennent que la variance des sorties de chaque couche doit être égale à la variance de ses entrées[58] et les gradients doivent également avoir une même variance avant et après le passage au travers d'une couche en sens inverse (les détails mathématiques se trouvent dans l'article). Il est impossible de garantir ces deux points, sauf si la couche possède un nombre égal de connexions d'entrée et de sortie (ces nombres sont appelés *fan-in* et *fan-out* de

58. Voici une analogie. Si l'amplificateur d'un microphone est réglé près de zéro, le public n'entendra pas votre voix. S'il est réglé trop près du maximum, votre voix sera saturée et le public ne comprendra pas ce que vous direz. Imaginons à présent une série de tels amplificateurs. Ils doivent tous être réglés correctement pour que votre voix arrive parfaitement claire et audible à l'extrémité de la chaîne. Elle doit sortir de chaque amplificateur avec la même amplitude qu'en entrée.

la couche[59]). Ils ont cependant proposé un bon compromis, dont la validité a été montrée en pratique : les poids des connexions doivent être initialisés de façon aléatoire, comme dans l'équation 3.1, où $fan_{\text{moyen}} = \frac{(fan_{\text{entrée}} + fan_{\text{sortie}})}{2}$. Cette stratégie d'initialisation est appelée *initialisation de Xavier* ou *initialisation de Glorot*, d'après le nom du premier auteur de l'article.

Équation 3.1 – Initialisation de Glorot (si la fonction d'activation sigmoïde est employée)

Distribution normale avec une moyenne de 0 et une variance $\sigma^2 = \frac{1}{fan_{\text{moyen}}}$

Ou une distribution uniforme entre $-r$ et $+r$, avec $r = \sqrt{\frac{3}{fan_{\text{moyen}}}}$

Si vous remplacez fan_{moyen} par $fan_{\text{entrée}}$ dans l'équation 3.1, vous obtenez la stratégie d'initialisation proposée dans les années 1990 par Yann LeCun, qu'il a nommée *initialisation de LeCun*. Genevieve Orr et Klaus-Robert Müller l'ont même conseillée dans leur ouvrage *Neural Networks: Tricks of the Trade* publié en 1998 (Springer). L'initialisation de LeCun est équivalente à l'initialisation de Glorot lorsque $fan_{\text{entrée}} = fan_{\text{sortie}}$. Il a fallu aux chercheurs plus d'une dizaine d'années pour réaliser l'importance de cette astuce. Grâce à l'initialisation de Glorot, l'entraînement est considérablement accéléré et elle représente l'une des pratiques qui ont mené au succès du Deep Learning.

Certains articles récents[60] ont proposé des stratégies comparables pour d'autres fonctions d'activation. Elles diffèrent uniquement par l'échelle de la variance et par l'utilisation ou non de fan_{moyen} ou de $fan_{\text{entrée}}$ (voir le tableau 3.1) ; pour la distribution uniforme, on calcule simplement $r = \sqrt{3\sigma^2}$. La stratégie d'initialisation pour la fonction d'activation ReLU et ses variantes est appelée *initialisation de He* ou *initialisation de Kaiming* (du nom du premier auteur de la publication) (voir *https://homl.info/48*). Pour la fonction d'activation SELU, utilisez la méthode d'initialisation de LeCun, de préférence avec une fonction de distribution normale. Toutes ces fonctions d'activation seront présentées un peu plus loin.

Tableau 3.1 – Paramètres d'initialisation pour chaque type de fonction d'activation

Initialisation	Fonctions d'activation	σ^2 (Normal)
Glorot	tanh, sigmoïde, softmax ou aucune	$1/fan_{\text{moyen}}$
He	ReLU, Leaky ReLU, ELU, GELU, Swish, Mish	$2/fan_{\text{entrée}}$
LeCun	SELU	$1/fan_{\text{entrée}}$

59. *Fan* signifiant « éventail » en anglais, *fan-in* correspond à l'éventail des connexions entrantes, et *fan-out* à l'éventail des connexions sortantes.

60. Par exemple, Kaiming He *et al.*, « Delving Deep into Rectifiers: Surpassing Human-Level Performance on ImageNet Classification », *Proceedings of the 2015 IEEE International Conference on Computer Vision* (2015), 1026-1034.

Keras choisit par défaut l'initialisation de Glorot avec une distribution uniforme. Lors de la création d'une couche, nous pouvons opter pour l'initialisation de He en précisant `kernel_initializer="he_uniform"` ou `kernel_initializer="he_normal"`:

```
import tensorflow as tf
dense = tf.keras.layers.Dense(50, activation="relu",
                              kernel_initializer="he_normal")
```

Si vous souhaitez une autre intialisation, qu'elle figure dans le tableau 3.1 ou non, utilisez l'initialiseur `VarianceScaling`. Par exemple, pour une initialisation de He avec une distribution uniforme fondée sur fan_{moyen} plutôt que sur $fan_{\text{entrée}}$, vous pouvez utiliser le code suivant:

```
he_avg_init = tf.keras.initializers.VarianceScaling(scale=2., mode="fan_avg",
                                                    distribution="uniform")
dense = tf.keras.layers.Dense(50, activation="sigmoid",
                              kernel_initializer=he_avg_init)
```

3.1.2 Fonctions d'activation améliorées

L'une des idées avancées par Glorot et Bengio dans leur publication de 2010 était que l'instabilité des gradients résultait en partie d'un mauvais choix de la fonction d'activation. Jusqu'alors, la plupart des gens supposaient que si Mère Nature avait choisi des fonctions d'activation à peu près sigmoïdes pour les neurones biologiques, c'est qu'elles devaient constituer un excellent choix. Cependant, d'autres fonctions d'activation affichent un meilleur comportement dans les réseaux de neurones profonds, notamment la fonction ReLU, principalement parce qu'elle ne sature pas pour les valeurs positives et aussi parce qu'elle est très rapide à calculer.

Malheureusement, la fonction d'activation ReLU n'est pas parfaite. Elle souffre d'un problème de *mort des ReLU* (*dying ReLU*) : au cours de l'entraînement, certains neurones « meurent », c'est-à-dire arrêtent de produire autre chose que 0. Dans certains cas, il arrive que la moitié des neurones du réseau soient morts, en particulier si le taux d'apprentissage est grand. Un neurone meurt lorsque ses poids sont ajustés de sorte que l'entrée de la fonction ReLU (c.-à-d. la somme pondérée de ses entrées plus son terme constant) est négative pour toutes les instances du jeu d'entraînement. Lorsque cela arrive, il produit uniquement des zéros en sortie et la descente de gradient ne l'affecte plus, car le gradient de la fonction ReLU vaut zéro lorsque son entrée est négative[61]. Pour résoudre ce problème, on peut employer une variante de la fonction ReLU, telle que *Leaky ReLU*.

Leaky RELU

La fonction d'activation *Leaky ReLU* (*leaky* signifie « qui fuit ») se définit comme $\text{LeakyReLU}_\alpha(z) = \max(\alpha z, z)$ (voir la figure 3.2). L'hyperparamètre α définit le

61. Un neurone mort peut parfois ressusciter si ses entrées évoluent au cours du temps et finissent par prendre des valeurs pour lesquelles la fonction d'activation ReLU renverra à nouveau une valeur positive. Ceci peut par exemple se produire lorsque la descente de gradient ajuste des neurones dans les couches inférieures à celle du neurone mort.

niveau de « fuite » de la fonction : il s'agit de la pente de la fonction pour $z < 0$. Cette petite pente lorsque z est négatif permet aux neurones de ne jamais mourir. Ils peuvent entrer dans un long coma, mais ils ont toujours une chance de se réveiller à un moment ou à un autre. Dans une publication[62] de 2015, Bing Xu et son équipe ont comparé plusieurs variantes de la fonction d'activation ReLU et conclut notamment que la variante « Leaky » est toujours plus performante que la version stricte. En pratique, en fixant α à 0,2 (fuite importante), il semble que les performances soient toujours meilleures qu'avec α = 0,01 (fuite légère). Les auteurs ont également évalué la fonction RReLU (*randomized Leaky ReLU*), dans laquelle α est, pendant l'entraînement, choisi aléatoirement dans une plage donnée et, pendant les tests, fixé à une valeur moyenne. Elle donne de bons résultats et semble agir comme un régulariseur, en réduisant le risque de surajustement du jeu d'entraînement.

Enfin, ils ont également évalué la fonction PReLU (*parametric Leaky ReLU*), qui autorise l'apprentissage de α pendant l'entraînement : il ne s'agit plus d'un hyperparamètre mais d'un paramètre du modèle qui, au même titre que les autres, peut être modifié par la rétropropagation. La fonction PReLU donne de bien meilleurs résultats que ReLU sur les vastes jeux de données d'images, mais, avec les jeux de données plus petits, elle fait courir un risque de surajustement.

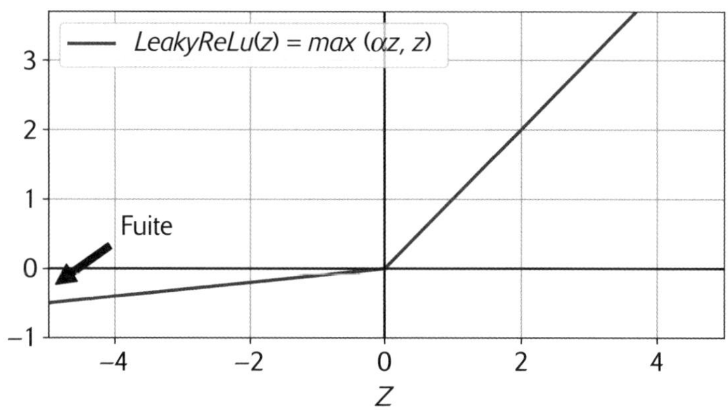

Figure 3.2 – Fonction Leaky ReLU : comme ReLU, mais avec une petite pente pour les valeurs négatives

Le package `tf.keras.layers` intègre les classes `LeakyReLU` et `PreLU`. Tout comme pour les autres variantes de ReLU, vous devez utiliser une initialisation de He. En voici un exemple :

```
leaky_relu = tf.keras.layers.LeakyReLU(alpha=0.2)  # alpha=0.3 par défaut
dense = tf.keras.layers.Dense(50, activation=leaky_relu,
                              kernel_initializer="he_normal")
```

62. Bing Xu *et al.*, « Empirical Evaluation of Rectified Activations in Convolutional Network » (2015) : *https://homl.info/49*.

Vous pouvez aussi utiliser `LeakyReLU` en tant que couche séparée de votre modèle ; ceci ne fait pas de différence pour l'entraînement et les prédictions :

```
model = tf.keras.models.Sequential([
    [...] # autres couches
    tf.keras.layers.Dense(50, kernel_initializer="he_normal"),
            # pas d'activation
    tf.keras.layers.LeakyReLU(alpha=0.2),  # activation en tant
                                            # que couche séparée
[...] # autres couches
])
```

Pour PReLU, remplacez `LeakyReLU` par `PReLU`. Il n'y a pas pour l'instant d'implémentation officielle de RReLU dans Keras, mais vous pouvez l'implémenter assez facilement par vous-même (reportez-vous pour cela aux exercices figurant à la fin du chapitre 4).

ReLU, Leaky ReLU et PreLU souffrent toutes d'un même défaut : elles ne sont pas « lissées », en ce sens que leur dérivée change brutalement en $z = 0$. Comme nous l'avons vu au chapitre 1 pour la régression lasso, cette discontinuité de la dérivée peut entraîner un rebond de la descente de gradient autour de l'optimum et ralentir la convergence. C'est pourquoi nous allons maintenant nous intéresser à des variantes lissées (c'est-à-dire continûment dérivables) de la fonction d'activation ReLU, à commencer par ELU et SELU.

ELU et SELU

En 2015, un article[63] publié par Djork-Arné Clevert *et al.* a proposé une nouvelle fonction d'activation appelée ELU (*exponential linear unit*), qui s'est montrée bien plus performante que toutes les variantes de ReLU dans leurs expérimentations. Le temps d'entraînement diminuait et le réseau de neurones se comportait mieux sur le jeu de test. L'équation 3.2 en donne la définition.

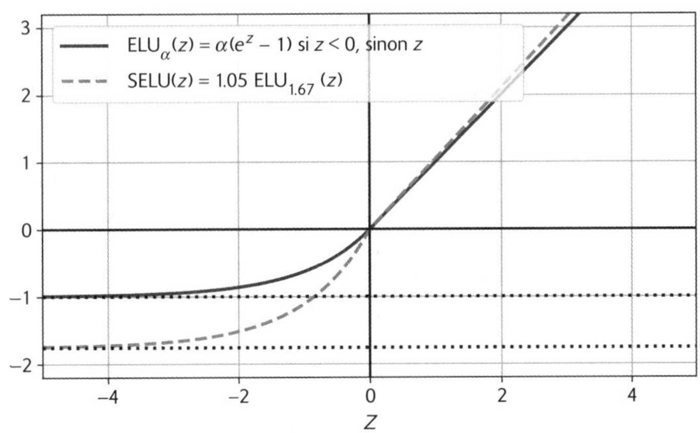

Figure 3.3 – Fonctions d'activation ELU et SELU

63. Djork-Arné Clevert *et al.*, « Fast and Accurate Deep Network Learning by Exponential Linear Units (ELUs) », *Proceedings of the International Conference on Learning Representations* (2016) : *https://homl.info/50*.

Équation 3.2 – Fonction d'activation ELU

$$\mathrm{ELU}_\alpha(z) = \begin{cases} \alpha\left(\exp(z) - 1\right) & \text{si } z < 0 \\ z & \text{si } z \geq 0 \end{cases}$$

La fonction d'activation ELU ressemble énormément à la fonction ReLU (voir figure 3.3), mais avec quelques différences majeures:

- Elle prend des valeurs négatives lorsque $z < 0$, ce qui permet au neurone d'avoir une sortie moyenne plus proche de zéro et aide à atténuer le problème de disparition des gradients. L'hyperparamètre α définit l'opposé de la valeur vers laquelle la fonction ELU tend lorsque z est un grand nombre négatif. Il est généralement fixé à 1, mais nous pouvons l'ajuster au besoin, comme n'importe quel autre hyperparamètre.
- Elle a une dérivée non nulle pour $z < 0$, ce qui évite le problème de mort des neurones.
- Si α est égal à 1, la fonction est lissée (c.-à-d. continûment dérivable) en tout point, y compris en $z = 0$, ce qui permet d'accélérer la descente de gradient, car cela limite les rebonds de part et d'autre de $z = 0$.

Pour utiliser ELU avec Keras, il suffit de définir `activation="elu"` et, comme pour toutes les autres variantes de ReLU, d'utiliser une initialisation de He. Cette fonction d'activation a pour principal inconvénient d'être plus longue à calculer que la fonction ReLU et ses variantes (en raison de l'utilisation de la fonction exponentielle), mais, au cours de l'entraînement, cette lenteur peut être compensée par une vitesse de convergence plus élevée. En revanche, lors des tests, un réseau ELU sera un peu plus lent qu'un réseau ReLU.

Peu de temps après, un article[64] publié en 2017 par Günter Klambauer *et al.* a introduit la fonction d'activation SELU (*scaled ELU*), qui, comme son nom le suggère, est une version redimensionnée de la fonction ELU (environ 1,05 fois la fonction ELU, avec un coefficient $\alpha \approx 1{,}67$). Les auteurs ont montré que si nous construisons un réseau de neurones constitué exclusivement d'une pile de couches denses (c.-à-d. un perceptron multicouche) et si toutes les couches cachées utilisent la fonction d'activation SELU, alors le réseau pourra *s'autonormaliser* : pendant l'entraînement, la sortie de chaque couche aura tendance à conserver une moyenne égale à 0 et un écart-type égal à 1, ce qui résout les problèmes d'instabilité des gradients. Par conséquent, la fonction d'activation SELU peut donner de meilleurs résultats que les autres fonctions d'activation dans de tels réseaux de neurones, en particulier s'ils sont profonds. Pour l'utiliser avec Keras, spécifiez simplement `activation="selu"`. Cependant, pour que l'autonormalisation se produise, quelques conditions doivent être respectées (pour la justification mathématique, voir l'article):

- Les variables d'entrée doivent être normalisées, c'est-à-dire centrées et réduites (moyenne égale à 0 et écart-type égal à 1).

64. Günter Klambauer *et al.*, « Self-Normalizing Neural Networks », *Proceedings of the 31st International Conference on Neural Information Processing Systems* (2017), 972-981 : *https://homl.info/selu*.

- Les poids de chaque couche cachée doivent être initialisés à l'aide de l'initialisation normale de LeCun. Dans Keras, cela signifie indiquer `kernel_initializer="lecun_normal"`.
- La propriété d'autonormalisation n'est garantie que pour les perceptrons multicouches simples. Si vous tentez d'utiliser SELU dans d'autres architectures telles que des réseaux récurrents (voir le chapitre 7) ou des réseaux avec des *connexions de saut* (c'est-à-dire des connexions qui sautent des couches, comme dans les réseaux Wide & Deep), les résultats ne seront vraisemblablement pas meilleurs qu'avec ELU.
- Vous ne pouvez pas utiliser de techniques de régularisation telles que la régularisation ℓ_1 ou ℓ_2, max-norm, la normalisation par lots ou l'abandon ordinaire (nous en parlerons un peu plus loin dans ce chapitre).

Il s'agit de contraintes non négligeables, c'est pourquoi, en dépit de son caractère prometteur, SELU n'a pas eu un franc succès. De plus, trois autres fonctions d'activation semblent fournir habituellement de meilleurs résultats sur la plupart des tâches : GELU, Swish et Mish.

GELU, Swish et Mish

GELU a été présentée en 2016 par Dan Hendrycks et Kevin Gimpel[65]. Cette fois encore, on peut la considérer comme une version lissée de la fonction d'activation ReLU. Sa définition est donnée par l'équation 3.3, dans laquelle Φ est la fonction de distribution cumulée gaussienne standard (en anglais, *standard Gaussian cumulative distribution function* ou CDF) : $\Phi(z)$ correspond à la probabilité qu'une valeur choisie au hasard dans une distribution normale de moyenne 0 et de variance 1 soit inférieure à z.

Équation 3.3 – Fonction d'activation GELU

$$\mathrm{GELU}(z) = z\Phi(z)$$

Comme vous pouvez le voir sur la figure 3.4, GELU ressemble à ReLU : elle se rapproche de 0 lorsque son entrée z est très négative, et se rapproche de z lorsque son entrée z est très positive. Cependant, alors que toutes les fonctions d'activation dont nous avons parlé jusqu'ici étaient à la fois convexes et monotones[66], la fonction d'activation GELU n'est ni l'une ni l'autre : de gauche à droite, elle commence de manière rectiligne, puis s'incurve vers le bas, passe par un minimum d'environ −0,17 (pour z voisin de 0,75), et rebondit finalement vers le haut en se dirigeant vers l'angle supérieur droit. Sa forme plutôt complexe et le fait qu'elle soit incurvée en tout point pourrait expliquer pourquoi elle fonctionne si bien, en particulier pour les tâches compliquées : la descente de gradient peut s'adapter plus aisément à des modèles complexes. En pratique, elle donne souvent de meilleurs résultats que toutes

65. Dan Hendrycks et Kevin Gimpel, « Gaussian Error Linear Units (GELUs) », arXiv preprint arXiv:1606.08415 (2016).

66. Une fonction est convexe si le segment de droite reliant deux points quelconques de la courbe est toujours au-dessus de la courbe. Une fonction monotone est toujours croissante, ou toujours décroissante.

les autres fonctions d'activation dont nous avons parlé jusqu'ici. Cependant, elle requiert davantage de temps de calcul, et le gain de performance qu'elle procure ne suffit pas toujours à justifier le coût additionnel. Ceci dit, on peut montrer qu'elle est à peu près égale à $z\ \sigma(1{,}702\ z)$, où σ est la fonction sigmoïde : l'utilisation de cette approximation fonctionne également très bien et présente l'avantage d'être plus rapide à calculer.

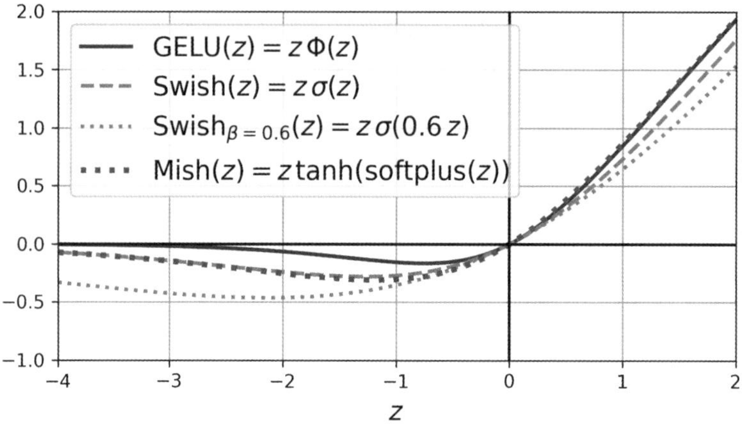

Figure 3.4 – Fonctions d'activation GELU, Swish, Swish paramétrée et Mish

En même temps que GELU, l'article présentait également la fonction d'activation SiLU (*sigmoïd linear unit*), égale à $z\ \sigma(z)$, mais cette dernière donnait de moins bons résultats que GELU lors des tests effectués par les auteurs. Fait intéressant, dans une publication de Prajit Ramachandran *et al.*[67], la fonction SiLU a été trouvée à nouveau en effectuant une recherche automatique des bonnes fonctions d'activation. Les auteurs l'ont nommée *Swish*, et c'est ce nom qui a prévalu. Dans leur publication, ils indiquent avoir obtenu de meilleurs résultats avec Swish qu'avec n'importe quelle autre fonction, y compris GELU. Par la suite, Ramachandran *et al.* ont généralisé Swish en ajoutant un hyperparamètre supplémentaire β pour recalibrer l'entrée de la fonction sigmoïde. La fonction Swish généralisée est $\text{Swish}_\beta(z) = z\ \sigma(\beta z)$, ce qui fait que GELU est approximativement égale à la fonction Swish généralisée obtenue pour $\beta = 1{,}702$. Vous pouvez régler β comme n'importe quel autre hyperparamètre. Vous pouvez aussi rendre β entraînable et laisser la descente de gradient l'optimiser : tout comme pour PreLU, cela peut rendre votre modèle plus performant, mais cela introduit aussi un risque de surajustement des données.

Mish, présentée par Diganta Misra[68], est une fonction d'activation assez semblable. Elle est définie par $\text{Mish}(z) = z\ \tanh(\text{softplus}(z))$, où $\text{softplus}(z) = \log(1 + \exp(z))$.

67. Prajit Ramachandran *et al.*, « Searching for Activation Functions », arXiv preprint arXiv:1710.05941 (2017).

68. Diganta Misra, « Mish: A Self Regularized Non-Monotonic Activation Function », arXiv preprint arXiv:1908.08681 (2019).

Tout comme GELU et Swish, il s'agit d'une variante de ReLU à la fois lissée, non convexe et non monotone, et de nouveau l'auteur a effectué de nombreux tests et trouvé que Mish donne généralement de meilleurs résultats que les autres fonctions d'activation, y compris Swish et GELU, mais avec une faible marge dans ce dernier cas. La figure 3.4 présente les fonctions GELU, Swish (à la fois avec la valeur par défaut $\beta = 1$ et avec la valeur $\beta = 0{,}6$), et enfin Mish. Comme vous pouvez le voir, Mish se superpose presque parfaitement avec Swish lorsque z est négatif, et presque parfaitement avec GELU lorsque z est positif.

Quelle fonction d'activation doit-on donc utiliser dans les couches cachées des réseaux de neurones ? ReLU reste un bon choix par défaut pour les tâches simples : elle fonctionne souvent aussi bien que les fonctions d'activation plus sophistiquées, elle est plus rapide à calculer, et bon nombre de bibliothèques et d'accélérateurs matériels disposent d'optimisation spécifiques à ReLU. Toutefois, pour des tâches plus complexes, Swish constitue probablement un meilleur choix par défaut, avec même la possibilité, pour les tâches les plus complexes, d'essayer Swish paramétré avec un paramètre β pouvant être appris. Mish pourrait vous donner des résultats légèrement meilleurs, moyennant un peu plus de temps de calcul. Si le temps d'exécution importe beaucoup, alors vous préférerez peut-être Leaky ReLU, ou Leaky RELU paramétrée pour des tâches plus complexes. Pour les perceptrons multicouches profonds, essayez SELU, mais vérifiez bien si les conditions indiquées ci-dessus sont respectées. S'il vous reste du temps et des ressources informatiques, vous pouvez exploiter la validation croisée pour évaluer également d'autres fonctions d'activation.

Keras propose directement GELU et Swish : il suffit pour cela de spécifier `activation="gelu"` ou `activation="swish"`. Si les fonctions d'activation Mish et Swish généralisée ne sont pas encore directement disponibles, vous pouvez toutefois vous reporter au chapitre 4 pour voir comment implémenter vos propres fonctions d'activation et couches.

Nous en avons terminé avec les fonctions d'activation ! Voyons maintenant un moyen complètement différent de résoudre le problème d'instabilité des gradients : la normalisation par lots.

3.1.3 Normalisation par lots

Bien que l'initialisation de He associée à ReLU (ou l'une quelconque de ses variantes) puisse réduire énormément le risque d'instabilité des gradients au début de l'entraînement, elle ne garantit pas que le problème ne réapparaîtra pas pendant l'entraînement.

Dans une publication[69] de 2015, Sergey Ioffe et Christian Szegedy ont proposé une technique appelée *normalisation par lots* (en anglais, *batch normalization* ou BN) pour y remédier. Leur technique consiste à ajouter une opération dans le modèle, juste

69. Sergey Ioffe et Christian Szegedy, « Batch Normalization: Accelerating Deep Network Training by Reducing Internal Covariate Shift », *Proceedings of the 32nd International Conference on Machine Learning* (2015), 448-456 : *https://homl.info/51*.

avant ou après la fonction d'activation de chaque couche cachée. Elle se contente de centrer et réduire chaque variable d'entrée, puis de centrer et réduire les variables de sortie en utilisant deux nouveaux vecteurs de paramètres par couche : l'un pour la mise à l'échelle, l'autre pour le décalage. Autrement dit, cette opération permet au modèle d'apprendre la moyenne et l'écart-type optimum pour chacune des variables. En général, si nous plaçons une couche BN en tant que toute première couche du réseau de neurones, il n'est plus utile de centrer et réduire les variables du jeu d'entraînement (par exemple, en utilisant `StandardScaler`), car la couche BN s'en charge (mais de façon approximative, car elle examine uniquement un lot à la fois) et elle peut également recalibrer et décaler chaque variable d'entrée.

Pour pouvoir centrer et réduire les entrées, l'algorithme a besoin d'évaluer la moyenne et l'écart-type de chaque variable d'entrée. Il procède en évaluant ces valeurs sur le mini-lot courant (d'où le nom de *normalisation par lots*). L'intégralité de l'opération est résumée dans l'équation 3.4.

Équation 3.4 – Algorithme de normalisation par lots

$$1.\quad \boldsymbol{\mu}_B = \frac{1}{m_B}\sum_{i=1}^{m_B}\mathbf{x}^{(i)}$$

$$2.\quad \boldsymbol{\sigma}_B^2 = \frac{1}{m_B}\sum_{i=1}^{m_B}\left(\mathbf{x}^{(i)} - \boldsymbol{\mu}_B\right)^2$$

$$3.\quad \hat{\mathbf{x}}^{(i)} = \frac{\mathbf{x}^{(i)} - \boldsymbol{\mu}_B}{\sqrt{\boldsymbol{\sigma}_B^2 + \varepsilon}}$$

$$4.\quad \mathbf{z}^{(i)} = \boldsymbol{\gamma} \otimes \hat{\mathbf{x}}^{(i)} + \boldsymbol{\beta}$$

Dans cet algorithme :

- $\boldsymbol{\mu}_B$ est le vecteur des moyennes des variables d'entrée, évaluées sur l'intégralité du mini-lot B (il contient une moyenne par variable d'entrée).
- m_B est le nombre d'instances dans le mini-lot.
- $\boldsymbol{\sigma}_B$ est le vecteur des écarts-types des variables d'entrée, également évalués sur l'intégralité du mini-lot (il contient un écart-type par variable d'entrée).
- $\hat{\mathbf{x}}^{(i)}$ est le vecteur des entrées centrées et réduites pour l'instance i.
- ε est un nombre très petit (en général 10^{-5}) permettant d'éviter toute division par zéro et garantissant que les gradients ne deviendront pas trop grands. C'est ce qu'on appelle un *terme de lissage*.
- $\boldsymbol{\gamma}$ est le vecteur de paramètres de mise à l'échelle de sortie pour la couche (il contient un paramètre d'échelle par sortie).
- $\otimes$ représente la multiplication élément par élément (chaque entrée est multipliée par son paramètre de mise à l'échelle de sortie correspondant).
- $\boldsymbol{\beta}$ est le vecteur de paramètres de décalage de sortie pour la couche (il contient un paramètre de décalage par entrée). Chaque entrée est décalée de son paramètre de décalage correspondant.

- $z^{(i)}$ est la sortie de l'opération de normalisation : la version recalibrée et décalée des entrées.

Pendant l'entraînement, la normalisation par lots centre et réduit ses entrées, puis recalibre et décale ses sorties. Très bien, mais qu'en est-il pendant les tests ? Ce n'est pas aussi simple. Nous devons effectuer des prédictions non pas pour des lots d'instances mais pour des instances individuelles : nous n'avons alors aucun moyen de calculer la moyenne et l'écart-type de chaque variable d'entrée. Par ailleurs, même si nous avons un lot d'instances, il peut être trop petit ou les instances peuvent ne pas être indépendantes et distribuées de façon identique. Le calcul statistique sur le lot d'instances n'est donc pas fiable. Une solution pourrait être d'attendre la fin de l'entraînement, puis de passer l'intégralité du jeu d'entraînement au travers du réseau de neurones et calculer la moyenne et l'écart-type pour chaque variable d'entrée de la couche BN.

Après l'entraînement, afin de réaliser des prédictions, on pourrait utiliser ces moyennes et écart-types finaux des variables d'entrée, au lieu des moyennes et écarts-types des entrées calculés individuellement pour chaque lot (comme on le fait lors de l'entraînement). Toutefois, la plupart des implémentations de la normalisation par lots réalisent une estimation de ces statistiques finales au cours de l'entraînement en utilisant une moyenne glissante des moyennes et des écarts-types d'entrée de la couche. C'est ce que fait automatiquement Keras lorsque nous utilisons la couche `BatchNormalization`. En bref, quatre vecteurs de paramètres sont appris dans chaque couche normalisée par lots : $\boldsymbol{\gamma}$ (le vecteur de recalibrage de sortie) et $\boldsymbol{\beta}$ (le vecteur de décalage de sortie) sont déterminés au travers d'une rétropropagation classique, et $\boldsymbol{\mu}$ (le vecteur final des moyennes des entrées) et $\boldsymbol{\sigma}$ (le vecteur final des écarts-types des entrées) sont déterminés à l'aide d'une moyenne glissante exponentielle. Notez que $\boldsymbol{\mu}$ et $\boldsymbol{\sigma}$ sont estimés pendant l'entraînement, mais qu'ils sont utilisés uniquement après (pour remplacer les moyennes et écarts-types des entrées du lot dans l'équation 3.4).

Ioffe et Szegedy ont démontré que la normalisation par lots améliore considérablement tous les réseaux de neurones profonds qu'ils ont testés, conduisant à une énorme amélioration de la tâche de classification ImageNet (ImageNet est une volumineuse base de données d'images classifiées en de nombreuses classes et couramment employée pour évaluer les systèmes de vision par ordinateur). Le problème de disparition des gradients est fortement réduit, à tel point qu'ils ont pu utiliser avec succès des fonctions d'activation saturantes, comme la tangente hyperbolique et la fonction sigmoïde. Les réseaux étaient également beaucoup moins sensibles à la méthode d'initialisation des poids.

Ils ont également été en mesure d'utiliser des taux d'apprentissage beaucoup plus élevés, accélérant ainsi le processus d'apprentissage. Ils ont notamment remarqué que, « appliquée à un modèle de pointe pour la classification des images, la normalisation par lots permet d'atteindre la même exactitude avec quatorze fois moins d'itérations d'entraînement, et bat largement le modèle d'origine. [...] En utilisant un ensemble de réseaux normalisés par lots, nous améliorons le meilleur résultat publié sur la classification ImageNet : en atteignant un taux d'erreur de validation top-5 de 4,9 % (et un taux d'erreur de test de 4,8 %), dépassant l'exactitude des évaluateurs humains ». Enfin, cerise sur le gâteau, la normalisation par lots agit également comme un régulariseur, diminuant le besoin de recourir à d'autres techniques de régularisation (comme celle par abandon décrite plus loin).

La normalisation par lots ajoute néanmoins une certaine complexité au modèle (même si elle permet d'éviter la normalisation des données d'entrée, comme nous l'avons expliqué précédemment). Par ailleurs, elle implique également un coût à l'exécution : le réseau de neurones fait ses prédictions plus lentement en raison des calculs supplémentaires réalisés dans chaque couche. Heureusement, il est souvent possible de fusionner la couche BN à la couche précédente, après l'entraînement, évitant ainsi le coût à l'exécution. Pour cela, il suffit d'actualiser les poids et les termes constants de la couche précédente afin qu'elle produise directement des sorties ayant l'échelle et le décalage appropriés. Par exemple, si la couche précédente calcule $\mathbf{XW} + \mathbf{b}$, alors la couche BN calculera $\boldsymbol{\gamma} \otimes (\mathbf{XW} + \mathbf{b} - \boldsymbol{\mu})/\boldsymbol{\sigma} + \boldsymbol{\beta}$ (en ignorant le terme de lissage ε dans le dénominateur). Si nous définissons $\mathbf{W'} = \boldsymbol{\gamma} \otimes \mathbf{W}/\boldsymbol{\sigma}$ et $\mathbf{b'} = \boldsymbol{\gamma} \otimes (\mathbf{b} - \boldsymbol{\mu})/\boldsymbol{\sigma} + \boldsymbol{\beta}$, l'équation se simplifie en $\mathbf{XW'} + \mathbf{b'}$. Par conséquent, si nous remplaçons les poids et les termes constants de la couche précédente ($\mathbf{W}$ et $\mathbf{b}$) par les poids et les termes constants actualisés ($\mathbf{W'}$ et $\mathbf{b'}$), nous pouvons nous débarrasser de la couche BN (le convertisseur de TFLite le fait automatiquement ; voir le chapitre 11).

Il est possible que l'entraînement soit relativement lent car, lorsque la normalisation par lots est mise en œuvre, chaque époque prend plus de temps. Ce comportement est généralement contrebalancé par le fait que la convergence est beaucoup plus rapide avec la normalisation par lots et qu'il faut moins d'époques pour arriver aux mêmes performances. Globalement, le temps écoulé (le temps mesuré par l'horloge accrochée au mur) sera en général plus court.

Implémenter la normalisation par lots avec Keras

Comme pour la plupart des opérations avec Keras, la mise en œuvre de la normalisation par lots est simple et intuitive. Il suffit d'ajouter une couche `BatchNormalization` avant ou après la fonction d'activation de chaque couche cachée. Vous pouvez aussi ajouter une couche BN en première couche du modèle, mais une simple couche `Normalization` donne généralement d'aussi bons résultats à cet endroit (le seul inconvénient est que vous devez d'abord appeler sa méthode `adapt()`). Par exemple, le modèle suivant applique la normalisation par lots après chaque couche cachée et comme première couche du modèle (après avoir aplati les images d'entrée) :

```
model = tf.keras.Sequential([
    tf.keras.layers.Flatten(input_shape=[28, 28]),
    tf.keras.layers.BatchNormalization(),
    tf.keras.layers.Dense(300, activation="relu",
                          kernel_initializer="he_normal"),
    tf.keras.layers.BatchNormalization(),
    tf.keras.layers.Dense(100, activation="relu",
                          kernel_initializer="he_normal"),
    tf.keras.layers.BatchNormalization(),
    tf.keras.layers.Dense(10, activation="softmax")
])
```

Et voilà ! Dans ce minuscule exemple comprenant uniquement deux couches cachées, il est peu probable que la normalisation par lots ait un impact notable. Mais, pour des réseaux plus profonds, elle peut faire une énorme différence.

Affichons le résumé du modèle :

```
>>> model.summary()
Model: "sequential"
_________________________________________________________________
Layer (type)                 Output Shape              Param #
=================================================================
flatten (Flatten)            (None, 784)               0
_________________________________________________________________
batch_normalization (BatchNo (None, 784)               3136
_________________________________________________________________
dense (Dense)                (None, 300)               235500
_________________________________________________________________
batch_normalization_1 (Batch (None, 300)               1200
_________________________________________________________________
dense_1 (Dense)              (None, 100)               30100
_________________________________________________________________
batch_normalization_2 (Batch (None, 100)               400
_________________________________________________________________
dense_2 (Dense)              (None, 10)                1010
=================================================================
Total params: 271,346
Trainable params: 268,978
Non-trainable params: 2,368
_________________________________________________________________
```

Chaque couche BN ajoute quatre paramètres par entrée : γ, β, μ et σ (par exemple, la première couche BN ajoute 3 136 paramètres, c'est-à-dire 4×784). Les deux derniers paramètres, μ et σ, sont les moyennes glissantes ; ils ne sont pas affectés par la rétropropagation, et Keras les qualifie de *non entraînables*[70] (si nous comptons le nombre total de paramètres, 3 136 + 1 200 + 400, et divisons le résultat par 2, nous obtenons 2 368, c'est-à-dire le nombre total de paramètres non entraînables dans ce modèle).

Examinons les paramètres de la première couche BN. Deux sont entraînables (par la rétropropagation) et deux ne le sont pas :

```
>>> [(var.name, var.trainable) for var in model.layers[1].variables]
[('batch_normalization/gamma:0', True),
 ('batch_normalization/beta:0', True),
 ('batch_normalization/moving_mean:0', False),
 ('batch_normalization/moving_variance:0', False)]
```

Les auteurs de la publication sur la normalisation par lots préconisent l'ajout des couches BN avant les fonctions d'activation plutôt qu'après (comme nous venons de le faire). Ce choix est sujet à controverse, car la meilleure option semble

70. Cependant, puisqu'ils sont calculés au cours de l'entraînement à partir des données d'entraînement, objectivement ils *sont* entraînables. Dans Keras, « non entraînable » signifie en réalité « non touché par la rétropropagation ».

dépendre de la tâche : vous pouvez faire vos propres tests pour voir celle qui convient à votre jeu de données. Pour ajouter les couches BN avant les fonctions d'activation, nous devons retirer celles-ci des couches cachées et les ajouter en tant que couches séparées après les couches BN. Par ailleurs, puisqu'une couche de normalisation par lots comprend un paramètre de décalage par entrée, nous pouvons retirer le terme constant de la couche précédente (lors de sa création, il suffit d'indiquer `use_bias=False`). Enfin, vous pouvez en général laisser tomber la première couche BN pour éviter que la première couche cachée se trouve prise en sandwich entre deux couches BN. Voici le code modifié :

```
model = tf.keras.Sequential([
    tf.keras.layers.Flatten(input_shape=[28, 28]),
    tf.keras.layers.Dense(300, kernel_initializer="he_normal", use_bias=False),
    tf.keras.layers.BatchNormalization(),
    tf.keras.layers.Activation("relu"),
    tf.keras.layers.Dense(100, kernel_initializer="he_normal", use_bias=False),
    tf.keras.layers.BatchNormalization(),
    tf.keras.layers.Activation("relu"),
    tf.keras.layers.Dense(10, activation="softmax")
])
```

La classe `BatchNormalization` possède quelques hyperparamètres que nous pouvons régler. Les valeurs par défaut sont généralement appropriées, mais nous devrons parfois ajuster l'hyperparamètre `momentum`. La couche `BatchNormalization` calcule des moyennes glissantes exponentielles ; étant donné une nouvelle valeur $\mathbf{v}$ (c'est-à-dire un nouveau vecteur de moyennes ou d'écarts-types d'entrée calculés sur le lot courant), la couche actualise la moyenne glissante $\hat{\mathbf{v}}$ en utilisant l'équation suivante :

$$\hat{\mathbf{v}} \leftarrow \hat{\mathbf{v}} \times \text{momentum} + \text{v} \times (1 - \text{momentum})$$

Une bonne valeur de momentum est en général proche de 1 ; par exemple, 0,9, 0,99 ou 0,999 (choisir une valeur d'autant plus proche de 1 que le jeu de données est plus volumineux ou les mini-lots plus petits).

`axis` est un autre hyperparamètre important : il détermine l'axe qui doit être normalisé. Sa valeur par défaut est –1, ce qui signifie que la normalisation se fera sur le dernier axe (en utilisant les moyennes et les écarts-types calculés sur les *autres* axes). Lorsque le lot d'entrées est en deux dimensions (autrement dit, quand la forme du lot est [*taille du lot*, *caractéristiques*]), chaque caractéristique d'entrée sera normalisée en fonction de la moyenne et de l'écart-type calculés sur toutes les instances du lot.

Par exemple, la première couche BN dans le code précédent normalisera indépendamment (et redimensionnera et décalera) chacune des 784 caractéristiques d'entrée. Si nous déplaçons la première couche BN avant la couche `Flatten`, les lots d'entrées seront en trois dimensions et de forme [*taille du lot*, *hauteur*, *largeur*] ; par conséquent, la couche BN calculera 28 moyennes et 28 écarts-types (1 par colonne de pixels, calculé sur toutes les instances du lot et sur toutes les lignes de la colonne), et normalisera tous les pixels d'une colonne donnée en utilisant les mêmes moyenne et écart-type. Il y aura aussi 28 paramètres d'échelle et 28 paramètres de décalage. Si, à la place, nous voulons traiter indépendamment chacun des 784 pixels, nous devons préciser `axis=[1, 2]`.

La couche BatchNormalization est devenue l'une des plus utilisées dans les réseaux de neurones profonds, à tel point qu'elle est souvent omise dans les schémas d'architecture, car on suppose que la normalisation par lots est ajoutée après chaque couche. Voyons maintenant une dernière technique permettant de stabiliser les gradients durant l'entraînement : l'écrêtage de gradient.

3.1.4 Écrêtage de gradient

Pour minimiser le problème de l'explosion des gradients, une autre technique consiste à simplement les écrêter pendant la rétropropagation afin qu'ils ne dépassent jamais un certain seuil. On l'appelle *écrêtage de gradient*[71] (*gradient clipping*). Elle est généralement utilisée dans les réseaux de neurones récurrents, où l'emploi de la normalisation par lots est difficile (voir au chapitre 7).

Dans Keras, la mise en place de l'écrêtage de gradient se limite à préciser les arguments clipvalue ou clipnorm au moment de la création d'un optimiseur :

```
optimizer = tf.keras.optimizers.SGD(clipvalue=1.0)
model.compile([...], optimizer=optimizer)
```

Cet optimiseur va écrêter chaque composant du vecteur de gradient à une valeur comprise entre –1,0 et 1,0. Cela signifie que toutes les dérivées partielles de la perte (en ce qui concerne chaque paramètre entraînable) seront écrêtées entre –1,0 et 1,0. Le seuil est un hyperparamètre que nous pouvons ajuster. Notez qu'il peut modifier l'orientation du vecteur de gradient.

Par exemple, si le vecteur de gradient d'origine est [0,9 ; 100,0], il est essentiellement orienté dans le sens du second axe. Mais, après l'avoir écrêté par valeur, nous obtenons [0,9 ; 1,0], qui correspond approximativement à la diagonale entre les deux axes. Dans la pratique, cette approche fonctionne bien. Si nous voulons être certains que l'écrêtage de gradient ne modifie pas la direction du vecteur de gradient, il faut écrêter par norme en indiquant clipnorm à la place de clipvalue. Dans ce cas, l'écrêtage du gradient se fera si sa norme ℓ_2 est supérieure au seuil fixé. Par exemple, si nous indiquons clipnorm=1.0, le vecteur [0,9 ; 100,0] sera alors écrêté à [0,00899964 ; 0,9999595], conservant son orientation mais éliminant quasiment le premier élément.

Si nous observons une explosion des gradients au cours de l'entraînement (TensorBoard permet de suivre la taille des gradients), nous pouvons essayer un écrêtage par valeur et un écrêtage par norme, avec des seuils différents, et déterminer la meilleure option pour le jeu de validation.

3.2 RÉUTILISER DES COUCHES PRÉENTRAÎNÉES

En général, il est déconseillé d'entraîner un réseau de neurones profond de très grande taille à partir de zéro sans essayer au préalable de trouver un réseau de neurones existant qui accomplit une tâche comparable à celle visée (au chapitre 6, nous

71. Razvan Pascanu *et al.*, « On the Difficulty of Training Recurrent Neural Networks », *Proceedings of the 30th International Conference on Machine Learning* (2013), 1310-1318 : *https://homl.info/52*.

verrons comment en trouver). Si vous trouvez un tel réseau de neurones, vous pouvez en général réutiliser la plupart de ces couches, à l'exception des couches supérieures. Cette technique de *transfert d'apprentissage* (*transfer learning*) va non seulement accélérer considérablement l'entraînement, mais permettra d'obtenir de bonnes performances avec des jeux de données d'entraînement assez petits.

Par exemple, supposons que nous ayons accès à un réseau de neurones profond (ou DNN) qui a été entraîné pour classer des images en 100 catégories différentes (animaux, plantes, véhicules et tous les objets du quotidien). Nous souhaitons à présent entraîner un autre DNN pour classer des types de véhicules particuliers. Ces deux tâches sont très similaires et nous devons essayer de réutiliser des éléments du premier réseau (voir la figure 3.5).

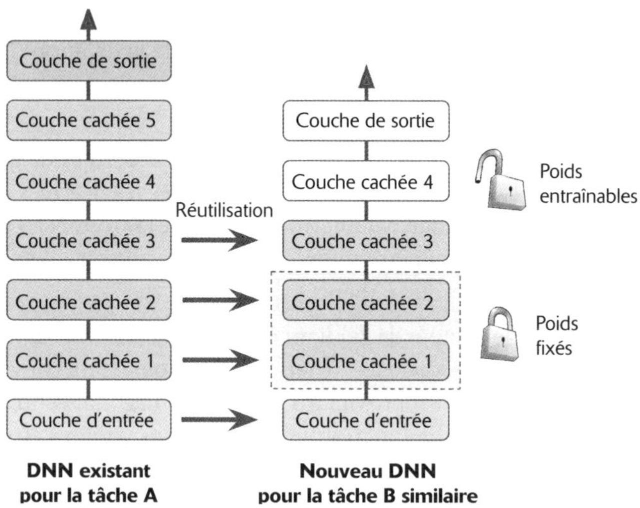

Figure 3.5 – Réutilisation de couches préentraînées

Si les images d'entrée pour la nouvelle tâche n'ont pas la même taille que celles utilisées dans la tâche d'origine, il faudra rajouter une étape de prétraitement pour les redimensionner à la taille attendue par le modèle d'origine. De façon plus générale, le transfert d'apprentissage ne peut fonctionner que si les entrées ont des caractéristiques de bas niveau comparables.

La couche de sortie du modèle d'origine doit généralement être remplacée, car il est fort probable qu'elle ne soit pas utile à la nouvelle tâche et n'ait même pas le nombre de sorties approprié.

De manière comparable, les couches cachées supérieures du modèle d'origine risquent d'être moins utiles que les couches inférieures, car les caractéristiques de haut niveau intéressantes pour la nouvelle tâche peuvent être très différentes de celles utiles à la tâche d'origine. Il faudra déterminer le bon nombre de couches à réutiliser.

Plus les tâches sont similaires, plus le nombre de couches réutilisables pourra être élevé (en commençant par les couches inférieures). Pour des tâches très proches, essayez de conserver toutes les couches cachées et remplacez uniquement la couche de sortie.

Commencez par figer toutes les couches réutilisées (autrement dit, leurs poids sont rendus non entraînables afin que la descente de gradient ne les modifie pas), puis entraînez le modèle et examinez ses performances. Essayez ensuite de libérer une ou deux des couches cachées supérieures pour que la rétropropagation les ajuste et voyez si les performances s'améliorent. Plus la quantité de données d'entraînement est importante, plus le nombre de couches que vous pouvez libérer augmente. Il est également utile de diminuer le taux d'apprentissage lorsque des couches réutilisées sont libérées : cela évite de mettre à mal leurs poids qui ont été ajustés finement.

Si les performances sont toujours mauvaises et si les données d'entraînement sont limitées, vous pouvez retirer la (voire les) couche(s) supérieure(s) et figer de nouveau les couches cachées restantes. Répétez la procédure jusqu'à trouver le bon nombre de couches à réutiliser. Si vous avez beaucoup de données d'entraînement, vous pouvez remplacer les couches cachées supérieures au lieu de les supprimer, et même ajouter d'autres couches cachées.

3.2.1 Transfert d'apprentissage avec Keras

Prenons un exemple. Supposons que le jeu de données Fashion MNIST ne contienne que huit classes : par exemple, toutes les classes à l'exception des sandales et des chemises. Quelqu'un a déjà construit et entraîné un modèle Keras sur ce jeu et a obtenu des performances raisonnables (exactitude supérieure à 90 %). Appelons ce modèle A. Nous voulons à présent travailler sur une nouvelle tâche : nous avons des images de T-shirts et pull-overs, et nous voulons entraîner un classificateur binaire (positif pour les T-shirts et autres hauts, négatif pour les sandales). Nous disposons d'un jeu de données relativement petit, avec seulement 200 images étiquetées. Lorsque nous entraînons un nouveau modèle pour cette tâche (appelons-le modèle *B*) avec la même architecture que le modèle A, nous constatons des performances plutôt bonnes (exactitude de 91,85 %). Pendant que nous prenons notre café du matin, nous réalisons que la tâche B est assez comparable à la tâche A. Peut-être que le transfert d'apprentissage pourrait nous aider. Voyons cela !

Tout d'abord, nous devons charger un modèle A et créer un nouveau modèle à partir des couches du premier. Réutilisons toutes les couches à l'exception de la couche de sortie :

```
[...]  # Le modèle A a été préalablement entraîné
       # et sauvegardé dans "my_model_A"
model_A = tf.keras.models.load_model("my_model_A")
model_B_on_A = tf.keras.Sequential(model_A.layers[:-1])
model_B_on_A.add(tf.keras.layers.Dense(1, activation="sigmoid"))
```

`model_A` et `model_B_on_A` partagent à présent certaines couches. L'entraînement de `model_B_on_A` va également affecter `model_A`. Si nous préférons l'éviter, nous devons *cloner* `model_A` avant de réutiliser ses couches. Pour cela, l'opération consiste à cloner l'architecture du modèle A avec `clone_model()`, puis à copier ses poids :

```
model_A_clone = tf.keras.models.clone_model(model_A)
model_A_clone.set_weights(model_A.get_weights())
```

`tf.keras.models.clone_model()` clone uniquement l'architecture, et non les poids. Si vous ne les copiez pas manuellement à l'aide de `set_weights()`, ils seront initialisés aléatoirement lors de la première utilisation du modèle cloné.

Nous pouvons à présent entraîner `model_B_on_A` pour la tâche B, mais, puisque la nouvelle couche de sortie a été initialisée de façon aléatoire, elle va générer des erreurs importantes, tout au moins au cours des quelques premières époques. Nous aurons par conséquent de grands gradients d'erreur qui risquent de modifier complètement les poids réutilisés. Pour éviter cela, une solution consiste à geler les couches réutilisées au cours des quelques premières époques, en donnant à la nouvelle couche le temps d'apprendre des poids raisonnables. Nous fixons donc l'attribut `trainable` de chaque couche à `False` et compilons le modèle :

```
for layer in model_B_on_A.layers[:-1]:
    layer.trainable = False

optimizer = tf.keras.optimizers.SGD(learning_rate=0.001)
model_B_on_A.compile(loss="binary_crossentropy", optimizer=optimizer,
                     metrics=["accuracy"])
```

Après avoir figé ou libéré des couches, le modèle doit toujours être compilé.

Nous pouvons à présent entraîner le modèle sur quelques époques, puis libérer les couches réutilisées (ce qui implique une nouvelle compilation du modèle) et poursuivre l'entraînement afin d'ajuster précisément les couches réutilisées à la tâche B. Après la libération des couches réutilisées, il est généralement conseillé d'abaisser le taux d'apprentissage, de nouveau pour éviter d'endommager les poids réutilisés :

```
history = model_B_on_A.fit(X_train_B, y_train_B, epochs=4,
                           validation_data=(X_valid_B, y_valid_B))

for layer in model_B_on_A.layers[:-1]:
    layer.trainable = True

optimizer = tf.keras.optimizers.SGD(learning_rate=0.001)
model_B_on_A.compile(loss="binary_crossentropy", optimizer=optimizer,
                     metrics=["accuracy"])
history = model_B_on_A.fit(X_train_B, y_train_B, epochs=16,
                           validation_data=(X_valid_B, y_valid_B))
```

Quel est le résultat final ? Sur ce modèle, l'exactitude de test est de 93,85 %, soit deux points de mieux que 91,85 %. Le transfert d'apprentissage a donc fait baisser le taux d'erreur de près de 25 % :

```
>>> model_B_on_A.evaluate(X_test_B, y_test_B)
[0.2546142041683197, 0.9384999871253967]
```

Êtes-vous convaincu ? Vous ne devriez pas, car j'ai triché ! J'ai testé de nombreuses configurations jusqu'à trouver celle qui conduise à une forte amélioration. Si vous changez les classes ou le germe aléatoire, vous constaterez généralement que l'amélioration baisse, voire disparaît ou s'inverse. En réalité, nous avons « torturé les données jusqu'à leur faire dire ce qu'on attend ». Lorsqu'un article semble trop positif, vous devez devenir soupçonneux : il est possible que la nouvelle super technique apporte en réalité peu d'aide (elle peut même dégrader les performances), mais les auteurs ont essayé de nombreuses variantes et rapporté uniquement les meilleurs résultats (peut-être dus à une chance inouïe), sans mentionner le nombre des échecs. La plupart du temps, c'est sans intention malveillante, mais cela explique en partie pourquoi de nombreux résultats scientifiques ne peuvent jamais être reproduits.

Pourquoi ai-je triché ? En réalité, le transfert d'apprentissage ne fonctionne pas très bien avec les petits réseaux denses, probablement parce que les petits réseaux apprennent peu de motifs et que les réseaux denses apprennent des motifs très spécifiques sans doute peu utiles dans d'autres tâches. Le transfert d'apprentissage est mieux adapté aux réseaux de neurones convolutifs profonds, qui ont tendance à apprendre des détecteurs de caractéristiques beaucoup plus généraux (en particulier dans les couches basses). Nous reviendrons sur le transfert d'apprentissage au chapitre 6, en utilisant les techniques que nous venons de présenter (cette fois-ci sans tricher).

3.2.2 Préentraînement non supervisé

Supposons que nous souhaitions nous attaquer à une tâche complexe pour laquelle nous n'avons que peu de données d'entraînement étiquetées et que nous ne trouvions aucun modèle déjà entraîné pour une tâche comparable. Tout espoir n'est pas perdu ! Nous devons évidemment commencer par essayer de récolter d'autres données d'entraînement étiquetées, mais, si cela est trop difficile, nous sommes peut-être en mesure d'effectuer un *préentraînement non supervisé* (voir la figure 3.6). Il est souvent peu coûteux de réunir des exemples d'entraînement non étiquetés, mais assez onéreux de les étiqueter. Si nous disposons d'un grand nombre de données d'entraînement non étiquetées, il s'agit d'essayer d'entraîner un modèle non supervisé, comme un autoencodeur ou un réseau antagoniste génératif (*generative adversarial network*, ou GAN ; voir le chapitre 9). Nous pouvons ensuite réutiliser les couches inférieures de l'autoencodeur ou celles du discriminateur du GAN, ajouter la couche de sortie qui correspond à notre tâche et ajuster plus précisément le réseau en utilisant un apprentissage supervisé (c'est-à-dire avec les exemples d'entraînement étiquetés).

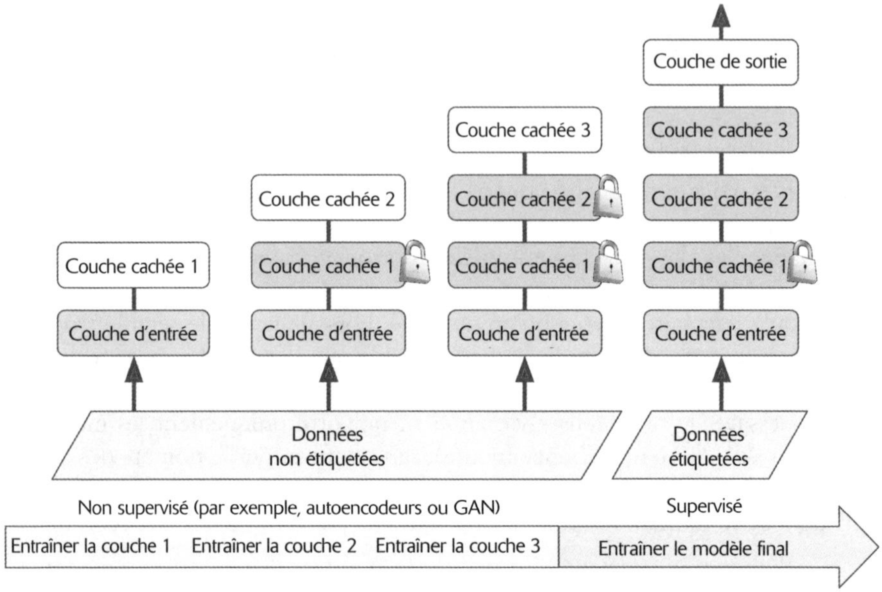

Figure 3.6 – Dans un entraînement non supervisé, un modèle est entraîné sur toutes les données, y compris celles qui ne sont pas étiquetées en utilisant une technique d'apprentissage non supervisé, puis il est ajusté plus finement à la tâche finale sur les seules données étiquetées en utilisant une technique d'apprentissage supervisé ; la partie non supervisée peut entraîner une couche à la fois, comme illustré ici, ou directement l'intégralité du modèle.

Il s'agit de la technique que Geoffrey Hinton et son équipe ont employée avec succès en 2006 et qui a conduit à la renaissance des réseaux de neurones et au succès du Deep Learning. Jusqu'en 2010, le préentraînement non supervisé, en général avec des machines de Boltzmann restreintes (*restricted Boltzmann machines, ou RBM* ; voir l'annexe C), constituait la norme pour les réseaux profonds. Ce n'est qu'après avoir résolu le problème de disparition des gradients que l'entraînement uniquement supervisé des réseaux de neurones profonds est devenu plus fréquent. Le préentraînement non supervisé (aujourd'hui plutôt avec des autoencodeurs ou des GAN qu'avec des RBM) reste une bonne approche lorsque la tâche à résoudre est complexe, qu'il n'existe aucun modèle comparable à réutiliser, et que les données d'entraînement étiquetées sont peu nombreuses contrairement aux données d'entraînement non étiquetées.

Aux premiers jours du Deep Learning, il était difficile d'entraîner des modèles profonds. On employait donc une technique de *préentraînement glouton par couche* (*greedy layer-wise pretraining*), illustrée à la figure 3.6. Un premier modèle non supervisé était entraîné avec une seule couche, en général une machine de Boltzmann restreinte. Cette couche était ensuite figée et une autre couche était ajoutée par-dessus. Le modèle était de nouveau entraîné (seule la nouvelle couche était donc concernée), puis la nouvelle couche était figée et une autre couche était ajoutée par-dessus. Le modèle était à nouveau entraîné, et ainsi de suite. Aujourd'hui, les choses sont beaucoup plus simples : en général, on entraîne l'intégralité du modèle non supervisé en une fois et on utilise des autoencodeurs ou des GAN à la place des RBM.

3.2.3 Préentraînement à partir d'une tâche secondaire

Si vous n'avez pas beaucoup de données d'entraînement étiquetées, une dernière option consiste à entraîner un premier réseau de neurones sur une tâche secondaire pour laquelle nous pouvons aisément obtenir ou générer des données d'entraînement étiquetées, puis à réutiliser les couches inférieures de ce réseau pour notre tâche véritable. Les couches inférieures du premier réseau de neurones effectueront l'apprentissage de détecteurs de caractéristiques que nous pourrons probablement réutiliser dans le second réseau de neurones.

Supposons, par exemple, que nous voulions construire un système de reconnaissance de visages, mais que nous n'ayons que quelques photos de chaque individu. Il est clair que cela ne suffira pas à entraîner un bon classificateur. Réunir des centaines d'images de chaque personne n'est pas envisageable. Cependant, nous pouvons trouver sur Internet un grand nombre d'images de personnes quelconques et entraîner un premier réseau de neurones pour qu'il détecte si la même personne se trouve sur deux images différentes. Un tel réseau possédera de bons détecteurs de caractéristiques faciales et nous pourrons réutiliser ses couches inférieures pour entraîner un bon classificateur de visages à partir d'un faible nombre de données d'entraînement.

Pour les applications de *traitement automatique du langage naturel* (TALN), nous pouvons télécharger un corpus de millions de documents textuels et nous en servir pour générer automatiquement des données étiquetées. Par exemple, nous pouvons masquer automatiquement certains mots et entraîner un modèle afin qu'il prédise les mots manquants (par exemple, il doit être capable de déterminer que le mot manquant dans la phrase « Que vois-___ ? » est probablement « tu » ou « je »). Si nous pouvons entraîner un modèle qui donne de bonnes performances sur cette tâche, il en connaîtra déjà beaucoup sur la langue et nous pourrons certainement le réutiliser dans notre tâche et l'ajuster pour nos données étiquetées (nous reviendrons sur les tâches de préentraînement au chapitre 7).

L'*entraînement autosupervisé* (*self-supervised learning*) consiste à générer automatiquement les étiquettes à partir des données elles-mêmes, comme dans l'exemple de masquage de texte, puis à entraîner un modèle sur le jeu de données étiquetées résultant en utilisant des techniques d'apprentissage supervisé.

3.3 OPTIMISEURS PLUS RAPIDES

Lorsque le réseau de neurones profond est très grand, l'entraînement peut se révéler péniblement lent. Jusqu'à présent, nous avons vu quatre manières d'accélérer l'entraînement (et d'atteindre une meilleure solution) : appliquer une bonne stratégie d'initialisation des poids des connexions, utiliser une bonne fonction d'activation, utiliser la normalisation par lots, et réutiliser des parties d'un réseau préentraîné (éventuellement construit pour une tâche secondaire ou en utilisant un apprentissage non supervisé). Nous pouvons également accélérer énormément l'entraînement en utilisant un optimiseur plus rapide que l'optimiseur de descente de gradient ordinaire. Dans cette section, nous allons présenter les algorithmes d'optimisation les plus répandus : optimisation avec inertie, gradient accéléré de Nesterov, AdaGrad, RMSProp et enfin Adam et ses variantes.

3.3.1 Optimisation avec inertie

Imaginons une boule de bowling qui roule sur une surface lisse en légère pente : elle démarre lentement, mais prend rapidement de la vitesse jusqu'à atteindre une vitesse maximale (s'il y a des frottements ou une résistance de l'air). Voilà l'idée centrale derrière l'*optimisation avec inertie* (*momentum optimization*) proposée par Boris Polyak en 1964[72]. À l'opposé, la descente de gradient classique ferait de petits pas lorsque la pente est faible, et des pas plus grands lorsque la pente est plus forte, mais sans prendre peu à peu de la vitesse. C'est pourquoi la descente de gradient ordinaire met en général plus longtemps que l'optimisation avec inertie à atteindre le minimum.

Rappelons que la descente de gradient met simplement à jour les poids $\boldsymbol{\theta}$ en soustrayant directement le gradient de la fonction de coût $J(\boldsymbol{\theta})$ par rapport aux poids (noté $\nabla_{\boldsymbol{\theta}} J(\boldsymbol{\theta})$), multiplié par le taux d'apprentissage η. L'équation est $\boldsymbol{\theta} \leftarrow \boldsymbol{\theta} - \eta \nabla_{\boldsymbol{\theta}} J(\boldsymbol{\theta})$. Elle ne tient pas compte des gradients antérieurs. Si le gradient local est minuscule, elle avance doucement.

L'optimisation avec inertie s'intéresse énormément aux gradients antérieurs : à chaque itération, elle soustrait le gradient local au *vecteur d'inertie* $\mathbf{m}$ (multiplié par le taux d'apprentissage η) et actualise les poids $\boldsymbol{\theta}$ en additionnant simplement ce vecteur d'inertie (voir l'équation 3.5). Autrement dit, le gradient est utilisé non pas comme un facteur de vitesse mais d'accélération. Pour simuler une forme de frottement et éviter que la vitesse ne s'emballe, l'algorithme introduit un nouvel hyperparamètre $\boldsymbol{\beta}$, appelé simplement *inertie* (*momentum* en anglais), dont la valeur doit être comprise entre 0 (frottement élevé) et 1 (aucun frottement). Une valeur fréquemment utilisée est 0,9.

Équation 3.5 – Algorithme de l'inertie

1. $\mathbf{m} \leftarrow \beta \mathbf{m} - \eta \nabla_{\boldsymbol{\theta}} J(\boldsymbol{\theta})$
2. $\boldsymbol{\theta} \leftarrow \boldsymbol{\theta} + \mathbf{m}$

72. Boris T. Polyak, « Some Methods of Speeding Up the Convergence of Iteration Methods », *USSR Computational Mathematics and Mathematical Physics*, 4, n° 5 (1964), 1-17 : *https://homl.info/54*.

Vous pouvez facilement vérifier que si le gradient reste constant, la vélocité finale (c'est-à-dire la taille maximale des mises à jour des poids) est égale à ce gradient multiplié par le taux d'apprentissage η multiplié par $1/(1 - \beta)$ (sans tenir compte du signe). Par exemple, si $\beta = 0{,}9$, alors la vélocité finale est égale à 10 fois le gradient fois le taux d'apprentissage. L'optimisation avec inertie permet ainsi d'aller jusqu'à dix fois plus rapidement que la descente de gradient ! Elle peut donc sortir des zones de faux plat plus rapidement que la descente de gradient. En particulier, lorsque les entrées ont des échelles très différentes, la fonction de coût va ressembler à un bol allongé[73] : la descente de gradient arrive en bas de la pente abrupte assez rapidement, mais il lui faut ensuite beaucoup de temps pour descendre la vallée. En revanche, l'optimisation avec inertie va avancer de plus en plus rapidement vers le bas de la vallée, jusqu'à l'atteindre (l'optimum). Dans les réseaux de neurones profonds qui ne mettent pas en œuvre la normalisation par lots, les couches supérieures finissent souvent par recevoir des entrées aux échelles très différentes. Dans ce cas, l'optimisation avec inertie est d'une aide précieuse. Elle permet également de sortir des optima locaux.

En raison de l'inertie, l'optimiseur peut parfois aller un peu trop loin, puis revenir, puis aller de nouveau trop loin, en oscillant ainsi à plusieurs reprises, avant de se stabiliser sur le minimum. Voilà notamment pourquoi il est bon d'avoir un peu de frottement dans le système : il réduit ces oscillations et accélère ainsi la convergence.

Implémenter l'optimisation avec inertie dans Keras ne pose aucune difficulté : il suffit d'utiliser l'optimiseur `SGD` et de fixer son hyperparamètre `momentum`, puis d'attendre tranquillement !

```
optimizer = tf.keras.optimizers.SGD(learning_rate=0.001, momentum=0.9)
```

L'optimisation avec inertie a pour inconvénient d'ajouter encore un autre hyperparamètre à ajuster. Cependant, la valeur 0,9 fonctionne plutôt bien dans la pratique et permet presque toujours d'aller plus vite que la descente de gradient ordinaire.

3.3.2 Gradient accéléré de Nesterov

En 1983, Yurii Nesterov a proposé une petite variante de l'optimisation avec inertie[74], qui se révèle toujours plus rapide que la version d'origine. La méthode du *gradient accéléré de Nesterov* (*Nesterov accelerated gradient*, ou NAG), également appelée *optimisation avec inertie de Nesterov*, mesure le gradient de la fonction de coût non pas à la position locale $\boldsymbol{\theta}$ mais légèrement en avant dans le sens de l'inertie $\boldsymbol{\theta} + \beta\mathbf{m}$ (voir l'équation 3.6).

Équation 3.6 – Algorithme de l'inertie de Nesterov

$$1.\quad \mathbf{m} \leftarrow \beta\mathbf{m} - \eta\, \nabla_{\boldsymbol{\theta}} J(\boldsymbol{\theta} + \beta\mathbf{m})$$

$$2.\quad \boldsymbol{\theta} \leftarrow \boldsymbol{\theta} + \mathbf{m}$$

73. Voir la figure 1.12.

74. Yurii Nesterov, « A Method for Unconstrained Convex Minimization Problem with the Rate of Convergence $O(1/k^2)$ », *Doklady AN USSR*, 269 (1983), 543-547 : *https://homl.info/55*.

Ce petit ajustement fonctionne car, en général, le vecteur d'inertie pointe dans la bonne direction (c'est-à-dire vers l'optimum). Il sera donc légèrement plus précis d'utiliser le gradient mesuré un peu plus en avant dans cette direction que d'utiliser celui en position d'origine, comme le montre la figure 3.7 (où ∇_1 représente le gradient de la fonction de coût mesuré au point de départ $\boldsymbol{\theta}$, et ∇_2 le gradient au point $\boldsymbol{\theta} + \beta\mathbf{m}$).

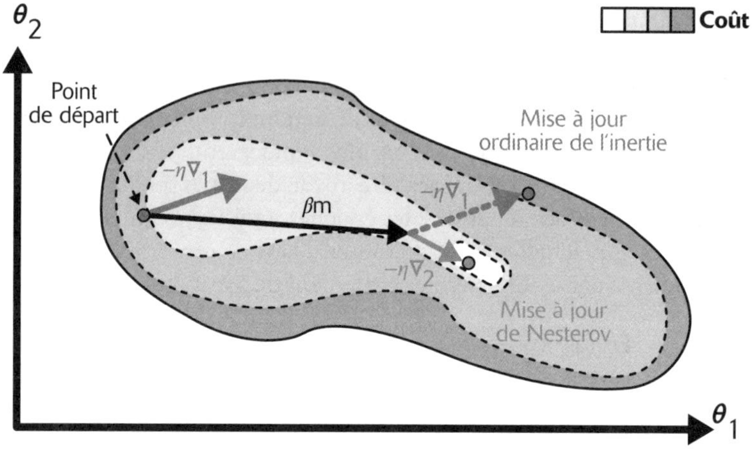

Figure 3.7 – Optimisations avec inertie classique et de Nesterov : la première applique les gradients calculés avant l'étape d'inertie, tandis que la seconde applique les gradients calculés après

Vous le constatez, la mise à jour de Nesterov arrive plus près de l'optimum. Après un certain temps, ces petites améliorations se cumulent et NAG finit par être beaucoup plus rapide que l'optimisation avec inertie ordinaire. Par ailleurs, lorsque l'inertie pousse les poids au travers d'une vallée, ∇_1 continue à pousser au travers de la vallée, tandis que ∇_2 pousse en arrière vers le bas de la vallée. Cela permet de réduire les oscillations et donc de converger plus rapidement.

NAG est généralement plus rapide que l'optimisation avec inertie classique. Pour l'utiliser, il suffit de préciser `nesterov=True` lors de la création de l'optimiseur `SGD` :

```
optimizer = tf.keras.optimizers.SGD(learning_rate=0.001, momentum=0.9,
                                    nesterov=True)
```

3.3.3 AdaGrad

Considérons à nouveau le problème du bol allongé : la descente de gradient commence par aller rapidement vers le bas de la pente la plus abrupte, qui ne pointe pas directement vers l'optimum global, puis elle va lentement vers le bas de la vallée. Il serait préférable que l'algorithme revoie son orientation plus tôt pour se diriger un peu plus vers l'optimum global. L'algorithme *AdaGrad*[75] met cette correction en place en

75. John Duchi *et al.*, « Adaptive Subgradient Methods for Online Learning and Stochastic Optimization », *Journal of Machine Learning Research*, 12 (2011), 2121-2159 : *https://homl.info/56*.

diminuant le vecteur de gradient le long des dimensions les plus raides (voir l'équation 3.7) :

Équation 3.7 – Algorithme AdaGrad

$$1.\quad \mathbf{s} \leftarrow \mathbf{s} + \nabla_{\boldsymbol{\theta}} J(\boldsymbol{\theta}) \otimes \nabla_{\boldsymbol{\theta}} J(\boldsymbol{\theta})$$

$$2.\quad \boldsymbol{\theta} \leftarrow \boldsymbol{\theta} - \eta \nabla_{\boldsymbol{\theta}} J(\boldsymbol{\theta}) \oslash \sqrt{\mathbf{s} + \varepsilon}$$

La première étape accumule les carrés des gradients dans le vecteur **s** (rappelons que le symbole ⊗ représente la multiplication terme à terme). Cette forme vectorisée équivaut au calcul de $s_i \leftarrow s_i + (\partial J(\boldsymbol{\theta})/\partial \theta_i)^2$ pour chaque élément s_i du vecteur **s**. Autrement dit, chaque s_i accumule les carrés de la dérivée partielle de la fonction de coût en rapport avec le paramètre θ_i. Si la fonction de coût présente une pente abrupte le long de la $i^{\text{ème}}$ dimension, alors s_i va augmenter à chaque itération.

La seconde étape est quasi identique à la descente de gradient, mais avec une différence importante : le vecteur de gradient est réduit d'un facteur $\sqrt{\mathbf{s} + \varepsilon}$. Le symbole ⊘ représente la division terme à terme et ε est un terme de lissage qui permet d'éviter la division par zéro (sa valeur est généralement fixée à 10^{-10}). Cette forme vectorisée équivaut au calcul simultané de $\theta_i \leftarrow \theta_i - \eta \partial J(\boldsymbol{\theta})/\partial \theta_i / \sqrt{s_i + \varepsilon}$ pour tous les paramètres θ_i.

En résumé, cet algorithme abaisse progressivement le taux d'apprentissage, mais il le fait plus rapidement sur les dimensions présentant une pente abrupte que sur celles dont la pente est plus douce. Nous avons donc un *taux d'apprentissage adaptatif*. Cela permet de diriger plus directement les mises à jour résultantes vers l'optimum global (voir la figure 3.8). Par ailleurs, l'algorithme exige un ajustement moindre de l'hyperparamètre η pour le taux d'apprentissage.

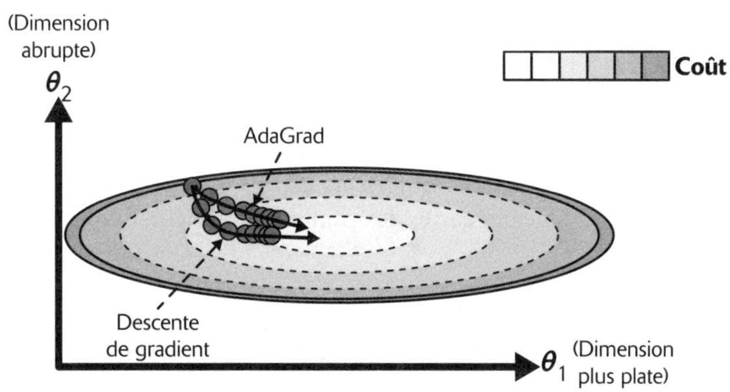

Figure 3.8 – AdaGrad contre descente de gradient : la première méthode peut corriger plus tôt sa direction pour pointer vers l'optimum

AdaGrad affiche un bon comportement pour les problèmes quadratiques simples, mais il s'arrête souvent trop tôt lors de l'entraînement des réseaux de neurones : le taux d'apprentissage est tellement réduit que l'algorithme finit par s'arrêter totalement avant d'atteindre l'optimum global. Par conséquent, même si Keras propose l'optimiseur `Adagrad`, il est préférable de ne pas l'employer pour entraîner des réseaux de neurones profonds (cet optimiseur peut rester toutefois efficace pour des tâches plus simples comme la régression linéaire). Il n'en reste pas moins que l'étude du fonctionnement d'AdaGrad peut aider à comprendre les autres optimiseurs de taux d'apprentissage.

3.3.4 RMSProp

Comme nous l'avons vu, AdaGrad risque de ralentir un peu trop rapidement et de ne jamais converger vers l'optimum global. L'algorithme *RMSProp*[76] corrige ce problème en cumulant uniquement les gradients issus des itérations les plus récentes, plutôt que tous les gradients depuis le début l'entraînement. Pour cela, il utilise une moyenne mobile exponentielle au cours de la première étape (voir l'équation 3.8).

Équation 3.8 – Algorithme RMSProp

$$1.\quad \mathbf{s} \leftarrow \rho\mathbf{s} + (1-\rho)\,\nabla_{\boldsymbol{\theta}} J(\boldsymbol{\theta}) \otimes \nabla_{\boldsymbol{\theta}} J(\boldsymbol{\theta})$$

$$2.\quad \boldsymbol{\theta} \leftarrow \boldsymbol{\theta} - \eta\,\nabla_{\boldsymbol{\theta}} J(\boldsymbol{\theta}) \oslash \sqrt{\mathbf{s} + \varepsilon}$$

Le taux de décroissance ρ[77] est en général fixé à 0,9. Il s'agit encore d'un nouvel hyperparamètre, mais cette valeur par défaut convient souvent et nous avons rarement besoin de l'ajuster.

Sans surprise, Keras dispose d'un optimiseur `RMSprop` :

```
optimizer = tf.keras.optimizers.RMSprop(learning_rate=0.001, rho=0.9)
```

Excepté sur les problèmes très simples, cet optimiseur affiche des performances quasi toujours meilleures qu'AdaGrad. D'ailleurs, il s'agissait de l'algorithme d'optimisation préféré de nombreux chercheurs jusqu'à l'arrivée de l'optimisation Adam.

3.3.5 Adam

Adam[78], pour *Adaptive Moment Estimation*, réunit les idées de l'optimisation avec inertie et de RMSProp. Il maintient, à l'instar de la première, une moyenne mobile exponentielle des gradients antérieurs et, à l'instar de la seconde, une moyenne mobile exponentielle des carrés des gradients antérieurs (voir l'équation 3.9)[79].

---

76. Geoffrey Hinton et Tijmen Tieleman ont créé cet algorithme en 2012, et Geoffrey Hinton l'a présenté lors de son cours sur les réseaux de neurones (les diapositives sont disponibles à l'adresse *https://homl.info/57*, la vidéo à l'adresse *https://homl.info/58*). Puisque les auteurs n'ont jamais rédigé d'article pour le décrire, les chercheurs le citent souvent sous la référence « diapositive 29 du cours 6 ».

77. ρ est la lettre grecque rho.

78. Diederik P. Kingma et Jimmy Ba, « Adam: A Method for Stochastic Optimization » (2014) : *https://homl.info/59*.

79. Il s'agit d'estimations de la moyenne et de la variance (non centrée) des gradients. La moyenne est souvent appelée *premier moment*, tandis que la variance est appelée *second moment*, d'où le nom donné à l'algorithme.

Équation 3.9 – Algorithme Adam

1. $\mathbf{m} \leftarrow \beta_1 \mathbf{m} - (1 - \beta_1) \nabla_{\boldsymbol{\theta}} J(\boldsymbol{\theta})$
2. $\mathbf{s} \leftarrow \beta_2 \mathbf{s} + (1 - \beta_2) \nabla_{\boldsymbol{\theta}} J(\boldsymbol{\theta}) \otimes \nabla_{\boldsymbol{\theta}} J(\boldsymbol{\theta})$
3. $\hat{\mathbf{m}} \leftarrow \dfrac{\mathbf{m}}{1 - \beta_1^{\,t}}$
4. $\hat{\mathbf{s}} \leftarrow \dfrac{\mathbf{s}}{1 - \beta_2^{\,t}}$
5. $\boldsymbol{\theta} \leftarrow \boldsymbol{\theta} + \eta\, \hat{\mathbf{m}} \oslash \sqrt{\hat{\mathbf{s}} + \varepsilon}$

Dans cette équation, t représente le numéro de l'itération (en commençant à 1).

Si l'on examine uniquement les étapes 1, 2 et 5, on constate une forte similitude avec l'optimisation avec inertie et RMSProp : β_1 correspond au β de l'optimisation avec inertie, tandis que β_2 correspond au ρ de RMSProp. La seule différence est que l'étape 1 calcule une moyenne mobile exponentielle à la place d'une somme à décroissance exponentielle, mais elles sont en réalité équivalentes, à un facteur constant près (la moyenne mobile exponentielle est simplement égale à $1 - \beta_1$ multiplié par la somme à décroissance exponentielle). Les étapes 3 et 4 représentent en quelque sorte un détail technique. Puisque **m** et **s** sont initialisés à zéro, elles iront vers 0 au début de l'entraînement pour aider à augmenter **m** et **s** à ce moment-là.

L'hyperparamètre de décroissance de l'inertie β_1 est en général initialisé à 0,9, tandis que l'hyperparamètre de décroissance du recalibrage β_2 est souvent initialisé à 0,999. Comme précédemment, le terme de lissage ε a habituellement une valeur initiale minuscule, par exemple 10^{-7}. Il s'agit des valeurs par défaut utilisées par la classe `Adam`. Voici comment créer un optimiseur Adam avec Keras :

```
optimizer = tf.keras.optimizers.Adam(learning_rate=0.001, beta_1=0.9,
                                     beta_2=0.999)
```

Puisque Adam est un algorithme à taux d'apprentissage adaptatif, comme AdaGrad et RMSProp, hyperparamètre η de taux d'apprentissage est plus facile à régler. Nous pouvons souvent conserver la valeur par défaut $\eta = 0{,}001$, ce qui rend cet algorithme encore plus facile à employer que la descente de gradient.

Si vous commencez à vous sentir submergé par toutes ces différentes techniques et vous demandez comment choisir celles qui convienent à votre tâche, pas de panique : vous trouverez des conseils pratiques à la fin de ce chapitre.

Pour finir, mentionnons trois variantes d'Adam : AdaMax, Nadam et AdamW.

3.3.6 AdaMax

La publication ayant introduit Adam comportait aussi une présentation d'Adamax. À l'étape 2 de l'équation 3.8, Adam cumule dans **s** les carrés des gradients (avec un poids supérieur pour les gradients les plus récents). À l'étape 5, si nous ignorons ε et les étapes 3 et 4 (qui sont de toute manière des détails techniques), Adam effectue la mise à jour des paramètres puis les divise par la racine carrée de **s**, c'est-à-dire par la norme ℓ_2 des gradients réduits au fil des itérations (rappelons que la norme ℓ_2 est la racine carrée de la somme des carrés).

AdaMax remplace la norme ℓ_2 par la norme ℓ_∞ (ce qui est une autre façon de dire le maximum). Plus précisément, il remplace l'étape 2 de l'équation 3.8 par $\mathbf{s} \leftarrow \max(\beta_2\mathbf{s}, \text{abs}(\nabla_{\boldsymbol{\theta}} J(\boldsymbol{\theta})))$, supprime l'étape 4 et, dans l'étape 5, effectue la mise à jour des paramètres en les réduisant ensuite d'un facteur **s** qui est simplement le maximum des gradients réduits au fil des itérations.

En pratique, cette modification peut rendre AdaMax plus stable qu'Adam, mais cela dépend du jeu de données, et en général Adam affiche de meilleures performances. Il ne s'agit donc que d'un autre optimiseur que vous pouvez essayer si vous rencontrez des problèmes avec Adam sur une tâche.

3.3.7 Nadam

L'optimisation Nadam correspond à l'optimisation Adam complétée de l'astuce de Nesterov. Elle convergera donc souvent plus rapidement qu'Adam. Dans la publication[80] présentant cette technique, Timothy Dozat compare de nombreux optimiseurs sur diverses tâches et conclut que Nadam donne en général de meilleurs résultats qu'Adam mais qu'il est parfois surpassé par RMSProp.

3.3.8 AdamW

AdamW[81] est une variante d'Adam intégrant une technique de régularisation appelée *décroissance des poids* (en anglais, *weight decay*). Elle consiste à réduire les poids du modèle à chaque itération d'entraînement en les multipliant par un facteur de décroissance, par exemple 0,99. Ceci peut vous rappeler la régularisation ℓ_2 (présentée au chapitre 1), qui a aussi pour but de conserver des poids réduits : effectivement, on peut démontrer mathématiquement que la régularisation ℓ_2 est équivalente à la décroissance des poids lorsqu'on utilise SGD. Cependant, lorsqu'on utilise Adam ou ses variantes, la régularisation ℓ_2 et la décroissance des poids ne sont pas équivalentes : en pratique, la combinaison d'Adam et d'une régularisation ℓ_2 aboutit à des modèles qui souvent ne se généralisent pas aussi bien que ceux produits par SGD. AdamW résoud ce problème en combinant correctement Adam et la décroissance des poids.

80. Timothy Dozat, « Incorporating Nesterov Momentum into Adam » (2016) : *https://homl.info/nadam*.
81. Ilya Loshchilov et Frank Hutter, « Decoupled Weight Decay Regularization », arXiv preprint arXiv:1711.05101 (2017) : *https://homl.info/adamw*.

Les méthodes d'optimisation adaptative (y compris RMSProp, Adam, AdaMax, Nadam et AdamW) sont souvent intéressantes, car convergeant rapidement vers une bonne solution. Cependant, l'article[82] publié en 2017 par Ashia C. Wilson *et al.* a montré qu'elles peuvent mener à des solutions dont la généralisation est mauvaise sur certains jeux de données. En conséquence, lorsque les performances de votre modèle vous déçoivent, essayez d'utiliser à la place la version de base du gradient accéléré de Nesterov (alias NAG) : il est possible que votre jeu de données soit simplement allergique aux gradients adaptatifs. N'hésitez pas à consulter également les dernières recherches, car le domaine évolue très rapidement.

Pour utiliser Nadam, AdaMax ou AdamW dans Keras, remplacez `tf.keras.optimizers.Adam` par `tf.keras.optimizers.Nadam`, `tf.keras.optimizers.Adamax` ou `tf.keras.optimizers.experimental.AdamW`. Pour AdamW, vous voudrez probablement ajuster l'hyperparamètre `weight_decay`.

Toutes les techniques d'optimisation décrites précédemment se fondent exclusivement sur les *dérivées partielles de premier ordre*. Dans la littérature sur l'optimisation, on trouve d'excellents algorithmes basés sur les *dérivées partielles de second ordre*. Malheureusement, ces algorithmes sont très difficiles à appliquer aux réseaux de neurones profonds, car ils ont n^2 dérivées partielles d'ordre 2 par sortie (où n correspond au nombre de paramètres), à opposer aux seules n dérivées partielles d'ordre 1 par sortie. Puisque les DNN présentent en général des dizaines de milliers de paramètres voire plus, la mémoire disponible ne permet pas d'accueillir les algorithmes d'optimisation de second ordre et, même si c'était le cas, le calcul des dérivées d'ordre 2 serait beaucoup trop long.

Entraîner des modèles creux

Tous les algorithmes d'optimisation présentés précédemment produisent des modèles denses. Autrement dit, la plupart des paramètres seront différents de zéro. Si vous avez besoin d'un modèle extrêmement rapide au moment de l'exécution ou si vous voulez qu'il occupe moins de place en mémoire, vous préférerez à la place arriver à un modèle creux.

Pour cela, on peut entraîner le modèle de façon habituelle, puis supprimer les poids les plus faibles (les fixer à zéro). Mais, en général, vous n'obtiendrez pas un modèle très creux et cela peut dégrader les performances du modèle.

Une meilleure solution consiste à appliquer une régularisation ℓ_1 forte pendant l'entraînement (nous verrons comment plus loin dans ce chapitre), car elle incite l'optimiseur à fixer à zéro autant de poids que possible[83].

Si ces techniques ne suffisent pas, tournez-vous vers TF-MOT[84] (*TensorFlow model optimization toolkit*), qui propose une API d'élagage capable de supprimer de façon itérative des connexions pendant l'entraînement en fonction de leur importance.

82. Ashia C. Wilson *et al.*, « The Marginal Value of Adaptive Gradient Methods in Machine Learning », *Advances in Neural Information Processing Systems*, 30 (2017), 4148-4158 : *https://homl.info/60*.

83. Voir la régression lasso au § 1.9.2.

84. *https://homl.info/tfmot*

Le tableau 3.2 compare tous les optimiseurs décrits jusqu'à présent.

Tableau 3.2 – Comparaison des optimiseurs
(* signifie mauvais, ** signifie moyen, et *** signifie bon)

Classe	Vitesse de convergence	Qualité de convergence
`SGD`	*	***
`SGD(momentum=...)`	**	***
`SGD(momentum=..., nesterov=True)`	**	***
`Adagrad`	***	* (s'arrête trop tôt)
`RMSprop`	***	** ou ***
`Adam`	***	** ou ***
`AdaMax`	***	** ou ***
`Nadam`	***	** ou ***
`AdamW`	***	** ou ***

3.4 PLANIFIER LE TAUX D'APPRENTISSAGE

Il est très important de trouver le bon taux d'apprentissage. Si l'on choisit une valeur beaucoup trop élevée, l'entraînement risque de diverger[85]. Si l'on choisit une valeur trop faible, l'entraînement finira par converger vers l'optimum, mais il lui faudra beaucoup de temps. S'il est fixé un peu trop haut, la progression sera initialement très rapide, mais l'algorithme finira par rebondir autour de l'optimum, sans jamais s'y arrêter vraiment. Si le temps de calcul est compté, il faudra peut-être interrompre l'entraînement avant que l'algorithme n'ait convergé correctement, ce qui aboutira à une solution non optimale (voir la figure 3.9).

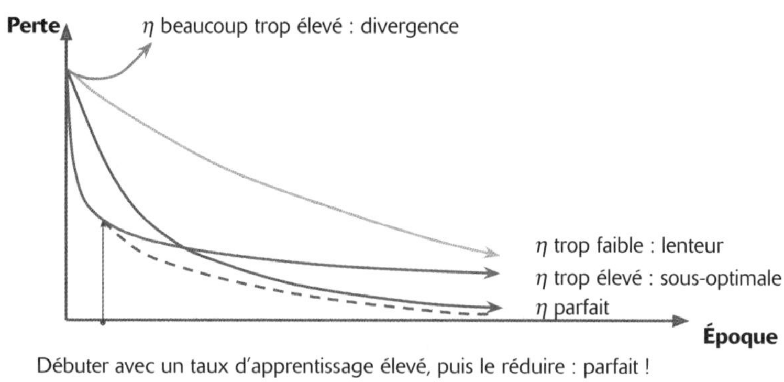

Figure 3.9 – Courbes d'apprentissage pour différents taux d'apprentissage η

85. Voir la descente de gradient au § 1.6.

Comme nous l'avons expliqué au chapitre 2, pour trouver un taux d'apprentissage convenable, vous pouvez entraîner un réseau pendant quelques centaines d'itérations, en accroissant exponentiellement le taux d'apprentissage depuis une valeur très faible vers une valeur très grande, puis en comparant les courbes d'apprentissage et en retenant un taux d'apprentissage légèrement inférieur à celui qui correspond à la courbe apprentissage qui a commencé à remonter. Vous pouvez ensuite réinitialiser votre modèle et l'entraîner avec ce taux d'apprentissage.

Mais il est possible de trouver mieux qu'un taux d'apprentissage constant. En partant d'un taux d'apprentissage élevé et en le diminuant lorsqu'il ne permet plus une progression rapide, vous pouvez arriver à une bonne solution plus rapidement qu'avec le taux d'apprentissage constant optimal. Il existe de nombreuses stratégies pour réduire le taux d'apprentissage pendant l'entraînement. Il peut également être intéressant de commencer avec un taux d'apprentissage bas, de l'augmenter, puis de le baisser à nouveau. Ces stratégies se nomment *échéanciers d'apprentissage* (*learning schedule*). Voici les plus répandues :

- *Décroissance hyperbolique* (*inverse time decay*) :

  Le taux d'apprentissage est une fonction du nombre d'itérations t; *il vaut* $\eta(t) = \eta_0/(1 + r \times t/s)$. *Le taux d'apprentissage initial* η_0, le taux de décroissance r et le pas de décroissance s sont tous des hyperparamètres que vous devez ajuster. Plus r / s est grand, plus la décroissance du taux d'apprentissage est rapide.

- *Décroissance polynomiale (polynomial decay) :*

  Cet échéancier applique une décroissance polynomiale au taux d'apprentissage, jusqu'à ce qu'il atteigne une valeur minimale n_T, à l'itération $t = T$, après quoi le taux d'apprentissage reste constant. Pour tout $t < T$, le taux d'apprentissage vaut $\eta(t) = \eta_T + (\eta_0 - \eta_T) \times (1 - t / T)^d$ où η_0 et η_T sont respectivement le taux d'apprentissage initial et final, T est l'itération après laquelle le taux d'apprentissage reste constant, et d est le degré polynomial.

- *Décroissance exponentielle (exponential decay) :*

  Le taux d'apprentissage est défini par $\eta(t) = \eta_0 r^{t/s}$. Le taux d'apprentissage sera régulièrement multiplié par le taux de décroissance (*decay rate*) r toutes les s étapes, ce qui correspond à une décroissance beaucoup plus rapide que la décroissance polynomiale.

- *Décroissance par paliers successifs (piecewise constant decay) :*

  On utilise un taux d'apprentissage constant pendant un certain nombre d'époques (par exemple, $\eta_0 = 0{,}1$ pendant 5 époques), puis un taux d'apprentissage plus faible pendant un certain autre nombre d'époques (par exemple, $\eta_0 = 0{,}001$ pendant 50 époques), et ainsi de suite. Si cette solution peut convenir, elle impose quelques tâtonnements pour déterminer les taux d'apprentissage appropriés et les durées pendant lesquelles les utiliser.

- *Décroissance selon la performance (performance scheduling) :*

  On mesure l'erreur de validation toutes les N étapes (comme pour l'arrêt précoce) et on réduit le taux d'apprentissage d'un facteur λ lorsque l'erreur ne diminue plus.

- *Évolution selon un cycle (1cycle scheduling) :*

  Contrairement aux autres approches, *1cycle* (décrite dans une publication[86] de Leslie Smith de 2018) commence par augmenter le taux d'apprentissage initial η_0, le faisant croître linéairement pour atteindre η_1 au milieu de l'entraînement. Puis le taux d'apprentissage est diminué linéairement jusqu'à η_0 pendant la seconde moitié de l'entraînement, en terminant les quelques dernières époques par une réduction progressive du taux de plusieurs facteurs 10. Le taux d'apprentissage maximal η_1 est déterminé en utilisant l'approche utilisée pour trouver le taux d'apprentissage optimal, tandis que le taux d'apprentissage initial η_0 est choisi d'ordinaire 10 fois plus faible. Lorsqu'une inertie est employée, elle commence avec une valeur élevée (par exemple, 0,95), puis nous la diminuons jusqu'à une valeur plus faible pendant la première moitié de l'entraînement (par exemple, linéairement jusqu'à 0,85), pour la remonter jusqu'à la valeur maximale (par exemple, 0,95) au cours de la seconde moitié de l'entraînement, en terminant les quelques dernières époques avec cette valeur.

  Smith a mené de nombreuses expériences qui montrent que cette approche permet souvent d'accélérer considérablement l'entraînement et d'atteindre de meilleures performances. Par exemple, sur le très populaire jeu de données d'images CIFAR10, elle a permis d'atteindre une exactitude de validation de 91,9 % en seulement 100 époques, à comparer à l'exactitude de 90,3 % en 800 époques obtenue avec une approche standard (pour la même architecture du réseau de neurones). Ce résultat a été qualifié de *super-convergence*.

Un article[87] publié en 2013 par A. Senior *et al.* compare les performances de quelques techniques de planification parmi les plus répandues lors de l'entraînement de réseaux de neurones profonds destinés à la reconnaissance vocale, en utilisant l'optimisation avec inertie. Les auteurs concluent que, dans ce contexte, la planification selon la performance et la décroissance exponentielle se comportent bien, mais ils préfèrent cette dernière car elle est plus facile à régler et converge un peu plus rapidement vers la solution optimale. Ils mentionnent également sa plus grande simplicité d'implémentation par rapport à la planification selon la performance, mais, dans Keras, les deux méthodes sont simples. Cela dit, l'approche 1cycle semble offrir de meilleures performances encore.

Pour définir votre propre planification du taux d'apprentissage, vous devez tout d'abord définir une fonction qui prend l'époque en cours et retourne le taux d'apprentissage. Implémentons, par exemple, une décroissance exponentielle :

```
def exponential_decay_fn(epoch):
    return 0.01 * 0.1 ** (epoch / 20)
```

86. Leslie N. Smith, « A Disciplined Approach to Neural Network Hyper-Parameters: Part 1 – Learning Rate, Batch Size, Momentum, and Weight Decay » (2018) : *https://homl.info/1cycle*.
87. Andrew Senior *et al.*, « An Empirical Study of Learning Rates in Deep Neural Networks for Speech Recognition », *Proceedings of the IEEE International Conference on Acoustics, Speech, and Signal Processing* (2013), 6724-6728 : *https://homl.info/63*.

Si vous préférez ne pas fixer en dur η_0 et s, vous pouvez créer une fonction qui retourne une fonction configurée :

```
def exponential_decay(lr0, s):
    def exponential_decay_fn(epoch):
        return lr0 * 0.1 ** (epoch / s)
    return exponential_decay_fn

exponential_decay_fn = exponential_decay(lr0=0.01, s=20)
```

Créez ensuite un rappel `LearningRateScheduler`, en lui indiquant la fonction de planification, et passez ce rappel à la méthode `fit()` :

```
lr_scheduler = tf.keras.callbacks.LearningRateScheduler(exponential_decay_fn)
history = model.fit(X_train, y_train, [...], callbacks=[lr_scheduler])
```

Au début de chaque époque, `LearningRateScheduler` mettra à jour l'attribut `learning_rate` de l'optimiseur. En général, actualiser le taux d'apprentissage une fois par époque est suffisant, mais, si vous préférez le mettre à jour plus fréquemment, par exemple à chaque étape, vous pouvez écrire votre propre rappel (un exemple est donné dans la section « Exponential Scheduling » du notebook[88]). Cette actualisation à chaque étape peut être intéressante si chaque époque comprend de nombreuses étapes. Une autre solution consiste à utiliser l'approche `tf.keras.optimizers.schedules` décrite plus loin.

Après l'entraînement, `history.history["lr"]` vous permet d'accéder à la liste des taux d'apprentissage utilisés durant l'entraînement.

La fonction de planification peut accepter en second argument le taux d'apprentissage courant. Par exemple, la fonction de planification suivante multiplie le taux d'apprentissage précédent par $0{,}1^{1/20}$, qui donne la même décroissance exponentielle (excepté que cette décroissance débute à présent non pas à l'époque 1 mais à l'époque 0) :

```
def exponential_decay_fn(epoch, lr):
    return lr * 0.1 ** (1 / 20)
```

Puisque cette implémentation se fonde sur le taux d'apprentissage initial de l'optimiseur (au contraire de la version précédente), il est important de le fixer de façon appropriée.

L'enregistrement d'un modèle sauvegarde également l'optimiseur et son taux d'apprentissage. Autrement dit, avec cette nouvelle fonction de planification, vous pouvez simplement charger un modèle entraîné et poursuivre l'entraînement là où il s'était arrêté. En revanche, les choses se compliquent lorsque la fonction de planification exploite l'argument `epoch` : l'époque n'est pas enregistrée et elle est réinitialisée à zéro chaque fois que vous appelez la méthode `fit()`. Si vous souhaitez poursuivre l'entraînement d'un modèle à partir de son point d'arrêt, vous risquez alors d'obtenir

88. Voir « 11_training_deep_neural_networks.ipynb » sur *https://homl.info/colab3*.

un taux d'apprentissage très élevé, qui risque d'endommager les poids du modèle. Une solution consiste à préciser manuellement l'argument `initial_epoch` de la méthode `fit()` afin que `epoch` commence avec la bonne valeur.

Pour les taux d'apprentissage décroissant par paliers successifs, vous pouvez employer une fonction de planification semblable à la suivante (comme précédemment, vous pouvez définir une fonction plus générale si nécessaire ; un exemple est donné dans la section « Piecewise Constant Scheduling » du notebook[89]), puis créer un rappel `LearningRateScheduler` avec cette fonction et le passer à la méthode `fit()`, exactement comme nous l'avons fait pour la décroissance exponentielle :

```
def piecewise_constant_fn(epoch):
    if epoch < 5:
        return 0.01
    elif epoch < 15:
        return 0.005
    else:
        return 0.001
```

Dans le cas de la planification selon la performance, utilisez le rappel `ReduceLROnPlateau`. Par exemple, si vous passez le rappel suivant à la méthode `fit()`, le taux d'apprentissage sera multiplié par 0,5 dès que la meilleure perte de validation ne s'améliore pas pendant cinq époques consécutives (d'autres options sont disponibles et détaillées dans la documentation) :

```
lr_scheduler = tf.keras.callbacks.ReduceLROnPlateau(factor=0.5, patience=5)
history = model.fit(X_train, y_train, [...], callbacks=[lr_scheduler])
```

Enfin, Keras propose une autre solution d'implémentation d'un échéancier de taux d'apprentissage. Commencez par définir le taux d'apprentissage avec l'une des classes disponibles dans `keras.optimizers.schedules`, puis passez ce taux d'apprentissage à n'importe quel optimiseur. Dans ce cas, le taux d'apprentissage est actualisé non pas à chaque époque mais à chaque étape. Par exemple, voici comment implémenter la même décroissance exponentielle que celle définie précédemment dans la fonction `exponential_decay_fn()` :

```
import math

batch_size = 32
n_epochs = 25
n_steps = n_epochs * math.ceil(len(X_train) / batch_size)
scheduled_learning_rate = tf.keras.optimizers.schedules.ExponentialDecay(
    initial_learning_rate=0.01, decay_steps=n_steps, decay_rate=0.1)
optimizer = tf.keras.optimizers.SGD(learning_rate=scheduled_learning_rate)
```

Beau et simple, sans compter que l'enregistrement du modèle sauvegarde également le taux d'apprentissage et son échéancier (y compris son état).

En ce qui concerne 1cycle, Keras ne propose pas encore cette stratégie, mais il est possible de l'implémenter en moins de 30 lignes de code en créant un rappel qui modifie le taux d'apprentissage à chaque itération. Pour mettre à jour le taux

89. Voir « 11_training_deep_neural_networks.ipynb » sur *https://homl.info/colab3*.

d'apprentissage de l'optimiseur depuis la méthode `on_batch_begin()` du rappel, vous devez appeler `tf.keras.backend.set_value(self.model.optimizer.learning_rate, new_learning_rate)`. Un exemple est donné dans la section « 1cycle scheduling » du notebook[90].

En résumé, la décroissance exponentielle, la planification selon la performance et 1cycle permettent d'accélérer considérablement la convergence. N'hésitez pas à les essayer !

3.5 ÉVITER LE SURAJUSTEMENT GRÂCE À LA RÉGULARISATION

« *Avec quatre paramètres je peux ajuster un éléphant, avec cinq, je peux lui faire agiter la trompe.* »

John von Neumann, cité par Enrico Fermi dans *Nature* 427

Avec des milliers de paramètres, on peut ajuster l'intégralité du zoo. Les réseaux de neurones profonds possèdent en général des dizaines de milliers de paramètres, voire des millions. Avec une telle quantité, un réseau dispose d'une liberté incroyable et peut s'adapter à une grande diversité de jeux de données complexes. Mais cette grande souplesse signifie également qu'il est sujet au surajustement du jeu d'entraînement. La régularisation permet souvent d'éviter ce problème.

Au chapitre 2, nous avons déjà implémenté l'une des meilleures techniques de régularisation : l'arrêt précoce. Par ailleurs, même si la normalisation par lots a été conçue pour résoudre les problèmes d'instabilité des gradients, elle constitue un régulariseur plutôt efficace. Dans cette section, nous présentons quelques-unes des techniques de régularisation les plus répandues dans les réseaux de neurones : régularisation ℓ_1 et ℓ_2, régularisation par abandon et régularisation max-norm.

3.5.1 Régularisation ℓ_1 et ℓ_2

Vous pouvez employer la régularisation ℓ_2 pour contraindre les poids des connexions d'un réseau de neurones et/ou la régularisation ℓ_1 si vous voulez un modèle creux (avec de nombreux poids égaux à zéro)[91]. Voici comment appliquer la régularisation ℓ_2 au poids des connexions d'une couche Keras, en utilisant un facteur de régularisation égal à 0,01 :

```
layer = tf.keras.layers.Dense(100, activation="relu",
                              kernel_initializer="he_normal",
                              kernel_regularizer=tf.keras.regularizers.l2(0.01))
```

La fonction `l2()` renvoie un régulariseur qui sera appelé à chaque étape de l'entraînement pour calculer la perte de régularisation. Elle est ensuite ajoutée à la perte finale. Vous pouvez simplement utiliser `keras.regularizers.l1()` pour une régularisation ℓ_1 ; pour appliquer à la fois les régularisations ℓ_1 et ℓ_2, il suffit

90. Voir « 11_training_deep_neural_networks.ipynb » sur https://homl.info/colab3.

91. Concernant les régularisations ℓ_2 et ℓ_1, voir respectivement le § 1.9.1 et le § 1.9.2.

d'utiliser `keras.regularizers.l1_l2()` (en précisant les deux facteurs de régularisation).

Puisque, en général, vous souhaitez appliquer le même régulariseur à toutes les couches du réseau, et utiliser la même fonction d'activation et la même stratégie d'initialisation dans toutes les couches cachées, vous allez répéter les mêmes arguments. Le code va devenir laid et sera sujet aux erreurs. Pour l'éviter, vous pouvez essayer de remanier le code afin d'utiliser des boucles. Mais une autre solution consiste à utiliser la fonction Python `functools.partial()` qui permet de créer une fine enveloppe autour d'un objet exécutable, avec des valeurs d'arguments par défaut :

```
from functools import partial

RegularizedDense = partial(tf.keras.layers.Dense,
                           activation="relu",
                           kernel_initializer="he_normal",
                           kernel_regularizer=tf.keras.regularizers.l2(0.01))
model = tf.keras.Sequential([
    tf.keras.layers.Flatten(input_shape=[28, 28]),
    RegularizedDense(100),
    RegularizedDense(100),
    RegularizedDense(10, activation="softmax")
])
```

Comme nous l'avons vu auparavant, la régularisation l_2 donne de bons résultats avec SGD, l'optimisation avec inertie, l'optimisation avec inertie de Nesterov, mais pas avec Adam et ses variantes. Si vous voulez utiliser Adam avec une décroissance des poids, n'utilisez pas la régularisation l_2 mais plutôt AdamW.

3.5.2 Régularisation par abandon

Dans le contexte des réseaux de neurones profonds, la *régularisation par abandon* (en anglais, *dropout*) est l'une des techniques de régularisation les plus répandues. Elle a été proposée[92] par Geoffrey Hinton en 2012 et détaillée ensuite dans un article[93] de Nitish Srivastava *et al.* Sa grande efficacité a été démontrée : nombre de réseaux de neurones très évolués voient leur exactitude améliorée de 1 à 2 % par simple ajout d'une régularisation par abandon. Cela peut sembler peu, mais une amélioration de 2 % pour un modèle dont l'exactitude est déjà de 95 % signifie une baisse du taux d'erreur d'environ 40 % (passant d'une erreur de 5 % à environ 3 %).

L'algorithme est relativement simple. À chaque étape d'entraînement, chaque neurone (y compris les neurones d'entrée, mais pas les neurones de sortie) a une probabilité p d'être temporairement désactivé. Autrement dit, il pourra être totalement ignoré au cours de cette étape d'entraînement, mais redevenir actif lors de la suivante (voir

92. Geoffrey E. Hinton *et al.*, « Improving Neural Networks by Preventing Co-Adaptation of Feature Detectors » (2012) : *https://homl.info/64*.
93. Nitish Srivastava *et al.*, « Dropout: A Simple Way to Prevent Neural Networks from Overfitting », *Journal of Machine Learning Research*, 15 (2014), 1929-1958 : *https://homl.info/65*.

la figure 3.10). L'hyperparamètre *p* est appelé *taux d'abandon* (*dropout rate*) et se situe généralement entre 10 et 50 % : plus proche de 20 à 30 % dans les réseaux de neurones récurrents (voir le chapitre 7) et plus proche de 40 à 50 % dans les réseaux de neurones convolutifs (voir le chapitre 6). Après l'entraînement, les neurones ne sont plus jamais désactivés. C'est tout (à l'exception d'un détail technique que nous verrons bientôt).

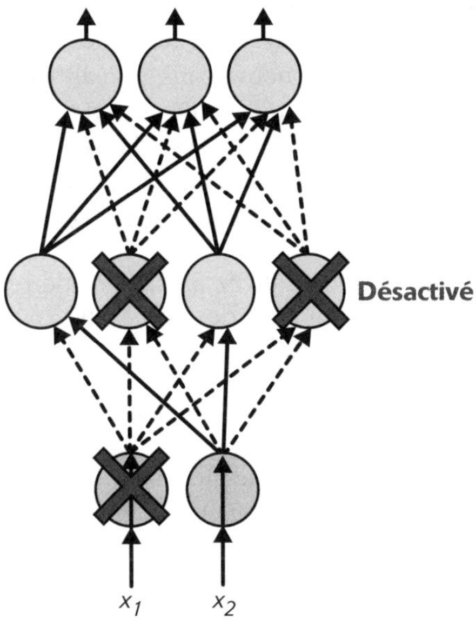

Figure 3.10 – Dans la régularisation par abandon, certains neurones choisis aléatoirement au sein d'une ou plusieurs couches (excepté la couche de sortie) sont désactivés à chaque étape d'entraînement ; ils produisent 0 en sortie pendant cette itération (ce qui correspond aux flèches en pointillés)

Au premier abord, il peut sembler surprenant que cette technique destructrice fonctionne. Est-ce qu'une entreprise afficherait de meilleures performances si l'on demandait à chacun de ses employés de jouer à pile ou face chaque jour pour savoir s'il devait travailler ? Qui sait, ce serait peut-être le cas ! L'entreprise serait évidemment obligée d'adapter son organisation. Elle ne pourrait pas compter sur une seule personne pour remplir la machine à café ou réaliser d'autres tâches critiques. Toutes les expertises devraient être réparties sur plusieurs personnes. Les employés devraient apprendre à collaborer non pas avec une poignée de collègues, mais avec de nombreux autres. L'entreprise serait beaucoup plus résistante. Si une personne venait à la quitter, les conséquences seraient minimes.

On ne sait pas si cette idée peut réellement s'appliquer aux entreprises, mais il est certain qu'elle fonctionne parfaitement avec les réseaux de neurones. Les neurones entraînés sous contrainte d'abandon n'ont pas la possibilité de s'adapter de concert avec les neurones voisins : ils doivent avoir chacun une plus grande utilité propre. Par ailleurs, ils ne peuvent pas s'appuyer trop fortement sur quelques neurones d'entrée, mais doivent prêter attention à tous leurs neurones d'entrée. Ils finissent par devenir moins sensibles aux légers changements en entrée. Nous obtenons à terme un réseau plus robuste, avec une plus grande capacité de généralisation.

Pour bien comprendre la puissance de l'abandon, il faut réaliser que chaque étape d'entraînement génère un réseau de neurones unique. Puisque chaque neurone peut être présent ou absent, il existe un total de 2^N réseaux possibles (où N est le nombre total de neurones éteignables). Ce nombre est tellement énorme qu'il est quasi impossible que le même réseau de neurones soit produit à deux reprises. Après 10 000 étapes d'entraînement, nous avons en réalité entraîné 10 000 réseaux de neurones différents, chacun avec une seule instance d'entraînement. Ces réseaux de neurones ne sont évidemment pas indépendants, car ils partagent beaucoup de leurs poids, mais ils n'en restent pas moins tous différents. Le réseau de neurones résultant peut être vu comme un ensemble moyen de tous ces réseaux de neurones plus petits.

En pratique, vous pouvez appliquer une régularisation par abandon uniquement aux neurones des une à trois couches supérieures (à l'exception de la couche de sortie).

Il reste un petit détail technique qui a son importance. Supposons que $p = 75\ \%$, c'est-à-dire que, en moyenne, seulement 25 % de l'ensemble des neurones sont actifs à chaque étape durant l'entraînement. Ceci signifie que, après l'entraînement, un neurone sera connecté à quatre fois plus de neurones d'entrée qu'il ne l'a été au cours de l'entraînement. Pour compenser cela, il faut multiplier les poids des connexions d'entrée de chaque neurone par 4 après l'entraînement. Dans le cas contraire, le réseau de neurones ne fonctionnera pas correctement du fait que les données qu'il reçoit sont différentes pendant et après l'entraînement. Plus généralement, après l'entraînement, il faut diviser les poids des connexions d'entrée par la *probabilité de conservation* (*keep probability*) $1-p$ *utilisée durant l'entraînement.*

Pour implémenter la régularisation par abandon avec Keras, nous pouvons mettre en place la couche `tf.keras.layers.Dropout`. Pendant l'entraînement, elle désactive aléatoirement certaines entrées (en les fixant à 0) et divise les entrées restantes par la probabilité de conservation. Après l'entraînement, elle ne fait plus rien ; elle se contente de passer les entrées à la couche suivante. Le code suivant applique la régularisation par abandon avant chaque couche `Dense`, en utilisant un taux d'abandon de 0,2 :

```
model = tf.keras.Sequential([
    tf.keras.layers.Flatten(input_shape=[28, 28]),
    tf.keras.layers.Dropout(rate=0.2),
    tf.keras.layers.Dense(100, activation="relu",
                          kernel_initializer="he_normal"),
    tf.keras.layers.Dropout(rate=0.2),
    tf.keras.layers.Dense(100, activation="relu",
                          kernel_initializer="he_normal"),
    tf.keras.layers.Dropout(rate=0.2),
    tf.keras.layers.Dense(10, activation="softmax")
])
[...] # compilation et entraînement du modèle
```

Puisque l'abandon n'est actif que pendant l'entraînement, comparer la perte d'entraînement et la perte de validation peut induire en erreur. En particulier, un modèle peut surajuster le jeu d'entraînement tout en affichant des pertes d'entraînement et de validation comparables. Pensez à évaluer la perte d'entraînement sans la régularisation par abandon (par exemple, après l'entraînement).

Si vous observez un surajustement du modèle, vous pouvez augmenter le taux d'abandon. À l'inverse, vous devez essayer de diminuer le taux d'abandon si le modèle sous-ajuste le jeu d'entraînement. Il peut également être intéressant d'augmenter le taux d'abandon lorsque les couches sont grandes, pour le réduire avec les petites. Par ailleurs, de nombreuses architectures modernes utilisent l'abandon uniquement après la dernière couche cachée. Vous pouvez tester cette approche si un abandon intégral se révèle trop fort.

La régularisation par abandon a tendance à ralentir la convergence de façon importante, mais, avec les réglages adéquats, elle produit souvent un meilleur modèle. La qualité du résultat compense généralement le temps et le travail supplémentaires, surtout en ce qui concerne les modèles de grande taille.

Pour régulariser un réseau autonormalisant fondé sur la fonction d'activation SELU (comme décrit précédemment), utilisez l'abandon alpha (*alpha dropout*) : cette variante de l'abandon conserve la moyenne et l'écart-type de ses entrées (elle a été décrite dans le même article que SELU, car l'abandon normal empêche l'autonormalisation).

3.5.3 Abandon de Monte Carlo

En 2016, Yarin Gal et Zoubin Ghahramani ont publié un article[94] dans lequel ils ajoutent quelques raisons supplémentaires d'employer l'abandon :

- Premièrement, l'article établit une profonde connexion entre les réseaux à abandon (c'est-à-dire les réseaux de neurones comportant des couches `Dropout`) et l'inférence bayésienne approchée[95]. L'abandon a ainsi reçu une solide justification mathématique.
- Deuxièmement, les auteurs ont introduit une technique puissante appelée *abandon de Monte Carlo* (en anglais et en abrégé, *MC Dropout*). Cette dernière améliore les performances de tout modèle avec abandon entraîné sans avoir à le réentraîner ni même à le modifier, fournit une bien meilleure mesure de l'incertitude du modèle et peut être implémentée en quelques lignes de code seulement.

94. Yarin Gal et Zoubin Ghahramani, « Dropout as a Bayesian Approximation: Representing Model Uncertainty in Deep Learning », *Proceedings of the 33rd International Conference on Machine Learning* (2016), 1050-1059 : *https://homl.info/mcdropout*.

95. Plus précisément, ils ont notamment montré que l'entraînement d'un réseau avec abandon est mathématiquement équivalent à une inférence bayésienne approchée dans un type spécifique de modèle probabiliste appelé *processus gaussien profond* (*deep Gaussian process*).

Si vous trouvez que cela semble trop beau pour être vrai, examinez le code suivant. Cette implémentation complète de l'abandon MC améliore le modèle d'abandon entraîné précédemment sans l'entraîner de nouveau :

```
import numpy as np

y_probas = np.stack([model(X_test, training=True)
                     for sample in range(100)])
y_proba = y_probas.mean(axis=0)
```

Remarquez que `model(X)` est analogue à `model.predict(X)` à ceci près qu'elle renvoie un tenseur plutôt qu'un tableau NumPy, et qu'elle acepte un argument `training`. Dans cet exemple de code, fixer `training=True` garantit que la couche `Dropout` restera active, de sorte que les prédictions seront un peu différentes. Nous effectuons seulement 100 prédictions sur le jeu de test, puis en calculons la moyenne. Plus précisément, chaque appel au modèle renvoie une matrice avec une ligne par instance et une colonne par classe. Puisque le jeu de test comprend 10 000 instances et 10 classes, la forme de cette matrice est [10000, 10]. Nous empilons 100 matrices de cette forme, et `y_probas` est donc un tableau 3D [100, 10000, 10]. Lorsque nous effectuons une moyenne sur la première dimension (`axis=0`), nous obtenons `y_proba`, un tableau de forme [10000, 10], comme ce que nous obtiendrions avec une seule prédiction. C'est tout ! La moyenne sur de multiples prédictions avec l'abandon activé nous donne une estimation de Monte Carlo généralement plus fiable que le résultat d'une seule prédiction sans activer l'abandon. Voyons, par exemple, la prédiction du modèle sur la première instance du jeu de test Fashion MNIST en désactivant l'abandon :

```
>>> model.predict(X_test[:1]).round(3)
array([[0.   , 0.   , 0.   , 0.   , 0.   , 0.024, 0.   , 0.132, 0.   ,
        0.844]], dtype=float32)
```

Le modèle est sûr (à 84,4 %) que cette image appartient à la classe 9 (bottine). Comparez avec la prédiction avec abandon de Monte Carlo :

```
>>> y_proba[0].round(3)
array([0.   , 0.   , 0.   , 0.   , 0.   , 0.067, 0.   , 0.209, 0.001,
       0.723], dtype=float32)
```

Le modèle semble toujours préférer la classe 9 (bottine), mais son taux de confiance a chuté à 72,3 %, tandis que les probabilités estimées pour les classes 5 (sandale) et 7 (sneaker) ont augmenté, ce qui est logique étant donné qu'il s'agit aussi de chaussures.

L'abandon de Monte Carlo tend à améliorer la fiabilité des probabilités estimées du modèle. Ceci signifie qu'il est moins probable qu'il ait confiance tout en ayant tort, ce qui peut constituer un danger : imaginez une voiture sans conducteur ignorant un panneau stop. De plus, il est intéressant de connaître exactement quelles autres classes sont les plus probables. De plus, vous pouvez aussi jeter un œil à l'écart-type des estimations de probabilité (*https://xkcd.com/2110*) :

```
>>> y_std = y_probas.std(axis=0)
>>> y_std[0].round(3)
array([0.   , 0.   , 0.   , 0.001, 0.   , 0.096, 0.   , 0.162, 0.001,
       0.183], dtype=float32)
```

Apparemment, la variance des probabilités estimées de la clsse 9 est importante : l'écart-type est de 0,183, pour une probabilité estimée de 0,723. Si vous deviez construire un système sensible (par exemple, un système médical ou financier), vous prendriez probablement avec une extrême prudence une prédiction aussi incertaine. Vous ne la considéreriez certainement pas comme une prédiction sûre à 84,4 %. Par ailleurs, l'exactitude du modèle a légèrement augmenté, passant de 87,0 % à 87,2 % :

```
>>> y_pred = y_proba.argmax(axis=1)
>>> accuracy = (y_pred == y_test).sum() / len(y_test)
>>> accuracy
0.8717
```

Le nombre d'échantillons utilisés dans Monte Carlo (100 dans cet exemple) est un hyperparamètre que vous pouvez ajuster. Plus il est élevé, plus les prédictions et leurs estimations d'incertitude seront précises. Toutefois, si vous en doutiez, durant la phase d'inférence, le temps de calcul sera également doublé. Par ailleurs, au-delà d'un certain nombre d'échantillons, vous remarquerez peu d'amélioration. Votre travail est donc de trouver le bon compromis entre temps de réponse et exactitude, en fonction de votre application.

Si votre modèle contient d'autres couches ayant un comportement particulier pendant l'entraînement (comme des couches `BatchNormalization`), vous ne devez pas forcer le mode d'entraînement comme nous venons de le faire. À la place, vous devez remplacer les couches `Dropout` par la classe `MCDropout` suivante[96] :

```
class MCDropout(tf.keras.layers.Dropout):
    def call(self, inputs, training=False):
        return super().call(inputs, training=True)
```

Ceci crée une sous-classe de la couche `Dropout` et surcharge la méthode `call()` pour forcer son argument `training` à `True` (voir le chapitre 4). De manière comparable, vous pourriez également définir une classe `MCAlphaDropout` en dérivant de `AlphaDropout`. Si le modèle est créé à partir de zéro, il suffit de remplacer `Dropout` par `MCDropout`. En revanche, si le modèle a déjà été entraîné avec `Dropout`, vous devez créer un nouveau modèle identique à celui existant, mais en remplaçant les couches `Dropout` par `MCDropout`, puis copier les poids du modèle existant dans votre nouveau modèle.

En résumé, l'abandon de Monte Carlo est une technique fantastique qui améliore les modèles à abandon et fournit de meilleures estimations d'incertitude. Bien entendu, puisqu'il s'agit d'un abandon normal pendant l'entraînement, elle sert aussi de régulariseur.

96. Cette classe `MCDropout` est compatible avec toutes les API Keras, y compris l'API Sequential. Si vous vous intéressez uniquement aux API Functional ou Subclassing, il est inutile de créer une classe `MCDropout`. Vous pouvez simplement créer une couche `Dropout` normale et l'appeler avec `training=True`.

3.5.4 Régularisation max-norm

Les réseaux de neurones mettent également souvent en œuvre une autre technique appelée *régularisation max-norm*. Pour chaque neurone, elle contraint les poids **w** des connexions entrantes de sorte que $\|\mathbf{w}\|_2 \leq r$, où r est l'hyperparamètre max-norm et $\|\cdot\|_2$ est la norme ℓ_2.

La régularisation max-norm n'ajoute aucun terme de perte de régularisation à la fonction de perte globale. À la place, elle est généralement mise en œuvre par le calcul de $\|\mathbf{w}\|_2$ après chaque étape d'entraînement, en redimensionnant **w** si nécessaire ($\mathbf{w} \leftarrow \mathbf{w}\frac{r}{\|\mathbf{w}\|_2}$).

En diminuant r, on augmente le niveau de régularisation et on réduit le risque de surajustement. La régularisation max-norm permet également d'atténuer les problèmes d'instabilité des gradients (si la normalisation par lots n'est pas utilisée).

Pour implémenter la régularisation max-norm dans Keras, l'argument `kernel_constraint` de chaque couche cachée doit être fixé à une contrainte `max_norm()` ayant la valeur maximale appropriée :

```
dense = tf.keras.layers.Dense(
    100, activation="relu", kernel_initializer="he_normal",
    kernel_constraint=tf.keras.constraints.max_norm(1.))
```

Après chaque itération d'entraînement, la méthode `fit()` du modèle appelle l'objet renvoyé par `max_norm()`, en lui passant les poids de la couche, et reçoit en retour les poids redimensionnés, qui vont ensuite remplacer les poids de la couche. Au chapitre 4, nous verrons comment définir notre propre fonction de contrainte, si nécessaire, et l'utiliser comme `kernel_constraint`. Les termes constants peuvent également être contraints en précisant l'argument `bias_constraint`.

La fonction `max_norm()` possède un argument `axis`, dont la valeur par défaut est `0`. Une couche `Dense` possède généralement des poids de la forme [*nombre d'entrées*, *nombre de neurones*]. Par conséquent, utiliser `axis=0` signifie que la contrainte max-norm sera appliquée indépendamment à chaque vecteur de poids d'un neurone. Pour utiliser max-norm avec les couches de convolution (voir le chapitre 6), il faut s'assurer que l'argument `axis` de la contrainte `max_norm()` est défini de façon appropriée (en général `axis=[0, 1, 2]`).

3.6 RÉSUMÉ ET CONSEILS PRATIQUES

Dans ce chapitre, nous avons présenté une grande variété de techniques et vous vous demandez peut-être lesquelles vous devez appliquer. Cela dépend de la tâche concernée et il n'existe encore aucun consensus clair, mais j'ai pu déterminer que la configuration donnée au tableau 3.3 fonctionnera très bien dans la plupart des cas, sans exiger un réglage compliqué des hyperparamètres. Cela dit, vous ne devez pas considérer ces valeurs par défaut comme gravées dans le marbre.

Tableau 3.3 – Configuration par défaut d'un réseau de neurones profond

Hyperparamètre	Valeur par défaut
Initialisation du noyau	Initialisation de He
Fonction d'activation	ELU si peu profond ; Swish si profond
Normalisation	Normalisation par lots si profond ; aucune sinon
Régularisation	Arrêt précoce (et décroissance des poids si nécessaire)
Optimiseur	Gradients accélérés de Nesterov ou AdamW
Échéancier d'apprentissage	Évolution selon la performance ou 1cycle

Si le réseau est un simple empilage de couches denses, il peut alors profiter de l'autonormalisation et la configuration donnée au tableau 3.4 doit être employée à la place.

Tableau 3.4 – Configuration par défaut d'un réseau de neurones profond autonormalisant

Hyperparamètre	Valeur par défaut
Initialisation du noyau	Initialisation de LeCun
Fonction d'activation	SELU
Normalisation	Aucune (autonormalisation)
Régularisation	Abandon alpha si nécessaire
Optimiseur	Gradients accélérés de Nesterov
Échéancier d'apprentissage	Évolution selon la performance ou 1cycle

N'oubliez pas de normaliser les caractéristiques d'entrée ! Vous devez également tenter de réutiliser des parties d'un réseau de neurones préentraîné si vous en trouvez un qui résout un problème comparable, ou utiliser un préentraînement non supervisé si les données non étiquetées sont nombreuses, ou utiliser un préentraînement sur une tâche secondaire si vous disposez d'un grand nombre de données étiquetées pour une tâche similaire.

Les recommandations précédentes devraient couvrir la majorité des cas, mais voici quelques exceptions :

- Si vous avez besoin d'un modèle creux, vous pouvez employer la régularisation ℓ_1 (et, éventuellement, la mise à zéro des poids très faibles après l'entraînement). Si vous avez besoin d'un modèle encore plus creux, vous pouvez utiliser la boîte à outils d'optimisation de modèle de TensorFlow (*TensorFlow model optimization toolkit*, ou TF-MOT). Puisque cela mettra fin à l'autonormalisation, vous devez, dans ce cas, opter pour la configuration par défaut.

- Si vous avez besoin d'un modèle à faible temps de réponse (s'il doit effectuer des prédictions en un éclair), il vous faudra peut-être utiliser un nombre plus faible de couches, utiliser une fonction d'activation rapide telle que ReLU ou Leaky ReLU, et intégrer les couches de normalisation par lots dans les couches précédentes après l'entraînement. Un modèle creux pourra également être utile. Enfin, vous pouvez réduire la précision des nombres à virgule flottante de 32 à 16, voire 8 bits (voir § 11.2). Là aussi, envisagez l'utilisation de TF-MOT.
- Si vous développez une application sensible ou si le temps d'attente des prédictions n'est pas très important, vous pouvez utiliser l'abandon de Monte Carlo pour augmenter les performances et obtenir des estimations de probabilités plus fiables, avec des estimations d'incertitude.

Avec ces conseils, vous êtes paré pour entraîner des réseaux très profonds ! J'espère que vous êtes à présent convaincu que vous pouvez aller très loin en utilisant simplement l'API très pratique de Keras. Toutefois, le moment viendra probablement où vous aurez besoin d'un contrôle plus important, par exemple pour écrire une fonction de perte personnalisée ou pour adapter l'algorithme d'entraînement. Dans de tels cas, vous devrez vous tourner vers l'API de bas niveau de TensorFlow, qui sera décrite au prochain chapitre.

3.7 EXERCICES

1. Quel problème l'initialisation de Glorot et l'initialisation de He cherchent-elles à résoudre ?
2. Peut-on donner la même valeur initiale à tous les poids si celle-ci est choisie au hasard avec l'initialisation de He ?
3. Peut-on initialiser les termes constants à zéro ?
4. Dans quels cas utiliseriez-vous chacune des fonctions d'activation présentées dans ce chapitre ?
5. Que peut-il se passer lorsqu'un optimiseur `SGD` est utilisé et que l'hyperparamètre `momentum` est trop proche de 1 (par exemple, 0,99999) ?
6. Donnez trois façons de produire un modèle creux.
7. La régularisation par abandon ralentit-elle l'entraînement ? Ralentit-elle l'inférence (c'est-à-dire les prédictions sur de nouvelles instances) ? Qu'en est-il de l'abandon MC ?
8. Effectuez l'entraînement d'un réseau de neurones profond sur le jeu de données d'images CIFAR10 :
   a. Construisez un réseau de neurones profond constitué de 20 couches cachées, chacune avec 100 neurones (c'est trop, mais c'est la raison de cet exercice). Utilisez l'initialisation de He et la fonction d'activation Swish.
   b. En utilisant l'optimisation Nadam et l'arrêt précoce, entraînez-le sur le jeu de données CIFAR10. Vous pouvez le charger avec `tf.keras.datasets.cifar10.load_data()`. Le jeu de

données est constitué de 60 000 images en couleur de 32×32 pixels (50 000 pour l'entraînement, 10 000 pour les tests) avec 10 classes. Vous aurez donc besoin d'une couche de sortie softmax comportant 10 neurones. N'oubliez pas de rechercher le taux d'apprentissage approprié chaque fois que vous modifiez l'architecture ou les hyperparamètres du modèle.

c. Ajoutez à présent la normalisation par lots et comparez les courbes d'apprentissage. La convergence se fait-elle plus rapidement ? Le modèle obtenu est-il meilleur ? En quoi la rapidité d'entraînement est-elle affectée ?

d. Remplacez la normalisation par lots par SELU et procédez aux ajustements nécessaires pour que le réseau s'autonormalise (autrement dit, centrez et réduisez les variables d'entrée, utilisez l'initialisation normale de LeCun, assurez-vous que le DNN contient uniquement une suite de couches denses, etc.).

e. Essayez de régulariser le modèle avec l'abandon alpha. Puis, sans réentraîner votre modèle, voyez si vous pouvez obtenir une meilleure exactitude avec l'abandon MC.

f. Réentraînez votre modèle en utilisant la planification 1cycle et voyez si cela améliore sa vitesse d'entraînement et son exactitude.

Les solutions de ces exercices sont données à l'annexe A.

4

Modèles personnalisés et entraînement avec TensorFlow

Depuis le début de cet ouvrage, nous avons employé uniquement l'API de haut niveau de TensorFlow, Keras. Elle nous a permis d'aller déjà assez loin : nous avons construit plusieurs architectures de réseaux de neurones, notamment des réseaux de régression et de classification, des réseaux Wide & Deep et des réseaux autonormalisants, en exploitant différentes techniques, comme la normalisation par lots, l'abandon et les échéanciers de taux d'apprentissage.

En pratique, 95 % des cas d'utilisation que vous rencontrerez n'exigeront rien de plus que tf.keras (et tf.data ; voir le chapitre 5). Toutefois, il est temps à présent de plonger au cœur de TensorFlow et d'examiner son API Python de bas niveau (*https://homl.info/tf2api*). Elle devient indispensable lorsque nous avons besoin d'un contrôle supplémentaire pour écrire des fonctions de perte personnalisées, des métriques personnalisées, des couches, des modèles, des initialiseurs, des régulariseurs, des contraintes de poids, etc. Il peut même arriver que nous ayons besoin d'un contrôle total sur la boucle d'entraînement, par exemple pour appliquer des transformations ou des contraintes particulières sur les gradients (au-delà du simple écrêtage) ou pour utiliser plusieurs optimiseurs dans différentes parties du réseau.

Dans ce chapitre, nous allons examiner tous ces cas et nous verrons également comment améliorer nos modèles personnalisés et nos algorithmes d'entraînement en exploitant la fonctionnalité TensorFlow de génération automatique d'un graphe. Mais commençons par un rapide aperçu de TensorFlow.

4.1 PRÉSENTATION RAPIDE DE TENSORFLOW

TensorFlow est une bibliothèque logicielle puissante destinée au calcul numérique. Elle est particulièrement bien adaptée et optimisée pour l'apprentissage automatique (*Machine Learning*, ou ML) à grande échelle, mais elle peut être employée pour toute tâche nécessitant beaucoup de calculs. Elle a été développée par l'équipe Google Brain et se trouve au cœur de nombreux services à grande échelle de Google, comme Google Cloud Speech, Google Photos et Google Search. Elle est passée en open source en novembre 2015 et est désormais la bibliothèque de Deep Learning la plus utilisée[97]. Un nombre incalculable de projets utilisent TensorFlow pour toutes sortes de tâches d'apprentissage automatique, comme la classification d'images, le traitement automatique du langage naturel, les systèmes de recommandation et les prévisions sur séries chronologiques.

Voici un récapitulatif des possibilités offertes par TensorFlow :

- Son noyau est très similaire à NumPy, mais il gère les processeurs graphiques.
- Il permet de distribuer les calculs (sur plusieurs processeurs et serveurs).
- Il dispose d'un compilateur à la volée (JIT, *just-in-time*) capable d'optimiser les calculs, en termes de rapidité et d'encombrement mémoire. Ce compilateur extrait le *graphe de calcul* d'une fonction Python, l'optimise (par exemple, en élaguant les nœuds inutilisés) et l'exécute efficacement (par exemple, en exécutant automatiquement en parallèle les opérations indépendantes).
- Les graphes de calcul peuvent être exportés dans un format portable, ce qui nous permet d'entraîner un modèle TensorFlow dans un environnement (par exemple, en utilisant Python sur Linux) et de l'exécuter dans un autre (par exemple, en utilisant Java sur un appareil Android).
- Il implémente la différentiation automatique en mode inverse (voir le chapitre 2 et l'annexe B) et fournit plusieurs optimiseurs excellents, comme RMSProp et Nadam (voir le chapitre 3). Il est donc facile de minimiser toutes sortes de fonctions de perte.

TensorFlow offre de nombreuses autres fonctionnalités construites au-dessus de ces fonctions de base, la plus importante étant Keras[98], mais on trouve également des outils de chargement et de prétraitement des données (`tf.data`, `tf.io`, etc.), des outils de traitement d'images (`tf.image`), des outils de traitement du signal (`tf.signal`), et d'autres encore. La figure 4.1 donne une vue d'ensemble de l'API Python de TensorFlow.

97. Cependant, la bibliothèque PyTorch de Facebook est à l'heure actuelle la plus utilisée dans le milieu universitaire : on trouve davantage de publications citant PyTorch que TensorFlow ou Keras. Néanmoins, la bibliothèque JAX de Google prend un bel essor, tout particulièrement dans ce secteur universitaire.

98. TensorFlow possédait une autre API de Deep Learning appelée *Estimators API*, désormais obsolète.

Nous examinerons plusieurs packages et fonctions de l'API de TensorFlow, mais il est impossible d'en étudier l'intégralité. Prenez le temps de parcourir l'API, vous découvrirez combien elle est riche et bien documentée.

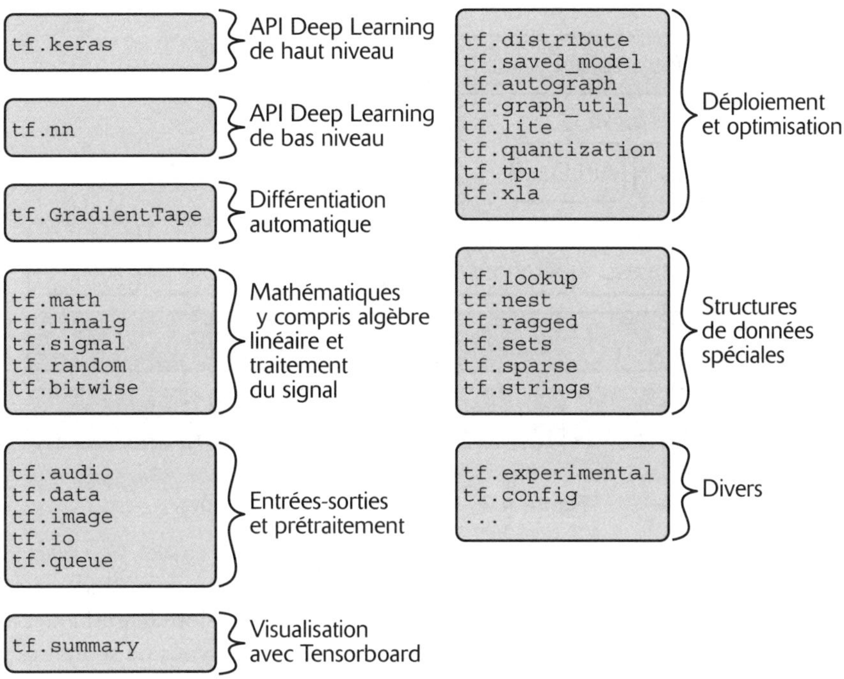

Figure 4.1 – API Python de TensorFlow

Au niveau le plus bas, chaque opération TensorFlow est implémentée par du code C++ extrêmement efficace[99].

De nombreuses opérations disposent de plusieurs implémentations appelées *noyaux* (*kernels*) : chaque noyau est dédié à un type de processeur spécifique, qu'il s'agisse de CPU, de GPU ou même de TPU (*tensor processing unit*). Les GPU sont capables d'accélérer considérablement les calculs en les découpant en portions plus petites et en les exécutant en parallèle sur de nombreux threads de GPU. Les TPU sont encore plus efficaces : il s'agit de circuits intégrés ASIC spécialisés dans les opérations de Deep Learning[100] (le chapitre 11 explique comment utiliser TensorFlow avec des GPU et des TPU).

99. Si jamais vous en aviez besoin, mais ce ne sera probablement pas le cas, vous pouvez écrire vos propres opérations à l'aide de l'API C++.

100. Pour de plus amples informations sur les TPU et leur fonctionnement, consultez la page *https://homl.info/tpus*.

L'architecture de TensorFlow est illustrée à la figure 4.2. La plupart du temps, le code exploitera les API de haut niveau, en particulier tf.keras et tf.data, mais, si vous souhaitez plus de flexibilité, vous emploierez l'API Python de plus bas niveau, en gérant directement des tenseurs. Dans tous les cas, le moteur d'exécution de TensorFlow se charge d'exécuter efficacement les opérations, même sur plusieurs processeurs et machines si vous le lui demandez.

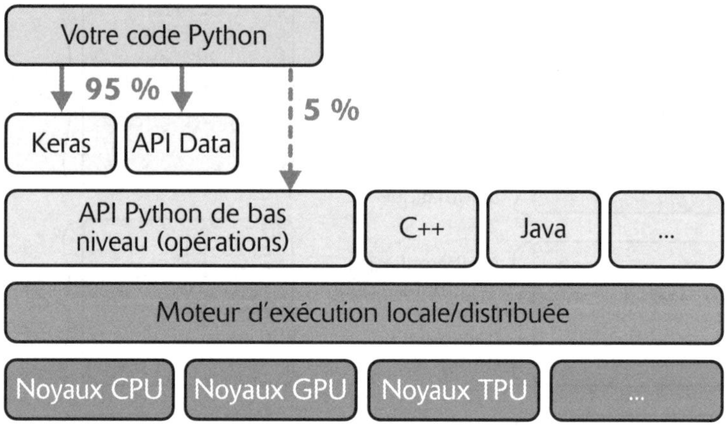

Figure 4.2 – Architecture de TensorFlow

TensorFlow s'exécute non seulement sur les ordinateurs sous Windows, Linux et macOS, mais également sur les appareils mobiles, en version *TensorFlow Lite*, aussi bien sous iOS que sous Android (voir le chapitre 11). Si vous ne souhaitez pas utiliser l'API Python, il existe des API C++, Java et Swift. Il existe même une version JavaScript appelée *TensorFlow.js* qui vous permet d'exécuter vos modèles directement dans votre navigateur.

TensorFlow ne se limite pas à sa bibliothèque. Il est au cœur d'un vaste écosystème de bibliothèques. On trouve en premier lieu TensorBoard pour la visualisation (voir le chapitre 2). TensorFlow Extended (TFX) (*https://tensorflow.org/tfx*) est un ensemble de bibliothèques développées par Google pour la mise en production des projets TensorFlow : il fournit des outils de validation des données de prétraitement, d'analyse des modèles et de service (avec TF Serving ; voir le chapitre 11). *TensorFlow Hub* de Google apporte une solution simple de téléchargement et de réutilisation de réseaux de neurones préentraînés. Vous pouvez également trouver de nombreuses architectures de réseaux de neurones, certains préentraînés, dans le « jardin » de modèles TensorFlow (*https://github.com/tensorflow/models/*). D'autres projets fondés sur TensorFlow sont disponibles sur le site TensorFlow Resources (*https://www.tensorflow.org/resources*) ainsi que sur *https://github.com/jtoy/awesome-tensorflow*. Des centaines de projets TensorFlow sont présents sur GitHub et permettent de trouver facilement du code existant correspondant à ce que vous souhaitez faire.

De plus en plus d'articles sur l'apprentissage automatique proposent leurs implémentations et, parfois, des modèles préentraînés. Pour les retrouver facilement, consultez le site *https://paperswithcode.com*.

Dernier point, mais non le moindre, une équipe de développeurs passionnés et secourables ainsi qu'une large communauté contribuent à l'amélioration de TensorFlow. Vous pouvez poser des questions techniques sur *https://stackoverflow.com* en y ajoutant les étiquettes *tensorflow* et *python*. Pour signaler des bogues ou demander des fonctionnalités, il faut passer par GitHub (*https://github.com/tensorflow/tensorflow*). Les discussions générales se font sur le forum TensorFlow (*https://discuss.tensorflow.org*).

Il est temps à présent de commencer à coder !

4.2 UTILISER TENSORFLOW COMME NUMPY

L'API de TensorFlow s'articule autour des *tenseurs*, qui circulent d'une opération à l'autre, d'où le nom « flux de tenseurs », ou *TensorFlow*. Un tenseur est très similaire à un `ndarray` dans NumPy : c'est habituellement un tableau multidimensionnel, mais il peut également contenir un scalaire (une simple valeur comme `42`). Ces tenseurs seront importants lors de la création de fonctions de coût personnalisées, de métriques personnalisées, de couches personnalisées, etc. : voyons donc comment les créer et les manipuler.

4.2.1 Tenseurs et opérations

Nous pouvons créer un tenseur avec `tf.constant()`. Voici par exemple un tenseur qui représente une matrice à deux lignes et trois colonnes de nombres à virgule flottante :

```
>>> t = tf.constant([[1., 2., 3.], [4., 5., 6.]]) # matrice
>>> t
<tf.Tensor: shape=(2, 3), dtype=float32, numpy=
array([[1., 2., 3.],
       [4., 5., 6.]], dtype=float32)>
```

À l'instar d'un `ndarray`, un `tf.Tensor` possède une forme et un type de données (`dtype`) :

```
>>> t.shape
TensorShape([2, 3])
>>> t.dtype
tf.float32
```

L'utilisation des indices est comparable à celle de NumPy :

```
>>> t[:, 1:]
<tf.Tensor: shape=(2, 2), dtype=float32, numpy=
array([[2., 3.],
       [5., 6.]], dtype=float32)>
>>> t[..., 1, tf.newaxis]
<tf.Tensor: shape=(2, 1), dtype=float32, numpy=
array([[2.],
       [5.]], dtype=float32)>
```

Mais le plus important est que des opérations de toutes sortes sur les tenseurs sont possibles :

```
>>> t + 10
<tf.Tensor: shape=(2, 3), dtype=float32, numpy=
array([[11., 12., 13.],
       [14., 15., 16.]], dtype=float32)>
>>> tf.square(t)
<tf.Tensor: shape=(2, 3), dtype=float32, numpy=
array([[ 1.,  4.,  9.],
       [16., 25., 36.]], dtype=float32)>
>>> t @ tf.transpose(t)
<tf.Tensor: shape=(2, 2), dtype=float32, numpy=
array([[14., 32.],
       [32., 77.]], dtype=float32)>
```

Écrire `t + 10` équivaut à appeler `tf.add(t, 10)` (en réalité, Python appelle la méthode magique `t.__add__(10)`, qui appelle simplement `tf.add(t, 10)`). D'autres opérateurs comme `-` et `*` sont également reconnus. L'opérateur `@` a été ajouté dans Python 3.5 pour la multiplication de matrices ; il équivaut à un appel à la fonction `tf.matmul()`.

De nombreuses fonctions et classes possèdent des alias. Ainsi, `tf.add()` et `tf.math.add()` correspondent à la même fonction. Ceci permet à TensorFlow d'avoir des noms concis pour les opérations les plus courantes[101], tout en préservant une bonne organisation des packages.

Un tenseur peut aussi contenir une valeur scalaire. Dans ce cas, sa forme (en anglais, *shape*) est vide :

```
>>> tf.constant(42)
<tf.Tensor: shape=(), dtype=int32, numpy=42>
```

101. On notera toutefois une exception notable, `tf.math.log()`, qui est couramment utilisée mais ne possède pas d'alias `tf.log()`, car cela pourrait prêter à confusion avec `tf.logging`.

> L'API Keras possède sa propre API de bas niveau, dans `tf.keras.backend`. Ce package est d'ordinaire importé sous le nom `K`, par souci de concision. Il comporte des fonctions telles que `K.square()`, `K.exp()` et `K.sqrt()`, que vous rencontrerez peut-être dans du code existant : c'était utile pour écrire du code portable à l'époque où Keras admettait plusieurs backends. Mais maintenant que Keras ne fonctionne qu'avec TensorFlow, vous pouvez appeler l'API de bas niveau de TensorFlow directement (p. ex. `tf.square()` au lieu de `K.square()`). Techniquement, `K.square()` et compagnie sont toujours là pour garantir la compatibilité ascendante, mais la documentation du package `tf.keras.backend` ne présente que quelques fonctions utilitaires comme `clear_session()` (mentionnée au chapitre 2).

Toutes les opérations mathématiques de base dont nous avons besoin (`tf.add()`, `tf.multiply()`, `tf.square()`, `tf.exp()`, `tf.sqrt()`, etc.) et la plupart des opérations existantes dans NumPy (par exemple, `tf.reshape()`, `tf.squeeze()`, `tf.tile()`) sont disponibles. Certaines fonctions n'ont pas le même nom que dans NumPy ; par exemple, `tf.reduce_mean()`, `tf.reduce_sum()`, `tf.reduce_max()` et `tf.math.log()` sont les équivalents de `np.mean()`, `np.sum()`, `np.max()` et `np.log()`. Lorsque les noms diffèrent, c'est d'ordinaire pour une bonne raison. Par exemple, dans TensorFlow, nous devons écrire `tf.transpose(t)` et non pas simplement `t.T` comme dans NumPy. En effet, la fonction `tf.transpose()` ne fait pas exactement la même chose que l'attribut `T` de NumPy. Dans TensorFlow, un nouveau tenseur est créé avec sa propre copie des données permutées, tandis que, dans NumPy, `t.T` n'est qu'une vue permutée sur les mêmes données. De façon comparable, l'opération `tf.reduce_sum()` se nomme ainsi car son noyau GPU (c'est-à-dire son implémentation pour processeur graphique) utilise un algorithme de réduction qui ne garantit pas l'ordre dans lequel les éléments sont ajoutés : en raison de la précision limitée des nombres à virgule flottante sur 32 bits, le résultat peut changer très légèrement chaque fois que nous appelons cette opération. C'est la même chose pour `tf.reduce_mean()` (mais `tf.reduce_max()` est évidemment déterministe).

4.2.2 Tenseurs et NumPy

Les tenseurs travaillent parfaitement de concert avec NumPy : nous pouvons créer un tenseur à partir d'un tableau NumPy, et inversement. Nous pouvons même appliquer des opérations TensorFlow à des tableaux NumPy et des opérations NumPy à des tenseurs :

```
>>> import numpy as np
>>> a = np.array([2., 4., 5.])
>>> tf.constant(a)
<tf.Tensor: id=111, shape=(3,), dtype=float64, numpy=array([2., 4., 5.])>
>>> t.numpy() # ou np.array(t)
array([[1., 2., 3.],
       [4., 5., 6.]], dtype=float32)
>>> tf.square(a)
<tf.Tensor: id=116, shape=(3,), dtype=float64, numpy=array([4., 16., 25.])>
```

```
>>> np.square(t)
array([[ 1.,  4.,  9.],
       [16., 25., 36.]], dtype=float32)
```

Notez que NumPy utilise par défaut une précision sur 64 bits, tandis que celle de TensorFlow se limite à 32 bits. En effet, une précision sur 32 bits est généralement suffisante pour les réseaux de neurones, sans compter que l'exécution est ainsi plus rapide et l'encombrement mémoire plus faible. Par conséquent, lorsque vous créez un tenseur à partir d'un tableau NumPy, n'oubliez pas d'indiquer `dtype=tf.float32`.

4.2.3 Conversions de type

Les conversions de type peuvent impacter fortement les performances et elles sont facilement invisibles lorsqu'elles se font automatiquement. Pour éviter cela, TensorFlow n'effectue aucune conversion de type de manière automatique. Si nous tentons d'exécuter une opération sur des tenseurs de types incompatibles, une exception est simplement lancée. Par exemple, l'addition d'un tenseur réel et d'un tenseur entier n'est pas possible, pas plus que celle d'un nombre à virgule flottante sur 32 bits et d'un autre sur 64 bits :

```
>>> tf.constant(2.) + tf.constant(40)
[...] InvalidArgumentError: [...] expected to be a float tensor [...]
>>> tf.constant(2.) + tf.constant(40., dtype=tf.float64)
[...] InvalidArgumentError: [...] expected to be a float tensor [...]
```

Au premier abord, cela peut sembler quelque peu gênant, mais il faut se rappeler que c'est pour la bonne cause ! Et, bien entendu, nous pouvons toujours utiliser `tf.cast()` si nous avons également besoin de convertir des types :

```
>>> t2 = tf.constant(40., dtype=tf.float64)
>>> tf.constant(2.0) + tf.cast(t2, tf.float32)
<tf.Tensor: id=136, shape=(), dtype=float32, numpy=42.0>
```

4.2.4 Variables

Les valeurs `tf.Tensor` que nous avons vues jusqu'à présent sont immuables : elles ne sont pas modifiables. Cela signifie que les poids d'un réseau de neurones ne peuvent pas être représentés par des tenseurs normaux car la rétropropagation doit être en mesure de les ajuster. Par ailleurs, d'autres paramètres doivent pouvoir évoluer au fil du temps (par exemple, un optimiseur à inertie conserve la trace des gradients antérieurs). Nous avons donc besoin d'un `tf.Variable` :

```
>>> v = tf.Variable([[1., 2., 3.], [4., 5., 6.]])
>>> v
<tf.Variable 'Variable:0' shape=(2, 3) dtype=float32, numpy=
array([[1., 2., 3.],
       [4., 5., 6.]], dtype=float32)>
```

Un `tf.Variable` fonctionne de manière comparable à `tf.Tensor` : vous pouvez réaliser les mêmes opérations, il s'accorde parfaitement avec NumPy et il est aussi pointilleux sur les types. En revanche, il peut également être modifié en place à l'aide de la méthode `assign()` (ou `assign_add()` ou `assign_sub()`, qui incrémente ou décrémente la variable de la valeur indiquée). Vous pouvez également modifier une cellule, ou une tranche de cellules, à l'aide de sa méthode `assign()`, ou en utilisant les méthodes `scatter_update()` et `scatter_nd_update()` :

```
v.assign(2 * v)           # => v vaut maintenant [[2., 4., 6.], [8., 10., 12.]]
v[0, 1].assign(42)        # => v vaut maintenant
                          # [[2., 42., 6.], [8., 10., 12.]]
v[:, 2].assign([0., 1.]) # => v vaut maintenant [[2., 42., 0.], [8., 10., 1.]]
v.scatter_nd_update(      # v vaut maintenant
                          # [[100., 42., 0.], [8., 10., 200.]]
    indices=[[0, 0], [1, 2]], updates=[100., 200.])
```

L'affectation directe ne fonctionnera pas :

```
>>> v[1] = [7., 8., 9.]
[...] TypeError: 'ResourceVariable' object does not support item assignment
```

En pratique, la création manuelle de variables sera plutôt rare ; Keras fournit une méthode `add_weight()` qui s'en charge. Par ailleurs, puisque les paramètres d'un modèle seront généralement actualisés directement par les optimiseurs, vous aurez rarement besoin d'actualiser manuellement des variables.

4.2.5 Autres structures de données

TensorFlow prend en charge plusieurs autres structures de données, notamment les suivantes (pour de plus amples détails, consultez la section « Other Data Structures » dans le notebook[102] ou l'annexe D) :

- *Tenseurs creux* (`tf.SparseTensor`)

  Une représentation efficace de tenseurs qui contiennent principalement des zéros. Le package `tf.sparse` fournit des opérations destinées aux tenseurs creux (*sparse tensor*).

- *Tableaux de tenseurs* (`tf.TensorArray`)

  Il s'agit de listes de tenseurs. Ces tableaux ont une longueur fixée par défaut, mais ils peuvent éventuellement être rendus extensibles. Tous les tenseurs qu'ils contiennent doivent avoir la même forme et le même type de données.

- *Tenseurs irréguliers* (`tf.RaggedTensor`)

  Les tenseurs irréguliers (en anglais, *ragged tensors*) sont des listes de tenseurs, chaque tenseur ayant le même rang et le même type de données, mais étant de taille différente. Les dimensions selon lesquelles les tenseurs varient sont appelées *dimensions irrégulières* (en anglais, *ragged dimensions*). Le package `tf.ragged` fournit plusieurs opérations s'appliquant aux tenseurs irréguliers.

- *Tenseurs chaînes de caractères*

  Ces tenseurs réguliers sont de type `tf.string`. Ils représentent des chaînes de caractères sur 8 bits, et non des chaînes de caractères Unicode. Par conséquent,

102. Voir « 12_custom_models_and_training_with_tensorflow.ipynb » sur *https://homl.info/colab3*.

si nous créons un tel tenseur à partir d'une chaîne de caractères Unicode (par exemple, une chaîne Python 3 normale comme `"café"`), elle sera encodée automatiquement au format UTF-8 (par exemple, `b"caf\xc3\xa9"`). Nous pouvons également représenter des chaînes de caractères Unicode en utilisant des tenseurs de type `tf.int32`, où chaque élément représente un point de code Unicode (par exemple, `[99, 97, 102, 233]`). Le package `tf.strings` (avec un `s`) dispose d'opérations pour les deux types de chaînes de caractères, et pour les conversions de l'une à l'autre. Il est important de noter qu'un objet `tf.string` est atomique, c'est-à-dire que sa longueur n'apparaît pas dans la forme du tenseur. Après qu'il a été converti en un tenseur Unicode (autrement dit, un tenseur de type `tf.int32` contenant des points de code), la longueur est présente dans la forme.

- *Ensembles*

  Ils sont représentés sous forme de tenseurs normaux (ou de tenseurs creux). Par exemple, `tf.constant([[1, 2], [3, 4]])` représente les deux ensembles {1, 2} et {3, 4}. Plus généralement, chaque ensemble est représenté par un vecteur dans le dernier axe du tenseur. Les ensembles se manipulent à l'aide des opérations provenant du package `tf.sets`.

- *Files d'attente*

  Les files d'attente stockent des tenseurs au cours de plusieurs étapes. TensorFlow propose différentes sortes de files d'attente : FIFO (*first in, first out*) simples (`FIFOQueue`), files permettant de donner la priorité à certains éléments (`PriorityQueue`), de mélanger leurs éléments (`RandomShuffleQueue`), et de compléter des éléments de formes différentes par remplissage (`PaddingFIFOQueue`). Toutes ces classes sont fournies par le package `tf.queue`.

Grâce aux tenseurs, aux opérations, aux variables et aux différentes structures de données, vous pouvez à présent personnaliser vos modèles et entraîner des algorithmes !

4.3 PERSONNALISER DES MODÈLES ET ENTRAÎNER DES ALGORITHMES

Nous allons commencer par créer une fonction de perte personnalisée, car il s'agit d'un cas d'utilisation simple et fréquent.

4.3.1 Fonctions de perte personnalisées

Supposez que vous souhaitiez entraîner un modèle de régression, mais que votre jeu d'entraînement comporte un peu trop de bruit. Bien entendu, vous commencez par tenter un nettoyage du jeu de données en supprimant ou en corrigeant les données aberrantes, mais cela se révèle insuffisant ; le jeu de données comporte toujours trop de bruit. Quelle fonction de perte devez-vous employer ? L'erreur quadratique moyenne risque de donner trop d'importance aux valeurs excentrées et de rendre votre modèle imprécis. L'erreur absolue moyenne sera moins pénalisée par ces valeurs extrêmes, mais la convergence de l'entraînement va probablement prendre du temps et le modèle entraîné risque d'être peu précis. C'est peut-être le bon moment de vous tourner vers la perte de Huber (introduite au chapitre 2) à la place de la bonne vieille MSE. La perte de Huber est proposée dans Keras (il suffit d'utiliser une instance de la classe `keras.losses.Huber`), mais supposons qu'elle ne s'y trouve pas. Pour l'implémenter, vous créez une fonction qui prend en arguments les étiquettes et les prédictions et qui utilise des opérations TensorFlow pour calculer un tenseur contenant toutes les pertes (une par instance) :

```
def huber_fn(y_true, y_pred):
    error = y_true - y_pred
    is_small_error = tf.abs(error) < 1
    squared_loss = tf.square(error) / 2
    linear_loss  = tf.abs(error) - 0.5
    return tf.where(is_small_error, squared_loss, linear_loss)
```

Pour de meilleures performances, vous devez utiliser une implémentation vectorisée, comme c'est le cas dans cet exemple. Par ailleurs, pour bénéficier des fonctionnalités d'optimisation des graphes de TensorFlow, il faut employer uniquement des opérations TensorFlow.

Il est également possible de retourner la perte moyenne au lieu des pertes des instances prises individuellement, mais ce n'est pas recommandé car il serait alors impossible d'utiliser des poids de classe ou des poids d'instance en fonction des besoins (voir le chapitre 2).

Vous pouvez à présent utiliser cette fonction de perte de Huber lors de la compilation du modèle Keras, puis entraîner celui-ci comme d'habitude :

```
model.compile(loss=huber_fn, optimizer="nadam")
model.fit(X_train, y_train, [...])
```

Et voilà ! Pendant l'entraînement, Keras appelle la fonction `huber_fn()` pour chaque lot de façon à calculer la perte, puis utilise autodiff pour calculer les gradients de perte par rapport à chacun des paramètres du modèle, et effectue enfin une étape de descente de gradient (en utilisant dans cet exemple l'optimiseur Nadam). Il conserve également une trace de la perte totale depuis le début de l'époque et affiche la perte moyenne.

Mais que devient cette perte personnalisée lorsque vous enregistrez le modèle ?

4.3.2 Enregistrer et charger des modèles contenant des composants personnalisés

L'enregistrement d'un modèle qui contient une fonction de perte personnalisée ne pose pas de problème, mais lorsque vous le rechargez, vous devez fournir un dictionnaire qui associe le nom de la fonction à la fonction réelle. Plus généralement, lorsque vous chargez un modèle qui contient des objets personnalisés, vous devez établir le lien entre les noms et les objets :

```
model = tf.keras.models.load_model("my_model_with_a_custom_loss",
                                   custom_objects={"huber_fn": huber_fn})
```

Si vous ajoutez le décorateur `@keras.utils.register_keras_serializable()` à la fonction `huber_fn()`, elle sera automatiquement rendue disponible pour la fonction `load_model()` : il ne sera pas nécessaire de l'inclure dans le dictionnaire `custom_objects`.

Dans l'implémentation actuelle, toute erreur entre –1 et 1 est considérée comme « petite ». Mais, comment mettre en place un seuil différent ? Une solution consiste à créer une fonction qui configure une fonction de perte :

```
def create_huber(threshold=1.0):
    def huber_fn(y_true, y_pred):
        error = y_true - y_pred
        is_small_error = tf.abs(error) < threshold
        squared_loss = tf.square(error) / 2
        linear_loss  = threshold * tf.abs(error) - threshold ** 2 / 2
        return tf.where(is_small_error, squared_loss, linear_loss)
    return huber_fn

model.compile(loss=create_huber(2.0), optimizer="nadam")
```

Malheureusement, lorsque vous enregistrez le modèle, le seuil `threshold` n'est pas sauvegardé. Autrement dit, vous devrez fixer la valeur de `threshold` au moment du chargement du modèle (notez que le nom à utiliser est `"huber_fn"`, c'est-à-dire le nom de la fonction que vous avez donnée à Keras, et non `"create_huber"`, qui est le nom de la fonction qui a créé la fonction `huber_fn`) :

```
model = tf.keras.models.load_model(
    "my_model_with_a_custom_loss_threshold_2",
    custom_objects={"huber_fn": create_huber(2.0)}
)
```

Pour résoudre ce problème, vous pouvez créer une sous-classe de `tf.keras.losses.Loss`, puis implémenter sa méthode `get_config()`:

```
class HuberLoss(tf.keras.losses.Loss):
    def __init__(self, threshold=1.0, **kwargs):
        self.threshold = threshold
        super().__init__(**kwargs)
    def call(self, y_true, y_pred):
        error = y_true - y_pred
        is_small_error = tf.abs(error) < self.threshold
        squared_loss = tf.square(error) / 2
        linear_loss  = self.threshold * tf.abs(error) - self.threshold**2 / 2
        return tf.where(is_small_error, squared_loss, linear_loss)
    def get_config(self):
        base_config = super().get_config()
        return {**base_config, "threshold": self.threshold}
```

Examinons ce code :

- Le constructeur accepte `**kwargs` et les passe au constructeur parent, qui s'occupe des hyperparamètres standard : le nom de la perte (`name`) et l'algorithme (`reduction`) à utiliser pour agréger les pertes des instances individuelles. Par défaut, il s'agit de `"AUTO"` qui équivaut à `"SUM_OVER_BATCH_SIZE"`.

Autrement dit, la perte sera la somme des pertes des instances, pondérées par leurs poids, le cas échéant, et divisée par la taille du lot (et non par la somme des poids ; ce n'est donc pas la moyenne pondérée)[103]. Il y a d'autres valeurs possibles, comme "SUM" et "NONE".

- La méthode `call()` reçoit les étiquettes et des prédictions, calcule toutes les pertes d'instance et les retourne.
- La méthode `get_config()` retourne un dictionnaire qui associe chaque nom d'hyperparamètre à sa valeur. Elle commence par invoquer la méthode `get_config()` de la classe parent, puis ajoute les nouveaux hyperparamètres à ce dictionnaire[104].

Vous pouvez alors utiliser une instance de cette classe lors de la compilation du modèle :

```
model.compile(loss=HuberLoss(2.), optimizer="nadam")
```

Lorsque vous enregistrez le modèle, le seuil est également sauvegardé. Lorsque vous le chargez, vous devez simplement lier le nom de la classe à la classe elle-même :

```
model = tf.keras.models.load_model("my_model_with_a_custom_loss_class",
                                   custom_objects={"HuberLoss": HuberLoss})
```

Lors de l'enregistrement d'un modèle, Keras appelle la méthode `get_config()` de l'instance de la perte et sauvegarde la configuration au format SavedModel. Au chargement du modèle, il invoque la méthode de classe `from_config()` sur la classe `HuberLoss` : elle est implémentée par la classe de base (`Loss`) et crée une instance de la classe, en passant `**config` au constructeur.

Voilà tout pour les pertes ! On ne peut pas dire que c'était trop difficile. Il en va de même pour les fonctions d'activation, les initialiseurs, les régulariseurs et les contraintes personnalisés. Voyons cela.

4.3.3 Fonctions d'activation, initialiseurs, régulariseurs et contraintes personnalisés

La plupart des fonctionnalités de Keras, comme les pertes, les régulariseurs, les contraintes, les initialiseurs, les métriques, les fonctions d'activation, les couches et même les modèles complets, peuvent être personnalisés en procédant de façon similaire.

En général, il suffit d'écrire une simple fonction disposant des entrées et des sorties appropriées. Voici des exemples de personnalisation d'une fonction d'activation (équivalente à `tf.keras.activations.softplus()` ou `tf.nn.softplus()`), d'un initialiseur de Glorot (équivalent à `tf.keras.initializers.glorot_normal()`), d'un régulariseur ℓ_1 (équivalent à `tf.keras.regularizers.`

103. L'utilisation d'une moyenne pondérée n'est pas une bonne idée. En effet, deux instances de même poids mais provenant de lots différents auraient alors un impact différent sur l'entraînement, en fonction du poids total de chaque lot.

104. La syntaxe `{**x, [...]}` a été ajoutée en Python 3.5, pour intégrer tous les couples clés/valeur d'un dictionnaire `x` dans un autre dictionnaire. Depuis Python 3.9, vous pouvez utiliser à la place la syntaxe bien plus agréable `x | y` (où `x` et `y` sont deux dictionnaires).

`l1(0.01)`) et d'une contrainte qui s'assure que tous les poids sont positifs (équivalente à `tf.keras.constraints.nonneg()` ou `tf.nn.relu()`):

```
def my_softplus(z):
    return tf.math.log(1.0 + tf.exp(z))

def my_glorot_initializer(shape, dtype=tf.float32):
    stddev = tf.sqrt(2. / (shape[0] + shape[1]))
    return tf.random.normal(shape, stddev=stddev, dtype=dtype)

def my_l1_regularizer(weights):
    return tf.reduce_sum(tf.abs(0.01 * weights))

def my_positive_weights(weights): # la valeur de retour est simplement
                                  # tf.nn.relu(weights)
    return tf.where(weights < 0., tf.zeros_like(weights), weights)
```

Vous le constatez, les arguments dépendent du type de la fonction personnalisée. Ces fonctions personnalisées s'utilisent comme n'importe quelle autre fonction, comme ici :

```
layer = tf.keras.layers.Dense(1, activation=my_softplus,
                              kernel_initializer=my_glorot_initializer,
                              kernel_regularizer=my_l1_regularizer,
                              kernel_constraint=my_positive_weights)
```

La fonction d'activation sera appliquée à la sortie de cette couche `Dense` et son résultat sera transmis à la couche suivante. Les poids de la couche seront initialisés à l'aide de la valeur renvoyée par l'initialiseur. À chaque étape de l'entraînement, les poids seront passés à la fonction de régularisation afin de calculer la perte de régularisation, qui sera ajoutée à la perte principale pour obtenir la perte finale utilisée pour l'entraînement. Enfin, la fonction de contrainte sera appelée après chaque étape d'entraînement et les poids de la couche seront remplacés par les poids contraints.

Si une fonction dispose d'hyperparamètres devant être enregistrés avec le modèle, vous créerez une sous-classe de la classe appropriée, comme `tf.keras.regularizers.Regularizer`, `tf.keras.constraints.Constraint`, `tf.keras.initializers.Initializer` ou `tf.keras.layers.Layer` (pour n'importe quelle couche, y compris les fonctions d'activation). Comme pour la perte personnalisée, voici une classe simple pour la régularisation ℓ_1 qui sauvegarde son hyperparamètre `factor` (cette fois-ci, vous n'avez pas besoin d'appeler le constructeur parent ni la méthode `get_config()`, car la classe parente ne les définit pas):

```
class MyL1Regularizer(tf.keras.regularizers.Regularizer):
    def __init__(self, factor):
        self.factor = factor
    def __call__(self, weights):
        return tf.reduce_sum(tf.abs(self.factor * weights))
    def get_config(self):
        return {"factor": self.factor}
```

Vous devez implémenter la méthode `call()` pour les pertes, les couches (y compris les fonctions d'activation) et les modèles, ou la méthode `__call__()` pour les régulariseurs, les initialiseurs et les contraintes. Le cas des métriques est légèrement différent, comme nous allons le voir.

4.3.4 Métriques personnalisées

Conceptuellement, les pertes et les métriques ne sont pas la même chose. Les pertes (par exemple, l'entropie croisée) sont utilisées par la descente de gradient pour *entraîner* un modèle. Elles doivent donc être différentiables (au moins aux points où elles sont évaluées) et leurs gradients ne doivent pas être égaux à 0 en tout point. Par ailleurs, rien ne les oblige à être facilement interprétables par des humains. À l'opposé, les métriques (par exemple, l'exactitude) servent à *évaluer* un modèle. Ils doivent être plus facilement interprétables, n'ont pas besoin d'être différentiables et peuvent avoir des gradients égaux à 0 partout.

Cela dit, dans la plupart des cas, définir une fonction pour une métrique personnalisée est analogue à définir une fonction de perte personnalisée. Nous pourrions même utiliser la fonction de perte de Huber créée précédemment comme métrique[105] ; cela fonctionnerait parfaitement et la persistance se ferait de la même manière, dans ce cas en enregistrant uniquement le nom de la fonction, `"huber_fn"`, et non le seuil :

```
model.compile(loss="mse", optimizer="nadam", metrics=[create_huber(2.0)])
```

Pendant l'entraînement, Keras calculera cette métrique pour chaque lot et conservera une trace de sa moyenne depuis le début de l'époque. La plupart du temps, c'est précisément ce que nous souhaitons. Mais pas toujours ! Prenons, par exemple, la précision d'un classificateur binaire. La précision correspond au nombre de vrais positifs divisé par le nombre de prédictions positives (comprenant les vrais et les faux positifs)[106]. Supposons que le modèle ait effectué cinq prédictions positives dans le premier lot, quatre d'entre elles étant correctes : la précision est de 80 %. Supposons que le modèle ait ensuite effectué trois prédictions positives dans le second lot, mais que toutes étaient incorrectes : la précision est alors de 0 % sur le second lot. Si nous calculons simplement la moyenne des deux précisions, nous obtenons 40 %. Cependant, il ne s'agit pas de la précision du modèle sur ces deux lots ! En réalité, il y a eu un total de quatre vrais positifs (4 + 0) sur huit prédictions positives (5 + 3). La précision globale est donc non pas de 40 %, mais de 50 %. Nous avons besoin d'un objet capable de conserver une trace du nombre de vrais positifs et du nombre de faux positifs, et de calculer sur demande la précision à partir de ces valeurs. C'est précisément ce que réalise la classe `tf.keras.metrics.Precision` :

```
>>> precision = tf.keras.metrics.Precision()
>>> precision([0, 1, 1, 1, 0, 1, 0, 1], [1, 1, 0, 1, 0, 1, 0, 1])
<tf.Tensor: shape=(), dtype=float32, numpy=0.8>
>>> precision([0, 1, 0, 0, 1, 0, 1, 1], [1, 0, 1, 1, 0, 0, 0, 0])
<tf.Tensor: shape=(), dtype=float32, numpy=0.5>
```

105. Cependant, la perte de Huber est rarement utilisée comme métrique : la préférence va à la MAE ou à la MSE.

106. Voir le chapitre 3 de l'ouvrage *Machine Learning avec Scikit-Learn*, A. Géron, Dunod (3e édition, 2023).

Dans cet exemple, nous créons un objet `Precision`, puis nous l'utilisons comme une fonction en lui passant les étiquettes et les prédictions du premier lot puis du second (nous pourrions également passer des poids d'échantillonnage). Nous utilisons le même nombre de vrais et de faux positifs que dans l'exemple décrit. Après le premier lot, l'objet retourne une précision de 80 %, et de 50 % après le second (elle correspond non pas à la précision du second lot mais à la précision globale). Il s'agit d'une *métrique en continu* (*streaming metric*), ou d'une *métrique à états* (*stateful metric*), qui est actualisée progressivement, lot après lot.

Nous pouvons appeler la méthode `result()` à n'importe quel moment de façon à obtenir la valeur courante de la métrique. Nous pouvons également examiner ses variables (suivre le nombre de vrais et de faux positifs) au travers de l'attribut `variables`. Et nous pouvons les réinitialiser en invoquant la méthode `reset_states()` :

```
>>> precision.result()
<tf.Tensor: shape=(), dtype=float32, numpy=0.5>
>>> precision.variables
[<tf.Variable 'true_positives:0' [...], numpy=array([4.], dtype=float32)>,
 <tf.Variable 'false_positives:0' [...], numpy=array([4.], dtype=float32)>]
>>> precision.reset_states()  # les deux variables sont remises à 0.0
```

Si vous avez besoin de définir votre propre métrique en continu, il suffit de créer une sous-classe de `keras.metrics.Metric`. Voici un exemple simple, qui garde trace de la perte totale de Huber et du nombre d'instances rencontrées. Sur demande du résultat, elle retourne le rapport, qui correspond à la perte moyenne de Huber :

```
class HuberMetric(tf.keras.metrics.Metric):
    def __init__(self, threshold=1.0, **kwargs):
        super().__init__(**kwargs) # traiter les arguments de base (comme dtype)
        self.threshold = threshold
        self.huber_fn = create_huber(threshold)
        self.total = self.add_weight("total", initializer="zeros")
        self.count = self.add_weight("count", initializer="zeros")
    def update_state(self, y_true, y_pred, sample_weight=None):
        sample_metrics = self.huber_fn(y_true, y_pred)
        self.total.assign_add(tf.reduce_sum(sample_metrics))
        self.count.assign_add(tf.cast(tf.size(y_true), tf.float32))
    def result(self):
        return self.total / self.count
    def get_config(self):
        base_config = super().get_config()
        return {**base_config, "threshold": self.threshold}
```

Examinons en détail ce code[107] :

- Le constructeur se sert de la méthode `add_weight()` pour créer les variables qui permettront d'assurer le suivi de l'état de la métrique sur plusieurs lots – dans ce cas, la somme des pertes de Huber (`total`) et le nombre

107. Cette classe n'est là qu'à titre d'illustration. Il serait préférable et plus simple de créer une sous-classe de `keras.metrics.Mean` ; voir l'exemple donné dans la section « Streaming metrics » du notebook (voir « 12_custom_models_and_training_with_tensorflow.ipynb » sur *https://homl.info/colab3*).

d'instances traitées jusqu'à présent (`count`). Nous aurions également pu créer ces variables manuellement. Keras suit tout `tf.Variable` défini comme un attribut (et plus généralement, tout objet « traçable », comme des couches ou des modèles).

- La méthode `update_state()` est invoquée lorsque nous instancions cette classe en tant que fonction (comme nous l'avons fait avec l'objet `Precision`). Elle actualise les variables à partir des étiquettes et des prédictions d'un lot (et des poids d'échantillonnage, mais, dans ce cas, nous les ignorons).
- La méthode `result()` calcule et retourne le résultat final : la moyenne de la métrique de Huber sur toutes les instances. Lorsque la métrique est employée comme une fonction, la méthode `update_state()` est appelée en premier, puis c'est au tour de la méthode `result()`, et la sortie est retournée.
- Nous implémentons également la méthode `get_config()` pour assurer la sauvegarde de `threshold` avec le modèle.
- L'implémentation par défaut de la méthode `reset_states()` réinitialise toutes les variables à `0.0` (mais elle peut être redéfinie si nécessaire).

Keras s'occupera de façon transparente de la persistance des variables ; aucune action n'est requise.

Lorsque nous définissons une métrique à l'aide d'une simple fonction, Keras l'appelle automatiquement pour chaque lot et conserve la trace de la moyenne sur chaque époque, comme nous l'avons fait manuellement. Le seul avantage de notre classe `HuberMetric` réside donc dans la sauvegarde de `threshold`. Mais, évidemment, certaines métriques, comme la précision, ne peuvent pas être obtenues par une simple moyenne sur l'ensemble des lots. Dans de tels cas, il n'y a pas d'autre option que d'implémenter une métrique en continu.

Maintenant que nous savons construire une métrique en continu, la création d'une couche personnalisée sera une promenade de santé !

4.3.5 Couches personnalisées

Il pourrait arriver que vous ayez à construire une architecture dont une couche se révèle plutôt exotique et pour laquelle TensorFlow ne propose aucune implémentation par défaut. Vous pourriez également avoir à construire une architecture excessivement répétitive dans laquelle un groupe de couches particulier est répété à plusieurs reprises ; il serait alors pratique de traiter chaque groupe de couches comme une seule couche. Dans un tel cas, il vous faudra construire une couche personnalisée.

Certaines couches n'ont pas de poids, comme `tf.keras.layers.Flatten` ou `tf.keras.layers.ReLU`. Si vous voulez créer une couche personnalisée dépourvue de poids, l'option la plus simple consiste à écrire une fonction et à l'emballer dans une couche `tf.keras.layers.Lambda`. Par exemple, la couche suivante applique la fonction exponentielle à ses entrées :

```
exponential_layer = tf.keras.layers.Lambda(lambda x: tf.exp(x))
```

Cette couche personnalisée peut ensuite être utilisée comme n'importe quelle autre couche, que ce soit avec l'API séquentielle, fonctionnelle ou de sous-classement. Vous pouvez également vous en servir comme fonction d'activation ou utiliser `activation=tf.exp`. L'exponentielle est parfois employée dans la couche de sortie d'un modèle de régression lorsque les échelles des valeurs à prédire sont très différentes (par exemple, 0,001, 10, 1 000). La fonction exponentielle faisant partie des fonctions d'activation standard dans Keras, il vous suffit d'utiliser `activation="exponential"`.

Vous l'avez probablement deviné, pour construire une couche personnalisée avec état (c'est-à-dire une couche qui possède des poids), vous devez créer une sous-classe de `tf.keras.layers.Layer`. Par exemple, la classe suivante implémente une version simplifiée de la couche `Dense` :

```
class MyDense(tf.keras.layers.Layer):
    def __init__(self, units, activation=None, **kwargs):
        super().__init__(**kwargs)
        self.units = units
        self.activation = tf.keras.activations.get(activation)

    def build(self, batch_input_shape):
        self.kernel = self.add_weight(
            name="kernel", shape=[batch_input_shape[-1], self.units],
            initializer="glorot_normal")
        self.bias = self.add_weight(
            name="bias", shape=[self.units], initializer="zeros")

    def call(self, X):
        return self.activation(X @ self.kernel + self.bias)

    def get_config(self):
        base_config = super().get_config()
        return {**base_config, "units": self.units,
                "activation": tf.keras.activations.serialize(self.activation)}
```

Étudions ce code :

- Le constructeur prend tous les hyperparamètres en arguments (dans cet exemple, `units` et `activation`) et, plus important, il prend également un argument `**kwargs`. Il invoque le constructeur parent, en lui passant les `kwargs` ; cela permet de prendre en charge les arguments standard, comme `input_shape`, `trainable` et `name`. Il enregistre ensuite les hyperparamètres sous forme d'attributs, en convertissant l'argument `activation` en une fonction d'activation appropriée grâce à la fonction `tf.keras.activations.get()` (elle accepte des fonctions, des chaînes de caractères standard comme `"relu"` ou `"swish"`, ou juste `None`).
- La méthode `build()` a pour rôle de créer les variables de la couche en invoquant la méthode `add_weight()` pour chaque poids. `build()` est

appelée lors de la première utilisation de la couche. À ce stade, Keras connaît la forme des entrées de la couche et la passera à la méthode `build()`[108]. Elle est souvent indispensable à la création de certains des poids. Par exemple, nous devons connaître le nombre de neurones de la couche précédente de façon à créer la matrice des poids des connexions (autrement dit, le `"kernel"`) : il correspond à la taille de la dernière dimension des entrées. À la fin de la méthode `build()` (et uniquement à la fin), nous devons appeler la méthode `build()` du parent pour indiquer à Keras que la couche est construite (elle fixe simplement `self.built` à `True`).

- La méthode `call()` réalise les opérations souhaitées. Dans ce cas, nous multiplions la matrice des entrées `X` et le noyau de la couche, nous ajoutons le vecteur de termes constants et nous appliquons la fonction d'activation au résultat. Nous obtenons alors la sortie de la couche.
- La méthode `get_config()` est identique à celle des classes personnalisées précédentes. Mais nous enregistrons l'intégralité de la configuration de la fonction d'activation en invoquant `keras.activations.serialize()`.

Nous pouvons à présent utiliser une couche `MyDense` comme n'importe quelle autre couche !

Keras détermine automatiquement la forme de la sortie, excepté lorsque la couche est dynamique (nous y reviendrons plus loin). Dans ce cas peu courant, vous devez implémenter la méthode `compute_output _shape()`, qui doit renvoyer un objet `TensorShape`.

Pour créer une couche ayant de multiples entrées (par exemple, `Concatenate`), l'argument de la méthode `call()` doit être un n-uplet qui contient toutes les entrées. Pour créer une couche avec de multiples sorties, la méthode `call()` doit retourner la liste des sorties. Par exemple, la couche suivante possède deux entrées et retourne trois sorties :

```
class MyMultiLayer(tf.keras.layers.Layer):
    def call(self, X):
        X1, X2 = X
        return [X1 + X2, X1 * X2, X1 / X2]
```

Cette couche peut à présent être utilisée comme n'importe quelle autre couche, mais, évidemment, uniquement avec l'API fonctionnelle et l'API de sous-classement. Elle est incompatible avec l'API séquentielle, qui n'accepte que des couches ayant une entrée et une sortie.

Si la couche doit afficher des comportements différents au cours de l'entraînement et des tests (par exemple, si elle utilise les couches `Dropout` ou `BatchNormalization`), nous devons ajouter un argument `training` à la méthode `call()` et nous en servir pour décider du comportement approprié. Par

108. L'API de Keras nomme cet argument `input_shape`, mais, puisqu'il comprend également la dimension du lot, je préfère l'appeler `batch_input_shape`. Il en va de même pour `compute_output_shape()`.

exemple, créons une couche qui ajoute un bruit gaussien pendant l'entraînement (pour la régularisation), mais rien pendant les tests (Keras dispose d'une couche ayant ce comportement, `tf.keras.layers.GaussianNoise`):

```
class MyGaussianNoise(tf.keras.layers.Layer):
    def __init__(self, stddev, **kwargs):
        super().__init__(**kwargs)
        self.stddev = stddev

    def call(self, X, training=False):
        if training:
            noise = tf.random.normal(tf.shape(X), stddev=self.stddev)
            return X + noise
        else:
            return X
```

Avec tous ces éléments, vous pouvez construire n'importe quelle couche personnalisée ! Voyons à présent comment créer des modèles personnalisés.

4.3.6 Modèles personnalisés

Nous avons déjà examiné la création de classes d'un modèle personnalisé au chapitre 2 dans le cadre de la présentation de l'API de sous-classement[109]. La procédure est simple: créer une sous-classe de `keras.Model`, créer des couches et des variables dans le constructeur, et implémenter les actions du modèle dans la méthode `call()`. Supposons que nous souhaitions construire le modèle représenté à la figure 4.3.

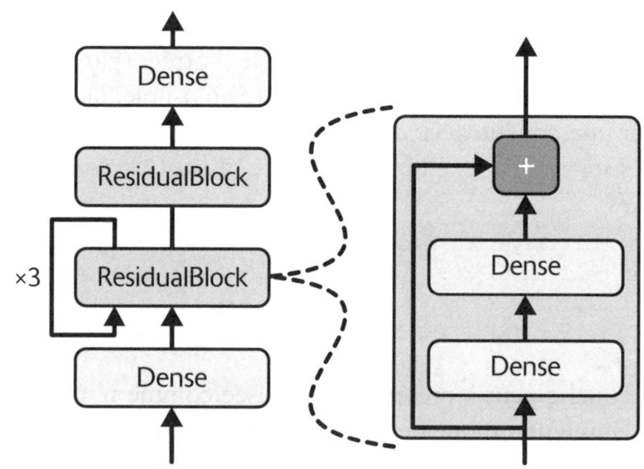

Figure 4.3 – Exemple de modèle personnalisé: un modèle quelconque avec une couche personnalisée ResidualBlock qui contient une connexion de saut

109. En général, « API de sous-classement » fait référence uniquement à la création de modèles personnalisés en utilisant l'héritage. Mais, comme nous l'avons vu dans ce chapitre, bien d'autres structures peuvent être créées de cette manière.

Les entrées passent par une première couche dense, puis par un *bloc résiduel* constitué de deux couches denses et d'une opération d'addition (nous le verrons au chapitre 6, un bloc résiduel additionne ses entrées à ses sorties), puis de nouveau par ce bloc résiduel à trois reprises, puis par un second bloc résiduel, et le résultat final traverse une couche de sortie dense. Notez que ce modèle n'a pas beaucoup de sens ; il s'agit simplement d'un exemple qui nous permet d'illustrer la facilité de construction de n'importe quel modèle, même ceux contenant des boucles et des connexions de saut. Pour l'implémenter, il est préférable de commencer par créer une couche `ResidualBlock`, car nous allons créer deux blocs identiques (et nous pourrions souhaiter réutiliser un tel bloc dans un autre modèle) :

```
class ResidualBlock(tf.keras.layers.Layer):
    def __init__(self, n_layers, n_neurons, **kwargs):
        super().__init__(**kwargs)
        self.hidden = [tf.keras.layers.Dense(n_neurons, activation="relu",
                                             kernel_initializer="he_normal")
                       for _ in range(n_layers)]

    def call(self, inputs):
        Z = inputs
        for layer in self.hidden:
            Z = layer(Z)
        return inputs + Z
```

Cette couche est un peu particulière, car elle en contient deux autres. Cette configuration est gérée de façon transparente par Keras : il détecte automatiquement que l'attribut `hidden` contient des objets traçables (dans ce cas, des couches) et leurs variables sont ajoutées automatiquement à la liste des variables de cette couche. Le reste du code de la classe se comprend par lui-même. Ensuite, nous utilisons l'API de sous-classement pour définir le modèle :

```
class ResidualRegressor(tf.keras.Model):
    def __init__(self, output_dim, **kwargs):
        super().__init__(**kwargs)
        self.hidden1 = tf.keras.layers.Dense(30, activation="relu",
                                             kernel_initializer="he_normal")
        self.block1 = ResidualBlock(2, 30)
        self.block2 = ResidualBlock(2, 30)
        self.out = tf.keras.layers.Dense(output_dim)

    def call(self, inputs):
        Z = self.hidden1(inputs)
        for _ in range(1 + 3):
            Z = self.block1(Z)
        Z = self.block2(Z)
        return self.out(Z)
```

Nous créons les couches dans le constructeur et les utilisons dans la méthode `call()`. Ce modèle peut être employé comme n'importe quel autre modèle : compilation, ajustement, évaluation et exécution pour effectuer des prédictions. Pour que nous puissions l'enregistrer avec la méthode `save()` et le charger avec la fonction `tf.keras.models.load_model()`, nous devons implémenter la méthode `get_config()` (comme nous l'avons fait précédemment) dans les classes `ResidualBlock` et `ResidualRegressor`. Nous pouvons également enregistrer et charger les poids à l'aide de méthodes `save_weights()` et `load_weights()`.

Puisque la classe `Model` dérive de la classe `Layer`, les modèles peuvent être définis et employés exactement comme des couches. Toutefois, un modèle dispose de fonctionnalités supplémentaires, notamment ses méthodes `compile()`, `fit()`, `evaluate()` et `predict()` (ainsi que quelques variantes), mais aussi la méthode `get_layer()` (qui renvoie des couches du modèle d'après leur nom ou leur indice) et la méthode `save()` (sans oublier la prise en charge de `tf.keras.models.load_model()` et de `tf.keras.models.clone_model()`).

Si les modèles offrent plus de fonctionnalités que les couches, pourquoi ne pas simplement définir chaque couche comme un modèle ? Techniquement c'est possible, mais il est en général plus propre de faire la distinction entre les composants internes du modèle (c'est-à-dire les couches ou les blocs de couches réutilisables) et le modèle lui-même (c'est-à-dire l'objet qui sera entraîné). Dans le premier cas, il faut créer une sous-classe de `Layer`, et de `Model` dans le second.

Avec tous ces outils, vous pouvez construire naturellement et synthétiquement presque n'importe quel modèle décrit dans un article, en utilisant l'API de modèle séquentiel, l'API fonctionnelle ou l'API de sous-classement, voire même en les mélangeant. « Presque » n'importe quel modèle ? Oui, car il reste encore quelques points à examiner : premièrement la définition de pertes ou de métriques en fonction des éléments internes du modèle, et deuxièmement la construction d'une boucle d'entraînement personnalisée.

4.3.7 Pertes et métriques fondées sur les éléments internes du modèle

Les pertes et les métriques personnalisées que nous avons définies précédemment se fondaient sur les étiquettes et les prédictions (et, en option, les poids d'échantillonnage). Nous pourrions également avoir besoin de définir des pertes en fonction d'autres éléments du modèle, comme les poids ou les activations de ses couches cachées. Cela sera notamment utile pour la régularisation ou pour la supervision des aspects internes du modèle.

Pour définir une perte personnalisée qui dépend des éléments internes du modèle, nous la calculons en fonction des parties du modèle concernées, puis nous passons le résultat à la méthode `add_loss()`. Par exemple, construisons un modèle personnalisé pour un perceptron multicouche de régression constitué d'une pile de cinq couches cachées et d'une couche de sortie. Le modèle disposera également d'une sortie auxiliaire au-dessus de la couche cachée supérieure. La perte associée à cette sortie supplémentaire sera appelée *perte de reconstruction* (voir le chapitre 9) : il s'agit de l'écart quadratique moyen entre la reconstruction et les entrées. En ajoutant cette perte de reconstruction à la perte principale, nous encouragerons le modèle à conserver autant d'informations que possible au travers des couches cachées – même celles qui ne sont pas directement utiles à la tâche de régression. En pratique, cette perte améliore parfois la généralisation (c'est une perte de régularisation). Il est aussi possible d'ajouter une métrique personnalisée en utilisant la méthode `add_metric()` du modèle. Voici le code de ce modèle personnalisé doté d'une perte de reconstruction personnalisée et de la métrique correspondante :

```
class ReconstructingRegressor(tf.keras.Model):
    def __init__(self, output_dim, **kwargs):
        super().__init__(**kwargs)
        self.hidden = [tf.keras.layers.Dense(30, activation="relu",
                                             kernel_initializer="he_normal")
                       for _ in range(5)]
        self.out = tf.keras.layers.Dense(output_dim)
        self.reconstruction_mean = tf.keras.metrics.Mean(
            name="reconstruction_error")

    def build(self, batch_input_shape):
        n_inputs = batch_input_shape[-1]
        self.reconstruct = tf.keras.layers.Dense(n_inputs)

    def call(self, inputs, training=False):
        Z = inputs
        for layer in self.hidden:
            Z = layer(Z)
        reconstruction = self.reconstruct(Z)
        recon_loss = tf.reduce_mean(tf.square(reconstruction - inputs))
        self.add_loss(0.05 * recon_loss)
        if training:
            result = self.reconstruction_mean(recon_loss)
            self.add_metric(result)
        return self.out(Z)
```

Examinons-le :

- Le constructeur crée le réseau de neurons profond constitué de cinq couches cachées denses et d'une couche de sortie dense. Nous créons aussi une métrique continue `Mean` qui gardera trace de l'erreur de reconstruction durant l'entraînement.
- La méthode `build()` crée une couche dense supplémentaire qui servira à reconstruire les entrées du modèle. Sa création doit se faire à cet endroit car son nombre d'unités doit être égal au nombre d'entrées et cette valeur est inconnue jusqu'à l'invocation de la méthode `build()` [110].
- La méthode `call()` traite les entrées au travers des cinq couches cachées, puis passe le résultat à la couche de reconstruction, qui produit la reconstruction.
- Ensuite, la méthode `call()` calcule la perte de reconstruction (l'écart quadratique moyen entre la reconstruction et les entrées) et l'ajoute à la liste

110. Si l'on se réfère au défaut TensorFlow n° 46858, l'appel à `super().build()` peut échouer dans ce cas, à moins que le problème ait été corrigé depuis. Sinon, vous devez remplacer cette ligne par `self.built = True`.

des pertes du modèle en invoquant `add_loss()` [111]. Nous réduisons la perte de reconstruction en la multipliant par 0,05 (un hyperparamètre ajustable) de façon qu'elle n'écrase pas la perte principale.

- Ensuite, uniquement durant l'entraînement, la méthode `call()` met à jour la métrique de reconstruction et l'ajoute au modèle pour qu'elle puisse être affichée. Cet exemple de code peut en fait être simplifié en appelant à la place `self.add_metric(recon_loss)` : Keras gardera automatiquement trace de la moyenne pour vous.
- Enfin, la méthode `call()` transmet la sortie des couches cachées à la couche de sortie et retourne le résultat.

La perte totale et la perte de reconstruction diminueront toutes deux durant l'entraînement :

```
Epoch 1/5
363/363 [=======] - 1s 820us/step - loss: 0.7640 - reconstruction_error:
1.2728
Epoch 2/5
363/363 [=======] - 0s 809us/step - loss: 0.4584 - reconstruction_error:
0.6340
[...]
```

Dans la plupart des cas, tout ce que nous venons de présenter suffira à implémenter le modèle dont vous avez besoin, même pour des architectures, des pertes et des métriques complexes. Toutefois, pour certaines architectures telles que les GAN (voir chapitre 9), vous aurez besoin de personnaliser la boucle d'entraînement elle-même. Avant d'en expliquer la procédure, nous devons décrire le fonctionnement du calcul automatique des gradients dans TensorFlow.

4.3.8 Calculer des gradients en utilisant la différentiation automatique

La petite fonction suivante va nous servir de support à la description du calcul automatique des gradients avec la différentiation automatique (voir le chapitre 2 et l'annexe B) :

```
def f(w1, w2):
    return 3 * w1 ** 2 + 2 * w1 * w2
```

Si vous avez quelques connaissances en analyse, vous pouvez déterminer que la dérivée partielle de cette fonction par rapport à `w1` est `6 * w1 + 2 * w2`. Vous pouvez également trouver sa dérivée partielle par rapport à `w2` : `2 * w1`. Par exemple, au point `(w1, w2) = (5, 3)`, ces dérivées partielles sont respectivement égales à 36 et à 10 ; le vecteur de gradient à ce point est donc (36, 10). Toutefois, s'il s'agissait d'un réseau de neurones, la fonction serait beaucoup plus complexe, en général avec des dizaines de milliers de paramètres. Dans ce cas, déterminer manuellement les dérivées partielles de façon analytique serait une tâche quasi impossible. Une solution serait de calculer une approximation de chaque dérivée partielle en mesurant

111. Nous pouvons également appeler `add_loss()` sur n'importe quelle couche interne au modèle, car celui-ci collecte de façon récursive les pertes depuis toutes ses couches.

les changements en sortie de la fonction lorsque le paramètre correspondant est très légèrement modifié :

```
>>> w1, w2 = 5, 3
>>> eps = 1e-6
>>> (f(w1 + eps, w2) - f(w1, w2)) / eps
36.000003007075065
>>> (f(w1, w2 + eps) - f(w1, w2)) / eps
10.000000003174137
```

Cela semble plutôt bien ! C'est le cas, et la solution est facile à implémenter. Cela dit, il ne s'agit que d'une approximation et, plus important encore, nous devons appeler `f()` au moins une fois par paramètre (non pas deux, car nous pouvons calculer `f(w1, w2)` juste une fois). En raison de cette obligation, cette approche n'est pas envisageable avec les grands réseaux de neurones. À la place, nous devons employer la différentiation automatique en mode inverse. Grâce à TensorFlow, c'est assez simple :

```
w1, w2 = tf.Variable(5.), tf.Variable(3.)
with tf.GradientTape() as tape:
    z = f(w1, w2)

gradients = tape.gradient(z, [w1, w2])
```

Nous définissons tout d'abord les variables `w1` et `w2`, puis nous créons un contexte `tf.GradientTape` qui enregistrera automatiquement chaque opération impliquant une variable, et nous demandons à cet enregistrement de calculer les gradients du résultat `z` en rapport avec les deux variables `[w1, w2]`. Examinons les gradients calculés par TensorFlow :

```
>>> gradients
[<tf.Tensor: shape=(), dtype=float32, numpy=36.0>,
 <tf.Tensor: shape=(), dtype=float32, numpy=10.0>]
```

Parfait ! Non seulement le résultat est précis (la précision est uniquement limitée par les erreurs d'arrondi des calculs en virgule flottante), mais la méthode `gradient()` est également passée une seule fois sur les calculs enregistrés (en ordre inverse), quel que soit le nombre de variables existantes. Elle est donc incroyablement efficace. C'est magique !

Pour économiser la mémoire, le bloc `tf.GradientTape()` ne doit contenir que le strict minimum. Vous pouvez également faire une pause dans l'enregistrement en créant un bloc `with tape.stop_recording()` à l'intérieur du bloc `tf.GradientTape()`.

L'enregistrement est effacé automatiquement juste après l'invocation de sa méthode `gradient()`. Nous recevrons donc une exception si nous tentons d'appeler `gradient()` à deux reprises :

```
with tf.GradientTape() as tape:
    z = f(w1, w2)

dz_dw1 = tape.gradient(z, w1) # => renvoie le tenseur 36.0
dz_dw2 = tape.gradient(z, w2) # provoque une RuntimeError !
```

S'il nous faut invoquer `gradient()` plus d'une fois, nous devons rendre l'enregistrement persistant et le supprimer chaque fois que nous n'en avons plus besoin de façon à libérer ses ressources[112] :

```
with tf.GradientTape(persistent=True) as tape:
    z = f(w1, w2)

dz_dw1 = tape.gradient(z, w1) # => renvoie le tenseur 36.0
dz_dw2 = tape.gradient(z, w2) # => renvoie le tenseur 10.0, OK à présent !
del tape
```

Par défaut, l'enregistrement ne conserve que les opérations qui impliquent des variables. Si nous essayons de calculer le gradient de `z` par rapport à autre chose qu'une variable, le résultat est `None` :

```
c1, c2 = tf.constant(5.), tf.constant(3.)
with tf.GradientTape() as tape:
    z = f(c1, c2)

gradients = tape.gradient(z, [c1, c2]) # retourne [None, None]
```

Cependant, nous pouvons imposer à l'enregistrement la surveillance de n'importe quel tenseur afin d'enregistrer les opérations qui le concernent. Nous pouvons ensuite calculer des gradients en lien avec ces tenseurs, comme s'ils étaient des variables :

```
with tf.GradientTape() as tape:
    tape.watch(c1)
    tape.watch(c2)
    z = f(c1, c2)

gradients = tape.gradient(z, [c1, c2]) # retourne [tensor 36., tensor 10.]
```

Cette possibilité se révélera parfois utile, par exemple pour implémenter une perte de régularisation qui pénalise les activations qui varient beaucoup alors que les entrées varient peu : la perte sera fondée sur le gradient des activations en lien avec les entrées. Puisque les entrées ne sont pas des variables, nous devons indiquer à l'enregistrement de les surveiller.

Le plus souvent, un enregistrement de gradients sert à calculer les gradients d'une seule valeur (en général la perte) par rapport à un ensemble de valeurs (en général les paramètres du modèle). C'est dans ce contexte que la différentiation automatique en mode inverse brille, car elle doit uniquement effectuer une passe en avant et une passe en arrière pour obtenir tous les gradients en une fois. Si nous calculons les gradients d'un vecteur, par exemple un vecteur qui contient plusieurs pertes, TensorFlow va calculer des gradients de la somme du vecteur. Par conséquent, si nous avons besoin d'obtenir des gradients individuels (par exemple, les gradients de chaque perte en lien avec les paramètres du modèle), nous devons appeler la méthode `jabobian()` de l'enregistrement. Elle effectuera une différentiation automatique en mode inverse pour chaque perte du vecteur (par défaut, toutes exécutées en parallèle). Il est même possible de calculer des dérivées partielles de deuxième ordre (les hessiens, c'est-à-dire les dérivées

112. Si l'enregistrement n'est plus accessible, par exemple lorsque la fonction qui l'a utilisé se termine, le ramasse-miettes de Python le supprimera pour nous.

partielles des dérivées partielles), mais, en pratique, ce besoin est rare (un exemple est donné dans la section « Computing Gradients with Autodiff » du notebook[113]).

Parfois, il faudra arrêter la rétropropagation des gradients dans certaines parties du réseau de neurones. Pour cela, nous devons utiliser la fonction `tf.stop_gradient()`. Au cours de la passe en avant, elle retourne son entrée (comme `tf.identity()`), mais, pendant la rétropropagation, elle ne laisse pas passer les gradients (elle agit comme une constante) :

```
def f(w1, w2):
    return 3 * w1 ** 2 + tf.stop_gradient(2 * w1 * w2)

with tf.GradientTape() as tape:
    z = f(w1, w2) # passe en avant non affectée par stop_gradient()

gradients = tape.gradient(z, [w1, w2]) # => renvoie le tenseur [30., None]
```

Enfin, nous pourrions occasionnellement rencontrer des problèmes numériques lors du calcul des gradients. Par exemple, si nous calculons les gradients de la fonction racine carrée au point $x = 10^{-50}$, le résultat sera infini. En réalité, la pente en ce point n'est pas infinie, mais c'est plus que ce qu'un nombre flottant sur 32 bits peut contenir :

```
>>> x = tf.Variable(1e-50)
>>> with tf.GradientTape() as tape:
...     z = tf.sqrt(x)
...
>>> tape.gradient(z, [x])
[<tf.Tensor: shape=(), dtype=float32, numpy=inf>]
```

Pour résoudre ce problème, il est souvent bon d'ajouter une petite valeur à x (telle que 10^{-6}) lorsqu'on calcule sa racine carrée.

La fonction exponentielle est aussi fréquemment source de problèmes du fait de sa croissance extrêmement rapide. À titre d'exemple, la façon dont nous avons défini précédemment la fonction `my_softplus()` n'est pas stable numériquement. Si vous calculez `my_softplus(100.0)`, vous obtiendrez pour résultat `infinity`, plutôt que la valeur correcte qui est voisine de 100. Mais il est possible de réécrire la fonction pour la rendre stable numériquement : la fonction softplus est définie par $\log(1 + \exp(z))$, qui est aussi égal à $\log(1 + \exp(-|z|)) + \max(z, 0)$ (pour la preuve mathématique, reportez-vous au notebook) et l'avantage de la deuxième forme est que le terme exponentiel ne peut pas exploser. Voici donc une meilleure implémentation de la fonction `my_softplus` :

```
def my_softplus(z):
    return tf.math.log(1 + tf.exp(-tf.abs(z))) + tf.maximum(0., z)
```

Dans quelques rares cas, une fonction numériquement stable peut avoir néanmoins des gradients numériquement instables. Vous devrez alors indiquer à TensorFlow quelle équation utiliser pour les gradients, plutôt que de le laisser utiliser autodiff. Pour cela, vous devez utiliser le décorateur `@tf.custom.gradient` lorsque vous

113. Voir « 12_custom_models_and_training_with_tensorflow.ipynb » sur *https://homl.info/colab3*.

définissez la fonction et renvoyer à la fois le résultat usuel de la fonction et une fonction calculant les gradients. Modifions par exemple la fonction `my_softplus()` pour renvoyer également une fonction produisant des gradients numériquement stables :

```
@tf.custom_gradient
def my_softplus(z):
    def my_softplus_gradients(grads):  # grads = rétropropagés
                                       # des couches supérieures
        return grads * (1 - 1 / (1 + tf.exp(z)))  # gradients stables
                                                  # de softplus
    result = tf.math.log(1 + tf.exp(-tf.abs(z))) + tf.maximum(0., z)
    return result, my_softplus_gradients
```

Si vous connaissez les bases du calcul différentiel, vous trouverez que la dérivée de $\log(1 + \exp(z))$ est $\exp(z) / (1 + \exp(z))$. Mais cette forme n'est pas stable : pour les grandes valeurs de z, on aboutira à calculer une valeur infinie divisée par une valeur infinie, ce qui renvoie « NaN ». Cependant, avec quelques transformations, vous pouvez montrer que c'est égal à $1 - 1 / (1 + \exp(z))$, qui est stable. La fonction utilise cette formule pour calculer les gradients. Notez que cette fonction recevra en entrée les gradients qui ont été rétropropagés jusque-là, jusqu'à la fonction `my_softplus()`, et que, selon la règle de dérivation en chaîne, nous devons les multiplier par les gradients de cette fonction.

À présent, le calcul des gradients de la fonction `my_softplus()` nous donne le résultat correct, même pour les grandes valeurs d'entrée.

Félicitations ! Vous savez désormais calculer les gradients de n'importe quelle fonction (à condition qu'elle soit différentiable au point du calcul), bloquer la rétropropagation au besoin, et écrire vos propres fonctions de gradient ! Cette souplesse va probablement bien au-delà de ce dont vous aurez besoin, même si vous construisez vos propres boucles d'entraînement personnalisées. C'est ce que nous allons voir maintenant.

4.3.9 Boucles d'entraînement personnalisées

Dans certains cas, la méthode `fit()` pourrait ne pas être suffisamment souple pour répondre à vos besoins. Par exemple, l'article sur Wide & Deep (*https://homl.info/widedeep*), dont nous avons parlé au chapitre 2, exploite deux optimiseurs différents : l'un pour le chemin large et l'autre pour le chemin profond. Puisque la méthode `fit()` n'utilise qu'un seul optimiseur (celui indiqué lors de la compilation du modèle), vous devez développer votre propre boucle personnalisée pour mettre en œuvre la technique décrite dans l'article.

Vous pourriez également écrire vos propres boucles d'entraînement uniquement pour être sûrs qu'elles procèdent comme vous le souhaitez (si vous doutez de certains détails de la méthode `fit()`) ; on peut se sentir plus en confiance lorsque tout est explicite. Toutefois, l'écriture d'une boucle d'entraînement personnalisée rendra le code plus long, plus sujet aux erreurs et plus difficile à maintenir.

À moins d'être en phase d'apprentissage ou d'avoir réellement besoin d'une souplesse supplémentaire, vous devez opter de préférence pour la méthode `fit()` plutôt que pour l'implémentation de votre propre boucle d'entraînement, en particulier si vous travaillez au sein d'une équipe.

Commençons par construire un modèle simple. Il est inutile de le compiler, car nous allons gérer manuellement la boucle d'entraînement :

```
l2_reg = tf.keras.regularizers.l2(0.05)
model = tf.keras.models.Sequential([
    tf.keras.layers.Dense(30, activation="elurelu",
                          kernel_initializer="he_normal",
                          kernel_regularizer=l2_reg),
    tf.keras.layers.Dense(1, kernel_regularizer=l2_reg)
])
```

Créons ensuite une petite fonction qui sélectionne de façon aléatoire un lot d'instances à partir du jeu d'entraînement (au chapitre 5 nous verrons l'API tf.data, qui offre une bien meilleure solution) :

```
def random_batch(X, y, batch_size=32):
    idx = np.random.randint(len(X), size=batch_size)
    return X[idx], y[idx]
```

Définissons également une fonction qui affichera l'état de l'entraînement, y compris le nombre d'étapes, le nombre total d'étapes, la perte moyenne depuis le début de l'époque (autrement dit, nous utilisons la métrique `Mean` pour le calculer) et d'autres métriques :

```
def print_status_bar(step, total, loss, metrics=None):
    metrics = " - ".join([f"{m.name}: {m.result():.4f}"
                          for m in [loss] + (metrics or [])])
    end = "" if step < total else "\n"
    print(f"\r{step}/{total} - " + metrics, end=end)
```

Ce code n'a pas besoin d'explication, sauf si le formatage des chaînes de caractères dans Python vous est inconnu : `{m.result():.4f}` affiche la métrique (nombre à virgule flottante) avec quatre chiffres après la virgule, et la combinaison de `\r` (retour-chariot) et de `end=""` garantit que la barre d'état sera toujours affichée sur la même ligne. Revenons au sujet principal ! Tout d'abord, nous devons définir les divers paramètres et choisir l'optimiseur, la fonction de perte et les métriques (dans cet exemple, uniquement la MAE) :

```
n_epochs = 5
batch_size = 32
n_steps = len(X_train) // batch_size
optimizer = tf.keras.optimizers.SGD(learning_rate=0.01)
loss_fn = tf.keras.losses.mean_squared_error
mean_loss = tf.keras.metrics.Mean(name="mean_loss")
metrics = [tf.keras.metrics.MeanAbsoluteError()]
```

Voilà, nous sommes prêts à construire la boucle personnalisée :

```
for epoch in range(1, n_epochs + 1):
    print("Epoch {}/{}".format(epoch, n_epochs))
    for step in range(1, n_steps + 1):
```

```
        X_batch, y_batch = random_batch(X_train_scaled, y_train)
        with tf.GradientTape() as tape:
            y_pred = model(X_batch, training=True)
            main_loss = tf.reduce_mean(loss_fn(y_batch, y_pred))
            loss = tf.add_n([main_loss] + model.losses)

        gradients = tape.gradient(loss, model.trainable_variables)
        optimizer.apply_gradients(zip(gradients, model.trainable_variables))
        mean_loss(loss)
        for metric in metrics:
            metric(y_batch, y_pred)

        print_status_bar(step, n_steps, mean_loss, metrics)

    for metric in [mean_loss] + metrics:
        metric.reset_states()
```

Ce code réalisant de nombreuses opérations, détaillons-le :

- Nous créons deux boucles imbriquées : l'une pour les époques, l'autre pour les lots à l'intérieur d'une époque.
- Ensuite, nous échantillonnons un lot aléatoire à partir du jeu d'entraînement.
- À l'intérieur du bloc `tf.GradientTape()`, nous effectuons une prédiction pour un lot en utilisant le modèle comme une fonction, puis nous calculons la perte : elle est égale à la perte principale plus les autres pertes (ce modèle comprend une perte de régularisation par couche). Puisque la fonction `mean_squared_error()` retourne une perte par instance, nous calculons la moyenne sur le lot à l'aide de `tf.reduce_mean()` (si nous voulons appliquer un poids différent à chaque instance, c'est là qu'il faut le faire). Les pertes de régularisation étant déjà réduites à un seul scalaire chacune, il nous faut simplement les additionner (avec `tf.add_n()`, qui effectue la somme de plusieurs tenseurs de mêmes forme et type de données).
- Puis nous demandons à l'enregistrement de calculer les gradients de la perte par rapport à chaque variable entraînable (et *non* toutes les variables !) et nous les appliquons à l'optimiseur de manière à réaliser l'étape de descente de gradient.
- Nous actualisons la perte moyenne et les métriques (sur l'époque en cours) et nous affichons la barre d'état.
- À la fin de chaque époque, nous réinitialisons la perte moyenne et les métriques.

Si vous voulez appliquer un écrêtage de gradient (voir chapitre 3), définissez l'hyperparamètre `clipnorm` ou `clipvalue` de l'optimiseur. Si vous souhaitez appliquer d'autres transformations aux gradients, il suffit de les effectuer avant d'invoquer la méthode `apply_gradients()`.

Enfin, si vous voulez ajouter des contraintes de poids au modèle (par exemple, en précisant `kernel_constraint` ou `bias_constraint` au moment de la création d'une couche), vous devez revoir la boucle d'entraînement afin qu'elle applique ces contraintes juste après `apply_gradients()`, comme ceci :

```
for variable in model.variables:
    if variable.constraint is not None:
        variable.assign(variable.constraint(variable))
```

N'oubliez pas de définir `training=True` lorsque vous appelez le modèle dans la boucle d'entraînement, surtout si votre modèle se comporte différemment durant l'entraînement et le test (par exemple, s'il utilise `BatchNormalization` ou `Dropout`). S'il s'agit d'un modèle personnalisé, pensez à transmettre l'argument `training` aux couches que votre modèle appelle.

Vous le voyez, pour que tout fonctionne correctement, il faut faire attention à beaucoup de choses et il est facile de se tromper. En revanche, vous obtenez un contrôle total.

Puisque vous savez désormais personnaliser tous les éléments de vos modèles[114] et de vos algorithmes d'entraînement, voyons comment utiliser la fonctionnalité TensorFlow de génération automatique d'un graphe. Elle peut accélérer considérablement le code personnalisé et le rendre portable sur toutes les plateformes reconnues par TensorFlow.

4.4 FONCTIONS ET GRAPHES TENSORFLOW

À l'époque de TensorFlow 1, les graphes étaient incontournables (tout comme l'étaient les complexités qui les accompagnaient), car ils étaient au cœur de l'API de TensorFlow. Depuis 2019 et l'arrivée de TensorFlow 2, les graphes sont toujours présents, sans être autant centraux, et sont beaucoup plus simples à utiliser. Pour l'illustrer, commençons par une fonction triviale qui calcule le cube de son entrée :

```
def cube(x):
    return x ** 3
```

Nous pouvons évidemment appeler cette fonction en lui passant une valeur Python, comme un entier ou réel, ou bien un tenseur :

```
>>> cube(2)
8
>>> cube(tf.constant(2.0))
<tf.Tensor: shape=(), dtype=float32, numpy=8.0>
```

Voyons comment `tf.function()` permet de convertir cette fonction Python en une *fonction TensorFlow* :

```
>>> tf_cube = tf.function(cube)
>>> tf_cube
<tensorflow.python.eager.def_function.Function at 0x7fbfe0c54d50>
```

La fonction TF obtenue peut être employée exactement comme la fonction Python d'origine. Elle retournera le même résultat, mais sous forme de tenseur :

```
>>> tf_cube(2)
<tf.Tensor: shape=(), dtype=int32, numpy=8>
>>> tf_cube(tf.constant(2.0))
<tf.Tensor: shape=(), dtype=float32, numpy=8.0>
```

114. À l'exception des optimiseurs, mais rares sont les personnes qui les personnalisent ; un exemple est donné dans la section « Custom Optimizers » du notebook (voir « 12_custom_models_and_training_with_tensorflow.ipynb » sur *https://homl.info/colab3*).

`tf.function()` a analysé les calculs réalisés par la fonction `cube()` et a généré un graphe de calcul équivalent ! Vous le constatez, cela ne nous a pas demandé trop d'efforts (nous verrons le fonctionnement plus loin). Une autre solution, plus répandue, consiste à utiliser `tf.function` comme décorateur :

```
@tf.function
def tf_cube(x):
    return x ** 3
```

En cas de besoin, la fonction Python d'origine reste disponible par l'intermédiaire de l'attribut `python_function` de la fonction TF :

```
>>> tf_cube.python_function(2)
8
```

TensorFlow optimise le graphe de calcul, en élaguant les nœuds inutilisés, en simplifiant les expressions (par exemple, 1 + 2 est remplacé par 3), etc. Lorsque le graphe optimisé est prêt, la fonction TF exécute efficacement les opérations qu'il contient, dans l'ordre approprié (et en parallèle si possible). En conséquence, l'exécution d'une fonction TF sera souvent beaucoup plus rapide que celle de la fonction Python d'origine, en particulier lorsque celle-ci comporte des calculs complexes[115]. De façon générale, vous pouvez simplement considérer que, pour améliorer les performances d'une fonction Python, il suffit de la transformer en une fonction TF. Voilà tout !

De plus, si vous spécifiez `jit_compile=True` lors de l'appel de `tf.function()`, alors TensorFlow utilisera l'algèbre linéaire accélérée (*accelerated linear algebra*, ou XLA) pour compiler des noyaux dédiés à votre graphe, souvent en fusionnant des opérations multiples. Si par exemple votre fonction TF appelle `tf.reduce_sum(a * b + c)`, alors sans XLA la fonction devrait d'abord calculer `a * b` et ranger le résultat dans une variable temporaire, puis ajouter `c` à cette variable, et enfin appeler `tf.reduce_sum()` sur le résultat. Avec XLA, l'ensemble du calcul est compilé dans un seul noyau qui calculera `tf.reduce_sum(a * b + c)` en une seule fois, sans utiliser aucune grande variable temporaire. Non seulement c'est beaucoup plus rapide, mais cela réduit aussi considérablement l'utilisation de la RAM.

Lorsque nous personnalisons une fonction de perte, une métrique, une couche ou toute autre fonction, et l'utilisons dans un modèle Keras (comme nous l'avons fait tout au long de ce chapitre), Keras convertit automatiquement notre fonction en une fonction TF – nous n'avons pas à utiliser `tf.function()`. La plupart du temps, toute cette magie est donc totalement transparente. Et si vous voulez que Keras utilise XLA, il vous suffit de spécifier `jit_compile=True` lors de l'appel de la méthode `compile()`. Facile !

Pour demander à Keras de ne *pas* convertir vos fonctions Python en fonctions TF, indiquez `dynamic=True` lors de la création d'une couche ou d'un modèle personnalisé. Vous pouvez également préciser `run_eagerly=True` lors de l'appel à la méthode `compile()` du modèle.

115. Dans notre exemple simple, le graphe de calcul est trop petit pour qu'une optimisation quelconque puisse être mise en place. `tf_cube()` s'exécute donc plus beaucoup lentement que `cube()`.

Par défaut, une fonction TF génère un nouveau graphe pour chaque ensemble unique de formes et de types de données d'entrée, et le met en cache pour les appels suivants. Par exemple, si nous appelons `tf_cube(tf.constant(10))`, un graphe est généré pour des tenseurs de type int32 et de forme []. Si, par la suite, nous appelons `tf_cube(tf.constant(20))`, ce même graphe est réutilisé. En revanche, si nous appelons `tf_cube(tf.constant([10, 20]))`, un nouveau graphe est généré pour des tenseurs de type int32 et de forme [2]. C'est de cette manière que les fonctions TF prennent en charge le polymorphisme (c'est-à-dire les arguments de type et de forme variables). Toutefois, cela ne concerne que les arguments qui sont des tenseurs. Si nous passons des valeurs Python numériques à une fonction TF, un nouveau graphe est généré pour chaque valeur distincte. Par exemple, appeler `tf_cube(10)` et `tf_cube(20)` produit deux graphes.

Si vous appelez une fonction TF à de nombreuses reprises avec différentes valeurs Python numériques, de nombreux graphes seront générés. Cela va ralentir le programme et utiliser une grande quantité de mémoire RAM (vous devez détruire la fonction TF pour libérer cette mémoire). Les valeurs Python doivent être réservées aux arguments qui n'auront que quelques valeurs uniques, comme les hyperparamètres, par exemple le nombre de neurones par couche. Cela permet à TensorFlow de mieux optimiser chaque variante du modèle.

4.4.1 AutoGraph et traçage

Comment TensorFlow procède-t-il pour générer des graphes ? Il commence par analyser le code source de la fonction Python de manière à repérer toutes les instructions de contrôle du flux, comme les boucles `for`, les boucles `while` et les instructions `if`, sans oublier les instructions `break`, `continue` et `return`. Cette première étape se nomme *AutoGraph*. TensorFlow n'a d'autre choix que d'analyser le code source, car Python n'offre aucune autre manière d'obtenir les instructions de contrôle du flux. S'il propose bien des méthodes magiques comme `__add__()` et `__mul__()` pour capturer les opérateurs + et `*`, il ne définit aucune méthode magique comme `__while__()` ou `__if__()`. À la suite de l'analyse du code de la fonction, AutoGraph produit une version actualisée de cette fonction dans laquelle toutes les instructions de contrôle du flux sont remplacées par des opérations TensorFlow appropriées, comme `tf.while_loop()` pour les boucles et `tf.cond()` pour les instructions `if`.

Par exemple, dans le cas illustré à la figure 4.4, AutoGraph analyse le code source de la fonction Python `sum_squares()` et génère la fonction `tf__sum_squares()`. Dans celle-ci, la boucle `for` est remplacée par la définition de la fonction `loop_body()` (qui contient le corps de la boucle `for` d'origine), suivi d'un appel à `for_stmt()`. Cet appel va construire l'opération `tf.while_loop()` appropriée dans le graphe de calcul.

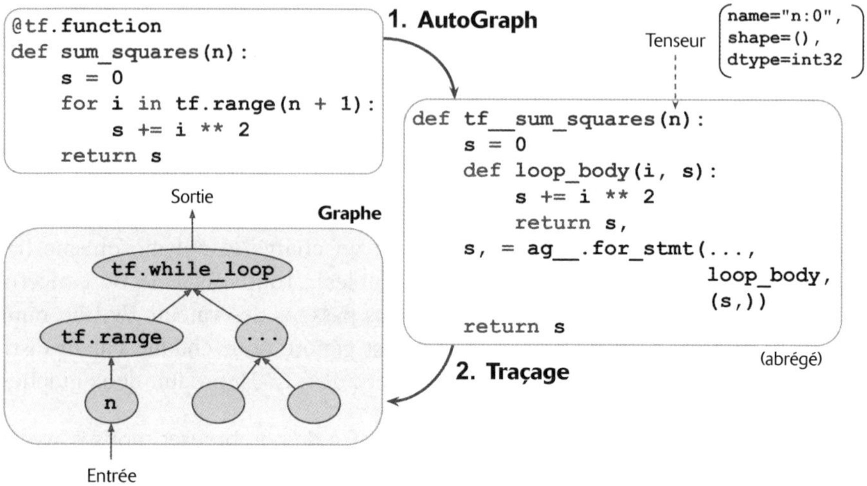

Figure 4.4 – Processus de génération des graphes par TensorFlow avec AutoGraph et le traçage

Ensuite, TensorFlow appelle cette fonction « modernisée », mais, à la place de l'argument, il passe un *tenseur symbolique* – un tenseur sans valeur réelle, uniquement un nom, un type de données et une forme. Par exemple, dans le cas de l'appel `sum_squares(tf.constant(10))`, la fonction `tf__sum_squares()` est appelée avec un tenseur symbolique de type int32 et de forme []. Elle sera exécutée en *mode graphe* (*graph mode*), dans lequel chaque opération TensorFlow ajoute un nœud au graphe pour se représenter elle-même et son ou ses tenseurs de sortie (*a contrario* du mode normal, appelé *exécution pressée* [*eager execution*] ou *mode pressé* [*eager mode*]). En mode graphe, les opérations TF n'effectuent aucun calcul. En TensorFlow 1, le mode graphe était actif par défaut.

La figure 4.4 montre la fonction `tf__sum_squares()` appelée avec un tenseur symbolique comme argument (dans ce cas, un tenseur de type int32 et de forme []) et le graphe final généré pendant le traçage. Les nœuds représentent des opérations, les flèches, des tenseurs (la fonction et le graphe générés sont tous deux simplifiés).

`tf.autograph.to_code(sum_squares.python_function)` affiche le code source de la fonction générée. Le code n'est peut-être pas joli, mais il peut parfois aider au débogage.

4.4.2 Règles concernant les fonctions TF

La plupart du temps, la conversion d'une fonction Python qui réalise des opérations TensorFlow en une fonction TF est triviale : il suffit de la décorer avec `@tf.function` ou de laisser Keras s'en charger à notre place. Cependant, voici quelques règles qui devront être respectées :

- Si nous faisons appel à une bibliothèque externe, y compris NumPy ou même la bibliothèque standard, cet appel s'exécutera uniquement pendant le traçage ; il ne fera pas partie du graphe. Un graphe TensorFlow ne peut contenir que des constructions TensorFlow (tenseurs, opérations, variables, jeux de données, etc.). Par conséquent, il faut s'assurer d'utiliser `tf.reduce_sum()` à la place de `np.sum()`, `tf.sort()` à la place de la fonction `sorted()` intégrée, et ainsi de suite (sauf si le code doit s'exécuter uniquement pendant le traçage). Cette contrainte a quelques implications supplémentaires :
  - Si nous définissons une fonction TF `f(x)` qui retourne simplement `np.random.rand()`, un nombre aléatoire sera généré uniquement lors du traçage de la fonction. Par conséquent, `f(tf.constant(2.))` et `f(tf.constant(3.))` retourneront la même valeur aléatoire, mais elle sera différente avec `f(tf.constant([2., 3.]))`. Si nous remplaçons `np.random.rand()` par `tf.random.uniform([])`, un nouveau nombre aléatoire est généré à chaque appel, car l'opération fait alors partie du graphe.
  - Si le code non-TensorFlow a des effets secondaires (comme la journalisation d'informations ou l'actualisation d'un compteur Python), nous ne devons pas supposer qu'ils se produiront chaque fois que nous appelons la fonction TF, car les opérations se feront uniquement lorsque la fonction est tracée.
  - Nous pouvons inclure n'importe quel code Python dans une fonction `tf.py_function()`, mais cela va compromettre les performances, car TensorFlow ne saura pas optimiser le graphe pour ce code. Par ailleurs, la portabilité s'en trouvera réduite, car le graphe s'exécutera uniquement sur les plateformes qui disposent de Python (et des bibliothèques adéquates).
- Nous pouvons appeler d'autres fonctions Python ou TF, mais elles doivent respecter les mêmes règles, car TensorFlow capturera leurs opérations dans le graphe de calcul. Toutefois, ces autres fonctions n'ont pas besoin d'être décorées avec `@tf.function`.
- Si la fonction crée une variable TensorFlow (ou tout autre objet TensorFlow ayant un état, comme un jeu de données ou une file d'attente), elle doit le faire au premier appel, et uniquement à ce moment-là, sinon une exception sera lancée. En général, il est préférable de créer les variables en dehors de la fonction TF (par exemple, dans la méthode `build()` d'une couche personnalisée). Pour affecter une nouvelle valeur à la variable, nous devons non pas utiliser l'opérateur =, mais invoquer sa méthode `assign()`.
- Le code source de la fonction Python doit être accessible à TensorFlow. S'il est indisponible (par exemple, si nous définissons la fonction dans le shell Python, ce qui ne donne pas accès au code source, ou si nous déployons en production uniquement les fichiers Python **.pyc* compilés), le processus de génération du graphe échouera ou aura une fonctionnalité limitée.
- TensorFlow ne capture que les boucles `for` dont l'itération se fait sur un tenseur ou un `tf.data.Dataset` (voir chapitre 5). Nous devons donc employer `for i in tf.range(x)` à la place de `for i in range(x)` ; dans le cas

contraire, la boucle ne sera pas capturée dans le graphe et s'exécutera pendant le traçage. Ce comportement peut toutefois être celui attendu si la boucle `for` est là pour construire le graphe, par exemple pour créer chaque couche d'un réseau de neurones.

- Comme toujours, pour des questions de performances, nous devons donner la priorité à une implémentation vectorisée plutôt qu'à l'utilisation des boucles.

Il est temps de résumer tout ce que nous avons vu ! Dans ce chapitre, nous avons commencé par un bref aperçu de TensorFlow, puis nous avons examiné l'API de bas niveau de TensorFlow, notamment les tenseurs, les opérations, les variables et les structures de données particulières. Nous avons employé ces outils pour personnaliser presque tous les composants de l'API Keras. Enfin, nous avons expliqué comment les fonctions TF peuvent améliorer les performances, comment les graphes sont générés avec AutoGraph et le traçage, et les règles à respecter lors de l'écriture de fonctions TF (si vous souhaitez entrer un peu plus dans la boîte noire, et explorer les graphes générés, vous trouverez les détails techniques dans l'annexe E).

Dans le chapitre suivant, nous verrons comment charger et prétraiter efficacement les données avec TensorFlow.

4.5 EXERCICES

1. Comment décririez-vous TensorFlow en quelques mots ? Quelles sont ses principales fonctionnalités ? Pouvez-vous nommer d'autres bibliothèques de Deep Learning connues ?
2. TensorFlow est-il un remplaçant direct de NumPy ? Quelles sont leurs principales différences ?
3. Les appels `tf.range(10)` et `tf.constant(np.arange(10))` produisent-ils le même résultat ?
4. Hormis les tenseurs classiques, nommez six autres structures de données disponibles dans TensorFlow.
5. Une fonction de perte personnalisée peut être définie en écrivant une fonction ou une sous-classe de `keras.losses.Loss`. Dans quels cas devez-vous employer chaque option ?
6. De façon comparable, une métrique personnalisée peut être définie dans une fonction ou une sous-classe de `tf.keras.metrics.Metric`. Dans quels cas devez-vous utiliser chaque option ?
7. Quand devez-vous créer une couche personnalisée plutôt qu'un modèle personnalisé ?
8. Donnez quelques cas d'utilisation qui nécessitent l'écriture d'une boucle d'entraînement personnalisée.
9. Les composants Keras personnalisés peuvent-ils contenir du code Python quelconque ou doivent-ils être convertibles en fonctions TF ?
10. Quelles sont les principales règles à respecter si une fonction doit être convertible en une fonction TF ?

11. Quand devez-vous créer un modèle Keras dynamique ? Comment procédez-vous ? Pourquoi ne pas rendre dynamiques tous les modèles ?
12. Implémentez une couche personnalisée qui effectue une *normalisation de couche* (nous étudierons ce type de couche au chapitre 7) :
    a. La méthode `build()` doit définir deux poids entraînables $\boldsymbol{\alpha}$ et $\boldsymbol{\beta}$, tous deux ayant la forme `input_shape[-1:]` et le type de données `tf.float32`. $\boldsymbol{\alpha}$ doit être initialisé avec des 1, et $\boldsymbol{\beta}$ avec des 0.
    b. La méthode `call()` doit calculer la moyenne μ et l'écart-type σ de chaque caractéristique d'instance. Pour cela, vous pouvez utiliser `tf.nn.moments(inputs, axes=-1, keepdims=True)`, qui retourne la moyenne μ et la variance σ^2 de toutes les instances (prenez la racine carrée de la variance pour obtenir l'écart-type). Ensuite, la fonction doit calculer et retourner $\boldsymbol{\alpha} \otimes (\mathbf{X} - \mu) / (\sigma + \varepsilon) + \boldsymbol{\beta}$, où $\otimes$ représente la multiplication (`*`) terme à terme et ε est un terme de lissage (une petite constante qui évite la division par zéro, par exemple 0,001).
    c. Vérifiez que votre couche personnalisée produit une sortie (à peu près) identique à celle de la couche `tf.keras.layers.LayerNormalization`.
13. Entraînez un modèle sur le jeu de données Fashion MNIST (voir le chapitre 2) en utilisant une boucle d'entraînement personnalisée :
    a. Affichez l'époque, l'itération, la perte d'entraînement moyenne et l'exactitude moyenne sur chaque époque (avec une actualisation à chaque itération), ainsi que la perte de validation et l'exactitude à la fin de chaque époque.
    b. Essayez un autre optimiseur avec un taux d'apprentissage différent pour les couches supérieures et les couches inférieures.

Les solutions de ces exercices sont données à l'annexe A.

5 Chargement et prétraitement de données avec TensorFlow

Comme nous avons déjà pu le constater, le chargement et le prétraitement des données constituent une part importante de tout projet de Machine Learning. Précédemment[116], nous avons utilisé Pandas pour charger (à partir d'un fichier CSV) le jeu de données immobilières de Californie, l'explorer et appliquer des transformations de Scikit-Learn pour le prétraitement. Ces outils sont bien pratiques; vous les utiliserez probablement souvent, en particulier pour explorer les données et expérimenter.

Cependant, si vous souhaitez entraîner des modèles TensorFlow sur des jeux de données de grande taille, vous préférerez peut-être utiliser pour le chargement et le prétraitement des données la propre API de TensorFlow, nommée *tf.data*. Elle est capable de charger et de prétraiter les données de manière extrêmement efficace, de lire plusieurs fichiers en parallèle, de gérer des threads multiples et des files d'attente, de mélanger les données, de les partager en lots, etc. De plus, elle peut effectuer tout cela à la volée : elle charge le lot suivant et le prétraite sur plusieurs CPU, tandis que vos GPU et TPU travaillent sur le lot de données en cours.

L'API tf.data vous permet de gérer des jeux de données ne tenant pas en mémoire et vous permet d'optimiser l'utilisation de vos ressources matérielles, accélérant de ce fait l'entraînement. En standard, l'API tf.data est capable de lire des fichiers texte (comme des fichiers CSV), des fichiers binaires constitués d'enregistrements de taille fixe, et des fichiers binaires fondés sur le format TFRecord de TensorFlow, qui sait gérer les enregistrements de taille variable.

TFRecord est un format binaire souple et efficace contenant d'ordinaire des données sérialisées au format Protocol Buffers (un format binaire open source). L'API tf.data gère également la lecture à partir de bases de données SQL. De nombreuses

116. Voir le chapitre 2 de l'ouvrage *Machine Learning avec Scikit-Learn*, A. Géron, Dunod (3e édition, 2023)

extensions open source permettent de lire d'autres sources de données, comme le service BigQuery de Google (voir *https://tensorflow.org/io*).

Keras propose aussi des couches de prétraitement puissantes et néanmoins faciles à utiliser qui peuvent être intégrées à vos modèles : de cette façon, lorsque vous déployez un modèle en production, il sera capable d'ingérer des données brutes directement, sans que vous ayez besoin d'ajouter vous-même du code supplémentaire pour le prétraitement. Ceci élimine le risque d'incohérences entre le code de prétraitement utilisé durant l'entraînement et le code de prétraitement utilisé en production, ce qui provoquerait vraisemblablement un décalage entre l'entraînement et la production. Et si vous déployez votre modèle dans plusieurs applications codées dans des langages de programmation différents, vous n'aurez pas à réimplémenter le même code de prétraitement plusieurs fois, ce qui réduit aussi le risque d'incohérences.

Comme vous le verrez, les deux API peuvent être utilisées conjointement : par exemple, pour bénéficier de l'efficacité du chargement de données offerte par tf.data et de la commodité des couches de prétraitement de Keras.

Dans ce chapitre, nous décrirons tout d'abord l'API tf.data et le format TFRecord. Puis nous étudierons les couches de prétraitement de Keras et leur utilisation avec l'API tf.data. Enfin, nous examinerons brièvement quelques bibliothèques utiles pour charger et prétraiter vos données, telles que TensorFlow Datasets et TensorFlow Hub. Allons-y !

5.1 L'API TF.DATA

Toute l'API tf.data s'articule autour du concept de `tf.data.Dataset`. Il s'agit de la représentation d'une suite de données élémentaires constituant un jeu de données ou *dataset*. En général, vous utiliserez des objets Dataset qui liront les données progressivement à partir du disque, mais, pour plus de simplicité, créons un dataset à partir d'un simple tenseur de données, en utilisant `tf.data.Dataset.from_tensor_slices()`:

```
>>> import tensorflow as tf
>>> X = tf.range(10) # n'importe quel tenseur de données
>>> dataset = tf.data.Dataset.from_tensor_slices(X)
>>> dataset
<TensorSliceDataset shapes: (), types: tf.int32>
```

La fonction `from_tensor_slices()` prend un tenseur et crée un `tf.data.Dataset` dont les éléments sont tous des tranches de `X` sur la première dimension. Ce dataset contient donc dix éléments : les tenseurs 0, 1, 2, ..., 9. Dans ce cas précis, nous aurions obtenu le même dataset avec `tf.data.Dataset.range(10)`, sauf que les éléments auraient été des entiers sur 64 bits et non des entiers sur 32 bits.

Voici comment itérer simplement sur les éléments d'un dataset:

```
>>> for item in dataset:
...     print(item)
...
tf.Tensor(0, shape=(), dtype=int32)
```

```
tf.Tensor(1, shape=(), dtype=int32)
[...]
tf.Tensor(9, shape=(), dtype=int32)
```

L'API tf.data est une *API de lecture en continu* (ou *streaming API*) : elle est très efficace pour effectuer une itération sur l'ensemble des éléments d'un dataset mais n'est pas conçue pour l'utilisation d'indices ou de tranches.

Un dataset peut aussi contenir des n-uplets de tenseurs, ou des dictionnaires constitués de paires nom/tenseur, ou même une imbrication de n-uplets et de dictionnaires de tenseurs. En voici un exemple :

```
>>> X_nested = {"a": ([1, 2, 3], [4, 5, 6]), "b": [7, 8, 9]}
>>> dataset = tf.data.Dataset.from_tensor_slices(X_nested)
>>> for item in dataset:
...     print(item)
...
{'a': (<tf.Tensor: [...]=1>, <tf.Tensor: [...]=4>), 'b': <tf.Tensor: [...]=7>}
{'a': (<tf.Tensor: [...]=2>, <tf.Tensor: [...]=5>), 'b': <tf.Tensor: [...]=8>}
{'a': (<tf.Tensor: [...]=3>, <tf.Tensor: [...]=6>), 'b': <tf.Tensor: [...]=9>}
```

5.1.1 Enchaîner des transformations

Après avoir obtenu un dataset, vous pouvez lui appliquer toutes sortes de transformations en exécutant ses méthodes de transformation. Puisque chaque méthode renvoie un nouveau dataset, il est possible d'enchaîner ces transformations (la chaîne créée par le code suivant est illustrée à la figure 5.1) :

```
>>> dataset = tf.data.Dataset.from_tensor_slices(tf.range(10))
>>> dataset = dataset.repeat(3).batch(7)
>>> for item in dataset:
...     print(item)
...
tf.Tensor([0 1 2 3 4 5 6], shape=(7,), dtype=int32)
tf.Tensor([7 8 9 0 1 2 3], shape=(7,), dtype=int32)
tf.Tensor([4 5 6 7 8 9 0], shape=(7,), dtype=int32)
tf.Tensor([1 2 3 4 5 6 7], shape=(7,), dtype=int32)
tf.Tensor([8 9], shape=(2,), dtype=int32)
```

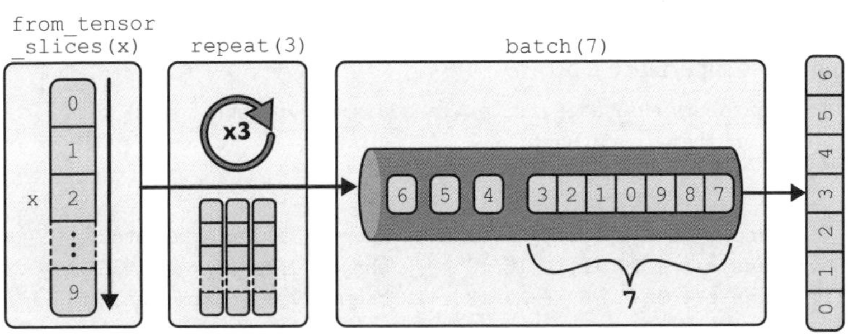

Figure 5.1 – Enchaînement de transformations sur le dataset

Dans cet exemple, nous commençons par appliquer la méthode `repeat()` sur le dataset d'origine. Elle renvoie un nouveau dataset qui contient trois répétitions des éléments du dataset initial. Bien évidemment, toutes les données ne sont pas copiées trois fois en mémoire ! (Si nous appelons cette méthode sans argument, le nouveau dataset répète indéfiniment les données du dataset source. Dans ce cas, le code qui parcourt le dataset doit décider quand s'arrêter.)

Ensuite nous appliquons la méthode `batch()` sur ce nouveau dataset, et obtenons encore un nouveau dataset. Celui-ci répartit les éléments du précédent en lots de sept éléments. Enfin, nous itérons sur les éléments de ce dataset final. La méthode `batch()` a été obligée de produire un lot final dont la taille est non pas 7 mais 2. Si nous préférons écarter ce lot final de sorte qu'ils aient tous la même taille, nous pouvons invoquer cette méthode avec `drop_remainder=True`.

Les méthodes ne modifient pas les datasets, mais en créent de nouveaux. Vous devez donc faire attention à conserver une référence à ces nouveaux datasets (par exemple avec `dataset = ...`), sinon rien ne se passera.

Nous pouvons également transformer les éléments en appelant la méthode `map()`. Par exemple, le code suivant crée un nouveau dataset dans lequel la valeur de chaque élément est multipliée par 2 :

```
>>> dataset = dataset.map(lambda x: x * 2)  # x est un lot
>>> for item in dataset:
...     print(item)
...
tf.Tensor([ 0  2  4  6  8 10 12], shape=(7,), dtype=int32)
tf.Tensor([14 16 18  0  2  4  6], shape=(7,), dtype=int32)
[...]
```

La méthode `map()` est celle que vous appellerez pour appliquer un prétraitement à vos données. Celle-ci générera parfois des calculs intensifs, comme le changement de forme d'une image ou sa rotation. Dans ce cas, il vaudra mieux lancer plusieurs threads pour accélérer son exécution : il suffit d'indiquer dans l'argument `num_parallel_calls` le nombre de threads à créer ou `tf.data.AUTOTUNE`. La fonction passée à la méthode `map()` doit être convertible en fonction TF (voir le chapitre 4).

Pour filtrer le dataset, il suffit simplement d'utiliser la méthode `filter()`. Cet exemple crée un jeu de données ne contenant que les lots dont la somme des éléments est supérieure à 50 :

```
>>> dataset = dataset.filter(lambda x: tf.reduce_sum(x) > 50)
>>> for item in dataset:
...     print(item)
...
tf.Tensor([14 16 18  0  2  4  6], shape=(7,), dtype=int32)
tf.Tensor([ 8 10 12 14 16 18  0], shape=(7,), dtype=int32)
tf.Tensor([ 2  4  6  8 10 12 14], shape=(7,), dtype=int32)
```

Si vous souhaitez examiner uniquement quelques éléments d'un dataset, utilisez la méthode `take()` :

```
>>> for item in dataset.take(2):
...     print(item)
...
tf.Tensor([14 16 18  0  2  4  6], shape=(7,), dtype=int32)
tf.Tensor([ 8 10 12 14 16 18  0], shape=(7,), dtype=int32)
```

5.1.2 Mélanger les données

La descente de gradient est plus efficace lorsque les instances du jeu d'entraînement sont indépendantes et distribuées de façon identique[117]. Pour obtenir cette configuration, une solution simple consiste à mélanger les instances à l'aide de la méthode `shuffle()`. Elle crée un nouveau dataset qui commencera par remplir un tampon avec les premiers éléments du dataset source. Ensuite, lorsqu'un élément est demandé, ce dataset le prendra de façon aléatoire dans le tampon et le remplacera par un nouvel élément provenant du dataset source. Le processus se répète jusqu'à la fin de l'itératon sur le dataset source. À ce moment-là, les éléments continueront à être extraits aléatoirement du tampon, jusqu'à ce que celui-ci soit vide. La taille du tampon doit être précisée et doit être suffisamment importante pour que le mélange soit efficace[118]. Toutefois, il ne faut pas dépasser la quantité de RAM disponible et, même si elle est importante, il est inutile d'aller au-delà de la taille du dataset.

Nous pouvons fournir un germe aléatoire de façon à obtenir le même ordre aléatoire à chaque exécution du programme. Par exemple, le code suivant crée et affiche un dataset qui contient les chiffres 0 à 9, répétés deux fois, mélangés avec un tampon de taille 4 et un germe aléatoire de 42, et regroupés en lots de taille 7 :

```
>>> dataset = tf.data.Dataset.range(10).repeat(2)
>>> dataset = dataset.shuffle(buffer_size=4, seed=42).batch(7)
>>> for item in dataset:
...     print(item)
...
tf.Tensor([3 0 1 6 2 5 7], shape=(7,), dtype=int64)
tf.Tensor([8 4 1 9 4 2 3], shape=(7,), dtype=int64)
tf.Tensor([7 5 0 8 9 6], shape=(6,), dtype=int64)
```

Si vous appelez `repeat()` sur un dataset mélangé, elle générera par défaut un nouvel ordre à chaque itération. Cela correspond en général au comportement souhaité. Mais, si vous préférez réutiliser le même ordre à chaque itération (par exemple pour les tests ou le débogage), vous pouvez indiquer `reshuffle_each_iteration=False`.

117. Voir le chapitre 1.

118. Imaginons un jeu de cartes triées à notre gauche. Nous prenons uniquement les trois premières cartes et les mélangeons, puis en tirons une de façon aléatoire et la plaçons à notre droite, en gardant les deux autres cartes dans nos mains. Nous prenons une autre carte à gauche, mélangeons les trois cartes dans nos mains et en prenons une de façon aléatoire pour la placer à notre droite. Lorsque nous avons appliqué ce traitement à toutes les cartes, nous obtenons un jeu de cartes à notre droite. Pensez-vous qu'il soit parfaitement mélangé ?

Lorsque le dataset est volumineux et ne tient pas en mémoire, cette solution de mélange à partir d'un tampon risque d'être insuffisante, car le tampon sera trop petit en comparaison du dataset. Une solution consiste à mélanger les données sources elles-mêmes (par exemple, la commande `shuf` de Linux permet de mélanger des fichiers texte). La qualité du mélange en sera énormément améliorée ! Mais, même si les données sources sont mélangées, nous voudrons généralement les mélanger un peu plus pour éviter que le même ordre ne se répète à chaque époque et que le modèle ne finisse par être biaisé (par exemple, en raison de faux motifs présents par hasard dans l'ordre des données sources). Pour cela, une solution classique consiste à découper des données sources en plusieurs fichiers, qui seront lus dans un ordre aléatoire au cours de l'entraînement. Cependant, les instances qui se trouvent dans le même fichier resteront proches l'une de l'autre. Pour éviter cette situation, nous pouvons choisir aléatoirement plusieurs fichiers et les lire simultanément, en entrelaçant leurs enregistrements.

Ensuite, par-dessus tout cela, nous pouvons ajouter un tampon de mélange en utilisant la méthode `shuffle()`. Si l'ensemble du processus vous semble complexe, ne vous inquiétez pas, l'API tf.data est là pour le réaliser en quelques lignes de code.

5.1.3 Entrelacer des lignes issues de plusieurs fichiers

Supposons tout d'abord que nous ayons chargé le jeu de données California Housing, l'ayons mélangé (sauf s'il l'était déjà) et l'ayons séparé en un jeu d'entraînement, un jeu de validation et un jeu de test. Nous découpons ensuite chaque jeu en de nombreux fichiers CSV, chacun ayant la forme suivante (chaque ligne contient huit caractéristiques d'entrée et une cible, la valeur médiane des habitations) :

```
MedInc,HouseAge,AveRooms,AveBedrms,Popul…,AveOccup,Lat…,Long…,MedianHouseValue
3.5214,15.0,3.050,1.107,1447.0,1.606,37.63,-122.43,1.442
5.3275,5.0,6.490,0.991,3464.0,3.443,33.69,-117.39,1.687
3.1,29.0,7.542,1.592,1328.0,2.251,38.44,-122.98,1.621
[...]
```

Supposons également que `train_filepaths` contienne la liste des chemins d'accès des fichiers d'entraînement (nous avons également `valid_filepaths` et `test_filepaths`) :

```
>>> train_filepaths
['datasets/housing/my_train_00.csv', 'datasets/housing/my_train_01.csv', ...]
```

Nous pourrions également utiliser des noms de fichiers génériques, par exemple `train_filepaths = "datasets/housing/my_train_*.csv"`. Nous créons à présent un dataset qui ne contient que ces chemins de fichiers :

```
filepath_dataset = tf.data.Dataset.list_files(train_filepaths, seed=42)
```

Par défaut, la fonction `list_files()` renvoie un dataset qui mélange les chemins de fichiers. En général c'est plutôt une bonne chose, mais nous pouvons indiquer `shuffle=False` si, quelle qu'en soit la raison, nous ne le souhaitons pas.

Nous appelons ensuite la méthode `interleave()` pour effectuer la lecture à partir de cinq fichiers à la fois et entrelacer leurs lignes, en sautant la ligne d'en-tête de chaque fichier avec la méthode `skip()` :

```
n_readers = 5
dataset = filepath_dataset.interleave(
    lambda filepath: tf.data.TextLineDataset(filepath).skip(1),
    cycle_length=n_readers)
```

La méthode `interleave()` crée un dataset qui extrait cinq chemins de fichiers à partir de `filepath_dataset` et qui, pour chacun, appelle la fonction indiquée (un lambda dans cet exemple) de façon à créer un nouveau dataset (dans ce cas un `TextLineDataset`). À ce stade, nous avons sept datasets en tout : le dataset des chemins de fichiers, le dataset entrelacé et les cinq datasets `TextLineDataset` créés en interne par le dataset entrelacé. Lorsque nous itérons sur le dataset entrelacé, celui-ci alterne entre les cinq `TextLineDataset`, lisant une ligne à la fois à partir de chacun, jusqu'à ce qu'ils ne contiennent plus d'éléments. Il prend ensuite les cinq chemins de fichiers suivants à partir du `filepath_dataset` et les entrelace de la même manière. Il procède ainsi jusqu'à épuisement des chemins de fichiers.

Pour que l'entrelacement soit efficace, il est préférable que les fichiers soient de la même longueur. Dans le cas contraire, la fin du fichier le plus long ne sera pas entrelacée.

Par défaut, `interleave()` n'exploite pas le parallélisme mais se contente de lire une ligne à la fois à partir de chaque fichier, séquentiellement. Pour qu'elle procède en parallèle, nous pouvons définir dans son argument d'appel `num_parallel_calls` le nombre de threads souhaités (la méthode `map()` dispose également de cet argument). Nous pouvons même lui donner la valeur `tf.data.experimental.AUTOTUNE` pour que TensorFlow choisisse dynamiquement le nombre de threads approprié en fonction du nombre de processeurs disponibles. Voyons ce que le dataset contient à présent :

```
>>> for line in dataset.take(5):
...     print(line)
...
tf.Tensor(b'4.5909,16.0,[...],33.63,-117.71,2.418', shape=(), dtype=string)
tf.Tensor(b'2.4792,24.0,[...],34.18,-118.38,2.0', shape=(), dtype=string)
tf.Tensor(b'4.2708,45.0,[...],37.48,-122.19,2.67', shape=(), dtype=string)
tf.Tensor(b'2.1856,41.0,[...],32.76,-117.12,1.205', shape=(), dtype=string)
tf.Tensor(b'4.1812,52.0,[...],33.73,-118.31,3.215', shape=(), dtype=string)
```

Cela correspond aux premières lignes (la ligne d'en-tête étant ignorée) de cinq fichiers CSV choisis aléatoirement. C'est plutôt pas mal !

Il est possible de transmettre une liste de chemins de fichiers au constructeur `TextLineDataset()` : il parcourra chaque fichier à tour de rôle, ligne par ligne. Si vous donnez également à l'argument `num_parallel_reads` une valeur supérieure à 1, alors le dataset lira ce nombre de fichiers en parallèle et entrelacera leurs lignes (sans avoir à appeler la méthode `interleave()`). Cependant, il ne mélangera pas les fichiers et ne sautera pas les lignes d'en-tête.

5.1.4 Prétraiter les données

Implémentons deux fonctions personnalisées qui effectueront ce prétraitement :

```
X_mean, X_std = [...]  # moyenne et écart-type de chaque variable du dataset
n_inputs = 8

def parse_csv_line(line):
    defs = [0.] * n_inputs + [tf.constant([], dtype=tf.float32)]
    fields = tf.io.decode_csv(line, record_defaults=defs)
    return tf.stack(fields[:-1]), tf.stack(fields[-1:])

def preprocess(line):
    x, y = parse_csv_line(line)
    return (x - X_mean) / X_std, y
```

Parcourons ce code :

- Tout d'abord, le code suppose que nous avons calculé auparavant la moyenne et l'écart-type de chaque variable du jeu d'entraînement. `X_mean` et `X_std` sont de simples tenseurs à une dimension (ou des tableaux NumPy) qui contiennent huit nombres à virgule flottante, un par caractéristique d'entrée. Ceci peut être réalisé en utilisant un `StandardScaler` de Scikit-Learn sur un échantillon aléatoire significatif du jeu de données. Dans la suite de ce chapitre, nous utiliserons à la place une couche de prétraitement Keras.
- La fonction `parse_csv_line()` prend une ligne CSV et l'analyse. Pour cela, elle se sert de la fonction `tf.io.decode_csv()`, qui attend deux arguments : le premier est la ligne à analyser, le second est un tableau contenant la valeur par défaut de chaque colonne du fichier CSV. Ce tableau `defs` indique à TensorFlow non seulement la valeur par défaut de chaque colonne, mais également le nombre de colonnes et leurs types. Dans cet exemple, nous précisons que toutes les colonnes contiennent des nombres à virgule flottante et que les valeurs manquantes doivent être fixées à 0. Toutefois, pour la dernière colonne (la cible), nous fournissons un tableau vide de type `tf.float32` comme valeur par défaut. Ceci indique à TensorFlow que cette colonne contient des nombres à virgule flottante, sans aucune valeur par défaut. Une exception sera donc lancée en cas de valeur manquante.
- La fonction `tf.io.decode_csv()` retourne une liste de tenseurs de type scalaire (un par colonne), alors que nous devons retourner un tableau de tenseurs à une dimension. Nous appelons donc `tf.stack()` sur tous

les tenseurs à l'exception du dernier (la cible) : cette opération empile les tenseurs dans un tableau à une dimension. Nous faisons ensuite de même pour la valeur cible (elle devient un tableau de tenseurs à une dimension avec une seule valeur à la place d'un tenseur de type scalaire). La fonction `tf.io.decode_csv()` a terminé : elle renvoie les caractéristiques d'entrée et la cible.

- Enfin, la fonction personnalisée `preprocess()` se contente d'appeler la fonction `parse_csv_line()`, normalise les caractéristiques d'entrée et renvoie un n-uplet qui contient les caractéristiques normalisées et la cible.

Testons cette fonction de prétraitement :

```
>>> preprocess(b'4.2083,44.0,5.3232,0.9171,846.0,2.3370,37.47,-122.2,2.782')
(<tf.Tensor: shape=(8,), dtype=float32, numpy=
 array([ 0.16579159,  1.216324  , -0.05204564, -0.39215982, -0.5277444 ,
        -0.2633488 ,  0.8543046 , -1.3072058 ], dtype=float32)>,
 <tf.Tensor: shape=(1,), dtype=float32, numpy=array([2.782], dtype=float32)>)
```

Le résultat semble bon ! La fonction `preprocess()` peut convertir une instance ayant la forme d'une chaîne d'octets en un tenseur centré et réduit, avec l'étiquette correspondante. Nous pouvons à présent utiliser la méthode `map()` du dataset pour appliquer la fonction `preprocess()` à chacune de ses instances.

5.1.5 Réunir le tout

Pour que le code soit plus réutilisable, nous allons réunir tout ce dont nous avons discuté jusqu'à présent dans une autre fonction utilitaire. Elle va créer et renvoyer un dataset qui chargera efficacement le jeu de données California Housing à partir de plusieurs fichiers CSV, le prétraitera, le mélangera et le divisera en lots (voir la figure 5.2) :

```
def csv_reader_dataset(filepaths, n_readers=5, n_read_threads=None,
                       n_parse_threads=5, shuffle_buffer_size=10_000, seed=42,
                       batch_size=32):
    dataset = tf.data.Dataset.list_files(filepaths, seed=seed)
    dataset = dataset.interleave(
        lambda filepath: tf.data.TextLineDataset(filepath).skip(1),
        cycle_length=n_readers, num_parallel_calls=n_read_threads)
    dataset = dataset.map(preprocess, num_parallel_calls=n_parse_threads)
    dataset = dataset.shuffle(shuffle_buffer_size, seed=seed)
    return dataset.batch(batch_size).prefetch(1)
```

Remarquez l'appel à `prefetch()` sur la dernière ligne : c'est important pour améliorer les performances, comme nous allons le voir maintenant.

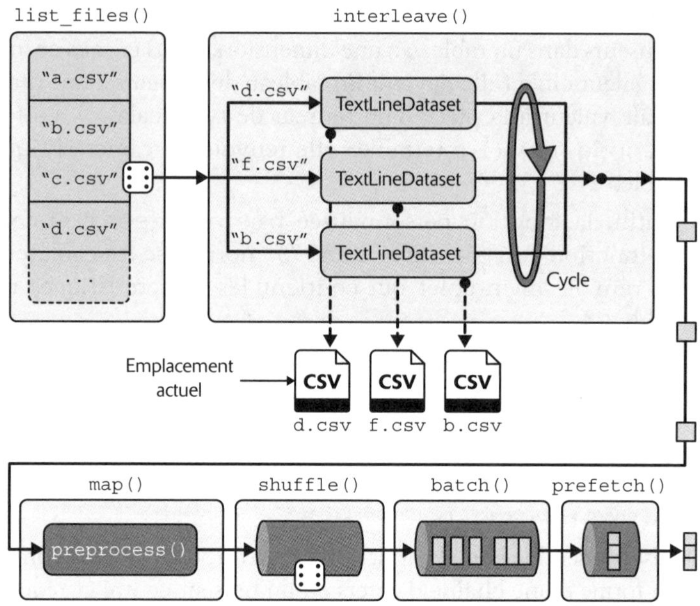

Figure 5.2 – Chargement et prétraitement de données provenant de plusieurs fichiers CSV

5.1.6 Lecture anticipée

En appelant `prefetch(1)` à la fin du code, nous créons un dataset qui s'efforcera de rester toujours en avance d'un lot[119]. Autrement dit, pendant que notre algorithme d'entraînement travaille sur un lot, le dataset prépare en parallèle le lot suivant (c'est-à-dire qu'il lit les données à partir du disque et les prétraite). Cette approche peut améliorer énormément les performances, comme l'illustre la figure 5.3. Si nous faisons également en sorte que le chargement et le prétraitement soient multithreads (en définissant `num_parallel_calls` lors des appels à `interleave()` et à `map()`), nous pouvons exploiter les différents cœurs du processeur et, potentiellement, rendre le temps de préparation d'un lot de données plus court que l'exécution d'une étape d'entraînement sur le GPU. Celui-ci sera ainsi utilisé à 100 %, ou presque en raison du temps de transfert des données depuis le CPU vers le GPU[120], et l'entraînement sera beaucoup plus rapide.

119. En général, la lecture anticipée d'un lot suffit. Mais, dans certains cas, il peut être bon de lire à l'avance un plus grand nombre de lots. Il est également possible de laisser TensorFlow décider automatiquement en transmettant `tf.data.AUTOTUNE` à `prefetch()`.

120. Jetez un œil à la fonction expérimentale `tf.data.experimental.prefetch_to_device()`, qui est capable de précharger directement des données dans le GPU. Une fonction ou une classe TensorFlow comportant le mot `experimental` dans son nom risque d'être modifiée sans préavis dans les versions futures. Si une fonction expérimentale échoue, essayez de supprimer le mot `experimental` : elle a peut-être été intégrée dans l'API de base. Si ce n'est pas le cas, consultez le notebook car je m'efforcerai d'y maintenir le code à jour.

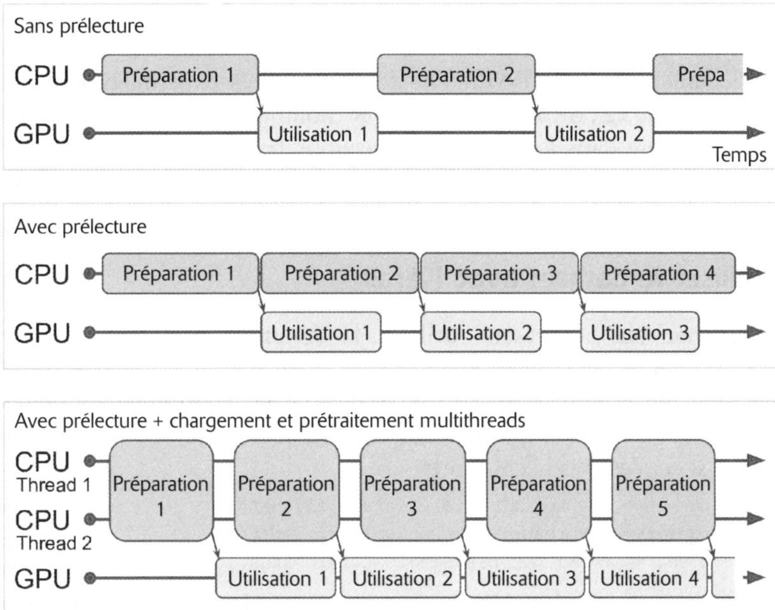

Figure 5.3 – Avec la lecture anticipée, le CPU et le GPU fonctionnent en parallèle : pendant que le GPU travaille sur un lot, le CPU prépare le suivant

Si vous prévoyez d'acheter une carte graphique, sa puissance de traitement et la taille de sa mémoire sont évidemment très importantes (en particulier, une grande quantité de RAM est indispensable aux grands modèles de vision par ordinateur ou de traitement du langage naturel). Sa *bande passante mémoire* doit elle aussi être performante, car elle correspond au nombre de gigaoctets de données qui peuvent entrer ou sortir de sa mémoire RAM à chaque seconde.

Si le dataset est suffisamment petit pour tenir en mémoire, nous pouvons accélérer l'entraînement en utilisant sa méthode `cache()` : elle place son contenu dans un cache en mémoire RAM. Cette opération se fait généralement après le chargement et le prétraitement des données, mais avant leur mélange, leur répétition, leur mise en lot et leur lecture anticipée. De cette manière, chaque instance ne sera lue et prétraitée qu'une seule fois (au lieu d'une fois par époque), mais les données resteront mélangées différemment à chaque époque, et le lot suivant sera toujours préparé à l'avance.

Vous savez à présent construire un pipeline d'entrée efficace pour charger et prétraiter des données provenant de plusieurs fichiers texte. Nous avons décrit les méthodes les plus utilisées sur un dataset, mais quelques autres méritent votre attention : `concatenate()`, `zip()`, `window()`, `reduce()`, `shard()`, `flat_map()`, `apply()`, `unbatch()` et `padded_batch()`. Par ailleurs, quelques méthodes de classe supplémentaires, comme `from_generator()` et from_tensors(), permettent de créer un nouveau dataset à partir, respectivement, d'un générateur Python ou d'une liste de tenseurs. Les détails se trouvent dans la documentation de l'API. Des fonctionnalités expérimentales sont disponibles dans tf.data.experimental et nombre d'entre elles devraient rejoindre l'API de base dans les prochaines versions (par exemple, jetez un œil à la classe CsvDataset et à la méthode make_csv_dataset(), qui se charge de deviner le type de chaque colonne).

5.1.7 Utiliser le dataset avec Keras

Nous pouvons à présent utiliser la fonction personnalisée csv_reader_dataset() créée précédemment pour créer un dataset associé au jeu d'entraînement, au jeu de validation et au jeu de test. Le jeu d'entraînement sera mélangé avant chaque époque (notez que le jeu de validation et le jeu de test seront aussi mélangés, même si ce n'est pas nécessaire) :

```
train_set = csv_reader_dataset(train_filepaths)
valid_set = csv_reader_dataset(valid_filepaths)
test_set = csv_reader_dataset(test_filepaths)
```

Il ne nous reste plus qu'à construire et à entraîner un modèle Keras avec ces datasets. Lorsque nous appelons la méthode fit(), nous lui transmettons train_set à la place de X_train, y_train, et lui transmettons validation_data=valid_set à la place de validation_data=(X_valid, y_valid). La méthode fit() se chargera de transmettre le dataset d'entraînement à chaque époque, dans un ordre différent à chaque fois :

```
model = tf.keras.Sequential([...])
model.compile(loss="mse", optimizer="sgd")
model.fit(train_set, validation_data=valid_set, epochs=5)
```

De manière comparable, nous pouvons transmettre un dataset aux méthodes evaluate() et predict() :

```
test_mse = model.evaluate(test_set)
new_set = test_set.take(3)  # pour simuler trois nouveaux exemples
y_pred = model.predict(new_set)  # ou transmettre simplement un tableau NumPy
```

Contrairement aux autres jeux, new_set ne contiendra généralement aucune étiquette ; sinon, comme c'est le cas ici, Keras les ignore. Si nous le souhaitons, dans tous ces cas, nous pouvons toujours utiliser des tableaux NumPy à la place des datasets (ils devront cependant être préalablement chargés et prétraités).

Si nous voulons construire notre propre boucle d'entraînement personnalisée (comme expliqué au chapitre 4), il nous suffit d'itérer très naturellement sur le jeu d'entraînement :

```
n_epochs = 5
for epoch in range(n_epochs):
    for X_batch, y_batch in train_set:
        [...]  # exécuter une étape de descente de gradient
```

En réalité, il est même possible de créer une fonction TF (voir le chapitre 4) qui entraîne le modèle durant toute une époque. Ceci peut réellement accélérer l'entraînement :

```
@tf.function
def train_one_epoch(model, optimizer, loss_fn, train_set):
    for X_batch, y_batch in train_set:
        with tf.GradientTape() as tape:
            y_pred = model(X_batch)
            main_loss = tf.reduce_mean(loss_fn(y_batch, y_pred))
            loss = tf.add_n([main_loss] + model.losses)
        gradients = tape.gradient(loss, model.trainable_variables)
        optimizer.apply_gradients(zip(gradients, model.trainable_variables))

optimizer = tf.keras.optimizers.SGD(learning_rate=0.01)
loss_fn = tf.keras.losses.mean_squared_error
for epoch in range(n_epochs):
    print("\rEpoch {}/{}".format(epoch + 1, n_epochs), end="")
    train_one_epoch(model, optimizer, loss_fn, train_set)
```

Dans Keras, l'argument `steps_per_execution` de la méthode `compile()` vous permet de définir le nombre de lots que la méthode `fit()` traitera lors de chaque appel à la `tf.function` qu'elle utilise pour l'entraînement. La valeur par défaut est 1, donc si vous lui donnez la valeur 50, vous constaterez souvent une amélioration significative des performances. Cependant, les méthodes `on_batch_*()` des rappels Keras ne seront appelées que tous les 50 lots.

Et voilà, vous savez à présent construire des pipelines d'entrée puissants à l'aide de l'API tf.data ! Mais, pour le moment, nous n'avons utilisé que des fichiers CSV. S'ils sont répandus, simples et pratiques, ils sont en revanche peu efficaces et ont quelques difficultés avec les structures de données volumineuses ou complexes (comme les images ou l'audio). Nous allons voir comment utiliser à la place des fichiers au format TFRecord.

Si les fichiers CSV (ou de tout autre format) vous conviennent parfaitement, rien ne vous oblige à employer le format TFRecord. Comme le dit le dicton, « si ça marche, il ne faut pas y toucher ! » Les fichiers TFRecord seront utiles lorsque le goulot d'étranglement pendant l'entraînement réside dans le chargement et l'analyse des données.

5.2 LE FORMAT TFRECORD

Le format TFRecord de TensorFlow doit, de préférence, être adopté si l'on veut un stockage et une lecture efficace de grandes quantités de données. Il s'agit d'un format binaire très simple qui contient uniquement une suite d'enregistrements binaires de taille variable (chaque enregistrement est constitué d'une longueur, d'une somme de contrôle CRC pour vérifier que la longueur n'a pas été corrompue, des données réelles et d'une somme de contrôle CRC pour les données).

La création d'un fichier TFRecord se fait simplement à l'aide de la classe `tf.io.TFRecordWriter`:

```
with tf.io.TFRecordWriter("my_data.tfrecord") as f:
    f.write(b"This is the first record")
    f.write(b"And this is the second record")
```

Nous pouvons ensuite utiliser un `tf.data.TFRecordDataset` pour lire un ou plusieurs fichiers TFRecord:

```
filepaths = ["my_data.tfrecord"]
dataset = tf.data.TFRecordDataset(filepaths)
for item in dataset:
    print(item)
```

Nous obtenons le résultat suivant:

```
tf.Tensor(b'This is the first record', shape=(), dtype=string)
tf.Tensor(b'And this is the second record', shape=(), dtype=string)
```

Par défaut, un `tf.data.TFRecordDataset` lit les fichiers un par un, mais vous pouvez lui demander de lire plusieurs fichiers en parallèle et d'entrelacer leurs enregistrements en lui transmettant une liste de chemins d'accès de fichiers et en donnant à `num_parallel_reads` une valeur supérieure à 1. Vous pouvez également obtenir le même résultat en utilisant `list_files()` et `interleave()`, comme nous l'avons fait précédemment pour la lecture de plusieurs fichiers CSV.

5.2.1 Fichiers TFRecord compressés

La compression des fichiers TFRecord peut se révéler utile, notamment s'ils doivent être chargés au travers d'une connexion réseau. Pour créer un fichier TFRecord compressé, nous devons définir l'argument `options`:

```
options = tf.io.TFRecordOptions(compression_type="GZIP")
with tf.io.TFRecordWriter("my_compressed.tfrecord", options) as f:
    f.write(b"Compress, compress, compress!")
```

Pour sa lecture, nous devons préciser le type de compression:

```
dataset = tf.data.TFRecordDataset(["my_compressed.tfrecord"],
                                  compression_type="GZIP")
```

5.2.2 Présentation du format Protocol Buffers

Bien que chaque enregistrement puisse avoir n'importe quel format binaire, les fichiers TFRecord contiennent habituellement des tampons de protocole, c'est-à-dire des objets sérialisés au format *Protocol Buffers* (également appelé *Protobuf)* respectant un format particulier défini dans un fichier de définition `.proto`. Protocol Buffers est un format binaire portable, extensible et efficace développé par Google en 2001 et mis en open source en 2008. Il est aujourd'hui très utilisé, tant pour le stockage de données que pour leur transmission, et en particulier dans gRPC (*https://grpc.io*), le système d'appel de procédure à distance de Google. Le fichier `.proto` utilise un langage simple:

```
syntax = "proto3";
message Person {
```

```
    string name = 1;
    int32 id = 2;
    repeated string email = 3;
}
```

Cette définition indique que nous utilisons la version 3 du format Protobuf et précise que chaque objet `Person`[121] peut (potentiellement) avoir un nom `name` de type `string`, un identifiant `id` de type `int32`, et zéro champ `email` ou plus, chacun de type `string`. Les chiffres `1`, `2` et `3` sont des identifiants de champs qui seront utilisés dans la représentation binaire de chaque enregistrement. Après avoir défini un fichier `.proto`, nous le compilons. Pour cela, nous avons besoin de `protoc`, le compilateur qui génère des classes d'accès en Python (ou dans un autre langage). Les définitions de formats Protobuf que nous allons généralement utiliser dans TensorFlow ont déjà été compilées pour nous et leurs classes d'accès Python font partie de la bibliothèque TensorFlow. Les instances de ces classes d'accès sont couramment appelées *protobufs*. Vous n'aurez donc pas besoin d'utiliser `protoc`, juste de savoir comment utiliser ces protobufs en Python.

Pour illustrer les bases, examinons un exemple simple qui utilise la classe d'accès générée pour le format Protobuf `Person` que nous venons de définir (les commentaires expliquent le code) :

```
>>> from person_pb2 import Person # importer la classe d'accès générée
                                  # par protoc
>>> person = Person(name="Al", id=123, email=["a@b.com"]) # créer objet Person
>>> print(person) # afficher l'objet Person
name: "Al"
id: 123
email: "a@b.com"
>>> person.name # lire un champ
'Al'
>>> person.name = "Alice" # modifier un champ
>>> person.email[0] # accès aux champs répétés comme à une liste
'a@b.com'
>>> person.email.append("c@d.com") # ajouter une adresse e-mail
>>> serialized = person.SerializeToString() # sérialiser dans une chaîne
                                            # d'octets
>>> serialized
b'\n\x05Alice\x10{\x1a\x07a@b.com\x1a\x07c@d.com'
>>> person2 = Person() # créer un nouvel objet Person
>>> person2.ParseFromString(serialized) # analyser la chaîne de 27 octets
27
>>> person == person2 # à présent égaux
True
```

En bref, nous importons la classe d'accès `Person` produite par `protoc`, nous en créons une instance, que nous manipulons et affichons, et dont nous lisons et modifions certains champs, puis nous la sérialisons avec la méthode `SerializeToString()`. Nous obtenons des données binaires au format Protobuf, prêtes à être enregistrées ou transmises sur le réseau. Lors de la lecture ou de la réception de ces données

121. Puisque les objets protobuf sont destinés à être sérialisés et transmis, ils sont appelés *messages*.

binaires, nous pouvons les analyser à l'aide de la méthode `ParseFromString()`, pour obtenir une copie de l'objet qui avait été sérialisé[122].

Nous pouvons enregistrer l'objet `Person` sérialisé dans un fichier TFRecord, pour ensuite le charger et l'analyser ; tout devrait bien se passer. Toutefois, puisque `ParseFromString()` n'est pas une opération TensorFlow, elle ne peut pas être incluse dans une fonction de prétraitement dans un pipeline tf.data (sauf en l'enveloppant dans une opération `tf.py_function()`, qui rendrait le code plus long et moins portable, comme nous l'avons vu au chapitre 4). Vous pourriez utiliser la fonction `tf.io.decode_proto()`, qui peut analyser n'importe quelles données au format Protobuf, moyennant de lui en fournir la définition (voir un exemple dans le notebook). Ceci dit, en pratique, il est généralement préférable d'utiliser plutôt les formats Protobuf prédéfinis pour lesquels TensorFlow fournit des classes d'accès (ou protobufs) dédiées. Voyons donc maintenant ces formats Protobuf prédéfinis.

5.2.3 Protobufs de TensorFlow

Le principal format Protobuf utilisé dans un fichier TFRecord est `Example`, qui correspond à une instance (ou exemple) d'un jeu de données. Il contient une liste de caractéristiques nommées, chacune pouvant être une liste de chaînes d'octets, une liste de nombres à virgule flottante ou une liste d'entiers. Voici sa définition dans le code source de TensorFlow :

```
syntax = "proto3";
message BytesList { repeated bytes value = 1; }
message FloatList { repeated float value = 1 [packed = true]; }
message Int64List { repeated int64 value = 1 [packed = true]; }
message Feature {
    oneof kind {
        BytesList bytes_list = 1;
        FloatList float_list = 2;
        Int64List int64_list = 3;
    }
};
message Features { map<string, Feature> feature = 1; };
message Example { Features features = 1; };
```

Les définitions de `BytesList`, `FloatList` et `Int64List` sont faciles à comprendre. Remarquez que `[packed = true]` est employé avec les champs numériques répétés pour obtenir un encodage plus efficace. Un objet `Feature` contient un objet `BytesList`, `FloatList` ou `Int64List`. Un objet `Features` (avec un `s`) contient un dictionnaire qui met en correspondance chaque nom de caractéristique (alias *feature*) et sa valeur. Enfin, un `Example` contient simplement un objet `Features`.

122. Ce chapitre présente le strict minimum sur les protobufs dont vous avez besoin pour utiliser des fichiers TFRecord. Pour de plus amples informations, consultez le site *https://homl.info/protobuf*.

Pourquoi avoir défini `Example` s'il ne contient rien de plus qu'un objet `Features` ? La raison est simple : les développeurs de TensorFlow pourraient décider un jour de lui ajouter d'autres champs. Tant que la nouvelle définition `Example` contient le champ `features`, avec le même identifiant, elle maintient une compatibilité ascendante. Cette extensibilité est l'une des grandes caractéristiques du format Protobuf.

Le code suivant crée une instance de la classe `tf.train.Example` (c'est-à-dire un protobuf) qui représente la même personne que précédemment :

```
from tensorflow.train import BytesList, FloatList, Int64List
from tensorflow.train import Feature, Features, Example

person_example = Example(
    features=Features(
        feature={
            "name": Feature(bytes_list=BytesList(value=[b"Alice"])),
            "id": Feature(int64_list=Int64List(value=[123])),
            "emails": Feature(bytes_list=BytesList(value=[b"a@b.com",
                                                          b"c@d.com"]))
    }))
```

Ce code est un tantinet verbeux et répétitif, mais il est facile de l'emballer dans une petite fonction utilitaire. Nous disposons à présent d'un protobuf `Example` qui nous permet de sérialiser ses données en invoquant sa méthode `SerializeToString()` et de les écrire dans un fichier TFRecord. Écrivons ces données cinq fois, comme s'il y avait plusieurs contacts :

```
with tf.io.TFRecordWriter("my_contacts.tfrecord") as f:
    for _ in range(5):
        f.write(person_example.SerializeToString())
```

Normalement, nous devrions écrire bien plus que cinq `Example` ! En effet, nous voudrons généralement créer un script de conversion qui lit les éléments dans leur format actuel (par exemple, des fichiers CSV), crée un protobuf `Example` pour chacun d'eux, les sérialise et les enregistre dans plusieurs fichiersTFRecord, idéalement en les mélangeant au passage. Puisque cela demande un peu de travail, demandez-vous si c'est absolument nécessaire (il est possible que votre pipeline fonctionne parfaitement avec des fichiers CSV).

Essayons à présent de charger ce fichier TFRecord qui contient plusieurs objets `Example` sérialisés.

5.2.4 Charger et analyser des Example sérialisés

Pour charger des `Example` sérialisés, nous allons utiliser à nouveau un `tf.data.TFRecordDataset`, et nous analyserons chaque `Example` avec `tf.io.parse_single_example()`. Cette fonction nécessite au moins deux arguments : un tenseur scalaire de type chaîne qui contient les données sérialisées et une description de chaque caractéristique. La description est un dictionnaire qui associe un nom de caractéristique soit à un descripteur `tf.io.FixedLenFeature` indiquant la forme, le type et la valeur par défaut de la caractéristique, soit à un descripteur `tf.io.VarLenFeature` précisant uniquement le type si la longueur de la liste de la caractéristique peut varier (comme dans le cas de la caractéristique `"emails"`).

Le code suivant définit un dictionnaire de description, puis crée un `TFRecordDataset` et lui applique une fonction de prétraitement personnalisée pour analyser chaque `Example` sérialisé contenu dans ce dataset :

```
feature_description = {
    "name": tf.io.FixedLenFeature([], tf.string, default_value=""),
    "id": tf.io.FixedLenFeature([], tf.int64, default_value=0),
    "emails": tf.io.VarLenFeature(tf.string),
}

def parse(serialized_example):
    return tf.io.parse_single_example(serialized_example, feature_description)

dataset = tf.data.TFRecordDataset(["my_contacts.tfrecord"]).map(parse)
for parsed_example in dataset:
    print(parsed_example)
```

Les caractéristiques de taille fixe sont analysées comme des tenseurs normaux, tandis que les caractéristiques de taille variable sont analysées comme des tenseurs creux. La conversion d'un tenseur creux en un tenseur dense se fait avec `tf.sparse.to_dense()`, mais, dans ce cas, il est plus simple d'accéder directement à ses valeurs :

```
>>> tf.sparse.to_dense(parsed_example["emails"], default_value=b"")
<tf.Tensor: [...] dtype=string, numpy=array([b'a@b.com', b'c@d.com'], [...])>
>>> parsed_example["emails"].values
<tf.Tensor: [...] dtype=string, numpy=array([b'a@b.com', b'c@d.com'], [...])>
```

Au lieu d'analyser les exemples un par un en utilisant `tf.io.parse_single_example()`, il est possible de les analyser lot par lot en utilisant `tf.io.parse_example()` :

```
def parse(serialized_examples):
    return tf.io.parse_example(serialized_examples, feature_description)

dataset = tf.data.TFRecordDataset(["my_contacts.tfrecord"])
dataset = dataset.batch(2).map(parse)
for parsed_examples in dataset:
    print(parsed_examples)  # deux exemples à la fois
```

Enfin, une `BytesList` peut contenir n'importe quelles données binaires, y compris un objet sérialisé. Par exemple, nous pouvons appeler `tf.io.encode_jpeg()` pour encoder une image au format JPEG et placer ces données binaires dans un `BytesList`. Plus tard, lorsque notre code lira le TFRecord, il commencera par analyser l'`Example`, puis il devra appeler `tf.io.decode_jpeg()` pour analyser les données et obtenir l'image d'origine (nous pouvons aussi appeler `tf.io.decode_image()`, capable de décoder n'importe quelle image BMP, GIF, JPEG ou PNG). Nous pouvons également stocker n'importe quel tenseur dans un `BytesList` en le sérialisant avec `tf.io.serialize_tensor()`, puis en plaçant la chaîne d'octets résultante dans une caractéristique `BytesList`. Ensuite, lors de l'analyse du TFRecord, il suffit de traiter ces données avec `tf.io.parse_tensor()`. Vous trouverez des exemples de stockage d'images et de tenseurs dans un fichier TFRecord dans le notebook « 13_loading_and_preprocessing_data.ipynb » sous *https://homl.info/colab3*.

Comme vous pouvez le voir, le protobuf `Example` est plutôt adaptable et devrait donc vous suffire dans la plupart des cas. Toutefois, son utilisation risque d'être un peu lourde s'il faut manipuler des listes de listes. Par exemple, supposons que nous souhaitions classifier des documents texte. Chaque document peut se présenter sous forme d'une liste de phrases, où chaque phrase est représentée par une liste de mots. De plus, chaque document peut également avoir une liste de commentaires, où chaque commentaire est représenté par une liste de mots. À cela peuvent s'ajouter des données contextuelles, comme l'auteur, le titre et la date de publication du document. La classe `SequenceExample` de TensorFlow est conçue pour prendre en charge de tels cas.

5.2.5 Gérer des listes de listes avec le protobuf SequenceExample

Voici la définition du format Protobuf `SequenceExample` :

```
message FeatureList { repeated Feature feature = 1; };
message FeatureLists { map<string, FeatureList> feature_list = 1; };
message SequenceExample {
    Features context = 1;
    FeatureLists feature_lists = 2;
};
```

Un `SequenceExample` est constitué d'un objet `Features` pour les données contextuelles et d'un objet `FeatureLists` qui contient un ou plusieurs objets `FeatureList` nommés (par exemple, un `FeatureList` nommé `"content"` et un autre nommé `"comments"`). Chaque `FeatureList` contient une liste d'objets `Feature`, chacun pouvant être une liste de chaînes d'octets, une liste d'entiers sur 64 bits ou une liste de nombres à virgule flottante (dans notre exemple, chaque `Feature` représenterait une phrase ou un commentaire, éventuellement sous la forme d'une liste d'identifiants de mots). Construire, sérialiser et analyser un `SequenceExample` ne sont pas très différents de ces mêmes opérations sur un `Example`, mais nous devons employer `tf.io.parse_single_sequence_example()` pour analyser un seul `SequenceExample` ou `tf.io.parse_sequence_example()` pour un traitement par lot. Les deux fonctions renvoient un n-uplet qui contient les caractéristiques de contexte (sous forme de dictionnaire) et les listes de caractéristiques (également un dictionnaire). Si les listes de caractéristiques contiennent des séquences de taille variable (comme dans l'exemple précédent), nous pouvons les convertir en tenseurs irréguliers à l'aide de `tf.RaggedTensor.from_sparse()` (code complet dans le notebook[123]) :

```
parsed_context, parsed_feature_lists = tf.io.parse_single_sequence_example(
    serialized_sequence_example, context_feature_descriptions,
    sequence_feature_descriptions)
parsed_content = tf.RaggedTensor.from_sparse(parsed_feature_lists["content"])
```

123. Voir « 13_loading_and_preprocessing_data.ipynb » sur *https://homl.info/colab3*.

Puisque vous savez à présent comment stocker, charger, analyser et prétraiter les données à l'aide de l'API tf.data, des fichiers TFrecord et des protobufs, il est maintenant temps de s'intéresser aux couches de prétraitement de Keras.

5.3 COUCHES DE PRÉTRAITEMENT DE KERAS

La préparation des données destinées à un réseau de neurones nécessite, d'une manière générale, de normaliser toutes les variables quantitatives, d'encoder les variables qualitatives et les variables textuelles, de rogner ou redimensionner les images, etc. Il existe plusieurs façons de le faire :

- Le prétraitement peut être effectué à l'avance, lors de la préparation de vos fichiers de données d'entraînement, en utilisant des outils logiciels tels que NumPy, Pandas ou Scikit-Learn. Vous devrez appliquer exactement les mêmes étapes de prétraitement en production, afin de garantir que votre modèle de production reçoive des entrées prétraitées similaires à celles sur lesquelles il a été entraîné.
- Une autre solution consiste à prétraiter vos données à la volée au moment de leur chargement avec tf.data, en définissant au moyen de la méthode `map()` de votre dataset une fonction de prétraitement à appliquer à chaque élément de votre jeu de données, comme nous l'avons vu précédemment dans ce chapitre. Là encore, il vous faudra appliquer les mêmes étapes de prétraitement en production.
- Une dernière façon de procéder consiste à inclure des couches de prétraitement directement dans votre modèle afin qu'il puisse prétraiter les données d'entrée à la volée durant l'entraînement, et que les mêmes couches de prétraitement soient utilisées en production. Le reste de ce chapitre va s'intéresser à cette dernière approche.

Keras offre de nombreuses couches de prétraitement que vous pouvez inclure dans vos modèles : elles peuvent être appliquées aux variables quantitatives et qualitatives, aux images et aux textes. Nous parlerons des variables quantitatives et qualitatives dans les sections qui suivent, ainsi que des bases du prétraitement de texte. Nous parlerons du prétraitement d'images au chapitre 6 et de prétraitement plus élaboré de textes au chapitre 8.

5.3.1 Couche Normalization

Comme nous l'avons vu au chapitre 2, Keras propose une couche `Normalization` que nous pouvons utiliser pour centrer et réduire les variables d'entrée. Nous pouvons soit spécifier la moyenne et la variance de chaque variable lorsque nous créons la couche, soit plus simplement transmettre le jeu d'entraînement à la méthode `adapt()` de la couche avant d'ajuster le modèle, afin que la couche puisse mesurer par elle-même les moyennes et les variances avant l'entraînement :

```
norm_layer = tf.keras.layers.Normalization()
model = tf.keras.models.Sequential([
```

```
    norm_layer,
    tf.keras.layers.Dense(1)
])
model.compile(loss="mse",
              optimizer=tf.keras.optimizers.SGD(learning_rate=2e-3))
norm_layer.adapt(X_train)  # calcul de la moyenne et de la variance
                           # de chaque variable
model.fit(X_train, y_train, validation_data=(X_valid, y_valid), epochs=5)
```

L'échantillon de données transmis à la méthode `adapt()` doit être suffisamment grand pour être représentatif de votre jeu de données, mais il n'est pas nécessaire qu'il s'agisse du jeu d'entraînement complet : pour la couche `Normalization`, quelques centaines d'instances échantillonnées au hasard à partir du jeu d'entraînement seront en général suffisantes pour obtenir une bonne estimation des moyennes et variances des variables.

Étant donné que nous avons inclus la couche `Normalization` dans le modèle, nous pouvons maintenant déployer ce dernier en production sans avoir à nous soucier à nouveau de normaliser les variables : le modèle s'en chargera (voir figure 5.4). Fantastique ! Cette approche élimine complètement le risque d'incohérence de prétraitement, ce qui se produit lorsqu'on a un code de prétraitement pour l'entraînement et un autre pour la production, et qu'on en met un à jour, mais qu'on oublie de faire évoluer l'autre. Le modèle de production finit par recevoir des données prétraitées d'une façon qu'il n'attend pas. Si l'on a de la chance, on obtient une erreur claire. Sinon, l'exactitude du modèle se dégrade simplement silencieusement.

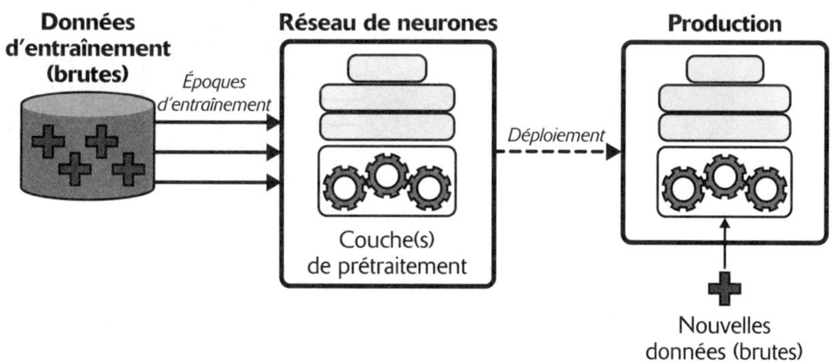

Figure 5.4 – Inclusion de couches de prétraitement dans le modèle

Inclure la couche de prétraitement directement dans le modèle est agréable et simple, mais cela ralentira l'entraînement (mais seulement très peu dans le cas de la couche `Normalization`) : à vrai dire, étant donné que le prétraitement est effectué à la volée durant l'entraînement, il n'est réalisé qu'une fois par époque. Nous pouvons faire mieux en normalisant le jeu d'entraînement tout entier en une seule fois avant l'entraînement. Pour cela, nous pouvons utiliser la couche `Normalization` de manière indépendante (tout à fait analogue au `StandardScaler` de Scikit-Learn) :

```
norm_layer = tf.keras.layers.Normalization()
norm_layer.adapt(X_train)
X_train_scaled = norm_layer(X_train)
X_valid_scaled = norm_layer(X_valid)
```

Maintenant nous pouvons entraîner un modèle sur les données normalisées, sans couche `Normalization` cette fois :

```
model = tf.keras.models.Sequential([tf.keras.layers.Dense(1)])
model.compile(loss="mse",
              optimizer=tf.keras.optimizers.SGD(learning_rate=2e-3))
model.fit(X_train_scaled, y_train, epochs=5,
          validation_data=(X_valid_scaled, y_valid))
```

Bien ! Cela devrait accélérer un peu l'entraînement. Mais maintenant le modèle ne va pas prétraiter ses entrées lorsque nous le déploierons en production. Pour corriger cela, il nous faut simplement créer un nouveau modèle qui emballe à la fois la couche `Normalization` adaptée et le modèle que nous venons d'entraîner. Nous pouvons alors déployer ce modèle final en production ; il prendra soin à la fois de prétraiter ses entrées et d'effectuer des prédictions (voir figure 5.5) :

```
final_model = tf.keras.Sequential([norm_layer, model])
X_new = X_test[:3]  # simulons de nouvelles données (non réduites)
y_pred = final_model(X_new)  # prétraitons les données
                             # et faisons des prédictions
```

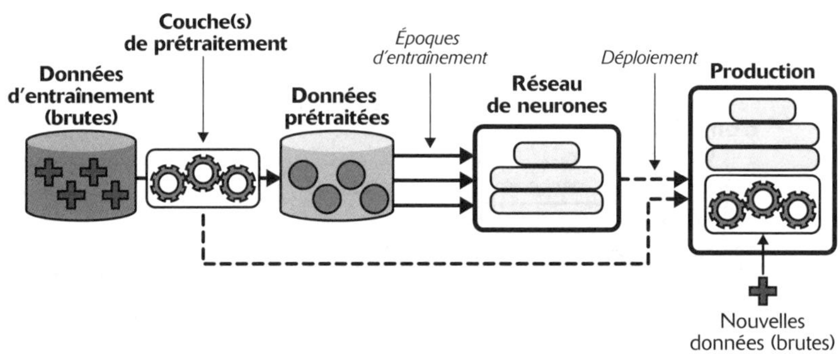

Figure 5.5 – Prétraitement unique des données avant l'entraînement à l'aide de couches de prétraitement, puis déploiement de ces couches dans le modèle final

Maintenant nous avons le meilleur des deux mondes : l'entraînement est rapide parce que nous ne prétraitons les données qu'une seule fois avant le début de l'entraînement, et le modèle final peut prétraiter ses entrées à la volée sans aucun risque d'incohérence dans le prétraitement.

De plus, les couches de prétraitement de Keras s'accordent bien avec l'API tf.data. Il est possible, par exemple, de transmettre un `tf.data.Dataset` à la méthode `adapt()` de la couche de prétraitement. Il est aussi possible d'appliquer une couche de prétraitement Keras à un `tf.data.Dataset` en utilisant sa méthode `adapt()`. Il est aussi possible d'appliquer une couche de prétraitement Keras à un `tf.data.Dataset` en utilisant sa méthode `map()`. Voici par exemple comment vous pourriez appliquer une couche `Normalization` adaptée aux variables d'entrée de chaque lot d'un jeu de données :

```
dataset = dataset.map(lambda X, y: (norm_layer(X), y))
```

Enfin, si jamais vous avez besoin de plus de fonctionnalités que n'en proposent les couches de prétraitement de Keras, vous pouvez toujours écrire votre propre couche Keras, comme nous l'avons vu au chapitre 4. Si par exemple la couche `Normalization` n'existait pas, vous pourriez obtenir un résultat similaire en utilisant la couche personnalisée suivante :

```
import numpy as np

class MyNormalization(tf.keras.layers.Layer):
    def adapt(self, X):
        self.mean_ = np.mean(X, axis=0, keepdims=True)
        self.std_ = np.std(X, axis=0, keepdims=True)

    def call(self, inputs):
        eps = tf.keras.backend.epsilon()  # petit terme de lissage
        return (inputs - self.mean_) / (self.std_ + eps)
```

Voyons maintenant une autre couche de prétraitement de Keras pour les variables numériques (dites quantitatives) : la couche `Discretization`.

5.3.2 Couche Discretization

La couche `Discretization` a pour but de transformer une variable quantitative en une variable qualitative en associant des plages de valeurs (appelées *bins*, en anglais) à des modalités (en anglais, *categories*). Elle est parfois utile pour des variables à distribution multimodale ou pour celles ayant une relation non linéaire avec la variable cible. Le code qui suit permet par exemple d'associer une variable quantitative `age` à une variable qualitative ayant trois modalités : moins de 18, de 18 à 50 (exclu) et 50 et plus :

```
>>> age = tf.constant([[10.], [93.], [57.], [18.], [37.], [5.]])
>>> discretize_layer = tf.keras.layers.Discretization(
...     bin_boundaries=[18., 50.])
...
>>> age_categories = discretize_layer(age)
>>> age_categories
<tf.Tensor: shape=(6, 1), dtype=int64, numpy=array([[0],[2],[2],[1],[1],[0]])>
```

Dans cet exemple, nous avons fourni les limites souhaitées pour chacune des modalités. Vous pouvez aussi indiquer le nombre de modalités souhaitées, puis appelez la méthode `adapt()` de la couche pour lui laisser déterminer les bornes appropriées en se basant sur les centiles. Ainsi, si nous choisissons `num_bins=3`, alors les frontières entre modalités seront situées juste avant les valeurs correspondant au 33e et au 66e centile, soit ici les valeurs 10 et 37) :

```
>>> discretize_layer = tf.keras.layers.Discretization(num_bins=3)
>>> discretize_layer.adapt(age)
```

```
>>> age_categories = discretize_layer(age)
>>> age_categories
<tf.Tensor: shape=(6, 1), dtype=int64, numpy=array([[1],[2],[2],[1],[2],[0]])>
```

Ces identificateurs de modalités ne doivent en général pas être transmis directement au réseau de neurones, car la comparaison de leurs valeurs n'a guère de sens. Ils doivent au contraire être transformés, par exemple avec un encodage one-hot. Voyons maintenant comment faire.

5.3.3 Couche CategoryEncoding

Lorsqu'il n'y a qu'un nombre limité de modalités (une ou deux douzaines maximum), alors l'encodage one-hot est souvent une bonne solution. Celui-ci consiste à remplacer une variable qualitative comportant n modalités par n variables ne prenant que les valeurs 0 ou 1, chaque variable correspondant à une des modalités de départ. Keras propose pour cela la couche `CategoryEncoding`. Utilisons-la pour effectuer l'encodage one-hot de la variable que nous venons de créer:

```
>>> onehot_layer = tf.keras.layers.CategoryEncoding(num_tokens=3)
>>> onehot_layer(age_categories)
<tf.Tensor: shape=(6, 3), dtype=float32, numpy=
array([[0., 1., 0.],
       [0., 0., 1.],
       [0., 0., 1.],
       [0., 1., 0.],
       [0., 0., 1.],
       [1., 0., 0.]], dtype=float32)>
```

Si vous tentez d'encoder plusieurs variables qualitatives en même temps (ce qui n'a de sens que si elles ont toutes les mêmes modalités), la classe `CategoryEncoding` effectuera un encodage multi-hot par défaut: le tenseur de sortie contiendra un 1 pour chaque modalité présente dans une quelconque des variables d'entrée. À titre d'exemple:

```
>>> two_age_categories = np.array([[1, 0], [2, 2], [2, 0]])
>>> onehot_layer(two_age_categories)
<tf.Tensor: shape=(3, 3), dtype=float32, numpy=
array([[1., 1., 0.],
       [0., 0., 1.],
       [1., 0., 1.]], dtype=float32)>
```

S'il vous paraît important de connaître le nombre d'occurrences de chacune des modalités, vous pouvez spécifier `output_mode="count"` lors de la création de la couche `CategoryEncoding`, auquel cas le tenseur de sortie contiendra le nombre d'occurrences de chaque modalité. Dans l'exemple précédent, la sortie aurait été la même à l'exception de la deuxième ligne qui serait alors `[0., 0., 2.]`.

Notez que l'encodage multi-hot et l'encodage du nombre d'occurrences perdent de l'information, étant donné qu'il n'est pas possible de savoir de quelle variable provenait la modalité trouvée. Par exemple `[0, 1]` et `[1, 0]` sont toutes deux encodées en `[1., 1., 0.]`. Si vous voulez éviter cela, vous devez effectuer un encodage one-hot de chaque variable séparément et concaténer les sorties. De cette façon, `[0, 1]` sera encodée en `[1., 0., 0., 0., 1., 0.]` et `[1, 0]` en

`[0., 1., 0., 1., 0., 0.]`. Vous pouvez obtenir le même résultat en modifiant légèrement les indices des modalités pour éviter tout doublon. Par exemple :

```
>>> onehot_layer = tf.keras.layers.CategoryEncoding(num_tokens=3 + 3)
>>> onehot_layer(two_age_categories + [0, 3])  # ajoute 3 à la seconde variable
<tf.Tensor: shape=(3, 6), dtype=float32, numpy=
array([[0., 1., 0., 1., 0., 0.],
       [0., 0., 1., 0., 0., 1.],
       [0., 0., 1., 1., 0., 0.]], dtype=float32)>
```

Dans cette sortie, les trois premières colonnes correspondent à la première variable, et les trois suivantes correspondent à la seconde variable. Ceci permet au modèle de distinguer les deux variables. Cependant ceci accroît également le nombre de variables transmises au modèle et augmente par conséquent le nombre de paramètres du modèle. Il est difficile de savoir par avance ce qui fonctionnera le mieux, entre un encodage multi-hot est un encodage one-hot variable par variable : cela dépend de la tâche et il vous faudra parfois tester les deux options.

Maintenant, vous pouvez appliquer à des variables qualitatives à modalités entières un encodage one-hot ou multi-hot, mais qu'en est-il des variables qualitatives contenant du texte ? Pour cela, vous pouvez utiliser la couche `StringLookup`.

5.3.4 Couche StringLookup

Utilisons la couche `StringLookup` de Keras pour effectuer un encodage one-hot de la variable `cities` :

```
>>> cities = ["Auckland", "Paris", "Paris", "San Francisco"]
>>> str_lookup_layer = tf.keras.layers.StringLookup()
>>> str_lookup_layer.adapt(cities)
>>> str_lookup_layer([["Paris"], ["Auckland"], ["Auckland"], ["Montreal"]])
<tf.Tensor: shape=(4, 1), dtype=int64, numpy=array([[1], [3], [3], [0]])>
```

Nous commençons par créer une couche `StringLookup`, puis nous l'adaptons aux données : celle-ci découvre qu'il y a trois modalités distinctes. Puis nous utilisons la couche pour encoder quelques villes. Par défaut, elles sont encodées sous forme d'entiers. Les modalités inconnues ont été associées à 0, c'est le cas ici pour `"Montreal"`. Les modalités connues sont numérotées à partir de 1, de la plus fréquente à la moins fréquente.

De façon commode, si vous spécifiez `output_mode="one_hot"` lors de la création de la couche `StringLookup`, la sortie comportera un vecteur one-hot par modalité, au lieu d'un entier :

```
>>> str_lookup_layer = tf.keras.layers.StringLookup(output_mode="one_hot")
>>> str_lookup_layer.adapt(cities)
>>> str_lookup_layer([["Paris"], ["Auckland"], ["Auckland"], ["Montreal"]])
<tf.Tensor: shape=(4, 4), dtype=float32, numpy=
array([[0., 1., 0., 0.],
       [0., 0., 0., 1.],
       [0., 0., 0., 1.],
       [1., 0., 0., 0.]], dtype=float32)>
```

Keras propose aussi une couche `IntegerLookup` qui opère de manière analogue à `StringLookup`, mais en prenant en entrée des entiers plutôt que des chaînes de caractères.

Si le jeu d'entraînement est très volumineux, il peut être pratique d'adapter la couche à un sous-ensemble du jeu d'entraînement choisi au hasard. Dans ce cas, la méthode `adapt()` du modèle risque d'omettre certaines des catégories les plus rares. Par défaut, ces dernières sont alors regroupées sous la catégorie 0, empêchant ainsi le modèle de les distinguer Pour limiter ce risque (tout en continuant à n'adapter la couche que sur un sous-ensemble du jeu d'entraînement), vous pouvez donner à `num_oov_indices` une valeur supérieure à 1. Ce paramètre définit le nombre de casiers hors vocabulaire (*out-of-vocabulary*, ou OOV, *bins*) à utiliser : chaque modalité inconnue sera associée de manière pseudo-aléatoire à l'un des casiers OOV, grâce à une fonction de hachage modulo le nombre de casiers OOV. Ceci permettra au modèle de distinguer au moins certaines des catégories rares. En voici un exemple :

```
>>> str_lookup_layer = tf.keras.layers.StringLookup(num_oov_indices=5)
>>> str_lookup_layer.adapt(cities)
>>> str_lookup_layer([["Paris"], ["Auckland"], ["Foo"], ["Bar"], ["Baz"]])
<tf.Tensor: shape=(4, 1), dtype=int64, numpy=array([[5], [7], [4], [3], [4]])>
```

Étant donné qu'il y a cinq casiers OOV, l'identificateur de la première modalité connue sera maintenant 5 (`"Paris"`). Mais `"Foo"` `"Bar"` et `"Baz"` sont inconnus et chacune d'elles se retrouve associée à un des casiers OOV. `"Bar"` obtient son propre casier (identifiant 3), mais malheureusement `"Foo"` et `"Baz"` sont envoyées vers le même casier (identifiant 4), ce qui fait qu'elles ne pourront pas être distinguées par le modèle. C'est ce qu'on appelle une *collision de hachage*. Pour réduire le nombre de collisions, il faut augmenter le nombre de casiers OOV. Malheureusement ceci augmentera également le nombre de modalités finales, ce qui nécessite plus de RAM et plus de paramètres de modèle une fois que l'encodage one-hot a été effectué. Par conséquent, n'augmentez pas trop le nombre de casiers OOV.

L'idée consistant à associer pseudo-aléatoirement des modalités à des casiers est appelée l'*astuce de hachage* (en anglais, *hashing trick*). Keras dispose d'une couche dédiée qui ne s'occupe que de cela : la couche `Hashing`.

5.3.5 Couche Hashing

Pour chaque modalité, la couche `Hashing` de Keras détermine une valeur de hachage, modulo le nombre de casiers (ou *bins*). Tout en étant entièrement pseudo-aléatoire, ce mode d'association est stable d'une exécution à l'autre et d'une plate-forme à l'autre (ce qui signifie qu'une modalité donnée sera toujours associée au même entier, tant que le nombre de casiers reste inchangé). Utilisons par exemple la couche `Hashing` pour encoder quelques villes :

```
>>> hashing_layer = tf.keras.layers.Hashing(num_bins=10)
>>> hashing_layer([["Paris"], ["Tokyo"], ["Auckland"], ["Montreal"]])
<tf.Tensor: shape=(4, 1), dtype=int64, numpy=array([[0], [1], [9], [1]])>
```

L'avantage de cette couche, c'est qu'elle n'a besoin d'aucune adaptation, ce qui peut parfois être utile, en particulier lorsque le jeu de données est trop volumineux pour tenir en mémoire. Cependant, cette fois encore nous obtenons une collision de hachage : « Tokyo » et « Montreal » sont associées au même identifiant, ce qui ne permet pas au modèle de les distinguer. Par conséquent, il est en général préférable de s'en tenir à la couche `StringLookup`.

Voyons maintenant une autre façon d'encoder des modalités : les plongements entraînables.

5.3.6 Encoder les variables qualitatives avec des plongements

Un *plongement* (*embedding*) est une représentation dans un espace de dimension réduite d'un ensemble de données provenant d'un espace de plus grande dimension. À titre d'exemple, l'encodage one-hot de la valeur d'une variable ayant 50 000 modalités produirait un vecteur creux (c'est-à-dire comportant surtout des zéros) dans un espace de dimension 50 000. Par contraste, un plongement serait un vecteur plus petit et plus dense, avec par exemple seulement 100 composantes (c'est-à-dire un vecteur dans un espace de dimension 100.

En Deep Learning, les plongements sont en général initialisés de façon aléatoire, puis ils sont entraînés par descente de gradient, en même temps que les autres paramètres du modèle. Par exemple, la modalité `"NEAR BAY"` du jeu de données immobilières de Californie pourrait être représentée initialement par un vecteur aléatoire comme `[0.131, 0.890]`, tandis que la modalité `"NEAR OCEAN"` le serait par un autre vecteur aléatoire comme `[0.631, 0.791]`. Cet exemple utilise des plongements de dimension 2, mais la dimension est un hyperparamètre ajustable. Puisque ces plongements sont entraînables, ils s'amélioreront progressivement au cours de l'entraînement ; et s'ils représentent des catégories relativement similaires, la descente de gradient les rapprochera sûrement l'un de l'autre, tandis qu'ils auront tendance à s'éloigner du plongement de la catégorie `"INLAND"` (voir la figure 5.6).

Évidemment, plus la représentation est bonne, plus il est facile pour le réseau de neurones d'effectuer des prédictions précises. L'entraînement tend donc à faire en sorte que les plongements soient des représentations utiles des catégories. C'est ce que l'on appelle l'*apprentissage de représentations* (nous verrons d'autres types d'apprentissages de représentations au chapitre 9).

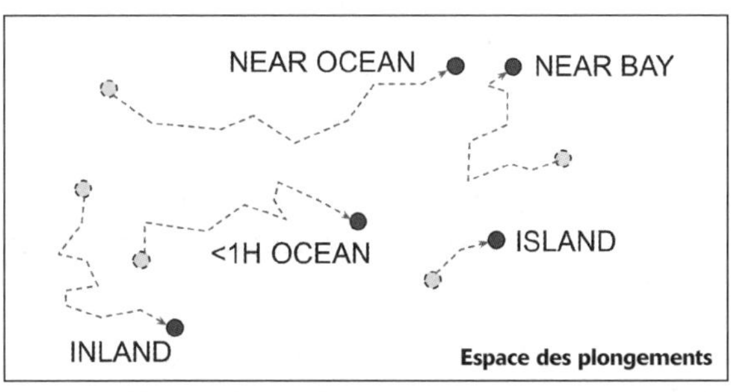

Figure 5.6 – Les plongements vont s'améliorer progressivement au cours de l'entraînement

Plongements de mots

Les plongements seront généralement des représentations utiles pour la tâche en cours. Mais, assez souvent, ces mêmes plongements pourront également être réutilisés avec succès dans d'autres tâches. L'exemple le plus répandu est celui des *plongements de mots* (c'est-à-dire, des plongements de mots individuels) : lorsqu'on travaille sur un problème de traitement automatique du langage naturel, il est souvent préférable de réutiliser des plongements de mots préentraînés plutôt que d'entraîner nos propres plongements.

L'idée d'employer des vecteurs pour représenter des mots remonte aux années 1960 et de nombreuses techniques élaborées ont été mises en œuvre pour générer des vecteurs utiles, y compris à l'aide de réseaux de neurones. Mais l'approche a réellement décollé en 2013, lorsque Tomáš Mikolov et d'autres chercheurs chez Google ont publié un article[124] décrivant une technique d'apprentissage des plongements de mots avec des réseaux de neurones qui surpassait largement les tentatives précédentes. Elle leur a permis d'apprendre des plongements sur un corpus de texte très large : ils ont entraîné un réseau de neurones pour qu'il prédise les mots proches de n'importe quel mot donné et ont obtenu des plongements de mots stupéfiants. Par exemple, les synonymes ont des plongements très proches et des mots liés sémantiquement, comme France, Espagne et Italie, finissent par être regroupés.

Toutefois, ce n'est pas qu'une question de proximité. Les plongements de mots sont également organisés selon des axes significatifs dans l'espace des plongements. Voici un exemple bien connu : si nous calculons Roi – Homme + Femme (en ajoutant et en soustrayant les vecteurs des plongements de ces mots), le résultat sera très proche du plongement du mot Reine (voir la figure 5.7). Autrement dit, les plongements de mots permettent d'encoder le concept de genre ! De façon comparable, le calcul de Madrid – Espagne + France donne un résultat proche de Paris, ce qui semble montrer que la notion de capitale a également été encodée dans les plongements.

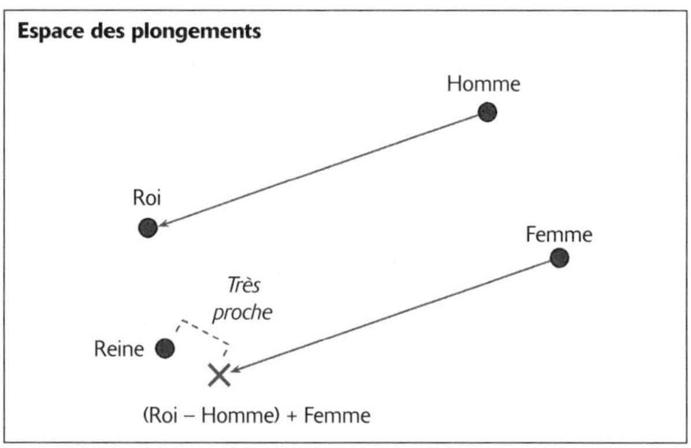

Figure 5.7 – Pour des mots similaires, les plongements de mots ont tendance à se rapprocher, et certains axes semblent encoder des concepts significatifs

124. Tomáš Mikolov *et al.*, « Distributed Representations of Words and Phrases and Their Compositionality », *Proceedings of the 26th International Conference on Neural Information Processing Systems* 2 (2013), 3111-3119 : *https://homl.info/word2vec*.

> Malheureusement, les plongements de mots traduisent parfois nos pires préjugés. Par exemple, même s'ils apprennent correctement que l'homme est roi comme la femme est reine, ils semblent également apprendre que l'homme est médecin comme la femme est infirmière : un parti pris plutôt sexiste ! Pour être honnête, cet exemple précis est probablement exagéré, comme l'ont souligné Malvina Nissim *et al.* dans un article[125] publié en 2019. Quoi qu'il en soit, garantir l'impartialité dans les algorithmes de Deep Learning est un sujet de recherche important et actif.

Keras propose une couche `Embedding` construite autour d'une matrice de plongement : cette matrice comporte une ligne par modalité en entrée, et une colonne par composante de plongement. Par défaut, elle est initialisée aléatoirement. Pour convertir un identifiant de modalité en un plongement, la couche `Embedding` recherche et renvoie la ligne correspondant à cette modalité. Et c'est tout ! Initialisons par exemple une couche `Embedding` à 5 lignes pour effectuer des plongements 2D et utilisons-la pour encoder quelques modalités :

```
>>> tf.random.set_seed(42)
>>> embedding_layer = tf.keras.layers.Embedding(input_dim=5, output_dim=2)
>>> embedding_layer(np.array([2, 4, 2]))
<tf.Tensor: shape=(3, 2), dtype=float32, numpy=
array([[-0.04663396,  0.01846724],
       [-0.02736737, -0.02768031],
       [-0.04663396,  0.01846724]], dtype=float32)>
```

Comme vous pouvez le voir, la modalité 2 est encodée (deux fois) sous forme d'un vecteur 2D `[-0.04663396, 0.01846724]`, tandis que la modalité 4 est encodée sous la forme `[-0.02736737, -0.02768031]`. Étant donné que la couche n'est pas encore entraînée, ces encodages sont des valeurs choisies au hasard.

Une couche `Embedding` étant initialisée aléatoirement, cela n'a donc pas de sens de l'utiliser en dehors d'un modèle en tant que couche de prétraitement indépendante, à moins de l'initialiser avec des poids préentraînés.

Si vous voulez effectuer le plongement d'une variable textuelle, vous pouvez simplement enchaîner une couche `StringLookup` et une couche `Embedding`, comme ceci :

```
>>> tf.random.set_seed(42)
>>> ocean_prox = ["<1H OCEAN", "INLAND", "NEAR OCEAN", "NEAR BAY", "ISLAND"]
>>> str_lookup_layer = tf.keras.layers.StringLookup()
>>> str_lookup_layer.adapt(ocean_prox)
>>> lookup_and_embed = tf.keras.Sequential([
...     str_lookup_layer,
...     tf.keras.layers.Embedding(input_dim=str_lookup_layer.vocabulary_size(),
...                               output_dim=2)
... ])
```

125. Malvina Nissim *et al.*, « Fair is Better than Sensational: Man is to Doctor as Woman is to Doctor » (2019) : https://homl.info/fairembeds.

```
...
>>> lookup_and_embed(np.array([["<1H OCEAN"], ["ISLAND"], ["<1H OCEAN"]]))
<tf.Tensor: shape=(3, 2), dtype=float32, numpy=
array([[-0.01896119,  0.02223358],
       [ 0.02401174,  0.03724445],
       [-0.01896119,  0.02223358]], dtype=float32)>
```

Notez que le nombre de lignes de la matrice de plongement doit être égal à la taille du vocabulaire : c'est le nombre total de modalités, modalités connues et casiers OOV (un seul par défaut) inclus. La méthode `vocabulary_size()` de la classe `StringLookup` vous renvoie fort opportunément ce nombre.

> Dans cet exemple, nous avons utilisé des plongements de dimension 2, mais, en règle générale, leur dimension sera comprise entre 10 et 300, en fonction de la tâche, de la taille du vocabulaire et de la taille du jeu d'entraînement. Cet hyperparamètre devra être ajusté.

En combinant tout cela, nous pouvons créer un modèle Keras capable de traiter une variable textuelle en même temps que des variables quantitatives et d'apprendre un plongement pour chaque modalité (casiers OOV compris) :

```
X_train_num, X_train_cat, y_train = [...]  # charger le jeu d'entraînement
X_valid_num, X_valid_cat, y_valid = [...]  # et le jeu de validation

num_input = tf.keras.layers.Input(shape=[8], name="num")
cat_input = tf.keras.layers.Input(shape=[], dtype=tf.string, name="cat")
cat_embeddings = lookup_and_embed(cat_input)
encoded_inputs = tf.keras.layers.concatenate([num_input, cat_embeddings])
outputs = tf.keras.layers.Dense(1)(encoded_inputs)
model = tf.keras.models.Model(inputs=[num_input, cat_input], outputs=[outputs])
model.compile(loss="mse", optimizer="sgd")
history = model.fit((X_train_num, X_train_cat), y_train, epochs=5,
                    validation_data=((X_valid_num, X_valid_cat), y_valid))
```

Ce modèle possède deux entrées : une entrée `num_input` contenant huit variables quantitatives par instance, et une entrée `cat_input` comportant une variable textuelle par instance. Le modèle utilise le modèle `lookup_and_embed` créé précédemment pour encoder chaque modalité de la variable textuelle sous forme du plongement entraînable correspondant. Ensuite, grâce à la fonction `concatenate()` il regroupe les entrées numériques et le plongement afin de produire l'ensemble des entrées encodées, prêtes à alimenter un réseau de neurones. Nous pourrions ajouter n'importe quel réseau de neurones à ce point, mais pour simplifier nous allons nous contenter d'une seule couche dense de sortie, et nous créons alors le `Model` de Keras avec les entrées et la sortie que nous venons de définir. Ensuite nous compilons le modèle et l'entraînons, en lui transmettant à la fois les variables quantitatives et la variable textuelle.

Comme nous l'avons vu au chapitre 2, étant donné que les couches `Input` ont pour noms `"num"` et `"cat"`, nous aurions pu transmettre les données d'entraînement à la méthode `fit()` en utilisant un dictionnaire au lieu d'un n-uplet : `{"num": X_train_num, "cat": X_train_cat}`. Nous aurions aussi pu transmettre un `tf.data.Dataset` contenant les lots, chacun sous la forme `((X_batch_num, X_batch_cat), y_batch)` ou bien `({"num": X_batch_num, "cat": X_batch_cat}, y_batch)`. Il en est bien sûr de même pour les données de validation.

L'encodage *one-hot* suivi d'une couche `Dense` (sans fonction d'activation ni terme constant) équivaut à une couche `Embedding`. Cependant, la couche `Embedding` réalise beaucoup moins de calculs en évitant de nombreuses multiplications par 0 : la différence de performance apparaît nettement lorsque la taille de la matrice des plongements augmente. La matrice des poids de la couche `Dense` a le même rôle que la matrice des plongements. Par exemple, avec des vecteurs *one-hot* de taille 20 et une couche `Dense` de 10 unités, nous avons l'équivalent d'une couche `Embedding` avec `input_dim=20` et `output_dim=10`. C'est pourquoi il serait superflu d'utiliser une dimension de plongement supérieure au nombre d'unités dans la couche qui suit la couche `Embedding`.

Maintenant que nous avons vu comment encoder des variables qualitatives, il est temps de nous intéresser au prétraitement de texte.

5.3.7 Prétraitement de texte

Keras propose une couche `TextVectorization` pour effectuer un prétraitement textuel de base. Tout comme pour la couche `StringLookup`, vous devez lui transmettre un vocabulaire lors de sa création, ou lui permettre d'apprendre le vocabulaire à partir de données d'entraînement en utilisant la méthode `adapt()`. Voyons en un exemple :

```
>>> train_data = ["To be", "!(to be)", "That's the question", "Be, be, be."]
>>> text_vec_layer = tf.keras.layers.TextVectorization()
>>> text_vec_layer.adapt(train_data)
>>> text_vec_layer(["Be good!", "Question: be or be?"])
<tf.Tensor: shape=(2, 4), dtype=int64, numpy=
array([[2, 1, 0, 0],
       [6, 2, 1, 2]])>
```

Les deux phrases « Be good! » et « Question: be or be? » sont encodées respectivement en `[2, 1, 0, 0]` et en `[6, 2, 1, 2]`. Le vocabulaire a été appris à partir des quatre phrases contenues dans les données d'entraînement : « be » = 2, « to » = 3, etc. Pour construire le vocabulaire, la méthode `adapt()` a d'abord converti les phrases d'entraînement en minuscules et supprimé la ponctuation, c'est pourquoi les chaînes de caractères « Be », « be » et « be? » sont toutes encodées comme « be » = 2. Ensuite, les phrases ont été découpées au niveau des caractères d'espacement, les mots résultants ont été triés par fréquence décroissante, jusqu'à produire le vocabulaire final. Durant l'encodage des phrases, les mots inconnus ont été encodés sous forme de 1. Enfin, étant donné que la première phrase est plus courte que la seconde, elle a été complétée par des 0.

La couche `TextVectorization` possède de nombreuses options. Vous pouvez par exemple préserver la casse (les majuscules et minuscules) et la ponctuation si vous le souhaitez, en spécifiant `standardize=None`, ou spécifier la fonction de transformation de votre choix grâce à l'argument `standardize`. Vous pouvez empêcher le découpage en spécifiant `split=None` ou transmettre au contraire votre propre fonction de découpage. Vous pouvez fixer la valeur de l'argument `output_sequence_length` de sorte que toutes les séquences de sortie soient tronquées ou complétées à la longueur désirée, ou spécifier `ragged=True` pour obtenir un tenseur irrégulier au lieu d'un tenseur normal. Consultez la documentation pour découvrir davantage d'options.

Les identifiants de mots doivent être encodés, en général en utilisant une couche `Embedding` : nous verrons cela au chapitre 8. Une autre solution consiste à donner à l'argument `output_mode` de la couche `TextVectorization` la valeur `"multi_hot"` ou `"count"` pour obtenir les encodages correspondants. Cependant le simple comptage de mots n'est en général pas l'idéal : certains mots tels que « to » et « the » sont si fréquents qu'ils n'ont pratiquement aucune importance, alors que certains mots rares tels que « basketball » sont beaucoup plus informatifs. C'est pourquoi, plutôt que de donner à `output_mode` la valeur `"multi_hot"` ou `"count"`, il est en général préférable de lui donner la valeur `"tf_idf"`, abréviation de *term-frequency* × *inverse-document-frequency* (fréquence du terme × inverse de sa fréquence dans le document). C'est analogue à l'encodage du nombre d'occurrences (*count*), mais le poids des mots apparaissant le plus fréquemment dans le jeu d'entraînement est réduit, alors qu'au contraire le poids des mots très rares est augmenté. Par exemple :

```
>>> text_vec_layer = tf.keras.layers.TextVectorization(output_mode="tf_idf")
>>> text_vec_layer.adapt(train_data)
>>> text_vec_layer(["Be good!", "Question: be or be?"])
<tf.Tensor: shape=(2, 6), dtype=float32, numpy=
array([[0.96725637, 0.6931472 , 0. , 0. , 0. , 0.        ],
       [0.96725637, 1.3862944 , 0. , 0. , 0. , 1.0986123 ]], dtype=float32)>
```

Il existe de nombreuses variantes de TF-IDF. La couche `TextVectorization` l'implémente en multipliant le nombre d'occurrences de chaque mot par un poids égal à $\log(1 + d / (f + 1))$, où d est le nombre total de phrases (ou documents) dans le jeu d'entraînement et f le nombre de phrases du jeu d'entraînement contenant le mot donné. Dans le cas présent, il y a $d = 4$ phrases dans le jeu d'entraînement, et le mot « be » apparaît dans $f = 3$ d'entre elles. Étant donné que le mot « be » apparaît deux fois dans la phrase « Question: be or be? », son encodage sera $2 \times \log(1 + 4 / (1 + 3)) \approx 1{,}3862944$. Le mot « question » n'apparaît qu'une fois, mais étant donné que ce mot est moins commun, son encodage est presque aussi élevé : $1 \times \log(1 + 4 / (1 + 1)) \approx 1{,}0986123$. Notez que c'est le poids moyen qui est utilisé pour les mots inconnus.

Si cette approche de l'encodage de texte est très simple à utiliser et peut donner d'assez bons résultats pour des tâches élémentaires de traitement du langage naturel, elle présente néanmoins quelques limitations importantes : elle ne fonctionne que pour les langues séparant les mots par des espaces, elle ne sait pas distinguer les homonymes, elle ne sait pas indiquer à votre modèle qu'il existe une relation entre les mots « evolution » et « evolutionary », etc. Si vous utilisez un encodage multi-hot du nombre d'occurrences, ou TF-IDF, alors l'ordre des mots est perdu. Quelles sont donc les autres options ?

Une solution consiste à utiliser la bibliothèque TensorFlow Text (*https://tensorflow.org/text*), qui propose des fonctionnalités de prétraitement de texte plus avancées que celles de la couche `TextVectorization`. On y trouve par exemple plusieurs utilitaires de découpage (ou *tokenizers*) permettant de découper du texte en entités plus petites que des mots, ce qui permet au modèle de détecter plus aisément que « evolution » et « evolutionary » ont quelque chose en commun (nous reparlerons de ce découpage en petites entités, ou tokens, au chapitre 8).

Une autre solution consiste à utiliser des composants de modèle linguistique préentraînés. C'est ce que nous allons voir maintenant.

5.3.8 Utilisation de composants linguistiques préentraînés

La bibliothèque TensorFlow Hub (*https://tensorflow.org/hub*) facilite la réutilisation dans vos propres modèles de composants préalablement entraînés, qu'il s'agisse de texte, d'images, d'audio ou autres. Ces composants de modèle sont appelés *modules*. Consultez le contenu de l'entrepôt de données TF Hub (sur *https://tfhub.dev*), choisissez ce qui vous intéresse et copiez l'exemple de code dans votre projet, ce qui fait que le module sera automatiquement téléchargé et intégré dans une couche Keras que vous pouvez directement inclure dans votre modèle. Les modules comportent en général à la fois le code de prétraitement et des poids préentraînés, donc ne requièrent en général aucun entraînement supplémentaire (mais bien sûr, le reste de votre modèle nécessitera certainement un entraînement).

On y trouve par exemple un certain nombre de modèles linguistiques préentraînés très puissants. Les plus puissants sont aussi relativement gros (plusieurs gigaoctets), c'est pourquoi, à titre d'exemple, nous allons nous limiter au module `nnlm-en-dim50` version 2, un module plutôt basique qui prend du texte brut en entrée et produit des plongements de phrases de dimension 50. Nous allons importer TensorFlow Hub et l'utiliser pour charger le module, puis utiliser ce module pour encoder deux phrases sous forme de vecteurs[126] :

```
>>> import tensorflow_hub as hub
>>> hub_layer = hub.KerasLayer("https://tfhub.dev/google/nnlm-en-dim50/2")
>>> sentence_embeddings = hub_layer(tf.constant(["To be", "Not to be"]))
>>> sentence_embeddings.numpy().round(2)
array([[-0.25,  0.28,  0.01,  0.1 ,  [...] ,  0.05,  0.31],
       [-0.2 ,  0.2 , -0.08,  0.02,  [...] , -0.04,  0.15]], dtype=float32)
```

La couche `hub.KerasLayer` télécharge le module depuis l'URL indiquée. Ce module particulier est un encodeur de phrases : il reçoit des chaînes de

126. TensorFlow Hub n'est pas directement intégré dans TensorFlow, mais si vous travaillez sous Colab ou si vous avez suivi les instructions d'installation (sous *https://homl.info/install*), alors il sera déjà installé.

caractères en entrée et encode chacune d'elles sous forme d'un seul vecteur (de dimension 50 dans ce cas). En interne, il analyse la chaîne (la découpant en mots au niveau des caractères d'espacement) et effectue un plongement de chaque mot en utilisant une matrice de plongement entraînée au préalable sur un corpus très volumineux : le corpus Google News 7B (sept milliards de mots !). Puis il calcule la moyenne de tous les plongements de mots et le résultat constitue le plongement de la phrase[127].

Il vous suffit d'inclure cette couche `hub_layer` dans votre modèle, et vous voilà prêt. Notez cependant que ce modèle linguistique particulier a été entraîné sur des textes anglais, mais de nombreuses autres langues sont proposées, ainsi que des modèles multilingues.

Enfin et surtout, l'excellente bibliothèque open source Transformers de Hugging Face (*https://huggingface.co/docs/transformers*) simplifie l'inclusion de composants de modèles linguistiques très puissants dans vos propres modèles. Vous pouvez parcourir Hugging Face Hub (*https://huggingface.co/models*), choisir le modèle qui vous convient et utiliser les exemples de code fournis en tant que point de départ. Cette bibliothèque ne proposait au départ que des modèles linguistiques, mais elle s'est développée depuis et comporte maintenant des modèles traitant des images et autres.

Nous reviendrons sur le traitement du langage naturel au chapitre 8. Intéressons-nous maintenant aux couches Keras de prétraitement d'images.

5.3.9 Couches de prétraitement d'images

L'API de prétraitement de Keras comporte trois couches de prétraitement d'images :

- `tf.keras.layers.Resizing` redimensionne les images en entrée à la taille désirée. Ainsi, `Resizing(height=100, width=200)` redimensionne chaque image en 100×200, en la déformant éventuellement. Si vous spécifiez `crop_to_aspect_ratio=True`, alors l'image sera rognée de manière à conserver les proportions et éviter la distorsion.
- `tf.keras.layers.Rescaling` transforme les valeurs des pixels, en effectuant un changement d'échelle (*scale*) et une translation (*offset*). Par exemple, `Rescaling(scale=2/255, offset=-1)` transforme les valeurs de 0 à 255 en valeurs comprises entre –1 et +1.
- `tf.keras.layers.CenterCrop` rogne le pourtour de l'image, en ne conservant qu'une plage centrale de la hauteur et de la largeur indiquées.

Pour illustrer ceci, chargeons quelques images-échantillons et rognons-les en ne conservant que la partie centrale. Nous allons pour cela utiliser la fonction Scikit-Learn `load_sample_images()`, qui va charger deux images en couleurs, l'une représentant un temple chinois et l'autre une fleur (ceci nécessite la bibliothèque

127. Pour être précis, le plongement de la phrase est égal à la moyenne des plongements de mots multipliée par la racine carrée du nombre de mots dans la phrase. Ceci compense le fait que la norme de la moyenne de n vecteurs aléatoires a tendance à diminuer lorsque n croît.

Pillow, qui devrait déjà être installée si vous utilisez Colab ou si vous avez suivi les instructions d'installation) :

```
from sklearn.datasets import load_sample_images

images = load_sample_images()["images"]
crop_image_layer = tf.keras.layers.CenterCrop(height=100, width=100)
cropped_images = crop_image_layer(images)
```

Keras propose aussi plusieurs couches d'augmentation de données telles que `RandomCrop`, `RandomFlip`, `RandomTranslation`, `RandomRotation`, `RandomZoom`, `RandomHeight`, `RandomWidth` et `RandomContrast`. Ces couches ne sont actives que durant l'entraînement ; elles appliquent aléatoirement une transformation (définie par leur nom) aux images d'entrée. L'augmentation de données va accroître artificiellement la taille du jeu d'entraînement, ce qui entraîne souvent une amélioration des performances, à condition que les images transformées paraissent réalistes et non générées artificiellement. Nous reviendrons sur le traitement d'images au chapitre suivant.

En interne, les couches de prétraitement de Keras utilisent l'API de bas niveau de TensorFlow. Ainsi, la couche `Normalization` utilise `tf.nn.moments()` pour calculer la moyenne et la variance, la couche `Discretization` utilise `tf.raw_ops.Bucketize()`, `CategoricalEncoding` utilise `tf.math.bincount()`, `IntegerLookup` et `StringLookup` utilisent le package `tf.lookup`, `Hashing` et `TextVectorization` utilisent plusieurs opérations du package `tf.strings`, `Embedding` utilise `tf.nn.embedding_lookup()` et les couches de prétraitement d'images utilisent les opérations du package `tf.image`. Si l'API de prétraitement de Keras ne répond pas à tous vos besoins, vous pourrez à l'occasion utiliser l'API de bas niveau de TensorFlow directement.

Voyons maintenant une autre manière de charger aisément et efficacement des données dans TensorFlow.

5.4 LE PROJET TENSORFLOW DATASETS

Le projet TensorFlow Datasets alias TFDS (*https://tensorflow.org/datasets*) a pour objectif de faciliter le téléchargement de jeux de données classiques, des plus petits, comme MNIST ou Fashion MNIST, aux très volumineux, comme ImageNet. Les jeux de données disponibles contiennent des images, du texte (y compris des traductions), des enregistrements audio et vidéo, des séries chronologiques et bien plus. Pour en consulter la liste complète, avec la description de chacun, rendez-vous sur *https://homl.info/tfds*. Vous pouvez aussi consulter le site anglais *Know Your Data* (*https://knowyourdata.withgoogle.com*), qui vous permettra d'explorer et de comprendre un grand nombre des jeux de données fournis par TFDS.

TFDS n'est pas livré avec TensorFlow, mais si vous travaillez sous Colab ou si vous avez suivi les instructions d'installation (voir *https://homl.info/install*), alors il est déjà installé dans votre environnement. Il vous suffit alors d'importer tensorflow-datasets (en général sous le nom tdfs) et d'appeler ensuite la fonction tfds.load(), qui téléchargera les données de votre choix (excepté si elles l'ont déjà été précédemment) et vous les renverra sous forme d'un dictionnaire de jeux de données (en général un pour l'entraînement et un pour les tests, mais cela dépend du jeu de données choisi). Prenons MNIST comme exemple :

```
import tensorflow_datasets as tfds

datasets = tfds.load(name="mnist")
mnist_train, mnist_test = datasets["train"], datasets["test"]
```

Vous pouvez alors appliquer la transformation de votre choix (le plus souvent mélange, mise en lot et lecture anticipée) et passer à l'entraînement du modèle :

```
for batch in mnist_train.shuffle(10_000, seed=42).batch(32).prefetch(1):
    images = batch["image"]
    labels = batch["label"]
    [...]  # utiliser les images et étiquettes
```

La fonction load() peut mélanger les fichiers qu'elle télécharge : il suffit de spécifier shuffle_files=True. Cependant, cela peut se révéler insuffisant : il est préférable de mélanger un peu plus les données d'entraînement.

Chaque élément du dataset est un dictionnaire qui contient les caractéristiques et les étiquettes. Cependant, Keras attend que chaque élément soit un n-uplet contenant deux éléments (de nouveau les caractéristiques et les étiquettes). Nous pouvons transformer le dataset en invoquant la méthode map() :

```
mnist_train = mnist_train.shuffle(buffer_size=10000, seed=42).batch(32)
mnist_train = mnist_train.map(lambda items: (items["image"], items["label"]))
mnist_train = mnist_train.prefetch(1)
```

Mais il est plus simple de laisser la fonction load() s'en charger à notre place, en indiquant as_supervised=True (évidemment, cela ne vaut que pour les jeux de données étiquetés).

Enfin, TFDS offre un moyen commode de partager les données en utilisant l'argument split. Si vous souhaitez par exemple utiliser 90 % du jeu d'entraînement pour l'entraînement, les 10 % restants pour la validation et l'ensemble du jeu de test pour le test, il vous suffit de spécifier split=["train[:90%]", "train[90%:]", "test"]. La fonction load() renverra les trois jeux de données. Voici un exemple complet qui charge et partage le jeu de données MNIST à l'aide de TFDS, puis utilise ces trois jeux pour entraîner et évaluer un modèle Keras simple :

```
train_set, valid_set, test_set = tfds.load(
    name="mnist",
    split=["train[:90%]", "train[90%:]", "test"],
    as_supervised=True
)
train_set = train_set.shuffle(buffer_size=10_000, seed=42)
train_set = train_set.batch(32).prefetch(1)
```

```
valid_set = valid_set.batch(32).cache()
test_set = test_set.batch(32).cache()
tf.random.set_seed(42)
model = tf.keras.Sequential([
    tf.keras.layers.Flatten(input_shape=(28, 28)),
    tf.keras.layers.Dense(10, activation="softmax")
])
model.compile(loss="sparse_categorical_crossentropy", optimizer="nadam",
              metrics=["accuracy"])
history = model.fit(train_set, validation_data=valid_set, epochs=5)
test_loss, test_accuracy = model.evaluate(test_set)
```

Félicitations, vous êtes venus à bout de ce contenu plutôt technique ! Cela vous paraît peut-être un peu loin de la beauté abstraite des réseaux de neurones. Il n'en reste pas moins que le Deep Learning implique souvent de grandes quantités de données et qu'il est indispensable de savoir comment les charger, les analyser et les prétraiter efficacement. Dans le chapitre suivant, nous étudierons les réseaux de neurones convolutifs, qui font partie des architectures parfaitement adaptées au traitement d'images et à de nombreuses autres applications.

5.5 EXERCICES

1. Pourquoi voudriez-vous utiliser l'API tf.data ?
2. Quels sont les avantages du découpage d'un jeu de donnés volumineux en plusieurs fichiers ?
3. Pendant l'entraînement, comment pouvez-vous savoir que le pipeline d'entrée constitue le goulot d'étranglement ? Comment pouvez-vous corriger le problème ?
4. Un fichier TFRecord peut-il contenir n'importe quelles données binaires ou uniquement des données sérialisées au format Protobuf ?
5. Pourquoi vous embêter à convertir toutes vos données au format `Example` ? Pourquoi ne pas utiliser votre propre format Protobuf ?
6. Avec les fichiers TFRecord, quand faut-il activer la compression ? Pourquoi ne pas le faire systématiquement ?
7. Les données peuvent être prétraitées directement pendant l'écriture des fichiers de données, au sein du pipeline tf.data ou dans des couches de prétraitement à l'intérieur du modèle. Donnez quelques avantages et inconvénients de chaque approche.
8. Nommez quelques techniques classiques d'encodage des variables qualitatives à modalités entières. Qu'en est-il du texte ?
9. Chargez le jeu de données Fashion MNIST (présenté au chapitre 2). Séparez-le en un jeu d'entraînement, un jeu de validation et un jeu de test. Mélangez le jeu d'entraînement. Enregistrez les datasets dans plusieurs fichiers TFRecord. Chaque enregistrement doit être un protobuf `Example` sérialisé avec deux caractéristiques : l'image sérialisée (utilisez pour cela `tf.io.serialize_tensor()`) et

l'étiquette[128]. Servez-vous ensuite de tf.data pour créer un dataset efficace correspondant à chaque jeu. Enfin, employez un modèle Keras pour entraîner ces datasets, sans oublier une couche de prétraitement afin de standardiser chaque caractéristique d'entrée. Essayez de rendre le pipeline d'entrée aussi efficace que possible, en visualisant les données de profilage avec TensorBoard.

10. Dans cet exercice, vous allez télécharger un jeu de données, le découper, créer un `tf.data.Dataset` pour le charger et le prétraiter efficacement, puis vous construirez et entraînerez un modèle de classification binaire contenant une couche `Embedding`:
    a. Téléchargez le jeu de données Large Movie Review Dataset (*https://homl.info/imdb*), qui contient 50 000 critiques de films provenant de la base de données Internet Movie Database, alias IMDb (*https://imdb.com*). Les données sont réparties dans deux dossiers, *train* et *test*, chacun contenant un sous-dossier *pos* de 12 500 critiques positives et un sous-dossier *neg* de 12 500 critiques négatives. Chaque avis est stocké dans un fichier texte séparé. Le jeu de données comprend d'autres fichiers et dossiers (y compris des sacs de mots prétraités), mais nous allons les ignorer dans cet exercice.
    b. Découpez le jeu de test en un jeu de validation (15 000) et un jeu de test (10 000).
    c. Utilisez tf.data afin de créer un dataset efficace pour chaque jeu.
    d. Créez un modèle de classification binaire, en utilisant une couche `TextVectorization` pour prétraiter chaque critique.
    e. Ajoutez une couche `Embedding` et calculez le plongement moyen pour chaque critique, multiplié par la racine carrée du nombre de mots (voir le chapitre 8). Ce plongement moyen redimensionné peut ensuite être passé au reste du modèle.
    f. Entraînez le modèle et voyez l'exactitude obtenue. Essayez d'optimiser les pipelines pour que l'entraînement soit le plus rapide possible.
    g. Utilisez TFDS pour charger plus facilement le même jeu de données: `tfds.load("imdb_reviews")`.

Les solutions de ces exercices sont données à l'annexe A.

128. Pour les grandes images, vous pouvez utiliser à la place `tf.io.encode_jpeg()`. Vous économiserez ainsi beaucoup d'espace, mais vous perdrez un peu en qualité d'image.

6

Vision par ordinateur et réseaux de neurones convolutifs

Si la victoire du superordinateur Deep Blue d'IBM sur le champion du monde des échecs Garry Kasparov remonte à 1996, ce n'est que récemment que des ordinateurs ont été capables d'effectuer des tâches d'apparence triviale, comme repérer un chat sur une photo ou reconnaître les mots prononcés. Pourquoi sommes-nous capables, nous êtres humains, d'effectuer ces tâches sans efforts ? La réponse tient dans le fait que cela se passe largement en dehors du domaine de notre conscience, à l'intérieur de modules sensoriels spécialisés de notre cerveau, par exemple dans la vision ou l'audition. Au moment où cette information sensorielle atteint notre conscience, elle a déjà été largement ornée de caractéristiques de haut niveau. Par exemple, lorsque nous regardons la photo d'un mignon petit chaton, nous ne pouvons pas décider de ne *pas* voir le chaton ou de ne *pas* remarquer qu'il est mignon. Nous ne pouvons pas plus expliquer *comment* reconnaître un mignon chaton : c'est juste évident pour nous. Ainsi, nous ne pouvons pas faire confiance à notre expérience subjective. La perception n'est pas du tout triviale et, pour la comprendre, nous devons examiner le fonctionnement de nos modules sensoriels.

Les réseaux de neurones convolutifs (*convolutional neural network*, ou CNN) sont apparus à la suite de l'étude du cortex visuel du cerveau et sont utilisés dans la reconnaissance d'images par ordinateur depuis les années 1980. Au cours des dix dernières années, grâce à l'augmentation de la puissance de calcul, à la quantité de données d'entraînement disponibles et aux astuces présentées au chapitre 3 pour l'entraînement des réseaux profonds, les CNN ont été capables de performances surhumaines sur des tâches visuelles complexes. Ils sont au cœur des services de recherche d'images, des voitures autonomes, des systèmes de classification automatique des vidéos, etc. De plus, ils ne se limitent pas à la perception visuelle, mais servent également dans d'autres domaines, comme la reconnaissance vocale ou le traitement automatique du langage naturel (TALN) ; nous nous focaliserons sur les applications visuelles.

Dans ce chapitre, nous présenterons l'origine des CNN, les éléments qui les constituent et leur implémentation avec Keras. Puis nous décrirons certaines des meilleures architectures de CNN, ainsi que d'autres tâches visuelles, notamment la détection d'objets (la classification de plusieurs objets dans une image et leur délimitation par des rectangles d'encadrement) et la segmentation sémantique (la classification de chaque pixel en fonction de la classe de l'objet auquel il appartient).

6.1 L'ARCHITECTURE DU CORTEX VISUEL

En 1958[129] et en 1959[130], David H. Hubel et Torsten Wiesel ont mené une série d'expériences sur des chats (et, quelques années plus tard, sur des singes[131]), apportant des informations essentielles sur la structure du cortex visuel (en 1981, ils ont reçu le prix Nobel de physiologie ou médecine pour leurs travaux). Ils ont notamment montré que de nombreux neurones du cortex visuel ont un petit *champ récepteur local* et qu'ils réagissent donc uniquement à un stimulus visuel qui se trouve dans une région limitée du champ visuel (voir la figure 6.1, sur laquelle les champs récepteurs locaux de cinq neurones sont représentés par les cercles en pointillé). Les champs récepteurs des différents neurones peuvent se chevaucher et ils couvrent ensemble l'intégralité du champ visuel.

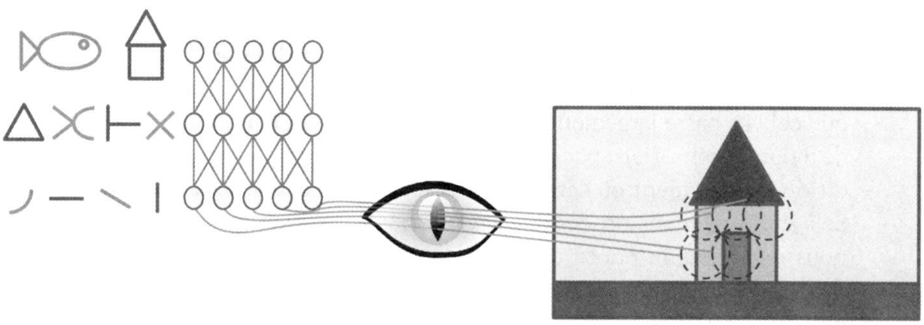

Figure 6.1 – Les neurones biologiques du cortex visuel répondent à des motifs spécifiques dans de petites régions du champ visuel appelées champs récepteurs ; au fur et à mesure que le signal visuel traverse les modules cérébraux consécutifs, les neurones répondent à des motifs plus complexes dans des champs récepteurs plus larges

129. David H. Hubel, « Single Unit Activity in Striate Cortex of Unrestrained Cats », *The Journal of Physiology*, 147 (1959), 226-238 : *https://homl.info/71*.

130. David H. Hubel et Torsten N. Wiesel, « Receptive Fields of Single Neurons in the Cat's Striate Cortex », *The Journal of Physiology*, 148 (1959), 574-591 : *https://homl.info/72*.

131. David H. Hubel et Torsten N. Wiesel, « Receptive Fields and Functional Architecture of Monkey Striate Cortex », *The Journal of Physiology*, 195 (1968), 215-243 : *https://homl.info/73*.

Ils ont également montré que certains neurones réagissent uniquement aux images de lignes horizontales, tandis que d'autres réagissent uniquement aux lignes ayant d'autres orientations (deux neurones peuvent avoir le même champ récepteur mais réagir à des orientations de lignes différentes). Ils ont remarqué que certains neurones ont des champs récepteurs plus larges et qu'ils réagissent à des motifs plus complexes, correspondant à des combinaisons de motifs de plus bas niveau. Ces observations ont conduit à l'idée que les neurones de plus haut niveau se fondent sur la sortie des neurones voisins de plus bas niveau (sur la figure 6.1, chaque neurone est connecté uniquement aux neurones voisins de la couche précédente). Cette architecture puissante est capable de détecter toutes sortes de motifs complexes dans n'importe quelle zone du champ visuel.

Ces études du cortex visuel sont à l'origine du neocognitron[132], présenté en 1980, qui a progressivement évolué vers ce que nous appelons aujourd'hui *réseau de neurones convolutif*. Un événement majeur a été la publication d'un article[133] en 1998 par Yann LeCun *et al.*, dans lequel les auteurs ont présenté la célèbre architecture *LeNet-5*, désormais largement utilisée par les banques pour reconnaître les chiffres manuscrits sur les chèques. Nous connaissons déjà quelques éléments de cette architecture, comme les couches intégralement connectées (FC, *fully connected*) et les fonctions d'activation sigmoïdes, mais elle en ajoute deux nouveaux : les *couches de convolution* et les *couches de pooling*. Étudions-les.

Pourquoi, pour les tâches de reconnaissance d'images, ne pas simplement utiliser un réseau de neurones profond avec des couches intégralement connectées ? Malheureusement, bien qu'un tel réseau convienne parfaitement aux petites images (par exemple, celles du jeu MNIST), il n'est pas adapté aux images plus grandes en raison de l'énorme quantité de paramètres qu'il exige. Par exemple, une image 100×100 est constituée de 10 000 pixels et, si la première couche comprend uniquement 1 000 neurones (ce qui limite déjà beaucoup la quantité d'informations transmises à la couche suivante), cela donne 10 millions de connexions. Et nous ne parlons que de la première couche. Les CNN résolvent ce problème en utilisant des couches partiellement connectées et en partageant des poids.

6.2 COUCHES DE CONVOLUTION

La *couche de convolution*[134] est le bloc de construction le plus important d'un CNN. Dans la première couche de convolution, les neurones ne sont pas connectés à

132. Kunihiko Fukushima, « Neocognitron: A Self-Organizing Neural Network Model for a Mechanism of Pattern Recognition Unaffected by Shift in Position », *Biological Cybernetics*, 36 (1980), 193-202 : *https://homl.info/74*.

133. Yann LeCun *et al.*, « Gradient-Based Learning Applied to Document Recognition », *Proceedings of the IEEE*, 86, n° 11 (1998), 2278-2324 : *https://homl.info/75*.

134. Une convolution est une opération mathématique qui fait glisser une fonction par-dessus une autre et mesure l'intégrale de leur multiplication ponctuelle. Ses liens avec les transformées de Fourier et de Laplace sont étroits. Elle est souvent employée dans le traitement du signal. Les couches de convolution utilisent en réalité des corrélations croisées, qui sont très similaires aux convolutions (pour de plus amples informations, voir *https://homl.info/76*).

chaque pixel de l'image d'entrée (comme c'était le cas dans les chapitres précédents), mais uniquement aux pixels dans leurs champs récepteurs (voir la figure 6.2). À leur tour, les neurones de la deuxième couche de convolution sont chacun connectés uniquement aux neurones situés à l'intérieur d'un petit rectangle de la première couche. Cette architecture permet au réseau de se focaliser sur des caractéristiques de bas niveau dans la première couche cachée, puis de les assembler en caractéristiques de plus haut niveau dans la couche cachée suivante, etc. Cette structure hiérarchique est récurrente dans les images réelles et c'est l'une des raisons des bons résultats des CNN pour la reconnaissance d'images.

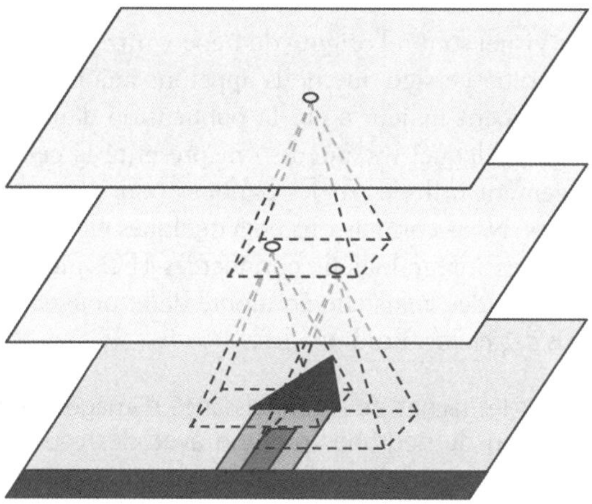

Figure 6.2 – Couches d'un CNN avec des champs récepteurs locaux rectangulaires

Jusque-là, tous les réseaux de neurones multicouches que nous avons examinés avaient des couches constituées d'une longue suite de neurones et nous devions donc aplatir les images d'entrée en une dimension avant de les transmettre au réseau. Dans un CNN, chaque couche étant représentée par un tableau à deux dimensions, il est plus facile de faire correspondre les neurones aux entrées associées.

Un neurone situé en ligne i et colonne j d'une couche donnée est connecté aux sorties des neurones de la couche précédente situés aux lignes i à $i + f_h - 1$ et aux colonnes j à $j + f_w - 1$, où f_h et f_w sont la hauteur et la largeur du champ récepteur (voir la figure 6.3). Pour qu'une couche ait les mêmes hauteur et largeur que la couche précédente, on ajoute des zéros autour des entrées (marge), comme l'illustre la figure. Cette opération se nomme *remplissage par zéros* (*zero padding*), mais nous dirons plutôt *ajout d'une marge de zéros* pour éviter toute confusion (car seule la marge est remplie par des zéros).

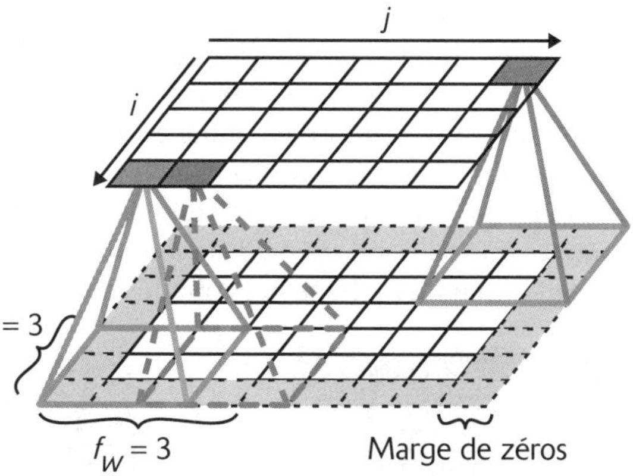

Figure 6.3 – Connexions entre les couches et marge de zéros

Il est également possible de connecter une large couche d'entrée à une couche plus petite en espaçant les champs récepteurs (voir la figure 6.4). Cela permet de réduire énormément la complexité des calculs du modèle. Le décalage horizontal ou vertical entre deux champs récepteurs consécutifs est appelé *pas* (*stride* en anglais). Sur la figure, une couche d'entrée 5×7 (plus la marge) est connectée à une couche 3×4, en utilisant des champs récepteurs 3×3 et un pas de 2 (dans cet exemple, le pas est identique dans les deux directions, mais ce n'est pas obligatoire). Un neurone situé en ligne *i* et colonne *j* dans la couche supérieure est connecté aux sorties des neurones de la couche précédente situés aux lignes $i \times s_h$ à $i \times s_h + f_h - 1$ et colonnes $j \times s_w$ à $j \times s_w + f_w - 1$, où s_h et s_w sont les pas vertical et horizontal.

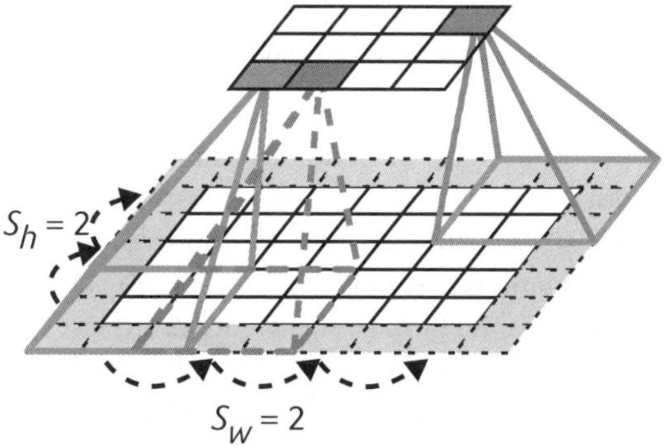

Figure 6.4 – Réduction de dimension grâce à un pas de 2

6.2.1 Filtres

Les poids d'un neurone peuvent être représentés sous la forme d'une petite image de la taille du champ récepteur. Par exemple, la figure 6.5 montre deux ensembles de poids possibles, appelés *filtres* (ou *noyaux de convolution*, voire tout simplement *noyaux*). Le premier est un carré noir avec une ligne blanche verticale au milieu (il s'agit d'une matrice 7×7 remplie de 0, à l'exception de la colonne centrale, pleine de 1). Les neurones qui utilisent ces poids ignoreront tout ce qui se trouve dans leur champ récepteur, à l'exception de la ligne verticale centrale (puisque toutes les entrées seront multipliées par zéro, excepté celles sur la ligne verticale centrale). Le second filtre est un carré noir traversé en son milieu par une ligne blanche horizontale. Les neurones qui utilisent ces poids ignoreront tout ce qui se trouve dans leur champ récepteur, hormis cette ligne horizontale centrale.

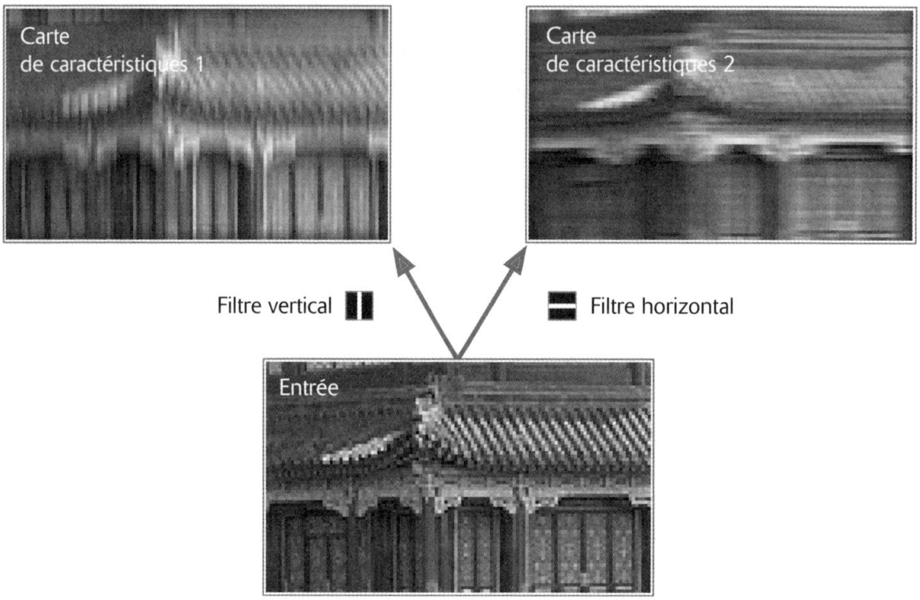

Figure 6.5 – Application de deux filtres différents pour obtenir deux cartes de caractéristiques

Si tous les neurones d'une couche utilisent le même filtre à ligne verticale (ainsi que le même terme constant) et si nous fournissons en entrée du réseau l'image illustrée à la figure 6.5 (image du bas), la couche sortira l'image située en partie supérieure gauche. Les lignes blanches verticales sont mises en valeur, tandis que le reste devient flou. De façon comparable, l'image supérieure droite est obtenue lorsque tous les neurones utilisent le filtre à ligne horizontale. Les lignes blanches horizontales sont améliorées, tandis que le reste est flou. Une couche remplie de neurones qui utilisent le même filtre nous donne ainsi une *carte de caractéristiques* (*feature map*) qui fait ressortir les zones d'une image qui se rapprochent le plus du filtre. Évidemment, nous n'avons pas à définir des filtres manuellement. À la place, au cours de l'entraînement, la couche de convolution apprend automatiquement les filtres qui seront les plus utiles à sa tâche, et les couches supérieures apprennent à les combiner dans des motifs plus complexes.

6.2.2 Empiler plusieurs cartes de caractéristiques

Jusqu'à présent, pour une question de simplicité, nous avons représenté la sortie de chaque couche de convolution comme une couche à deux dimensions, mais, en réalité, elle est constituée de plusieurs filtres (vous décidez du nombre) et produit une carte de caractéristiques par filtre. Il est donc plus correct de la représenter en trois dimensions (voir la figure 6.6). Dans chaque carte de caractéristiques, nous avons un neurone par pixel et tous les neurones d'une carte donnée partagent les mêmes paramètres (noyau et terme constant). Mais les neurones dans différentes cartes de caractéristiques utilisent des paramètres distincts. Le champ récepteur d'un neurone est tel que nous l'avons décrit précédemment, mais il s'étend sur toutes les cartes de caractéristiques des couches précédentes. En résumé, une couche de convolution applique simultanément plusieurs filtres entraînables à ses entrées, ce qui lui permet de détecter plusieurs caractéristiques n'importe où dans ses entrées.

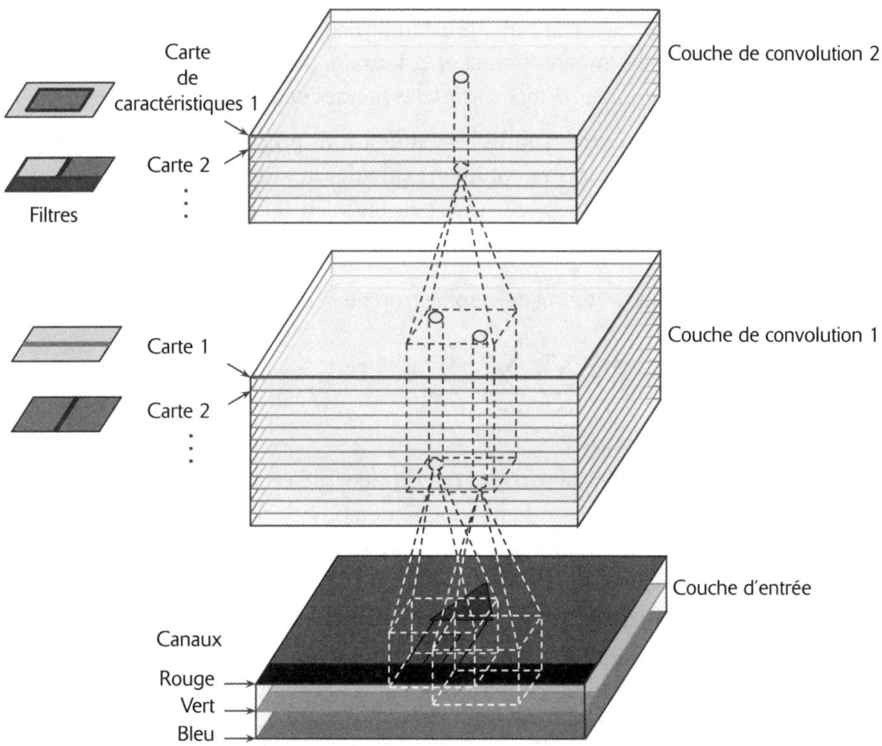

Figure 6.6 – Deux couches de convolution à plusieurs filtres (noyaux) traitant une image à trois canaux de couleur, chaque couche de convolution produisant une carte de caractéristiques par filtre

Puisque tous les neurones d'une carte de caractéristiques partagent les mêmes paramètres, le nombre de paramètres du modèle s'en trouve considérablement réduit. Dès que le CNN a appris à reconnaître un motif en un endroit, il peut le reconnaître partout ailleurs. À l'opposé, lorsqu'un réseau de neurones entièrement connecté a appris à reconnaître un motif en un endroit, il ne peut le reconnaître qu'en cet endroit précis.

Les images d'entrée sont également constituées de multiples sous-couches, une par *canal de couleur*. Classiquement, il en existe trois : rouge, vert et bleu (RVB, ou RGB de l'anglais *red*, *green*, *blue*). Les images en niveaux de gris en possèdent une seule. D'autres types d'images en ont beaucoup plus, par exemple les images satellite qui capturent des fréquences lumineuses supplémentaires comme l'infrarouge.

Plus précisément, un neurone situé en ligne i et colonne j de la carte de caractéristiques k dans une couche de convolution l est relié aux sorties des neurones de la couche précédente $l - 1$, situés aux lignes $i \times s_h$ à $i \times s_h + f_h - 1$ et aux colonnes $j \times s_w$ à $j \times s_w + f_h - 1$, sur l'ensemble des cartes de caractéristiques (de la couche $l - 1$). Tous les neurones d'une couche situés sur les mêmes ligne i et colonne j, mais dans des cartes de caractéristiques différentes, sont connectés aux sorties des mêmes neurones dans la couche précédente.

L'équation 6.1 résume toutes les explications précédentes en une unique équation mathématique. Elle montre comment calculer la sortie d'un neurone donné dans une couche de convolution. Elle est un peu laide en raison de tous les indices, mais elle ne fait que calculer la somme pondérée de toutes les entrées, plus le terme constant.

Équation 6.1 – Calcul de la sortie d'un neurone dans une couche de convolution

$$z_{i,j,k} = b_k + \sum_{u=0}^{f_h - 1} \sum_{v=0}^{f_w - 1} \sum_{k'=0}^{f_{n'} - 1} x_{i',j',k'} \times w_{u,v,k',k} \quad \text{avec} \quad \begin{cases} i' = i \times s_h + u \\ j' = j \times s_w + v \end{cases}$$

Dans cette équation :

- $z_{i,j,k}$ correspond à la sortie du neurone situé en ligne i et colonne j dans la carte de caractéristiques k de la couche de convolution (couche l).
- Comme nous l'avons expliqué, s_h et s_w sont les pas vertical et horizontal, f_h et f_w sont la hauteur et la largeur du champ récepteur, et $f_{n'}$ est le nombre de cartes de caractéristiques dans la couche précédente (couche $l - 1$).
- $x_{i',j',k'}$ correspond à la sortie du neurone situé dans la couche $l - 1$, ligne i', colonne j', carte de caractéristiques k' (ou canal k' si la couche précédente est la couche d'entrée).
- b_k est le terme constant de la carte de caractéristiques k (dans la couche l). Il peut être vu comme un réglage de la luminosité globale de la carte de caractéristiques k.
- $w_{u,v,k',k}$ correspond au poids de la connexion entre tout neurone de la carte de caractéristiques k de la couche l et son entrée située ligne u, colonne v (relativement au champ récepteur du neurone) dans la carte de caractéristiques k'.

Voyons comment créer et utiliser une couche de convolution avec Keras.

6.2.3 Implémenter des couches de convolution avec Keras

Tout d'abord, chargeons quelques images à l'aide de la fonction `load_sample_image()` de Scikit-Learn et prétraitons-les à l'aide des couches de prétraitement `CenterCrop` et `Rescaling` de Keras (toutes présentées au chapitre 5) :

```
from sklearn.datasets import load_sample_images
import tensorflow as tf

images = load_sample_images()["images"]
images = tf.keras.layers.CenterCrop(height=70, width=120)(images)
images = tf.keras.layers.Rescaling(scale=1 / 255)(images)
```

Examinons la forme du tenseur `images` :

```
>>> images.shape
TensorShape([2, 70, 120, 3])
```

Tiens, c'est un tenseur 4D : nous n'avons pas encore vu ça ! À quoi correspondent toutes ces dimensions ? Eh bien, il y a deux images, ce qui explique la première dimension. Puis chaque image est de taille 70×120, puisque c'est la taille que nous avons spécifiée en créant la couche `CenterCrop` (les images d'origine étaient de taille 427×640). Ceci explique la deuxième et la troisième dimension. Enfin, chaque pixel comporte une valeur par canal de couleur, et ils sont au nombre de trois (rouge, vert, bleu), d'où la dernière dimension.

Créons maintenant une couche de convolution 2D et alimentons-la avec ces images pour voir ce qu'il en sort. Pour cela, Keras propose une couche `Convolution2D`, alias `Conv2D`. En interne, cette couche s'appuie sur la fonction `tf.nn.conv2d()` de TensorFlow. Créons une couche de convolution avec 32 filtres, chacun de taille 7×7 (en utilisant `kernel_size=7`, qui équivaut à utiliser `kernel_size=(7, 7)`) et appliquons cette couche à notre petit lot de deux images :

```
conv_layer = tf.keras.layers.Conv2D(filters=32, kernel_size=7)
fmaps = conv_layer(images)
```

Lorsque nous parlons d'une couche de convolution 2D, *2D* fait référence au nombre de dimensions *dans l'espace* (hauteur et largeur), mais comme vous pouvez le voir, la couche reçoit des entrées à quatre dimensions : comme nous l'avons vu, les deux dimensions supplémentaires sont la taille du lot (première dimension) et les canaux (dernière dimension).

Voyons maintenant la forme de la sortie :

```
>>> fmaps.shape
TensorShape([2, 64, 114, 32])
```

La forme de la sortie est analogue à la forme de l'entrée, avec deux différences principales. Tout d'abord, il y a 32 canaux au lieu de 3. C'est parce que nous avons défini `filters=32`, et donc nous obtenons 32 cartes de caractéristiques en sortie : au lieu de l'intensité de rouge, vert et bleu en chaque point, nous avons maintenant l'intensité de chaque caractéristique en chaque point. Ensuite, la hauteur et la largeur ont toutes deux été réduites de 6 pixels. Ceci parce que la couche `Conv2D` n'ajoute aucune marge par défaut, ce qui signifie que nous perdons 6 pixels horizontalement et 6 pixels verticalement (c'est-à-dire trois pixels sur chaque bord).

Fait surprenant, l'option par défaut est `padding="valid"`, qui signifie en fait « aucun ajout de marge » ! Cette appellation vient du fait que dans ce cas le champ de réception de chaque neurone se trouve strictement dans la limite des positions valides de l'entrée (il ne sort pas des limites). Il ne s'agit pas d'une fantaisie de nommage de Keras : tout le monde utilise cette terminologie curieuse.

Si au contraire nous définissons `padding="same"`, alors les entrées sont complétées par suffisamment de zéros sur leurs marges pour que les cartes des caractéristiques de sortie aient au bout du compte la même taille que les entrées (d'où le nom de cette option) :

```
>>> conv_layer = tf.keras.layers.Conv2D(filters=32, kernel_size=7,
...                                     padding="same")
...
>>> fmaps = conv_layer(images)
>>> fmaps.shape
TensorShape([2, 70, 120, 32])
```

Ces deux options de remplissage sont illustrées sur la figure 6.7. Pour simplifier, seule la dimension horizontale est présentée ici, mais bien sûr la même logique s'applique pour la dimension verticale.

Si le pas est supérieur à 1 (dans n'importe quelle direction), alors la taille de la sortie ne sera pas égale à la taille de l'entrée, même si `padding="same"`. Si par exemple vous définissez `strides=2` (ou, de manière équivalente, `strides=(2, 2)`), alors la carte des caractéristiques de sortie sera de format 35×60, soit une réduction de moitié à la fois verticalement et horizontalement. La figure 6.8 montre ce qui se produit lorsque `strides=2`, avec les deux options de remplissage.

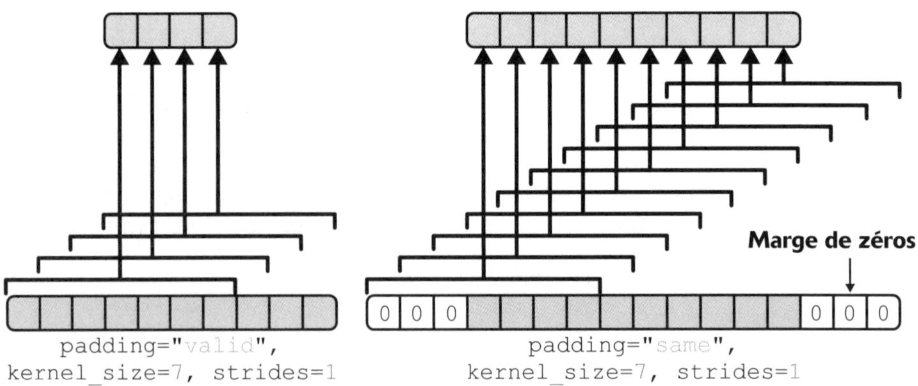

Figure 6.7 – Les deux options de remplissage, lorsque `strides=1`

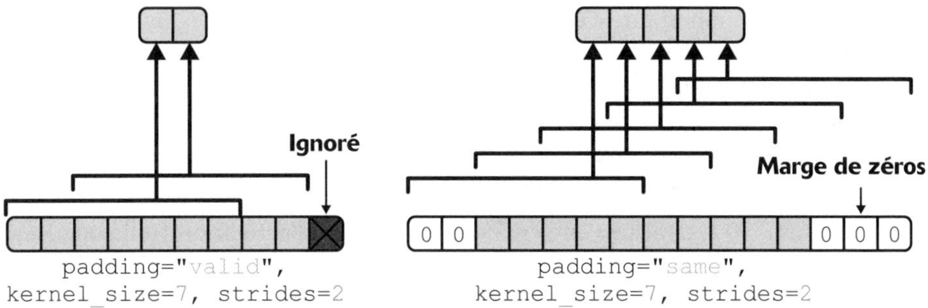

Figure 6.8 – Lorsque le pas est supérieur à 1, la sortie est beaucoup plus petite, même avec un remplissage de type "same" (et le remplissage "valid" ignore certaines entrées).

Si vous êtes curieux, voici comment la taille de la sortie est calculée :

- Avec `padding="valid"`, si la largeur de l'entrée est i_h, alors la largeur de la sortie est égale à $(i_h - f_h + s_h) / s_h$, arrondi à l'entier inférieur (f_h est la largeur du noyau, et s_h est le pas horizontal). Le reste de la division entière correspond au nombre de colonnes ignorées sur le côté droit de l'image. Un calcul analogue peut être effectué pour calculer la hauteur de la sortie, ainsi que le nombre de lignes ignorées en bas de l'image.
- Avec `padding="same"`, la largeur de la sortie est égale à i_h / s_h, arrondi à l'entier supérieur. Pour rendre ceci possible, l'image est complétée à gauche et à droite par le nombre approprié de colonnes remplies de zéros (soit le même nombre de chaque côté, soit une de plus à droite). Si o_w est la largeur de la sortie, alors le nombre de colonnes ajoutées est égal à $(o_w - 1) \times s_h + f_h - i_h$. Là encore, un calcul analogue peut être effectué pour déterminer la hauteur de la sortie et le nombre de lignes de zéros ajoutées.

Intéressons-nous maintenant aux poids de la couche (qui étaient notés $w_{u,v,k',k}$ et b_k dans l'équation 6.1). Tout comme une couche `Dense`, une couche `Conv2D` comporte tous les poids de la couche, noyaux et termes constants compris. Les noyaux sont initialisés aléatoirement, tandis que les termes constants sont initialisés à zéro. Ces poids sont accessibles sous forme de variables TF par l'intermédiaire de l'attribut `weights`, ou sous forme de tableaux NumPy par l'intermédiaire de la méthode `get_weights()` :

```
>>> kernels, biases = conv_layer.get_weights()
>>> kernels.shape
(7, 7, 3, 32)
>>> biases.shape
(32,)
```

Le tableau `kernels` est un tableau 4D, et sa forme est [hauteur noyau, largeur noyau, canaux entrée, canaux sortie]. Le tableau `biases` contenant les termes constants est un tableau 1D, de forme [canaux sortie]. Le nombre de canaux de sortie est égal au nombre de cartes de caractéristiques de sortie, qui est aussi égal au nombre de filtres.

Le plus important, c'est que la hauteur et la largeur des images d'entrée n'apparaissent pas dans la forme du noyau : c'est parce que tous les neurones des cartes de caractéristiques de sortie partagent les mêmes poids, comme expliqué précédemment. Ceci signifie que vous pouvez alimenter cette couche avec des images de toutes tailles, à condition qu'elles soient au moins aussi larges que les noyaux et qu'elles aient le bon nombre de canaux (trois dans ce cas).

Enfin, vous choisirez en général une fonction d'activation (telle que ReLU) lors de la création d'une couche `Conv2D`, et vous spécifierez également l'initialiseur de noyau correspondant (comme l'initialisation de He). Ceci pour la même raison que pour les couches `Dense` : une couche de convolution réalise une opération linéaire, par conséquent si vous empiliez plusieurs couches de convolution sans fonction d'activation, ceci serait équivalent à une seule couche de convolution, et ce réseau serait dans l'incapacité d'apprendre quoi que ce soit de réellement complexe.

Comme vous pouvez le voir, les couches de convolution ont relativement peu d'hyperparamètres : `filters`, `kernel_size`, `padding`, `strides`, `activation`, `kernel_initializer`, etc. Comme toujours, vous pouvez utiliser une validation croisée pour déterminer les bonnes valeurs des hyperparamètres, mais cela prend beaucoup de temps. Nous étudierons les architectures de réseaux de neurones convolutifs les plus courantes dans la suite de ce chapitre afin de vous donner une idée des valeurs d'hyperparamètres qui fonctionnent le mieux en pratique.

6.2.4 Besoins en mémoire

Les CNN posent un autre problème : les couches de convolution ont besoin d'une grande quantité de RAM, notamment au cours de l'entraînement, car la rétropropagation utilise toutes les valeurs intermédiaires calculées pendant la passe en avant.

Prenons, par exemple, une couche de convolution dotée de 200 filtres 5×5, produisant 200 cartes de caractéristiques de taille 150×100, avec un pas de 1 et un remplissage `"same"`. Si l'entrée est une image RVB (trois canaux) de 150×100, alors le nombre de paramètres est $(5 \times 5 \times 3 + 1) \times 200 = 15\,200$ (le + 1 correspond au terme constant), ce qui est relativement faible par rapport à une couche intégralement connectée[135]. Cependant, chacune des 200 cartes de caractéristiques contient 150×100 neurones, et chacun de ces neurones doit calculer une somme pondérée de ses $5 \times 5 \times 3 = 75$ entrées. Cela fait un total de 225 millions de multiplications de nombres à virgule flottante. C'est mieux qu'une couche intégralement connectée mais cela reste un calcul assez lourd. Par ailleurs, si les cartes de caractéristiques sont représentées par des flottants sur 32 bits, alors la sortie de la couche de convolution occupera $200 \times 150 \times 100 \times 32 = 96$ millions de bits (environ 12 Mo) de RAM[136].

135. Pour produire des sorties de même taille, une couche intégralement connectée aurait besoin de $200 \times 150 \times 100$ neurones, chacun connecté à l'ensemble des $150 \times 100 \times 3$ entrées. Elle aurait donc $200 \times 150 \times 100 \times (150 \times 100 \times 3 + 1) \approx 135$ milliards de paramètres !

136. Dans le système international d'unités (SI), 1 Mo = 1 000 ko = 1 000 × 1 000 octets = 1 000 × 1 000 × 8 bits. Et 1 MiB = 1,024 kiB = 1,024 × 1,024 octets. Donc 12 MB ≈ 11,44 MiB.

Et cela ne concerne qu'une seule instance ! Si un lot d'entraînement comprend 100 instances, alors cette couche aura besoin de 1,2 Go de RAM !

Au cours d'une inférence (c'est-à-dire lors d'une prédiction pour une nouvelle instance), la RAM occupée par une couche sera libérée aussitôt que la couche suivante aura été calculée. Nous n'avons donc besoin que de la quantité de RAM nécessaire à deux couches consécutives. Mais, au cours de l'entraînement, tous les calculs effectués pendant la passe en avant doivent être conservés pour la rétropropagation. La quantité de RAM requise est alors au moins égale à la quantité totale de RAM nécessaire à toutes les couches.

Si l'entraînement échoue à cause d'un manque de mémoire, vous avez plusieurs options : essayer de réduire la taille du mini-lot, tenter de réduire la dimension en appliquant un pas, retirer quelques couches, passer à des nombres à virgule flottante sur 16 bits à la place de 32 bits, ou encore distribuer le CNN sur plusieurs machines (vous verrez comment le faire au chapitre 11).

Examinons à présent le deuxième bloc de construction le plus répandu dans les CNN : la *couche de pooling*.

6.3 COUCHE DE POOLING

Une fois le fonctionnement des couches de convolution compris, celui des couches de pooling ne devrait poser aucune difficulté. Ces couches ont pour objectif de *sous-échantillonner* (c'est-à-dire rétrécir) l'image d'entrée afin de réduire la charge de calcul, l'utilisation de la mémoire et le nombre de paramètres (limitant ainsi le risque de surajustement).

Comme dans les couches de convolution, chaque neurone d'une couche de pooling est connecté aux sorties d'un nombre limité de neurones de la couche précédente, situés à l'intérieur d'un petit champ récepteur rectangulaire. On doit à nouveau définir sa taille, le pas et le type de remplissage. En revanche, un neurone de pooling ne possède aucun poids et se contente d'agréger les entrées en utilisant une fonction d'agrégation, comme la valeur maximale ou la moyenne.

La figure 6.9 illustre une *couche de pooling maximum* (*max pooling*), qui est la plus répandue. Dans cet exemple, on utilise un *noyau de pooling* de 2×2[137], un pas de 2 et aucune marge de zéros. Dans chaque champ récepteur, seule la valeur d'entrée maximale permet le passage à la couche suivante. Les autres entrées sont ignorées. Par exemple, dans le champ récepteur inférieur gauche de la figure 6.9, les valeurs d'entrée sont 1, 5, 3, 2, et seule la valeur maximale, 5, est propagée à la couche suivante. En raison du pas de 2, l'image de sortie a une hauteur et une largeur de moitié inférieures à celles de l'image d'entrée (arrondies à l'entier inférieur puisque aucune marge n'est utilisée).

137. Les noyaux de pooling sont simplement des fenêtres glissantes sans état. Ils n'ont pas de poids, contrairement aux autres noyaux que nous avons présentés jusqu'ici.

Figure 6.9 – Couche de pooling maximum (noyau de pooling 2×2, pas de 2, aucune marge de zéros)

Puisqu'une couche de pooling travaille généralement de façon indépendante sur chaque canal d'entrée, la profondeur de la sortie (c'est-à-dire le nombre de canaux) est identique à celle de l'entrée.

Outre la réduction des calculs nécessaires, de la quantité de mémoire requise et du nombre de paramètres, une couche de pooling maximum ajoute également un certain degré d'*invariance* envers les petites translations (voir la figure 6.10). Dans ce cas, nous supposons que les pixels clairs ont une valeur inférieure aux pixels sombres. Nous prenons trois images (A, B, C) transmises à une couche de pooling maximum, avec un noyau 2×2 et un pas de 2. Les images B et C sont identiques à l'image A, mais sont décalées d'un et de deux pixels vers la droite. Pour les images A et B, les sorties de la couche de pooling maximum sont identiques. Voilà la signification de l'invariance de translation. Pour l'image C, la sortie est différente : elle est décalée d'un pixel vers la droite (mais il reste toujours 50 % d'invariance). En insérant dans un CNN une couche de pooling maximum toutes les deux ou trois couches, il est possible d'obtenir un certain degré d'invariance de translation à plus grande échelle. Par ailleurs, une couche de pooling maximum permet également d'obtenir une petite quantité d'invariance de rotation et une légère invariance d'échelle. De telles invariances, bien que limitées, peuvent se révéler utiles dans les cas où la prédiction ne doit pas dépendre de ces détails, comme dans les tâches de classification.

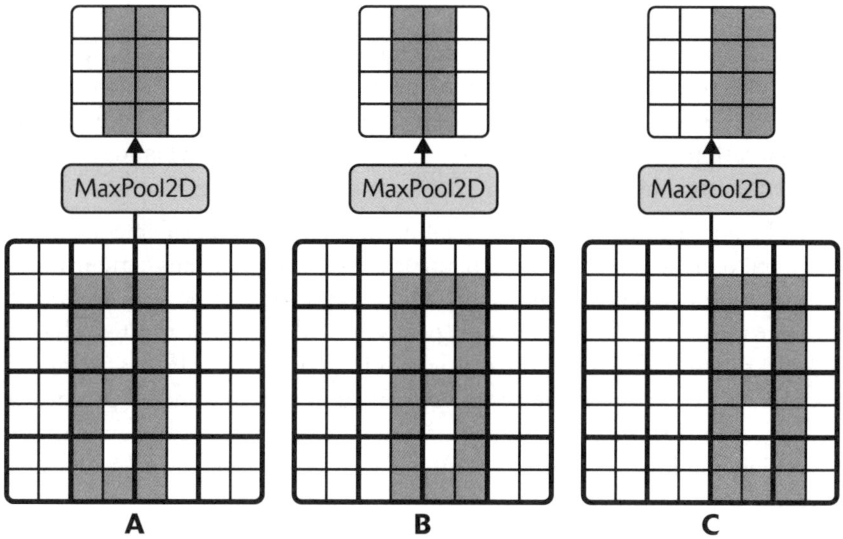

Figure 6.10 – Invariance par rapport aux petites translations

Cependant, le pooling maximum souffre de quelques inconvénients. Une telle couche est évidemment très destructrice. Même avec un minuscule noyau 2×2 et un pas de 2, la sortie est deux fois plus petite dans les deux directions (la surface est donc quatre fois inférieure), ce qui élimine 75 % des valeurs d'entrée. Par ailleurs, dans certaines applications, l'invariance n'est pas souhaitable. Prenons une segmentation sémantique (c'est-à-dire une classification de chaque pixel d'une image en fonction de l'objet auquel ce pixel appartient ; nous y reviendrons plus loin) : il est clair que si l'image d'entrée est décalée d'un pixel vers la droite, la sortie doit l'être également. Dans ce cas, l'objectif est non pas l'invariance mais l'*équivariance* : un petit changement sur les entrées doit conduire au petit changement correspondant sur la sortie.

6.4 IMPLÉMENTER DES COUCHES DE POOLING AVEC KERAS

Le code suivant crée une couche `MaxPooling2D`, alias `MaxPool2D`, avec un noyau 2×2. Puisque le pas correspond par défaut à la taille du noyau, il est donc de 2 (horizontalement et verticalement) dans cette couche. Le remplissage `"valid"` (c'est-à-dire aucune marge de zéros) est actif par défaut :

```
max_pool = tf.keras.layers.MaxPool2D(pool_size=2)
```

Pour créer une *couche de pooling moyen* (*average pooling*), il suffit de remplacer `MaxPool2D` par `AveragePooling2D`, alias `AvgPool2D`. Elle opère exactement comme une couche de pooling maximum, excepté qu'elle calcule la moyenne à la place du maximum. Les couches de pooling moyen ont connu leur moment de gloire, mais elles sont aujourd'hui supplantées par les couches de pooling maximum, qui affichent généralement de meilleures performances. Cela peut sembler surprenant car calculer la moyenne conduit à une perte d'informations moindre que calculer le maximum. Mais le pooling maximum conserve uniquement les caractéristiques les plus fortes, écartant les moins pertinentes. La couche suivante travaille donc sur un signal plus propre. Par ailleurs, le pooling maximum offre une invariance de translation plus importante que le pooling moyen et demande des calculs légèrement moins intensifs.

Le pooling maximum et le pooling moyen peuvent également être appliqués sur la profondeur à la place de la hauteur et de la largeur, mais cette utilisation est plus rare. Elle permet néanmoins au CNN d'apprendre à devenir invariant à diverses caractéristiques. Par exemple, il peut apprendre plusieurs filtres, chacun détectant une rotation différente du même motif (comme les chiffres manuscrits; voir la figure 6.11), et la couche de pooling maximum en profondeur garantit que la sortie reste la même quelle que soit la rotation. De manière comparable, le CNN pourrait apprendre à devenir invariant à d'autres caractéristiques: épaisseur, luminosité, inclinaison, couleur, etc.

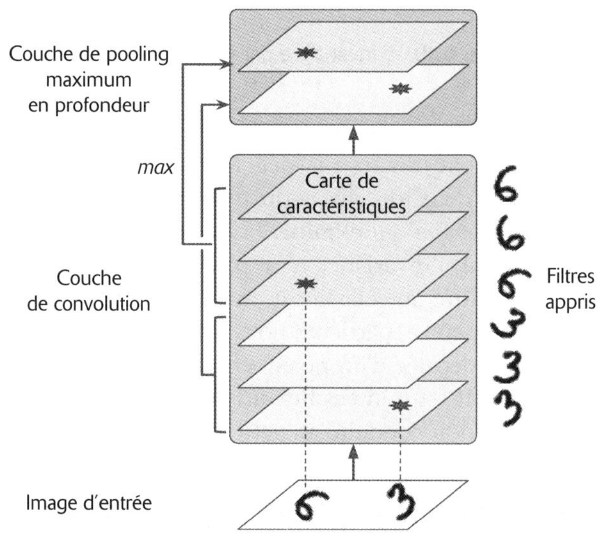

Figure 6.11 – Un pooling maximum en profondeur peut aider le CNN à apprendre à être invariant (à la rotation dans ce cas)

Keras n'offre pas de couche de pooling maximum en profondeur, mais il n'est pas très difficile d'implémenter une couche personnalisée pour cela:

```
class DepthPool(tf.keras.layers.Layer):
    def __init__(self, pool_size=2, **kwargs):
        super().__init__(**kwargs)
        self.pool_size = pool_size

    def call(self, inputs):
        shape = tf.shape(inputs)  # shape[-1] est le nombre de canaux
        groups = shape[-1] // self.pool_size  # nombre de groupes de canaux
```

```
        new_shape = tf.concat([shape[:-1], [groups, self.pool_size]], axis=0)
        return tf.reduce_max(tf.reshape(inputs, new_shape), axis=-1)
```

Cette couche réorganise ses entrées pour partager les canaux en groupes (ou pools) de la taille désirée (`pool_size`), puis elle utilise `tf.reduce_max()` pour calculer le maximum de chaque groupe. Cette implémentation suppose que le pas est égal à la taille du groupe, ce qui est en général ce que vous voulez. Une autre solution consiste à utiliser l'opération `tf.nn.max_pool()` de TensorFlow et à l'emballer dans une couche `Lambda` pour l'utiliser à l'intérieur d'un modèle Keras, cependant cette opération n'implémente hélas pas le pooling en profondeur pour les GPU, mais uniquement pour les CPU.

Dans les architectures modernes, vous rencontrerez souvent un dernier type de couche de pooling : la *couche de pooling moyen global*. Elle fonctionne très différemment, en se limitant à calculer la moyenne sur l'intégralité de chaque carte de caractéristiques (cela équivaut à une couche de pooling moyen qui utilise un noyau de pooling ayant les mêmes dimensions spatiales que les entrées). Autrement dit, elle produit simplement une seule valeur par carte de caractéristiques et par instance. Bien que cette approche soit extrêmement destructrice (la majorité des informations présentes dans la carte de caractéristiques est perdue), elle peut se révéler utile juste avant la couche de sortie, comme nous le verrons plus loin dans ce chapitre. Pour créer une telle couche, utilisez simplement la classe `GlobalAveragePooling2D`, alias `GlobalAvgPool2D` :

```
global_avg_pool = tf.keras.layers.GlobalAvgPool2D()
```

Cela équivaut à la couche `Lambda` suivante, qui calcule la moyenne sur les dimensions spatiales (hauteur et largeur) :

```
global_avg_pool = tf.keras.layers.Lambda(
    lambda X: tf.reduce_mean(X, axis=[1, 2]))
```

Si par exemple nous appliquons cette couche aux images d'entrée, nous obtenons l'intensité moyenne de rouge, vert et bleu pour chaque image :

```
>>> global_avg_pool(images)
<tf.Tensor: shape=(2, 3), dtype=float32, numpy=
array([[0.64338624, 0.5971759 , 0.5824972 ],
       [0.76306933, 0.26011038, 0.10849128]], dtype=float32)>
```

Puisque vous connaissez à présent tous les blocs qui permettent de construire des réseaux de neurones convolutifs, voyons comment les assembler.

6.5 ARCHITECTURES DE CNN

Les architectures classiques de CNN empilent quelques couches de convolution (chacune généralement suivie d'une couche ReLU), puis une couche de pooling, puis quelques autres couches de convolution (+ ReLU), puis une autre couche de pooling, et ainsi de suite. L'image rétrécit au fur et à mesure qu'elle traverse le réseau, mais elle devient également de plus en plus profonde (le nombre de cartes de caractéristiques augmente), grâce aux couches de convolution (voir la figure 6.12). Au sommet de la pile, on ajoute souvent un réseau de neurones non bouclé classique, constitué de quelques couches entièrement connectées (+ ReLU), et la couche finale produit la prédiction (par exemple, une couche softmax qui génère les probabilités de classe estimées).

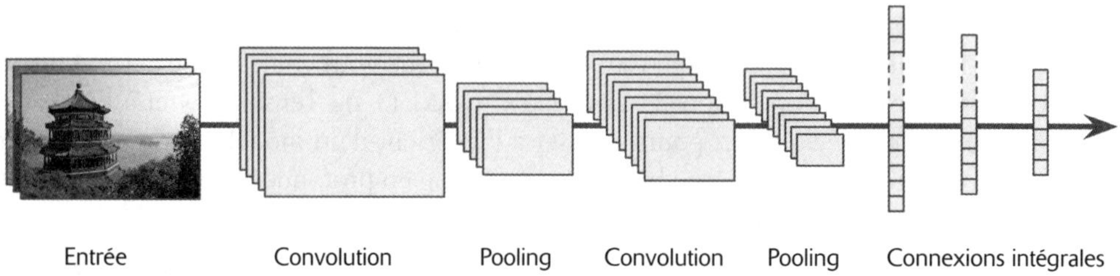

Figure 6.12 – Architecture de CNN classique

Une erreur fréquente est d'utiliser des noyaux de convolution trop grands. Par exemple, au lieu d'utiliser une couche de convolution avec un noyau 5×5, mieux vaut empiler deux couches ayant des noyaux 3×3 : la charge de calcul et le nombre de paramètres seront bien inférieurs, et les performances seront généralement meilleures. L'exception concerne la première couche de convolution : elle a typiquement un grand noyau (par exemple, 5×5), avec un pas de 2 ou plus. Cela permet de diminuer la dimension spatiale de l'image sans perdre trop d'informations, et, puisque l'image d'entrée n'a en général que trois canaux, les calculs ne seront pas trop lourds.

Voici comment implémenter un CNN simple pour traiter le jeu de données Fashion MNIST (présenté au chapitre 2) :

```
from functools import partial

DefaultConv2D = partial(tf.keras.layers.Conv2D, kernel_size=3, padding="same",
                        activation="relu", kernel_initializer="he_normal")
model = tf.keras.Sequential([
    DefaultConv2D(filters=64, kernel_size=7, input_shape=[28, 28, 1]),
    tf.keras.layers.MaxPool2D(),
    DefaultConv2D(filters=128),
    DefaultConv2D(filters=128),
    tf.keras.layers.MaxPool2D(),
    DefaultConv2D(filters=256),
    DefaultConv2D(filters=256),
    tf.keras.layers.MaxPool2D(),
    tf.keras.layers.Flatten(),
    tf.keras.layers.Dense(units=128, activation="relu",
                          kernel_initializer="he_normal"),
    tf.keras.layers.Dropout(0.5),
    tf.keras.layers.Dense(units=64, activation="relu",
                          kernel_initializer="he_normal"),
    tf.keras.layers.Dropout(0.5),
    tf.keras.layers.Dense(units=10, activation="softmax")
])
```

Détaillons ce modèle:

- Nous utilisons la fonction `functools.partial()` (présentée au chapitre 3) pour définir `DefaultConv2D`, qui fonctionne comme `Conv2D` mais avec des arguments par défaut différents: un petit noyau de taille 3, un remplissage de type `"same"`, la fonction d'activation ReLU et l'initialiseur de He qui lui est associé.
- Ensuite, nous créons le modèle `Sequential`. La première couche est une `DefaultConv2D` avec 64 filtres assez larges (7×7). Elle utilise le pas par défaut de 1, car les images d'entrée ne sont pas très grandes. Elle précise également `input_shape=[28, 28, 1]`, car les images font 28×28 pixels, avec un seul canal de couleur (elles sont en niveaux de gris). Lorsque vous chargez le jeu de données Fashion MNIST, vérifiez que chaque image a bien cette forme: il vous faudra peut-être utiliser `np.reshape()` ou `np.expanddims()` pour ajouter la dimension des canaux. Sinon, vous pouvez utiliser une couche `Reshape` en tant que première couche du modèle.
- Ensuite, nous ajoutons une couche de pooling maximum, qui utilise un pool de taille 2 (la valeur par défaut) et qui divise donc chaque dimension spatiale par un facteur 2.
- Nous répétons ensuite deux fois la même structure: deux couches de convolution suivies d'une couche de pooling maximum. Pour des images plus grandes, nous pourrions répéter cette structure un plus grand nombre de fois (ce nombre est un hyperparamètre ajustable).
- Le nombre de filtres augmente à mesure qu'on se rapproche de la couche de sortie du CNN (il est initialement de 64, puis de 128, puis de 256): cette augmentation a un sens, car le nombre de caractéristiques de bas niveau est souvent assez bas (par exemple, de petits cercles, des lignes horizontales), mais il existe de nombreuses manières différentes de les combiner en caractéristiques de plus haut niveau. La pratique courante consiste à doubler le nombre de filtres après chaque couche de pooling: puisqu'une couche de pooling divise chaque dimension spatiale par un facteur 2, nous pouvons doubler le nombre de cartes de caractéristiques de la couche suivante sans craindre de voir exploser le nombre de paramètres, l'encombrement mémoire ou la charge de calcul.
- Vient ensuite le réseau intégralement connecté, constitué de deux couches cachées denses et d'une couche de sortie dense. Étant donné qu'il s'agit d'une tâche de classification à 10 classes, la couche de sortie a 10 éléments et utilise la fonction d'activation softmax. Nous devons aplatir les entrées juste avant la première couche dense, car cette dernière attend un tableau de caractéristiques à une dimension pour chaque instance. Pour réduire le surajustement, nous ajoutons également deux couches d'abandon (*dropout*), chacune avec un taux d'abandon de 50 %.

Si vous compilez ce modèle en utilisant `"sparse_categorical_crossentropy"` comme perte et que vous l'ajustez au jeu de données Fashion MNIST, vous devriez obtenir une exactitude de 92 % sur le jeu de test. Sans être extraordinaire, le résultat est plutôt bon, en tout cas bien meilleur que celui obtenu au chapitre 2 avec des réseaux denses.

Au fil des années, des variantes de cette architecture fondamentale sont apparues, conduisant à des avancées impressionnantes dans le domaine. Pour bien mesurer cette progression, il suffit de prendre en référence le taux d'erreur obtenu dans différentes compétitions, comme le défi ILSVRC ImageNet (*https://image-net.org*). Dans cette compétition, le taux d'erreur top-5 pour la classification d'images est passé de plus de 26 % à un peu moins de 2,3 % en six ans. Le taux d'erreur top-5 correspond au nombre d'images test pour lesquelles les cinq premières prédictions du système ne comprenaient pas la bonne réponse. Les images sont plutôt grandes (hautes de 256 pixels) et il existe 1 000 classes, certaines d'entre elles étant réellement subtiles (par exemple, distinguer 120 races de chiens). Pour mieux comprendre le fonctionnement des CNN et la façon dont la recherche dans ce domaine progresse, nous allons regarder l'évolution des propositions gagnantes.

Nous examinerons tout d'abord l'architecture LeNet-5 classique (1998), puis trois des gagnants du défi ILSVRC : AlexNet (2012), GoogLeNet (2014), ResNet (2015) et SENet (2017). Au passage, nous étudierons quelques architectures supplémentaires telles que Xception, ResNeXt, DenseNet, MobileNet, CSPNet et EfficientNet.

6.5.1 LeNet-5

L'architecture LeNet-5[138] est probablement la plus connue des architectures de CNN. Nous l'avons indiqué précédemment, elle a été créée en 1998 par Yann LeCun et elle est largement utilisée pour la reconnaissance des chiffres écrits à la main (MNIST). Elle est constituée de plusieurs couches, énumérées au tableau 6.1.

Tableau 6.1 – Architecture LeNet-5

Couche	Type	Cartes	Taille	Taille de noyau	Pas	Activation
Out	Intégralement connectée	–	10	–	–	RBF
F6	Intégralement connectée	–	84	–	–	tanh
C5	Convolution	120	1×1	5×5	1	tanh
S4	Pooling moyen	16	5×5	2×2	2	tanh
C3	Convolution	16	10×10	5×5	1	tanh
S2	Pooling moyen	6	14×14	2×2	2	tanh
C1	Convolution	6	28×28	5×5	1	tanh
In	Entrée	1	32×32	–	–	–

Comme vous pouvez le voir, ceci ressemble beaucoup à notre modèle Fashion MNIST : une pile de couches de convolution et de couches de pooling, suivie par

138. Yann LeCun *et al.*, « Gradient-Based Learning Applied to Document Recognition », *Proceedings of the IEEE*, 86, n° 11 (1998), 2278-2324 : *https://homl.info/lenet5*.

un réseau dense. La principale différence avec les CNN de classification plus récents réside probablement dans les fonctions d'activation : de nos jours, on utiliserait plutôt ReLU que tanh, et softmax au lieu de RBF. Il existe quelques autres différences mineures sans grande importance, qui sont néanmoins décrites (en anglais) dans le notebook de ce chapitre, sur *https://homl.info/colab3*.

Le site web de Yann LeCun (*http://yann.lecun.com/exdb/lenet/index.html*) propose des démonstrations de la classification des chiffres avec LeNet-5.

6.5.2 AlexNet

En 2012, l'architecture de CNN AlexNet[139] a remporté le défi ILSVRC avec une bonne longueur d'avance. Elle est arrivée à un taux d'erreur top-5 de 17 %, tandis que le deuxième n'a obtenu que 26 % ! Elle a été développée par Alex Krizhevsky (d'où son nom), Ilya Sutskever et Geoffrey Hinton. Elle ressemble énormément à LeNet-5, en étant plus large et profonde, et a été la première à empiler des couches de convolution directement les unes au-dessus des autres, sans intercaler des couches de pooling. Le tableau 6.2 résume cette architecture.

Tableau 6.2 – Architecture AlexNet

Nom	Type	Cartes	Taille	Taille de noyau	Pas	Remplissage	Activation
Out	Intégralement connectée	–	1 000	–	–	–	Softmax
F10	Intégralement connectée	–	4 096	–	–	–	ReLU
F9	Intégralement connectée	–	4 096	–	–	–	ReLU
S8	Pooling maximum	256	6×6	3×3	2	`valid`	–
C7	Convolution	256	13×13	3×3	1	`same`	ReLU
C6	Convolution	384	13×13	3×3	1	`same`	ReLU
C5	Convolution	384	13×13	3×3	1	`same`	ReLU
S4	Pooling maximum	256	13×13	3×3	2	`valid`	–
C3	Convolution	256	27×27	5×5	1	`same`	ReLU
S2	Pooling maximum	96	27×27	3×3	2	`valid`	–
C1	Convolution	96	55×55	11×11	4	`same`	ReLU
In	Entrée	3 (RVB)	227×227	–	–	–	–

139. Alex Krizhevsky *et al.*, « ImageNet Classification with Deep Convolutional Neural Networks », *Proceedings of the 25th International Conference on Neural Information Processing Systems*, 1 (2012), 1097-1105 : *https://homl.info/80*.

Pour diminuer le surajustement, les auteurs ont employé deux techniques de régularisation. Premièrement, ils ont, au cours de l'entraînement, appliqué un abandon, ou *dropout* (voir le chapitre 3), avec un taux d'extinction de 50 % aux sorties des couches F9 et F10. Deuxièmement, ils ont effectué une *augmentation des données* (voir l'encart ci-après) en décalant aléatoirement les images d'entraînement, en les retournant horizontalement et en changeant les conditions d'éclairage.

AlexNet utilise également une étape de normalisation immédiatement après l'étape ReLU des couches C1 et C3, appelée *normalisation de réponse locale* (*local response normalization, ou LRN*). Cette forme de normalisation conduit les neurones qui s'activent le plus fortement à inhiber les neurones situés au même endroit dans les cartes de caractéristiques voisines. Une telle rivalité d'activation a été observée avec les neurones biologiques. Les différentes cartes de caractéristiques ont ainsi tendance à se spécialiser, en s'éloignant et en s'obligeant à explorer une plage plus large de caractéristiques. Cela finit par améliorer la généralisation. L'équation 6.2 montre comment appliquer la LRN.

Équation 6.2 – Normalisation de réponse locale

$$b_i = a_i \left(k + \alpha \sum_{j = j_{\text{bas}}}^{j_{\text{haut}}} {a_j}^2 \right)^{-\beta} \quad \text{avec} \quad \begin{cases} j_{\text{haut}} = \min\left(i + \frac{r}{2}, f_n - 1 \right) \\ j_{\text{bas}} = \max\left(0, i - \frac{r}{2} \right) \end{cases}$$

Dans cette équation :

- b_i est la sortie normalisée du neurone situé dans la carte de caractéristiques i, en ligne u et colonne v (dans cette équation, puisque nous considérons uniquement les neurones qui se trouvent sur cette ligne et cette colonne, u et v ne sont pas mentionnés).
- a_i est l'activation de ce neurone après l'étape ReLU, mais avant la normalisation.
- k, α, β et r sont des hyperparamètres. k est appelé le *terme constant*, et r, le *rayon de profondeur*.
- f_n est le nombre de cartes de caractéristiques.

Augmentation des données

L'augmentation des données est une technique qui consiste à augmenter artificiellement la taille du jeu d'entraînement en générant de nombreuses variantes réalistes de chaque instance d'entraînement. Elle permet de réduire le surajustement, ce qui en fait une technique de régularisation. Les instances générées doivent être aussi réalistes que possible. Idéalement, un être humain ne devrait pas être capable de faire la distinction entre les images artificielles et les autres. On pourrait imaginer l'ajout d'un simple bruit blanc, mais cela ne suffit pas : les modifications effectuées doivent contribuer à l'apprentissage, ce qui n'est pas le cas du bruit blanc.

Par exemple, vous pouvez légèrement décaler, pivoter et redimensionner chaque image du jeu d'entraînement, en variant l'importance des modifications, puis ajouter les images résultantes au jeu d'entraînement (voir la figure 6.13). Pour ce faire, vous pouvez utiliser les couches d'augmentation de données de Keras présentées au chapitre 5, à savoir `RandomCrop`, `RandomRotation`, etc. Le modèle devrait ainsi être plus tolérant aux variations de position, d'orientation et de taille des objets sur les photos. Si vous voulez qu'il soit également plus tolérant vis-à-vis des conditions d'éclairage, vous pouvez générer d'autres images en variant le contraste. En général, vous pouvez également retourner horizontalement les images (excepté pour le texte et les autres objets asymétriques). En combinant toutes ces transformations, vous augmentez considérablement la taille du jeu d'entraînement.

Figure 6.13 – Génération de nouvelles instances d'entraînement à partir de celles existantes

L'augmentation des données est utile également lorsque le jeu de données est déséquilibré : elle vous permet de générer davantage d'exemples correspondant aux classes peu fréquentes. C'est ce qu'on appelle la *technique de suréchantillonnage des observations minoritaires par synthèse* (*synthetic minority oversampling technique*, ou SMOTE).

Par exemple, si $r = 2$ et qu'un neurone possède une forte activation, il inhibe l'activation des neurones qui se trouvent dans les cartes de caractéristiques immédiatement au-dessus et en dessous de la sienne.

Dans AlexNet, les hyperparamètres prennent les valeurs suivantes : $r = 5$, $\alpha = 0{,}00001$, $\beta = 0{,}75$ et $k = 2$. Cette étape peut être implémentée avec la fonction `tf.nn.local_response_normalization()` de TensorFlow (que vous pouvez envelopper dans une couche `Lambda` pour l'utiliser dans un modèle Keras).

ZF Net[140], une variante d'AlexNet développée par Matthew Zeiler et Rob Fergus, a remporté le défi ILSVRC en 2013. Il s'agit essentiellement d'une version d'AlexNet avec quelques hyperparamètres ajustés (nombre de cartes de caractéristiques, taille du noyau, pas, etc.).

6.5.3 GoogLeNet

L'architecture GoogLeNet (*https://homl.info/81*) a été proposée par Christian Szegedy *et al.* de Google Research[141]. Elle a gagné le défi ILSVRC en 2014, en repoussant le taux d'erreur top-5 sous les 7 %. Cette excellente performance vient principalement du fait que le réseau était beaucoup plus profond que les CNN précédents (comme vous le verrez à la figure 6.15). Cela a été possible grâce à la présence de sous-réseaux nommés modules *Inception*[142], qui permettent à GoogLeNet d'utiliser les paramètres beaucoup plus efficacement que dans les architectures précédentes. GoogLeNet possède en réalité dix fois moins de paramètres qu'AlexNet (environ 6 millions à la place de 60 millions).

La figure 6.14 présente l'architecture d'un module Inception. La notation « 3×3 + 1(S) » signifie que la couche utilise un noyau 3×3, un pas de 1 et le remplissage `"same"`. Le signal d'entrée est tout d'abord transmis à quatre couches différentes en parallèle. Toutes les couches de convolution utilisent la fonction d'activation ReLU. Les couches de convolution du haut utilisent des tailles de noyau différentes (1×1, 3×3 et 5×5), ce qui leur permet de détecter des motifs à des échelles différentes. Puisque chaque couche utilise également un pas de 1 et un remplissage `"same"` (même la couche de pooling maximum), leurs sorties conservent la hauteur et la largeur de leurs entrées. Cela permet de concaténer toutes les entrées dans le sens de la profondeur au sein de la dernière couche, appelée *couche de concaténation en profondeur* (elle empile les cartes de caractéristiques des quatre couches de convolution sur lesquelles elle repose). Cette couche de concaténation peut être implémentée à l'aide de la couche `Concatenate` de Keras, en choisissant la valeur par défaut `axis=-1`.

140. Matthew D. Zeiler et Rob Fergus, « Visualizing and Understanding Convolutional Networks », *Proceedings of the European Conference on Computer Vision* (2014), 818-833 : *https://homl.info/zfnet*.

141. Christian Szegedy *et al.*, « Going Deeper with Convolutions », *Proceedings of the IEEE Conference on Computer Vision and Pattern Recognition* (2015), 1-9.

142. Dans le film *Inception*, de 2001, les personnages vont de plus en plus profond dans les multiples strates des rêves, d'où le nom de ces modules.

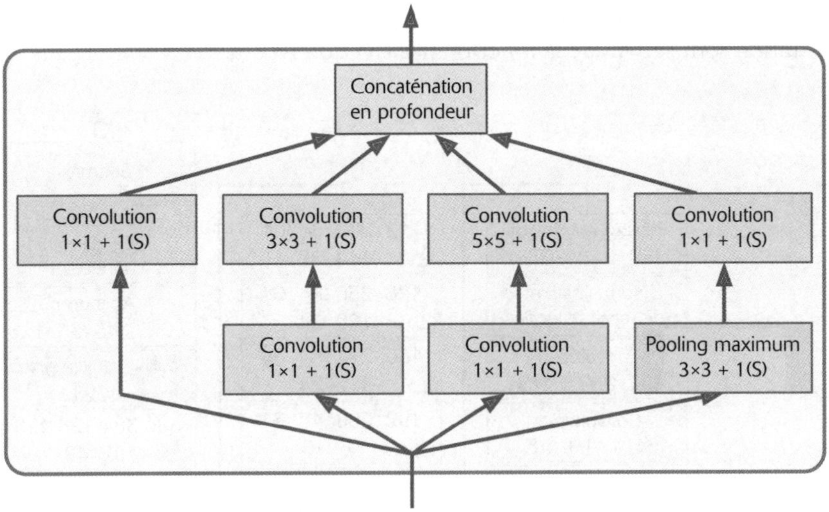

Figure 6.14 – Module Inception

Pourquoi les modules Inception ont-ils des couches de convolution avec des noyaux 1×1 ? À quoi peuvent-elles servir puisque, en n'examinant qu'un seul pixel à la fois, elles ne peuvent capturer aucune caractéristique ? En réalité, ces couches ont trois objectifs :

- Même si elles ne peuvent pas capturer des motifs spatiaux, elles peuvent capturer des motifs sur la profondeur (c'est-à-dire entre les canaux).
- Elles sont configurées pour produire moins de cartes de caractéristiques que leurs entrées et servent donc de *couches de rétrécissement* qui réduisent la dimension. Cela permet d'abaisser la charge de calcul et le nombre de paramètres, et donc d'accélérer l'entraînement et d'améliorer la généralisation.
- Chaque couple de couches de convolution ([1×1, 3×3] et [1×1, 5×5]) agit comme une seule couche de convolution puissante, capable de capturer des motifs plus complexes. Une couche de convolution équivaut à balayer l'image avec une couche dense (en chaque point elle examine uniquement un petit champ récepteur), alors qu'un couple de couches de convolution équivaut à balayer l'image avec un réseau de neurones à deux couches.

En résumé, le module Inception peut être vu comme une couche de convolution survitaminée, capable de sortir des cartes de caractéristiques qui identifient des motifs complexes à différentes échelles.

Étudions à présent l'architecture du CNN GoogLeNet (voir la figure 6.15). Le nombre de cartes de caractéristiques produites par chaque couche de convolution et chaque couche de pooling est indiqué avant la taille du noyau. L'architecture est si profonde que nous avons dû la représenter sur trois colonnes, mais GoogLeNet est en réalité une grande pile, comprenant neuf modules Inception (les rectangles accompagnés d'une toupie). Les six valeurs données dans les modules Inception représentent le nombre de cartes de caractéristiques produites par chaque couche de convolution dans le module (dans le même ordre qu'à la figure 6.14). Toutes les couches de convolution sont suivies de la fonction d'activation ReLU.

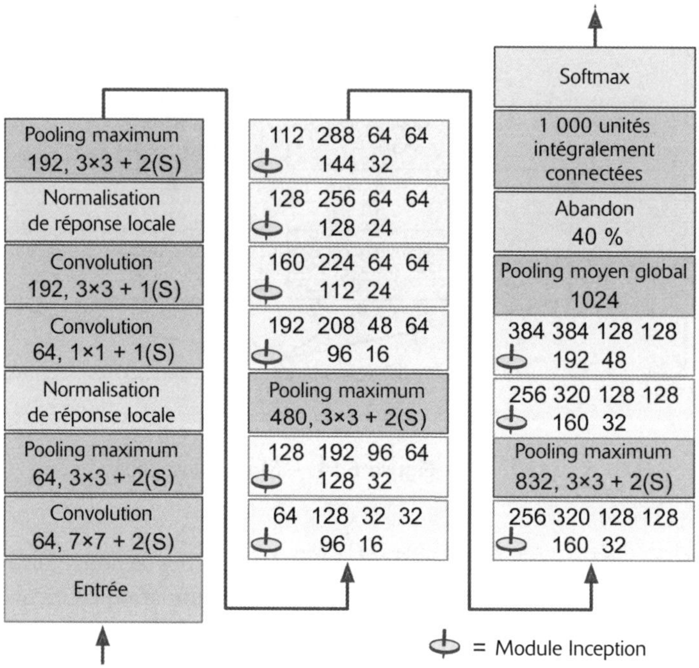

Figure 6.15 – Architecture GoogLeNet

Passons en revue ce réseau :

- Les deux premières couches divisent la hauteur et la largeur de l'image par 4 (sa surface est donc divisée par 16), afin de réduire la charge de calcul. La première couche utilise une grande taille de noyau afin de conserver une grande partie des informations.
- Puis, la couche de normalisation de réponse locale s'assure que les couches précédentes apprennent une grande diversité de caractéristiques (comme nous l'avons expliqué précédemment).
- Suivent deux couches de convolution, dont la première agit comme une couche de rétrécissement. Comme nous l'avons vu, elles peuvent être considérées comme une seule couche de convolution plus intelligente.
- À nouveau, une couche de normalisation de réponse locale s'assure que les couches précédentes capturent une grande diversité de motifs.
- Ensuite, une couche de pooling maximum divise la hauteur et la largeur de l'image par 2, accélérant encore les calculs.
- Puis vient la colonne vertébrale du CNN : une grande pile de neuf modules Inception, dans laquelle s'immiscent deux couches de pooling maximum pour réduire la dimension et accélérer le réseau.

- Ensuite, la couche de pooling moyen global produit la moyenne de chaque carte de caractéristiques. Cela permet de retirer les informations spatiales restantes, ce qui convient parfaitement car, à ce stade, elles sont peu nombreuses. Évidemment, les images attendues en entrée de GoogLeNet font 224×224 pixels. Par conséquent, après cinq couches de pooling maximum, chacune divisant la hauteur et la largeur par deux, les cartes de caractéristiques sont réduites à 7×7. Par ailleurs, puisqu'il s'agit non pas d'une tâche de localisation mais de classification, l'emplacement de l'objet n'a pas d'importance. Grâce à la réduction de la dimension apportée par cette couche, il est inutile d'avoir plusieurs couches intégralement connectées au sommet du CNN (comme dans l'architecture AlexNet). Cela réduit énormément le nombre de paramètres dans le réseau et limite le risque de surajustement.
- Les dernières couches n'ont pas besoin d'explications: régularisation par abandon, puis une couche intégralement connectée de 1 000 unités (puisqu'il y a 1 000 classes) avec une fonction d'activation softmax pour sortir les probabilités de classe estimées.

L'architecture GoogLeNet d'origine comportait deux classificateurs secondaires ajoutés au-dessus des troisième et sixième modules Inception. Ils étaient tous deux constitués d'une couche de pooling moyen, d'une couche de convolution, de deux couches intégralement connectées et d'une couche d'activation softmax. Au cours de l'entraînement, leur perte (réduite de 70 %) était ajoutée à la perte globale. L'objectif était de combattre le problème de disparition des gradients et de régulariser le réseau. Toutefois, il a été montré par la suite que leur effet était relativement mineur.

Les chercheurs de Google ont ensuite proposé plusieurs variantes de l'architecture GoogLeNet, notamment Inception-v3 et Inception-v4. Elles utilisent des modules Inception différents et obtiennent des performances meilleures encore.

6.5.4 VGGNet

L'autre finaliste du défi ILSVRC 2014 était VGGNet[143], développé par Karen Simonyan et Andrew Zisserman du laboratoire de recherche VGG (Visual Geometry Group) à l'université d'Oxford. Leur architecture classique très simple se fondait sur une répétition de blocs de deux ou trois couches de convolution et d'une couche de pooling (pour atteindre un total de 16 ou 19 couches de convolution selon les variantes), ainsi qu'un réseau final dense de deux couches cachées et la couche de sortie. Elle utilisait de petits filtres 3×3, mais en grand nombre.

6.5.5 ResNet

En 2015, Kaiming He et son équipe ont gagné le défi ILSVRC en proposant un *réseau résiduel*[144] (*residual network*, ou *ResNet*) dont le taux d'erreur top-5 stupéfiant a été inférieur à 3,6 %. La variante gagnante se fondait sur un CNN extrêmement profond

143. Karen Simonyan et Andrew Zisserman, « Very Deep Convolutional Networks for Large-Scale Image Recognition » (2014) : *https://homl.info/83*.
144. Kaiming He *et al.*, « Deep Residual Learning for Image Recognition » (2015) : *https://homl.info/82*.

constitué de 152 couches (d'autres variantes en possédaient 34, 50 et 101). Elle a confirmé la tendance générale : les modèles de vision par ordinateur sont de plus en plus profonds, avec de moins en moins de paramètres. Pour entraîner un réseau aussi profond, l'astuce a été d'utiliser des *connexions de saut* (également appelées *connexions de raccourci*, ou *skip connections* en anglais) : le signal fourni à une couche est également ajouté à la sortie d'une couche qui se trouve plus haut dans la pile. Voyons pourquoi cette technique est utile.

L'objectif de l'entraînement d'un réseau de neurones est que celui-ci modélise une fonction cible $h(\mathbf{x})$. Si vous ajoutez l'entrée $\mathbf{x}$ à la sortie du réseau (autrement dit, vous ajoutez une connexion de saut), alors le réseau doit modéliser $f(\mathbf{x}) = h(\mathbf{x}) - \mathbf{x}$ à la place de $h(\mathbf{x})$. C'est ce que l'on appelle l'*apprentissage résiduel* (*residual learning*), illustré à la figure 6.16.

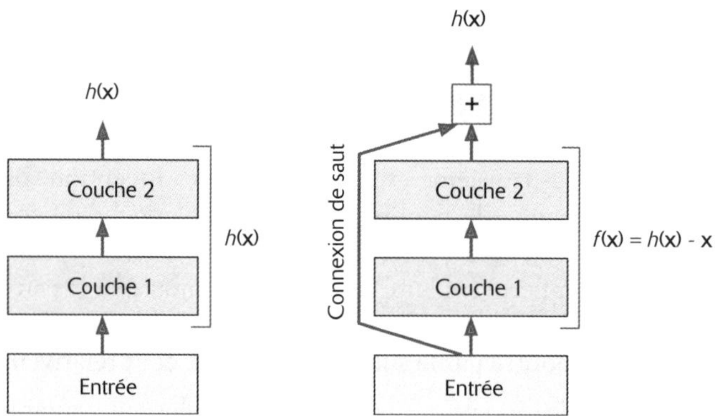

Figure 6.16 – Apprentissage résiduel

Lorsque vous initialisez un réseau de neurones ordinaire, ses poids sont proches de zéro et il produit donc des valeurs proches de zéro. Si vous ajoutez une connexion de saut, le réseau obtenu produit une copie de ses entrées. Autrement dit, il modélise initialement la fonction identité. Si la fonction cible est assez proche de la fonction identité (ce qui est souvent le cas), l'entraînement s'en trouve considérablement accéléré.

Par ailleurs, en ajoutant de nombreuses connexions de saut, le réseau peut commencer à faire des progrès même si l'apprentissage de plusieurs couches n'a pas encore débuté (voir la figure 6.17). Grâce aux connexions de saut, un signal peut aisément cheminer au travers de l'intégralité du réseau. Le réseau résiduel profond peut être vu comme une pile d'*unités résiduelles*, chacune étant un petit réseau de neurones avec une connexion de saut.

Étudions à présent l'architecture ResNet (voir la figure 6.18). Elle est en fait étonnamment simple. Elle commence et se termine exactement comme GoogLeNet (à l'exception d'une couche d'abandon absente), et, au milieu, ce n'est qu'une pile très profonde d'unités résiduelles. Chaque unité résiduelle est constituée de deux couches de convolution (sans couche de pooling !), avec une normalisation par lots (BN, *batch normalization*) et une activation ReLU, utilisant des noyaux 3×3 et conservant les dimensions spatiales (pas de 1, remplissage "same").

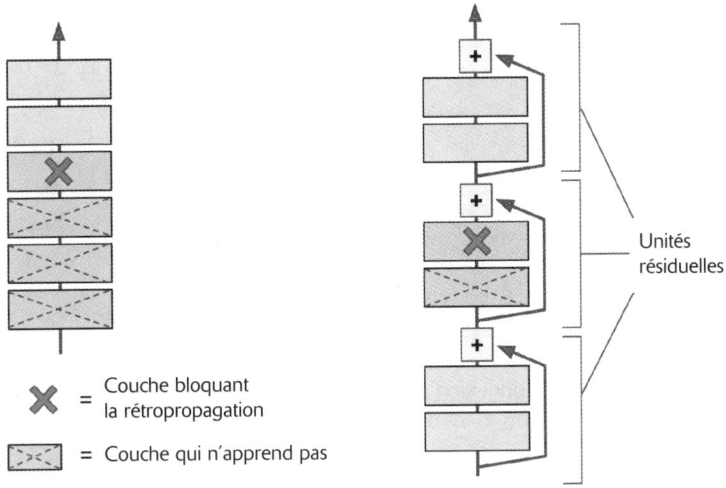

Figure 6.17 – Réseau de neurones profond classique (à gauche) et réseau résiduel profond (à droite)

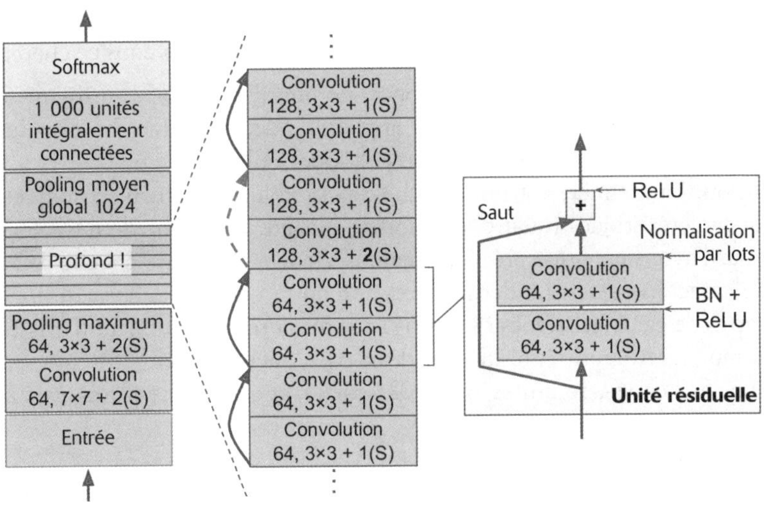

Figure 6.18 – Architecture ResNet

Le nombre de cartes de caractéristiques double toutes les quelques unités résiduelles, en même temps que leur hauteur et largeur sont divisées par deux (à l'aide d'une couche de convolution dont le pas est égal à 2). Lorsque cela se produit, les entrées ne peuvent pas être ajoutées directement aux sorties de l'unité résiduelle car elles n'ont pas la même forme (par exemple, ce problème affecte la connexion de saut représentée par la flèche en pointillé sur la figure 6.18). Pour résoudre ce problème, les entrées sont passées au travers d'une couche de convolution 1×1 avec un pas de 2 et le nombre approprié de cartes de caractéristiques en sortie (voir la figure 6.19).

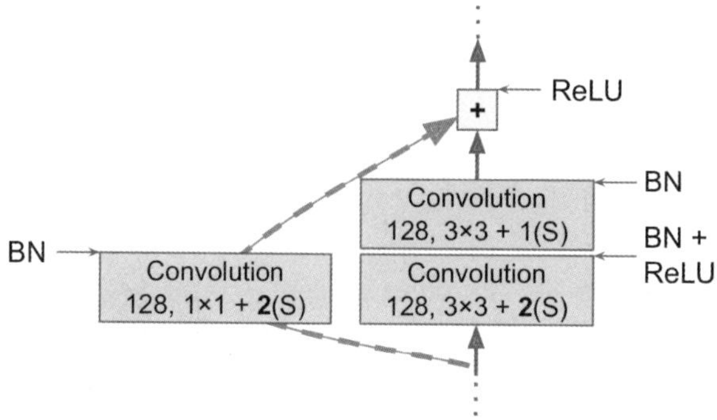

Figure 6.19 – Connexion de saut lors d'un changement de taille et de profondeur d'une carte de caractéristiques

Il existe différentes variantes de cette architecture, avec un nombre de couches différent. ResNet-34 est un ResNet à 34 couches (en comptant uniquement les couches de convolution principales et la couche intégralement connectée)[145] comprenant trois unités résiduelles qui produisent 64 cartes de caractéristiques, quatre unités résiduelles avec 128 cartes, six unités résiduelles avec 256 cartes et trois unités résiduelles avec 512 cartes. Nous implémenterons cette architecture plus loin dans ce chapitre.

Les ResNet encore plus profonds, comme ResNet-152, utilisent des unités résiduelles légèrement différentes. À la place de deux couches de convolution 3×3 avec, par exemple, 256 cartes de caractéristiques, elles utilisent trois couches de convolution. La première est une couche de convolution 1×1 avec uniquement 64 cartes de caractéristiques (quatre fois moins) qui sert de couche de rétrécissement (comme nous l'avons expliqué précédemment). Vient ensuite une couche 3×3 avec 64 cartes de caractéristiques. La dernière est une autre couche de convolution 1×1 avec 256 cartes de caractéristiques (4 fois 64) qui restaure la profondeur d'origine. ResNet-152 comprend trois unités résiduelles de ce type, qui produisent 256 cartes, puis huit unités avec 512 cartes, 36 unités avec 1 024 cartes, et enfin trois unités avec 2 048 cartes.

6.5.6 Xception

Xception[146] est une variante très intéressante de l'architecture GoogLeNet. Proposée en 2016 par François Chollet (le créateur de Keras), elle a surpassé largement Inception-v3 sur une grande tâche de traitement d'images (350 millions d'images et 17 000 classes). À l'instar d'Inception-v4, elle fusionne les idées de GoogLeNet et de ResNet, mais elle remplace les modules Inception par une couche spéciale appelée

145. Pour décrire un réseau de neurones, il est fréquent de compter uniquement les couches qui possèdent des paramètres.

146. François Chollet, « Xception: Deep Learning with Depthwise Separable Convolutions » (2016): *https://homl.info/xception*.

couche de convolution séparable en profondeur (*depthwise separable convolution layer*) ou, plus simplement, *couche de convolution séparable*[147].

Ces couches avaient déjà été employées dans certaines architectures de CNN, mais elles n'étaient pas aussi importantes que dans l'architecture Xception. Alors qu'une couche de convolution ordinaire utilise des filtres qui tentent de capturer simultanément des motifs spatiaux (par exemple, un ovale) et des motifs multicanaux (par exemple, une bouche + un nez + des yeux = un visage), une couche de convolution séparable suppose que les motifs spatiaux et les motifs multicanaux peuvent être modélisés séparément (voir la figure 6.20). Elle est donc constituée de deux parties : la première partie applique un seul filtre spatial à chaque carte de caractéristiques, puis la deuxième recherche exclusivement les motifs multicanaux – il s'agit d'une simple couche de convolution avec des filtres 1×1.

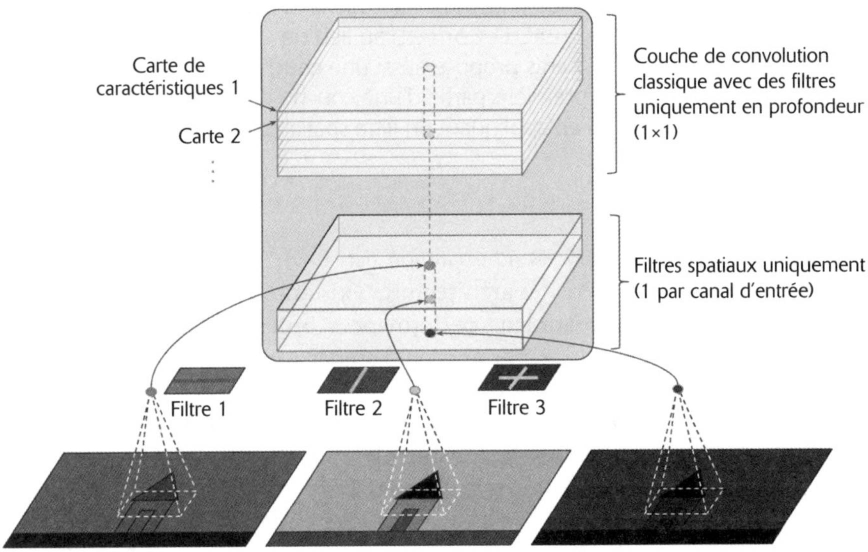

Figure 6.20 – Couche de convolution séparable en profondeur

Puisque les couches de convolution séparable ne disposent que d'un filtre spatial par canal d'entrée, vous devez éviter de les placer après des couches qui possèdent trop peu de canaux, comme la couche d'entrée (d'accord c'est le cas sur la figure 6.20, mais elle n'est là qu'à titre d'illustration). Voilà pourquoi l'architecture Xception commence par deux couches de convolution ordinaires et le reste de l'architecture n'utilise que des convolutions séparables (34 en tout), plus quelques couches de pooling maximum et les couches finales habituelles (une couche de pooling moyen global et une couche de sortie dense).

Vous pourriez vous demander pourquoi Xception est considérée comme une variante de GoogLeNet alors qu'elle ne comprend aucun module Inception. Nous

147. Ce nom peut parfois être ambigu, car les convolutions séparables spatialement sont souvent elles aussi appelées « convolutions séparables ».

l'avons expliqué précédemment, un module Inception contient des couches de convolution avec des filtres 1×1 : ils recherchent exclusivement des motifs multicanaux. Cependant, les couches de convolution situées au-dessus sont classiques et recherchent des motifs tant spatiaux que multicanaux. Vous pouvez donc voir un module Inception comme un intermédiaire entre une couche de convolution ordinaire (qui considère conjointement les motifs spatiaux et les motifs multicanaux) et une couche de convolution séparable (qui les considère séparément). En pratique, il semble que les couches de convolution séparable donnent souvent de meilleurs résultats.

Les couches de convolution séparable impliquent moins de paramètres, moins de mémoire et moins de calculs que les couches de convolution classique. Par ailleurs, elles affichent souvent de meilleurs résultats. Pensez donc à les utiliser par défaut, excepté après des couches qui possèdent peu de canaux (comme la couche d'entrée). Avec Keras, utilisez simplement `SeparableConv2D` au lieu de `Conv2D` : c'est une sorte d'échange standard. Keras propose aussi une couche `DepthwiseConv2D` qui implémente la première partie d'une couche de convolution séparable en profondeur, ceci en appliquant un filtre spatial par carte de caractéristiques d'entrée.

6.5.7 SENet

En 2017, SENet (*squeeze-and-excitation network*)[148] a été l'architecture gagnante du défi ILSVRC. Elle étend les architectures existantes, comme les réseaux Inception et les ResNet, en améliorant leurs performances. Son approche lui a permis de gagner la compétition avec un taux d'erreur top-5 stupéfiant de 2,25 % ! Les versions étendues des réseaux Inception et des ResNet sont nommées, respectivement, *SE-Inception* et *SE-ResNet*. Les améliorations proviennent d'un petit réseau de neurones, appelé *bloc SE*, ajouté par un SENet à chaque module Inception ou unité résiduelle de l'archtecture d'origine, comme l'illustre la figure 6.21.

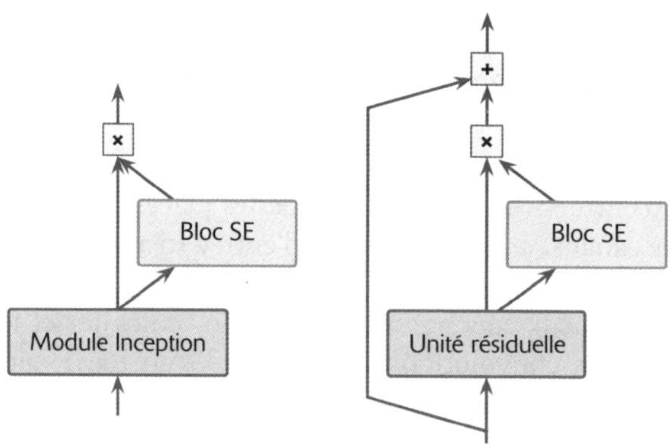

Figure 6.21 – Module SE-Inception (à gauche) et unité SE-ResNet (à droite)

148. Jie Hu *et al.*, « Squeeze-and-Excitation Networks », *Proceedings of the IEEE Conference on Computer Vision and Pattern Recognition* (2018), 7132-7141 : *https://homl.info/senet*.

Un bloc SE analyse la sortie de l'unité à laquelle il est attaché, en se focalisant exclusivement sur la profondeur (il ne recherche aucun motif spatial), et apprend les caractéristiques qui sont généralement les plus actives ensemble. Il se sert ensuite de cette information pour recalibrer les cartes de caractéristiques (voir la figure 6.22). Par exemple, un bloc SE peut apprendre que des bouches, des nez et des yeux se trouvent généralement proches les uns des autres dans des images : si vous voyez une bouche et un nez, vous devez également vous attendre à voir des yeux. Par conséquent, si le bloc constate une activation forte dans les cartes de caractéristiques des bouches et des nez, mais une activation moyenne dans celle des yeux, il stimulera celle-ci (plus précisément, il réduira les cartes de caractéristiques non pertinentes). Si les yeux étaient en quelque sorte masqués par d'autres éléments, ce recalibrage de la carte de caractéristiques aidera à résoudre l'ambiguïté.

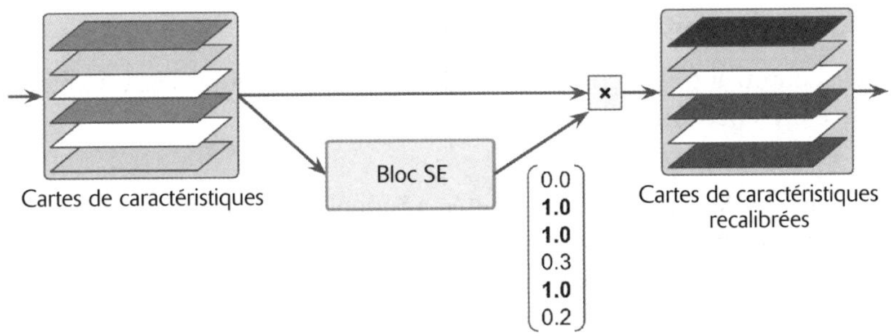

Figure 6.22 – Un bloc SE effectue un recalibrage de la carte de caractéristiques

Un bloc SE n'est constitué que de trois couches : une couche de pooling moyen global, une couche cachée dense avec une fonction d'activation ReLU et une couche de sortie dense avec la fonction d'activation sigmoïde (voir la figure 6.23).

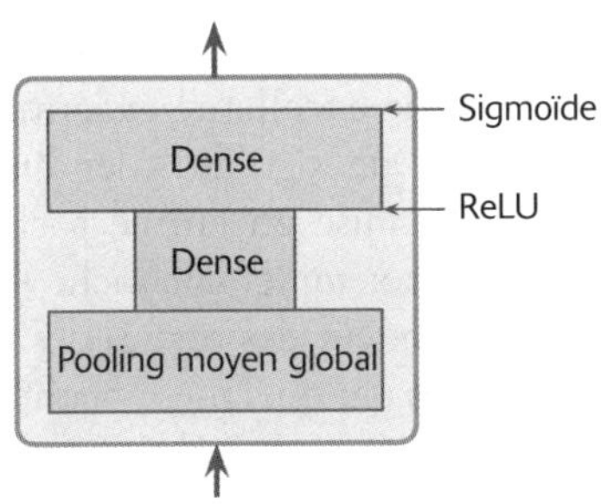

Figure 6.23 – Architecture d'un bloc SE

La couche de pooling moyen global calcule l'activation moyenne pour chaque carte de caractéristiques. Par exemple, si son entrée contient 256 cartes de caractéristiques, elle produit en sortie 256 valeurs qui représentent le niveau global de réponse à chaque filtre. C'est dans la couche suivante que se fait la « compression » : le nombre de neurones de cette couche est bien inférieur à 256 – en général seize fois moins que le nombre de cartes de caractéristiques (par exemple, seize neurones) – et les 256 valeurs sont réduites en un petit vecteur (par exemple, seize dimensions). Il s'agit d'une représentation vectorielle de faible dimension (autrement dit, un plongement) de la distribution des réponses aux caractéristiques. Cette étape de rétrécissement oblige le bloc SE à apprendre une représentation générale des combinaisons de caractéristiques (nous reverrons ce principe en action lors de la présentation des autoencodeurs au chapitre 9). Enfin, la couche de sortie prend le plongement et génère un vecteur de recalibrage avec une valeur par carte de caractéristiques (par exemple, 256), chacune entre 0 et 1. Les cartes de caractéristiques sont ensuite multipliées par ce vecteur de recalibrage de sorte que les caractéristiques non pertinentes (ayant une valeur de recalibrage faible) sont réduites, tandis que les caractéristiques importantes (avec une valeur de recalibrage proche de 1) sont maintenues.

6.5.8 Autres architectures intéressantes

Beaucoup d'autres architectures CNN valent la peine d'être explorées. Voici une brève présentation des plus intéressantes :

- ResNeXt[149]

  ResNeXt améliore les unités résiduelles de ResNet. Alors que les unités résiduelles des meilleurs modèles ResNet ne comportent que trois couches de convolution chacune, les unités résiduelles de ResNeXt sont composées de nombreuses piles parallèles (p. ex. 32 piles) de 3 couches de convolution chacune. Cependant, les deux premières couches de chaque pile n'utilisent que quelques filtres (seulement 4 par exemple), de sorte que le nombre total de paramètres demeure le même que dans ResNet. Puis les sorties de toutes les piles sont additionnées et le résultat est transmis à l'unité résiduelle suivante (avec la connexion de saut).

- DenseNet[150]

  Un DenseNet est composé de plusieurs blocs denses, chacun d'entre eux étant constitué de quelques couches de convolution densément connectées. Cette architecture a obtenu une excellente exactitude tout en utilisant relativement moins de paramètres. Que signifie « densément connectées » ? La sortie de chaque couche est transmise en entrée à chacune des couches suivantes au sein du même bloc. Par exemple, la couche 4 dans un bloc reçoit en entrée la concaténation en profondeur des sorties des couches 1, 2 et 3 de ce bloc. Les blocs denses sont séparés par quelques couches de transition.

- MobileNet[151]

  Les MobileNets sont des modèles qui ont été simplifiés de façon à être légers et rapides, ce qui les fait apprécier dans les applications mobiles et web. Ils sont

149. Saining Xie *et al.*, « Aggregated Residual Transformations for Deep Neural Networks », arXiv preprint arXiv:1611.05431 (2016) : *https://homl.info/resnext*.

150. Gao Huang *et al.*, « Densely Connected Convolutional Networks », arXiv preprint arXiv:1608.06993 (2016) : *https://homl.info/densenet*.

151. Andrew G. Howard *et al.*, « MobileNets: Efficient Convolutional Neural Networks for Mobile Vision Applications », arXiv preprint arxiv:1704.04861 (2017) : *https://homl.info/mobilenet*.

à base de couches de convolution séparables en profondeur, comme Xception. Les auteurs ont proposé plusieurs variantes, sacrifiant un peu d'exactitude au profit de modèles plus rapides et plus petits.

- CSPNet[152]

  Un CSPNet (ou *cross stage partial network*) est semblable à un DenseNet, mais une partie des entrées de chaque bloc dense est concaténée directement à la sortie de ce bloc, sans le traverser.

- EfficientNet[153]

  EfficientNet est sans doute le modèle le plus important de cette liste. Les auteurs ont proposé une méthode permettant de réduire efficacement n'importe quel CNN, en accroissant simultanément et de manière raisonnée la profondeur (le nombre de couches), la largeur (le nombre de filtres par couche) et la résolution (la taille de l'image d'entrée). C'est ce qu'on appelle un *calibrage composé* (en anglais, *compound scaling*). Ils ont effectué une recherche automatique d'architecture neuronale (en anglais, *neural architecture search*, ou NAS) pour trouver une bonne architecture pour une version réduite d'ImageNet (avec des images plus petites et en moins grand nombre), puis ils ont effectué un calibrage composé en créant des versions de plus en plus grandes de cette architecture. Lorsque les modèles EfficientNet sont apparus, ils ont largement surpassé les résultats de tous les modèles existants, quels que soient les budgets de calcul, et ils demeurent encore parmi les meilleurs modèles à ce jour.

  Comprendre la méthode de calibrage composé d'EfficientNet aide à mieux comprendre les CNN, tout particulièrement si vous avez besoin un jour de calibrer une architecture CNN. La méthode est basée sur la mesure logarithmique du budget de calcul informatique, noté ϕ: si votre budget de calcul double, alors ϕ augmente de 1. Autrement dit, le nombre d'opérations en virgule flottante disponible pour l'entraînement est proportionnel à 2^ϕ. La profondeur, la largeur et la résolution de votre architecture de CNN devraient augmenter respectivement d'un facteur α^ϕ, β^ϕ et γ^ϕ. Les facteurs α, β et γ doivent être supérieurs à 1, et $\alpha + \beta^2 + \gamma^2$ devrait être proche de 2. Les valeurs optimales de ces facteurs dépendent de votre architecture de CNN. Pour trouver les valeurs optimales pour l'architecture EfficientNet, les auteurs ont commencé par un petit modèle de base (EfficientNetB0), ils ont fixé $\phi = 1$ et ont simplement lancé une recherche par quadrillage qui leur a donné $\alpha = 1{,}2$, $\beta = 1{,}1$ et $\gamma = 1{,}1$. Ils ont alors utilisé ces facteurs pour créer plusieurs architectures plus volumineuses nommées EfficientNetB1 à EfficientNetB7, pour des valeurs croissantes de ϕ.

6.5.9 Choisir la bonne architecture de CNN

Avec tant d'architectures de CNN, comment choisir la mieux adaptée à son projet ? À vrai dire, cela dépend de ce qui vous importe le plus. L'exactitude ? La taille du

152. Chien-Yao Wang *et al.*, « CSPNet: A New Backbone That Can Enhance Learning Capability of CNN », arXiv preprint arXiv:1911.11929 (2019) : *https://homl.info/cspnet*.

153. Mingxing Tan et Quoc V. Le, « EfficientNet: Rethinking Model Scaling for Convolutional Neural Networks », arXiv preprint arXiv:1905.11946 (2019) : *https://homl.info/efficientnet*.

modèle (si par exemple vous voulez le déployer sur un téléphone portable) ? La vitesse d'inférence sur un CPU, ou sur un GPU ?

Le tableau 6.3 donne la liste des meilleurs modèles préentraînés actuellement disponibles dans Keras, triés par taille de modèle (nous verrons plus loin dans ce chapitre comment les utiliser). Vous trouverez la liste complète sous *https://keras.io/api/applications*. Pour chaque modèle, le tableau indique le nom de la classe Keras (du package `tf.keras.applications`) à utiliser, la taille du modèle en Mo, les exactitudes top-1 et top-5 obtenues en validation sur le jeu de données ImageNet, le nombre de paramètres (en millions) et le temps d'inférence sur CPU et GPU en ms, en utilisant des lots de 32 images sur un matériel relativement puissant[154]. Dans chaque colonne, la meilleure valeur est en gras. Comme vous pouvez le voir, les grands modèles obtiennent généralement de meilleurs résultats, mais pas systématiquement : EfficientNetB2, par exemple, fait mieux qu'InceptionV3 tant par la taille que l'exactitude. Je n'ai conservé InceptionV3 dans la liste que parce qu'il est près de deux fois plus rapide qu'EfficientNetB2 sur un CPU. De la même façon, InceptionResNetV2 est rapide sur un CPU, tandis que ResNet50V2 et ResNet101V2 sont rapides comme l'éclair sur un GPU.

Tableau 6.3 – Modèles préentraînés disponibles dans Keras

Classe	Taille (Mo)	Exactitude Top-1	Exactitude Top-5	Paramètres	CPU (ms)	GPU (ms)
MobileNetV2	**14**	71,3 %	90,1 %	**3,5 M**	25,9	3,8
MobileNet	16	70,4 %	89,5 %	4,3 M	**22,6**	**3,4**
NASNetMobile	23	74,4 %	91,9 %	5,3 M	27,0	6,7
EfficientNetB0	29	77,1 %	93,3 %	5,3 M	46,0	4,9
EfficientNetB1	31	79,1 %	94,4 %	7,9 M	60,2	5,6
EfficientNetB2	36	80,1 %	94,9 %	9,2 M	80,8	6,5
EfficientNetB3	48	81,6 %	95,7 %	12,3 M	140,0	8,8
EfficientNetB4	75	82,9 %	96,4 %	19,5 M	308,3	15,1
InceptionV3	92	77,9 %	93,7 %	23,9 M	42,2	6,9
ResNet50V2	98	76,0 %	93,0 %	25,6 M	45,6	4,4
EfficientNetB5	118	83,6 %	96,7 %	30,6 M	579,2	25,3
EfficientNetB6	166	84,0 %	96,8 %	43,3 M	958,1	40,4
ResNet101V2	171	77,2 %	93,8 %	44,7 M	72,7	5,4
InceptionResNetV2	215	81,3 %	95,3 %	55,9 M	130,2	10,0
EfficientNetB7	256	**84,3 %**	**97,0 %**	66,7 M	1 578,9	61,6

J'espère que vous avez apprécié ce plongeon dans les principales architectures de CNN ! Voyons comment implémenter l'une d'entre elles avec Keras.

154. Un processeur AMD EPYC à 92 cœurs avec IBPB, 1,7 To de RAM et un GPU Nvidia Tesla A100.

6.6 IMPLÉMENTER UN CNN RESNET-34 AVEC KERAS

La plupart des architectures de CNN décrites jusqu'à présent peuvent être implémentées assez naturellement avec Keras (même si, en général, vous chargerez de préférence un réseau préentraîné, comme nous le verrons). Pour illustrer la procédure, implémentons un réseau ResNet-34 à partir de zéro avec Keras. Commençons par créer une couche `ResidualUnit`:

```
DefaultConv2D = partial(tf.keras.layers.Conv2D, kernel_size=3, strides=1,
                        padding="same", kernel_initializer="he_normal",
                        use_bias=False)

class ResidualUnit(tf.keras.layers.Layer):
    def __init__(self, filters, strides=1, activation="relu", **kwargs):
        super().__init__(**kwargs)
        self.activation = tf.keras.activations.get(activation)
        self.main_layers = [
            DefaultConv2D(filters, strides=strides),
            tf.keras.layers.BatchNormalization(),
            self.activation,
            DefaultConv2D(filters),
            tf.keras.layers.BatchNormalization()
        ]
        self.skip_layers = []
        if strides > 1:
            self.skip_layers = [
                DefaultConv2D(filters, kernel_size=1, strides=strides),
                tf.keras.layers.BatchNormalization()
            ]

    def call(self, inputs):
        Z = inputs
        for layer in self.main_layers:
            Z = layer(Z)
        skip_Z = inputs
        for layer in self.skip_layers:
            skip_Z = layer(skip_Z)
        return self.activation(Z + skip_Z)
```

Ce code est assez proche de l'architecture illustrée à la figure 6.19. Dans le constructeur, nous créons toutes les couches dont nous avons besoin : les couches principales sont celles données en partie droite de la figure, les couches de saut sont celles placées à gauche (requises uniquement si le pas est supérieur à 1). Ensuite, dans la méthode `call()`, nous faisons passer les entrées par les couches principales et les couches de saut (si présentes), puis nous additionnons les deux résultats et appliquons la fonction d'activation.

Nous pouvons à présent construire le ResNet-34 avec un modèle `Sequential`, car il ne s'agit que d'une longue suite de couches (nous pouvons traiter chaque unité résiduelle comme une seule couche puisque nous disposons de la classe `ResidualUnit`). Le code suit de près le diagramme de la figure 6.18 :

```
model = tf.keras.Sequential([
    DefaultConv2D(64, kernel_size=7, strides=2, input_shape=[224, 224, 3]),
```

```
    tf.keras.layers.BatchNormalization(),
    tf.keras.layers.Activation("relu"),
    tf.keras.layers.MaxPool2D(pool_size=3, strides=2, padding="same"),
])
prev_filters = 64
for filters in [64] * 3 + [128] * 4 + [256] * 6 + [512] * 3:
    strides = 1 if filters == prev_filters else 2
    model.add(ResidualUnit(filters, strides=strides))
    prev_filters = filters

model.add(tf.keras.layers.GlobalAvgPool2D())
model.add(tf.keras.layers.Flatten())
model.add(tf.keras.layers.Dense(10, activation="softmax"))
```

Dans ce cas, la seule petite difficulté réside dans la boucle qui ajoute les couches `ResidualUnit` au modèle: les trois premières unités résiduelles comprennent 64 filtres, les quatre suivantes en ont 128, etc. À chaque itération, nous fixons le pas à 1 si le nombre de filtres est identique à celui de l'unité résiduelle précédente, sinon à 2. Puis nous ajoutons la couche `ResidualUnit` et terminons en actualisant `prev_filters`.

Il est surprenant de voir qu'à peine 40 lignes de code permettent de construire le modèle qui a gagné le défi ILSVRC en 2015 ! Cela montre parfaitement l'élégance du modèle ResNet et la capacité d'expression de l'API de Keras. L'implémentation des autres architectures de CNN est un peu plus longue, mais guère plus complexe. De plus, Keras fournit déjà plusieurs de ces architectures en standard, alors pourquoi ne pas les employer directement ?

6.7 UTILISER DES MODÈLES PRÉENTRAÎNÉS DE KERAS

En général, vous n'aurez pas à implémenter manuellement des modèles standard comme GoogLeNet ou ResNet, car des réseaux préentraînés sont disponibles dans le package `tf.keras.applications`; une ligne de code suffira. Par exemple, vous pouvez charger le modèle ResNet-50, préentraîné sur ImageNet, avec la ligne de code suivante:

```
model = tf.keras.applications.ResNet50(weights="imagenet")
```

C'est tout ! Elle crée un modèle ResNet-50 et télécharge des poids préentraînés sur le jeu de données ImageNet. Pour l'exploiter, vous devez commencer par vérifier que les images ont la taille appropriée. Puisqu'un modèle ResNet-50 attend des images de 224×224 pixels (pour d'autres modèles, la taille peut être différente, par exemple 299×299), nous utilisons la couche Resizing de Keras (présentée au chapitre 5) pour redimensionner deux images (après les avoir rognées aux proportions ciblées):

```
images = load_sample_images()["images"]
images_resized = tf.keras.layers.Resizing(height=224, width=224,
                                           crop_to_aspect_ratio=True)(images)
```

Les modèles préentraînés supposent que les images sont prétraitées de manière spécifique. Dans certains cas, ils peuvent attendre que les entrées soient redimensionnées entre 0 et 1, ou entre –1 et 1, etc. Chaque modèle fournit une fonction `preprocess_input()` qui vous permet de prétraiter vos images. Ces fonctions supposent que les valeurs d'origine des pixels se trouvent dans la plage 0 à 255, ce qui est le cas ici :

```
inputs = tf.keras.applications.resnet50.preprocess_input(images_resized)
```

Nous pouvons à présent utiliser le modèle préentraîné pour effectuer des prédictions :

```
>>> Y_proba = model.predict(inputs)
>>> Y_proba.shape
(2, 1000)
```

Comme d'habitude, la sortie `Y_proba` est une matrice constituée d'une ligne par image et d'une colonne par classe (dans ce cas, nous avons 1 000 classes). Pour afficher les K premières prédictions, accompagnées du nom de la classe et de la probabilité estimée pour chaque classe prédite, utilisez la fonction `decode_predictions()`. Pour chaque image, elle retourne un tableau contenant les K premières prédictions, où chaque prédiction est représentée sous forme d'un tableau qui contient l'identifiant de la classe[155], son nom et le score de confiance correspondant :

```
top_K = tf.keras.applications.resnet50.decode_predictions(Y_proba, top=3)
for image_index in range(len(images)):
    print(f"Image #{image_index}")
    for class_id, name, y_proba in top_K[image_index]:
        print(f"  {class_id} - {name:12s} {y_proba:.2%}")
```

Voici la sortie que nous avons obtenue :

```
Image #0
  n03877845 - palace       54.69%
  n03781244 - monastery    24.72%
  n02825657 - bell_cote    18.55%
Image #1
  n04522168 - vase         32.66%
  n11939491 - daisy        17.81%
  n03530642 - honeycomb    12.06%
```

Les classes correctes sont `palace` et `dahlia`, donc le modèle a trouvé le bon résultat pour la première image mais s'est trompé pour la seconde. Toutefois, c'est parce que `dahlia` ne fait pas partie des 1 000 classes ImageNet. Compte tenu de ce fait, `vase` est une supposition raisonnable (la fleur est peut-être dans un vase ?) et `daisy` (marguerite) n'est pas un mauvais choix non plus, étant donné que les dahlias et les marguerites font tous deux partie de la famille des Composées.

Vous le constatez, un modèle préentraîné permet de créer très facilement un classificateur d'images plutôt bon. Comme vous l'avez vu dans le tableau 6.3, il existe de nombreux autres modèles pour le traitement d'images dans `tf.keras.applications`, des modèles légers et rapides jusqu'aux modèles de très grande taille et précision.

155. Dans le jeu de données ImageNet, chaque image est associée à un mot du jeu de données WordNet (*https://wordnet.princeton.edu*) : l'identifiant de classe est simplement un identifiant WordNet ID.

Est-il possible d'utiliser un classificateur d'images pour des classes d'images qui ne font pas partie d'ImageNet ? Oui, en profitant des modèles préentraînés pour mettre en place un transfert d'apprentissage.

6.8 MODÈLES PRÉENTRAÎNÉS POUR UN TRANSFERT D'APPRENTISSAGE

Si vous souhaitez construire un classificateur d'images sans disposer de données suffisantes pour l'entraîner à partir de rien, il est souvent préférable de réutiliser les couches basses d'un modèle préentraîné (voir le chapitre 3). Par exemple, entraînons un modèle de classification d'images de fleurs, en réutilisant un modèle Xception préentraîné. Commençons par charger le jeu de données à partir de TensorFlow Datasets (voir le chapitre 5) :

```
import tensorflow_datasets as tfds

dataset, info = tfds.load("tf_flowers", as_supervised=True, with_info=True)
dataset_size = info.splits["train"].num_examples # 3670
class_names = info.features["label"].names # ["dandelion", "daisy", ...]
n_classes = info.features["label"].num_classes # 5
```

Vous pouvez obtenir des informations sur le dataset en précisant `with_info=True`. Dans cet exemple, nous obtenons la taille du jeu de données et le nom des classes. Malheureusement, il n'existe qu'un dataset `"train"`, sans jeu de test ni de validation. Nous devons donc découper le jeu d'entraînement. Appelons à nouveau `tfds.load()`, mais cette fois en prenant les premiers 10 % du jeu de données pour les tests, les 15 % suivants pour la validation et les 75 % restants pour l'entraînement :

```
test_set_raw, valid_set_raw, train_set_raw = tfds.load(
    "tf_flowers",
    split=["train[:10%]", "train[10%:25%]", "train[25%:]"],
    as_supervised=True)
```

Les trois jeux de données contiennent des images individuelles. Nous devons les partager en lots, mais nous devons d'abord vérifier qu'elles ont toutes la même taille, faute de quoi le partage en lots échouerait. Nous pouvons utiliser une couche `Resizing` pour cela. Nous devons aussi appeler la fonction `tf.keras.applications.xception.preprocess_input()` pour prétraiter les images d'une manière appropriée au modèle Xception. Enfin, nous allons aussi mélanger le jeu d'entraînement et utiliser la lecture anticipée :

```
batch_size = 32
preprocess = tf.keras.Sequential([
    tf.keras.layers.Resizing(height=224, width=224, crop_to_aspect_ratio=True),
    tf.keras.layers.Lambda(tf.keras.applications.xception.preprocess_input)
])
train_set = train_set_raw.map(lambda X, y: (preprocess(X), y))
train_set = train_set.shuffle(1000, seed=42).batch(batch_size).prefetch(1)
valid_set = valid_set_raw.map(lambda X, y: (preprocess(X), y))
valid_set = valid_set.batch(batch_size)
test_set = test_set_raw.map(lambda X, y: (preprocess(X), y)).batch(batch_size)
```

Maintenant chaque lot contient 32 images, chacune de 224×224 pixels, avec des valeurs de pixels allant de –1 à 1. Parfait !

Le jeu de données n'étant pas très grand, un peu d'augmentation de données sera certainement utile. Créons un modèle d'augmentation de données qui sera intégré dans notre modèle final. Durant l'entraînement, il va aléatoirement retourner les images horizontalement, les faire pivoter un petit peu et modifier les contrastes :

```
data_augmentation = tf.keras.Sequential([
    tf.keras.layers.RandomFlip(mode="horizontal", seed=42),
    tf.keras.layers.RandomRotation(factor=0.05, seed=42),
    tf.keras.layers.RandomContrast(factor=0.2, seed=42)
])
```

La classe `tf.keras.preprocessing.image.ImageDataGenerator` simplifie le chargement des images à partir du disque et leur augmentation de diverses manières : vous pouvez décaler chaque image, la faire pivoter, la redimensionner, la retourner horizontalement ou verticalement, l'incliner, ou lui appliquer toute autre fonction de transformation souhaitée. Elle est très pratique pour des projets simples. Toutefois, un pipeline tf.data n'est pas beaucoup plus compliqué à construire et il est en général plus rapide. De plus, si vous avez un GPU et si vous incluez les couches de prétraitement et d'augmentation de données dans votre modèle, elles bénéficieront de l'accélération apportée par le GPU durant l'entraînement.

Chargeons ensuite un modèle Xception, préentraîné sur ImageNet. Nous excluons la partie supérieure du réseau en indiquant `include_top=False` ; c'est-à-dire la couche de pooling moyen global et la couche de sortie dense. Nous ajoutons ensuite notre propre couche de pooling moyen global (en l'alimentant avec la sortie du modèle de base), suivie d'une couche de sortie dense avec une unité par classe et la fonction d'activation softmax. Pour finir, nous emballons le tout dans un `Model` Keras :

```
base_model = tf.keras.applications.xception.Xception(weights="imagenet",
                                                      include_top=False)
avg = tf.keras.layers.GlobalAveragePooling2D()(base_model.output)
output = tf.keras.layers.Dense(n_classes, activation="softmax")(avg)
model = tf.keras.Model(inputs=base_model.input, outputs=output)
```

Nous l'avons expliqué au chapitre 3, il est préférable de figer les poids des couches préentraînées, tout au moins au début de l'entraînement :

```
for layer in base_model.layers:
    layer.trainable = False
```

Puisque notre modèle utilise directement les couches du modèle de base, plutôt que l'objet `base_model` lui-même, régler `base_model.trainable` à `False` n'aurait aucun effet.

Enfin, nous pouvons compiler le modèle et démarrer l'entraînement :

```
optimizer = keras.optimizers.SGD(lr=0.2, momentum=0.9, decay=0.01)
model.compile(loss="sparse_categorical_crossentropy", optimizer=optimizer,
              metrics=["accuracy"])
history = model.fit(train_set, epochs=5, validation_data=valid_set)
```

Si vous travaillez dans Colab, assurez-vous que l'exécution utilise un GPU : sélectionnez Exécution → Modifier le type d'exécution, et choisissez GPU dans le menu déroulant Accélérateur matériel, puis cliquez sur Enregistrer. Il est possible d'entraîner le modèle sans GPU, mais ce sera terriblement long (quelques minutes par époque, au lieu de quelques secondes).

Après quelques époques d'entraînement du modèle, son exactitude en validation doit atteindre un peu plus de 80 %, puis cesser de s'améliorer. Cela signifie que les couches supérieures sont alors plutôt bien entraînées et que nous pouvons libérer quelques couches hautes du modèle de base (ou essayer de libérer uniquement les premières couches) et poursuivre l'entraînement. Libérons par exemple les couches 56 et au-dessus (c'est le début de l'unité résiduelle 7 sur 14, si vous affichez les noms des couches) :

```
for layer in base_model.layers[56:]:
    layer.trainable = True
```

N'oubliez pas de compiler le modèle lorsque vous figez ou libérez des couches. Veillez également à utiliser un taux d'apprentissage beaucoup plus petit pour éviter d'endommager les poids préentraînés :

```
optimizer = tf.keras.optimizers.SGD(learning_rate=0.01, momentum=0.9)
model.compile(loss="sparse_categorical_crossentropy", optimizer=optimizer,
              metrics=["accuracy"])
history = model.fit(train_set, validation_data=valid_set, epochs=10)
```

Ce modèle devrait atteindre une exactitude d'environ 92 % sur le jeu de test, en quelques minutes d'entraînement seulement (avec un GPU). Si vous ajustez les hyperparamètres, diminuez le taux d'apprentissage et poursuivez l'entraînement nettement plus longtemps, vous devriez atteindre 95 à 97 %. Avec cela, vous pouvez déjà commencer à entraîner des classificateurs d'images impressionnants sur vos propres images et classes ! Mais la vision par ordinateur ne se limite pas à la classification. Par exemple, comment pouvez-vous déterminer l'emplacement de la fleur dans l'image ? C'est ce que nous allons voir à présent.

6.9 CLASSIFICATION ET LOCALISATION

Localiser un objet dans une image peut s'exprimer sous forme d'une tâche de régression (voir le chapitre 2) : pour prédire un rectangle d'encadrement autour de l'objet, une approche classique consiste à prédire les coordonnées horizontale et verticale du centre de l'objet, ainsi que sa hauteur et sa largeur. Autrement dit, nous avons quatre valeurs à prédire. Cela n'implique que peu de modification du modèle. Nous devons simplement ajouter une deuxième couche de sortie dense avec quatre unités (le plus souvent au-dessus de la couche de pooling moyen global) et l'entraîner avec la perte MSE :

```
base_model = tf.keras.applications.xception.Xception(weights="imagenet",
                                                     include_top=False)
avg = tf.keras.layers.GlobalAveragePooling2D()(base_model.output)
class_output = tf.keras.layers.Dense(n_classes, activation="softmax")(avg)
loc_output = tf.keras.layers.Dense(4)(avg)
```

```
model = tf.keras.Model(inputs=base_model.input,
                       outputs=[class_output, loc_output])
model.compile(loss=["sparse_categorical_crossentropy", "mse"],
              loss_weights=[0.8, 0.2], # dépend de ce qui importe
              optimizer=optimizer, metrics=["accuracy"])
```

Mais nous avons un problème : le jeu de données des fleurs ne contient aucun rectangle d'encadrement autour des fleurs. Nous devons donc les ajouter nous-mêmes. Puisque obtenir les étiquettes est souvent l'une des parties les plus difficiles et les plus coûteuses d'un projet de Machine Learning, mieux vaut passer du temps à rechercher des outils appropriés. Pour annoter des images avec des rectangles d'encadrement, vous pouvez utiliser un outil open source d'étiquetage des images comme VGG Image Annotator, LabelImg, OpenLabeler ou ImgLab, ou bien un outil commercial, comme LabelBox ou Supervisely.

Vous pouvez également envisager d'avoir recours à des plateformes de *crowdsourcing*, comme Amazon Mechanical Turk si le nombre d'images à annoter est très grand. Cependant, la mise en place d'une telle plateforme demande beaucoup de travail, avec la préparation du formulaire à envoyer aux intervenants, leur supervision et la vérification de la qualité des rectangles d'encadrement produits. Assurez-vous que cela en vaut la peine. Adriana Kovashka *et al.* ont rédigé un article[156] très pratique sur le *crowdsourcing* dans la vision par ordinateur. Je vous conseille de le lire, même si vous ne prévoyez pas d'employer cette solution.

S'il n'y a que quelques centaines à quelques milliers d'images à étiqueter et si vous ne prévoyez pas de le faire fréquemment, il peut être préférable de le faire vous-même : avec les bons outils, cela ne vous prendra que quelques jours et vous y gagnerez une meilleure connaissance de votre jeu de données et de la tâche à effectuer.

Supposons que vous ayez pu obtenir les rectangles d'encadrement de chaque image dans le jeu de données des fleurs (pour le moment, nous supposerons que chaque image possède un seul rectangle). Vous devez alors créer un dataset dont les éléments seront des lots d'images prétraitées accompagnées de leur étiquette de classe et de leur rectangle d'encadrement. Chaque élément doit être un n-uplet de la forme `(image, (étiquette_de_classe, rectangle_d'encadrement))`. Ensuite, il ne vous reste plus qu'à entraîner votre modèle !

Les rectangles d'encadrement doivent être normalisés de sorte que les coordonnées horizontale et verticale, ainsi que la hauteur et la largeur, soient toutes dans la plage 0 à 1. De plus, les prédictions se font souvent sur la racine carrée de la hauteur et de la largeur plutôt que directement sur ces valeurs. Ainsi, une erreur de 10 pixels sur un grand rectangle d'encadrement ne sera pas pénalisée autant qu'une erreur de 10 pixels sur un petit rectangle d'encadrement.

La MSE est souvent une fonction de coût bien adaptée à l'entraînement du modèle, mais elle constitue une métrique médiocre pour l'évaluation de sa capacité

156. Adriana Kovashka *et al.*, « Crowdsourcing in Computer Vision », *Foundations and Trends in Computer Graphics and Vision*, 10, n° 3 (2014), 177-243 : *https://homl.info/crowd*.

à prédire les rectangles d'encadrement. Dans ce cas, la métrique la plus répandue est l'*indice de Jaccard* (également appelé *intersection over union*, IoU) : l'aire de l'intersection entre le rectangle d'encadrement prédit et le rectangle d'encadrement cible, divisée par l'aire de leur union (voir la figure 6.24). Dans tf.keras, cette métrique est implémentée par la classe `tf.keras.metrics.MeanIoU`.

Figure 6.24 – Indicateur IoU pour les rectangles d'encadrement

Classifier et localiser un seul objet est intéressant, mais que pouvons-nous faire si les images contiennent plusieurs objets (comme c'est souvent le cas dans le jeu de données des fleurs) ?

6.10 DÉTECTION D'OBJETS

L'opération de classification et de localisation d'objets multiples dans une image se nomme *détection d'objets*. Il y a quelques années encore, une approche répandue consistait à prendre un CNN qui avait été entraîné pour classer et localiser un seul objet, plus ou moins centré dans l'image, puis de déplacer ce CNN sur l'image en effectuant une prédiction à chaque pas du déplacement. Le CNN était entraîné à prédire non seulement des probabilités de classe et un rectangle d'encadrement, mais aussi un *score de présence d'objet* (en anglais, *objectness score*), qui est la probabilité estimée que l'image comporte effectivement un objet à proximité de son centre. Il s'agit d'une sortie de classification binaire : elle peut être produite par une couche de sortie dense ne comportant qu'une seule unité, utilisant une fonction d'activation sigmoïde et entraînée en utilisant une perte d'entropie croisée binaire.

Au lieu d'un score de présence d'objet, une classe « aucun objet » était parfois ajoutée, mais en général cela ne fonctionnait pas aussi bien : il est préférable en effet de répondre séparément aux questions « L'objet est-il présent ? » et « Quel type d'objet est-ce ? ».

L'approche à base de CNN glissant est présentée sur la figure 6.25. Dans notre exemple, l'image est découpée en une grille 5×7, le CNN (le rectangle noir au contour épais) est déplacé sur l'ensemble des zones 3×3 et il effectue des prédictions à chaque étape.

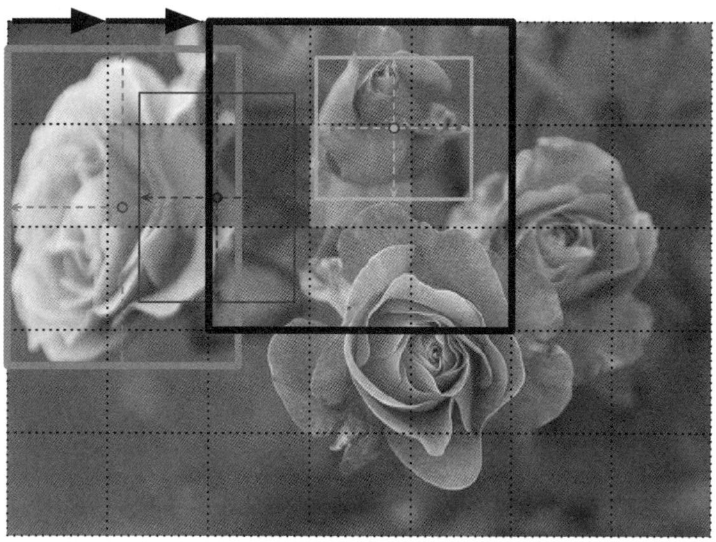

Figure 6.25 – Détection de plusieurs objets par déplacement d'un CNN sur l'image

Sur cette figure, le CNN a déjà effectué des prédictions pour trois de ces régions 3×3 :

- Dans la région 3×3 en haut à gauche (dont le centre est situé à l'intersection de la deuxième ligne et de la deuxième colonne), le CNN a détecté la rose de gauche. Remarquez que le rectangle d'encadrement prédit dépasse les limites de cette région 3×3. Cela convient bien : même si le CNN n'a pas pu voir le bas de la rose, il a pu faire une supposition raisonnable quant à son emplacement. Il a également prédit des probabilités de classe, en accordant une haute probabilité à la classe « rose ». Enfin, le score de présence d'objet est relativement élevé, étant donné que le centre du rectangle d'encadrement se trouve à l'intérieur de la cellule centrale de la grille (sur cette figure, le score de présence d'objet est matérialisé par l'épaisseur du trait du rectangle d'encadrement).
- Pour la région 3×3 suivante, centrée sur une cellule plus à droite dans la grille, il n'a détecté aucune fleur centrée dans cette région et a par conséquent fourni un score de présence d'objet très bas. Par conséquent, le rectangle d'encadrement et les probabilités de classe peuvent être ignorés sans problème. Vous pouvez vérifier que le rectangle d'encadrement prédit n'était de toute façon pas bon.
- Enfin, dans la région 3×3 suivante, centrée sur une cellule plus à droite, le CNN a détecté la rose du dessus, bien qu'imparfaitement : cette rose n'est pas bien centrée dans la région et le score de présence d'objet n'est pas très bon.

Vous pouvez maintenant comprendre comment le balayage de l'image par le CNN fournit au total 15 rectangles d'encadrement prédits, organisés selon une grille 3×5, chaque rectangle d'encadrement étant accompagné de ses probabilités de classe estimées ainsi que d'un score de présence d'objet. Les objets recherchés pouvant avoir des tailles variées, vous pourriez ensuite effectuer un nouveau balayage par le CNN, cette fois sur des régions 4×4, pour obtenir davantage de rectangles d'encadrement.

Cette méthode est relativement simple, mais elle détectera le même objet à plusieurs reprises, à des endroits légèrement différents. Un post-traitement sera nécessaire pour retirer tous les rectangles d'encadrement inutiles. Pour cela, la *suppression des non-maxima* (NMS, *non-max suppression*) est souvent employée :

1. Tout d'abord, retirez tous les rectangles d'encadrement pour lesquels le score de présence d'objet est inférieur à un certain seuil : étant donné que le CNN pense qu'il n'y a pas d'objet à cet emplacement, le rectangle d'encadrement n'a pas d'intérêt.
2. Recherchez le rectangle d'encadrement dont le score de présence d'objet est le plus élevé et retirez tous les autres rectangles d'encadrement qui le chevauchent de façon importante (par exemple, avec un IoU supérieur à 60 %). Pour reprendre l'exemple de la figure 6.25, le rectangle d'encadrement affichant le meilleur score de présence d'objet est celui au bord épais qui entoure la rose la plus à gauche. Puisque l'intersection entre l'autre rectangle d'encadrement de cette rose et le rectangle d'encadrement maximal est importante, nous le supprimerons (mais dans cet exemple il aurait déjà été supprimé à l'étape précédente).
3. Répétez l'étape 2 jusqu'à ce qu'il n'y ait plus de rectangles d'encadrement à supprimer.

Cette méthode simple de détection d'objets fonctionne plutôt bien, mais elle demande de nombreuses exécutions du CNN (15 dans cet exemple) Elle est donc assez lente. Heureusement, il existe une manière beaucoup plus rapide de déplacer un CNN sur une image : l'utilisation d'un *réseau entièrement convolutif*.

6.10.1 Réseaux entièrement convolutifs (FCN)

Le principe du *réseau entièrement convolutif* (*fully convolutional network*, ou FCN) a été initialement décrit dans un article[157] publié en 2015 par Jonathan Long *et al.*, dans le cadre de la segmentation sémantique (la classification de chaque pixel d'une image en fonction de la classe de l'objet auquel il appartient). Les auteurs ont montré que vous pouvez remplacer les couches denses supérieures d'un CNN par des couches de convolution.

Prenons un exemple : supposons qu'une couche dense de 200 neurones soit placée au-dessus d'une couche de convolution produisant 100 cartes de caractéristiques, chacune de taille 7×7 (taille de la carte de caractéristiques, non celle du noyau). Chaque neurone va calculer une somme pondérée des 100 × 7 × 7 activations de la couche

157. Jonathan Long *et al.*, « Fully Convolutional Networks for Semantic Segmentation », *Proceedings of the IEEE Conference on Computer Vision and Pattern Recognition* (2015), 3431-3440 : *https://homl.info/fcn*.

de convolution (plus un terme constant). Voyons à présent ce qui se passe si nous remplaçons la couche dense par une couche de convolution qui utilise 200 filtres, chacun de taille 7×7, et le remplissage `"valid"`. Cette couche produira 200 cartes de caractéristiques, chacune de taille 1×1 (puisque le noyau correspond exactement à la taille des cartes de caractéristiques d'entrée et que nous utilisons un remplissage `"valid"`). Autrement dit, elle générera 200 valeurs, comme le faisait la couche dense ; si vous examinez attentivement les calculs effectués par une couche de convolution, vous noterez que ces valeurs seront exactement celles qu'aurait produites la couche dense. La seule différence vient du fait que la sortie de la couche dense était un tenseur de forme [*taille de lot*, 200], alors que la couche de convolution retourne un tenseur de forme [*taille de lot*, 1, 1, 200].

Pour transformer une couche dense en une couche de convolution, il faut que le nombre de filtres de la couche de convolution soit égal au nombre d'unités de la couche dense, que la taille du filtre soit égale à celle des cartes de caractéristiques d'entrée et qu'un remplissage `"valid"` soit appliqué. Le pas doit être fixé à 1, ou plus, comme nous le verrons plus loin.

En quoi est-ce important ? Alors qu'une couche dense attend des entrées de taille spécifique (puisqu'elle possède un poids par caractéristiques d'entrée), une couche de convolution est en mesure de traiter des images de n'importe quelle taille[158] (toutefois, elle attend de ses entrées qu'elles aient un nombre précis de canaux, puisque chaque noyau contient un ensemble de poids différent pour chaque canal d'entrée). Puisqu'un FCN ne comprend que des couches de convolution (et des couches de pooling, qui ont la même propriété), il peut être entraîné et exécuté sur des images de n'importe quelle taille !

Par exemple, supposons que nous ayons déjà entraîné un CNN pour la classification et la localisation de fleurs. Il a été entraîné sur des images 224×224 et produit dix valeurs :

- les sorties 0 à 4 sont envoyées à la fonction d'activation softmax, pour nous donner les probabilités de classe (une par classe) ;
- la sortie 5 est envoyée à la fonction d'activation sigmoïde, pour nous donner le score de présence d'objet ;
- les sorties 6 et 7 représentent les coordonnées du centre du rectangle d'encadrement ; elles sont aussi transmises à une fonction d'activation sigmoïde afin que le résultat soit compris entre 0 et 1 ;
- enfin, les sorties 8 et 9 représentent la hauteur et la largeur du rectangle d'encadrement ; elles ne passent pas par une fonction d'activation, afin de permettre que ces rectangles dépassent les limites de l'image.

Nous pouvons à présent convertir les couches denses du CNN en couches de convolution. Il est même inutile de recommencer son entraînement, nous pouvons

158. À une exception près : une couche de convolution qui utilise le remplissage `"valid"` manifestera son mécontentement si la taille de l'entrée est inférieure à celle du noyau.

simplement copier les poids des couches denses vers les couches de convolution ! Une autre solution pourrait être de convertir le CNN en FCN avant l'entraînement.

Supposons à présent que la dernière couche de convolution située avant la couche de sortie (également appelée couche de rétrécissement) produise des cartes de caractéristiques 7×7 lorsque le réseau reçoit une image 224×224 (voir la partie gauche de la figure 6.26). Si nous passons au FCN une image 448×448 (voir la partie droite de la figure 6.26), la couche de rétrécissement génère alors des cartes de caractéristiques 14×14[159]. Puisque la couche de sortie dense a été remplacée par une couche de convolution qui utilise dix filtres de taille 7×7, avec un remplissage `"valid"` et un pas de 1, la sortie sera constituée de dix cartes de caractéristiques, chacune de taille 8×8 (puisque 14 − 7 + 1 = 8). Autrement dit, le FCN va traiter l'intégralité de l'image une seule fois et produira une grille 8×8 dont chaque cellule contient dix valeurs (cinq probabilités de classe, un score de présence d'objet et quatre coordonnées de rectangle d'encadrement). Cela revient exactement à prendre le CNN d'origine et à le déplacer sur l'image en utilisant huit pas par ligne et huit par colonne.

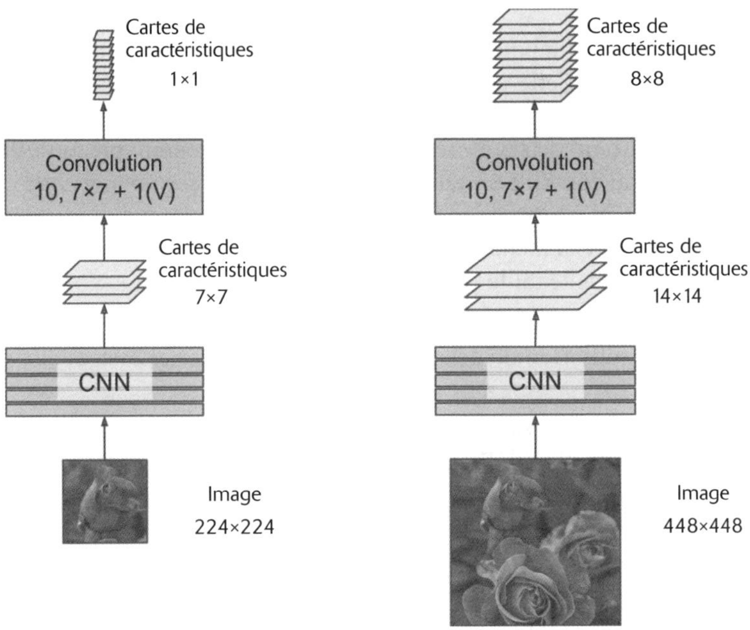

Figure 6.26 – Le même réseau entièrement convolutif traitant (à gauche) une petite image et (à droite) une grande image

159. Cela suppose que le réseau utilise uniquement un remplissage `"same"`. Un remplissage `"valid"` réduirait évidemment la taille des cartes de caractéristiques. De plus, 448 se divise parfaitement par 2 à plusieurs reprises, jusqu'à atteindre 7, sans aucune erreur d'arrondi. Si une couche utilise un pas différent de 1 ou 2, des erreurs d'arrondi peuvent se produire et les cartes de caractéristiques peuvent finir par être plus petites.

Pour visualiser tout cela, imaginez le découpage de l'image d'origine en une grille 14×14, puis le déplacement d'une fenêtre 7×7 sur cette grille; il y aura 8 × 8 = 64 emplacements possibles pour cette fenêtre, d'où 8×8 prédictions. La solution fondée sur le FCN est *beaucoup* plus efficace, car le réseau n'examine l'image qu'une seule fois. À ce propos, « on ne regarde qu'une fois » est la traduction du nom d'une architecture de détection d'objet très répandue que nous allons maintenant décrire: YOLO (*you only look once*).

6.10.2 YOLO

YOLO (*you only look once*) est un algorithme de détection d'objet extrêmement rapide et précis proposé par Joseph Redmon *et al.* dans un article[160] publié en 2015. Il est si rapide qu'il peut travailler en temps réel sur une vidéo, comme vous pouvez le voir sur la démonstration mise en place par Redmon (*https://homl.info/yolodemo*). L'architecture de YOLO est proche de celle que nous venons de présenter, mais avec quelques différences importantes:

- Pour chaque cellule de la grille, YOLO ne prend en compte que les objets dont le rectangle d'encadrement est centré dans cette cellule. Les coordonnées du rectangle d'encadrement sont relatives à cette cellule, (0, 0) correspondant au coin supérieur gauche de la cellule et (1, 1) correspond au coin inférieur droit. Toutefois, le rectangle d'encadrement peut s'étendre bien au-delà de la cellule, tant en hauteur qu'en largeur.
- YOLO produit deux rectangles d'encadrement pour chaque cellule de la grille (au lieu d'un seul), ce qui permet au modèle de gérer les cas où deux objets sont si proches l'un de l'autre que les centres de leurs rectangles d'encadrement se trouvent dans la même cellule. Chaque rectangle d'encadrement possède son propre score de présence d'objet.
- YOLO génère également vingt probabilités de classe par cellule, car il a été entraîné sur le jeu de données PASCAL VOC, qui définit vingt classes. Il fournit en sortie une *carte des probabilités de classe*. Cette carte comporte une probabilité par classe et par cellule de la grille, et non par rectangle d'encadrement. Cependant, il est possible d'estimer les probabilités de classe pour chaque rectangle d'encadrement durant le post-traitement, en mesurant la correspondance entre chaque rectangle d'encadrement et chaque classe dans la carte des probabilités de classe. Prenons l'exemple d'une image représentant une personne debout devant une auto. Il y aura deux rectangles d'encadrement: un grand rectangle horizontal pour la voiture, et un plus petit rectangle vertical pour la personne. Il se peut que les centres de ces deux rectangles d'encadrement se trouvent dans la même cellule de la grille. Comment pouvons-nous déterminer alors à quelle classe associer chacun des rectangles d'encadrement? Eh bien, la carte des probabilités de classe contiendra une large région où la classe « auto » sera dominante, et à l'intérieur il y aura une région plus petite où la classe « personne » sera dominante. Avec un peu de chance, le rectangle d'encadrement de l'auto correspondra à peu

160. Joseph Redmon *et al.*, « You Only Look Once: Unified, Real-Time Object Detection », *Proceedings of the IEEE Conference on Computer Vision and Pattern Recognition* (2016), 779-788: *https://homl.info/yolo*.

près à la région « auto », tandis que le rectangle d'encadrement de la personne correspondra à peu près à la région « personne » : ceci permettra d'affecter à chacun des deux rectangles d'encadrement la classe correcte.

YOLO a été développé à l'origine en utilisant Darknet, un framework open source de Deep Learning au départ développé en C par Joseph Redmon ; mais il a rapidement été porté vers TensorFlow, Keras, PyTorch, entre autres. Il a été amélioré continuellement au cours des années, avec YOLOv2, YOLOv3 et YOLO9000 (toujours par Joseph Redmon), YOLOv4 (par Alexey Bochkovskiy), YOLOv5 (par Glenn Jocher) et PP-YOLO (par Xiang Long).

Chaque version a apporté des améliorations impressionnantes en matière de vitesse et d'exactitude, en utilisant des techniques variées. Ainsi, YOLOv3 a grandement amélioré l'exactitude grâce aux *préalables d'ancrage* (en anglais, *anchor priors*) exploitant le fait que, selon la classe, certaines formes de rectangles d'encadrement sont plus probables que d'autres (ainsi, les personnes ont en général des rectangles d'encadrement verticaux, contrairement aux autos). Ils ont aussi augmenté le nombre de rectangles d'encadrement par cellule de la grille, ils ont entraîné le modèle sur différents jeux de données comportant beaucoup plus de classes (jusqu'à 9 000 classes organisées hiérarchiquement, dans le cas de YOLO9000), ils ont ajouté des connexions de saut pour récupérer une partie de la résolution spatiale perdue dans le CNN (nous en parlerons un peu plus loin, lorsque nous aborderons la segmentation sémantique), entre autres. Il existe aussi de nombreuses variantes de ces modèles, dont YOLOv4-tiny, qui est optimisé pour être entraîné sur des machines moins puissantes et peut être extrêmement rapide (jusqu'à 1 000 images par seconde !), mais avec une *moyenne de la précision moyenne* (*mean average precision*, ou mAP) légèrement inférieure.

Moyenne de la précision moyenne (mAP)

La *moyenne de la précision moyenne* (*mean average precision*, ou mAP) est une métrique très utilisée dans les opérations de détection d'objets. Deux « moyennes », cela pourrait sembler quelque peu redondant. Pour comprendre, revenons sur deux métriques de classification, la précision et le rappel, et sur le compromis : plus le rappel est élevé, plus la précision est faible[161]. Pour résumer la courbe de précision/rappel en un seul chiffre, nous pouvons mesurer l'aire sous la courbe (AUC, *area under the curve*). Mais cette courbe peut contenir quelques portions où la précision monte lorsque le rappel augmente, en particulier pour les valeurs de rappel basses[162]. Voilà l'une des raisons d'être de la métrique mAP.

Supposons que le classificateur ait une précision de 90 % pour un rappel de 10 %, mais une précision de 96 % pour un rappel de 20 %. Dans ce cas, il n'y a pas réellement de compromis : il est tout simplement plus sensé d'utiliser le classificateur avec un rappel de 20 % plutôt que celui à 10 %, car vous aurez à la fois une précision et un rappel plus élevés. Par conséquent, au lieu d'examiner la précision avec un rappel

161. Voir le § 3.3.4 du chapitre 3 de l'ouvrage *Machine Learning avec Scikit-Learn*, A. Géron, Dunod (3e édition, 2023).

162. Ce phénomène est visible en partie supérieure gauche de la figure 3.6 du chapitre 3, *op. cit.*

à 10 %, nous devons en réalité rechercher la précision *maximale* que le classificateur peut offrir avec un rappel d'*au moins* 10 %. Elle serait non pas de 90 %, mais de 96 %. Pour avoir une bonne idée des performances du modèle, une solution consiste à calculer la précision maximale que vous pouvez obtenir avec un rappel d'au moins 0 %, puis de 10 %, de 20 %, et ainsi de suite jusqu'à 100 %, et de calculer la moyenne de ces précisions maximales. C'est ce que l'on appelle la *précision moyenne* (AP, *average precision*). Lorsque le nombre de classes est supérieur à deux, nous pouvons calculer l'AP de chaque classe, puis calculer l'AP moyenne (mAP). Et voilà!

Dans un système de détection d'objets, nous avons un niveau de complexité supplémentaire: le système peut détecter la classe appropriée, mais au mauvais emplacement (autrement dit, le rectangle d'encadrement est totalement à côté). Dans ce cas, cette prédiction ne doit pas être considérée comme positive. Une solution consiste à fixer un seuil d'IoU. Par exemple, nous pourrions considérer qu'une prédiction est correcte uniquement si l'IoU est supérieur à 0,5 et que la classe prédite est juste. La mAP correspondante est généralement notée mAP@0.5 (ou mAP@50%, ou, parfois, simplement AP_{50}). Cette approche est mise en œuvre dans certaines compétitions (par exemple, le défi PASCAL VOC). Dans d'autres, comme la compétition COCO, la mAP est calculée pour différents seuils d'IoU (0,50, 0,55, 0,60, ..., 0,95) et la métrique finale est la moyenne de toutes ces mAP (noté mAP@[.50:.95] ou mAP@[.50:0.05:.95]). Oui, il s'agit bien d'une moyenne de moyennes moyennes.

De nombreux modèles de détection d'objets sont disponibles sur TensorFlow Hub, nombre d'entre eux avec des poids préentraînés, comme YOLOv5[163], SSD[164], Faster R-CNN[165] et EfficentDet[166].

SSD et EfficientDet sont des modèles de détection « à un coup » similaires à YOLO. EfficientDet est basé sur l'architecture convolutive EfficientNet. Faster R-CNN est plus complexe: l'image passe d'abord par un CNN, puis la sortie est transmise à un *réseau de propositions de régions* (RPN, *region proposal network*) qui propose des rectangles d'encadrement ayant le plus de chances de contenir un objet; un classificateur est alors exécuté pour chaque rectangle d'encadrement, à partir de la sortie rognée du CNN. Avant de commencer à utiliser ces modèles, le mieux est de consulter sous TensorFlow Hub l'excellent tutoriel de détection d'objets (*https://homl.info/objdet*), disponible en plusieurs langues dont le français.

Jusqu'ici nous ne nous sommes intéressés qu'à la détection d'objets sur une seule image. Mais qu'en est-il des vidéos ? Les objets ne doivent pas seulement être détectés

163. Vous trouverez YOLOv3, YOLOv4 et leurs variantes de taille réduite dans le projet TensorFlow Models sous *https://homl.info/yolotf*.

164. Wei Liu *et al.*, « SSD: Single Shot Multibox Detector », *Proceedings of the 14th European Conference on Computer Vision*, 1 (2016), 21-37 : *https://homl.info/ssd*.

165. Shaoqing Ren *et al.*, « Faster R-CNN: Towards Real-Time Object Detection with Region Proposal Networks », *Proceedings of the 28th International Conference on Neural Information Processing Systems*, 1 (2015), 91-99 : *https://homl.info/fasterrcnn*.

166. Mingxing Tan *et al.*, « EfficientDet: Scalable and Efficient Object Detection », arXiv preprint arXiv:1911.09070 (2019) : *https://homl.info/efficientdet*.

sur chaque image, mais ils doivent aussi être suivis dans le temps. Examinons donc maintenant le suivi d'objets.

6.11 SUIVI D'OBJETS

Le suivi d'objets est une tâche difficile : les objets se déplacent ; ils peuvent grossir ou rétrécir selon qu'ils se rapprochent ou s'éloignent de l'objectif ; leur apparence peut changer s'ils pivotent sur eux-mêmes, s'ils se trouvent sous des éclairages différents ou si l'arrière-plan change ; ils peuvent être masqués temporairement par d'autres objets, etc.

L'un des systèmes de suivi d'objets les plus connus est DeepSORT[167]. Il est basé sur une combinaison d'algorithmes classiques de Deep Learning :

- Il utilise des filtres de Kalman pour estimer la position courante la plus probable d'un objet, compte tenu de ses détections antérieures et en supposant que les objets se déplacent à une vitesse constante.
- Il utilise un modèle de Deep Leaning pour mesurer la ressemblance entre les nouvelles détections et les objectifs suivis existants.
- Enfin, il utilise l'algorithme hongrois pour associer les nouvelles détections aux objets suivis existants ou à de nouveaux objets suivis : cet algorithme trouve efficacement la combinaison d'associations qui minimise la distance entre les détections et les positions prédites des objets suivis, tout en minimisant également la divergence d'apparence.

Imaginez par exemple un ballon rouge et un ballon bleu qui viennent de se percuter, tous deux repartant dans des directions opposées. Compte tenu des positions précédentes des ballons, le filtre de Kalman va prédire que les ballons se traverseront mutuellement : il suppose en effet que les objets se déplacent à vitesse constante, et donc il ne s'attend pas au rebond. Si l'algorithme hongrois ne prenait en compte que les positions, alors il associerait tranquillement les nouvelles détections aux mauvais ballons, comme s'ils venaient de se traverser mutuellement et de changer de couleur. Mais grâce à la mesure de ressemblance, l'algorithme hongrois remarquera le problème. L'algorithme associera les nouvelles détections aux ballons corrects.

On trouve plusieurs implémentations de DeepSORT sur GitHub, y compris l'implémentation TensorFlow de YOLOv4 + DeepSORT (*https://github.com/theAIGuysCode/yolov4-deepsort*).

Jusqu'ici nous avons localisé des objets en les entourant de rectangles. Cela suffit souvent, mais parfois nous avons besoin de repérer des objets avec beaucoup plus de précision, par exemple pour supprimer un arrière-plan derrière une personne pendant une visioconférence. Voyons comment descendre au niveau du pixel.

167. Nicolai Wojke *et al.*, « Simple Online and Realtime Tracking with a Deep Association Metric », arXiv preprint arXiv:1703.07402 (2017) : *https://homl.info/deepsort*.

6.12 SEGMENTATION SÉMANTIQUE

Dans une *segmentation sémantique*, chaque pixel est classifié en fonction de la classe de l'objet auquel il appartient (par exemple, route, voitures, piétons, bâtiment, etc.), comme l'illustre la figure 6.27. Aucune distinction n'est faite entre les différents objets d'une même classe. Par exemple, tous les vélos sur le côté droit de l'image segmentée terminent dans un gros paquet de pixels. La principale difficulté de cette tâche vient du passage des images dans un CNN classique, car elles perdent progressivement leur résolution spatiale (en raison des couches dont les pas sont supérieurs à 1). Un tel CNN pourra conclure qu'une personne se trouve quelque part dans la partie inférieure gauche de l'image, mais il ne sera pas plus précis que cela.

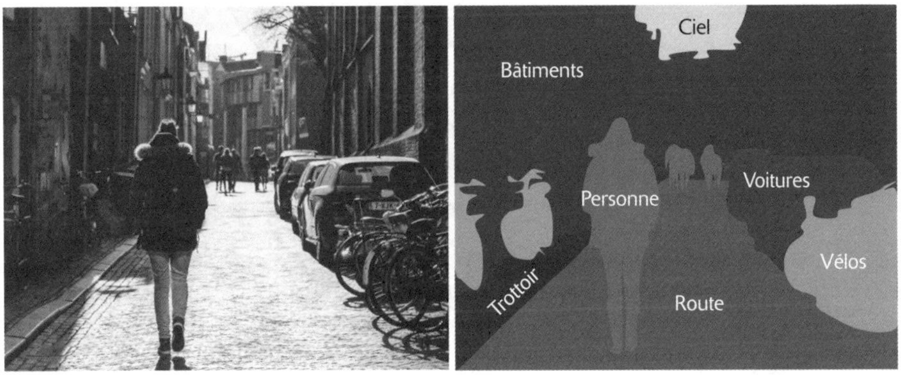

Figure 6.27 – Segmentation sémantique

À l'instar de la détection d'objets, différentes approches permettent d'aborder ce problème, certaines étant assez complexes. Toutefois, dans leur article publié en 2015 (déjà mentionné à propos des réseaux entièrement convolutifs, ou FCN), Jonathan Long *et al.* ont proposé une solution relativement simple. Ils ont commencé par prendre un CNN préentraîné et l'ont converti en un FCN. Le CNN applique un pas global de 32 sur l'image d'entrée (c'est-à-dire la somme de tous les pas supérieurs à 1), ce qui donne des cartes de caractéristiques en sortie 32 fois plus petites que l'image d'entrée. Puisque cela est clairement trop grossier, ils ont ajouté une seule *couche de suréchantillonnage* (*upsampling*) qui multiplie la résolution par 32.

Il existe différentes méthodes de suréchantillonnage (c'est-à-dire d'augmentation de la taille d'une image), comme l'interpolation binaire, mais elle ne donne des résultats acceptables qu'avec des facteurs 4 ou 8. À la place, ils ont employé une *couche de convolution transposée*[168]. Elle équivaut à un étirement de l'image par insertion de lignes et de colonnes vides (remplies de zéros), suivi d'une convolution normale (voir la figure 6.28). Certains préfèrent la voir comme une couche de convolution ordinaire qui utilise des pas fractionnaires (par exemple, un pas de 1/2 à la figure 6.28).

168. Ce type de couche est parfois appelé *couche de déconvolution*, mais elle n'effectue aucunement ce que les mathématiciens nomment déconvolution. Ce terme doit donc être évité.

La couche de convolution transposée peut être initialisée afin d'effectuer une opération proche de l'interpolation linéaire, mais, puisqu'il s'agit d'une couche entraînable, elle apprendra à mieux travailler pendant l'entraînement. Dans tf.keras, vous pouvez utiliser la couche `Conv2DTranspose`.

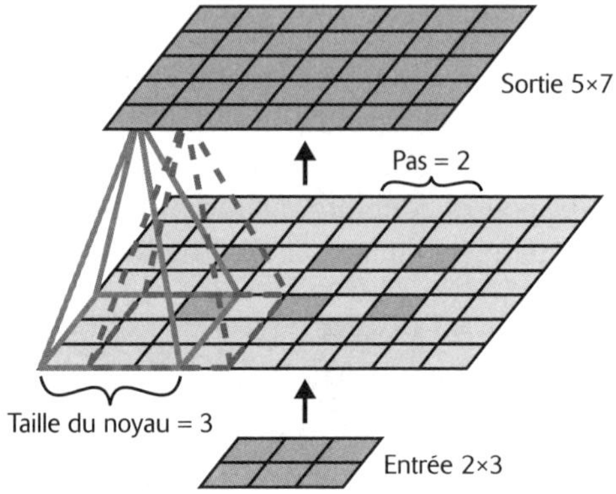

Figure 6.28 – Suréchantillonnage à l'aide d'une couche de convolution transposée

Dans une couche de convolution transposée, le pas correspond non pas à la taille des filtres mais à l'étirement de l'entrée. Par conséquent, plus le pas est grand, plus la sortie est large (contrairement aux couches de convolution ou aux couches de pooling).

Autres couches de convolution de Keras

Keras offre également d'autres sortes de couches de convolution :

`tf.keras.layers.Conv1D`

Couche de convolution pour des entrées à une dimension, comme des séries chronologiques ou du texte (suite de lettres ou de mots), comme nous le verrons au chapitre 7.

`tf.keras.layers.Conv3D`

Couche de convolution pour des entrées à trois dimensions, comme des PET-Scans en 3D.

`dilation_rate`

En fixant l'hyperparamètre `dilation_rate` de n'importe quelle couche de convolution à une valeur supérieure ou égale à 2, nous créons une *couche de convolution à trous*. Cela revient à utiliser une couche de convolution normale avec un filtre dilaté par insertion de lignes et de colonnes de zéros (les trous). Par exemple, si nous dilatons d'un *facteur de dilation* 4 un filtre 1×3 égal à `[[1,2,3]]`, nous obtenons un *filtre dilaté* égal à `[[1, 0, 0, 0, 2, 0, 0, 0, 3]]`. La couche de convolution dispose ainsi d'un champ récepteur plus large sans augmentation des calculs ni paramètres supplémentaires.

On peut utiliser des couches de convolution transposées pour suréchantillonner, mais le résultat reste encore trop imprécis. Pour l'améliorer, les auteurs ont ajouté des connexions de saut à partir des couches inférieures. Par exemple, ils ont suréchantillonné l'image de sortie d'un facteur 2 (à la place de 32) et ont ajouté la sortie d'une couche inférieure qui avait cette résolution double. Ils ont ensuite suréchantillonné le résultat d'un facteur 16, pour arriver à un facteur total de 32 (voir la figure 6.29). Cela permet de récupérer une partie de la résolution spatiale qui avait été perdue dans les couches de pooling précédentes. Dans leur meilleure architecture, ils ont employé une deuxième connexion de saut comparable pour récupérer des détails encore plus fins à partir d'une couche encore plus basse. En résumé, la sortie du CNN d'origine passe par les étapes supplémentaires suivantes : suréchantillonnage ×2, ajout de la sortie d'une couche inférieure (d'échelle appropriée), suréchantillonnage ×2, ajout de la sortie d'une couche plus inférieure encore, et, pour finir, suréchantillonnage ×8. Il est même possible d'effectuer un agrandissement au-delà de la taille de l'image d'origine : cette technique, appelée *super-résolution*, permet d'augmenter la résolution d'une image.

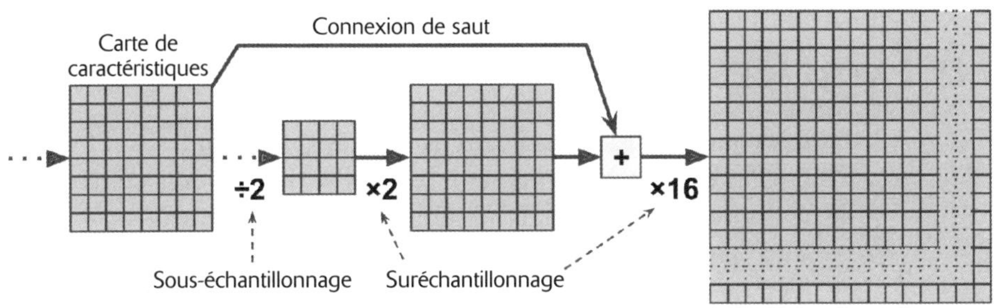

Figure 6.29 – Des couches de saut récupèrent une certaine résolution spatiale à partir de couches inférieures

La *segmentation d'instance* est comparable à la segmentation sémantique, mais, au lieu de fusionner tous les objets de la même classe dans un gros bloc, ils sont tous distingués (par exemple, chaque vélo est identifié individuellement). Ainsi, l'architecture *Mask R-CNN*, qui a été proposée dans un article[169] publié en 2017, étend le modèle Faster R-CNN en produisant un masque de pixels pour chaque rectangle d'encadrement. Ainsi, vous obtenez non seulement un rectangle d'encadrement autour de chaque objet, avec un ensemble de probabilités de classe estimées, mais également un masque de pixels qui localise, dans le rectangle d'encadrement, les pixels appartenant à l'objet. Ce modèle est disponible sur TensorFlow Hub, préentraîné sur le jeu de données COCO 2017. Toutefois ce domaine évolue très vite, donc si vous voulez essayer les modèles dernier cri, rendez-vous de temps à autre sur *https://paperswithcode.com* et cliquez sur « Browse state-of-the-art » (examiner l'état de l'art) pour y consulter les nouveautés.

169. Kaiming He *et al.*, « Mask R-CNN » (2017) : *https://homl.info/maskrcnn*.

Vous le constatez, l'application du Deep Learning à la vision par ordinateur est un domaine vaste et en rapide évolution, avec des architectures de toutes sortes apparaissant chaque année. Elles sont presque toutes fondées sur des réseaux de neurones convolutifs, mais depuis 2020 une autre architecture de réseaux de neurones a fait son entrée sur ce domaine de la vision par ordinateur : les transformeurs, dont nous parlerons au chapitre 8. Les progrès réalisés durant la dernière décennie sont stupéfiants et les chercheurs se concentrent à présent sur des problèmes de plus en plus complexes, comme l'*apprentissage antagoniste* (qui tente de rendre le réseau plus résistant aux images conçues pour le tromper), la capacité d'explication (comprendre pourquoi le réseau effectue une classification précise), la *génération d'images* réalistes (sur laquelle nous reviendrons au chapitre 9) et l'*apprentissage single-shot* (un système qui reconnaît un objet après l'avoir vu une seule fois), la prédiction des images ultérieures dans une vidéo, les tâches combinant du texte et des images, etc.

Dans le chapitre suivant, nous verrons comment traiter des données séquentielles, comme les séries chronologiques, avec des réseaux de neurones récurrents et des réseaux de neurones convolutifs.

6.13 EXERCICES

1. Dans le contexte de la classification d'images, quels sont les avantages d'un réseau de neurones convolutif (ou CNN) par rapport à un réseau de neurones profond (ou DNN) intégralement connecté ?
2. Prenons un CNN constitué de trois couches de convolution, chacune avec des noyaux 33, un pas de 2 et un remplissage `"same"`. La couche inférieure produit 100 cartes de caractéristiques, la couche intermédiaire, 200, et la couche supérieure, 400. L'entrée est constituée d'images RVB de 200×300 pixels :
   a. Quel est le nombre total de paramètres du CNN ?
   b. Si l'on utilise des nombres à virgule flottante sur 32 bits, quelle quantité de RAM minimale faut-il à ce réseau lorsqu'il effectue une prédiction pour une seule instance ?
   c. Qu'en est-il pour l'entraînement d'un mini-lot de cinquante images ?
3. Si la carte graphique vient à manquer de mémoire pendant l'entraînement d'un CNN, quelles sont les cinq actions que vous pourriez effectuer pour tenter de résoudre le problème ?
4. Pourquoi voudriez-vous ajouter une couche de pooling maximum plutôt qu'une couche de convolution avec le même pas ?
5. Quand devriez-vous ajouter une couche de normalisation de réponse locale ?
6. Citez les principales innovations d'AlexNet par rapport à LeNet-5 ? Quelles sont celles de GoogLeNet, de ResNet, de SENet, de Xception et d'EfficientNet ?

7. Qu'est-ce qu'un réseau entièrement convolutif ? Comment pouvez-vous convertir une couche dense en une couche de convolution ?
8. Quelle est la principale difficulté technique de la segmentation sémantique ?
9. Construisez votre propre CNN à partir de zéro et tentez d'obtenir la meilleure exactitude possible sur le jeu MNIST.
10. Utilisez le transfert d'apprentissage pour la classification de grandes images :
    a. Créez un jeu d'entraînement contenant au moins 100 images par classe. Vous pouvez, par exemple, classer vos propres photos en fonction du lieu (plage, montagne, ville, etc.), ou utiliser simplement un jeu de données existant (par exemple, venant de TensorFlow Datasets).
    b. Découpez-le en un jeu d'entraînement, un jeu de validation et un jeu de test.
    c. Entraînez le modèle sur le jeu d'entraînement et évaluez-le sur le jeu de test.
    d. Construisez le pipeline d'entrée, appliquez les opérations de prétraitement appropriées, et ajoutez éventuellement une augmentation des données.
    e. Ajustez un modèle préentraîné sur ce jeu de données.
11. Consultez le tutoriel Style Transfer de TensorFlow (*https://homl.info/styletuto*). Il décrit une manière amusante d'utiliser le Deep Learning de façon artistique.

Les solutions de ces exercices sont données à l'annexe A.

7
Traitement des séquences avec des RNN et des CNN

Nous prédisons le futur en permanence, que ce soit en terminant la phrase d'un ami ou en anticipant l'odeur du café au petit-déjeuner. Dans ce chapitre, nous allons étudier les *réseaux de neurones récurrents* (en anglais, *recurrent neural networks*, ou RNN), une classe de réseaux qui permettent de prédire l'avenir (jusqu'à un certain point). Ils sont capables d'analyser des séries chronologiques (encore appelées *séries temporelles*), comme le nombre quotidien de visiteurs de votre site web, la température heure par heure dans votre ville, votre consommation électrique domestique quotidienne, les trajectoires des véhicules à proximité, etc. Une fois que votre RNN a appris les motifs figurant dans vos données passées, il peut utiliser cette connaissance pour prédire le futur, en supposant bien sûr que ce qui a été observé dans le passé se reproduise à l'avenir.

Plus généralement, ils peuvent travailler sur des séquences de longueur quelconque, plutôt que sur des entrées de taille figée comme les réseaux examinés jusqu'à présent. Par exemple, ils peuvent prendre en entrée des phrases, des documents ou des échantillons audio, ce qui les rend très utiles pour le traitement automatique du langage naturel (TALN), comme les systèmes de traduction automatique ou de saisie vocale.

Dans ce chapitre, nous commencerons par examiner les concepts fondamentaux des RNN et la manière de les entraîner en utilisant la rétropropagation dans le temps, puis nous les utiliserons pour effectuer des prévisions sur des séries chronologiques. Chemin faisant, nous verrons la très populaire famille des modèles ARMA, souvent utilisés pour effectuer des prévisions à partir de séries chronologiques, et nous les utiliserons comme points de comparaison avec nos propres RNN. Ensuite, nous explorerons les deux principales difficultés auxquelles font face les RNN :

- l'instabilité des gradients (décrite au chapitre 3), qui peut être réduite à l'aide de diverses techniques, notamment *l'abandon récurrent* (en anglais, *recurrent dropout*) et la *normalisation de couche récurrente* ;
- une mémoire à court terme (très) limitée, qui peut être étendue en utilisant des cellules LSTM et GRU.

Les RNN ne sont pas les seuls types de réseaux de neurones capables de traiter des données séquentielles. Pour les petites séquences, un réseau dense classique peut faire l'affaire. Pour les séquences très longues, comme des enregistrements audio ou du texte, les réseaux de neurones convolutifs fonctionnent aussi plutôt bien. Nous examinerons ces deux approches, et nous terminerons ce chapitre par l'implémentation d'un *WaveNet*. Cette architecture de CNN est capable de traiter des séquences constituées de dizaines de milliers d'étapes temporelles. Allons-y !

7.1 NEURONES ET COUCHES RÉCURRENTS

Jusqu'à présent, nous avons décrit principalement des réseaux de neurones non bouclés, dans lesquels le flux des activations allait dans un seul sens, depuis la couche d'entrée vers la couche de sortie (à l'exception de quelques réseaux décrits dans l'annexe C). Un réseau de neurones récurrents est très semblable aux réseaux étudiés jusqu'ici, mais certaines connexions reviennent en arrière dans le réseau.

Examinons le RNN le plus simple possible. Il est constitué d'un seul neurone qui reçoit des entrées, produit une sortie et se renvoie celle-ci (voir en partie gauche de la figure 7.1). À chaque *étape temporelle t* (également appelée *trame*), ce *neurone récurrent* reçoit les entrées $\mathbf{x}_{(t)}$, ainsi que sa propre sortie produite à l'étape temporelle précédente, $\hat{y}_{(t-1)}$. Étant donné qu'il n'existe pas de sortie antérieure à la première étape, on lui donne en général la valeur 0. Nous pouvons représenter ce petit réseau le long d'un axe du temps (voir en partie droite de la figure 7.1). Cette procédure se nomme *déplier le réseau dans le temps* (il s'agit du même neurone récurrent représenté une fois par étape temporelle).

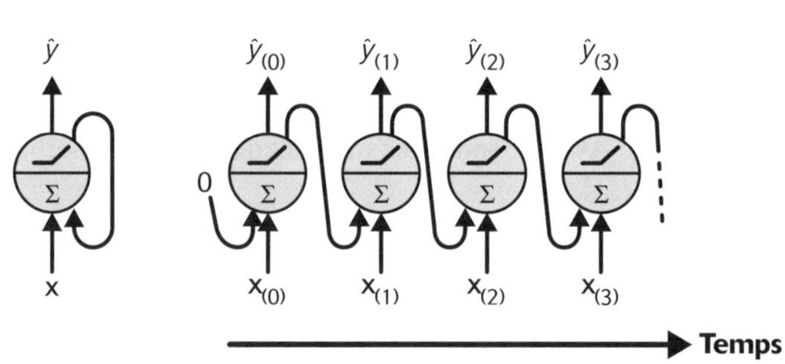

Figure 7.1 – Un neurone récurrent (à gauche), déplié dans le temps (à droite)

La création d'une couche de neurones récurrents n'est pas bien compliquée. À chaque étape temporelle *t*, chaque neurone reçoit à la fois le vecteur d'entrée $\mathbf{x}_{(t)}$ et le vecteur de sortie de l'étape temporelle précédente $\hat{\mathbf{y}}_{(t-1)}$ (voir la figure 7.2). Notez que les entrées et les sorties sont à présent des vecteurs (avec un seul neurone, la sortie était un scalaire).

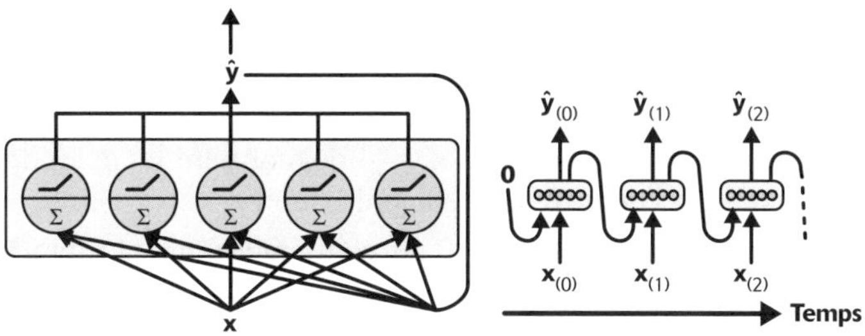

Figure 7.2 – Une couche de neurones récurrents (à gauche), dépliée dans le temps (à droite)

Chaque neurone récurrent possède deux jeux de poids : un premier pour les entrées, $\mathbf{x}_{(t)}$, et un second pour les sorties de l'étape temporelle précédente, $\hat{\mathbf{y}}_{(t-1)}$. Appelons ces vecteurs poids $\mathbf{w}_x$ et $\mathbf{w}_{\hat{y}}$, respectivement. Si l'on considère maintenant la couche complète, nous pouvons regrouper les vecteurs poids de tous les neurones en deux matrices poids $\mathbf{W}_x$ et $\mathbf{W}_{\hat{y}}$. Le vecteur de sortie de la couche récurrente complète peut alors être calculé selon l'équation 7.1 (**b** est le vecteur des termes constants et $\phi(.)$ est la fonction d'activation, par exemple ReLU[170]).

Équation 7.1 – Sortie d'une couche récurrente pour une seule instance

$$\hat{\mathbf{y}}_{(t)} = \phi\left(\mathbf{W}_x^T \mathbf{x}_{(t)} + \mathbf{W}_{\hat{y}}^T \hat{\mathbf{y}}_{(t-1)} + \mathbf{b}\right)$$

Comme pour les réseaux de neurones non bouclés, nous pouvons calculer d'un seul coup la sortie d'une couche pour un mini-lot entier en plaçant toutes les entrées à l'étape temporelle *t* dans une matrice d'entrées $\mathbf{X}_{(t)}$ (voir l'équation 7.2).

Équation 7.2 – Sorties d'une couche de neurones récurrents pour toutes les instances d'un mini-lot

$$\begin{aligned}\hat{\mathbf{Y}}_{(t)} &= \phi\left(\mathbf{X}_{(t)}\mathbf{W}_x + \hat{\mathbf{Y}}_{(t-1)}\mathbf{W}_{\hat{y}} + \mathbf{b}\right) \\ &= \phi\left(\left[\mathbf{X}_{(t)} \quad \hat{\mathbf{Y}}_{(t-1)}\right]\mathbf{W} + \mathbf{b}\right) \text{ avec } \mathbf{W} = \begin{bmatrix}\mathbf{W}_x \\ \mathbf{W}_{\hat{y}}\end{bmatrix}\end{aligned}$$

170. De nombreux chercheurs préfèrent employer la tangente hyperbolique (tanh) dans les RNN plutôt que la fonction ReLU, comme l'explique l'article de Vu Pham *et al.* publié en 2013 et intitulé « Dropout Improves Recurrent Neural Networks for Handwriting Recognition » (*https://homl.info/91*). Mais les RNN fondés sur ReLU sont également employés, comme l'expliquent Quoc V. Le *et al.* dans leur article « A Simple Way to Initialize Recurrent Networks of Rectified Linear Units » publié en 2015 (*https://homl.info/92*).

Dans cette équation :

- $\hat{\mathbf{Y}}_{(t)}$ est une matrice $m \times n_{\text{neurones}}$ qui contient les sorties de la couche à l'étape temporelle t pour chaque instance du mini-lot (m est le nombre d'instances dans le mini-lot et n_{neurones} le nombre de neurones).
- $\mathbf{X}_{(t)}$ est une matrice $m \times n_{\text{entrées}}$ qui contient les entrées de toutes les instances ($n_{\text{entrées}}$ est le nombre de caractéristiques d'entrée).
- $\mathbf{W}_x$ est une matrice $n_{\text{entrées}} \times n_{\text{neurones}}$ qui contient les poids des connexions pour les entrées de l'étape temporelle courante.
- $\mathbf{W}_{\hat{y}}$ est une matrice $n_{\text{neurones}} \times n_{\text{neurones}}$ qui contient les poids des connexions pour les sorties de l'étape temporelle précédente.
- $\mathbf{b}$ est un vecteur de taille n_{neurones} qui contient le terme constant de chaque neurone.
- Les matrices de poids $\mathbf{W}_x$ et $\mathbf{W}_{\hat{y}}$ sont souvent concaténées verticalement dans une seule matrice de poids $\mathbf{W}$ de forme $(n_{\text{entrées}} + n_{\text{neurones}}) \times n_{\text{neurones}}$ (voir la deuxième ligne de l'équation 7.2).
- La notation $[\mathbf{X}_{(t)}\ \hat{\mathbf{Y}}_{(t-1)}]$ représente la concaténation horizontale des matrices $\mathbf{X}_{(t)}$ et $\hat{\mathbf{Y}}_{(t-1)}$.

$\hat{\mathbf{Y}}_{(t)}$ est une fonction de $\mathbf{X}_{(t)}$ et de $\hat{\mathbf{Y}}_{(t-1)}$, qui est une fonction de $\mathbf{X}_{(t-1)}$ et de $\hat{\mathbf{Y}}_{(t-2)}$, qui est une fonction de $\mathbf{X}_{(t-2)}$ et de $\hat{\mathbf{Y}}_{(t-3)}$, etc. Par conséquent, $\hat{\mathbf{Y}}_{(t)}$ est une fonction de toutes les entrées depuis l'instant $t = 0$ (c'est-à-dire $\mathbf{X}_{(0)}, \mathbf{X}_{(1)}, \ldots, \mathbf{X}_{(t)}$). Lors de la première étape temporelle, à $t = 0$, les sorties précédentes n'existent pas et sont, en général, supposées être toutes à zéro.

7.1.1 Cellules de mémoire

Puisque la sortie d'un neurone récurrent à l'étape temporelle t est une fonction de toutes les entrées des étapes temporelles précédentes, on peut considérer que ce neurone possède une forme de *mémoire*. Une partie d'un réseau de neurones qui conserve un état entre plusieurs étapes temporelles est appelée *cellule de mémoire* (ou, plus simplement, *cellule*). Un seul neurone récurrent, ou une couche de neurones récurrents, forme une *cellule de base*, capable d'apprendre uniquement des motifs courts (long d'environ dix étapes, en général, mais cela varie en fonction de la tâche). Nous le verrons plus loin dans ce chapitre, il existe des cellules plus complexes et plus puissantes capables d'apprendre des motifs plus longs (environ dix fois plus longs, mais, de nouveau, cela dépend de la tâche).

L'état d'une cellule à l'étape temporelle t, noté $\mathbf{h}_{(t)}$ (« h » pour « *hidden* », c'est-à-dire caché), est une fonction de certaines entrées à cette étape temporelle et de son état à l'étape temporelle précédente : $\mathbf{h}_{(t)} = f(\mathbf{x}_{(t)}, \mathbf{h}_{(t-1)})$. Sa sortie à l'étape temporelle t, notée $\hat{\mathbf{y}}_{(t)}$, est également une fonction de l'état précédent et des entrées courantes. Dans le cas des cellules de base, la sortie est simplement égale à l'état. En revanche, ce n'est pas toujours le cas avec les cellules plus complexes (voir la figure 7.3).

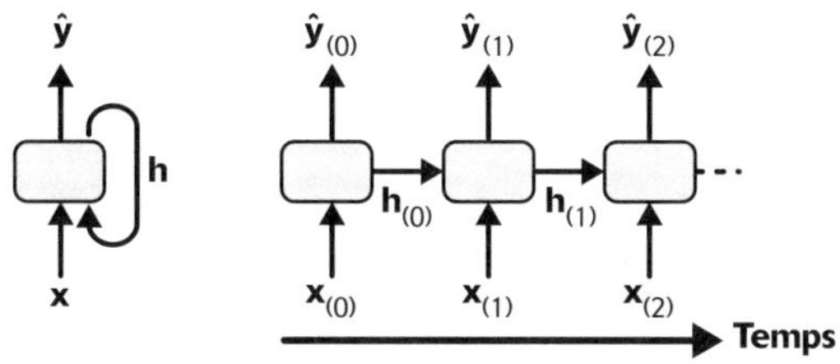

Figure 7.3 – L'état caché d'une cellule et sa sortie peuvent être différents

7.1.2 Séquences en entrée et en sortie

Un RNN peut simultanément prendre une séquence d'entrées et produire une séquence de sorties (voir le réseau en partie supérieure gauche de la figure 7.4). Ce type de modèle *séquence-vers-séquence* est utile pour effectuer des prévisions à partir de séries chronologiques, comme votre consommation d'énergie quotidienne. Vous lui fournissez les données sur les *N* derniers jours, puis vous l'entraînez à produire les valeurs décalées d'un jour dans le futur (c'est-à-dire les *N* – 1 derniers jours et demain).

On peut également fournir au réseau une séquence d'entrées et ignorer toutes les sorties, à l'exception de la dernière (voir le réseau en partie supérieure droite de la figure 7.4). Il s'agit d'un réseau *séquence-vers-vecteur*. Par exemple, l'entrée du réseau peut être une suite de mots qui correspondent aux critiques d'un film, sa sortie sera une note d'opinion (par exemple de 0 [j'ai détesté] à +1 [j'ai adoré]).

À l'inverse, on peut lui donner le même vecteur d'entrée encore et encore à chaque étape temporelle et le laisser produire en sortie une séquence (voir le réseau en partie inférieure gauche de la figure 7.4). Il s'agit alors d'un réseau *vecteur-vers-séquence*. Par exemple, l'entrée peut être une image (ou la sortie d'un CNN) et la sortie une légende pour cette image.

Enfin, on peut avoir un réseau séquence-vers-vecteur, appelé *encodeur*, suivi d'un réseau vecteur-vers-séquence, appelé *décodeur* (voir le réseau en partie inférieure droite de la figure 7.4). Ce type d'architecture peut, par exemple, servir à la traduction d'une phrase d'une langue vers une autre. On fournit en entrée une phrase dans une langue, l'encodeur la convertit en une seule représentation vectorielle, puis le décodeur transforme ce vecteur en une phrase dans une autre langue. Ce modèle en deux étapes, appelé *encodeur-décodeur*[171], permet d'obtenir de bien meilleurs résultats qu'une traduction à la volée avec un seul RNN séquence-vers-séquence (comme celui représenté en partie supérieure gauche). En effet, les derniers mots d'une phrase pouvant influencer la traduction des premiers, il vaut mieux attendre d'avoir reçu l'intégralité de la phrase avant de la traduire. Nous étudierons l'implémentation d'un

171. Nal Kalchbrenner et Phil Blunsom, « Recurrent Continuous Translation Models », *Proceedings of the 2013 Conference on Empirical Methods in Natural Language Processing* (2013), 1700-1709 : *https://homl.info/seq2seq*.

encodeur-décodeur au chapitre 8 (vous le verrez, c'est un peu plus complexe que ne le suggère la figure 7.4).

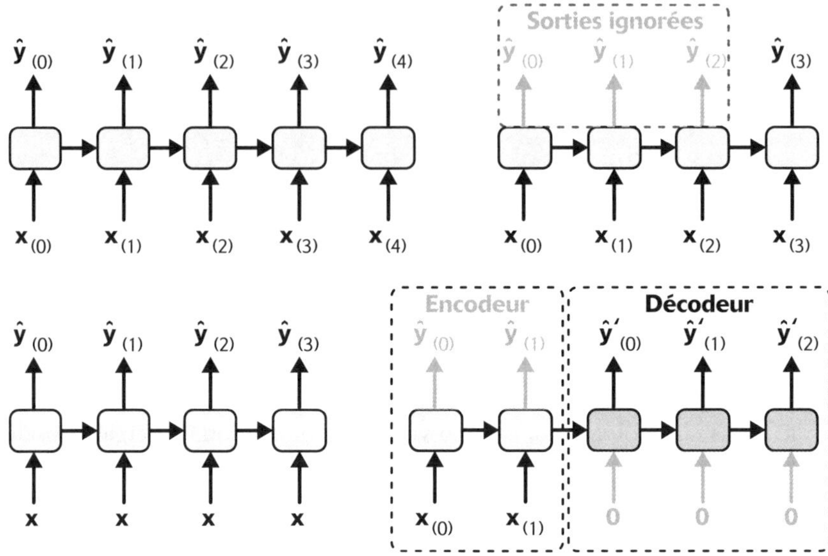

Figure 7.4 – Réseaux séquence-vers-séquence (en haut à gauche), séquence-vers-vecteur (en haut à droite), vecteur-vers-séquence (en bas à gauche) et encodeur-décodeur (en bas à droite)

Cette polyvalence semble bien prometteuse, mais comment entraîne-t-on un réseau de neurones récurrents ?

7.2 ENTRAÎNER DES RNN

Pour entraîner un RNN, l'astuce consiste à le déplier dans le temps (comme nous l'avons fait), puis à simplement employer une rétropropagation classique (voir la figure 7.5). Cette stratégie est appelée *rétropropagation dans le temps* (*backpropagation through time*, ou BPTT).

À l'instar de la rétropropagation classique, il existe une première passe en avant au travers du réseau déplié (représentée par les flèches en pointillé). La séquence de sortie est ensuite évaluée à l'aide d'une fonction de perte $\mathcal{L}(\mathbf{Y}_{(0)}, \mathbf{Y}_{(1)}, \ldots, \mathbf{Y}_{(T)}; \widehat{\mathbf{Y}}_{(0)}, \widehat{\mathbf{Y}}_{(1)}, \ldots, \widehat{\mathbf{Y}}_{(T)})$ (où $\mathbf{Y}_{(i)}$ est la $i^{\text{ème}}$ valeur cible, $\widehat{\mathbf{Y}}_{(i)}$ est la $i^{\text{ème}}$ prédiction et T est la dernière étape temporelle). Notez que cette fonction de perte peut ignorer certaines sorties. Par exemple, dans un RNN séquence-vers-vecteur, toutes les sorties sont ignorées à l'exception de la dernière. Sur la figure 7.5, la fonction de perte est calculée sur les trois dernières sorties uniquement. Les gradients de cette fonction de perte sont ensuite rétropropagés au travers du réseau déplié (représenté par les flèches pleines). Dans cet exemple, étant donné que les sorties $\widehat{\mathbf{Y}}_{(0)}$ et $\widehat{\mathbf{Y}}_{(1)}$ ne sont pas utilisées pour calculer la perte, les gradients ne les retraversent pas ; ils ne sont rétropropagés qu'à travers $\hat{Y}_{(2)}$, $\hat{Y}_{(3)}$ et $\hat{Y}_{(4)}$. Par ailleurs, puisque les mêmes paramètres **W** et **b** sont utilisés à chaque étape temporelle, leurs gradients seront ajustés plusieurs fois durant la rétropropagation. Une fois la passe arrière terminée et les gradients calculés, la BPTT peut effectuer une étape de descente de gradient pour mettre à jour les paramètres (de la même façon qu'une rétropropagation classique).

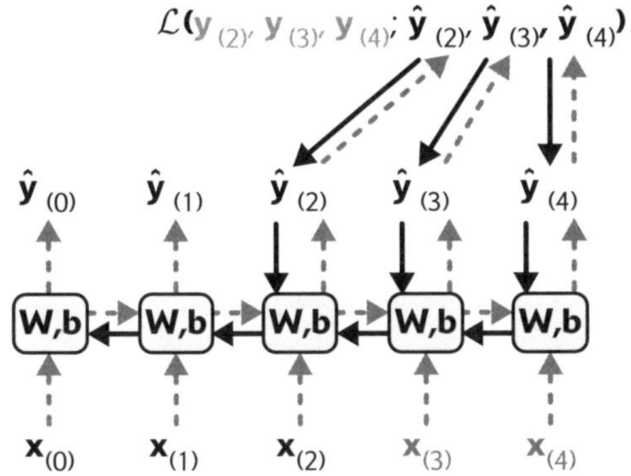

Figure 7.5 – Rétropropagation dans le temps

Heureusement, Keras va s'occuper de toute cette complexité à notre place, comme nous le verrons. Mais avant cela, commençons par charger une série chronologique et l'analyser à l'aide d'outils classiques pour mieux la comprendre et obtenir quelques statistiques de base.

7.3 PRÉDIRE UNE SÉRIE CHRONOLOGIQUE

Bien ! Supposons que vous ayez été recruté en tant qu'analyste de données par la régie des transports urbains de Chicago. Votre première tâche consiste à construire un modèle capable de prévoir le nombre de trajets par bus ou par rail du lendemain. Vous disposez des données relatives aux trajets journaliers depuis 2001. Voyons ensemble comment gérer ce problème. Nous allons commencer par charger le jeu de données et le nettoyer[172].

```
import pandas as pd
from pathlib import Path

path = Path("datasets/ridership/CTA_-_Ridership_-_Daily_Boarding_Totals.csv")
df = pd.read_csv(path, parse_dates=["service_date"])
df.columns = ["date", "day_type", "bus", "rail", "total"]  # noms plus courts
df = df.sort_values("date").set_index("date")
df = df.drop("total", axis=1)  # pas besoin du total,
                               # même chose que bus + rail
df = df.drop_duplicates()  # supprimer les mois dupliqués (10-2011 et 07-2014)
```

172. Les données à jour de la régie des transports de Chicago sont accessibles sur le portail de données de Chicago (*https://homl.info/ridership*).

Nous chargeons le fichier CSV, raccourcissons les noms de colonnes, trions les lignes par date, supprimons la colonne « total » qui est redondante ainsi que les lignes dupliquées. Voyons maintenant à quoi ressemblent les premières lignes :

```
>>> df.head()
           day_type     bus    rail
date
2001-01-01        U  297192  126455
2001-01-02        W  780827  501952
2001-01-03        W  824923  536432
2001-01-04        W  870021  550011
2001-01-05        W  890426  557917
```

Le 1er janvier 2001, 297 192 personnes sont montées à bord d'un bus à Chicago et 126 455 sont montés à bord d'un train. La colonne `day_type` contient `W` (**w**eekday) pour les jours de semaine, `A` (S**a**turday) pour les samedis et `U` (S**u**nday) pour les dimanches et fêtes.

Représentons maintenant graphiquement (figure 7.6) les trajets en bus ou en train durant quelques mois de 2019, pour voir à quoi cela ressemble :

```
import matplotlib.pyplot as plt

df["2019-03":"2019-05"].plot(grid=True, marker=".", figsize=(8, 3.5))
plt.show()
```

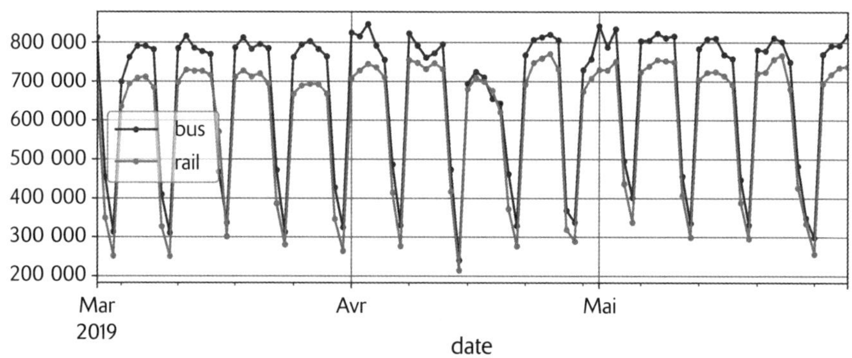

Figure 7.6 – Trajets quotidiens à Chicago

Remarquez que Pandas inclut les deux extrémités de l'intervalle, c'est pourquoi le graphique présente toutes les données du 1er mars au 31 mai. Il s'agit d'une série chronologique, c'est-à-dire de données mesurées au cours du temps, habituellement à intervalles réguliers. Plus précisément, étant donné qu'il y a plusieurs valeurs par unité de temps, il s'agit d'une série chronologique multivariée. Si nous n'avion pris en compte que la colonne `bus`, il s'agirait d'une série chronologique univariée, avec une seule valeur par unité de temps. La prédiction des valeurs futures (c'est-à-dire la prévision) est la tâche la plus courante lorsqu'on traite des séries chronologiques ; c'est ce à quoi nous allons nous intéresser dans ce chapitre. Parmi les autres tâches, on peut citer l'imputation (qui consiste à substituer des valeurs aux données manquantes), la classification, la détection d'anomalies, etc.

En observant la figure 7.6, nous pouvons constater que le même comportement se répète semaine après semaine. C'est ce qu'on appelle une *saisonnalité hebdomadaire*. En fait, celle-ci est si forte, dans le cas présent, que pour prédire les déplacements du lendemain, le simple fait de copier les valeurs de la semaine précédente donne un assez bon résultat. Une prévision naïve constitue souvent un bon point de départ, et dans certains cas il peut même se révéler difficile de faire mieux.

En général, on appelle *prévision naïve* le fait de copier la dernière valeur connue (en supposant par exemple que demain sera identique à aujourd'hui). Cependant, dans le cas qui nous intéresse, copier la valeur de la semaine précédente fonctionne mieux, étant donné la forte saisonnalité hebdomadaire.

Pour visualiser ces prévisions naïves, superposons ces deux séries chronologiques (pour le bus et pour le rail), avec les mêmes séries chronologiques décalées d'une semaine (vers la droite) en utilisant cette fois des lignes pointillées. Nous allons aussi représenter graphiquement la différence entre les deux (à savoir, la valeur au temps *t* moins la valeur au temps *t*–7) : c'est ce qu'on appelle la *différenciation* (voir figure 7.7).

```
diff_7 = df[["bus", "rail"]].diff(7)["2019-03":"2019-05"]

fig, axs = plt.subplots(2, 1, sharex=True, figsize=(8, 5))
df.plot(ax=axs[0], legend=False, marker=".")  # série chronologique d'origine
df.shift(7).plot(ax=axs[0], grid=True, legend=False, linestyle=":")  # décalée
diff_7.plot(ax=axs[1], grid=True, marker=".")  # série chronologique
                                                # des différences sur 7 jours
plt.show()
```

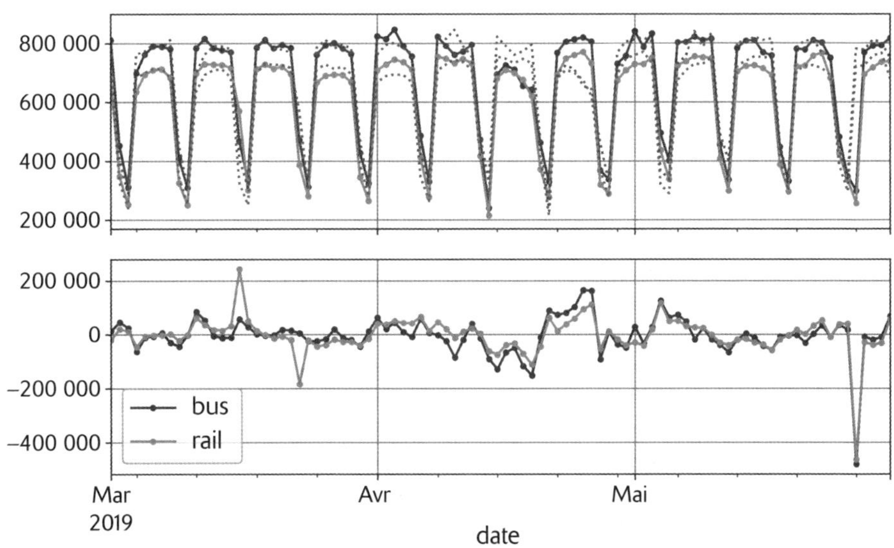

Figure 7.7 – Série chronologique superposée avec la même série décalée d'une semaine (en haut) et différence entre les valeurs aux temps *t* et *t*–7 (en bas)

Ce n'est pas si mal ! Remarquez à quel point la série chronologique décalée reste proche de la série chronologique d'origine. Lorsqu'une série chronologique est corrélée à une version décalée d'elle-même, on dit que la série chronologique est *auto-corrélée*. Comme vous pouvez le voir, la plupart des différences sont relativement petites, sauf à la fin du mois de mai. Peut-être y a-t-il un congé à ce moment-là ? Vérifions la colonne `day_type` :

```
>>> list(df.loc["2019-05-25":"2019-05-27"]["day_type"])
['A', 'U', 'U']
```

Effectivement, il y avait bien un week-end prolongé à ce moment-là ! Nous pourrions utiliser cette colonne pour améliorer nos prévisions, mais mesurons pour l'instant l'erreur absolue moyenne (*mean absolute error*, ou MAE) sur la période de trois mois que nous avons arbitrairement choisie (mars, avril et mai 2019) pour nous faire une première idée :

```
>>> diff_7.abs().mean()
bus     43915.608696
rail    42143.271739
dtype: float64
```

Nos prévisions naïves obtiennent une MAE de 43 916 pour les trajets en autobus, et de 42 143 pour les trajets ferroviaires. Il est difficile de décider directement si ces résultats sont bons ou mauvais : rendons ces erreurs de prédiction comparables en les divisant par les valeurs cibles :

```
>>> targets = df[["bus", "rail"]]["2019-03":"2019-05"]
>>> (diff_7 / targets).abs().mean()
bus     0.082938
rail    0.089948
dtype: float64
```

La valeur que nous venons de calculer est appelée *erreur absolue moyenne en pourcentage* (*mean absolute percentage error*, ou MAPE) : nous constatons que nos prévisions naïves nous ont donné une MAPE d'environ 8,3 % pour les trajets en bus et de 9,0 % pour les trajets ferroviaires. Il est intéressant de noter que la MAE pour les prévisions ferroviaires paraît légèrement meilleure que la MAE pour les prévisions de trajets en bus, alors que c'est le contraire pour la MAPE. La raison en est qu'il y a beaucoup plus de déplacements en bus que de déplacements en train, par conséquent les erreurs de prévision sont aussi supérieures, mais lorsque nous ramenons ces erreurs à la même échelle, il apparaît que les prévisions pour les trajets en bus sont en réalité un peu meilleures que celles pour les trajets ferroviaires.

> La MAE, la MAPE et la MSE font partie des métriques les plus courantes que vous pouvez utiliser pour évaluer vos prévisions. Comme toujours, le choix de la bonne métrique dépend de la tâche. À titre d'exemple, si votre projet est quadratiquement plus pénalisé par les erreurs importantes que par les petites erreurs, alors la MSE peut être préférable, car elle pénalise considérablement les grandes erreurs.

Si l'on observe ces séries chronologiques, il ne semble pas y avoir de saisonnalité mensuelle significative ; voyons toutefois s'il existe une saisonnalité annuelle.

Nous allons examiner les données de 2001 à 2019. Pour réduire le risque d'espionnage des données, nous allons ignorer pour l'instant les données les plus récentes. Représentons également une moyenne sur 12 mois glissants pour chaque série, afin de visualiser les tendances à long terme (voir figure 7.8) :

```
period = slice("2001", "2019")
df_monthly = df.resample('M').mean()  # calcul des moyennes mensuelles
rolling_average_12_months = df_monthly[period].rolling(window=12).mean()

fig, ax = plt.subplots(figsize=(8, 4))
df_monthly[period].plot(ax=ax, marker=".")
rolling_average_12_months.plot(ax=ax, grid=True, legend=False)
plt.show()
```

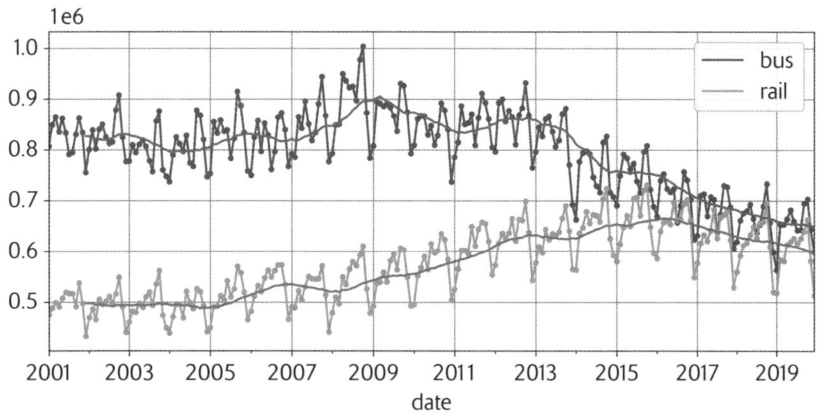

Figure 7.8 – Saisonnalité annuelle et tendances à long terme

Clairement, il y a également une saisonnalité annuelle, bien qu'elle comporte davantage d'aléas (ou bruit) que la saisonnalité hebdomadaire et qu'elle soit plus nette pour la série rail que pour la série bus : nous observons des pics et des creux à peu près aux mêmes dates chaque année. Vérifions ce que nous obtenons si nous représentons graphiquement la différence à 12 mois (voir figure 7.9) :

```
df_monthly.diff(12)[period].plot(grid=True, marker=".", figsize=(8, 3))
plt.show()
```

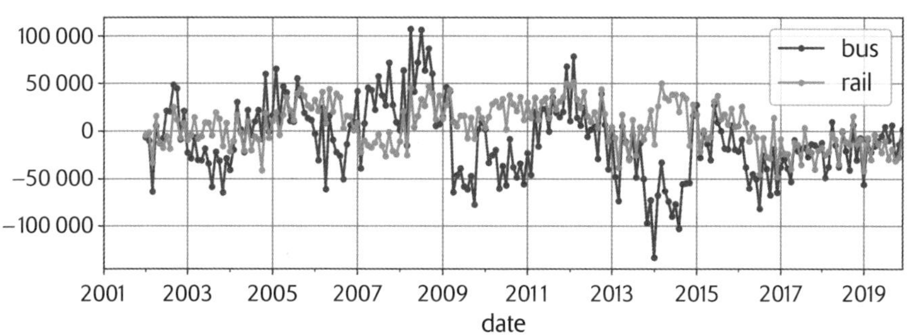

Figure 7.9 – La différence à 12 mois

Remarquez que cette différenciation a supprimé non seulement la saisonnalité annuelle, mais également les tendances à long terme. Ainsi, la tendance de décroissance linéaire présente dans la série chronologique de 2016 à 2019 est devenue une valeur négative à peu près constante dans la série chronologique différenciée. De fait, la différenciation est une technique commune utilisée pour supprimer tendance et saisonnalité d'une série chronologique : il est plus simple d'étudier une série chronologique stationnaire, c'est-à-dire une série dont les propriétés statistiques restent constantes au cours du temps, sans saisonnalité ni tendance à long terme. Une fois que vous êtes capable d'effectuer des prévisions exactes sur la série chronologique différenciée, il est facile de les transformer en prévisions concernant la série chronologique réelle en ajoutant les valeurs qui avaient été retranchées.

Vous pensez peut-être que nous essayons seulement de prévoir les trajets urbains du lendemain, et que donc les motifs à long terme importent beaucoup moins que ceux à court terme. Vous avez raison, cependant nous pourrions peut-être améliorer légèrement les performances en prenant en compte ces motifs à long terme. Par exemple, les trajets quotidiens en bus ont diminué de 2 500 en octobre 2017, ce qui représente environ 570 trajets de moins chaque semaine. Par conséquent, si nous étions à la fin d'octobre 2017, pour obtenir une prévision des trajets urbains du lendemain il serait sensé de prendre la valeur de la semaine précédente et de lui retrancher 570. Tenir compte de la tendance augmentera légèrement, en moyenne, l'exactitude de vos prévisions.

Maintenant que vous êtes familiarisé avec la série chronologique des déplacements urbains ainsi qu'avec quelques-uns des concepts les plus importants en matière d'analyse de séries chronologiques, parmi lesquels la saisonnalité, la tendance, la différenciation et les moyennes mobiles, jetons un rapide coup d'œil à une famille très appréciée de modèles statistiques couramment utilisés pour l'analyse des séries chronologiques.

7.3.1 Famille des modèles ARMA

Nous commencerons par le *modèle autorégressif et moyenne mobile* (*autoregressive moving average*, ou ARMA), développé par Herman Wold dans les années 1930 : il calcule ses prévisions à l'aide d'une simple somme pondérée des valeurs passées et corrige ses prévisions en ajoutant une moyenne mobile, de manière similaire à ce que nous avons vu. Plus précisément, la composante de moyenne mobile est calculée à l'aide d'une somme pondérée des dernières erreurs de prévision. L'équation 7.3 montre comment le modèle effectue ses prévisions.

Équation 7.3 – Prévision utilisant un modèle ARMA

$$\hat{y}_{(t)} = \sum_{i=1}^{p} \alpha_i y_{(t-i)} + \sum_{i=1}^{q} \theta_i \varepsilon_{(t-i)}$$

$$\text{avec } \varepsilon_{(t)} = y_{(t)} - \hat{y}_{(t)}$$

Dans cette équation :

- $\hat{y}_{(t)}$ est la prévision du modèle pour l'étape temporelle t.
- $y_{(t)}$ est la valeur de la série chronologique à l'étape temporelle t.
- La première somme est la somme pondérée des p valeurs passées de la série chronologique, en utilisant les poids appris α_i. Le nombre p est un hyperparamètre qui détermine jusqu'où le modèle doit remonter dans le passé. Cette somme est la composante autorégressive du modèle : elle effectue une régression basée sur les valeurs passées.
- La seconde somme est la somme pondérée des q erreurs de prévision $\varepsilon_{(t)}$ passées, en utilisant les poids appris θ_i. Le nombre q est un hyperparamètre. Cette somme est la composante de moyenne mobile du modèle.

Il est important de noter que le modèle suppose que la série chronologique est stationnaire. Si ce n'est pas le cas, alors une différenciation peut être utile. Une différenciation sur une seule étape temporelle produit une approximation de la dérivée de la série temporelle : cela fournit la pente de la série à chaque étape temporelle. Ceci signifie que toute tendance linéaire sera éliminée, étant donné qu'elle sera transformée en une valeur constante. À titre d'exemple, si vous appliquez une différenciation sur une étape à la série [3, 5, 7, 9, 11], vous obtenez la série des différences [2, 2, 2, 2].

Si la série chronologique originelle a une tendance quadratique au lieu d'une tendance linéaire, alors un seul tour de différenciation ne suffira pas. Par exemple, la série [1, 4, 9, 16, 25, 36] devient [3, 5, 7, 9, 11] après une première différenciation, mais si vous effectuez une deuxième différenciation vous obtenez [2, 2, 2, 2]. Par conséquent, deux tours de différenciation élimineront les tendances quadratiques. Plus généralement, en effectuant d différenciations successives, on obtient une approximation de la dérivée d'ordre d de la série chronologique, ce qui éliminera toutes les tendances polynomiales jusqu'au degré d. Cet hyperparamètre d est appelé *ordre d'intégration*.

La différenciation est la contribution centrale du modèle autorégressif et moyenne mobile intégré (*autoregressive integrated moving average*, ou ARIMA), présenté en 1970 par George Box et Gwilym Jenkins dans un livre consacré à l'analyse des séries chronologiques[173] : ce modèle effectue d tours de différenciation pour rendre la série chronologique plus stationnaire, puis applique un modèle ARMA normal. Pour effectuer des prévisions, il utilise ce modèle ARMA puis ajoute les termes qui ont été soustraits par différenciation.

Voyons un dernier membre de la famille ARMA : le modèle ARIMA saisonnier (*seasonal ARIMA*, ou SARIMA), qui transforme la série chronologique de la même façon qu'ARIMA mais génère également une composante saisonnière pour une fréquence donnée (par exemple hebdomadaire) en utilisant exactement la même approche ARIMA. Il dispose de sept hyperparamètres : les mêmes hyperparamètres p, d et q qu'ARIMA, plus les hyperparamètres supplémentaires P, D et Q pour modéliser la composante saisonnière, et enfin la périodicité de la composante saisonnière s.

173. George Box et Gwilym Jenkins, *Time Series Analysis* (Wiley, 1970)

Les hyperparamètres *P*, *D* et *Q* sont analogues à *p*, *d* et *q*, mais ils sont utilisés pour modéliser la série chronologique en *t–s*, *t–2s*, *t–3s*, etc.

Voyons comment ajuster un modèle SARIMA à la série chronologique des transports ferroviaires, puis l'utiliser pour effectuer une prévision des trajets du lendemain. Nous supposerons que nous sommes aujourd'hui le dernier jour de mai 2019, et que nous voulons une prévision des transports ferroviaires pour « demain », à savoir le 1er juin 2019. Pour cela, nous pouvons utiliser la bibliothèque `statsmodels`, qui regroupe de nombreux modèles statistiques, parmi lesquels le modèle ARMA et ses variantes, implémentés par la classe `ARIMA` :

```
from statsmodels.tsa.arima.model import ARIMA

origin, today = "2019-01-01", "2019-05-31"
rail_series = df.loc[origin:today]["rail"].asfreq("D")
model = ARIMA(rail_series,
              order=(1, 0, 0),
              seasonal_order=(0, 1, 1, 7))
model = model.fit()
y_pred = model.forecast()  # renvoie 427,758.6
```

Dans cet exemple de code :

- Nous commençons par importer la classe `ARIMA`, puis nous prenons les données des transports ferroviaires depuis le début de 2019 jusqu'à « aujourd'hui » (le 31 mai 2019) et nous utilisons `asfreq("D")` pour indiquer que la fréquence de la série chronologique est journalière : cela ne change rien aux données dans notre cas, puisque la fréquence est déjà journalière, mais sinon la classe `ARIMA` devrait deviner la fréquence et afficherait un message d'avertissement.
- Ensuite, nous créons une instance `ARIMA`, en lui transmettant toutes les données jusqu'à « aujourd'hui » et nous définissons les hyperparamètres du modèle : `order=(1, 0, 0)` signifie que $p = 1$, $d = 0$, $q = 0$, et `seasonal_order=(0, 1, 1, 7)` signifie que $P = 0$, $D = 1$, $Q = 1$ et $s = 7$. Vous remarquerez que l'API de `statsmodels` diffère légèrement de celle de Scikit-Learn, puisque nous transmettons les données au modèle au moment de la construction, au lieu de les transmettre à la méthode `fit()`.
- Ensuite, nous ajustons le modèle et nous l'utilisons pour fournir une prévision pour « demain », à savoir le 1er juin 2019.

La prévision est de 427 759 passagers, alors qu'il y en a eu en réalité 379 044. Nous nous sommes trompés de 12,9 %, ce qui est plutôt mauvais. C'est même légèrement pire que la prévision naïve qui donnait 426 932, soit une erreur de 12,6 %. Mais peut-être avons-nous été simplement malchanceux ce jour-là ? Pour le vérifier, nous pouvons exécuter le même code dans une boucle afin d'obtenir des prévisions pour chacun des jours de mars, avril et mai et calculer la MAE sur cette période :

```
origin, start_date, end_date = "2019-01-01", "2019-03-01", "2019-05-31"
time_period = pd.date_range(start_date, end_date)
rail_series = df.loc[origin:end_date]["rail"].asfreq("D")
y_preds = []
for today in time_period.shift(-1):
    model = ARIMA(rail_series[origin:today],  # entraînement sur données
                                               # jusqu'à aujourd'hui
```

```
                    order=(1, 0, 0),
                    seasonal_order=(0, 1, 1, 7))
    model = model.fit()  # nous réentraînons le modèle chaque jour !
    y_pred = model.forecast()[0]
    y_preds.append(y_pred)
y_preds = pd.Series(y_preds, index=time_period)
mae = (y_preds - rail_series[time_period]).abs().mean()  # renvoie 32,040.7
```

Ah, c'est beaucoup mieux ! La MAE est d'environ 32 041, ce qui est nettement plus faible que la MAE obtenue avec une prévision naïve (42 143). Par conséquent, même si le modèle n'est pas parfait, il bat largement la prévision naïve, en moyenne.

Vous vous demandez peut-être maintenant comment choisir de bons hyperparamètres pour le modèle SARIMA. Il existe plusieurs méthodes, mais la plus simple à comprendre et à mettre en œuvre est l'approche privilégiant la force brute : effectuer une recherche par quadrillage. Pour chacun des modèles que vous souhaitez évaluer (c'est-à-dire pour chaque combinaison d'hyperparamètres), vous pouvez exécuter l'exemple de code précédent en changeant uniquement les valeurs des hyperparamètres. Les bonnes valeurs de p, q, P et Q sont d'ordinaire entre 0 et 2, et parfois jusqu'à 5 ou 6, tandis que les bonnes valeurs de d et D sont généralement 0 ou 1, et parfois 2. Pour ce qui concerne s, c'est juste la période de la saisonnalité principale : dans notre cas, c'est 7 vu la forte saisonnalité hebdomadaire. Le modèle ayant la plus faible MAE l'emporte. Bien sûr, vous pourrez remplacer la MAE par une autre métrique si cette dernière correspond mieux à l'objectif de votre activité. Et c'est tout ![174]

7.3.2 Préparer des données pour les modèles de Machine Learning

Maintenant que nous avons deux méthodes de référence, la prévision naïve et SARIMA, essayons d'utiliser les modèles de Machine Learning dont nous avons parlé jusqu'ici pour effectuer des prévisions à partir de cette série chronologique, en commençant par un modèle linéaire basique. Notre objectif sera de prévoir les trajets du lendemain en se basant sur les trajets effectués au cours des huit semaines passées (56 jours). Les entrées de notre modèle seront par conséquent des séquences (en général une seule séquence par jour une fois que le modèle est en production), chacune d'elles comportant 56 valeurs, du temps t–55 jusqu'au temps t. Pour chaque séquence d'entrée, le modèle produira une seule valeur : la prévision au temps t+1.

Mais qu'utiliserons-nous comme données d'entraînement ? C'est ici que réside l'astuce : nous utiliserons la fenêtre de 56 jours passés comme données d'entraînement, et la cible correspondante sera la valeur venant immédiatement après.

174. Il existe des démarches plus raisonnées pour la sélection de bons hyperparamètres : elles se basent sur l'analyse de la *fonction d'autocorrélation* (*autocorrelation function*, ou ACF) et de la *fonction d'autocorrélation partielle* (*partial autocorrelation function*, ou PACF), ou sur la minimisation des métriques AIC ou BIC (présentées dans l'ouvrage *Machine Learning avec Scikit-Learn*, A. Géron, Dunod 3e édition, 2023, au chapitre 9) pour pénaliser les modèles utilisant trop d'hyperparamètres et réduire le risque de surajustement, mais une recherche par quadrillage constitue un bon début. Pour en savoir plus sur l'approche ACF-PACF, vous pouvez consulter l'article de Jason Brownlee sur *https://homl.info/arimatuning*.

Keras propose `tf.keras.utils.timeseries_dataset_from_array()`, une fonction utilitaire qui vous aidera à préparer le jeu d'entraînement. Elle reçoit en entrée une série chronologique, et construit un dataset `tf.data.Dataset` (présenté au chapitre 5) contenant toutes les fenêtres de la taille désirée, ainsi que les cibles correspondantes. Voici un exemple prenant une série chronologique contenant les nombres 0 à 5 et créant un dataset contenant toutes les fenêtres de longueur 3 avec les cibles correspondantes, regroupées en lots de taille 2 :

```
import tensorflow as tf

my_series = [0, 1, 2, 3, 4, 5]
my_dataset = tf.keras.utils.timeseries_dataset_from_array(
    my_series,
    targets=my_series[3:],  # les cibles sont décalées de 3 vers le futur
    sequence_length=3,
    batch_size=2
)
```

Inspectons le contenu de ce dataset :

```
>>> list(my_dataset)
[(<tf.Tensor: shape=(2, 3), dtype=int32, numpy=
  array([[0, 1, 2],
         [1, 2, 3]], dtype=int32)>,
  <tf.Tensor: shape=(2,), dtype=int32, numpy=array([3, 4], dtype=int32)>),
 (<tf.Tensor: shape=(1, 3), dtype=int32, numpy=
  array([[2, 3, 4]], dtype=int32)>,
  <tf.Tensor: shape=(1,), dtype=int32, numpy=array([5], dtype=int32)>)]
```

Chaque exemple du dataset est une fenêtre de longueur 3 avec sa cible correspondante (à savoir, la valeur suivant immédiatement la fenêtre). Les fenêtres sont [0, 1, 2], [1, 2, 3] et [2, 3, 4], et leurs cibles respectives sont 3, 4 et 5. Étant donné qu'il y a trois fenêtres au total et que ce n'est pas un multiple de la taille du lot, le dernier lot ne comporte qu'une fenêtre au lieu de deux.

Une autre façon d'obtenir le même résultat consiste à utiliser la méthode `window` de la classe `Dataset` de tf.data. C'est un peu plus complexe, mais cela vous permet de tout contrôler, ce qui se révélera pratique dans la suite de ce chapitre : voyons donc comment cela fonctionne. La méthode `window()` renvoie un dataset constitué de datasets de fenêtres :

```
>>> for window_dataset in tf.data.Dataset.range(6).window(4, shift=1):
...     for element in window_dataset:
...         print(f"{element}", end=" ")
...     print()
...
0 1 2 3
1 2 3 4
2 3 4 5
3 4 5
4 5
5
```

Dans cet exemple, le dataset comporte six fenêtres, chacune d'entre elles décalée d'une étape par rapport à la précédente et les trois dernières fenêtres étant plus petites parce qu'elles ont atteint la fin de la série. En général, vous préférerez vous débarrasser de ces fenêtres plus petites en spécifiant `drop_remainder=True` lors de l'appel de la méthode `window()`.

La méthode `window()` renvoie un dataset imbriqué, analogue à une liste de listes. C'est utile lorsque vous voulez transformer chaque fenêtre en appelant ses méthodes de dataset (par exemple pour les mélanger ou les regrouper en lots). Cependant, nous ne pouvons pas utiliser un dataset imbriqué directement pour l'entraînement, car notre modèle s'attend à recevoir des tenseurs en entrée, et non des datasets.

Par conséquent, nous devons appeler la méthode `flat_map()` : celle-ci convertit un dataset imbriqué en un dataset plat (qui contient des tenseurs, et non des datasets). Supposons par exemple que {1, 2, 3} représente un dataset contenant la séquence de tenseurs 1, 2 et 3. Si vous aplatissez le dataset imbriqué {{1, 2}, {3, 4, 5, 6}}, vous retrouvez le dataset plat {1, 2, 3, 4, 5, 6}.

De plus, la méthode `flat_map()` accepte comme argument une fonction qui vous permet de transformer chaque dataset en dataset imbriqué avant de l'aplatir. Par exemple, si vous passez la fonction `lambda ds: ds.batch(2)` à `flat_map()`, alors elle transformera le dataset imbriqué {{1, 2}, {3, 4, 5, 6}} pour obtenir le dataset plat {[1, 2], [3, 4], [5, 6]} : c'est un dataset contenant trois tenseurs, chacun de taille 2.

Une fois ceci compris, nous sommes prêts à aplatir notre dataset :

```
>>> dataset = tf.data.Dataset.range(6).window(4, shift=1, drop_remainder=True)
>>> dataset = dataset.flat_map(lambda window_dataset: window_dataset.batch(4))
>>> for window_tensor in dataset:
...     print(f"{window_tensor}")
...
[0 1 2 3]
[1 2 3 4]
[2 3 4 5]
```

Étant donné que chaque dataset de fenêtres contient exactement quatre éléments, l'appel de `batch(4)` sur une fenêtre produit un seul tenseur de taille 4. Très bien ! Nous avons maintenant un dataset contenant des fenêtres consécutives représentées sous forme de tenseurs. Créons une petite fonction utilitaire pour faciliter l'extraction de fenêtres à partir d'un dataset :

```
def to_windows(dataset, length):
    dataset = dataset.window(length, shift=1, drop_remainder=True)
    return dataset.flat_map(lambda window_ds: window_ds.batch(length))
```

La dernière étape consiste à partager chaque fenêtre entre les entrées et les cibles en utilisant la méthode `map()`. Nous pouvons aussi regrouper les fenêtres résultantes en lots de taille 2 :

```
>>> dataset = to_windows(tf.data.Dataset.range(6), 4) # 3 entrées + 1 cible
                                                       # = 4
>>> dataset = dataset.map(lambda window: (window[:-1], window[-1]))
>>> list(dataset.batch(2))
[(<tf.Tensor: shape=(2, 3), dtype=int64, numpy=
  array([[0, 1, 2],
         [1, 2, 3]])>,
  <tf.Tensor: shape=(2,), dtype=int64, numpy=array([3, 4])>),
```

```
(<tf.Tensor: shape=(1, 3), dtype=int64, numpy=array([[2, 3, 4]])>,
 <tf.Tensor: shape=(1,), dtype=int64, numpy=array([5])>)]
```

Comme vous pouvez le constater, nous avons maintenant la même sortie que celles obtenues précédemment avec la fonction `timeseries_dataset_from_array()` (avec un petit effort supplémentaire, mais qui se révélera bientôt payant).

Mais avant de commencer l'entraînement, nous devons partager nos données entre une période d'entraînement, une période de validation et une période de test. Nous allons nous concentrer sur les déplacements ferroviaires pour l'instant. Nous allons aussi recalibrer les données en les divisant par un facteur de 1 million, afin que les valeurs soient à peu près dans l'intervalle 0-1 ; ceux-ci s'accordent bien avec l'initialisation des poids par défaut et avec le taux d'apprentissage :

```
rail_train = df["rail"]["2016-01":"2018-12"] / 1e6
rail_valid = df["rail"]["2019-01":"2019-05"] / 1e6
rail_test = df["rail"]["2019-06":] / 1e6
```

Lorsqu'on travaille sur une série chronologique, on souhaite généralement la partager dans le temps. Cependant, dans certains cas, vous pouvez être en mesure de la partager selon d'autres dimensions, ce qui vous permettra de conserver une période plus longue pour l'entraînement. Si vous disposez par exemple de données sur la santé financière de 10 000 entreprises entre 2001 et 2019, il se peut que vous soyez capables de partager les données entre différentes entreprises. Il est très probable cependant que beaucoup de ces entreprises seront fortement corrélées (c'est-à-dire que l'ensemble des entreprises de certains secteurs économiques verront leurs résultats s'améliorer ou se détériorer conjointement) et si vous avez des entreprises corrélées entre le jeu d'entraînement et le jeu de test, votre jeu de test ne sera pas aussi utile, car la mesure de l'erreur de généralisation que vous ferez sur celui-ci sera un peu trop optimiste.

Utilisons ensuite `timeseries_dataset_from_array()` pour créer des jeux de données pour l'entraînement et la validation. Étant donné que la descente de gradient suppose que les instances du jeu d'entraînement sont indépendantes et identiquement distribuées (IID), comme nous l'avons vu au chapitre 1, nous devons spécifier l'argument `shuffle=True` pour mélanger les fenêtres d'entraînement (mais pas leur contenu) :

```
seq_length = 56
train_ds = tf.keras.utils.timeseries_dataset_from_array(
    rail_train.to_numpy(),
    targets=rail_train[seq_length:],
    sequence_length=seq_length,
    batch_size=32,
    shuffle=True,
    seed=42
)
valid_ds = tf.keras.utils.timeseries_dataset_from_array(
    rail_valid.to_numpy(),
```

```
        targets=rail_valid[seq_length:],
        sequence_length=seq_length,
        batch_size=32
)
```

Maintenant nous sommes prêts à construire et entraîner n'importe quel modèle de régression !

7.3.3 Prédire à l'aide d'un modèle linéaire

Essayons d'abord un modèle linéaire élémentaire. Nous utiliserons la perte de Huber, qui d'ordinaire fonctionne mieux que de minimiser directement la MAE, comme nous l'avons vu au chapitre 2. Nous utiliserons également un arrêt précoce (*early stopping*) :

```
tf.random.set_seed(42)
model = tf.keras.Sequential([
    tf.keras.layers.Dense(1, input_shape=[seq_length])
])
early_stopping_cb = tf.keras.callbacks.EarlyStopping(
    monitor="val_mae", patience=50, restore_best_weights=True)
opt = tf.keras.optimizers.SGD(learning_rate=0.02, momentum=0.9)
model.compile(loss=tf.keras.losses.Huber(), optimizer=opt, metrics=["mae"])
history = model.fit(train_ds, validation_data=valid_ds, epochs=500,
                    callbacks=[early_stopping_cb])
```

Ce modèle atteint une MAE de validation d'environ 37 866. C'est mieux qu'une prévision naïve, mais moins bien que le modèle SARIMA[175]. Pouvons-nous faire mieux avec un RNN ? Voyons cela !

7.3.4 Prédire à l'aide d'un RNN simple

Essayons le RNN le plus élémentaire, contenant une seule couche récurrente comportant un seul neurone récurrent, comme ce que nous avons vu à la figure 7.1 :

```
model = tf.keras.Sequential([
    tf.keras.layers.SimpleRNN(1, input_shape=[None, 1])
])
```

Dans Keras, toutes les couches récurrentes attendent des entrées 3D ayant la forme [*taille du lot*, *étapes temporelles*, *dimension*], où *dimension* est égale à 1 pour les séries chronologiques univariées et à une valeur supérieure pour les séries chronologiques multivariées.

Rappelez-vous que l'argument `input_shape` ignore la première dimension (à savoir la taille du lot). Étant donné que les couches récurrentes peuvent accepter des séquences d'entrée de longueur quelconque, nous pouvons fixer la deuxième dimension à `None`, ce qui signifie « n'importe quelle taille ». Enfin, sachant qu'il s'agit

175. Remarquez que la période de validation commence le 1er janvier 2019, ce qui fait que la première prédiction est pour le 26 février 2019, 8 semaines plus tard. Lorsque nous avons évalué les modèles les plus simples, nous avons utilisé à la place des prévisions commençant le 1er mars, mais les résultats devraient être assez proches.

d'une série chronologique univariée, la troisième dimension sera 1. C'est pourquoi nous avons spécifié une forme d'entrée `[None, 1]` : ceci signifie « séquences univariées de longueur quelconque ». Notez que les datasets contiennent en réalité des entrées de forme [*taille du lot, étapes temporelles*], où il manque la dernière dimension de taille 1, mais Keras a la bonté de l'ajouter pour nous dans ce cas.

Ce modèle fonctionne exactement comme nous l'avons vu précédemment : l'état initial $h_{(init)}$ est initialisé à 0, puis il est transmis à un seul neurone récurrent, accompagné de la valeur de la première étape temporelle, $x_{(0)}$. Le neurone calcule une somme pondérée de ces valeurs plus un terme constant et applique la fonction d'activation au résultat, fonction qui est par défaut la tangente hyperbolique. Nous obtenons alors la première sortie, y_0. Dans un RNN, cette sortie est également le nouvel état h_0. Il est passé au même neurone récurrent, avec la valeur d'entrée suivante $x_{(1)}$. Le processus se répète jusqu'à la dernière étape temporelle. À la fin, la couche produit la dernière valeur : dans notre cas les séquences comportent 56 étapes, donc la dernière valeur est y_{55}. Tout cela est réalisé simultanément pour chaque séquence dans le lot, nous en avons 32 dans ce cas.

Dans Keras, les couches récurrentes retournent par défaut uniquement la sortie finale. Pour qu'elles retournent une sortie par étape temporelle, vous devez indiquer `return_sequences=True`.

Voici donc notre premier modèle récurrent ! C'est un modèle séquence-vers-vecteur. Étant donné qu'il n'y a qu'un seul neurone de sortie, le vecteur de sortie a pour taille 1. Si maintenant vous compilez, entraînez et évaluez ce modèle de la même façon que le précédent, vous constaterez qu'il n'est pas bon du tout : sa MAE de validation est supérieure à 100 000 ! Aïe ! Ce n'est pas ce que nous attendions, pour deux raisons :

- Le modèle n'a qu'un seul neurone récurrent, c'est pourquoi la seule donnée qu'il peut utiliser pour effectuer une prévision à un instant donné est la valeur d'entrée à cet instant et la valeur de sortie de l'étape précédente. Ce n'est pas beaucoup ! Autrement dit, la mémoire du RNN est extrêmement limitée : elle est constituée d'une unique valeur, sa sortie précédente. Comptons le nombre de paramètres que possède ce modèle : étant donné qu'il s'agit simplement d'un neurone récurrent avec seulement deux valeurs d'entrée, le modèle tout entier ne possède que trois paramètres (deux poids plus un terme constant). C'est loin d'être suffisant pour cette série chronologique. Par contraste, notre modèle précédent pouvait voir simultanément l'ensemble des 56 valeurs précédentes et il avait 57 paramètres au total.
- La série chronologique comporte des valeurs comprises entre 0 et 1,4, mais étant donné que la fonction d'activation par défaut est la tangente hyperbolique, la couche récurrente ne peut produire en sortie que des valeurs comprises entre –1 et +1. Il ne lui est pas possible de fournir des prévisions entre 1 et 1,4.

Pour corriger ces deux problèmes, nous allons créer un modèle avec une couche récurrente plus large, comportant 30 neurones récurrents, et nous allons ajouter en sortie une couche dense comportant un seul neurone de sortie et aucune fonction d'activation. La couche récurrente sera capable de transférer beaucoup plus d'informations d'une étape temporelle vers la suivante, et la couche dense de sortie ramènera le résultat final à une valeur unique, sans imposer de contrainte sur l'intervalle de variation :

```
univar_model = tf.keras.Sequential([
    tf.keras.layers.SimpleRNN(32, input_shape=[None, 1]),
    tf.keras.layers.Dense(1)  # aucune fonction d'activation par défaut
])
```

Si maintenant vous compilez, ajustez et évaluez ce modèle comme précédemment, vous constaterez que sa MAE de validation atteint 27 703. C'est le meilleur modèle que nous ayons entraîné jusqu'ici, et il bat même le modèle SARIMA : c'est bien !

Nous nous sommes contentés de normaliser la série chronologique, sans supprimer la tendance et la saisonnalité et pourtant le modèle fonctionne toujours bien. C'est pratique, car il devient possible d'effectuer une rapide recherche de modèles prometteurs sans trop se soucier du prétraitement. Cependant, pour obtenir les meilleurs résultats, il sera peut-être utile de rendre la série chronologique plus stationnaire, en utilisant la différenciation par exemple.

7.3.5 Prédire à l'aide d'un RNN profond

Il est assez fréquent d'empiler plusieurs couches de cellules de mémoire, comme sur la figure 7.10. On obtient ainsi un *RNN profond*.

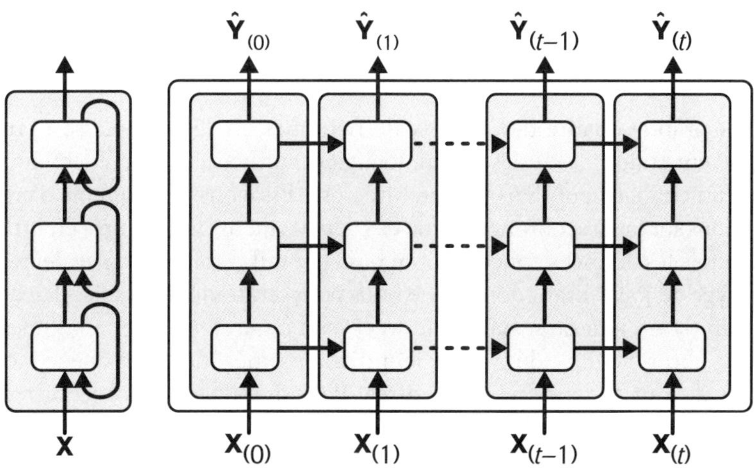

Figure 7.10 – RNN profond (à gauche), déplié dans le temps (à droite)

Avec Keras, l'implémentation d'un RNN profond est plutôt simple : il suffit d'empiler des couches récurrentes. Dans l'exemple suivant, nous utilisons trois couches `SimpleRNN` (mais nous aurions pu utiliser n'importe quel autre type de couche récurrente, comme une couche `LSTM` ou une couche `GRU` ; nous le verrons plus loin). Les deux premières couches sont de type séquence-vers-séquence, tandis que la dernière est de type séquence-vers-vecteur. Enfin, la couche `Dense` produit la prévision du modèle (considérez-la comme une couche vecteur-vers-vecteur). Par conséquent ce modèle est analogue à celui présenté sur la figure 7.10, à ceci près que les sorties $\hat{\mathbf{Y}}_{(0)}$ à $\hat{\mathbf{Y}}_{(t-1)}$ sont ignorées et qu'il y a une couche dense au-dessus de $\hat{\mathbf{Y}}_{(t)}$, qui fournit en sortie de la véritable prévision :

```
deep_model = tf.keras.Sequential([
    tf.keras.layers.SimpleRNN(2032, return_sequences=True,
                              input_shape=[None, 1]),
    tf.keras.layers.SimpleRNN(2032, return_sequences=True),
    tf.keras.layers.SimpleRNN(32),
    tf.keras.layers.Dense(1)
])
```

N'oubliez pas de spécifier `return_sequences=True` pour toutes les couches récurrentes (à l'exception de la dernière, si seule la dernière sortie vous intéresse). Si vous oubliez de spécifier ce paramètre ne serait-ce que pour une couche, celle-ci produira un tableau à deux dimensions contenant uniquement la sortie de la dernière étape temporelle à la place d'un tableau à trois dimensions contenant les sorties de toutes les étapes temporelles. La couche récurrente suivante manifestera son mécontentement car vous ne lui fournissez pas des séquences dans le format 3D qu'elle attend.

Si vous entraînez et évaluez ce modèle, vous constaterez que sa MAE est d'environ 31 211. C'est mieux que nos deux modèles basiques, mais moins bien que notre RNN « superficiel » ! On dirait que le RNN profond est un peu trop grand pour notre tâche.

7.3.6 Prédire une série chronologique multivariée

Une grande qualité des réseaux de neurones est leur souplesse : en particulier, ils peuvent traiter des séries chronologiques multivariées en n'effectuant pratiquement aucun changement dans leur architecture. Essayons par exemple d'effectuer des prévisions sur la série chronologique des déplacements ferroviaires en utilisant en entrée à la fois les données concernant le bus et le rail. Profitons-en également pour ajouter le type de jour ! Étant donné que nous pouvons toujours savoir à l'avance si le lendemain est un jour de semaine, un week-end ou un jour férié, nous pouvons décaler la série chronologique du type de jour d'une journée, de façon que le modèle reçoive le type de jour du lendemain en entrée. Pour simplifier, nous effectuerons ce prétraitement avec Pandas :

```
df_mulvar = df[["bus", "rail"]] / 1e6  # utilisons les séries bus & rail
                                       # en entrée
df_mulvar["next_day_type"] = df["day_type"].shift(-1) # le type du jour
                                                      # prochain est connu
df_mulvar = pd.get_dummies(df_mulvar)  # encodage one-hot du type de jour
```

Maintenant `df_mulvar` est un DataFrame à cinq colonnes : les données sur le bus et le rail, plus trois colonnes contenant un encodage one-hot du type du prochain jour (on rappelle qu'il y a trois valeurs possibles, `W`, `A` et `U`). Ensuite nous pouvons procéder à peu près comme précédemment. Tout d'abord nous partageons les données en trois périodes, pour l'entraînement, la validation et le test :

```
mulvar_train = df_mulvar["2016-01":"2018-12"]
mulvar_valid = df_mulvar["2019-01":"2019-05"]
mulvar_test = df_mulvar["2019-06":]
```

Puis nous créons les datasets :

```
train_mulvar_ds = tf.keras.utils.timeseries_dataset_from_array(
    mulvar_train.to_numpy(),  # utiliser les 5 colonnes comme entrée
    targets=mulvar_train["rail"][seq_length:],  # prévision sur le rail
                                                # uniquement
    [...]  # les 4 autres arguments sont les mêmes que précédemment
)
valid_mulvar_ds = tf.keras.utils.timeseries_dataset_from_array(
    mulvar_valid.to_numpy(),
    targets=mulvar_valid["rail"][seq_length:],
    [...]  # les 2 autres arguments sont les mêmes que précédemment
)
```

Enfin nous créons le RNN :

```
mulvar_model = tf.keras.Sequential([
    tf.keras.layers.SimpleRNN(32, input_shape=[None, 5]),
    tf.keras.layers.Dense(1)
])
```

La seule différence par rapport au RNN `univar_model` que nous avions construit précédemment est la forme de l'entrée : à chaque étape temporelle, le modèle reçoit maintenant cinq entrées au lieu d'une. Ce modèle obtient en fait une MAE de validation de 22 062. Maintenant, nous avons fait de gros progrès !

Il n'est pas très difficile, en fait, d'obtenir du RNN des prévisions à la fois pour les déplacements en bus et par le rail. Il suffit de changer les cibles lors de la création des jeux de données, en spécifiant `mulvar_train[["bus", "rail"]][seq_length:]` pour le jeu d'entraînement et `mulvar_valid[["bus", "rail"]][seq_length:]` pour le jeu de validation. Vous devez aussi ajouter un neurone supplémentaire dans la couche de sortie `Dense`, étant donné qu'elle doit maintenant produire deux prévisions concernant le lendemain : l'une pour les trajets en bus, l'autre pour les trajets ferroviaires. Et cela suffit !

Comme nous l'avons vu au chapitre 2, utiliser un modèle unique pour des tâches multiples ayant un rapport entre elles fournit souvent de meilleurs résultats que l'utilisation d'un modèle séparé pour chaque tâche, étant donné que les caractéristiques apprises pour une tâche peuvent se révéler utiles pour d'autres tâches, et aussi parce que l'obligation d'obtenir de bons résultats sur des tâches multiples empêche le modèle de surajuster (ceci constitue une forme de régularisation). Cependant, tout dépend de la tâche, et dans ce cas particulier le RNN multitâche qui effectue des prévisions à la fois sur les déplacements en bus et par rail n'obtient pas d'aussi bons résultats que les modèles dédiés qui prédisent l'un ou l'autre (en utilisant l'ensemble des cinq colonnes en entrée). Malgré tout, il obtient une MAE de validation de 25 330 pour le rail et 26 369 pour le bus, ce qui est plutôt bon.

7.3.7 Prédire plusieurs étapes temporelles

Jusqu'à présent, nous avons uniquement prédit la valeur à l'étape temporelle suivante, mais nous aurions pu tout aussi bien prédire la valeur plusieurs étapes à l'avance en modifiant les cibles de façon appropriée (par exemple, pour prévoir les déplacements deux semaines plus tard au lieu de ceux du lendemain, il suffit de changer les cibles de sorte qu'elles aient la valeur pour 14 étapes à l'avance plutôt qu'une seule). Mais comment pouvons-nous prédire les 14 prochaines valeurs ?

La première solution consiste à utiliser le RNN `univar_model` entraîné précédemment sur la série chronologique des déplacements en train, lui faire prédire la valeur suivante, ajouter cette valeur aux entrées comme si cette valeur prédite s'était déjà produite, et utiliser à nouveau le modèle pour prédire la valeur d'après, et ainsi de suite, comme dans l'exemple suivant :

```
import numpy as np

X = rail_valid.to_numpy()[np.newaxis, :seq_length, np.newaxis]
for step_ahead in range(14):
    y_pred_one = univar_model.predict(X)
    X = np.concatenate([X, y_pred_one.reshape(1, 1, 1)], axis=1)
```

Dans ce code, nous prenons les trajets ferroviaires des 56 premiers jours de la période de validation et nous convertissons les données en un tableau NumPy de forme [1, 56, 1] (n'oubliez pas que les couches récurrentes attendent des entrées 3D). Après quoi, nous utilisons le modèle de manière répétée pour prévoir la valeur suivante et nous ajoutons chaque prévision à la série en entrée, le long de l'axe du temps (`axis=1`). Les prévisions résultantes sont représentées sur la figure 7.11.

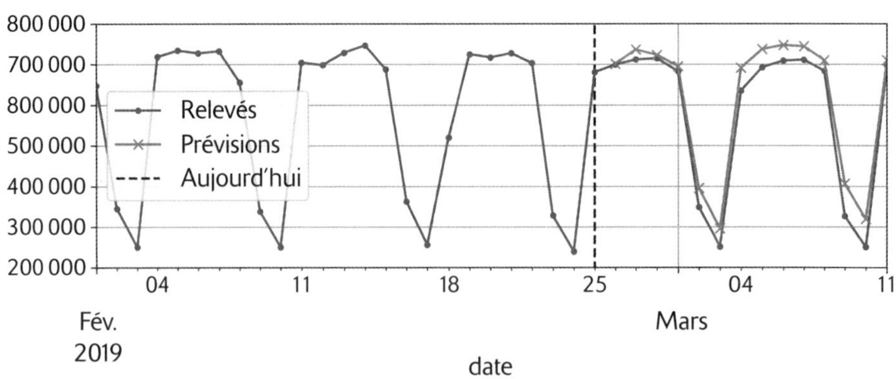

Figure 7.11 – Prévisions 14 étapes à l'avance, une étape à la fois

Si le modèle fait une erreur lors d'une étape temporelle, alors les prédictions pour les étapes temporelles suivantes en sont aussi affectées : les erreurs ont tendance à s'accumuler. C'est pourquoi il est préférable de n'utiliser cette technique que pour un petit nombre d'étapes.

La deuxième solution consiste à entraîner un RNN pour qu'il prédise les 14 prochaines valeurs en une fois. Nous pouvons toujours utiliser un modèle séquence-vers-vecteur, mais il produira 14 valeurs à la place d'une seule. Nous devons commencer par transformer les cibles en vecteurs contenant les 14 prochaines valeurs. Pour ce faire, nous pouvons utiliser à nouveau `timeseries_dataset_from_array()`, mais en lui demandant cette fois de créer des jeux de données sans cibles (`targets=None`) et avec des séquences plus longues, de longueur `seq_length + 14`. Puis nous pouvons utiliser la méthode `map()` de ces datasets pour appliquer une fonction personnalisée à chaque lot de séquences, pour les séparer entre entrées et cibles. Dans cet exemple, nous utilisons la série chronologique multivariée comme entrée (en utilisant les cinq colonnes), et nous prédisons les déplacements ferroviaires pour les 14 prochains jours[176] :

```
def split_inputs_and_targets(mulvar_series, ahead=14, target_col=1):
    return mulvar_series[:, :-ahead], mulvar_series[:, -ahead:, target_col]

ahead_train_ds = tf.keras.utils.timeseries_dataset_from_array(
    mulvar_train.to_numpy(),
    targets=None,
    sequence_length=seq_length + 14,
    [...]  # les 3 autres arguments sont les mêmes que précédemment
).map(split_inputs_and_targets)
ahead_valid_ds = tf.keras.utils.timeseries_dataset_from_array(
    mulvar_valid.to_numpy(),
    targets=None,
    sequence_length=seq_length + 14,
    batch_size=32
).map(split_inputs_and_targets)
```

Puis, il nous faut simplement une couche de sortie à 14 unités au lieu d'une :

```
ahead_model = tf.keras.Sequential([
    tf.keras.layers.SimpleRNN(32, input_shape=[None, 5]),
    tf.keras.layers.Dense(14)
])
```

Après avoir entraîné ce modèle, vous pouvez prédire très facilement les 14 prochaines valeurs en une fois :

```
X = mulvar_valid.to_numpy()[np.newaxis, :seq_length]  # forme [1, 56, 5]
Y_pred = ahead_model.predict(X)  # forme [1, 14]
```

Cette approche donne de bons résultats. Ses prévisions pour le jour suivant sont clairement meilleures que ses prévisions à 14 jours, mais il n'accumule pas les erreurs

176. N'hésitez pas à expérimenter avec ce modèle. Vous pouvez par exemple prédire à la fois les déplacements en bus et par le rail pendant les 14 jours suivants. Vous devrez modifier les cibles pour inclure les deux, et modifier votre modèle pour qu'il produise en sortie 28 prévisions au lieu de 14.

comme l'approche précédente. Cependant nous pouvons faire mieux encore en utilisant un modèle séquence-vers-séquence (ou seq2seq).

7.3.8 Prédire à l'aide d'un modèle séquence-vers-séquence

Au lieu d'entraîner le modèle à prédire les 14 valeurs suivantes uniquement lors de la toute dernière étape temporelle, nous pouvons l'entraîner à prédire les 14 valeurs suivantes à chaque étape temporelle. Autrement dit, nous pouvons convertir ce RNN séquence-vers-vecteur en un RNN séquence-vers-séquence. Grâce à cette technique, la perte contiendra un terme pour la sortie du RNN non pas uniquement lors de la dernière étape temporelle mais lors de chaque étape temporelle.

Autrement dit, le nombre de gradients d'erreur circulant dans le modèle sera plus élevé et ils n'auront pas besoin de remonter autant dans le temps car ils proviendront de la sortie de chaque étape temporelle et non pas uniquement de la dernière. L'entraînement en sera ainsi stabilisé et accéléré.

Pour être plus clair, à l'étape temporelle 0, le modèle produira un vecteur contenant les prévisions pour les étapes 1 à 14, puis, à l'étape temporelle 1, le modèle prévoira les étapes temporelles 2 à 15, et ainsi de suite. Autrement dit, les cibles sont des séquences de fenêtres consécutives, décalées d'une étape temporelle à chaque étape temporelle. La cible n'est plus un vecteur, mais une séquence de même longueur que les entrées, contenant un vecteur à 14 composantes à chaque étape.

Préparer les jeux de données n'est pas trivial, car chaque instance a une fenêtre comme entrée et une séquence de fenêtres comme sortie. Un moyen de procéder consiste à utiliser la fonction utilitaire `to_windows()` que nous avons créée précédemment, deux fois de suite, pour obtenir des fenêtres de fenêtres consécutives. Transformons par exemple la suite des nombres 0 à 6 en un dataset contenant des séquences de quatre fenêtres consécutives, chacune de longueur 3 :

```
>>> my_series = tf.data.Dataset.range(7)
>>> dataset = to_windows(to_windows(my_series, 3), 4)
>>> list(dataset)
[<tf.Tensor: shape=(4, 3), dtype=int64, numpy=
 array([[0, 1, 2],
        [1, 2, 3],
        [2, 3, 4],
        [3, 4, 5]])>,
 <tf.Tensor: shape=(4, 3), dtype=int64, numpy=
 array([[1, 2, 3],
        [2, 3, 4],
        [3, 4, 5],
        [4, 5, 6]])>]
```

Nous pouvons maintenant utiliser la méthode `map()` pour partager ces fenêtres de fenêtres en entrées et cibles :

```
>>> dataset = dataset.map(lambda S: (S[:, 0], S[:, 1:]))
>>> list(dataset)
[(<tf.Tensor: shape=(4,), dtype=int64, numpy=array([0, 1, 2, 3])>,
  <tf.Tensor: shape=(4, 2), dtype=int64, numpy=
  array([[1, 2],
```

```
         [2, 3],
         [3, 4],
         [4, 5]])>),
 (<tf.Tensor: shape=(4,), dtype=int64, numpy=array([1, 2, 3, 4])>,
  <tf.Tensor: shape=(4, 2), dtype=int64, numpy=
  array([[2, 3],
         [3, 4],
         [4, 5],
         [5, 6]])>)]
```

Maintenant le jeu de données contient des séquences de longueur 4 en tant qu'entrées, tandis que les cibles sont des séquences contenant les deux étapes suivantes, pour chaque étape temporelle. Par exemple, la première séquence d'entrée est [0, 1, 2, 3], et ses cibles associées sont [[1, 2], [2, 3], [3, 4], [4, 5]], qui sont les deux valeurs suivantes pour chaque étape temporelle.

Vous pourriez être surpris que les cibles contiennent des valeurs qui apparaissent dans les entrées. N'est-ce pas tricher ? Non, absolument pas : à chaque étape temporelle, un RNN connaît uniquement les étapes temporelles passées et ne regarde donc pas en avant. Il s'agit d'un modèle *causal*.

Créons une autre petite fonction utilitaire pour préparer les jeux de données pour notre modèle séquence-vers-séquence. Elle se chargera également du mélange (facultatif) et de la préparation des lots :

```
def to_seq2seq_dataset(series, seq_length=56, ahead=14, target_col=1,
                       batch_size=32, shuffle=False, seed=None):
    ds = to_windows(tf.data.Dataset.from_tensor_slices(series), ahead + 1)
    ds = to_windows(ds, seq_length).map(lambda S: (S[:, 0], S[:, 1:, 1]))
    if shuffle:
        ds = ds.shuffle(8 * batch_size, seed=seed)
    return ds.batch(batch_size)
```

Maintenant nous pouvons utiliser cette fonction pour créer les jeux de données :

```
seq2seq_train = to_seq2seq_dataset(mulvar_train, shuffle=True, seed=42)
seq2seq_valid = to_seq2seq_dataset(mulvar_valid)
```

Et enfin nous pouvons construire le modèle séquence-vers-séquence :

```
seq2seq_model = tf.keras.Sequential([
    tf.keras.layers.SimpleRNN(32, return_sequences=True,
                              input_shape=[None, 5]),
    tf.keras.layers.Dense(14)
])
```

C'est à peu près identique à notre modèle précédent : la seule différence est que nous avons spécifié `return_sequences=True` dans la couche `SimpleRNN`. De cette façon, le modèle produira en sortie une séquence de vecteurs, chacun de taille 32, au lieu de produire un seul vecteur à la dernière étape temporelle. La couche `Dense` est capable de gérer des séquences en entrée : elle sera appliquée à chaque étape temporelle, acceptant en entrée un vecteur à 32 composantes et produisant en sortie un vecteur à 14 composantes. Il existe en fait une autre manière d'obtenir le même résultat, en utilisant une couche `Conv1D` avec un noyau de taille 1 : `Conv1D(14, kernel_size=1)`.

Keras fournit une couche `TimeDistributed` qui vous permet d'appliquer n'importe quelle couche vecteur-vers-vecteur à chaque vecteur d'une séquence d'entrée, à chaque étape temporelle. Elle procède de façon efficace, en modifiant les entrées de sorte que chaque étape temporelle soit traitée comme une instance distincte, puis elle change la forme des sorties de la couche pour retrouver la dimension temps. Dans notre cas, nous n'en avons pas besoin car la couche `Dense` accepte déjà des séquences en entrée.

Le code d'entraînement est le même que d'habitude. Durant l'entraînement, toutes les sorties du modèle sont utilisées, mais après l'entraînement seule la sortie de la toute dernière étape temporelle importe et le reste peut être ignoré. Par exemple, nous pouvons obtenir une prévision des déplacements ferroviaires pour les 14 prochains jours comme ceci :

```
X = mulvar_valid.to_numpy()[np.newaxis, :seq_length]
y_pred_14 = seq2seq_model.predict(X)[0, -1]  # sortie de la dernière étape
                                             # uniquement
```

Si vous évaluez les prévisions du modèle pour *t*+1, vous trouverez une MAE de validation de 25 519. Pour *t*+2, elle est de 26 274 et la performance continue à diminuer graduellement à mesure que le modèle tente de prévoir plus loin dans le futur. À *t*+14, la MAE est de 34 322.

Vous pouvez combiner ces deux approches pour effectuer des prévisions plusieurs étapes temporelles à l'avance : si par exemple vous entraînez un modèle qui effectue des prévisions 14 jours à l'avance, prenez alors sa sortie et ajoutez-la aux entrées, puis exécutez à nouveau le modèle pour obtenir les prévisions pour les 14 jours suivants, et répétez éventuellement le processus.

Des RNN simples peuvent se révéler plutôt bons pour les prévisions de séries chronologiques ou le traitement d'autres sortes de séries, mais leurs performances sont moins probantes si les séries chronologiques ou les séquences sont très longues. Voyons pourquoi et voyons ce que nous pouvons faire.

7.4 TRAITER LES SÉQUENCES LONGUES

Pour entraîner un RNN sur des séquences longues, nous devons l'exécuter sur de nombreuses étapes temporelles, faisant du RNN déroulé un réseau très profond. À l'instar de n'importe quel réseau de neurones profond, il peut être confronté au problème d'instabilité des gradients décrit au chapitre 3 : l'entraînement peut durer indéfiniment ou devenir instable. Par ailleurs, lorsqu'un RNN traite une longue séquence, il en oublie progressivement les premières entrées. Nous allons voir comment résoudre ces deux problèmes, en commençant par l'instabilité des gradients.

7.4.1 Combattre le problème d'instabilité des gradients

Nous avons décrit plusieurs moyens de lutter contre l'instabilité des gradients dans les réseaux profonds et nombre d'entre eux peuvent être employés avec les RNN : une bonne initialisation des paramètres, des optimiseurs plus rapides, l'abandon, etc. En revanche, les fonctions d'activation non saturantes (par exemple, ReLU) nous aideront peu dans ce cas ; elles peuvent même empirer l'instabilité du RNN pendant l'entraînement.

Pourquoi donc ? Supposons que la descente de gradient actualise les poids de telle manière que les sorties augmentent légèrement lors de la première étape temporelle. Puisque les mêmes poids sont employés à chaque étape temporelle, les sorties de la deuxième étape peuvent également augmenter légèrement, puis celles de la troisième, et ainsi de suite jusqu'à ce que les sorties explosent – une fonction d'activation non saturante n'empêche pas ce comportement. Pour réduire ce risque, vous pouvez choisir un taux d'apprentissage plus faible ou employer une fonction d'activation saturante comme la tangente hyperbolique (voilà pourquoi elle est activée par défaut). De manière comparable, les gradients eux-mêmes peuvent exploser. Si vous remarquez que l'entraînement est instable, surveillez la taille des gradients (par exemple avec TensorBoard) et optez éventuellement pour l'écrêtage des gradients.

Par ailleurs, la normalisation par lots ne sera pas aussi efficace dans les RNN que dans les réseaux non bouclés profonds. En réalité, vous ne pouvez pas l'employer entre les étapes temporelles, mais uniquement entre les couches récurrentes. Pour être plus précis, il est techniquement possible d'ajouter une couche BN à une cellule de mémoire (comme nous le verrons bientôt) pour qu'elle soit appliquée à chaque étape temporelle (à la fois sur les entrées de cette étape temporelle et sur l'état caché de l'étape précédente). Mais, la même couche BN sera utilisée à chaque étape temporelle, avec les mêmes paramètres, quels que soient la moyenne et l'écart-type réels des entrées et de l'état caché.

En pratique, cela ne donne pas de bons résultats, comme l'ont démontré César Laurent *et al.* dans un article[177] publié en 2015. Les auteurs ont constaté que la normalisation par lots n'apportait un léger bénéfice que si elle était appliquée aux entrées de la couche et non pas aux états cachés. Autrement dit, elle avait un faible intérêt lorsqu'elle était appliquée entre les couches récurrentes (c'est-à-dire verticalement dans la figure 7.10), mais aucun à l'intérieur des couches récurrentes (c'est-à-dire horizontalement). Dans Keras, cette solution peut être mise en place simplement en ajoutant une couche `BatchNormalization` avant chaque couche récurrente, mais cela ralentira l'entraînement et n'améliorera pas forcément grand-chose.

Il existe une autre forme de normalisation mieux adaptée aux RNN : la *normalisation par couches*. Cette idée a été émise par Jimmy Lei Ba *et al.* dans un article[178] publié

177. César Laurent *et al.*, « Batch Normalized Recurrent Neural Networks », *Proceedings of the IEEE International Conference on Acoustics, Speech, and Signal Processing* (2016), 2657-2661 : *https://homl.info/rnnbn*.
178. Jimmy Lei Ba *et al.*, « Layer Normalization » (2016) : *https://homl.info/layernorm*.

en 2016. Elle ressemble énormément à la normalisation par lots, mais elle se fait non plus suivant les lots mais suivant les caractéristiques. L'intérêt est que le calcul des statistiques requises peut se faire à la volée, à chaque étape temporelle, indépendamment pour chaque instance. En conséquence, elle se comporte de la même manière pendant l'entraînement et les tests (contrairement à la normalisation par lots), et elle n'a pas besoin des moyennes mobiles exponentielles pour estimer les statistiques de caractéristiques sur toutes les instances du jeu d'entraînement. À l'instar de la normalisation par lots, la normalisation par couche apprend un paramètre de réduction et un paramètre de centrage pour chaque entrée. Dans un RNN, elle se place généralement juste après la combinaison linéaire des entrées et des états cachés.

Utilisons Keras pour mettre en place une normalisation par couche à l'intérieur d'une cellule de mémoire simple. Pour cela, nous devons définir une cellule de mémoire personnalisée. Elle est comparable à une couche normale, excepté que sa méthode `call()` attend deux arguments : les entrées `inputs` de l'étape temporelle courante et les états cachés `states` de l'étape temporelle précédente. Notez que l'argument `states` est une liste contenant un ou plusieurs tenseurs. Dans le cas d'une cellule de RNN simple, il contient un seul tenseur égal aux sorties de l'étape temporelle précédente, mais d'autres cellules pourraient avoir des tenseurs à plusieurs états (par exemple, un `LSTMCell` possède un état à long terme et un état à court terme, comme nous le verrons plus loin).

Une cellule doit également avoir les attributs `state_size` et `output_size`. Dans un RNN simple, tous deux sont simplement égaux au nombre d'unités. Le code suivant implémente une cellule de mémoire personnalisée qui se comporte comme un `SimpleRNNCell`, hormis la normalisation par couche appliquée à chaque étape temporelle :

```
class LNSimpleRNNCell(tf.keras.layers.Layer):
    def __init__(self, units, activation="tanh", **kwargs):
        super().__init__(**kwargs)
        self.state_size = units
        self.output_size = units
        self.simple_rnn_cell = tf.keras.layers.SimpleRNNCell(units,
                                                             activation=None)
        self.layer_norm = tf.keras.layers.LayerNormalization()
        self.activation = tf.keras.activations.get(activation)

def call(self, inputs, states):
    outputs, new_states = self.simple_rnn_cell(inputs, states)
    norm_outputs = self.activation(self.layer_norm(outputs))
    return norm_outputs, [norm_outputs]
```

Parcourons ce code :

- Notre classe `LNSimpleRNNCell` hérite naturellement de la classe `tf.keras.layers.Layer`.
- Le constructeur reçoit en entrée le nombre d'unités et la fonction désirée qu'il range dans les attributs `state_size` et `output_size`, puis crée une `SimpleRNNCell` sans fonction d'activation (car nous voulons effectuer une normalisation par couches après l'opération linéaire mais avant la fonction

d'activation)[179]. Ensuite, il crée la couche `LayerNormalization` et finit par récupérer la fonction d'activation souhaitée.

- La méthode `call()` commence par appliquer la `SimpleRNNCell`, qui calcule une combinaison linéaire des entrées actuelles et des états cachés précédents, et retourne deux fois le résultat (dans un `SimpleRNNCell`, les sorties sont simplement égales aux états cachés : autrement dit, `new_states[0]` est égal à `outputs` et nous pouvons ignorer `new_states` dans le reste de la méthode `call()`). Puis, la méthode `call()` applique la normalisation par couches, suivie de la fonction d'activation. Pour finir, elle retourne deux fois les sorties (une fois en tant que sorties et une fois en tant que nouveaux états cachés).

Pour profiter de cette cellule personnalisée, nous devons simplement créer une couche `tf.keras.layers.RNN` en lui passant une instance de la cellule :

```
custom_ln_model = tf.keras.Sequential([
    tf.keras.layers.RNN(LNSimpleRNNCell(32), return_sequences=True,
                        input_shape=[None, 5]),
    tf.keras.layers.Dense(14)
])
```

De manière comparable, vous pouvez créer une cellule personnalisée pour appliquer un abandon (alias *dropout*) entre chaque étape temporelle. Mais il existe une solution plus simple : la plupart des couches récurrentes et des cellules fournies par Keras disposent des hyperparamètres `dropout` et `recurrent_dropout`. Le premier définit le taux d'abandon appliqué aux entrées, le second, celui destiné aux états cachés (entre les étapes temporelles). Il est donc inutile de créer une cellule personnalisée pour appliquer un abandon à chaque étape temporelle dans un RNN.

À l'aide de ces techniques, vous pouvez alléger le problème d'instabilité des gradients et entraîner un RNN beaucoup plus efficacement. Voyons à présent comment traiter le problème de mémoire à court terme.

Lorsqu'on effectue des prévisions sur une série chronologique, il est souvent utile d'accompagner les prévisions de barres d'erreur. Une façon de le réaliser consiste à utiliser l'abandon de Monte Carlo présenté au chapitre 3 : utilisez `recurrent_dropout` durant l'entraînement, puis conservez l'abandon actif dans la phase d'inférence en spécifiant `training=True` lors de l'appel du modèle. Répétez cette opération plusieurs fois pour obtenir plusieurs prévisions légèrement différentes, puis calculez la moyenne et l'écart-type de ces prévisions pour chaque période temporelle.

179. Il aurait été plus simple d'hériter de `SimpleRNNCell` de façon à ne pas avoir à créer de `SimpleRNNCell` en interne ou de gérer les attributs `state_size` et `output_size`, mais le but ici est de montrer comment créer une cellule personnalisée à partir de rien.

7.4.2 Combattre le problème de mémoire à court terme

En raison des transformations appliquées aux données lors de la traversée d'un RNN, certaines informations sont perdues après chaque étape temporelle. Au bout d'un certain temps, l'état du RNN ne contient quasi plus trace des premières entrées. Ce comportement peut être rédhibitoire. Imaginons que Dory[180] essaie de traduire une longue phrase; lorsqu'elle a terminé sa lecture, elle n'a plus d'informations sur son début. Pour résoudre ce problème, plusieurs types de cellules avec une mémoire à long terme ont été imaginés. Leur efficacité a été telle que les cellules de base ne sont pratiquement plus employées. Commençons par étudier la plus populaire de ces cellules, la cellule LSTM.

Cellules LSTM

La cellule de *longue mémoire à court terme* (*long short-term memory*, ou LSTM) a été proposée[181] en 1997 par Sepp Hochreiter et Jürgen Schmidhuber. Elle a été progressivement améliorée au fil des ans par plusieurs chercheurs, comme Alex Graves[182], Haşim Sak[183] et Wojciech Zaremba[184]. Si l'on considère la cellule LSTM comme une boîte noire, on peut s'en servir presque comme une cellule de base, mais avec de bien meilleures performances. L'entraînement convergera plus rapidement et détectera les structurations à plus long terme présentes dans les données. Dans Keras, il suffit de remplacer la couche `SimpleRNN` par une couche `LSTM`:

```
model = tf.keras.Sequential([
    tf.keras.layers.LSTM(32, return_sequences=True, input_shape=[None, 5]),
    tf.keras.layers.Dense(14)
])
```

Une autre solution consiste à utiliser la couche générique `keras.layers.RNN`, en lui passant une `LSTMCell` en argument. Toutefois, l'implémentation de la couche `LSTM` a été optimisée pour une exécution sur les GPU (voir le chapitre 11), c'est pourquoi il est généralement préférable de l'employer (la couche `RNN` est surtout utile lors de la définition de cellules personnalisées, comme nous l'avons fait précédemment).

Comment une cellule LSTM fonctionne-t-elle ? Son architecture est illustrée par la figure 7.12. Si l'on ignore le contenu de la boîte, la cellule LSTM ressemble fortement à une cellule normale, à l'exception de son état qui est divisé en deux vecteurs: $\mathbf{h}_{(t)}$ et $\mathbf{c}_{(t)}$ (« c » pour « cellule »). $\mathbf{h}_{(t)}$ peut être vu comme l'état à court terme et $\mathbf{c}_{(t)}$ comme l'état à long terme.

180. Un personnage des films d'animation *Le monde de Nemo* et *Le monde de Dory* qui souffre de pertes de mémoire à court terme.

181. Sepp Hochreiter et Jürgen Schmidhuber, « Long Short-Term Memory », *Neural Computation*, 9, n° 8 (1997), 1735-1780: *https://homl.info/93*.

182. *https://homl.info/graves*

183. Haşim Sak *et al.*, « Long Short-Term Memory Based Recurrent Neural Network Architectures for Large Vocabulary Speech Recognition » (2014): *https://homl.info/94*.

184. Wojciech Zaremba *et al.*, « Recurrent Neural Network Regularization » (2014): *https://homl.info/95*.

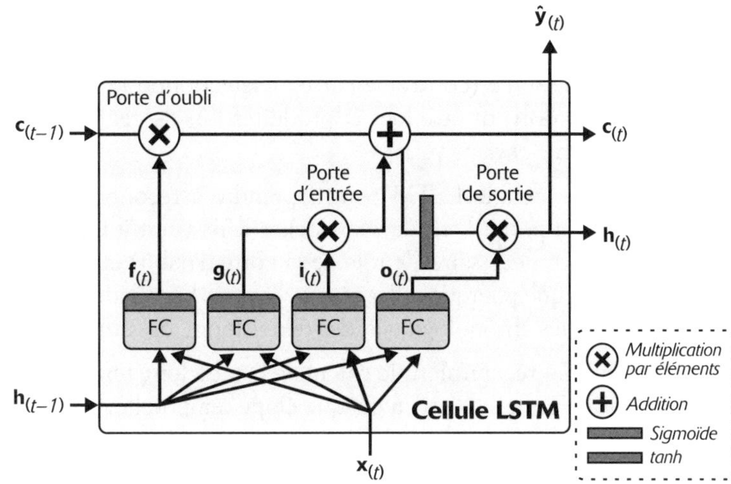

Figure 7.12 – Cellule LSTM (FC, alias *fully connected*: couche intégralement connectée)

Ouvrons la boîte ! Voici l'idée centrale : le réseau peut apprendre ce qu'il faut stocker dans l'état à long terme, ce qui doit être oublié et ce qu'il faut y lire. Le parcours de l'état à long terme $\mathbf{c}_{(t-1)}$ au travers du réseau va de la gauche vers la droite. Il passe tout d'abord par une *porte d'oubli* (*forget gate*), qui abandonne certaines informations, puis en ajoute de nouvelles *via* l'opération d'addition (les informations ajoutées sont sélectionnées par une *porte d'entrée* [*input gate*]), et le résultat $\mathbf{c}_{(t)}$ est envoyé directement, sans autre transformation. Par conséquent, à chaque étape temporelle, des informations sont retirées et d'autres sont ajoutées. Par ailleurs, après l'opération d'addition, l'état à long terme est copié et soumis à la fonction tanh, dont le résultat est filtré par la *porte de sortie* (*output gate*). On obtient alors l'état à court terme $\mathbf{h}_{(t)}$, qui est égal à la sortie de la cellule pour l'étape temporelle $\mathbf{y}_{(t)}$. Voyons d'où proviennent les nouvelles informations et comment fonctionnent les portes.

Premièrement, le vecteur d'entrée courant $\mathbf{x}_{(t)}$ et l'état à court terme précédent $\mathbf{h}_{(t-1)}$ sont fournis à quatre couches intégralement connectées, ayant toutes un objectif différent :

- La couche principale génère $\mathbf{g}_{(t)}$: elle joue le rôle habituel d'analyse des entrées courantes $\mathbf{x}_{(t)}$ et de l'état précédent (à court terme) $\mathbf{h}_{(t-1)}$. Une cellule de base comprend uniquement cette couche et sa sortie est transmise directement à $\mathbf{y}_{(t)}$ et à $\mathbf{h}_{(t)}$. En revanche, dans une cellule LSTM, la sortie de cette couche ne se fait pas directement : ses parties les plus importantes sont stockées dans l'état à long terme (le reste est abandonné).
- Les trois autres couches sont des *contrôleurs de porte*. Puisqu'elles utilisent la fonction d'activation logistique, les sorties sont dans la plage 0 à 1. Celles-ci étant passées à des opérations de multiplication par éléments, une valeur 0 ferme la porte, tandis qu'une valeur 1 l'ouvre. Plus précisément :
  - La *porte d'oubli* (contrôlée par $\mathbf{f}_{(t)}$) décide des parties de l'état à long terme qui doivent être effacées.

– La *porte d'entrée* (contrôlée par $\mathbf{i}_{(t)}$) choisit les parties de $\mathbf{g}_{(t)}$ qui doivent être ajoutées à l'état à long terme.
– La *porte de sortie* (contrôlée par $\mathbf{o}_{(t)}$) sélectionne les parties de l'état à long terme qui doivent être lues et produites lors de cette étape temporelle, à la fois dans $\mathbf{h}_{(t)}$ et dans $\mathbf{y}_{(t)}$.

En résumé, une cellule LSTM peut apprendre à reconnaître une entrée importante (le rôle de la porte d'entrée), la stocker dans l'état à long terme, la conserver aussi longtemps que nécessaire (le rôle de la porte d'oubli) et l'extraire lorsqu'elle est requise. Cela explique pourquoi elles réussissent très bien à identifier des motifs à long terme dans des séries chronologiques, des textes longs, des enregistrements audio, etc.

Les équations 7.4 récapitulent le calcul de l'état à long terme d'une cellule, de son état à court terme et de sa sortie à chaque étape temporelle, pour une seule instance (les équations pour un mini-lot complet sont très similaires).

Équations 7.4 – Calculs LSTM

$$
\begin{aligned}
\mathbf{i}_{(t)} &= \sigma\left(\mathbf{W}_{xi}^{T}\,\mathbf{x}_{(t)} + \mathbf{W}_{hi}^{T}\,\mathbf{h}_{(t-1)} + \mathbf{b}_{i}\right)\\
\mathbf{f}_{(t)} &= \sigma\left(\mathbf{W}_{xf}^{T}\,\mathbf{x}_{(t)} + \mathbf{W}_{hf}^{T}\,\mathbf{h}_{(t-1)} + \mathbf{b}_{f}\right)\\
\mathbf{o}_{(t)} &= \sigma\left(\mathbf{W}_{xo}^{T}\,\mathbf{x}_{(t)} + \mathbf{W}_{ho}^{T}\,\mathbf{h}_{(t-1)} + \mathbf{b}_{o}\right)\\
\mathbf{g}_{(t)} &= \tanh\left(\mathbf{W}_{xg}^{T}\,\mathbf{x}_{(t)} + \mathbf{W}_{hg}^{T}\,\mathbf{h}_{(t-1)} + \mathbf{b}_{g}\right)\\
\mathbf{c}_{(t)} &= \mathbf{f}_{(t)} \otimes \mathbf{c}_{(t-1)} + \mathbf{i}_{(t)} \otimes \mathbf{g}_{(t)}\\
\mathbf{y}_{(t)} &= \mathbf{h}_{(t)} = \mathbf{o}_{(t)} \otimes \tanh\left(\mathbf{c}_{(t)}\right)
\end{aligned}
$$

Dans ces équations :

- $\mathbf{W}_{xi}$, $\mathbf{W}_{xf}$, $\mathbf{W}_{xo}$ et $\mathbf{W}_{xg}$ sont les matrices de poids de chacune des quatre couches pour leurs connexions au vecteur d'entrée $\mathbf{x}_{(t)}$.
- $\mathbf{W}_{hi}$, $\mathbf{W}_{hf}$, $\mathbf{W}_{ho}$ et $\mathbf{W}_{hg}$ sont les matrices de poids de chacune des quatre couches pour leurs connexions à l'état à court terme précédent $\mathbf{h}_{(t-1)}$.
- $\mathbf{b}_{i}$, $\mathbf{b}_{f}$, $\mathbf{b}_{o}$ et $\mathbf{b}_{g}$ sont les termes constants pour chacune des quatre couches. TensorFlow initialise $\mathbf{b}_{f}$ à un vecteur non pas de 0 mais de 1. Cela évite que tout soit oublié dès le début de l'entraînement.

Il existe plusieurs variantes de la cellule LSTM, dont l'une est particulièrement répandue et que nous allons examiner à présent : la cellule GRU.

Cellule GRU

La cellule d'*unité récurrente à porte* (*gated recurrent unit*, ou GRU), illustrée à la figure 7.13, a été proposée[185] en 2014 par Kyunghyun Cho *et al.* Dans leur article, ils décrivent également le réseau encodeur-décodeur mentionné précédemment.

185. Kyunghyun Cho *et al.*, « Learning Phrase Representations Using RNN Encoder-Decoder for Statistical Machine Translation », *Proceedings of the 2014 Conference on Empirical Methods in Natural Language Processing* (2014), 1724-1734 : *https://homl.info/97*.

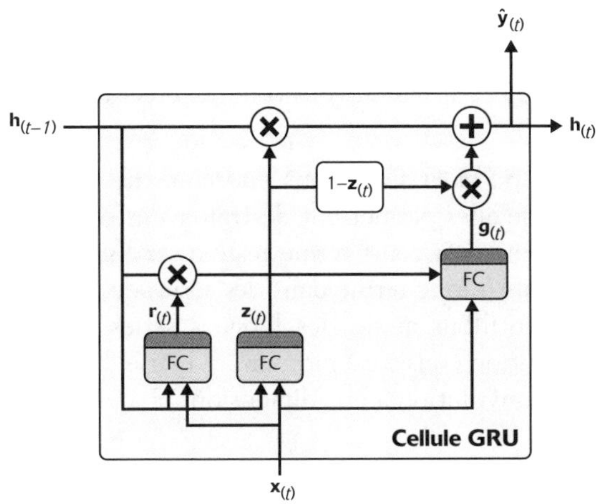

Figure 7.13 – Cellule GRU (FC : couche intégralement connectée)

La cellule GRU est une version simplifiée de la cellule LSTM. Puisque ses performances semblent tout aussi bonnes[186], sa popularité ne fait que croître. Voici les principales simplifications :

- Les deux vecteurs d'état sont fusionnés en un seul vecteur $\mathbf{h}_{(t)}$.
- Un seul contrôleur de porte $\mathbf{z}_{(t)}$ s'occupe des portes d'oubli et d'entrée. S'il produit un 1, la porte d'oubli est ouverte (= 1) et la porte d'entrée est fermée (1 − 1 = 0). S'il produit un 0, la logique inverse s'applique. Autrement dit, dès qu'une information doit être stockée, son emplacement cible est tout d'abord effacé. Il s'agit en réalité d'une variante répandue de la cellule LSTM en soi.
- La porte de sortie a disparu : le vecteur d'état complet est sorti à chaque étape temporelle. Toutefois, un nouveau contrôleur de porte $\mathbf{r}_{(t)}$ décide des parties de l'état précédent qui seront présentées à la couche principale ($\mathbf{g}_{(t)}$).

Les équations 7.5 résument le calcul de l'état de la cellule à chaque étape temporelle pour une seule instance.

Équations 7.5 – Calculs GRU

$$\begin{aligned}
\mathbf{z}_{(t)} &= \sigma\left(\mathbf{W}_{xz}^{T}\,\mathbf{x}_{(t)} + \mathbf{W}_{hz}^{T}\,\mathbf{h}_{(t-1)} + \mathbf{b}_{z}\right)\\
\mathbf{r}_{(t)} &= \sigma\left(\mathbf{W}_{xr}^{T}\,\mathbf{x}_{(t)} + \mathbf{W}_{hr}^{T}\,\mathbf{h}_{(t-1)} + \mathbf{b}_{r}\right)\\
\mathbf{g}_{(t)} &= \tanh\left(\mathbf{W}_{xg}^{T}\,\mathbf{x}_{(t)} + \mathbf{W}_{hg}^{T}\left(r_{(t)}\otimes\mathbf{h}_{(t-1)}\right) + \mathbf{b}_{g}\right)\\
\mathbf{h}_{(t)} &= \mathbf{z}_{(t)}\otimes\mathbf{h}_{(t-1)} + \left(1-\mathbf{z}_{(t)}\right)\otimes\mathbf{g}_{(t)}
\end{aligned}$$

186. Voir Klaus Greff *et al.* « LSTM: A Search Space Odyssey », *IEEE Transactions on Neural Networks and Learning Systems* 28, n° 10 (2017), 2222-2232. Cet article montre que toutes les variantes de LSTM ont des performances quasi équivalentes ; il est disponible à l'adresse *https://homl.info/98*.

Keras fournit une couche `tf.keras.layers.GRU`; pour l'utiliser, il suffit de remplacer `SimpleRNN` ou `LSTM` par `GRU`. Keras fournit aussi une `tf.keras.layers.GRUCell`, au cas où vous voudriez créer une cellule personalisée basée sur une cellule GRU.

Les cellules LSTM et GRU ont énormément contribué au succès des RNN. Toutefois, bien qu'elles permettent de traiter des séries plus longues que les RNN simples, leur mémoire à court terme reste assez limitée et il leur est difficile d'apprendre des motifs à long terme dans des séries de 100 étapes temporelles ou plus, comme les échantillons audio, les longues séries chronologiques ou les longues phrases. Une solution consiste à raccourcir la série d'entrée, par exemple en utilisant des couches de convolution à une dimension.

Utiliser des couches de convolution à une dimension pour traiter des séquences

Au chapitre 6, nous avons vu qu'une couche de convolution à deux dimensions travaille en déplaçant plusieurs noyaux (ou filtres) assez petits sur une image, en produisant plusieurs cartes de caractéristiques (une par noyau) à deux dimensions. De façon comparable, une couche de convolution à une dimension fait glisser plusieurs noyaux sur une série, en produisant une carte de caractéristiques à une dimension par noyau. Chaque noyau va apprendre à détecter un seul très court motif séquentiel (pas plus long que la taille du noyau). Avec dix noyaux, la couche de sortie sera constituée de dix séquences 1D (toutes de la même longueur) ; vous pouvez également voir cette sortie comme une seule séquence 10D.

Autrement dit, vous pouvez construire un réseau de neurones qui mélange les couches récurrentes et les couches de convolution à une dimension (ou même les couches de pooling à une dimension). En utilisant une couche de convolution à une dimension avec un pas de 1 et un remplissage `"same"`, la série de sortie aura la même longueur que la série d'entrée. En revanche, avec un remplissage `"valid"` ou un pas supérieur à 1, la série de sortie sera plus courte que la série d'entrée ; n'oubliez pas d'ajuster les cibles en conséquence.

Par exemple, le modèle suivant est identique au précédent, excepté qu'il débute par une couche de convolution 1D qui sous-échantillonne la séquence d'entrée avec un facteur 2, en utilisant un pas de 2. Puisque la taille du noyau est plus importante que le pas, toutes les entrées serviront au calcul de la sortie de la couche et le modèle peut donc apprendre à conserver les informations utiles, ne retirant que les détails non pertinents. En raccourcissant les séquences, la couche de convolution peut aider les couches `GRU` à détecter des motifs plus longs, ce qui nous permet de doubler la séquence d'entrée pour la porter à 112 jours. Notez que vous devez également couper les trois premières étapes temporelles dans les cibles : en effet, la taille du noyau étant égale à 4, la première entrée de la couche de convolution sera fondée sur les étapes temporelles d'entrée 0 à 3, et les premières prévisions seront faites pour les étapes temporelles 4 à 17 (au lieu de 10 à 14). De plus, nous devons sous-échantillonner les cibles d'un facteur 2, en raison du pas :

```
conv_rnn_model = tf.keras.Sequential([
    tf.keras.layers.Conv1D(filters=32, kernel_size=4, strides=2,
                           activation="relu", input_shape=[None, 5]),
    tf.keras.layers.GRU(32, return_sequences=True),
    tf.keras.layers.Dense(14)
])

longer_train = to_seq2seq_dataset(mulvar_train, seq_length=112,
                                   shuffle=True, seed=42)
longer_valid = to_seq2seq_dataset(mulvar_valid, seq_length=112)
downsampled_train = longer_train.map(lambda X, Y: (X, Y[:, 3::2]))
downsampled_valid = longer_valid.map(lambda X, Y: (X, Y[:, 3::2]))
[...]  # compiler et ajuster le modèle avec les données sous-échantillonnées
```

Si vous entraînez et évaluez ce modèle, vous constaterez qu'il est légèrement meilleur que le modèle précédent. Il est même possible d'utiliser uniquement des couches de convolution à une dimension et de retirer totalement les couches récurrentes !

WaveNet

Dans un article[187] de 2016, Aaron van den Oord et d'autres chercheurs de DeepMind ont présenté une architecture nommée *WaveNet*. Ils ont empilé des couches de convolution à une dimension, en doublant le taux de dilatation (la distance de séparation entre les entrées d'un neurone) à chaque nouvelle couche : la première couche de convolution reçoit uniquement deux étapes temporelles à la fois), tandis que la suivante en voit quatre (son champ récepteur est long de quatre étapes temporelles), celle d'après en voit huit, et ainsi de suite (voir la figure 7.14). Ainsi, les couches inférieures apprennent des motifs à court terme, tandis que les couches supérieures apprennent des motifs à long terme. Grâce au taux de dilatation qui double, le réseau peut traiter très efficacement des séries extrêmement longues.

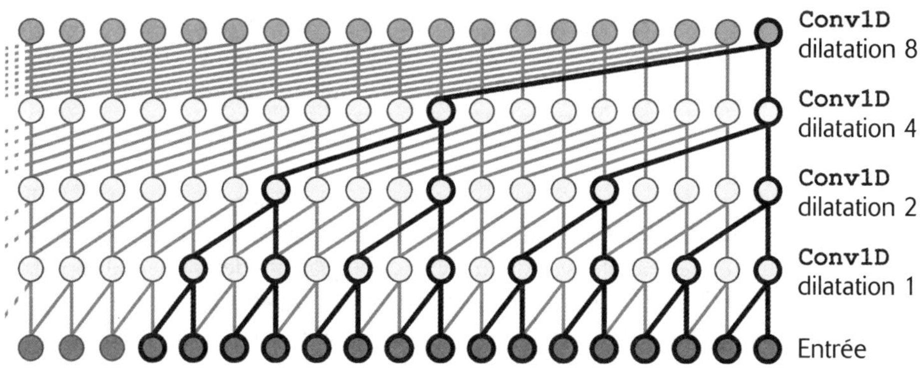

Figure 7.14 – Architecture de WaveNet

187. Aaron van den Oord *et al.*, « WaveNet: A Generative Model for Raw Audio », (2016) : *https://homl.info/wavenet*.

Dans leur article, les auteurs ont empilé dix couches de convolution avec des taux de dilatation égaux à 1, 2, 4, 8, …, 256, 512, puis un autre groupe de dix couches identiques (toujours avec les mêmes taux de dilatation), et encore un autre groupe identique. Pour justifier cette architecture, ils ont souligné qu'une seule pile de dix couches de convolution avec ces taux de dilatation fonctionnera comme une couche de convolution super efficace avec un noyau de taille 1 024 (en étant plus rapide et plus puissante, et en demandant beaucoup moins de paramètres). Avant chaque couche, ils ont également appliqué un remplissage des séries d'entrée avec un nombre de zéros égal au taux de dilatation, cela pour que les séries conservent la même longueur tout au long du réseau. Voici comment implémenter un WaveNet simple pour traiter les mêmes séries que précédemment[188] :

```
wavenet_model = tf.keras.Sequential()
wavenet_model.add(tf.keras.layers.Input(shape=[None, 5]))
for rate in (1, 2, 4, 8) * 2:
    wavenet_model.add(tf.keras.layers.Conv1D(
        filters=32, kernel_size=2, padding="causal", activation="relu",
        dilation_rate=rate))
wavenet_model.add(tf.keras.layers.Conv1D(filters=14, kernel_size=1))
```

Ce modèle séquentiel commence par une couche d'entrée explicite (c'est plus simple que d'essayer de fixer `input_shape` uniquement sur la première couche), puis ajoute une couche de convolution à une dimension avec un remplissage `"causal"`, qui est semblable au remplissage `"same"` à ceci près qu'on n'ajoute des zéros qu'au début de la séquence au lieu d'en ajouter aux deux bouts. Nous sommes ainsi certains que la couche de convolution ne regarde pas dans le futur lors de ses prédictions. Nous ajoutons ensuite des paires de couches similaires en utilisant des taux de dilatation croissants : 1, 2, 4, 8, et de nouveau 1, 2, 4, 8. Nous terminons par la couche de sortie : une couche de convolution avec 14 filtres de taille 1 et sans aucune fonction d'activation. Comme nous l'avons vu précédemment, une telle couche de convolution est équivalente à une couche `Dense` de 14 unités. Grâce au remplissage causal, chaque couche de convolution produit une séquence de même longueur que sa séquence d'entrée, et les cibles utilisées pendant l'entraînement peuvent être les séquences complètes de 112 jours ; nous n'avons pas besoin de les couper ni de les sous-échantillonner.

Les modèles dont nous avons parlé dans cette section donnent des résultats comparables pour les prévisions sur les déplacements journaliers, mais ils peuvent donner des résultats très variables selon la tâche et la quantité de données disponibles. Dans l'article sur WaveNet, les auteurs sont arrivés à des performances de pointe sur différentes tâches audio (d'où le nom de l'architecture), y compris dans le domaine de la dictée vocale, en produisant des voies incroyablement réalistes dans différentes langues. Ils ont également utilisé ce modèle pour générer de la musique, un échantillon audio à la fois. Cet exploit est d'autant plus impressionnant si vous réalisez qu'une

188. Le WaveNet complet inclut quelques techniques supplémentaires, comme les connexions de saut que l'on trouve dans un ResNet, et les *unités d'activation à porte* semblable à celles qui existent dans une cellule GRU. Vous trouverez plus de détails dans le notebook (voir « 15_processing_sequences_using_rnns_and_cnns.ipynb » sur *https://homl.info/colab3*).

seule seconde de son contient des dizaines de milliers d'étapes temporelles – même les LSTM et les GRU ne sont pas capables de traiter de si longues séries.

Si vous évaluez nos meilleurs modèles pour la prévision des déplacements à Chicago durant la période de test débutant en 2020, vous découvrirez qu'ils donnent des résultats bien moins bons qu'attendu ! Pourquoi cela ? Eh bien, c'est le moment où la pandémie de Covid-19 a commencé, ce qui a grandement modifié l'utilisation des transports en commun. Comme nous l'avons mentionné précédemment, ces modèles ne fonctionnent bien que si les motifs appris dans le passé se reproduisent dans le futur. En tout cas, avant de déployer un modèle en production, vérifiez qu'il fonctionne bien sur des données récentes. Et une fois que vous l'avez mis en production, surveillez ses performances régulièrement.

Avec cela, vous pouvez maintenant vous attaquer à toutes sortes de séries chronologiques. Au chapitre 8, nous poursuivrons l'exploration des RNN, et nous verrons comment ils peuvent résoudre différentes tâches de traitement automatique du langage naturel.

7.5 EXERCICES

1. Donnez quelques applications d'un RNN séquence-vers-séquence. Que pouvez-vous proposer pour un RNN séquence-vers-vecteur ? Et pour un RNN vecteur-vers-séquence ?
2. Combien de dimensions doivent avoir les entrées d'une couche de RNN ? Que représente chaque dimension ? Qu'en est-il des sorties ?
3. Si vous souhaitez construire un RNN séquence-vers-séquence profond, pour quelles couches du RNN devez-vous préciser `return_sequences=True` ? Et dans le cas d'un RNN séquence-vers-vecteur ?
4. Supposons que vous disposiez d'une série chronologique univariée (c'est-à-dire à une seule variable) de relevés quotidiens et que vous souhaitiez prévoir les sept jours suivants. Quelle architecture de RNN devez-vous employer ?
5. Quelles sont les principales difficultés de l'entraînement des RNN ? Comment pouvez-vous les résoudre ?
6. Esquissez l'architecture d'une cellule LSTM.
7. Pourquoi voudriez-vous utiliser des couches de convolution à une dimension dans un RNN ?
8. Quelle architecture de réseau de neurones est adaptée à la classification de vidéos ?
9. Entraînez un modèle de classification sur le jeu de données SketchRNN (disponible dans TensorFlow Datasets).
10. Téléchargez le jeu de données Bach chorales (*https://homl.info/bach*) et extrayez son contenu. Il est constitué de 382 chants choraux

composés par Jean-Sébastien Bach. Chaque chant comporte entre 100 et 640 étapes temporelles, chacune contenant quatre entiers, correspondant chacun à l'indice d'une note sur un piano (à l'exception de la valeur 0, qui indique qu'aucune note n'est jouée). Entraînez un modèle, récurrent, convolutif ou les deux, capable de prédire l'étape temporelle suivante (quatre notes), à partir d'une série d'étapes temporelles provenant d'un chant. Utilisez ensuite ce modèle pour générer une composition dans le style de Bach, une note à la fois. Pour cela, vous pouvez fournir au modèle le début d'un chant et lui demander de prédire l'étape temporelle suivante, puis ajouter cette étape à la série d'entrée et demander au modèle de donner la note suivante, et ainsi de suite. Pensez à regarder le modèle Coconet de Google (*https://homl.info/coconet*) qui a servi à produire un joli doodle Google en hommage à Bach.

Les solutions de ces exercices sont données à l'annexe A.

8 Traitement automatique du langage naturel avec les RNN et les attentions

Lorsque Alan Turing a imaginé son fameux test de Turing[189] en 1950, il a proposé une manière d'évaluer la capacité d'une machine à égaler l'intelligence humaine. Il aurait pu tester diverses capacités, comme reconnaître des chats dans des images, jouer aux échecs, composer de la musique ou sortir d'un labyrinthe, mais il a choisi une tâche linguistique. Plus précisément, il a conçu un *chatbot* capable de tromper son interlocuteur en lui faisant croire qu'il discutait avec un être humain[190].

Ce test présente des faiblesses: un jeu de règles codées peut tromper des personnes naïves ou crédules (par exemple, la machine peut donner des réponses prédéfinies en réponse à certains mots-clés, prétendre plaisanter ou être ivre pour expliquer des réponses bizarres, ou écarter les questions difficiles en répondant par d'autres questions) et de nombreux aspects de l'intelligence humaine sont complètement ignorés (par exemple, la capacité à interpréter une communication non verbale, comme des expressions faciales, ou à apprendre une tâche manuelle). Quoi qu'il en soit, le test met en évidence le fait que la maîtrise du langage est sans doute la plus grande capacité cognitive de l'*Homo sapiens*. Sommes-nous en mesure de construire une machine capable de lire et d'écrire en langage naturel? C'est le but ultime de la recherche en traitement automatique du langage naturel, mais le sujet est un peu trop vaste, c'est pourquoi les chercheurs se concentrent sur des tâches plus spécifiques comme

189. Alan Turing, «Computing Machinery and Intelligence», *Mind*, 49 (1950), 433-460: *https://homl.info/turingtest*.

190. Bien entendu, le terme *chatbot* est arrivé beaucoup plus tard. Turing a appelé son test le *jeu d'imitation*: la machine A et l'homme B discutent avec un interrogateur humain C au travers de messages textuels; l'interrogateur pose des questions afin de déterminer qui est la machine (A ou B). La machine réussit le test si elle parvient à tromper l'interrogateur, tandis que l'homme B doit essayer de l'aider.

la classification de textes, la traduction, la synthèse de documents, la réponse à des questions, et bien d'autres encore.

Pour les applications dans le domaine du langage naturel, l'approche la plus répandue se fonde sur les réseaux de neurones récurrents. Nous allons donc poursuivre notre exploration des réseaux de neurones récurrents ou RNN (introduits au chapitre 7), en commençant par un *RNN à caractères* entraîné à prédire le caractère suivant dans une phrase. Cela nous permettra de générer du texte original. Nous emploierons tout d'abord un *RNN sans état* (qui apprend à partir de portions aléatoires d'un texte à chaque itération, sans aucune information sur le reste du texte), puis nous construirons un *RNN avec état* (qui conserve l'état caché entre les itérations d'entraînement et poursuit la lecture là où il s'était arrêté, en étant capable d'apprendre des motifs plus longs). Ensuite, nous élaborerons un RNN ayant la capacité d'analyser des opinions (par exemple, lire la critique d'un film et en extraire l'avis de l'évaluateur), en traitant cette fois-ci les phrases comme des séquences de mots, plutôt que de caractères. Puis nous montrerons comment utiliser les RNN pour mettre en place une architecture d'encodeur-décodeur capable de réaliser une *traduction automatique neuronale* (*neural machine translation*, ou NMT) de l'anglais vers l'espagnol.

Dans la deuxième partie de ce chapitre, nous étudierons les *mécanismes d'attention*. Ces composants d'un réseau de neurones apprennent à sélectionner les parties des entrées sur lesquelles le reste du modèle doit se focaliser à chaque étape temporelle. Nous verrons tout d'abord comment les attentions permettent d'améliorer les performances d'une architecture encodeur-décodeur à base de RNN. Ensuite, nous délaisserons totalement les RNN pour présenter une architecture fondée exclusivement sur les attentions appelée *transformeur, et nous l'utiliserons pour construire un modèle destiné à la traduction*. Nous nous intéresserons ensuite à certaines des avancées les plus importantes de ces dernières années en matière de traitement du langage naturel, y compris des modèles de langage incroyablement puissants comme GPT-2 et BERT, tous deux basés sur des transformeurs. Enfin, je vous montrerai comment commencer à utiliser l'excellente bibliothèque Transformers de Hugging Face.

Commençons par un modèle simple et amusant capable d'écrire à la manière de Shakespeare (ou presque).

8.1 GÉNÉRER UN TEXTE SHAKESPEARIEN À L'AIDE D'UN RNN À CARACTÈRES

Dans un fameux billet de blog publié en 2015 (*https://homl.info/charrnn*) et intitulé « The Unreasonable Effectiveness of Recurrent Neural Networks », Andrej Karpathy a montré comment entraîner un RNN pour prédire le caractère suivant dans une phrase. Ce réseau de neurones récurrent à caractères (en anglais *character recurrent neural network*, ou *char-RNN)* peut ensuite servir à générer le texte d'un roman, un caractère à la fois. Voici un petit exemple d'un texte produit par un modèle de char-RNN après qu'il a été entraîné sur l'ensemble de l'œuvre de Shakespeare :

PANDARUS:

Alas, I think he shall be come approached and the day

When little srain would be attain'd into being never fed,

And who is but a chain and subjects of his death,

I should not sleep.

Ce n'est pas véritablement un chef-d'œuvre, mais il n'en est pas moins étonnant de constater la capacité du modèle à apprendre des mots, une grammaire, une ponctuation correcte et d'autres aspects linguistiques, simplement en apprenant à prédire le caractère suivant dans une phrase. C'est notre premier exemple de modèle linguistique : nous parlerons dans ce chapitre des modèles similaires – mais beaucoup plus puissants – qui constituent désormais le cœur du traitement du langage naturel. Dans la suite de cette section, nous allons construire un char-RNN pas à pas, en commençant par la création du jeu de données.

8.1.1 Créer le jeu de données d'entraînement

Tout d'abord, nous récupérons l'intégralité de l'œuvre de Shakespeare, en utilisant une fonction bien pratique de Keras, `tf.keras.utils.get_file()`, et en téléchargeant les données à partir du projet char-rnn d'Andrej Karpathy (*https://github.com/karpathy/char-rnn*) :

```
import tensorflow as tf

shakespeare_url = "https://homl.info/shakespeare"  # URL de raccourci
filepath = tf.keras.utils.get_file("shakespeare.txt", shakespeare_url)
with open(filepath) as f:
    shakespeare_text = f.read()
```

Imprimons les premières lignes :

```
>>> print(shakespeare_text[:80])
First Citizen:
Before we proceed any further, hear me speak.

All:
Speak, speak.
```

Cela ressemble bien à du Shakespeare !

Nous allons ensuite utiliser une couche `tf.keras.layers.TextVectorization` (présentée au chapitre 5) pour encoder ce texte. Nous spécifions `split="character"` pour effectuer un encodage au niveau du caractère, plutôt que l'encodage au niveau du mot qui est le choix par défaut, ainsi que `standardize="lower"` pour convertir le texte en minuscules, ce qui simplifie la tâche :

```
text_vec_layer = tf.keras.layers.TextVectorization(split="character",
                                                   standardize="lower")
text_vec_layer.adapt([shakespeare_text])
encoded = text_vec_layer([shakespeare_text])[0]
```

Chaque caractère est maintenant associé à un entier, à partir de 2. La couche `TextVectorization` a réservé la valeur 0 pour le remplissage, et 1 pour les caractères inconnus. Nous n'avons pas besoin de ces deux éléments pour l'instant, nous pouvons donc soustraire 2 des identifiants de caractères, et calculer le nombre de caractères différents identifiés, ainsi que le nombre total de caractères dans le texte :

```
encoded -= 2  # abandon de 0 (remplissage) et 1 (inconnu), inutilisés ici
n_tokens = text_vec_layer.vocabulary_size() - 2  # nbre de caractères
                                                  # distincts = 39
dataset_size = len(encoded)  # nbre total de caractères = 1115394
```

Ensuite, tout comme nous l'avons fait au chapitre 7, nous pouvons transformer cette très longue séquence en un jeu de données (ou dataset) de fenêtres que nous pourrons utiliser pour entraîner un RNN séquence-vers-séquence. Les cibles seront très semblables aux entrées, avec simplement une étape temporelle de décalage vers le futur. Si par exemple une instance du dataset est une séquence d'identifiants de caractères représentant le texte « to be or not to b » (sans le « e » final), la cible correspondante sera une séquence d'identifiants de caractères représentant le texte « o be or not to be » (avec le « e » final, mais sans le « t » du début). Écrivons une petite fonction utilitaire pour convertir une longue séquence d'identifiants de caractères en un dataset de paires de fenêtres entrée/cible :

```
def to_dataset(sequence, length, shuffle=False, seed=None, batch_size=32):
    ds = tf.data.Dataset.from_tensor_slices(sequence)
    ds = ds.window(length + 1, shift=1, drop_remainder=True)
    ds = ds.flat_map(lambda window_ds: window_ds.batch(length + 1))
    if shuffle:
        ds = ds.shuffle(buffer_size=100_000, seed=seed)
    ds = ds.batch(batch_size)
    return ds.map(lambda window: (window[:, :-1], window[:, 1:])).prefetch(1)
```

Cette fonction démarre de façon tout à fait analogue à la fonction utilitaire personnalisée que nous avons créée au chapitre 7 :

- elle reçoit une séquence en entrée (c'est-à-dire le texte encodé) et crée un jeu de données contenant toutes les fenêtres de la longueur désirée ;
- elle augmente la longueur de 1, étant donné que nous avons besoin du caractère suivant dans la cible ;
- puis elle mélange les fenêtres (optionnellement), les regroupe en lots, les découpe en paires entrée/cible, et active la lecture anticipée.

La figure 8.1 résume les étapes de préparation du jeu de données : elle présente des fenêtres de longueur 11, avec une taille de lot de 3. L'indice de début de chaque fenêtre est indiqué à côté de celle-ci.

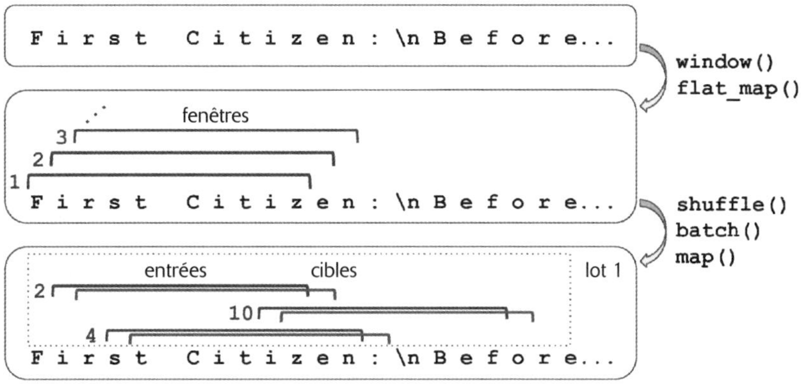

Figure 8.1 – Préparation d'un jeu de données de fenêtres mélangées

Maintenant nous sommes prêts à créer le jeu d'entraînement, le jeu de validation et le jeu de test. Nous utiliserons à peu près 90 % du texte pour l'entraînement, 5 % pour la validation et 5 % pour le test :

```
length = 100
tf.random.set_seed(42)
train_set = to_dataset(encoded[:1_000_000], length=length, shuffle=True,
                       seed=42)
valid_set = to_dataset(encoded[1_000_000:1_060_000], length=length)
test_set = to_dataset(encoded[1_060_000:], length=length)
```

Nous avons choisi une longueur de fenêtre de 100, mais vous pouvez essayer d'ajuster cette valeur : il est plus facile et plus rapide d'entraîner un RNN sur des séquences d'entrée plus courtes, mais ce RNN ne pourra apprendre aucun motif de longueur supérieure à `length`, c'est pourquoi il ne faut pas le choisir trop petit.

Et voilà ! La préparation du jeu de données était la partie la plus complexe. Créons à présent le modèle.

8.1.2 Construire et entraîner le modèle char-RNN

Étant donné que notre jeu de données est assez important et que la modélisation linguistique est une tâche plutôt difficile, nous avons besoin d'un peu plus qu'un simple RNN avec quelques neurones récurrents. Construisons et entraînons un modèle avec une couche `GRU` composé de 128 unités (vous pourrez essayer d'ajuster le nombre de couches et d'unités plus tard, si nécessaire) :

```
model = tf.keras.Sequential([
    tf.keras.layers.Embedding(input_dim=n_tokens, output_dim=16),
    tf.keras.layers.GRU(128, return_sequences=True),
    tf.keras.layers.Dense(n_tokens, activation="softmax")
])
model.compile(loss="sparse_categorical_crossentropy", optimizer="nadam",
              metrics=["accuracy"])
```

```
model_ckpt = tf.keras.callbacks.ModelCheckpoint(
    "my_shakespeare_model", monitor="val_accuracy", save_best_only=True)
history = model.fit(train_set, validation_data=valid_set, epochs=10,
                    callbacks=[model_ckpt])
```

Examinons ce code :

- Nous utilisons comme première couche une couche `Embedding` pour encoder les identifiants de caractère (les plongements, ou *embeddings* en anglais, ont été présentés au chapitre 5). Le nombre d'entrées de la couche `Embedding` est le nombre d'identifiants de caractère distincts, et le nombre de composantes des plongements produits est un hyperparamètre que vous pouvez ajuster (nous lui donnons pour l'instant la valeur 16). Alors que les entrées de la couche `Embedding` sont des tenseurs 2D de forme [*taille de lot, longueur de fenêtre*], la sortie de la couche `Embedding` sera un tenseur 3D de forme [*taille de lot, longueur de fenêtre, dimension du plongement*].
- Nous utilisons une couche `Dense` comme couche de sortie : elle doit avoir 39 unités (`n_tokens`), car le texte est constitué de 39 caractères différents et nous voulons sortir une probabilité pour chaque caractère possible (à chaque étape temporelle). Puisque la somme des probabilités de sortie à chaque étape temporelle doit être égale à 1, nous appliquons la fonction softmax aux sorties de la couche `Dense`.
- Enfin, nous compilons ce modèle, en utilisant la perte `"sparse_categorical_crossentropy"` ainsi qu'un optimiseur Nadam, et nous entraînons le modèle sur plusieurs époques[191] en utilisant un rappel `ModelCheckpoint` pour sauvegarder le meilleur modèle (en termes d'exactitude de validation) au fur et à mesure de la progression de l'entraînement.

Si vous exécutez ce code dans Colab avec un GPU activé, alors l'entraînement devrait prendre une à deux heures environ. Vous pouvez réduire le nombre d'époques si vous ne voulez pas attendre si longtemps, mais bien sûr l'exactitude du modèle sera probablement moindre. Si la session Colab se termine par un timeout, prenez soin de vous reconnecter rapidement car sinon l'environnement d'exécution de Colab sera supprimé.

Ce modèle ne prétraitant pas le texte, nous allons l'emballer dans un modèle final comportant une couche `tf.keras.layers.TextVectorization` en tant que première couche, ainsi que la couche `tf.keras.layers.Lambda` pour soustraire 2 à chaque identifiant de caractère étant donné que nous n'allons pas utiliser les identifiants réservés au remplissage et aux éléments inconnus :

```
shakespeare_model = tf.keras.Sequential([
    text_vec_layer,
```

191. En raison du recouvrement des fenêtres d'entrée, le concept d'époque n'est pas clair dans ce cas : durant chaque époque (telle que l'implémente Keras), le modèle va en réalité voir le même caractère à de nombreuses reprises.

```
    tf.keras.layers.Lambda(lambda X: X - 2),  # pas d'éléments de remplissage
                                              # ou inconnus
    model
])
```

Utilisons-le maintenant pour prédire le caractère suivant dans une phrase :

```
>>> y_proba = shakespeare_model.predict(["To be or not to b"])[0, -1]
>>> y_pred = tf.argmax(y_proba)  # choisir l'identifiant de caractère
                                 # le plus probable
>>> text_vec_layer.get_vocabulary()[y_pred + 2]
'e'
```

Parfait, le modèle a prédit correctement le caractère suivant. Utilisons maintenant ce modèle pour prétendre que nous sommes Shakespeare !

8.1.3 Générer un faux texte shakespearien

Pour générer un nouveau texte en utilisant le modèle char-RNN, nous pouvons lui passer un texte, lui faire prédire la lettre suivante la plus probable, ajouter celle-ci à la fin du texte, lui donner le texte étendu pour qu'il devine la lettre suivante, et ainsi de suite. C'est ce qu'on appelle le *décodage gourmand* (en anglais, *greedy decoding*). Mais en pratique cela produit généralement les mêmes mots répétés à l'infini. À la place, nous pouvons, avec la fonction `tf.random.categorical()` de TensorFlow, échantillonner aléatoirement le caractère suivant, avec une probabilité égale à la probabilité estimée. Nous obtiendrons ainsi un texte plus diversifié et intéressant. La fonction `categorical()` échantillonne des indices de classe aléatoires, en donnant les probabilités logarithmiques des classes (*logits*). Par exemple :

```
>>> log_probas = tf.math.log([[0.5, 0.4, 0.1]])  # probas = 50%, 40% et 10%
>>> tf.random.set_seed(42)
>>> tf.random.categorical(log_probas, num_samples=8)  # tirer au hasard
                                                      # 8 échantillons
<tf.Tensor: shape=(1, 8), dtype=int64, numpy=array(
[[0, 1, 0, 2, 1, 0, 0, 1]])>
```

Pour mieux contrôler la diversité du texte généré, nous pouvons diviser les logits par une valeur appelée *température*, ajustable selon nos besoins. Une température proche de zéro favorisera les caractères ayant une probabilité élevée, tandis qu'une température très élevée donnera une probabilité égale à tous les caractères. On privilégie en général les températures basses s'il s'agit de générer un texte plutôt rigoureux et précis, comme des équations mathématiques, et les températures plus élevées pour produire un texte plus varié et créatif. La fonction utilitaire personnalisée `next_char()` ci-après se fonde sur cette approche pour sélectionner le caractère qui sera concaténé au texte d'entrée :

```
def next_char(text, temperature=1):
    y_proba = shakespeare_model.predict([text])[0, -1:]
    rescaled_logits = tf.math.log(y_proba) / temperature
    char_id = tf.random.categorical(rescaled_logits, num_samples=1)[0, 0]
    return text_vec_layer.get_vocabulary()[char_id + 2]
```

Nous pouvons ensuite écrire une autre petite fonction utilitaire qui appellera `next_char()` de façon répétée afin d'obtenir le caractère suivant et l'ajouter au texte donné :

```
def extend_text(text, n_chars=50, temperature=1):
    for _ in range(n_chars):
        text += next_char(text, temperature)
    return text
```

Nous sommes prêts à générer du texte ! Essayons différentes valeurs de température :

```
>>> tf.random.set_seed(42)
>>> print(extend_text("To be or not to be", temperature=0.01))
To be or not to be the duke
as it is a proper strange death,
and the
>>> print(extend_text("To be or not to be", temperature=1))
To be or not to behold?

second push:
gremio, lord all, a sistermen,
>>> print(extend_text("To be or not to be", temperature=100))
To be or not to bef ,mt'&o3fpadm!$
wh!nse?bws3est--vgerdjw?c-y-ewznq
```

Shakespeare semble souffrir de la chaleur ! Pour générer un texte plus convaincant, une technique courante consiste à n'échantillonner que parmi les k caractères les plus probables, ou parmi le plus petit ensemble de caractères dont la probabilité totale dépasse un certain seuil (on parle d'*échantillonnage à noyau*, en anglais *nucleus sampling*). Vous pouvez aussi utiliser une *recherche en faisceau*, dont nous parlerons plus loin dans ce chapitre, ou utiliser davantage de couches `GRU` et augmenter le nombre de neurones par couche, prolonger l'entraînement et ajouter une régularisation si nécessaire. Notez aussi que le modèle est actuellement incapable d'apprendre des motifs plus longs que `length`, c'est-à-dire 100 caractères. Vous pouvez essayer d'agrandir cette fenêtre, mais l'entraînement s'en trouvera plus compliqué et même les cellules LSTM et GRU ne sont pas capables de traiter des séquences très longues. Une autre solution consiste à utiliser un RNN avec état.

8.1.4 RNN avec état

Jusqu'à présent, nous n'avons utilisé que des *RNN sans état*. À chaque itération d'entraînement, le modèle démarre avec un état caché rempli de zéros, il actualise ensuite cet état lors de chaque étape temporelle, et, après la dernière, il le détruit, car il n'est plus utile. Et si nous demandions au RNN de conserver cet état final après le traitement d'un lot d'entraînement et de l'utiliser comme état initial du lot d'entraînement suivant ? En procédant ainsi, le modèle pourrait apprendre des motifs à long terme même si la propagation se fait sur des séquences courtes. C'est ce qu'on appelle un *RNN avec état*. Voyons comment en construire un.

Tout d'abord, notez qu'un RNN avec état n'a de sens que si chaque séquence d'entrée dans un lot débute exactement là où la séquence correspondante dans le lot précédent s'était arrêtée. Pour construire un RNN avec état, la première chose à faire est donc d'utiliser des séquences d'entrée qui se suivent mais ne se chevauchent pas (à la place des séquences mélangées et se chevauchant que nous avons utilisées pour entraîner des RNN sans état). Lors de la création du `tf.data.Dataset`, nous devons indiquer `shift=length` (à la place de `shift=1`) dans l'appel à la méthode `window()`. Et, bien sûr, nous ne devons *pas* appeler la méthode `shuffle()`.

Malheureusement, la création des lots est beaucoup plus compliquée lors de la préparation d'un RNN avec état que d'un RNN sans état. Si nous appelions `batch(32)`, trente-deux fenêtres consécutives seraient alors placées dans le même lot, et le lot suivant ne poursuivrait pas chacune de ces fenêtres là où elles se sont arrêtées. Le premier lot contiendrait les fenêtres 1 à 32, et le deuxième lot, les fenêtres 33 à 64. Par conséquent, si nous prenons, par exemple, la première fenêtre de chaque lot (c'est-à-dire les fenêtres 1 et 33), il est évident qu'elles ne sont pas consécutives. La solution la plus simple à ce problème consiste à utiliser une taille de lot égale à 1. C'est la stratégie utilisée par la fonction utilitaire `to_dataset_for_stateful_rnn()` suivante pour préparer un jeu de données pour un RNN avec état :

```
def to_dataset_for_stateful_rnn(sequence, length):
    ds = tf.data.Dataset.from_tensor_slices(sequence)
    ds = ds.window(length + 1, shift=length, drop_remainder=True)
    ds = ds.flat_map(lambda window: window.batch(length + 1)).batch(1)
    return ds.map(lambda window: (window[:, :-1], window[:, 1:])).prefetch(1)

stateful_train_set = to_dataset_for_stateful_rnn(encoded[:1_000_000], length)
stateful_valid_set = to_dataset_for_stateful_rnn(encoded[1_000_000:1_060_000],
                                                 length)
stateful_test_set = to_dataset_for_stateful_rnn(encoded[1_060_000:], length)
```

La figure 8.2 résume les principales étapes de cette fonction.

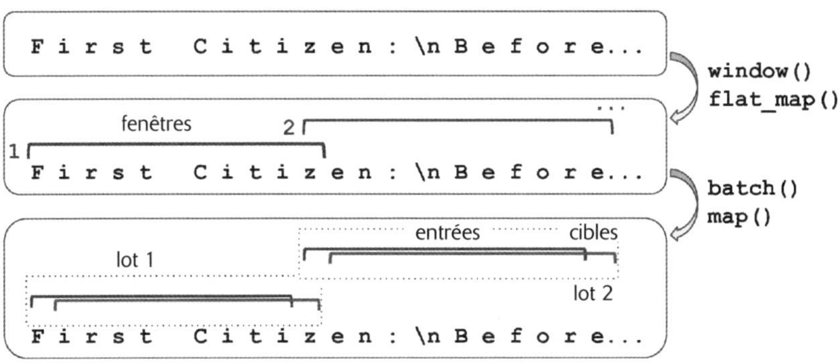

Figure 8.2 – Préparation d'un jeu de données composé de fragments de séquences consécutifs pour un RNN avec état

Le partage en lots est plus compliqué, mais pas impossible. Par exemple, nous pouvons découper le texte de Shakespeare en trente-deux textes de longueur égale, créer un jeu de données de séquences d'entrée consécutives pour chacun d'eux, et finalement utiliser `tf.data.Dataset.zip(datasets).map(lambda *windows: tf.stack(windows))` pour créer des lots consécutifs appropriés. La $n^{\text{ième}}$ séquence d'entrée dans un lot commence exactement là où la $n^{\text{ième}}$ série d'entrée s'est arrêtée dans le lot précédent (vous trouverez le code complet dans le notebook[192]).

Créons à présent le RNN avec état. Tout d'abord, nous devons spécifier `stateful=True` lors de la création de chaque couche récurrente. Ensuite, étant donné que le RNN avec état doit connaître la taille d'un lot (puisqu'il conservera un état pour chaque séquence d'entrée dans le lot), nous devons préciser l'argument `batch_input_shape` dans la première couche. Notez qu'il est inutile d'indiquer la seconde dimension puisque la longueur des séquences d'entrée est quelconque :

```
model = tf.keras.Sequential([
    tf.keras.layers.Embedding(input_dim=n_tokens, output_dim=16,
                              batch_input_shape=[1, None]),
    tf.keras.layers.GRU(128, return_sequences=True, stateful=True),
    tf.keras.layers.Dense(n_tokens, activation="softmax")
])
```

À la fin de chaque époque, nous devons réinitialiser les états avant de revenir au début du texte. Pour cela, nous fournirons à Keras un petit rappel personnalisé :

```
class ResetStatesCallback(tf.keras.callbacks.Callback):
    def on_epoch_begin(self, epoch, logs):
        self.model.reset_states()
```

Nous pouvons à présent compiler le modèle et l'entraîner en utilisant notre rappel :

```
model.compile(loss="sparse_categorical_crossentropy", optimizer="nadam",
              metrics=["accuracy"])
history = model.fit(stateful_train_set, validation_data=stateful_valid_set,
                    epochs=10, callbacks=[ResetStatesCallback(), model_ckpt])
```

Après l'entraînement de ce modèle, il ne pourra être employé que pour effectuer des prédictions sur des lots dont la taille est identique à celle des lots utilisés pendant l'entraînement. Pour éviter cette contrainte, créez un modèle *sans état* identique et copiez le poids du modèle avec état dans ce nouveau modèle.

Il est intéressant de constater qu'un RNN-char, bien qu'entraîné uniquement à prédire le caractère suivant, a besoin pour cette tâche apparemment simple d'apprendre également certaines tâches de plus haut niveau. Par exemple, pour trouver le caractère qui suit « Super film, j'ai vraiment », il est utile de comprendre que la phrase est positive et que la lettre la plus probable sera « a » (pour « aimé ») plutôt que « d » (pour « détesté »). De fait, dans un article publié en 2017[193], Alec Radford et d'autres chercheurs d'OpenAI ont décrit comment ils ont entraîné un grand modèle de type char-RNN sur un jeu de données de grande taille, et ont découvert qu'un des neurones se comportait comme

192. Voir « 16_nlp_with_rnns_and_attention.ipynb » sur *https://homl.info/colab3*.

193. Alec Radford *et al.*, « Learning to Generate Reviews and Discovering Sentiment », arXiv preprint arXiv:1704.01444 (2017) : voir *https://homl.info/sentimentneuron*.

un excellent classificateur d'analyse d'opinion : bien que le modèle ait été entraîné sans aucune étiquette, ce *neurone d'opinion* (en anglais *sentiment neuron*), comme ils l'ont appelé, a obtenu les meilleures performances du moment sur des tests de référence en matière d'analyse d'opinion. Ceci a suggéré et motivé un préentraînement non supervisé pour le traitement du langage naturel.

Mais avant d'explorer le préentraînement non supervisé, intéressons-nous aux modèles travaillant au niveau du mot et à la façon de les utiliser en mode supervisé pour l'*analyse d'opinion (en anglais, sentiment analysis*). Nous en profiterons pour apprendre à traiter les séquences de longueur variable en utilisant les masques.

8.2 ANALYSE D'OPINION

Générer de nouveaux textes est à la fois ludique et instructif. Mais dans un véritable projet de traitement du langage naturel, il est plus courant d'effectuer une classification de textes existants, en particulier pour réaliser une analyse d'opinion. Si la classification d'images sur le jeu de données MNIST est le « Hello world! » de la vision par ordinateur, alors l'analyse d'opinion sur le jeu de données IMDb reviews est celui du traitement automatique du langage naturel. Ce jeu contient 50 000 critiques de films en anglais (25 000 pour l'entraînement, 25 000 pour les tests) extraites de la base de données cinématographiques d'Internet (Internet Movie Database, *https://imdb.com*), avec une cible (ou étiquette) binaire simple pour chaque critique indiquant si elle est négative (0) ou positive (1). À l'instar de MNIST, le jeu de données IMDb reviews est très apprécié pour d'excellentes raisons : il est suffisamment simple pour être exploité sur un ordinateur portable en un temps raisonnable, mais suffisamment difficile pour être amusant et gratifiant.

Chargeons le jeu de données IMDb à l'aide de la bibliothèque de jeu de données de TensorFlow (présentée au chapitre 5). Nous utiliserons les premiers 90 % du jeu d'entraînement pour l'entraînement, et les 10 % restants pour la validation :

```
import tensorflow_datasets as tfds

raw_train_set, raw_valid_set, raw_test_set = tfds.load(
    name="imdb_reviews",
    split=["train[:90%]", "train[90%:]", "test"],
    as_supervised=True
)
tf.random.set_seed(42)
train_set = raw_train_set.shuffle(5000, seed=42).batch(32).prefetch(1)
valid_set = raw_valid_set.batch(32).prefetch(1)
test_set = raw_test_set.batch(32).prefetch(1)
```

Vous pourrez, si vous le préférez, utiliser la fonction Keras permettant de charger le jeu de données IDMb, `tf.keras.datasets.imdb.load_data()`. Les critiques de films sont déjà prétraitées sous forme de séquences d'identifiants de mots.

Inspectons quelques critiques :

```
>>> for review, label in raw_train_set.take(4):
...     print(review.numpy().decode("utf-8"))
...     print("Étiquette:", label.numpy())
...
This was an absolutely terrible movie. Don't be lured in by Christopher [...]
Étiquette: 0
I have been known to fall asleep during films, but this is usually due [...]
Étiquette: 0
Mann photographs the Alberta Rocky Mountains in a superb fashion, and [...]
Étiquette: 0
This is the kind of film for a snowy Sunday afternoon when the rest of [...]
Étiquette: 1
```

Certaines critiques sont faciles à classer. Par exemple, la première critique comporte les mots « terrible movie » (film horrible) dans la toute première phrase. Mais dans de nombreux cas, les choses ne sont pas si simples. Par exemple, la troisième critique commence positivement, bien qu'il s'agisse finalement d'une critique négative (étiquette 0).

Pour construire un modèle pour cette tâche, nous devons prétraiter le texte, mais cette fois nous allons le découper en mots au lieu de le découper en caractères. Pour cela, nous pouvons encore une fois utiliser la couche `tf.keras.layers.TextVectorization`. Notez qu'elle utilise des espaces pour identifier les frontières de mots, ce qui ne fonctionnera pas bien dans certaines langues. Par exemple, le chinois n'utilise pas d'espaces entre les mots, le vietnamien utilise des espaces mêmes à l'intérieur des mots et l'allemand juxtapose fréquemment plusieurs mots sans espaces intermédiaires. Même en anglais, les espaces ne sont pas toujours la meilleure façon de distinguer les mots, par exemple « San Francisco » ou « #ILoveDeepLearning ».

Heureusement, il existe des solutions pour résoudre ces problèmes. Dans un article paru en 2016[194], Rico Sennrich et d'autres chercheurs de l'université d'Édimbourg ont exploré plusieurs méthodes permettant de transformer un texte en fragments de mots appelés *tokens*[195], et inversement. De cette façon, même si votre modèle rencontre un mot rare qu'il n'a encore jamais vu, il peut encore raisonnablement en deviner la signification. Par exemple, même si le modèle n'a jamais vu le mot « smartest » durant l'entraînement, s'il a appris le mot « smart » et s'il a également appris que le suffixe « est » signifie « le plus », il peut en déduire le sens de « smartest ». L'une des techniques évaluées par les auteurs est l'*encodage par paire d'octets* (en anglais, *byte pair encoding*, ou BPE). Cette technique consiste à diviser l'ensemble du jeu d'entraînement en caractères élémentaires (y compris caractère d'espacement), puis à effectuer

194. Rico Sennrich *et al.*, « Neural Machine Translation of Rare Words with Subword Units », *Proceedings of the 54th Annual Meeting of the Association for Computational Linguistics* 1 (2016), 1715-1725 : *https://homl.info/rarewords*.

195. Le terme anglais « token » est parfois traduit par « jeton » en français, mais surtout dans le domaine des télécommunications. Dans le domaine du Deep Learning, le terme anglais est largement employé dans les documents français sur ce sujet, c'est pourquoi nous l'emploierons également pour plus de clarté.

des regroupements successifs des paires adjacentes les plus fréquentes jusqu'à ce que le vocabulaire atteigne la taille désirée.

Un article[196] publié en 2018 par Taku Kudo, chercheur de Google, a encore amélioré ce découpage à un niveau inférieur au mot, en supprimant souvent le besoin préalable d'un traitement spécifique à la langue. Il proposait de plus une technique de régularisation novatrice appelée *régularisation en dessous du mot* (en anglais, *subword regularization*), qui améliore l'exactitude et la robustesse en introduisant une part de hasard dans le découpage en tokens lors de l'entraînement : ainsi, « New England » peut être découpé en « New » + « England », ou « New » + « Eng » + « land », ou simplement « New England » (un seul token). Le projet *SentencePiece* de Google (*https://github.com/google/sentencepiece*) fournit une implémentation open source de cette technique. Elle est décrite dans un article[197] rédigé par Taku Kudo et John Richardson.

La bibliothèque TensorFlow Text (*https://homl.info/tftext*), implémente aussi différentes stratégies de conversion en tokens, notamment WordPiece[198] (une variante de l'encodage par paire d'octets), tandis que la bibliothèque Tokenizers de Hugging Face (*https://homl.info/tokenizers*) implémente une grande variété d'algorithmes de découpage en tokens extrêmement rapides.Toutefois, pour ce qui concerne notre projet IMDb en anglais, délimiter les tokens grâce aux caractères d'espacement devrait suffire. Commençons donc par créer une couche `TextVectorization` et l'adapter à notre jeu d'entraînement. Nous limiterons le vocabulaire à 1 000 tokens, qui seront constituées des 998 mots les plus fréquents plus un token de remplissage et un token pour les mots inconnus, car il est peu probable que les mots très rares soient importants pour cette tâche, et en limitant la taille du vocabulaire on réduit le nombre de paramètres que le modèle a besoin d'apprendre :

```
vocab_size = 1000
text_vec_layer = tf.keras.layers.TextVectorization(max_tokens=vocab_size)
text_vec_layer.adapt(train_set.map(lambda reviews, labels: reviews))
```

Après quoi, nous créons et entraînons le modèle :

```
embed_size = 128
tf.random.set_seed(42)
model = tf.keras.Sequential([
    text_vec_layer,
    tf.keras.layers.Embedding(vocab_size, embed_size),
    tf.keras.layers.GRU(128),
    tf.keras.layers.Dense(1, activation="sigmoid")
])
model.compile(loss="binary_crossentropy", optimizer="nadam",
              metrics=["accuracy"])
history = model.fit(train_set, validation_data=valid_set, epochs=2)
```

196. Taku Kudo, « Subword Regularization: Improving Neural Network Translation Models with Multiple Subword Candidates » (2018) : *https://homl.info/subword*.

197. Taku Kudo et John Richardson, « SentencePiece: A Simple and Language Independent Subword Tokenizer and Detokenizer for Neural Text Processing » (2018) : *https://homl.info/sentencepiece*.

198. Yonghui Wu *et al.*, « Google's Neural Machine Translation System: Bridging the Gap Between Human and Machine Translation », arXiv preprint arXiv:1609.08144 (2016) : *https://homl.info/wordpiece*.

La première couche est la couche `TextVectorization` que nous venons de préparer, suivie d'une couche `Embedding` qui convertira les identifiants de mots en plongements. La matrice des plongements doit avoir une ligne par token du vocabulaire (`vocab_size`) et une colonne par composante de plongement (dans cet exemple, nous utilisons 128 colonnes, mais cet hyperparamètre peut être ajusté). Nous utilisons ensuite une couche `GRU` et une couche `Dense` à un seul neurone, ainsi qu'une fonction d'activation sigmoïde étant donné qu'il s'agit d'une tâche de classification binaire : la sortie du modèle sera la probabilité estimée que le texte exprime un avis positif sur le film. Nous compilons ensuite le modèle et l'appliquons au jeu de données préparé précédemment, sur deux époques (mais vous pouvez l'entraîner plus longtemps pour obtenir de meilleurs résultats).

Malheureusement, si vous exécutez ce code, vous vous apercevrez probablement que le modèle ne réussit pas à apprendre quoi que ce soit : l'exactitude reste proche de 50 %, donc pas mieux qu'en choisissant au hasard. Pourquoi cela ? Les critiques sont de longueur différente, et lorsque la couche `TextVectorization` les convertit en séquences de tokens, elle complète à l'aide du token de remplissage (ID 0) les séquences plus courtes pour les rendre aussi longues que la plus longue séquence du lot. Par conséquent, la plupart des séquences se terminent par de nombreux tokens de remplissage, quelques dizaines voire quelques centaines. Bien que nous utilisions une couche `GRU`, ce qui est nettement mieux qu'une couche `SimpleRNN`, sa mémoire à court terme n'est pas encore très bonne, ce qui fait que quand elle traverse de nombreux tokens de remplissage, elle finit par oublier les éléments de la critique ! Une solution consiste à alimenter le modèle avec des lots de phrases de même longueur (ce qui accélère aussi l'entraînement). Une autre solution consiste à demander au réseau de neurones d'oublier les tokens de remplissage. Ceci peut être réalisé grâce au masquage.

8.2.1 Masquage

Avec Keras, il est très simple de demander au modèle d'ignorer les tokens de remplissage : il suffit d'ajouter `mask_zero=True` au moment de la création de la couche `Embedding`. Cela signifie que les caractères de remplissage (ceux dont l'identifiant vaut 0) seront ignorés par toutes les couches en aval. C'est tout ! Si vous réentraînez le modèle précédent durant quelques époques, vous vous apercevrez que l'exactitude de validation dépasse rapidement 80 %.

La couche `Embedding` crée un *tenseur de masque* égal à `tf.math.not_equal(inputs, 0)` (où `K = keras.backend`). Il s'agit d'un tenseur booléen ayant la même forme que les entrées et valant `False` partout où les identifiants de tokens sont égaux à 0, sinon `True`. Ce tenseur de masque est ensuite propagé automatiquement par le modèle à la couche suivante. Si la méthode `call()` de la couche suivante possède un argument `mask`, alors elle reçoit automatiquement le masque. Ceci permet à la couche d'ignorer les étapes temporelles appropriées. Chaque couche peut faire un usage différent du masque, mais, en général, elles ignorent simplement les étapes masquées (autrement dit, celles pour lesquelles le masque vaut `False`).

Par exemple, lorsqu'une couche récurrente rencontre une étape masquée, elle copie simplement la sortie de l'étape précédente.

Ensuite, si l'attribut `supports_masking` de la couche a la valeur `True`, le masque est automatiquement transmis à la couche suivante. Il continue à se propager de cette manière tant que la configuration des couches comporte `supports_masking=True`. À titre d'exemple, l'attribut `supports_masking` d'une couche récurrente a la valeur `True` si `return_sequences=True`, et `False` si `return_sequences=False`, étant donné qu'il n'y a plus besoin de masque dans ce cas. Par conséquent, si votre modèle comporte plusieurs couches récurrentes avec `return_sequences=True` suivies d'une couche récurrente avec `return_sequences=False`, alors le masque se propagera automatiquement jusqu'à la dernière couche : celle-ci utilisera le masque pour ignorer les étapes masquées, mais ne le transmettra pas plus loin. De manière similaire, si vous spécifiez `mask_zero=True` lors de la création de la couche `Embedding` du modèle d'analyse d'opinion que nous venons de créer, alors la couche `GRU` recevra et utilisera automatiquement le masque, mais ne le propagera pas plus loin, étant donné que `return_sequences` n'a pas la valeur `True`.

Certaines couches ont besoin de modifier le masque avant de le transmettre à la couche suivante : pour ce faire, elles implémentent la méthode `compute_mask()`, qui reçoit deux arguments, les entrées et le masque précédent, puis effectue la modification du masque et le renvoie. L'implémentation par défaut de `compute_mask()` renvoie le masque précédent sans modification.

De nombreuses couches de Keras gèrent le masquage : `SimpleRNN`, `GRU`, `LSTM`, `Bidirectional`, `Dense`, `TimeDistributed`, `Add` et quelques autres (toutes font partie du package `tf.keras.layers`). Cependant, les couches de convolution (entre autres `Conv1D`) ne permettent pas le masquage – de toute façon, la façon dont elles pourraient l'implémenter n'a rien d'évident.

Si le masque se propage jusqu'à la sortie, alors il est également appliqué aux pertes. Les étapes temporelles masquées ne vont donc pas contribuer à la perte (leur perte sera égale à 0). Ceci suppose que le modèle produise en sortie des séquences, ce qui n'est pas le cas de notre modèle d'analyse d'opinion.

Les couches `LSTM` et `GRU` ont une implémentation optimisée pour les processeurs graphiques, fondée sur la bibliothèque cuDNN de Nvidia. Mais cette implémentation ne permet le masquage que si tous les tokens de remplissage sont à la fin de la séquence. Ceci vous oblige également à utiliser la valeur par défaut de plusieurs hyperparamètres : `activation`, `recurrent_activation`, `recurrent_dropout`, `unroll`, `use_bias` et `reset_after`. Si ce n'est pas le cas, on en revient pour ces couches à l'implémentation GPU par défaut (beaucoup plus lente).

Si vous souhaitez implémenter votre propre couche personnalisée avec prise en charge du masquage, vous devez ajouter un argument `mask` à la méthode `call()`

et, évidemment, faire en sorte que cette méthode utilise le masque. Par ailleurs, si le masque doit être transmis aux couches suivantes, vous devez spécifier `self.supports_masking = True` dans le constructeur. Si ce masque doit être modifié avant d'être transmis, vous devez implémenter la méthode `compute_mask()`.

Si votre modèle ne commence pas par une couche `Embedding`, vous avez la possibilité d'utiliser à la place la couche `keras.layers.Masking`. Elle fixe par défaut le masque à `tf.math.reduce_any(tf.math.not_equal(X, 0), axis=-1)`, signifiant par là que les étapes dont la dernière dimension est remplie de zéros seront masquées dans les couches suivantes.

Les couches de masquage et la propagation automatique du masque fonctionnent bien pour les modèles simples. Ce ne sera pas toujours le cas pour des modèles plus complexes, par exemple lorsque vous devez associer des couches `Conv1D` et des couches récurrentes. Dans de telles configurations, vous devrez calculer explicitement le masque et le passer aux couches appropriées, en utilisant l'API fonctionnelle ou l'API de sous-classement. Par exemple, le modèle suivant est équivalent au précédent, excepté qu'il se fonde sur l'API fonctionnelle et gère le masquage manuellement. Il ajoute également un peu de régularisation par abandon, étant donné que le modèle précédent surajustait légèrement :

```
inputs = tf.keras.layers.Input(shape=[], dtype=tf.string)
token_ids = text_vec_layer(inputs)
mask = tf.math.not_equal(token_ids, 0)
Z = tf.keras.layers.Embedding(vocab_size, embed_size)(token_ids)
Z = tf.keras.layers.GRU(128, dropout=0.2)(Z, mask=mask)
outputs = tf.keras.layers.Dense(1, activation="sigmoid")(Z)
model = tf.keras.Model(inputs=[inputs], outputs=[outputs])
```

Une dernière approche du masquage consiste à alimenter le modèle à l'aide de tenseurs irréguliers[199] (en anglais, *ragged tensors*). En pratique, il vous suffit de spécifier `ragged=True` lors de la création de la couche `TextVectorization`, afin que les séquences d'entrée soient représentées sous forme de tenseurs irréguliers :

```
>>> text_vec_layer_ragged = tf.keras.layers.TextVectorization(
...     max_tokens=vocab_size, ragged=True)
...
>>> text_vec_layer_ragged.adapt(train_set.map(lambda reviews, labels: reviews))
>>> text_vec_layer_ragged(["Great movie!", "This is DiCaprio's best role."])
<tf.RaggedTensor [[86, 18], [11, 7, 1, 116, 217]]>
```

Comparez cette représentation à l'aide de tenseurs irréguliers à la représentation sous forme de tenseurs normaux utilisant des tokens de remplissage :

```
>>> text_vec_layer(["Great movie!", "This is DiCaprio's best role."])
<tf.Tensor: shape=(2, 5), dtype=int64, numpy=
array([[ 86,  18,   0,   0,   0],
       [ 11,   7,   1, 116, 217]])>
```

199. Les tenseurs irréguliers ont été introduits au chapitre 4 et sont présentés de manière plus détaillée à l'annexe D.

Les couches récurrentes de Keras gérant en mode natif les tenseurs irréguliers, vous n'avez rien d'autre à faire : utilisez simplement cette couche `TextVectorization` dans votre modèle. Pas besoin de spécifier `mask_zero=True` ni de gérer explicitement des masques : tout est implémenté pour vous. C'est pratique ! Toutefois, fin 2023, la gestion par Keras des tenseurs irréguliers n'était pas encore parfaite. Ainsi, lorsqu'on exécutait le code sur un GPU, il n'était pas possible d'utiliser des tenseurs irréguliers en tant que cibles avec les fonctions de coût standard (mais le problème aura peut-être été résolu lorsque vous lirez ces lignes).

Quelle que soit la méthode de masquage choisie, après avoir entraîné le modèle durant quelques époques, celui-ci parvient à juger à peu près correctement si une critique est positive ou non. À l'aide d'un rappel `tf.keras.callbacks.TensorBoard()`, vous pouvez visualiser les plongements dans TensorBoard, au fur et à mesure de leur apprentissage. Le regroupement progressif des mots comme « awesome » et « amazing » d'un côté de l'espace des plongements et celui des mots comme « awful » et « terrible » de l'autre côté est un spectacle fascinant. Certains mots ne sont pas aussi positifs que vous pourriez le croire (tout au moins avec ce modèle). C'est par exemple le cas de l'adjectif « good », probablement parce que de nombreuses critiques négatives contiennent l'expression « not good ».

8.2.2 Réutiliser des plongements et modèles linguistiques préentraînés

Il est assez incroyable que le modèle soit en mesure d'apprendre des plongements de mots utiles à partir de seulement 25 000 critiques cinématographiques. Imaginez la qualité des plongements si nous disposions de milliards de critiques sur lesquelles l'entraîner ! Ce n'est malheureusement pas le cas, mais nous pouvons peut-être réutiliser des plongements de mots obtenus sur d'autres corpus linguistiques (beaucoup) plus volumineux (par exemple, les critiques Amazon, disponibles dans les jeux de données de TensorFlow), même s'ils ne correspondent pas à des critiques de films. Après tout, le sens du mot « amazing » ne change pas, quel que soit le contexte dans lequel il est employé. Par ailleurs, les plongements pourraient peut-être se révéler utiles à l'analyse d'opinion même s'ils ont été entraînés pour une autre tâche. Puisque les mots « awesome » et « amazing » ont un sens comparable, ils vont probablement se regrouper de la même manière dans l'espace des plongements, même si la tâche consiste à prédire le mot suivant dans une phrase.

Si tous les termes positifs et tous les termes négatifs forment des agrégats, ils seront utiles pour l'analyse d'opinion. Par conséquent, au lieu d'entraîner des plongements de mots, nous pourrions simplement télécharger et réutiliser des plongements préentraînés comme les plongements Word2vec de Google (*https://homl.info/word2vec*), GloVe de Stanford (*https://homl.info/glove*) ou FastText de Facebook (*https://fasttext.cc*).

La réutilisation de plongements préentraînés a été très en vogue durant quelques années, mais cette approche a ses limites. En particulier, un mot ne possède qu'une seule représentation, quel que soit le contexte. Ainsi, en anglais, le mot « right » s'encode de la même façon dans « left and right » (à gauche et à droite) et dans « right and wrong» (vrai et faux) même si sa signification est très différente dans chacun des cas. Pour dépasser cette limitation, Matthew Peters a proposé dans une publication de 2018[200] des *plongements à partir de modèles linguistiques* (en anglais, *embeddings from language models*, ou ELMo) :il s'agit de plongements de mots contextualisés appris à partir des états internes d'un modèle linguistique bidirectionnel profond. Au lieu d'utiliser seulement des plongements préentraînés dans votre modèle, vous réutilisez une partie d'un modèle linguistique préentraîné.

À peu près au même moment, un article de Jeremy Howard et Sebastian Ruder intitulé «Universal Language Model Fine-Tuning for Text Classification» (ULMFiT)[201] a démontré l'efficacité d'un entraînement non supervisé pour le traitement du langage naturel: les auteurs ont entraîné un modèle linguistique LSTM sur un corpus linguistique de très grande taille en utilisant un apprentissage auto-supervisé (c'est-à-dire en générant automatiquement les étiquettes à partir des données), puis l'ont ajusté finement sur différentes tâches. Leur modèle a fait largement mieux que les meilleurs modèles de l'époque, sur six tâches de classification de textes, en réduisant de 18 à 24 % le taux d'erreur dans la plupart des cas. De plus, les auteurs ont montré qu'un modèle préentraîné ajusté finement sur une centaine d'exemples étiquetés seulement pouvait être aussi performant qu'un modèle entraîné à partir de rien sur 10000 exemples. Avant ULMFit, l'utilisation de modèles préentraînés n'était la norme que dans le domaine de la vision par ordinateur; dans le contexte du traitement du langage naturel, le préentraînement se limitait aux plongements de mots. Cette publication a donc marqué le début d'une nouvelle époque dans le traitement du langage naturel: aujourd'hui, réutiliser des modèles linguistiques préentraînés est devenu la norme.

Construisons par exemple un classificateur basé sur l'encodeur de phrase universel (ou Universal Sentence Encoder), un modèle d'architecture présenté en 2018 par une équipe de chercheurs de Google[202]. Ce modèle est basé sur l'architecture de transformeur, que nous examinerons dans la suite de ce chapitre. Ce modèle est disponible sur la plateforme TensorFlow Hub, ce qui est pratique:

```
import os
import tensorflow_hub as hub

os.environ["TFHUB_CACHE_DIR"] = "my_tfhub_cache"
model = tf.keras.Sequential([
    hub.KerasLayer("https://tfhub.dev/google/universal-sentence-encoder/4",
                   trainable=True, dtype=tf.string, input_shape=[]),
    tf.keras.layers.Dense(64, activation="relu"),
    tf.keras.layers.Dense(1, activation="sigmoid")
])
```

200. Matthew Peters *et al.*, «Deep Contextualized Word Representations», *Proceedings of the 2018 Conference of the North American Chapter of the Association for Computational Linguistics: Human Language Technologies* 1 (2018), 2227-2237: *https://homl.info/elmo*.

201. Jeremy Howard et Sebastian Ruder, «Universal Language Model Fine-Tuning for Text Classification», *Proceedings of the 56th Annual Meeting of the Association for Computational Linguistics* 1 (2018), 328-339: *https://homl.info/ulmfit*.

202. Daniel Cer *et al.*, «Universal Sentence Encoder», arXiv preprint arXiv:1803.11175 (2018): *https://homl.info/139*.

```
model.compile(loss="binary_crossentropy", optimizer="nadam",
              metrics=["accuracy"])
model.fit(train_set, validation_data=valid_set, epochs=10)
```

Ce modèle est plutôt volumineux (presque 1 Go) et peut être long à télécharger. Par défaut, les modules de TensorFlow Hub sont sauvegardés dans un répertoire temporaire, ce qui fait qu'ils sont rechargés à chaque fois que vous exécutez votre programme. Pour éviter cela, vous devez spécifier dans la variable d'environnement `TFHUB_CACHE_DIR` un répertoire dans lequel les modules seront sauvegardés, de sorte qu'ils ne seront téléchargés qu'une fois.

Notez que la dernière partie de l'URL du module à récupérer spécifie que nous voulons la version 4 du modèle. La spécification de version garantit que si une nouvelle version du modèle est publiée sur la plateforme TensorFlow, elle ne viendra pas perturber notre modèle. Si vous saisissez simplement cette URL dans un navigateur web, vous obtiendrez la documentation de ce module, ce qui est commode.

Notez aussi que nous spécifions `trainable=True` lors de la création de `hub.KerasLayer`. De cette façon, l'encodeur de phrase universel préentraîné est ajusté finement durant l'entraînement : certains de ses poids sont ajustés grâce à la rétropropagation. Tous les modules de TensorFlow Hub ne sont pas ajustables finement, vérifiez donc la documentation pour chacun des modules préentraînés qui vous intéressent.

Après l'entraînement, ce modèle devrait atteindre une exactitude supérieure à 90 % sur le jeu de de validation. C'est en fait vraiment bon : si vous essayez d'effectuer la tâche vous-même, vous ne ferez probablement pas beaucoup mieux étant donné que la plupart des critiques comportent à la fois des commentaires positifs et négatifs. Classer ces critiques ambiguës équivaut à jouer à pile ou face.

Jusqu'ici nous nous sommes intéressés à la génération de texte à l'aide d'un réseau de neurones récurrent à base de caractères, ou char-RNN, puis à l'analyse d'opinion à l'aide de réseaux de neurones récurrents à base de mots (en nous appuyant sur des plongements entraînables) ainsi qu'à l'aide d'un puissant modèle préentraîné de TensorFlow Hub. Dans la section qui suit, nous étudierons une autre tâche d'importance en traitement du langage naturel : la traduction automatique neuronale (*neural machine translation*, ou NMT).

8.3 UN RÉSEAU ENCODEUR-DÉCODEUR POUR LA TRADUCTION AUTOMATIQUE NEURONALE

Commençons par un modèle de traduction automatique neuronale simple[203] qui va traduire des phrases anglaises en espagnol (voir figure 8.3).

203. Ilya Sutskever *et al.*, « Sequence to Sequence Learning with Neural Networks », arXiv preprint (2014) : *https://homl.info/103*.

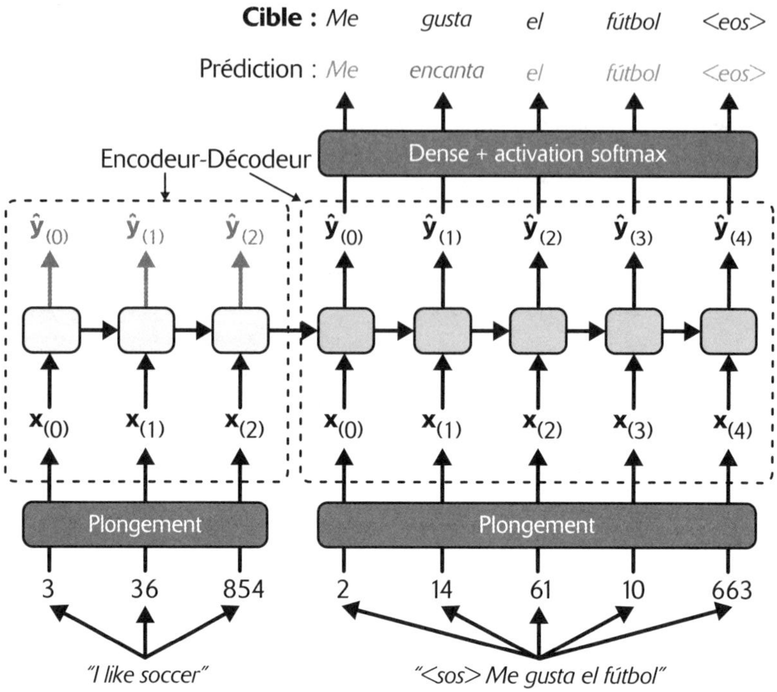

Figure 8.3 – Modèle simple pour la traduction automatique

Voici en bref son architecture : des phrases en anglais sont fournies en entrée à l'encodeur, et le décodeur renvoie en sortie des traductions en espagnol. Notez que les traductions en espagnol sont aussi utilisées en tant qu'entrées du décodeur durant l'entraînement, mais décalées d'une étape en arrière. En d'autres termes, durant l'entraînement le décodeur reçoit en entrée le mot qu'il devrait avoir produit en sortie à l'étape précédente, sans tenir compte de ce qu'il a produit en réalité. Cette technique du *teacher forcing* (littéralement, « gavage par le professeur ») permet d'accélérer significativement l'apprentissage et améliore les performances du modèle. Pour le tout premier mot, le décodeur reçoit le token de début de séquence (*start-of-sequence*, ou SOS), et on s'attend à ce que le décodeur termine la phrase par un token de fin de séquence (*end-of-sequence*, ou EOS).

Chaque mot est représenté initialement par son identifiant, par exemple 854 pour le mot « soccer ». Ensuite, une couche `Embedding` renvoie le plongement du mot. Ces plongements de mots vont alors alimenter l'encodeur et le décodeur.

À chaque étape, le décodeur renvoie en sortie un score pour chaque mot du vocabulaire de sortie (espagnol, ici), puis la fonction d'activation softmax transforme ces scores en probabilités. Ainsi, à la première étape le mot « Me » peut avoir une probabilité de 7 %, « Yo » peut avoir une probabilité de 1 %, etc. Le mot renvoyé en sortie est celui ayant la plus forte probabilité. Ceci est tout à fait analogue à une tâche de classification normale, et vous pouvez entraîner le modèle en utilisant la perte `"sparse_categorical_crossentropy"`, de manière analogue à ce que nous avons fait pour le modèle de réseau de neurones récurrent à base de caractères.

Notez que dans la phase d'inférence (c'est-à-dire une fois l'entraînement terminé), vous n'aurez pas à alimenter le décodeur avec la phrase cible. Au lieu de cela, vous devrez lui fournir à chaque étape le mot qui a été produit en sortie lors de l'étape précédente, comme le montre la figure 8.4 (ceci nécessitera une recherche de plongement qui n'est pas présentée sur le diagramme).

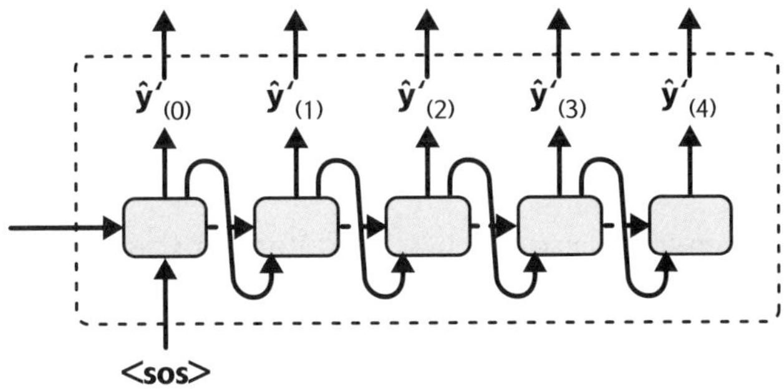

Figure 8.4 – Lors de l'inférence, le décodeur reçoit en entrée le mot qu'il a fourni en sortie à l'étape précédente

Dans une publication de 2015[204], Samy Bengio a proposé de modifier l'alimentation du décodeur au cours de l'entraînement, de manière à passer graduellement du token cible précédent au token de sortie précédent.

Construisons et entraînons ce modèle ! Tout d'abord, nous devons télécharger un jeu de données de paires de phrases anglais/espagnol[205] :

```
base_url = "https://storage.googleapis.com/download.tensorflow.org"
url = base_url + "/data/spa-eng.zip"
path = tf.keras.utils.get_file("spa-eng.zip", origin=url,
                               cache_dir="data-sets", extract=True)
text = (Path(path).with_name("spa-eng") / "spa.txt").read_text()
```

Chacune contient une phrase anglaise et la traduction espagnole correspondante, séparées par un caractère de tabulation. Nous commençons par supprimer les caractères espagnols « ¡ » et « ¿ », que la couche `TextVectorization` ne gère pas, puis

204. Samy Bengio *et al.*, « Scheduled Sampling for Sequence Prediction with Recurrent Neural Networks », arXiv preprint arXiv:1506.03099 (2015) : *https://homl.info/scheduledsampling*.

205. Ce jeu de données est composé de paires de phrases créées par les contributeurs du projet Tatoeba (*https://tatoeba.org*). Les créateurs du site web *https://manythings.org/anki* ont sélectionné environ 120 000 paires de phrases. Ce jeu de données est proposé sous licence Creative Commons Attribution 2.0 France. D'autres paires de langues sont également disponibles.

nous parcourons le texte pour récupérer toutes les paires de phrases et les mélangeons. Enfin, nous les partageons en deux listes séparées, une par langue :

```
import numpy as np

text = text.replace("¡", "").replace("¿", "")
pairs = [line.split("\t") for line in text.splitlines()]
np.random.shuffle(pairs)
sentences_en, sentences_es = zip(*pairs)  # sépare les paires en 2 listes
```

Examinons les trois premières paires de phrases :

```
>>> for i in range(3):
...     print(sentences_en[i], "=>", sentences_es[i])
...
How boring! => Qué aburrimiento!
I love sports. => Adoro el deporte.
Would you like to swap jobs? => Te gustaría que intercambiemos los trabajos?
```

Créons ensuite deux couches `TextVectorization` (une par langue) et adaptons-les au texte :

```
vocab_size = 1000
max_length = 50
text_vec_layer_en = tf.keras.layers.TextVectorization(
    vocab_size, output_sequence_length=max_length)
text_vec_layer_es = tf.keras.layers.TextVectorization(
    vocab_size, output_sequence_length=max_length)
text_vec_layer_en.adapt(sentences_en)
text_vec_layer_es.adapt([f"startofseq {s} endofseq" for s in sentences_es])
```

Il y a quelques points à mentionner ici :

- Nous limitons la taille du vocabulaire à 1 000, ce qui est assez peu. Ceci parce que le jeu d'entraînement n'est pas très grand et parce que l'utilisation d'une petite valeur accélérera l'entraînement. Les modèles de traduction de pointe utilisent en général un vocabulaire nettement plus étendu (par exemple 30 000), un jeu d'entraînement bien plus fourni (plusieurs gigaoctets) est un modèle de beaucoup plus grande taille (des centaines voire des milliers de mégaoctets). Voyez par exemple les modèles Opus-MT de l'Université d'Helsinki, ou le modèle M2M-100 de Facebook.
- Étant donné que toutes les phrases du jeu de données comportent au maximum 50 mots, nous donnons à `output_sequence_length` la valeur 50 : ainsi, les séquences d'entrée seront automatiquement complétées par des zéros jusqu'à ce qu'elles comportent 50 tokens. S'il y avait des phrases comportant plus de 50 tokens dans le jeu d'entraînement, elles seraient raccourcies à 50 tokens.
- Pour le texte espagnol, nous ajoutons « startofseq » et « endofseq » à chaque phrase lors de l'adaptation de la couche `TextVectorization` : nous utiliserons ces mots comme tokens de début et de fin de phrase. Vous pourriez utiliser n'importe quels autres mots, à condition qu'il ne s'agisse pas de mots du vocabulaire espagnol.

Inspectons les 10 premiers tokens des deux vocabulaires. Ils commencent par le token de remplissage, le token de mot inconnu, les tokens de début et de fin de phrase (seulement pour le vocabulaire espagnol), puis les véritables mots, triés par fréquence décroissante :

```
>>> text_vec_layer_en.get_vocabulary()[:10]
['', '[UNK]', 'the', 'i', 'to', 'you', 'tom', 'a', 'is', 'he']
>>> text_vec_layer_es.get_vocabulary()[:10]
['', '[UNK]', 'startofseq', 'endofseq', 'de', 'que', 'a', 'no', 'tom', 'la']
```

Créons ensuite le jeu d'entraînement et le jeu de validation (vous pourriez aussi créer au besoin un jeu de test). Nous utiliserons les 100 000 premières paires de phrases pour l'entraînement et le reste pour la validation. Les entrées du décodeur sont les phrases espagnoles préfixées par un token de début de phrase. Les cibles sont les phrases espagnoles suffixées par un token de fin de phrase :

```
X_train = tf.constant(sentences_en[:100_000])
X_valid = tf.constant(sentences_en[100_000:])
X_train_dec = tf.constant([f"startofseq {s}" for s in sentences_es[:100_000]])
X_valid_dec = tf.constant([f"startofseq {s}" for s in sentences_es[100_000:]])
Y_train = text_vec_layer_es([f"{s} endofseq" for s in sentences_es[:100_000]])
Y_valid = text_vec_layer_es([f"{s} endofseq" for s in sentences_es[100_000:]])
```

Bien. Nous sommes maintenant prêts à construire notre modèle de traduction. Nous utiliserons pour cela l'API fonctionnelle, étant donné que le modèle n'est pas séquentiel. Il nous faut deux entrées de texte, une pour l'encodeur et une pour le décodeur, commençons donc par là :

```
encoder_inputs = tf.keras.layers.Input(shape=[], dtype=tf.string)
decoder_inputs = tf.keras.layers.Input(shape=[], dtype=tf.string)
```

Nous devons ensuite encoder ces phrases en utilisant les couches `TextVectorization` que nous avons préparées précédemment, suivies d'une couche `Embedding` pour chaque langue, avec `mask_zero=True` pour que le masquage soit géré automatiquement. La taille de plongement est un hyperparamètre que vous pouvez ajuster, comme toujours :

```
embed_size = 128
encoder_input_ids = text_vec_layer_en(encoder_inputs)
decoder_input_ids = text_vec_layer_es(decoder_inputs)
encoder_embedding_layer = tf.keras.layers.Embedding(vocab_size, embed_size,
                                                    mask_zero=True)
decoder_embedding_layer = tf.keras.layers.Embedding(vocab_size, embed_size,
                                                    mask_zero=True)
encoder_embeddings = encoder_embedding_layer(encoder_input_ids)
decoder_embeddings = decoder_embedding_layer(decoder_input_ids)
```

Lorsque les deux langues ont de nombreux mots en commun, il se peut que vous obteniez de meilleurs résultats en utilisant la même couche `Embedding` de plongement pour l'encodeur et pour le décodeur.

Créons maintenant l'encodeur et transmettons-lui les plongements des entrées :

```
encoder = tf.keras.layers.LSTM(512, return_state=True)
encoder_outputs, *encoder_state = encoder(encoder_embeddings)
```

Pour que les choses restent simples, nous n'avons utilisé qu'une seule couche LSTM, mais vous pourriez en empiler plusieurs. Nous avons aussi spécifié `return_state=True` pour obtenir une référence vers l'état final de la couche. Étant donné que nous utilisons une couche LSTM, il y a en fait deux états : l'état à court terme et l'état à long terme. La couche renvoie ces deux états séparément, c'est pourquoi nous avons dû écrire `*encoder_state` pour grouper les deux états dans une liste[206]. Maintenant, nous pouvons utiliser ce (double) état comme état initial du décodeur :

```
decoder = tf.keras.layers.LSTM(512, return_sequences=True)
decoder_outputs = decoder(decoder_embeddings, initial_state=encoder_state)
```

Ensuite, nous pouvons transmettre les sorties du décodeur à une couche `Dense` avec une fonction d'activation softmax pour obtenir les probabilités des mots à chaque étape :

```
output_layer = tf.keras.layers.Dense(vocab_size, activation="softmax")
Y_proba = output_layer(decoder_outputs)
```

Optimisation de la couche de sortie

Lorsque le vocabulaire de sortie est de grande taille, renvoyer une probabilité pour chaque mot possible peut se révéler plutôt long. Si le vocabulaire cible comportait 50 000 mots espagnols au lieu de 1 000, le décodeur renverrait en sortie des vecteurs à 50 000 composantes et le calcul de la fonction softmax sur un si grand vecteur prendrait beaucoup de temps machine. Pour éviter cela, une solution consiste à ne regarder que les logits renvoyés par le modèle pour rechercher le mot correct ainsi qu'un échantillon aléatoire de mots incorrects, puis à calculer une approximation de la perte basée uniquement sur ces logits. Cette technique de *softmax échantillonné* (ou *sampled softmax*) a été proposée en 2015 par Sébastien Jean[207]. Dans TensorFlow, vous pouvez utiliser pour cela la fonction `tf.nn.sampled_softmax_loss()` durant l'entraînement et utiliser la fonction softmax normale pour l'inférence (ce softmax échantillonné ne peut pas être utilisé lors de l'inférence car il nécessite de connaître la cible).

Un autre moyen d'accélérer l'entraînement tout en restant compatible avec le softmax échantillonné consiste à lier les poids de la couche de sortie à la transposéede la matrice de plongement du décodeur (nous verrons comment lier les poids au chapitre 9). Ceci réduit significativement le nombre de paramètres du modèle, ce qui accélère l'entraînement et peut parfois améliorer également l'exactitude du modèle, en particulier si vous n'avez pas beaucoup de données d'entraînement. La matrice de plongement est équivalente à un encodage one-hot suivi par une couche linéaire sans terme constant et sans fonction d'activation qui effectue la correspondance entre les vecteurs one-hot et l'espace de plongement. La couche de sortie fait l'inverse. Par conséquent, si le modèle peut trouver une matrice de plongement dont la transposée est proche de son inverse (une telle matrice est appelée *matrice orthogonale*), alors il n'y a pas besoin d'apprendre un jeu de poids séparé pour la couche de sortie.

206. En Python, si vous exécutez `a, *b = [1, 2, 3, 4]`, alors `a` vaut `1` et `b` vaut `[2, 3, 4]`.
207. Sébastien Jean *et al.*, « On Using Very Large Target Vocabulary for Neural Machine Translation », *Proceedings of the 53rd Annual Meeting of the Association for Computational Linguistics and the 7th International Joint Conference on Natural Language Processing of the Asian Federation of Natural Language Processing* 1 (2015), 1-10 : *https://homl.info/104*.

Et voilà ! Il nous reste simplement à créer le modèle Keras, à le compiler et à l'entraîner :

```
model = tf.keras.Model(inputs=[encoder_inputs, decoder_inputs],
                       outputs=[Y_proba])
model.compile(loss="sparse_categorical_crossentropy", optimizer="nadam",
              metrics=["accuracy"])
model.fit((X_train, X_train_dec), Y_train, epochs=10,
          validation_data=((X_valid, X_valid_dec), Y_valid))
```

Après l'entraînement, nous pouvons utiliser le modèle pour traduire de nouvelles phrases anglaises en espagnol. Mais ce n'est pas aussi simple que d'appeler `model.predict()`, car le décodeur attend en entrée le mot qui a été prédit à l'étape précédente. Un moyen d'y remédier consiste à utiliser une cellule de mémoire spécifique pour y ranger la sortie précédente et la fournir à l'encodeur à l'étape suivante. Cependant, pour simplifier les choses, nous pouvons simplement appeler le modèle plusieurs fois, en prédisant un mot supplémentaire à chaque tour. Écrivons une petite fonction utilitaire pour cela :

```
def translate(sentence_en):
    translation = ""
    for word_idx in range(max_length):
        X = np.array([sentence_en])  # entrée de l'encodeur
        X_dec = np.array(["startofseq " + translation])  # entrée du décodeur
        y_proba = model.predict((X, X_dec))[0, word_idx]  # proba du dernier
                                                          # token
        predicted_word_id = np.argmax(y_proba)
        predicted_word = text_vec_layer_es.get_vocabulary()[predicted_word_id]
        if predicted_word == "endofseq":
            break
        translation += " " + predicted_word
return translation.strip()
```

La fonction continue simplement à prédire un mot à la fois, complétant progressivement la traduction, et s'arrête lorsqu'elle atteint le token de fin de fichier. Essayons-la !

```
>>> translate("I like soccer")
'me gusta el fútbol'
```

Hourra, ça marche ! À vrai dire, cela fonctionne pour des phrases très courtes. Si vous jouez avec ce modèle pendant un certain temps, vous vous apercevrez qu'il n'est pas encore bilingue, et qu'il a en particulier de réelles difficultés lorsque les phrases sont plus longues. En voici un exemple :

```
>>> translate("I like soccer and also going to the beach")
'me gusta el fútbol y a veces mismo al bus'
```

La traduction dit : « J'aime le football et parfois même le bus ». Mais alors, comment l'améliorer ? Vous pourriez augmenter la taille du jeu d'entraînement et ajouter davantage de couches LSTM tant dans l'encodeur que dans le décodeur, mais cela ne réglerait pas totalement le problème. Voyons donc plutôt des techniques plus sophistiquées, à commencer par les couches récurrentes bidirectionnelles.

8.3.1 RNN bidirectionnels

Lors de chaque étape temporelle, une couche récurrente normale examine uniquement les entrées passées et présentes avant de produire sa sortie. Autrement dit, elle est « causale » et ne peut donc pas regarder dans le futur. Ce type de RNN s'impose logiquement pour les prévisions de séries chronologiques ou dans le décodeur d'un modèle séquence-vers-séquence (seq2seq). Mais pour des tâches comme la classification de textes ou dans l'encodeur d'un modèle seq2seq, il est souvent préférable d'examiner les mots suivants avant d'encoder un mot donné.

Prenons, par exemple, les phrases « right arm », « right person » et « right to criticize ». Pour encoder correctement le mot « right », il faut examiner ce qui vient ensuite. Une solution consiste à exécuter deux couches récurrentes sur les mêmes entrées, l'une lisant les mots de gauche à droite, l'autre les lisant de droite à gauche, puis à combiner leurs sorties à chaque étape temporelle, en général en les concaténant. C'est ce que fait une *couche récurrente bidirectionnelle* (voir la figure 8.5).

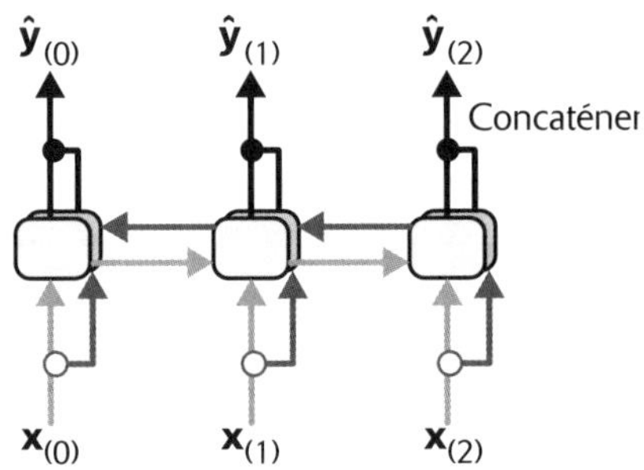

Figure 8.5 – Une couche récurrente bidirectionnelle

Pour implémenter une couche récurrente bidirectionnelle avec Keras, il suffit d'emballer une couche récurrente dans une couche `tf.keras.layers.Bidirectional`. La couche `Bidirectional` suivante peut par exemple être employée comme encodeur de notre modèle de traduction :

```
encoder = tf.keras.layers.Bidirectional(
    tf.keras.layers.LSTM(256, return_state=True))
```

La couche `Bidirectional` crée un clone de la couche `GRU` (mais en sens inverse), exécute les deux couches et concatène leurs sorties. Bien que la couche `GRU` possède dix unités, la couche `Bidirectional` produira donc en sortie vingt valeurs par étape temporelle.

Il n'y a qu'un seul problème, cette couche va maintenant renvoyer quatre états au lieu de deux : l'état final à court terme et l'état final à long terme de la couche `LSTM` vers l'avant, ainsi que l'état final à court terme et l'état final à long terme de la couche `LSTM` vers l'arrière. Nous ne pouvons pas utiliser ce quadruple état directement en tant qu'état initial de la couche `LSTM` du décodeur, étant donné que cette couche s'attend à recevoir uniquement deux états (court terme et long terme). Nous ne pouvons pas rendre le décodeur bidirectionnel, car il doit rester causal : sinon il tricherait durant l'entraînement et ne fonctionnerait pas. Au lieu de cela, nous pouvons concaténer les deux états à court terme, et concaténer également les deux états à long terme :

```
encoder_outputs, *encoder_state = encoder(encoder_embeddings)
encoder_state = [tf.concat(encoder_state[::2], axis=-1), # court terme (0 et 2)
                 tf.concat(encoder_state[1::2], axis=-1)] # long terme (1 et 3)
```

Voyons maintenant une autre technique assez en vogue qui peut grandement améliorer les performances d'un modèle de traduction lors de l'inférence : la recherche en faisceau.

8.3.2 Recherche en faisceau

Supposons que vous ayez entraîné un modèle encodeur-décodeur et que vous l'utilisiez pour traduire de l'anglais vers l'espagnol la phrase « I like soccer ». Vous espérez qu'il produira la traduction appropriée « me gusta el fútbol », mais vous obtenez malheureusement « me gustan los jugadores », ce qui signifie « j'aime les joueurs ».

En examinant le jeu d'entraînement, vous remarquez de nombreuses phrases comme « I like cars » (« j'aime les voitures »), qui se traduit en « me gustan los autos ». Pour le modèle, il n'était donc pas absurde de générer « me gustan los » (« j'aime les ») après avoir rencontré « I like ». Dans ce cas c'était une erreur car le mot « soccer » (football) était au singulier. Le modèle ne pouvant revenir en arrière et corriger, il a donc essayé de compléter la phrase du mieux qu'il pouvait, en utilisant dans ce cas « jugadores » (« joueurs »). Comment pouvons-nous donner au modèle la possibilité de revenir en arrière et de corriger ses erreurs antérieures ? L'une des solutions les plus répandues se fonde sur une *recherche en faisceau*. Elle consiste à garder une liste restreinte des *k* phrases les plus prometteuses (les trois premières, par exemple) et, à chaque étape du décodeur, d'essayer de les étendre d'un mot, en gardant uniquement les *k* phrases les plus probables. Le paramètre *k* est la *largeur du faisceau*.

Par exemple, reprenons la traduction de la phrase « I like soccer » en utilisant la recherche en faisceau avec une largeur de faisceau égal à 3 (voir figure 8.6).

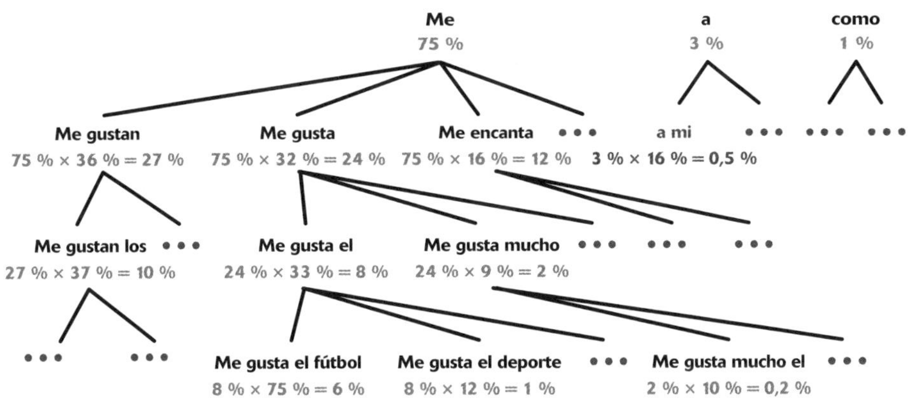

Figure 8.6 – Recherche en faisceau, avec une largeur de faisceau de 3

À la première étape du décodeur, le modèle génère une probabilité estimée pour chaque premier mot possible dans la phrase traduite. Supposons que les trois premiers mots de la liste obtenue soient « me » (probabilité estimée de 75 %), « a » (3 %) et « como » (1 %). Ils constituent la liste restreinte à ce stade. Ensuite, nous utilisons notre modèle pour rechercher le mot suivant pour chaque phrase. Pour la première phrase (« me »), le modèle a peut-être attribué une probabilité de 36 % au mot « gustan », de 32 % au mot « gusta », de 16 % au mot « encanta », et ainsi de suite. Notez qu'il s'agit en fait de probabilités conditionnelles, dans le cas où la phrase commence par « me ». Pour la deuxième phrase, « a », le modèle pourrait attribuer une probabilité conditionnelle de 16 % au mot « mi », et ainsi de suite. En supposant que le vocabulaire comporte 1 000 mots, nous aboutirons à 1 000 probabilités par phrase.

Ensuite, nous calculons les probabilités de chacune des 3 000 phrases de deux mots que ces modèles ont retenues (3 × 1 000). Pour cela, nous multiplions la probabilité conditionnelle estimée de chaque mot par la probabilité estimée de la phrase qu'il complète. Par exemple, puisque la probabilité estimée de la phrase « me » était de 75 %, tandis que la probabilité conditionnelle estimée du mot « gustan » (en supposant que le premier mot est « me ») était de 36 %, la probabilité estimée de la phrase « me gustan » est de 75 % × 36 % = 27 %. Après avoir calculé les probabilités des 3 000 phrases de deux mots, nous conservons uniquement les trois meilleures. Dans cet exemple, elles commencent toutes par le mot « me » : « me gustan » (27 %), « me gusta » (24 %) et « me encanta » (12 %). Maintenant, la gagnante est la phrase « me gustan », mais « me gusta » n'a pas été éliminée.

Puis nous reprenons la même procédure : nous utilisons le modèle pour prédire le prochain mot dans chacune des trois phrases retenues et calculons les probabilités des 3 000 phrases de trois mots envisagées. Peut-être que les trois premières phrases sont à présent « me gustan los » (10 %), « me gusta el » (8 %) et « me gusta mucho » (2 %). À l'étape suivante, nous pourrions obtenir « me gusta el fútbol » (6 %), « me gusta mucho el » (1 %) et « me gusta el deporte » (0,2 %). Vous remarquerez que « me gustan » a été éliminé et que la traduction correcte est maintenant en tête. Nous avons amélioré les performances de notre modèle encodeur-décodeur sans entraînement supplémentaire, simplement en l'utilisant plus judicieusement.

La bibliothèque TensorFlow Addons comporte une API seq2seq complète qui vous permet de construire des modèles encodeur-décodeur avec attention, incluant notamment la recherche par faisceau, entre autres. Cependant, sa documentation est encore très succincte. Implémenter une recherche par faisceau est un bon exercice, alors essayez donc ! Vous trouverez dans le notebook[208] de ce chapitre une solution possible.

Grâce à tout cela, vous pouvez obtenir d'assez bonnes traductions lorsque les phrases sont relativement courtes. Malheureusement, ce modèle se révélera vraiment

208. Voir « 16_nlp_with_rnns_and_attention.ipynb » sur *https://homl.info/colab3*.

mauvais pour la traduction de longues phrases. Une fois encore, le problème vient de la mémoire à court terme limitée des RNN. La solution à ce problème vient des *mécanismes d'attention*, une innovation qui a changé la donne.

8.4 MÉCANISMES D'ATTENTION

Examinons le chemin du mot « soccer » vers sa traduction en « fútbol » sur la figure 8.3 : il est plutôt long ! Cela signifie qu'une représentation de ce mot (ainsi que celles de tous les autres mots) doit être propagée pendant plusieurs étapes avant qu'elle ne soit réellement utilisée. Pouvons-nous raccourcir ce chemin ?

Là était l'idée centrale d'un article[209] marquant publié en 2014 par Dzmitry Bahdanau *et al.* Les auteurs ont présenté une technique permettant au décodeur de se focaliser sur les mots pertinents (tels qu'encodés par l'encodeur) lors de chaque étape temporelle. Par exemple, à l'étape temporelle où le décodeur doit produire le mot « fútbol », il focalisera son attention sur le mot « soccer ». Autrement dit, le chemin depuis le mot d'entrée vers sa traduction est à présent beaucoup plus court et les limitations en mémoire à court terme des RNN ont donc moins d'impact. Les mécanismes d'attention ont révolutionné la traduction automatique neuronale (et le Deep Learning en général), en permettant une amélioration significative de l'état de l'art, notamment pour les longues phrases (plus de trente mots).

La métrique la plus utilisée en traduction automatique neuronale est le score BLEU (*bilingual evaluation understudy*), qui compare chaque traduction produite par le modèle à plusieurs bonnes traductions produites par des humains. Il compte le nombre de *n*-grammes (séquences de *n* mots) apparaissant dans les traductions cibles et ajuste le score pour tenir compte de la fréquence des *n*-grammes produits dans les traductions cibles.

La figure 8.7 présente notre modèle encodeur-décodeur après ajout d'un mécanisme d'attention. En partie gauche se trouvent l'encodeur et le décodeur. Au lieu d'envoyer à chaque étape au décodeur uniquement l'état caché final de l'encodeur et le mot cible précédent (cette transmission est toujours présente mais elle n'est pas représentée sur la figure), nous lui envoyons aussi à présent toutes les sorties de l'encodeur. Le décodeur ne pouvant traiter toutes les entrées de l'encodeur simultanément, celles-ci doivent être agrégées : à chaque étape temporelle, la cellule de mémoire du décodeur calcule une somme pondérée de toutes les sorties de l'encodeur. Cela permet de déterminer les mots sur lesquels il va se concentrer lors de cette étape.

209. Dzmitry Bahdanau *et al.*, « Neural Machine Translation by Jointly Learning to Align and Translate » (2014) : *https://homl.info/attention*.

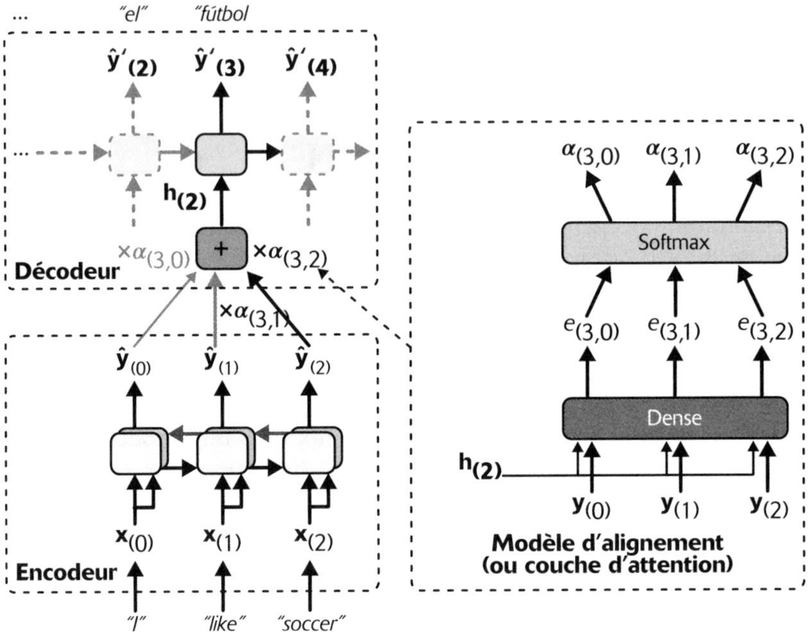

Figure 8.7 – Traduction automatique neuronale à l'aide d'un réseau encodeur-décodeur avec un modèle d'alignement

Le poids $\alpha_{(t,i)}$ est celui de la $i^{\text{ème}}$ sortie de l'encodeur pour l'étape temporelle t du décodeur. Par exemple, si le poids $\alpha_{(3,2)}$ est supérieur aux poids $\alpha_{(3,0)}$ et $\alpha_{(3,1)}$, alors le décodeur prêtera une attention plus élevée à la sortie de l'encodeur pour le mot numéro 2 (« soccer ») qu'aux deux autres sorties, tout au moins lors de cette étape temporelle. Les autres parties du décodeur fonctionnent comme précédemment. À chaque étape temporelle, la cellule de mémoire reçoit les entrées dont nous venons de parler, plus l'état caché de l'étape temporelle précédente et (même si cela n'est pas représenté sur la figure) le mot cible de l'étape temporelle précédente (ou, pour les inférences, la sortie de l'étape temporelle précédente).

Mais d'où proviennent ces poids $\alpha_{(t,i)}$? Ils sont générés par un petit réseau de neurones appelé *modèle d'alignement*[210] (ou *couche d'attention*), qui est entraîné conjointement aux autres parties du modèle encodeur-décodeur. Ce modèle d'alignement est représenté en partie droite de la figure 8.7. Il commence par une couche `Dense` comportant un seul neurone qui traite chacune des sorties de l'encodeur, ainsi que l'état caché précédent du décodeur (par exemple, $\mathbf{h}_{(2)}$). Cette couche produit un score (ou énergie) pour chaque sortie de l'encodeur (par exemple, $e_{(3,2)}$) : ce score mesure l'alignement de cette sortie avec l'état caché précédent du décodeur. Ainsi, sur la figure 8.7, le modèle a déjà produit en sortie « me gusta el » (signifiant « j'aime le »),

210. Le terme « alignement » (traduction littérale de l'anglais « alignment ») n'en rend pas bien le sens initial, qui est plutôt celui d'une mise en adéquation. Mais cette traduction littérale est largement utilisée.

ce qui fait qu'il attend désormais un nom : le mot « soccer » est celui qui s'aligne le mieux sur l'état actuel, donc il obtient un très bon score. Enfin, tous les scores passent par une couche softmax afin d'obtenir un poids final pour chaque sortie de l'encodeur (par exemple, $\alpha_{(3,2)}$).

Pour une étape temporelle donnée du décodeur, la somme de tous les poids est égale à 1. Ce mécanisme d'attention spécifique est appelé *attention de Bahdanau* (du nom du premier auteur de l'article de 2014). Puisqu'il concatène la sortie de l'encodeur avec l'état caché précédent du décodeur, il est parfois appelé *attention par concaténation* (ou *attention additive*).

Si la phrase d'entrée contient *n* mots et si l'on suppose que la phrase de sortie est à peu près de même longueur, alors ce modèle doit calculer n^2 poids. Cette complexité algorithmique quadratique n'est pas un problème, car même les plus longues phrases ne sont pas constituées de milliers de mots.

Un autre mécanisme d'attention commun, connu sous les noms d'*attention de Luong* ou d'*attention multiplicative*, a été proposé peu après, dans un article[211] de Minh-Thang Luong *et al.* publié en 2015. Puisque l'objectif du modèle d'alignement est de mesurer la similitude entre l'une des sorties de l'encodeur et l'état caché précédent du décodeur, les auteurs ont simplement proposé de calculer le *produit scalaire* (voir chapitre 1) de ces deux vecteurs, car il s'agit souvent d'une bonne mesure de similitude et les équipements modernes peuvent la calculer très rapidement. Pour que cette opération soit possible, les deux vecteurs doivent avoir la même dimension. Le produit scalaire donne un score et tous les scores (pour une étape temporelle donnée du décodeur) passent par une couche softmax de façon à calculer les poids finaux, comme pour l'attention de Bahdanau. Une autre simplification proposée par Luong consiste à utiliser l'état caché du décodeur de l'étape temporelle courante plutôt que celui de l'étape temporelle précédente (c'est-à-dire $\mathbf{h}_{(t)}$ à la place de $\mathbf{h}_{(t-1)}$), puis d'employer la sortie du mécanisme d'attention (notée $\tilde{\mathbf{h}}_{(t)}$) pour calculer directement les prédictions du décodeur, au lieu de l'utiliser pour calculer l'état caché courant du décodeur.

Les auteurs ont également proposé une variante du mécanisme du produit scalaire dans lequel les sorties du décodeur traversent d'abord une couche totalement connectée (sans terme constant) avant d'effectuer les produits scalaires. Cette approche est appelée produit scalaire « général ». Ces chercheurs ont comparé les deux méthodes de calcul du produit scalaire au mécanisme d'attention par concaténation (en ajoutant un vecteur de paramètres de réduction $\mathbf{v}$) et ont observé que les variantes du produit scalaire obtenaient de meilleures performances que l'attention par concaténation. C'est pourquoi cette dernière méthode est moins employée aujourd'hui. Les calculs correspondant à ces trois mécanismes d'attention sont résumés dans l'équation 8.1.

211. Minh-Thang Luong *et al.*, « Effective Approaches to Attention-Based Neural Machine Translation », *Proceedings of the 2015 Conference on Empirical Methods in Natural Language Processing* (2015), 1412-1421 : *https://homl.info/luongattention*.

Équation 8.1 – Mécanismes d'attention

$$\tilde{\mathbf{h}}_{(t)} = \sum_{i} \alpha_{(t,i)} \mathbf{y}_{(i)}$$

$$\text{avec } \alpha_{(t,i)} = \frac{\exp\left(e_{(t,i)}\right)}{\sum_{i'} \exp\left(e_{(t,i')}\right)}$$

$$\text{et } e_{(t,i)} = \begin{cases} \mathbf{h}_{(t)}^{T}\mathbf{y}_{(i)} & \textit{produit scalaire} \\ \mathbf{h}_{(t)}^{T}\mathbf{W}\mathbf{y}_{(i)} & \textit{général} \\ \mathbf{v}^{T}\tanh(\mathbf{W}[\mathbf{h}_{(t)};\mathbf{y}_{(i)}]) & \textit{concaténation} \end{cases}$$

Keras propose une couche `tf.keras.layers.Attention` pour l'attention de Luong, et une couche `AdditiveAttention` pour l'attention de Bahdanau. Ajoutons une attention de Luong à notre modèle encodeur-décodeur. Puisque nous devrons transmettre toutes les sorties de l'encodeur à la couche `Attention`, il nous faut d'abord spécifier `return_sequences=True` lors de la création de l'encodeur :

```
encoder = tf.keras.layers.Bidirectional(
tf.keras.layers.LSTM(256, return_sequences=True, return_state=True))
```

Ensuite, nous devons créer la couche d'attention et lui transmettre les états du décodeur et les sorties de l'encodeur. Mais pour accéder aux états de l'encodeur à chaque étape, il nous faudrait écrire dans une cellule mémoire spécifique. Pour simplifier, utilisons les sorties du décodeur au lieu de ses états : en pratique, ceci fonctionne bien également, et c'est beaucoup plus simple à coder. Nous nous contentons de transmettre les sorties de la couche d'attention directement à la couche de sortie, comme le suggère l'article sur l'attention de Luong :

```
attention_layer = tf.keras.layers.Attention()
attention_outputs = attention_layer([decoder_outputs, encoder_outputs])
output_layer = tf.keras.layers.Dense(vocab_size, activation="softmax")
Y_proba = output_layer(attention_outputs)
```

Et c'est tout ! Si vous entraînez ce modèle, vous verrez qu'il sait maintenant gérer des phrases beaucoup plus longues. Par exemple :

```
>>> translate("I like soccer and also going to the beach")
'me gusta el fútbol y también ir a la playa'
```

En bref, la couche d'attention fournit un moyen de focaliser l'attention du modèle sur une partie des entrées. Mais on peut aussi considérer cette couche d'une autre manière : elle fonctionne comme un mécanisme de récupération de mémoire capable de faire des distinctions.

Supposons par exemple que l'encodeur ait analysé la phrase d'entrée « I like soccer », qu'il ait réussi à comprendre que le mot « I » est le sujet et le mot « like » le verbe, et donc qu'il ait encodé cette information dans ses sorties pour ces mots. Supposons maintenant que le décodeur ait déjà traduit le sujet et qu'il pense qu'il doit ensuite traduire le verbe. Pour cela, il doit récupérer le verbe dans la phrase d'entrée. C'est analogue à une recherche dans un dictionnaire : tout se passe comme si l'encodeur avait créé un dictionnaire {« sujet »: « They », « verbe »: « played »...} et que le décodeur veuille rechercher la valeur correspondant à la clé « verbe ».

Cependant, le modèle ne possède pas de tokens distincts pour représenter les clés (comme « sujet », « verbe ») ; il possède à la place des représentation vectorisées de ces concepts qu'il a apprises durant l'entraînement, c'est pourquoi la requête qu'il va utiliser pour cette recherche ne correspondra parfaitement à aucune clé du dictionnaire. La solution consiste à calculer une mesure de similarité entre la requête et chaque clé du dictionnaire, puis à utiliser la fonction softmax. pour convertir ces scores de similarité en poids dont la somme sera égale à 1. Comme nous l'avons vu précédemment, c'est exactement ce que fait la couche d'attention. Si la clé représentant le verbe est de loin la plus similaire à la requête, alors le poids de cette clé sera proche de 1.

Ensuite, la couche d'attention calcule une somme pondérée des valeurs correspondantes: si le poids de la clé « verbe » est proche de 1, alors la somme pondérée sera très proche de la représentation du mot « played ».

C'est pourquoi les couches `Attention` et `AdditiveAttention` de Keras attendent toutes les deux en entrée une liste contenant deux ou trois éléments: les requêtes, les clés et optionnellement les valeurs. Si vous ne transmettez pas de valeurs, alors elles sont automatiquement égales aux clés. Par conséquent, en examinant à nouveau l'exemple de code précédent, les sorties du décodeur sont les requêtes, et les sorties de l'encodeur sont à la fois les clés et les valeurs. Pour chaque sortie du décodeur (c'est-à-dire pour chaque requête), la couche d'attention renvoie une somme pondérée des sorties de l'encodeur (à savoir les clés/valeurs) qui sont les plus semblables à la sortie du décodeur.

En conclusion, le mécanisme d'attention est un système de récupération de mémoire entraînable. Il est si puissant qu'il vous permet de construire des modèles à l'état de l'art en utilisant uniquement des mécanismes d'attention. Passons à l'architecture de transformeur.

8.5 DE L'ATTENTION SUFFIT: L'ARCHITECTURE DE TRANSFORMEUR

Dans un article[212] révolutionnaire intitulé « Attention is all you need » publié en 2017, une équipe de chercheurs chez Google a suggéré que l'attention suffisait. Ils ont réussi à créer une architecture, nommée *transformeur* (en anglais, *transformer*), qui a énormément amélioré l'état de l'art en matière de traduction automatique. Elle n'utilise aucune couche récurrente ni convolutive[213], uniquement des mécanismes d'attention (plus des couches de plongement, des couches denses, des couches de normalisation et quelques autres éléments). Le modèle n'étant pas récurrent, il n'est pas autant sujet

212. Ashish Vaswani *et al.*, « Attention Is All You Need », *Proceedings of the 31st International Conference on Neural Information Processing Systems* (2017), 6000-6010: *https://homl.info/transformer*.

213. Puisqu'un transformeur utilise des couches `Dense` distribuées temporellement, vous pouvez défendre le fait que cette architecture utilise des couches convolutives à une dimension avec un noyau de taille 1.

au problème d'instabilité des gradients que les modèles récurrents, il nécessite moins d'étapes d'entraînement, il est plus facile à paralléliser entre plusieurs GPU et il repère plus facilement les motifs très étendus que ces modèles récurrents. L'architecture de transformeur originellement proposée en 2017 est représentée sur la figure 8.8.

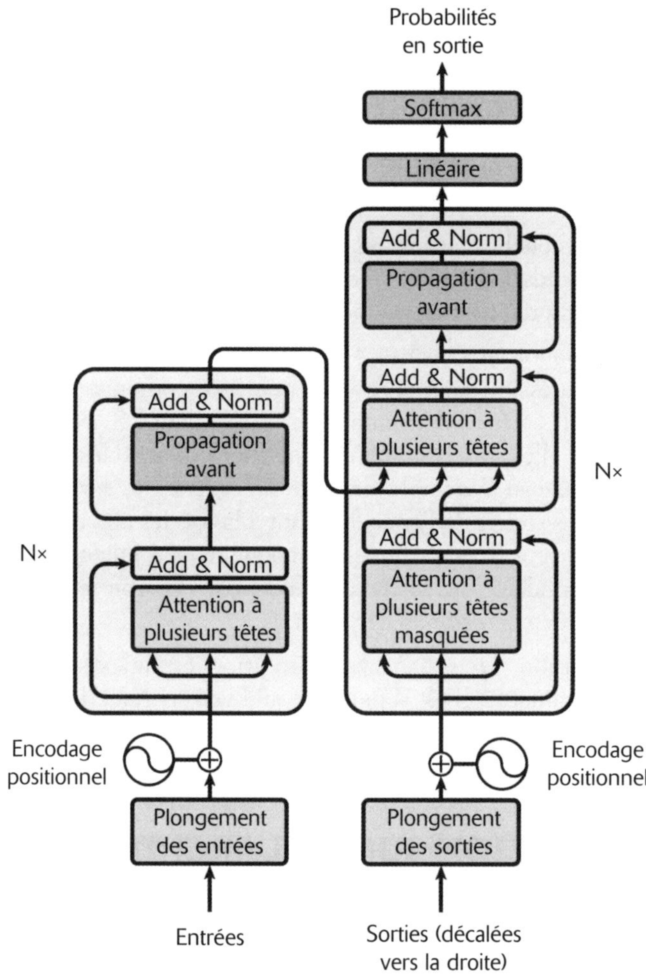

Figure 8.8 – L'architecture de transformeur originellement proposée en 2017[214]

En bref, la partie gauche de la figure 8.8 est l'encodeur, tandis que la partie droite représente le décodeur. Chaque couche de plongement produit en sortie un tenseur 3D de forme [*taille du lot*, *longueur de séquence*, *dimension de plongement*]. Après quoi, les tenseurs sont graduellement transformés lors de leur passage à travers le transformeur, mais leur forme reste la même.

214. Il s'agit de la figure 1 de l'article « Attention is all you need », reproduite avec l'aimable autorisation des auteurs et adaptée pour la version française.

Si vous utilisez le transformeur pour réaliser une traduction automatique, vous devez durant l'entraînement alimenter l'encodeur avec les phrases anglaises et le décodeur avec les phrases espagnoles correspondantes, en insérant un token SOS supplémentaire au début de chaque phrase. Dans la phase d'inférence, vous devez appeler le transformeur à plusieurs reprises, en produisant les traductions mot par mot et en alimentant le décodeur avec les traductions partielles à chaque itération, tout comme nous l'avons fait précédemment dans la fonction `translate()`.

Le rôle de l'encodeur est de transformer graduellement les entrées, c'est-à-dire les représentations des mots de la phrase anglaise, jusqu'à ce que la représentation de chaque mot capture parfaitement le sens du mot, dans le contexte de la phrase. Si par exemple vous fournissez à l'encodeur la phrase « I like soccer », alors le mot « like » aura au départ une représentation assez vague étend donnée qu'il pourrait signifier plusieurs choses selon le contexte : pensez à « I like soccer » ou bien « It's like that ». Mais après avoir traversé l'encodeur, la représentation du mot devrait capturer le sens correct de « like » dans la phrase donnée (à savoir : « aimer »), ainsi que toute autre information pouvant être nécessaire pour la traduction (comme le fait qu'il s'agit d'un verbe).

Le rôle du décodeur est de transformer graduellement la représentation de chaque mot dans la phrase traduite en une représentation de mot du mot suivant de la traduction. Par exemple, si la phrase à traduire est « I like soccer » et que la phrase d'entrée du décodeur est « <SOS> me gusta el fútbol », alors après le passage à travers le décodeur, la représentation du mot « el » sera transformée en une représentation du mot « fútbol ». De même, la représentation du mot « fútbol » sera transformée en une représentation du token EOS.

Après être passée par le décodeur, chaque représentation de mot traverse finalement une couche `Dense` avec une fonction d'activation softmax dont on espère qu'elle fournira une haute probabilité pour le mot correct suivant et une faible probabilité pour tous les autres mots. La phrase prédite devrait être « me gusta el fútbol <EOS> ».

Il s'agissait des grandes lignes. Examinons maintenant la figure 8.8 plus en détail :

- Tout d'abord, remarquons que l'encodeur et le décodeur comportent tous deux des modules empilés N fois. Dans la publication, $N = 6$. Les sorties finales de l'ensemble de la pile d'encodeur alimentent le décodeur à chacun de ses N niveaux.
- En examinant le détail, vous pouvez voir que vous connaissez déjà la plupart des composants : il y a deux couches de plongement, plusieurs connexions de saut, chacune d'elles étant suivie d'une couche de normalisation, plusieurs modules à propagation avant composés de deux couches denses chacun (la première utilisant une fonction d'activation ReLU, la seconde sans fonction d'activation) et enfin une couche de sortie qui est une couche dense utilisant la fonction d'activation softmax. Vous pouvez aussi saupoudrer un peu d'abandon (*dropout*) après les couches d'attention et les modules à propagation avant, si besoin est. Toutes ces couches étant distribuées dans le temps, chaque mot est traité indépendamment de tous les autres. Mais comment pouvons-nous

traduire une phrase en examinant les mots totalement séparément ? En fait, nous ne le pouvons pas, et c'est donc là qu'apparaissent les nouveaux composants :

- La couche d'*attention à plusieurs têtes* (en anglais, *multi-head attention*) de l'encodeur met à jour chaque représentation de mot en tenant compte de tous les autres mots de la même phrase. C'est ici que la représentation assez vague du mot « like » devient une représentation plus riche et plus exacte, en capturant son sens précis dans la phrase donnée. Nous en verrons bientôt le fonctionnement.
- La couche d'*attention à plusieurs têtes masquées* (en anglais, *masked multi-head attention*) du décodeur fait la même chose, mais lorsqu'elle traite un mot, elle ne s'occupe pas des mots situés derrière lui : c'est une couche causale. Lorsqu'elle traite par exemple le mot « gusta », elle n'examine que les mots « SOS> me gusta » et ignore les mots « el fútbol » (car sinon, ce serait tricher).
- C'est dans sa couche *multi-head attention* supérieure que le décodeur examine les mots de la phrase anglaise. Dans ce cas, on parle d'*attention croisée* (en anglais, *cross-attention*), et non d'*auto*-attention (en anglais, *self-attention*). Ainsi, le décodeur va probablement faire attention au mot « soccer » lorsqu'il traitera le mot « el » et transformer sa représentation en une représentation du mot « fútbol ».
- Les encodages positionnels sont des vecteurs denses (très comparables aux plongements de mots) qui représentent la position de chacun des mots dans la phrase. Le $n^{\text{ième}}$ encodage positionnel est ajouté au plongement de mot du $n^{\text{ième}}$ mot de la phrase. Ceci est nécessaire étant donné que toutes les couches dans l'architecture du transformeur ignorent les positions des mots : sans encodages positionnels, vous pourriez mélanger les séquences d'entrée et il se contenterait de mélanger les séquences de sortie de la même manière. Il est clair que l'ordre des mots a de l'importance, c'est pourquoi nous devons transmettre d'une manière ou d'une autre au transformeur l'information concernant les positions : ajouter des encodages positionnels aux représentations des mots constitue une bonne manière de le faire.

> Les deux premières flèches pointant vers la couche d'attention à plusieurs têtes sur la figure 8.8 représentent les clés et les valeurs, et la troisième flèche représente les requêtes. Dans les couches d'auto-attention, les trois correspondent aux représentations des mots produits par la couche précédente, tandis que dans la couche d'attention supérieure du décodeur, les clés et les valeurs sont égales aux représentations finales des mots fournies par l'encodeur et les requêtes sont égales aux représentations des mots fournies par la couche précédente.

Examinons plus en détail les nouveaux composants de cette architecture de transformeur, à commencer par les encodages positionnels.

8.5.1 Encodages positionnels

Un encodage positionnel est un vecteur dense qui encode la position d'un mot à l'intérieur d'une phrase : le $i^{ème}$ encodage positionnel est ajouté au plongement de mot du $i^{ème}$ mot de la phrase. La façon la plus simple de l'implémenter consiste à utiliser une couche `Embedding` et de lui faire encoder toutes les positions de 0 à la longueur de séquence maximum dans le lot, puis d'ajouter le résultat aux plongements de mots. Les règles de diffusion automatique (ou *broadcasting*) feront que les encodages positionnels seront appliqués à chaque séquence d'entrée. Par exemple, voici comment ajouter des encodages positionnels aux entrées de l'encodeur et du décodeur :

```
max_length = 50  # longueur max dans le jeu d'entraînement
embed_size = 128
pos_embed_layer = tf.keras.layers.Embedding(max_length, embed_size)
batch_max_len_enc = tf.shape(encoder_embeddings)[1]
encoder_in = encoder_embeddings + pos_embed_layer(tf.range(batch_max_len_enc))
batch_max_len_dec = tf.shape(decoder_embeddings)[1]
decoder_in = decoder_embeddings + pos_embed_layer(tf.range(batch_max_len_dec))
```

Remarquez que cette implémentation suppose que les plongements sont représentés comme des tenseurs ordinaires, et non des tenseurs irréguliers (ou *ragged tensors*)[215]. L'encodeur et le décodeur partagent la même couche `Embedding` pour les encodages positionnels, étant donné qu'ils ont la même taille de plongement (c'est souvent le cas).

Au lieu d'utiliser des encodages positionnels entraînables, les auteurs de l'article sur les transformeurs ont choisi d'utiliser des encodages positionnels fixes, en se basant sur les fonctions sinus et cosinus à différentes fréquences. La matrice d'encodage positionnel **P** est définie par l'équation 8.2 et représentée (transposée) dans la partie inférieure de la figure 8.9 ; $P_{p,i}$ est la $i^{ème}$ composante de l'encodage du mot situé en $p^{ième}$ position dans la phrase.

Équation 8.2 – Encodages positionnels en sinus/cosinus

$$P_{p,i} = \begin{cases} \sin\left(\dfrac{p}{10000^{i/d}}\right) \text{si } i \text{ est pair} \\ \cos\left(\dfrac{p}{10000^{(i-1)/d}}\right) \text{si } i \text{ est impair} \end{cases}$$

215. Il est toutefois possible de les remplacer par des tenseurs irréguliers si vous utilisez la version la plus récente de TensorFlow.

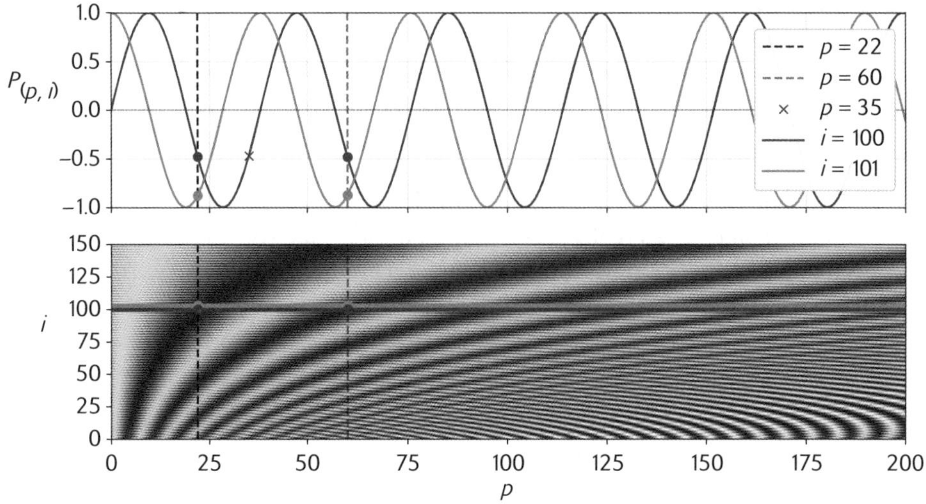

Figure 8.9 – Matrice d'encodage positionnel en sinus/cosinus (transposée, en bas) et détail pour deux valeurs de *i* (en haut)

Cette solution peut donner d'aussi bons résultats que les encodages positionnels entraînables, et elle peut s'étendre à des phrases de longueur arbitraire sans ajouter aucun paramètre au modèle ; cependant, lorsqu'il y a une grande quantité de données préentraînées, on préfère en général les encodages positionnels entraînables. Une fois les encodages positionnels ajoutés aux plongements de mots, le reste du modèle a accès à la position absolue de chaque mot dans la phrase, étant donné qu'il y a un encodage positionnel unique pour chaque position (p. ex. l'encodage positionnel pour le mot situé à la 22e position dans la phrase est représenté par la ligne verticale pointillée en haut à gauche de la figure 8.9 et vous pouvez voir qu'il ne correspond à aucune autre position). De plus, le choix de fonctions périodiques (sinus et cosinus) permet au modèle d'apprendre également les positions relatives. Ainsi, des mots situés à 38 mots d'intervalle (p. ex. aux positions $p = 22$ et $p = 60$) ont la même valeur de plongement positionnel pour les composantes $i = 100$ et $i = 101$ du plongement. Voilà pourquoi nous avons besoin du sinus et du cosinus pour chaque fréquence : si nous avions utilisé uniquement le sinus (la courbe à $i = 100$), le modèle n'aurait pas su distinguer les emplacements $p = 25$ et $p = 35$ (signalés par une croix).

TensorFlow ne propose aucune couche `PositionalEncoding`, mais sa création n'a rien de compliqué. Pour une question d'efficacité, nous précalculons la matrice des encodages positionnels dans le constructeur. La méthode `call()` tronque cette matrice des encodages à la taille maximum des séquences d'entrée et l'ajoute aux entrées. Nous spécifions aussi `supports_masking=True` pour propager le masquage automatique des entrées à la couche suivante :

```
class PositionalEncoding(tf.keras.layers.Layer):
    def __init__(self, max_length, embed_size, dtype=tf.float32, **kwargs):
        super().__init__(dtype=dtype, **kwargs)
```

```
        assert embed_size % 2 == 0, "le plongement doit être de taille paire"
        p, i = np.meshgrid(np.arange(max_length),
                           2 * np.arange(embed_size // 2))
        pos_emb = np.empty((1, max_length, embed_size))
        pos_emb[0, :, ::2] = np.sin(p / 10_000 ** (i / embed_size)).T
        pos_emb[0, :, 1::2] = np.cos(p / 10_000 ** (i / embed_size)).T
        self.pos_encodings = tf.constant(pos_emb.astype(self.dtype))
        self.supports_masking = True

    def call(self, inputs):
        batch_max_length = tf.shape(inputs)[1]
        return inputs + self.pos_encodings[:, :batch_max_length]
```

Utilisons cette couche pour ajouter un encodage positionnel aux entrées de l'encodeur :

```
pos_embed_layer = PositionalEncoding(max_length, embed_size)
encoder_in = pos_embed_layer(encoder_embeddings)
decoder_in = pos_embed_layer(decoder_embeddings)
```

Nous allons maintenant nous intéresser au cœur du modèle de transformeur avec la couche d'attention à plusieurs têtes.

8.5.2 Attention à plusieurs têtes

Pour comprendre le fonctionnement d'une couche d'attention à plusieurs têtes (en anglais, *multi-head attention*), nous devons d'abord comprendre la couche d'attention à produit scalaire réduit (*scaled dot-product attention*) sur laquelle elle est basée. Sa formule est donnée sous forme vectorielle dans l'équation 8.3. Elle est identique à l'attention de Luong, à un facteur de réduction près.

Équation 8.3 – Attention à produit scalaire réduit

$$\text{Attention}(\mathbf{Q},\mathbf{K},\mathbf{V}) = \text{softmax}\left(\frac{\mathbf{Q}\mathbf{K}^T}{\sqrt{d_{\text{clés}}}}\right)\mathbf{V}$$

Dans cette équation :

- $\mathbf{Q}$ est une matrice qui contient une ligne par requête. Sa forme est $[n_{\text{requêtes}}, d_{\text{clés}}]$, où $n_{\text{requêtes}}$ est le nombre de requêtes, et $d_{\text{clés}}$, le nombre de composantes de chaque requête et chaque clé.
- $\mathbf{K}$ est une matrice qui contient une ligne par clé. Sa forme est $[n_{\text{clés}}, d_{\text{clés}}]$, où $n_{\text{clés}}$ est le nombre de clés et de valeurs.
- $\mathbf{V}$ est une matrice qui contient une ligne par valeur. Sa forme est $[n_{\text{clés}}, d_{\text{valeurs}}]$, où d_{valeurs} est le nombre de composantes de chaque valeur.
- La forme de $\mathbf{Q}\mathbf{K}^T$ est $[n_{\text{requêtes}}, n_{\text{clés}}]$: elle contient un score de similitude pour chaque couple requête/clé. Pour éviter que cette matrice devienne énorme, les séquences d'entrée ne doivent pas être trop longues (nous verrons un peu plus loin comment s'affranchir de cette limitation). La sortie de la fonction softmax a la même forme, mais toutes les lignes ont pour somme 1. La forme de la sortie finale est $[n_{\text{requêtes}}, d_{\text{valeurs}}]$: nous avons une ligne par requête, où chaque ligne représente le résultat de la requête (une somme pondérée des valeurs).

- Le facteur $\frac{1}{\sqrt{d_{\text{clés}}}}$ réduit les scores de similitude afin d'éviter la saturation de la fonction softmax, ce qui pourrait conduire à des gradients minuscules.
- Il est possible de masquer certains couples clés/valeur en ajoutant une très grande valeur négative au score de similitude correspondant, juste avant d'appliquer la fonction softmax. Cela sera utile dans la couche d'attention à plusieurs têtes masquées.

Si vous spécifiez `use_scale=True` lors de la création d'une couche `tf.keras.layers.Attention`, alors il y a création d'un paramètre supplémentaire permettant à la couche d'apprendre à réduire correctement les scores de similitude. L'attention à produit scalaire réduit utilisée dans le modèle de transformeur est à peu près identique, à ceci près qu'elle réduit toujours les scores de similitude d'un même facteur $\frac{1}{\sqrt{d_{\text{clés}}}}$.

Remarquez que les entrées de la couche `Attention` sont semblables à **Q**, **K** et **V**, sauf qu'elles possèdent une dimension de lot supplémentaire (la première dimension). En interne, la couche calcule tous les scores d'attention pour toutes les phrases du lot en un seul appel à `tf.matmul(queries, keys)`, ce qui la rend extrêmement efficace. Dans TensorFlow, si `A` et `B` sont des tenseurs ayant plus de deux dimensions – par exemple, de forme [2, 3, 4, 5] et [2, 3, 5, 6], respectivement –, alors `tf.matmul(A, B)` traitera ces tenseurs comme des tableaux 2×3 où chaque cellule contient une matrice et multipliera les matrices correspondantes : la matrice de la ligne *i* et de la colonne *j* de `A` sera multipliée par la matrice de la ligne *i* et de la colonne *j* de `B`. Le produit d'une matrice 4×5 par une matrice 5×6 étant une matrice 4×6, `tf.matmul(A, B)` retournera alors un tableau de forme [2, 3, 4, 6].

Examinons à présent la couche d'attention à plusieurs têtes. Son architecture est représentée à la figure 8.10.

Vous le constatez, il s'agit simplement de plusieurs couches d'attention à produit scalaire réduit, chacune précédée d'une transformation linéaire des valeurs, des clés et des requêtes (autrement dit, une couche `Dense` distribuée temporellement sans fonction d'activation). Toutes les sorties sont simplement concaténées et le résultat passe par une dernière transformation linéaire (de nouveau distribuée temporellement).

Pour quelles raisons ? Quelle est l'idée sous-jacente à cette architecture ? Prenons le mot « like » dans la phrase « I like soccer ». L'encodeur a été suffisamment intelligent pour encoder le fait qu'il s'agit d'un verbe. Mais la représentation du mot comprend également son emplacement dans le texte, grâce aux encodages positionnels, et elle inclut probablement d'autres informations utiles à sa traduction, comme le fait qu'il est conjugué au présent. En résumé, la représentation d'un mot encode de nombreuses caractéristiques différentes du mot. Si nous avions utilisé uniquement une seule couche d'attention à produit scalaire réduit, nous ne pourrions obtenir toutes ces caractéristiques qu'en une seule requête.

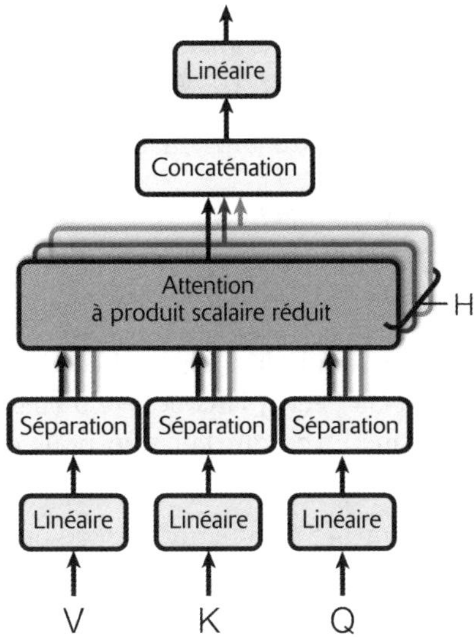

Figure 8.10 – Architecture d'une couche d'attention à plusieurs têtes[216]

Voilà pourquoi la couche d'attention à plusieurs têtes applique *plusieurs* transformations linéaires différentes aux valeurs, clés et requêtes : cela permet au modèle d'appliquer plusieurs projections de la représentation du mot dans différents sous-espaces, chacune se focalisant sur un sous-ensemble des caractéristiques du mot. Peut-être que l'une des couches linéaires projettera la représentation du mot dans un sous-espace où ne reste plus que l'information indiquant que ce mot est un verbe, qu'une autre extraira le fait qu'il est conjugué au présent, etc. Ensuite, les couches d'attention à produit scalaire réduit effectuent leur recherche, puis, finalement, tous les résultats sont concaténés et projetés de nouveau dans l'espace d'origine.

Keras propose désormais une couche `tf.keras.layers.MultiHeadAttention`, c'est pourquoi nous avons tout ce qu'il nous faut pour construire le reste du transformeur. Commençons par l'encodeur complet qui est semblable à celui de la figure 8.8, à ceci près que nous utilisons une pile de deux blocs (`N = 2`) au lieu de six, étant donné que notre jeu d'entraînement n'est pas très grand, et que nous ajoutons un peu d'abandon également :

```
N = 2  # au lieu de 6
num_heads = 8
dropout_rate = 0.1
n_units = 128  # pour la première couche dense dans chaque bloc
               # à propagation avant
encoder_pad_mask = tf.math.not_equal(encoder_input_ids, 0)[:, tf.newaxis]
Z = encoder_in
for _ in range(N):
```

216. Il s'agit de la partie droite de la figure 2 de l'article, reproduite avec l'aimable autorisation des auteurs et adaptée pour la version française.

```
skip = Z
attn_layer = tf.keras.layers.MultiHeadAttention(
    num_heads=num_heads, key_dim=embed_size, dropout=dropout_rate)
Z = attn_layer(Z, value=Z, attention_mask=encoder_pad_mask)
Z = tf.keras.layers.LayerNormalization()(tf.keras.layers.Add()([Z, skip]))
skip = Z
Z = tf.keras.layers.Dense(n_units, activation="relu")(Z)
Z = tf.keras.layers.Dense(embed_size)(Z)
Z = tf.keras.layers.Dropout(dropout_rate)(Z)
Z = tf.keras.layers.LayerNormalization()(tf.keras.layers.Add()([Z, skip]))
```

Ce code devrait être simple à comprendre, à une exception près peut-être : le masquage. Au moment où j'écris, la couche `MultiHeadAttention` ne gère pas le masquage automatique[217], ce qui fait que nous devons le gérer manuellement. Comment faire cela ?

La couche `MultiHeadAttention` possède un argument `attention_mask` qui est un tenseur booléen de forme [*taille de lot*, *longueur max de requête*, *longueur max de valeur*] : pour chaque token de chaque séquence de requête, ce masque indique à quels tokens de la séquence de valeurs correspondante il faut l'associer. Nous voulons indiquer à la couche `MultiHeadAttention` d'ignorer tous les tokens de remplissage dans les valeurs. Nous calculons donc d'abord le masque de remplissage en utilisant `tf.math.not_equal(encoder_input_ids, 0)`. Ceci renvoie un tenseur booléen de forme [*taille du lot*, *longueur max de séquence*]. Nous insérons alors un second axe en utilisant `[:, tf.newaxis]` pour obtenir un masque de forme [*taille de lot*, 1, *longueur max de séquence*]. Ceci nous permet d'utiliser ce masque comme `attention_mask` lors de l'appel de la couche `MultiHeadAttention` : grâce à la diffusion automatique, le même masque sera utilisé pour tous les tokens de chaque requête. Ainsi, les tokens de remplissage dans les valeurs seront correctement ignorés.

Cependant, la couche va calculer les sorties pour chacun des tokens de requête, y compris ceux de remplissage. Nous devons masquer les sorties correspondant à ces tokens de remplissage. Rappelez-vous que nous avons utilisé `mask_zero` dans les couches `Embedding`, et que nous avons donné à `supports_masking` la valeur `True` dans la couche `PositionalEncoding`, afin que le masque automatique soit propagé de proche en proche jusqu'aux entrées de la couche `MultiHeadAttention` (`encoder_in`). Nous pouvons en tirer parti dans la connexion de saut : de fait, la couche `Add` gère le masquage automatique, donc quand nous ajoutons `Z` et `skip` (qui est initialement égal à `encoder_in`), les sorties sont automatiquement masquées correctement[218]. Comme vous pouvez le constater, le masquage a requis plus d'explications que de code…

217. La situation aura vraisemblablement évolué quand vous lirez ces lignes ; consultez la demande Keras n° 16248 (*https://github.com/keras-team/keras/issues/16248*) pour en savoir plus. Lorsque cette demande sera prise en compte, il ne sera plus nécessaire de spécifier l'argument `attention_mask`, et par conséquent plus nécessaire de créer `encoder_pad_mask`.

218. Pour l'instant, `Z + skip` ne gère pas le masquage automatique, c'est pourquoi il nous a fallu écrire à la place `tf.keras.layers.Add()([Z, skip])`. Là encore, les choses auront peut-être changé lorsque vous lirez ces lignes.

Passons maintenant au décodeur ! Là encore, le masquage est la seule partie un peu délicate, alors commençons par cela. La première couche d'attention à plusieurs têtes est une couche d'auto-attention, comme dans l'encodeur, mais c'est une couche d'attention à plusieurs têtes masquée, ce qui signifie qu'elle est causale : elle doit ignorer tous les tokens à venir. Il nous faut donc deux masques : un masque de remplissage et un masque causal. Créons-les :

```
decoder_pad_mask = tf.math.not_equal(decoder_input_ids, 0)[:, tf.newaxis]
causal_mask = tf.linalg.band_part(  # crée une matrice triangulaire inférieure
    tf.ones((batch_max_len_dec, batch_max_len_dec), tf.bool), -1, 0)
```

Le masque de remplissage est exactement le même que celui créé pour l'encodeur, sauf qu'il est basé sur les entrées du décodeur plutôt que sur celles de l'encodeur. Le masque causal est créé à l'aide de la fonction `tf.linalg.band_part()`, qui reçoit un tenseur et renvoie une copie dans laquelle toutes les valeurs extérieures à la bande diagonale spécifiée sont mises à zéro. Avec ces arguments, nous obtenons une matrice carrée de taille `batch_max_len_dec` (la taille maximale des séquences d'entrée dans le lot), avec des « 1 » dans le triangle inférieur gauche et des « 0 » dans le triangle supérieur droit. Si nous utilisons ce masque comme masque d'attention, nous obtiendrons exactement ce que nous voulons : le premier token de requête ne sera associé qu'au premier des tokens de valeur, le second seulement aux deux premiers, le troisième seulement aux trois premiers, et ainsi de suite. En d'autres termes, les tokens de requête ne peuvent être associés à aucune valeur dans le futur.

Construisons maintenant le décodeur :

```
encoder_outputs = Z  # sauvegarde des sorties finales de l'encodeur
Z = decoder_in  # le décodeur démarre avec ses propres entrées
for _ in range(N):
    skip = Z
    attn_layer = tf.keras.layers.MultiHeadAttention(
        num_heads=num_heads, key_dim=embed_size, dropout=dropout_rate)
    Z = attn_layer(Z, value=Z, attention_mask=causal_mask & decoder_pad_mask)
    Z = tf.keras.layers.LayerNormalization()(tf.keras.layers.Add()([Z, skip]))
    skip = Z
    attn_layer = tf.keras.layers.MultiHeadAttention(
        num_heads=num_heads, key_dim=embed_size, dropout=dropout_rate)
    Z = attn_layer(Z, value=encoder_outputs, attention_mask=encoder_pad_mask)
    Z = tf.keras.layers.LayerNormalization()(tf.keras.layers.Add()([Z, skip]))
    skip = Z
    Z = tf.keras.layers.Dense(n_units, activation="relu")(Z)
    Z = tf.keras.layers.Dense(embed_size)(Z)
    Z = tf.keras.layers.LayerNormalization()(tf.keras.layers.Add()([Z, skip]))
```

Pour la première couche d'attention, nous utilisons `causal_mask & decoder_pad_mask` pour masquer à la fois les tokens de remplissage et les tokens futurs. Le masque causal n'a que deux dimensions : il lui manque la dimension du lot, mais ce n'est pas un problème car, grâce à la diffusion automatique, il sera copié sur l'ensemble des instances du lot.

Pour la seconde couche d'attention, il n'y a rien de spécial. La seule chose à noter est que nous utilisons `encoder_pad_mask` et non `decoder_pad_mask`, car cette couche d'attention utilise pour ses valeurs les sorties finales de l'encodeur.

Nous avons presque terminé. Il nous suffit d'ajouter la couche de sortie finale, de créer le modèle, de le compiler et de l'entraîner :

```
Y_proba = tf.keras.layers.Dense(vocab_size, activation="softmax")(Z)
model = tf.keras.Model(inputs=[encoder_inputs, decoder_inputs],
                       outputs=[Y_proba])
model.compile(loss="sparse_categorical_crossentropy", optimizer="nadam",
              metrics=["accuracy"])
model.fit((X_train, X_train_dec), Y_train, epochs=10,
          validation_data=((X_valid, X_valid_dec), Y_valid))
```

Félicitations ! Vous venez de construire un transformeur complet et de l'entraîner à la traduction automatique. C'est déjà d'un assez bon niveau !

L'équipe Keras a créé un projet dédié au traitement du langage naturel, Keras NLP (*https://github.com/keras-team/keras-nlp*), qui comporte une API permettant de construire plus facilement un transformeur. Vous serez peut-être intéressé également par le nouveau projet Keras CV (*https://github.com/keras-team/keras-cv*) consacré à la vision par ordinateur.

Mais ce domaine de recherche ne s'arrête pas là. Explorons maintenant certaines de ses avancées récentes.

8.6 UNE AVALANCHE DE TRANSFORMEURS

L'année 2018 a été appelée le « moment ImageNet pour le traitement du langage naturel (NLP) ». Depuis lors, les avancées ont été stupéfiantes, avec des architectures à base de transformeurs de plus en plus volumineuses entraînées sur des jeux de données immenses.

Tout d'abord l'article sur GPT[219] publié par Alec Radford et d'autres chercheurs d'OpenAI a démontré une fois de plus l'efficacité du préentraînement non supervisé, tout comme les publications sur ELMo et ULMFiT l'avaient fait auparavant, mais cette fois-ci en utilisant une architecture de type transformeur. Les auteurs ont préentraîné une architecture de grande taille – mais relativement simple – constituée d'une pile de 12 modules transformeurs utilisant uniquement des couches d'attention à plusieurs têtes masquées, comme dans le décodeur du transformeur d'origine. Ils l'ont entraîné sur un très grand jeu de données, en utilisant la même technique autorégressive que celle que nous avions utilisée dans notre char-RNN shakespearien et qui consistait à prédire uniquement le token suivant. C'est une forme d'apprentissage auto-supervisé. Ils l'ont ensuite ajusté finement sur différentes tâches linguistiques, en effectuant uniquement des adaptations mineures pour chaque tâche. Les tâches étaient plutôt variées : il y avait de la classification de texte, de l'*implication* (en anglais *entailment*, consistant à savoir si une phrase A implique une phrase B)[220],

219. Alec Radford *et al.*, « Improving Language Understanding by Generative Pre-Training » (2018) : *https://homl.info/gpt*.

220. Par exemple, la phrase « Jeanne s'est beaucoup amusée à la fête d'anniversaire de son amie » implique « Jeanne a apprécié la fête » mais est contredite par « Tout le monde a détesté la fête » et n'a aucun rapport avec « La Terre est plate ».

des similitudes (par exemple, « Beau temps aujourd'hui » est très similaire à « Il y a du soleil ») et des réponses aux questions (à partir de quelques paragraphes de texte établissant un contexte, le modèle doit répondre à des questions à choix multiple).

Après quoi, Google a publié un article sur BERT[221] qui démontre également l'efficacité du préentraînement auto-supervisé sur un vaste corpus, en utilisant une architecture comparable à GPT mais avec uniquement des couches d'attention à plusieurs têtes non masquées, comme dans l'encodeur du transformeur originel. Cela signifie que le modèle est naturellement bidirectionnel, d'où le B de BERT (*bidirectional encoder representations from transformers*). Le plus important est que les auteurs ont proposé deux tâches de préentraînement qui expliquent en grande partie la force du modèle :

- Modèle linguistique masqué

  Dans un *modèle linguistique masqué* (en anglais, *masked language model*, ou MLM), chaque mot d'une phrase a une probabilité de 15 % d'être masqué et le modèle est entraîné à prédire les mots masqués. Par exemple, si la phrase d'origine est « Elle s'est amusée à la fête d'anniversaire », alors le modèle peut recevoir « Elle <masque> amusée à la <masque> d'anniversaire » et doit prédire les mots « s'est » et « fête » (les autres sorties seront ignorées). Pour être plus précis, chaque mot sélectionné a 80 % de chances d'être masqué, 10 % de chances d'être remplacé par un mot aléatoire (pour réduire la divergence entre le préentraînement et le réglage fin, car le modèle ne verra pas les tokens de masque pendant le réglage fin), et 10 % de chances d'être conservé inchangé (pour attirer le modèle vers la réponse correcte).

- Prédiction de la phrase suivante

  Un modèle de prédiction de la phrase suivante (en anglais, *next sentence prediction*, ou NSP), est entraîné à prédire s'il existe ou non un lien logique ou chronologique entre deux phrases. Par exemple, il doit prédire que les phrases « Le chien dort » et « Il ronfle bruyamment » ont un lien logique, contrairement aux phrases « Le chien dort » et « La Terre tourne autour du Soleil ». Des études récentes ont montré que NSP n'avait pas autant d'importance qu'on l'avait pensé initialement, ce qui a conduit à l'abandonner dans la plupart des architectures ultérieures.

Le modèle est entraîné simultanément sur ces deux tâches (voir figure 8.11). Pour la tâche NSP, les auteurs ont inséré un token de classe (<CLS>) au début de chaque entrée, et le token de sortie correspondant représente la prédiction du modèle : la phrase B suit la phrase A, ou non. Les deux phrases d'entrée sont concaténées, séparées seulement par un token de séparation spécial (<SEP>), le résultat est fourni en entrée au modèle. Pour aider le modèle à savoir à quelle phrase appartient chaque token d'entrée, un plongement de ce segment est ajouté par-dessus le plongement positionnel de chaque token : il y a seulement deux plongements de segment

221. Jacob Devlin *et al.*, « BERT: Pre-training of Deep Bidirectional Transformers for Language Understanding », *Proceedings of the 2018 Conference of the North American Chapter of the Association for Computational Linguistics: Human Language Technologies*, 1 (2019) : *https://homl.info/bert.*

possibles, un pour la phrase A et un pour la phrase B. Pour la tâche MLM, certains mots d'entrée sont masqués (comme nous l'avons vu) et le modèle essaie de prédire quels étaient ces mots. La perte n'est calculée que sur la prédiction NSP et sur les tokens masqués, et non sur ceux qui ne sont pas masqués.

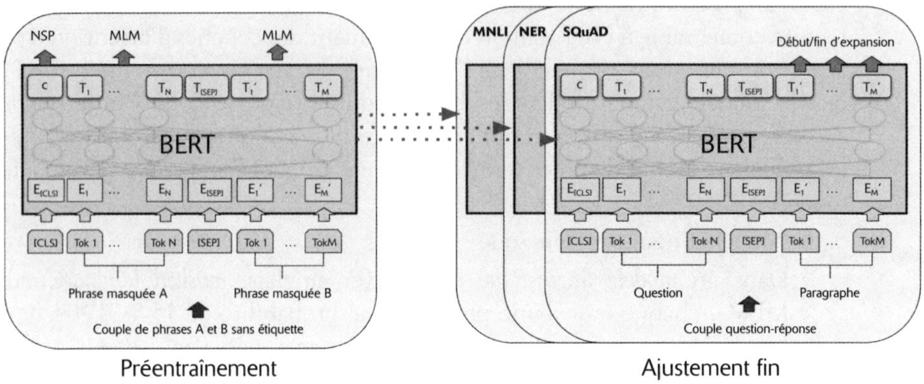

Figure 8.11 – Processus d'entraînement et d'ajustement fin d'un modèle BERT[222]

Après cette phase d'entraînement non supervisé sur un très large corpus de textes, le modèle est ajusté finement sur de nombreuses tâches différentes, en n'effectuant que très peu de changements pour chaque tâche. À titre d'exemple, lorsqu'il s'agit de classification de textes de type analyse d'opinion, tous les tokens de sortie sont ignorés à l'exception du premier, qui correspond au token de classe, et une nouvelle couche de sortie remplace la précédente qui n'était qu'une couche de classification binaire pour NSP.

En février 2019, seulement quelques mois après la présentation de BERT, Alec Radford, Jeffrey Wu et d'autres chercheurs d'OpenAI ont présenté GPT-2[223], une architecture très similaire à GPT, mais encore plus vaste (avec plus de 1,5 milliard de paramètres !). Ils ont montré que ce nouveau modèle GPT amélioré pouvait effectuer différentes tâches sans apprentissage spécifique préalable (ce qu'ils nomment *zero-shot learning*, ou ZSL) et obtenir néanmoins d'excellentes performances sur ces tâches. Ce fut le début d'une course vers des modèles de plus en plus grands : les transformeurs à commutation ou *switch transformers*[224], présentés par Google en janvier 2021 utilisaient mille milliards de paramètres, et très vite d'autres modèles beaucoup plus grands ont vu le jour, comme le modèle Wu Dao 2.0 annoncé par l'Académie

222. Il s'agit de la première figure de la publication, reproduite avec l'aimable autorisation des auteurs et adaptée pour la version française.
223. Alec Radford *et al.*, « Language Models Are Unsupervised Multitask Learners » (2019) : *https://homl.info/gpt2*.
224. William Fedus *et al.*, « Switch Transformers: Scaling to Trillion Parameter Models with Simple and Efficient Sparsity » (2021) : *https://homl.info/switch*.

d'intelligence artificielle de Pékin (Beijing Academy of Artificial Intelligence, ou BAAI) en juin 2021.

Une conséquence regrettable de cette évolution vers des systèmes gigantesques est que seuls les organismes dotés de moyens considérables peuvent se permettre d'entraîner de tels modèles : le coût peut aisément se chiffrer en centaines de milliers de dollars, voire plus. Quant à l'énergie nécessaire pour entraîner un seul modèle, elle égale la consommation électrique d'un foyer américain sur plusieurs années ; cela n'a rien d'écologique. Nombre de ces modèles sont tout simplement trop gros pour pouvoir être utilisés sur du matériel informatique ordinaire : ils ne tiendraient pas en RAM et seraient horriblement longs. Enfin, certains sont si coûteux qu'ils ne sont même pas annoncés officiellement.

Heureusement, des chercheurs ingénieux ont trouvé de nouvelles façons de réduire la taille des transformeurs et de leur faire traiter plus efficacement les données. Ainsi, le modèle DistilBERT, présenté en octobre 2019 par Victor Sanh *et al.* de Hugging Face[225], est un modèle de transformeur basé sur BERT à la fois petit et rapide. Il est disponible, avec des milliers d'autres, sur l'excellente plateforme de diffusion de modèles de Hugging Face. Vous en verrez un exemple dans la suite de ce chapitre.

DistilBERT a été entraîné par *distillation* (d'où son nom), technique qui consiste à transférer la connaissance d'un modèle professeur à un modèle étudiant, qui est en général beaucoup plus petit que le modèle professeur. Ceci se fait en général en utilisant les probabilités prédites du professeur pour chaque instance d'entraînement en tant que cibles pour l'étudiant. Étonnamment, la distillation fonctionne souvent mieux que d'entraîner complètement l'étudiant sur le même jeu de données que le professeur ! De fait, l'étudiant tire profit des étiquettes plus nuancées du professeur.

Bien d'autres architectures de transformeur sont apparues après BERT, à une fréquence quasi mensuelle, améliorant souvent l'état de l'art sur l'ensemble des tâches de traitement du langage naturel : XLNet (juin 2019), RoBERTa (juillet 2019), StructBERT (août 2019), ALBERT (septembre 2019), T5 (octobre 2019), ELECTRA (mars 2020), GPT3 (mai 2020), DeBERTa (juin 2020), Switch Transformers (janvier 2021), Wu Dao 2.0 (juin 2021), Gopher (décembre 2021), GPT-NeoX-20B (février 2022), Chinchilla (mars 2022), OPT (mai 2022), et la liste continue à s'allonger. Chacun de ces modèles a apporté de nouvelles idées et techniques[226], mais ma préférence va à l'article des chercheurs de Google sur T5[227] : il formule toutes les tâches de traitement du langage naturel en texte à texte, à l'aide d'un transformeur encodeur-décodeur. Par exemple, pour traduire « I like soccer » en espagnol, vous pouvez simplement appeler le modèle avec la phrase source « traduire de l'anglais vers l'espagnol : I like soccer » et il produit en sortie « me gusta el fútbol ». Pour

225. Victor Sanh *et al.*, « DistilBERT, A Distilled Version of Bert: Smaller, Faster, Cheaper and Lighter », arXiv preprint arXiv:1910.01108 (2019) : *https://homl.info/distilbert*.

226. Mariya Yao a fait la synthèse d'un grand nombre de ces modèles dans l'article en ligne : *https://homl.info/yaopost*.

227. Colin Raffel *et al.*, « Exploring the Limits of Transfer Learning with a Unified Text-to-Text Transformer », arXiv preprint arXiv:1910.10683 (2019) : *https://homl.info/t5*.

résumer un paragraphe, il vous suffit de saisir « résumer : » suivi du paragraphe, et il produit en sortie le résumé. Pour la classification, il vous suffit de changer le préfixe en « classer : » et le modèle produit en sortie le nom de la classe, sous forme de texte. Ceci simplifie l'utilisation du modèle et rend possible de l'entraîner sur davantage de tâches encore.

Enfin et surtout, en avril 2022, les chercheurs de Google ont utilisé une nouvelle plateforme d'entraînement à grande échelle nommée Pathways (dont nous parlerons brièvement au chapitre 11) pour entraîner un énorme modèle dénommé *modèle linguistique Pathways*[228] (en anglais, *Pathways language model*, ou PaLM) comportant 540 milliards de paramètres et monopolisant plus de 6 000 unités de traitement de tenseurs (*tensor processing units*, ou TPU). En dehors de sa taille incroyable, ce modèle est un transformeur standard utilisant uniquement des décodeurs (c'est-à-dire des couches d'attention à plusieurs têtes masquées), avec uniquement quelques petits ajustements (pour plus de détails, consulter la publication). Ce modèle a obtenu des résultats incroyables sur toutes sortes de tâches de traitement du langage naturel, et tout particulièrement en compréhension du langage naturel (*natural language understanding*, ou NLU). Il est capable de prouesses impressionnantes, comme d'expliquer des jeux de mots, de donner des réponses détaillées comportant plusieurs étapes, ou même de produire du code. C'est dû en partie à la taille du modèle, mais aussi à une technique appelée *incitation à une chaîne de raisonnement* (*chain of thought prompting*, ou CTP)[229], qui avait été présentée quelques mois plus tôt par une autre équipe de recherche de Google.

Pour les tâches consistant en questions-réponses, l'incitation normale consiste en général à fournir quelques exemples de questions et réponses telles que : « Q : Roger a 5 balles de tennis. Il achète 2 boîtes de balles de tennis supplémentaires. Chaque boîte contient 3 balles de tennis. Combien de balle de tennis a-t-il maintenant ? R : 11. » L'incitation poursuit avec la question réelle, par exemple « Q : Jean s'occupe de 10 chiens. Chaque chien nécessite 0,5 heure par jour pour se promener et faire ses besoins. Combien d'heures par semaine consacre-t-il à s'occuper de ses chiens ? R : », et la tâche du modèle consiste à ajouter la réponse : « 35 » dans ce cas.

Mais dans le cas de l'incitation à une chaîne de raisonnement, les réponses de l'exemple incluent toutes les étapes de raisonnement ayant conduit à la conclusion. Ainsi, au lieu de « R : 11 », l'exemple incitatif contient « R : Roger a commencé avec 5 balles. 2 boîtes de 3 balles de tennis chacune font 6 balles de tennis au total. 5 + 6 = 11. » Ceci encourage le modèle à donner une réponse détaillée à la véritable question, par exemple « Q : Jean s'occupe de 10 chiens. Cela fait donc 10 × 0,5 = 5 heures par jour × 7 jours par semaine = 35 heures par semaine. La réponse est 35 heures par semaine. » C'est l'exemple figurant dans l'article !

228. Aakanksha Chowdhery *et al.*, « PaLM: Scaling Language Modeling with Pathways », arXiv preprint arXiv:2204.02311 (2022) : *https://homl.info/palm*.
229. Jason Wei *et al.*, « Chain of Thought Prompting Elicits Reasoning in Large Language Models », arXiv preprint arXiv:2201.11903 (2022) : *https://homl.info/ctp*.

Non seulement le modèle donne la bonne réponse bien plus fréquemment qu'en utilisant une incitation simple, dans la mesure où il est encouragé à réfléchir au problème posé, mais il fournit aussi toutes les étapes du raisonnement, ce qui peut être utile pour mieux comprendre la logique sous-jacente à la réponse du modèle.

Les transformeurs ont pris le dessus dans le traitement du langage naturel, mais ils ne se sont pas arrêtés là : ils ont rapidement étendu leur champ d'action à la vision par ordinateur également.

8.7 TRANSFORMEURS D'IMAGES

Une des premières applications des mécanismes d'attention en dehors de la traduction automatique a été la création de descriptions d'images en utilisant l'attention visuelle[230]. Un réseau de neurones convolutif commence par traiter l'image et produit des cartes de caractéristiques. Ensuite, un RNN décodeur doté d'un mécanisme d'attention génère la description, un mot à la fois.

À chaque étape temporelle du décodeur (chaque mot), celui-ci utilise le modèle d'attention pour se focaliser uniquement sur la partie pertinente de l'image. Par exemple, à la figure 8.12, le modèle a généré la description « une femme lance un frisbee dans un parc » et vous pouvez voir la partie de l'image d'entrée sur laquelle le décodeur focalisait son attention avant qu'il ne produise le mot « frisbee ». Il est clair que l'essentiel de son attention se portait sur le frisbee.

Figure 8.12 – Attention visuelle : une image d'entrée (à gauche) et la zone de focalisation du modèle avant de produire le mot « frisbee » (à droite)[231]

230. Kelvin Xu *et al.*, « Show, Attend and Tell: Neural Image Caption Generation with Visual Attention », *Proceedings of the 32nd International Conference on Machine Learning* (2015), 2048-2057 : *https://homl.info/visualattention*.

231. Il s'agit d'un extrait de la figure 3 de l'article, reproduit avec l'aimable autorisation des auteurs.

Explicabilité

Les mécanismes d'attention ont pour avantage supplémentaire de permettre de comprendre plus facilement les raisons qui ont conduit un modèle à produire chacune de ses sorties. C'est ce que l'on nomme l'*explicabilité*. Cela peut se révéler très utile lorsque le modèle fait une erreur.

Par exemple, si la légende produite pour l'image d'un chien marchant dans la neige est « un loup marchant dans la neige », vous pouvez revenir en arrière et vérifier ce sur quoi le modèle s'est focalisé lorsqu'il a généré le mot « loup ». Vous constaterez peut-être qu'il prêtait attention non seulement au chien mais également à la neige, essayant de trouver une explication possible : le modèle avait peut-être appris à distinguer les chiens des loups en vérifiant si l'environnement est enneigé. Pour corriger ce problème, il suffit d'entraîner le modèle avec d'autres images de loups sans neige et de chiens avec de la neige. Cet exemple est tiré de l'excellent article[232] publié en 2016 par Marco Tulio Ribeiro *et al.*, dans lequel les auteurs utilisent une autre approche pour l'explicabilité : apprendre un modèle interprétable localement autour de la prédiction d'un classificateur.

Dans certaines applications, l'explicabilité n'est pas qu'un simple outil de débogage d'un modèle. Il peut s'agir d'une exigence légale, comme ce serait le cas par exemple pour un système qui déciderait de vous accorder ou non un prêt.

Lorsque les transformeurs sont apparus en 2017 et qu'on a commencé à les expérimenter au-delà du traitement du langage naturel, ils ont d'abord été utilisés conjointement aux réseaux de neurones convolutifs (CNN), sans les remplacer. À l'inverse, les transformeurs ont été généralement utilisés pour remplacer les réseaux de neurones récurrents (RNN), par exemple pour les modèles de description d'images. Les transformeurs sont devenus légèrement plus orientés images grâce à un article[233] publié en 2020 par des chercheurs de Facebook qui ont proposé une architecture hybride dénommée *CNN-transformer* pour la détection d'objets. Là encore, le CNN traite d'abord les images et produit en sortie des cartes de caractéristiques, puis ces cartes de caractéristiques sont converties en séquences qui vont alimenter un transformeur, qui produit en sortie des prédictions de rectangles d'encadrement. Mais là encore, l'essentiel du travail visuel reste effectué par le CNN.

Puis en octobre 2020, une équipe de chercheurs de Google a publié un article[234] présentant un modèle d'analyse d'images basé entièrement sur des transformeurs, appelé *transformeur de vision* (en anglais, *vision transformer*, ou ViT). L'idée est étonnamment simple : il suffit de découper l'image en petits carrés de 16×16 et de traiter

232. Marco Tulio Ribeiro *et al.*, « "Why Should I Trust You?": Explaining the Predictions of Any Classifier », Proceedings of the 22nd ACM SIGKDD International Conference on Knowledge Discovery and Data Mining (2016), 1135-1144 : *https://homl.info/explainclass*.
233. Nicolas Carion *et al.*, « End-to-End Object Detection with Transformers », arXiv preprint arxiv:2005.12872 (2020) : *https://homl.info/detr*.
234. Alexey Dosovitskiy *et al.*, « An Image Is Worth 16x16 Words: Transformers for Image Recognition at Scale », arXiv preprint arxiv:2010.11929 (2020) : *https://homl.info/vit*.

la séquence de carrés comme s'il s'agissait d'une séquence de représentations de mots. Plus précisément, les carrés sont tout d'abord aplatis en vecteurs à 768 composantes (16×16×3, le 3 correspondant aux trois canaux RVB), puis ces vecteurs traversent une couche linéaire qui les transforme mais conserve leur dimension. La séquence de vecteurs résultante peut alors être traitée comme une séquence de plongements de mots, c'est-à-dire en ajoutant des plongements positionnels et en transmettant le résultat au transformeur. Et le tour est joué ! Ce modèle a fait mieux que tous les modèles de classification d'images ImageNet jusque-là, mais il faut reconnaître que les auteurs ont utilisé plus de 300 millions d'images supplémentaires pour l'entraînement. Ceci est logique, vu que les transformeurs n'ont pas autant de biais inductifs que les réseaux de neurones convolutifs, il leur faut donc plus de données pour apprendre des choses que les CNN considèrent implicitement comme acquises.

Un biais inductif est une supposition implicite faite par le modèle, en raison de son architecture. Ainsi, les modèles linéaires supposent implicitement que les données sont... linéaires. Les CNN supposent implicitement que les motifs appris en un endroit seront vraisemblablement utiles également à d'autres endroits. Les RNN supposent implicitement que les entrées sont ordonnées et que les tokens récents sont plus importants que ceux qui sont plus anciens. Plus le modèle a de biais inductifs, en supposant que ceux-ci soient corrects, moins il faut de données pour l'entraîner. Mais si les suppositions implicites se révèlent inexactes, alors le modèle peut fournir de mauvais résultats même s'il est entraîné sur un jeu de données de grande taille.

Deux mois plus tard seulement, une équipe de chercheurs de Facebook a publié un article[235] introduisant des transformeurs d'images à gestion efficace des données, nommés *data-efficient image transformers* (DeiT). Leur modèle obtenait des résultats comparables sur ImageNet sans nécessiter de données additionnelles pour l'entraînement. L'architecture du modèle est à peu près la même que celle du transformeur de vision originel, mais les auteurs ont utilisé une technique de distillation pour transférer les connaissances acquises par des modèles CNN dans l'état de l'art vers leur modèle.

Puis en mars 2021, DeepMind a publié un important article[236] présentant l'architecture de *percepteur* (en anglais, *perceiver*). Il s'agit d'un *transformeur multimodal*, ce qui signifie que vous pouvez l'alimenter avec du texte, des images, de l'audio ou virtuellement avec toute autre modalité de communication de données. Jusque-là, les transformeurs étaient réduits à recevoir des séquences relativement courtes, du fait de leurs performances et du goulot d'étranglement de la RAM dans les couches d'attention. Ceci excluait certaines modalités telles que l'audio ou la vidéo et cela forçait les chercheurs à traiter des images comme des séquences de portions d'images plutôt que

235. Hugo Touvron *et al.*, « Training Data-Efficient Image Transformers & Distillation Through Attention », arXiv preprint arxiv:2012.12877 (2020) : *https://homl.info/deit*.

236. Andrew Jaegle *et al.*, « Perceiver: General Perception with Iterative Attention », arXiv preprint arxiv:2103.03206 (2021) : *https://homl.info/perceiver*.

comme des séquences de pixels. Le goulot d'étranglement était dû à l'auto-attention, où chaque token doit se soucier de chacun des autres tokens : si la séquence d'entrée comporte M tokens, alors la couche d'attention doit calculer une matrice M×M, qui peut être énorme si M est très grand. Le percepteur résout ce problème en améliorant progressivement une représentation latente[237] relativement courte des données, composée de *N* tokens, en général juste quelques centaines.

Le modèle utilise uniquement des couches d'attention croisée, qu'il alimente avec les représentations latentes en tant que requêtes et les entrées (éventuellement de grande taille) en tant que valeurs. Ceci nécessite seulement de calculer une matrice M×*N*, ce qui fait que la complexité algorithmique est linéaire par rapport à M au lieu d'être quadratique. Après avoir traversé plusieurs couches d'attention croisée, si tout se passe bien, la représentation latente finit par capturer tout ce qui importe dans les entrées. Les auteurs ont suggéré également de partager les poids entre les couches d'attention croisée consécutives : si vous faites cela, alors le percepteur devient effectivement un RNN. En effet, les couches d'attention croisée partagées peuvent être vues comme la même cellule mémoire à différentes étapes temporelles, et la représentation latente correspond au vecteur de contexte de la cellule. Les mêmes entrées sont réutilisées à chaque étape temporelle pour alimenter la cellule de mémoire. Il semble après tout que les RNN ne soient pas morts !

Juste un mois plus tard, Mathilde Caron *et al.* ont présenté DINO[238], un impressionnant transformeur d'images entraîné entièrement sans étiquettes grâce à l'auto-supervision, et capable de réaliser une segmentation sémantique très précise. Le modèle est dupliqué durant l'entraînement, l'un des réseaux jouant le rôle du professeur et l'autre celui de l'étudiant. La descente de gradient n'affecte que l'étudiant tandis que les poids du professeur sont simplement une moyenne mobile exponentielle des poids de l'étudiant. L'étudiant est entraîné à s'accorder aux prédictions du professeur : étant donné qu'il s'agit pratiquement du même modèle, ceci est appelé *auto-distillation*. À chaque étape de l'entraînement, les images d'entrée sont complétées de manières différentes pour le professeur et l'étudiant, ce qui fait qu'ils ne voient pas exactement les mêmes images, mais que leurs prédictions doivent se correspondre. Cela les force à trouver des représentations de haut niveau. Pour prévenir une perte de diversité (*mode collapse*), dans laquelle l'étudiant et le professeur fourniraient toujours la même chose en sortie, en ignorant totalement les entrées, DINO garde trace d'une moyenne mobile des sorties du professeur et il modifie légèrement les prédictions du professeur afin que celles-ci restent centrées sur zéro en moyenne. DINO force aussi le professeur à avoir hautement confiance en ses prédictions : c'est ce qu'on appelle l'*affûtage* (en anglais, *sharpening*). Toutes ensemble, ces techniques préservent la diversité des sorties du professeur.

237. Le mot « latent » signifie ici « caché » ou « interne ».

238. Mathilde Caron *et al.*, « Emerging Properties in Self-Supervised Vision Transformers », arXiv preprint arxiv:2104.14294 (2021) : *https://homl.info/dino*.

Dans un article paru en 2021, des chercheurs de Google ont montré[239] comment complexifier ou simplifier les transformeurs de vision en fonction du volume de données. Ils ont réussi à créer un gigantesque modèle comportant 2 milliards de paramètres qui a atteint une exactitude top-1 supérieure à 90,4 % sur ImageNet. À l'inverse, ils ont aussi entraîné un modèle considérablement réduit crédité d'une exactitude top-1 supérieure à 84,8 % sur ImageNet, en utilisant uniquement 10000 images : cela ne fait que 10 images par classe !

Les avancées en matière de transformeurs d'images se sont poursuivies à un rythme soutenu jusqu'à présent. Ainsi, en mars 2022, un article[240] de Mitchell Wortsman *et al.* a prouvé qu'il était possible de commencer par entraîner plusieurs transformeurs, puis de prendre la moyenne de leurs poids pour créer un modèle nouveau et amélioré. C'est semblable à un ensemble[241], à ceci près qu'il n'y a qu'un modèle au final, ce qui signifie qu'il n'y a pas de pénalité en ce qui concerne le temps d'inférence.

La dernière tendance en matière de transformeurs consiste à construire de grands modèles multimodaux, souvent capables d'*apprentissage sans exemples* (*zero-shot learning*) ou avec très peu d'exemples seulement (*few-shot learning*). Ainsi, l'article sur CLIP[242] publié en 2021 par OpenAI a proposé un grand modèle de transformeur préentraîné pour associer des descriptions à des images : cette tâche lui permet d'apprendre d'excellentes représentations des images, après quoi le modèle peut être utilisé directement pour des tâches telles que la classification d'images en utilisant de simples descriptions textuelles telles que « photo d'un chat ». Peu après, OpenAI a annoncé DALL-E[243], capable de générer d'incroyables images à partir de descriptions textuelles, puis DALL-E 2[244], qui génère des images d'une qualité encore meilleure en utilisant un modèle de diffusion (voir chapitre 9).

En avril 2022, DeepMind a publié un article sur Flamingo[245] présentant une famille de modèles préentraînés sur un vaste ensemble de tâches portant sur des données mélangeant différents types (ou *modalités*), comme du texte, des images et des vidéos. Un seul modèle peut être utilisé pour des tâches très diverses, comme fournir des réponses à des questions, ajouter une description à des images, etc. Peu après,

239. Xiaohua Zhai *et al.*, « Scaling Vision Transformers », arXiv preprint arxiv:2106.04560v1 (2021) : *https://homl.info/scalingvits*.

240. Mitchell Wortsman *et al.*, « Model Soups: Averaging Weights of Multiple Fine-tuned Models Improves Accuracy Without Increasing Inference Time », arXiv preprint arxiv:2203.05482v1 (2022) : *https://homl.info/modelsoups*.

241. Voir le chapitre 7 de l'ouvrage *Machine Learning avec Scikit-Learn*, A. Géron, Dunod (3e édition, 2023).

242. Alec Radford *et al.*, « Learning Transferable Visual Models From Natural Language Supervision », arXiv preprint arxiv:2103.00020 (2021) : *https://homl.info/clip*.

243. Aditya Ramesh *et al.*, « Zero-Shot Text-to-Image Generation », arXiv preprint arxiv:2102.12092 (2021) : *https://homl.info/dalle*.

244. Aditya Ramesh *et al.*, « Hierarchical Text-Conditional Image Generation with CLIP Latents », arXiv preprint arxiv:2204.06125 (2022) : *https://homl.info/dalle2*.

245. Jean-Baptiste Alayrac *et al.*, « Flamingo: a Visual Language Model for Few-Shot Learning », arXiv preprint arxiv:2204.14198 (2022) : *https://homl.info/flamingo*.

en mai 2022, DeepMind a présenté GATO[246], un modèle multimodal qui peut être utilisé en tant que politique pour un agent d'apprentissage par renforcement (l'apprentissage par renforcement sera présenté au chapitre 10). Le même transformeur peut aussi discuter avec vous, décrire des images, jouer à des jeux Atari, contrôler des armes automatisées (simulées), etc., tout cela avec « seulement » 1,2 milliard de paramètres. Et l'aventure continue !

Ces étonnantes avancées ont conduit certains chercheurs à proclamer que l'intelligence artificielle allait bientôt atteindre le niveau de l'intelligence humaine, que « changer d'échelle, c'est tout ce qu'il vous faut » et que certains de ces modèles sont peut-être « légèrement conscients ». D'autres soulignent qu'en dépit de progrès étonnants, il manque toujours à ces modèles la fiabilité et l'adaptabilité de l'intelligence humaine, notre capacité à raisonner symboliquement, à généraliser à partir d'un seul exemple, etc.

Comme vous pouvez le voir, les transformeurs sont partout ! Et la bonne nouvelle, c'est que vous n'aurez en général pas besoin d'implémenter vous-même des transformeurs car il existe d'excellents modèles préentraînés prêts à être téléchargés à partir des plateformes de TensorFlow ou de Hugging Face. Puisque vous avez déjà vu comment utiliser un modèle récupéré sur la plateforme TensorFlow, nous allons conclure ce chapitre en examinant rapidement l'écosystème de Hugging Face.

8.8 BIBLIOTHÈQUE DE TRANSFORMEURS DE HUGGING FACE

Il est impossible de parler de transformeurs aujourd'hui sans mentionner Hugging Face, une société spécialisée en intelligence artificielle qui a construit tout un écosystème d'outils open source faciles à utiliser pour le traitement du langage naturel, la vision et plus. La composante centrale de leur écosystème est la bibliothèque de transformeurs, qui vous permet de télécharger aisément un modèle préentraîné ainsi que le logiciel de préparation de données (ou *tokenizer*) associé, puis de l'ajuster finement à votre propre jeu de données si nécessaire. De plus, la bibliothèque est compatible avec TensorFlow, PyTorch et JAX (avec la bibliothèque Flax).

La façon la plus simple d'utiliser la bibliothèque de transformeurs consiste à utiliser la fonction `transformers.pipeline()` : il vous suffit de spécifier le type de tâche souhaitée, par exemple l'analyse d'opinion, et il télécharge un modèle préentraîné par défaut, prêt à être utilisé. Difficile de faire plus simple :

```
from transformers import pipeline

classifier = pipeline("sentiment-analysis")  # beaucoup d'autres tâches
                                             # disponibles
result = classifier("The actors were very convincing".)
```

246. Scott Reed et al., « A Generalist Agent », arXiv preprint arxiv:2205.06175 (2022) : *https://homl.info/gato*.

Le résultat est une liste Python contenant un dictionnaire par texte d'entrée :

```
>>> result
[{'label': 'POSITIVE', 'score': 0.9998071789741516}]
```

Dans cet exemple, le modèle a trouvé correctement que la phrase était positive, avec un indice de confiance d'environ 99,98 %. Bien sûr, vous pouvez aussi transmettre tout un lot de phrases au modèle :

```
>>> classifier(["I am from India.", "I am from Iraq."])
[{'label': 'POSITIVE', 'score': 0.9896161556243896},
 {'label': 'NEGATIVE', 'score': 0.9811071157455444}]
```

Biais et équité

Comme le résultat obtenu le suggère, ce classificateur particulier adore les Indiens, mais a un *a priori* ou *biais* (en anglais, *bias*) sérieux à l'égard des Irakiens. Vous pouvez essayer ce code avec votre propre pays ou ville. Ce genre de comportement indésirable provient en général en grande partie des données d'entraînement. Dans ce cas, il y avait un grand nombre de phrases négatives relatives aux guerres d'Irak dans les données d'entraînement. Ce biais a ensuite été amplifié, étant donné que le modèle a été forcé de choisir entre deux classes seulement : positive ou négative. Si vous ajoutez une classe neutre lors de l'ajustement fin, alors l'a priori lié aux pays disparaît pour l'essentiel. Mais les données d'entraînement ne constituent pas la seule source de biais : l'architecture du modèle, le type de perte ou de régularisation utilisée pour l'entraînement, l'optimiseur : tout ceci affecte ce que le modèle apprend finalement. Même un modèle non biaisé pour l'essentiel peut être utilisé d'une manière biaisée, tout comme les questions d'une enquête peuvent être biaisées.

Si comprendre ce qu'est un biais en IA et limiter ses effets négatifs reste un sujet sur lequel les chercheurs travaillent encore activement, une chose est certaine : plutôt que de mettre précipitamment un modèle en production, faites d'abord une pause et réfléchissez. Demandez-vous comment le modèle pourrait faire du tort, même indirectement. À titre d'exemple, si les prédictions d'un modèle sont utilisées pour décider de l'attribution ou non d'un prêt à quelqu'un, le processus doit être équitable. Assurez-vous donc que vous évaluez les performances du modèle non pas seulement en moyenne sur l'ensemble du jeu de test, mais également sur différents sous-ensembles : par exemple vous pourriez découvrir que bien que le modèle fonctionne très bien en moyenne, les résultats sont catastrophiques pour certaines catégories de personnes. Vous pourriez aussi exécuter des tests contrefactuels, pour vérifier par exemple si les prédictions du modèle changent lorsque vous modifiez simplement le sexe de la personne.

Si le modèle fonctionne bien en moyenne, il est tentant de le mettre en production et de passer à autre chose, surtout s'il ne s'agit que d'un composant dans un système plus vaste. Mais en général, si vous ne corrigez pas de tels défauts, personne d'autre ne le fera et votre modèle peut finir par faire plus de mal que de bien. La solution dépend du problème : il faudra peut-être rééquilibrer le jeu de données, ajuster finement sur un autre jeu de données, passer à un autre modèle préentraîné, modifier un peu l'architecture du modèle ou ses hyperparamètres, etc.

La fonction `pipeline()` utilise le modèle par défaut pour la tâche concernée. Ainsi, pour les tâches de classification de texte comme l'analyse d'opinion, au moment où j'écris, elle utilise par défaut `distilbert-base-uncased-finetuned-sst-2-english`, un modèle DistilBERT avec un générateur de tokens qui commence par convertir tout le texte en minuscules, entraîné sur Wikipedia en anglais et sur un corpus de livres anglais, puis ajusté finement sur la tâche Stanford Sentiment Treebank v2 (SST 2). Vous pouvez aussi spécifier un modèle différent. Vous pouvez utiliser par exemple un modèle DistilBERT ajusté finement sur la tâche Multi-Genre Natural Language Inference (MultiNLI) qui répartit des groupes de deux phrases en trois classes : contradiction, neutre ou implication. Voici comment faire :

```
>>> model_name = "huggingface/distilbert-base-uncased-finetuned-mnli"
>>> classifier_mnli = pipeline("text-classification", model=model_name)
>>> classifier_mnli("She loves me. [SEP] She loves me not.")
[{'label': 'contradiction', 'score': 0.9790192246437073}]
```

Vous trouverez les modèles disponibles sur *https://huggingface.co/models* et la liste des tâches sur *https://huggingface.co/tasks*.

L'API `pipeline` est très simple et pratique, mais parfois vous avez besoin de mieux contrôler les choses. Dans un tel cas, la bibliothèque `transformers` fournit de nombreuses classes, parmi lesquelles toutes sortes de modèles, de configurations, de rappels, de générateurs de tokens (ou *tokenizers*), etc. Chargeons par exemple le même modèle DistilBERT ainsi que le générateur de tokens correspondant, en utilisant les classes `TFAutoModelForSequenceClassification` et `AutoTokenizer` :

```
from transformers import AutoTokenizer, TFAutoModelForSequenceClassification

tokenizer = AutoTokenizer.from_pretrained(model_name)
model = TFAutoModelForSequenceClassification.from_pretrained(model_name)
```

Ensuite, transformons en tokens quelques couples de phrases. Dans ce code, nous activons le remplissage et nous spécifions que nous voulons des tenseurs TensorFlow au lieu de listes Python :

```
token_ids = tokenizer(["I like soccer. [SEP] We all love soccer!",
                       "Joe lived for a very long time. [SEP] Joe is old."],
                      padding=True, return_tensors="tf")
```

Au lieu de transmettre `"Phrase 1 [SEP] Phrase 2"` au générateur de tokens, vous pouvez aussi lui transmettre un n-uplet : `("Phrase 1", "Phrase 2")`.

La sortie est une instance de la classe `BatchEncoding` en forme de dictionnaire qui contient les séquences d'identifiants de tokens, ainsi qu'un masque contenant des 0 pour les tokens de remplissage :

```
>>> token_ids
{'input_ids': <tf.Tensor: shape=(2, 15), dtype=int32, numpy=
array([[ 101, 1045, 2066, 4715, 1012,  102, 2057, 2035, 2293, 4715,  999,
          102,    0,    0,    0],
       [ 101, 3533, 2973, 2005, 1037, 2200, 2146, 2051, 1012,  102, 3533,
         2003, 2214, 1012,  102]], dtype=int32)>,
 'attention_mask': <tf.Tensor: shape=(2, 15), dtype=int32, numpy=
array([[1, 1, 1, 1, 1, 1, 1, 1, 1, 1, 1, 1, 0, 0, 0],
       [1, 1, 1, 1, 1, 1, 1, 1, 1, 1, 1, 1, 1, 1, 1]], dtype=int32)>}
```

Si vous spécifiez `return_token_type_ids=True` lors de l'appel du générateur de tokens, vous obtiendrez en plus au retour un tenseur indiquant à quelle phrase appartient chacun des tokens. Ceci est utilisé par certains modèles, mais pas par DistilBERT.

Ensuite, nous pouvons transmettre directement cet objet `BatchEncoding` au modèle ; celui-ci renvoie un objet `TFSequenceClassifierOutput` contenant les logits des classes qu'il a prédites :

```
>>> outputs = model(token_ids)
>>> outputs
TFSequenceClassifierOutput(loss=None, logits=[<tf.Tensor: [...] numpy=
array([[-2.1123817 ,  1.1786783 ,  1.4101017 ],
       [-0.01478387,  1.0962474 , -0.9919954 ]], dtype=float32)>], [...])
```

Enfin, nous pouvons appliquer la fonction d'activation softmax pour convertir ces logits en probabilités de classes et utiliser la fonction `argmax()` pour prédire la classe ayant la plus haute probabilité pour chaque paire de phrases fournie en entrée :

```
>>> Y_probas = tf.keras.activations.softmax(outputs.logits)
>>> Y_probas
<tf.Tensor: shape=(2, 3), dtype=float32, numpy=
array([[0.01619702, 0.43523544, 0.5485676 ],
       [0.08672056, 0.85204804, 0.06123142]], dtype=float32)>
>>> Y_pred = tf.argmax(Y_probas, axis=1)
>>> Y_pred  # 0 = contradiction, 1 = implication, 2 = neutre
<tf.Tensor: shape=(2,), dtype=int64, numpy=array([2, 1])>
```

Dans cet exemple, le modèle classe correctement la première paire de phrases comme neutre (le fait que j'aime le football n'implique pas que tous les autres en fassent autant) et la seconde paire de phrases comme une implication (Joe doit effectivement être assez vieux).

Si vous voulez ajuster finement ce modèle sur votre propre jeu de données, vous pouvez entraîner le modèle comme d'habitude avec Keras, sachant qu'il s'agit simplement d'un modèle Keras normal avec quelques méthodes supplémentaires. Cependant, étant donné que le modèle fournit en sortie des logits au lieu de probabilités, vous devez utiliser la perte `tf.keras.losses.SparseCategoricalCrossentropy(from_logits=True)` au lieu de la perte `"sparse_categorical_crossentropy"` habituelle. De plus, le modèle n'accepte pas les entrées `BatchEncoding` durant l'entraînement, il vous faut donc utiliser ses attributs de données pour obtenir à la place un véritable dictionnaire :

```
sentences = [("Sky is blue", "Sky is red"), ("I love her", "She loves me")]
X_train = tokenizer(sentences, padding=True, return_tensors="tf").data
y_train = tf.constant([0, 2])  # contradiction, neutre
loss = tf.keras.losses.SparseCategoricalCrossentropy(from_logits=True)
model.compile(loss=loss, optimizer="nadam", metrics=["accuracy"])
history = model.fit(X_train, y_train, epochs=2)
```

Hugging Face propose également une bibliothèque de jeux de données (ou datasets) qui vous permet de télécharger facilement un jeu de données standard (comme IMDb) ou un jeu adapté à vos besoins et de l'utiliser pour régler finement votre modèle. C'est analogue aux jeux de données proposés par TensorFlow, mais avec en prime des outils permettant de réaliser certaines tâches de prétraitement habituelles comme le masquage. Vous trouverez la liste des jeux de données à l'adresse *https://huggingface.co/datasets*.

Ceci devrait vous permettre de faire vos premiers pas dans l'écosystème de Hugging Face. Pour approfondir, consultez *https://huggingface.co/docs* où vous trouverez entre autres de nombreux tutoriels sous forme de notebooks, des vidéos, ainsi que l'API complète. Je vous recommande aussi de consulter le livre publié par léquipe Hugging Face chez O'Reilly : *Natural Language Processing with Transformers: Building Language Applications with Hugging Face*, de Lewis Tunstall, Leandro von Werra et Thomas Wolf.

Dans le prochain chapitre, nous verrons comment apprendre des représentations profondes de manière non supervisée en utilisant des autoencodeurs et nous utiliserons des réseaux antagonistes génératifs (GAN) pour produire, entre autres, des images !

8.9 EXERCICES

1. Citez les avantages et les inconvénients de l'utilisation d'un RNN avec état par rapport à celle d'un RNN sans état.
2. Pourquoi utiliserait-on des RNN de type encodeur-décodeur plutôt que des RNN purement séquence-vers-séquence pour la traduction automatique ?
3. Comment prendriez-vous en charge des séquences d'entrée de longueur variable ? Qu'en est-il des séquences de sortie de longueur variable ?
4. Qu'est-ce que la recherche en faisceau et pourquoi voudriez-vous l'utiliser ? Donnez un outil qui permet de la mettre en œuvre.
5. Qu'est-ce qu'un mécanisme d'attention ? En quoi peut-il aider ?
6. Quelle est la couche la plus importante dans l'architecture d'un transformeur ? Précisez son objectif.

7. Quand avez-vous besoin d'utiliser une fonction softmax échantillonnée ?
8. Dans leur article sur les LSTM, Hochreiter et Schmidhuber ont utilisé des *grammaires de Reber embarquées* (*https://homl.info/93*). Il s'agit de grammaires artificielles qui produisent des chaînes de caractères comme « BPBTSXXVPSEPE ». Consultez la présentation de Jenny Orr sur ce sujet (*https://homl.info/108*), puis choisissez une grammaire de Reber embarquée spécifique (comme celle représentée sur la page de Jenny Orr), puis entraînez un RNN pour qu'il détermine si une chaîne respecte ou non cette grammaire. Vous devrez tout d'abord écrire une fonction capable de générer un lot d'entraînement contenant environ 50 % de chaînes qui respectent la grammaire et 50 % qui ne la respectent pas.
9. Entraînez un modèle encodeur-décodeur capable de convertir une chaîne de caractères représentant une date d'un format en un autre (par exemple, de « 22 avril 2019 » à « 2019-04-22 »).
10. Consultez sur *https://homl.info/dualtuto* l'exemple fourni par le site web de Keras pour la recherche d'images en langage naturel avec un encodeur dual. Vous y découvrirez comment construire un modèle capable de représenter à la fois des images et du texte dans le même espace de plongement. Il devient ainsi possible de rechercher des images à l'aide d'une simple description textuelle, comme dans le modèle CLIP d'OpenAI.
11. Téléchargez à partir de la bibliothèque de transformeurs de Hugging Face un modèle linguistique préentraîné capable de générer du texte (GPT, par exemple) et tentez de produire un texte shakespearien plus convaincant. Il vous faudra pour cela utiliser la méthode `generate()` du modèle : consultez la documentation de Hugging Face pour en savoir plus.

Les solutions de ces exercices sont données à l'annexe A.

9 Autoencodeurs, GAN et modèles de diffusion

Les *autoencodeurs* sont des réseaux de neurones artificiels capables d'apprendre des représentations denses des données d'entrée, appelées *représentations latentes* ou *codages*, sans aucune supervision (autrement dit, le jeu d'entraînement est dépourvu d'étiquettes). Ces codages sont généralement de dimension plus faible que les données d'entrée, d'où l'utilité des autoencodeurs pour la réduction de dimension[247], notamment dans les applications de traitement d'image. Les autoencodeurs sont également des détecteurs de caractéristiques puissants et ils peuvent être utilisés pour le préentraînement non supervisé de réseaux de neurones profonds (comme nous l'avons indiqué au chapitre 3). Enfin, certains autoencodeurs sont des *modèles génératifs* capables de produire aléatoirement de nouvelles données qui ressemblent énormément aux données d'entraînement. Par exemple, en entraînant un tel autoencodeur sur des photos de visages, il sera capable de générer de nouveaux visages.

Les *réseaux antagonistes génératifs* (en anglais, *generative adversial network*, ou GAN) sont aussi des réseaux de neurones capables de générer des données. Ils peuvent générer des photos de visages si convaincantes qu'il est difficile de croire que les personnes représentées sont virtuelles. Vous pouvez en juger par vous-même en allant sur le site *https://thispersondoesnotexist.com*, qui présente des visages produits par une architecture GAN récente nommée StyleGAN (vous pouvez également visiter *https://thisrentaldoesnotexist.com* pour visualiser quelques chambres Airbnb générées). Les GAN sont à présent largement utilisés pour augmenter la résolution d'une image, coloriser (*https://github.com/jantic/DeOldify*), faire des retouches élaborées (par exemple, remplacer les éléments indésirables dans une photo par des arrière-plans

247. Voir le chapitre 8 de l'ouvrage *Machine Learning avec Scikit-Learn*, A. Géron, Dunod (3e édition, 2023).

réalistes), convertir de simples esquisses en images photoréalistes, prédire les trames suivantes dans une vidéo, augmenter un jeu de données (pour entraîner d'autres modèles), générer d'autres types de données (par exemple du texte, de l'audio ou des séries chronologiques), identifier les faiblesses d'autres modèles pour les renforcer, etc.

Les *modèles de diffusion* sont venus compléter plus récemment la grande famille de l'apprentissage génératif. En 2021, ils ont permis de générer des images plus variées et de meilleure qualité que les GAN, tout en étant beaucoup plus faciles à entraîner. Cependant, les modèles de diffusion sont beaucoup plus lents à l'exécution.

Les autoencodeurs, les GAN et les modèles de diffusion sont tous des réseaux non supervisés. Ils apprennent tous des représentations latentes, peuvent tous être utilisés en tant que modèles génératifs et ont beaucoup d'applications similaires. En revanche, ils fonctionnent différemment :

- Les autoencodeurs apprennent simplement à copier leurs entrées vers leurs sorties. Cela peut sembler une tâche triviale mais elle peut se révéler assez difficile lorsqu'on fixe des contraintes au réseau. Par exemple, on peut limiter la taille des représentations latentes ou ajouter du bruit aux entrées et entraîner le réseau pour qu'il rétablisse les entrées d'origine. Ces contraintes évitent que l'autoencodeur se contente de recopier les entrées directement vers les sorties et l'obligent à découvrir des méthodes efficaces de représentation des données. En résumé, les codages sont des sous-produits issus des tentatives de l'autoencodeur d'apprendre la fonction identité sous certaines contraintes.
- Les GAN sont constitués de deux réseaux de neurones : un *générateur* tente de produire des données qui ressemblent aux données d'entraînement, et un *discriminateur* essaie de différencier les données réelles et les données factices. Cette architecture est très originale dans le monde du Deep Learning car, pendant l'entraînement, le générateur et le discriminateur sont mis en concurrence. Le générateur est souvent comparé au faussaire qui tente de produire de faux billets réalistes, tandis que le discriminateur est le policier qui essaie de faire la différence entre les vrais et les faux billets. L'*entraînement antagoniste* (l'entraînement de réseaux de neurones mis en concurrence) est considéré comme l'une des idées les plus importantes des années 2010. En 2016, Yann LeCun a même dit qu'il s'agissait de « l'idée la plus intéressante émise durant les dix dernières années dans le domaine du Machine Learning ».
- Un *modèle probabiliste de diffusion de débruitage* (en anglais, *denoising diffusion probabilistic model*, ou DDPM) est entraîné à supprimer un petit peu de bruit d'une image. Si vous prenez une image entièrement remplie de bruit gaussien et si vous lui appliquez de manière répétée le modèle de diffusion, une image de haute qualité va émerger graduellement, semblable aux images d'entraînement (et néanmoins différente).

Dans ce chapitre, nous commencerons par détailler le fonctionnement des autoencodeurs et leur utilisation pour la réduction de dimension, l'extraction de caractéristiques, le préentraînement non supervisé ou en tant que modèles génératifs. Cela nous conduira naturellement aux GAN. Nous construirons un GAN simple permettant de générer de fausses images, mais nous verrons que son entraînement est souvent assez difficile. Nous expliquerons les principales difficultés de l'entraînement antagoniste, ainsi que quelques techniques majeures pour les contourner. Enfin, nous construirons et entraînerons un DDPM et l'utiliserons pour générer des images. Commençons par les autoencodeurs !

9.1 REPRÉSENTATIONS EFFICACES DES DONNÉES

Parmi les séries de nombres suivantes, laquelle trouvez-vous la plus facile à mémoriser ?

- 40, 27, 25, 36, 81, 57, 10, 73, 19, 68
- 50, 48, 46, 44, 42, 40, 38, 36, 34, 32, 30, 28, 26, 24, 22, 20, 18, 16, 14

Puisque la première série est plus courte, on pourrait penser qu'il est plus facile de s'en souvenir. Cependant, en examinant attentivement la seconde, on remarque qu'il s'agit simplement d'une liste de nombres pairs allant de 50 à 14. Dès lors que ce motif a été identifié, la seconde série devient beaucoup plus facile à mémoriser que la première, car il suffit de se souvenir du motif (c'est-à-dire des nombres pairs par ordre décroissant) et des premier et dernier nombres (c'est-à-dire 50 et 14). Si nous avions la capacité de mémoriser rapidement et facilement de très longues séries, nous n'aurions pas besoin de nous préoccuper de l'existence d'un motif dans la seconde suite et nous pourrions simplement apprendre chaque nombre par cœur. C'est cette difficulté de mémorisation des longues suites qui donne tout son intérêt à la reconnaissance de motifs. Cela permet également de comprendre pourquoi contraindre l'entraînement d'un autoencodeur le pousse à découvrir et à exploiter les motifs présents dans les données.

La relation entre mémoire, perception et correspondance de motifs a été étudiée[248] par William Chase et Herbert Simon dès le début des années 1970. Ils ont observé que les grands joueurs d'échecs étaient capables de mémoriser la position de toutes les pièces en regardant l'échiquier pendant cinq secondes seulement ; un défi que la plupart des gens trouveraient irréalisable. Cependant, ce n'était le cas que si les pièces se trouvaient dans des configurations réalistes (des parties réelles) et non lorsqu'elles étaient placées aléatoirement. Les joueurs d'échecs professionnels n'ont pas une meilleure mémoire que vous et moi, ils reconnaissent simplement des motifs de placement plus facilement en raison de leur expérience de ce jeu. Ils sont ainsi capables de stocker les informations plus efficacement.

À l'instar des joueurs d'échecs dans cette expérience sur la mémoire, un autoencodeur examine les entrées, les convertit en une représentation latente efficace et produit en sortie quelque chose qui (on l'espère) ressemble énormément à l'entrée. Un autoencodeur est toujours constitué de deux parties : un *encodeur* (ou *réseau de reconnaissance*) qui convertit les entrées en une représentation latente, suivi d'un

248. William G. Chase et Herbert A. Simon, « Perception in Chess », *Cognitive Psychology*, 4, n° 1 (1973), 55-81 : *https://homl.info/111*.

décodeur (ou *réseau de génération*) qui convertit la représentation interne en sorties (voir la figure 9.1).

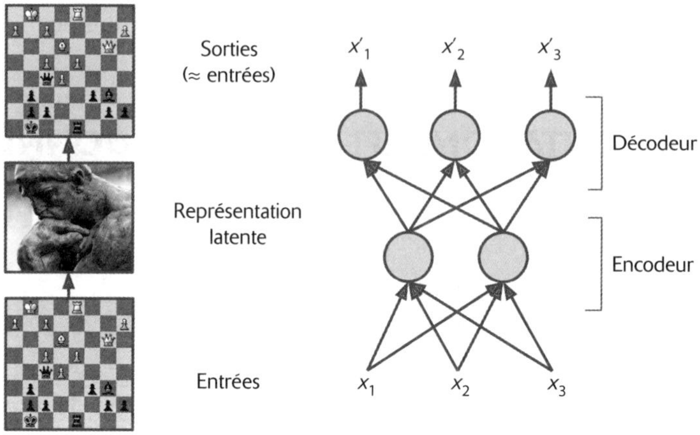

Figure 9.1 – Expérience de mémorisation dans les échecs (à gauche) et autoencodeur simple (à droite)

Un autoencodeur possède généralement la même architecture qu'un perceptron multicouche (voir le chapitre 2), mais le nombre de neurones de la couche de sortie doit être égal au nombre d'entrées. Dans l'exemple illustré, nous avons une seule couche cachée constituée de deux neurones (l'encodeur) et une couche de sortie constituée de trois neurones (le décodeur). Les sorties sont souvent appelées *reconstructions*, car l'autoencodeur tente de reconstruire les entrées. La fonction de coût inclut une *perte de reconstruction* qui pénalise le modèle lorsque les reconstructions diffèrent des entrées.

Puisque la dimension de la représentation interne est inférieure à celle des données d'entrée (deux dimensions à la place de trois), on qualifie l'autoencodeur de *sous-complet*. Un autoencodeur sous-complet ne peut pas copier simplement ses entrées dans les codages, mais il doit pourtant trouver une façon de produire en sortie une copie de ses entrées. Il est obligé d'apprendre les caractéristiques les plus importantes des données d'entrée (et d'ignorer les moins importantes).

Voyons comment implémenter un autoencodeur sous-complet très simple pour la réduction de dimension.

9.2 PCA AVEC UN AUTOENCODEUR LINÉAIRE SOUS-COMPLET

Si l'autoencodeur utilise uniquement des activations linéaires et si la fonction de coût est l'erreur quadratique moyenne (en anglais, *mean squared error*, ou MSE), alors on peut montrer qu'il réalise une *analyse en composantes principales* (en anglais, *principal component analysis*, ou PCA)[249].

Le code suivant construit un autoencodeur linéaire simple pour effectuer une PCA sur un jeu de données à trois dimensions, en le projetant sur deux dimensions :

```
import tensorflow as tf

encoder = tf.keras.Sequential([tf.keras.layers.Dense(2)])
decoder = tf.keras.Sequential([tf.keras.layers.Dense(3)])
autoencoder = tf.keras.Sequential([encoder, decoder])

optimizer = tf.keras.optimizers.SGD(learning_rate=0.5)
autoencoder.compile(loss="mse", optimizer=optimizer)
```

Ce code n'est pas très différent de celui des perceptrons multicouches que nous avons construits dans les chapitres précédents. Quelques remarques cependant :

- Nous avons organisé l'autoencodeur en deux sous-composants : l'encodeur et le décodeur. Tous deux sont des modèles `Sequential` normaux, chacun avec une seule couche `Dense`. L'autoencodeur est un modèle `Sequential` qui contient l'encodeur suivi du décodeur (rappelez-vous qu'un modèle peut être utilisé en tant que couche dans un autre modèle).
- Le nombre de sorties de l'autoencodeur est égal au nombre d'entrées (c'est-à-dire trois).
- Pour effectuer une PCA simple, nous n'utilisons pas de fonction d'activation (autrement dit, tous les neurones sont linéaires) et la fonction de coût est la MSE. Ceci parce que la PCA est linéaire. Nous verrons des autoencodeurs plus complexes et non linéaires ultérieurement.

Entraînons à présent le modèle sur un jeu de données 3D généré simple[250] et utilisons-le pour encoder ce jeu de données (c'est-à-dire en faire une projection 2D) :

```
X_train = [...]  # générons un jeu de données 3D
history = autoencoder.fit(X_train, X_train, epochs=500, verbose=False)
codings = encoder.predict(X_train)
```

Notez que le même jeu de données, `X_train`, est utilisé pour les entrées et pour les cibles. La figure 9.2 montre le jeu de données 3D original (à gauche) et la sortie de la couche cachée de l'autoencodeur (c'est-à-dire la couche de codage, à droite). Vous le constatez, l'autoencodeur a trouvé le meilleur plan à deux dimensions sur lequel projeter les données, tout en conservant autant de variance que possible dans les données (tout comme l'analyse en composantes principales).

249. Voir le chapitre 8 de l'ouvrage *Machine Learning avec Scikit-Learn*, A. Géron, Dunod (3e édition, 2023).

250. Il s'agit du même jeu de données que celui généré au chapitre 8 de l'ouvrage *Machine Learning avec Scikit-Learn*, A. Géron, Dunod (3e édition, 2023).

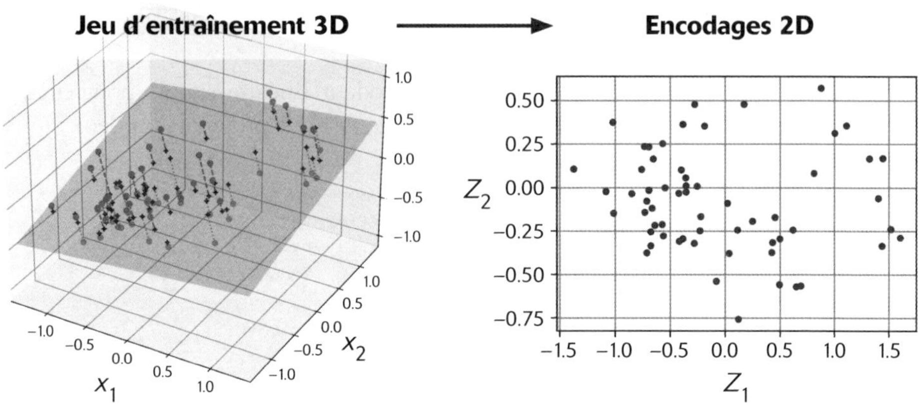

Figure 9.2 – PCA approchée réalisée par un autoencodeur linéaire sous-complet

Vous pouvez considérer que l'autoencodeur réalise une forme d'apprentissage auto-supervisé, du fait qu'il se base sur une technique d'apprentissage supervisé en utilisant des étiquettes générées automatiquement (simplement égales aux entrées dans ce cas).

9.3 AUTOENCODEURS EMPILÉS

À l'instar des autres réseaux de neurones que nous avons présentés, un autoencodeur peut comporter plusieurs couches cachées. Dans ce cas, il s'agit d'un *autoencodeur empilé* (en anglais, *stacked autoencoder*) ou *autoencodeur profond*. En ajoutant des couches, l'autoencodeur devient capable d'apprendre des codages plus complexes. Il faut cependant faire attention à ne pas le rendre trop puissant. Imaginons un autoencodeur si puissant qu'il apprendrait à faire correspondre chaque entrée à un seul nombre arbitraire (et le décodeur apprendrait la correspondance inverse). Dans ce cas, l'autoencodeur reconstruirait parfaitement les données d'entraînement, mais il n'aurait appris aucune représentation utile des données, et il est peu probable que sa généralisation aux nouvelles instances soit bonne.

L'architecture d'un autoencodeur empilé est le plus souvent symétrique par rapport à la couche cachée centrale (la couche de codage). Plus simplement, il ressemble à un sandwich. Par exemple, un autoencodeur pour Fashion MNIST[251] pourrait avoir 784 entrées, une couche cachée de 100 neurones, une couche cachée centrale de 30 neurones, une autre couche cachée de 100 neurones, et une couche de sortie de 784 neurones. Un tel autoencodeur est représenté à la figure 9.3.

251. Voir le chapitre 3 de l'ouvrage *Machine Learning avec Scikit-Learn*, A. Géron, Dunod (3e édition, 2023).

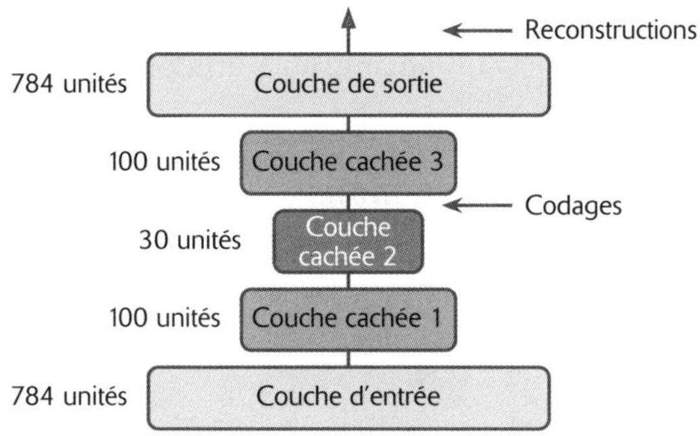

Figure 9.3 – Autoencodeur empilé

9.3.1 Implémenter un autoencodeur empilé avec Keras

L'implémentation d'un autoencodeur empilé est comparable à celle d'un perceptron multicouche classique :

```
stacked_encoder = tf.keras.Sequential([
    tf.keras.layers.Flatten(),
    tf.keras.layers.Dense(100, activation="relu"),
    tf.keras.layers.Dense(30, activation="relu"),
])
stacked_decoder = tf.keras.Sequential([
    tf.keras.layers.Dense(100, activation="relu"),
    tf.keras.layers.Dense(28 * 28),
    tf.keras.layers.Reshape([28, 28])
])
stacked_ae = tf.keras.Sequential([stacked_encoder, stacked_decoder])

stacked_ae.compile(loss="mse", optimizer="nadam")
history = stacked_ae.fit(X_train, X_train, epochs=20,
                         validation_data=(X_valid, X_valid))
```

Examinons ce code :

- Comme précédemment, nous divisons le modèle de l'autoencodeur en deux sous-modèles : l'encodeur et le décodeur.
- L'encodeur reçoit en entrée des images en niveaux de gris de 28×28 pixels, les aplatit afin de représenter chacune sous forme d'un vecteur de taille 784, puis passe les vecteurs obtenus au travers de deux couches `Dense` de taille décroissante (100 puis 30 unités), toutes deux utilisant la fonction d'activation RELU. Pour chaque image d'entrée, l'encodeur produit un vecteur de taille 30.
- Le décodeur prend les codages de taille 30 (générés par l'encodeur) et les passe au travers de deux couches `Dense` de taille croissante (100 puis 784 unités). Il remet les vecteurs finaux sous forme de tableaux 28×28 afin que ses sorties aient la même forme que les entrées de l'encodeur.
- Lors de la compilation de l'encodeur empilé, nous utilisons la perte MSE et l'optimisation Nadam.

- Enfin, nous entraînons le modèle en utilisant `X_train` à la fois pour les entrées et les cibles. De façon similaire, nous utilisons `X_valid` pour les entrées et les cibles de validation.

9.3.2 Visualiser les reconstructions

Pour s'assurer que l'entraînement d'un autoencodeur est correct, une solution consiste à comparer les entrées et les sorties : les différences doivent concerner des détails peu importants. Affichons quelques images du jeu de validation et leur reconstruction :

```
import numpy as np

def plot_reconstructions(model, images=X_valid, n_images=5):
    reconstructions = np.clip(model.predict(images[:n_images]), 0, 1)
    fig = plt.figure(figsize=(n_images * 1.5, 3))
    for image_index in range(n_images):
        plt.subplot(2, n_images, 1 + image_index)
        plt.imshow(images[image_index], cmap="binary")
        plt.axis("off")
        plt.subplot(2, n_images, 1 + n_images + image_index)
        plt.imshow(reconstructions[image_index], cmap="binary")
        plt.axis("off")

plot_reconstructions(stacked_ae)
plt.show()
```

La figure 9.4 montre les images résultantes.

Figure 9.4 – Les images originales (en haut) et leur reconstruction (en bas)

Les reconstructions sont reconnaissables, mais la perte est un peu trop importante. Nous pourrions entraîner le modèle plus longtemps, rendre l'encodeur et le décodeur plus profonds, ou rendre les codages plus grands. Mais si le réseau devient trop puissant, il réalisera des reconstructions parfaites sans découvrir de motifs utiles dans les données. Pour le moment, conservons ce modèle.

9.3.3 Visualiser le jeu de données Fashion MNIST

À présent que nous disposons d'un autoencodeur empilé entraîné, nous pouvons nous en servir pour réduire la dimension du jeu de données. Dans le cadre de la visualisation, les résultats ne sont pas aussi bons que ceux obtenus avec d'autres algorithmes de réduction de dimension[252], mais les autoencodeurs ont le grand avantage de pouvoir traiter des jeux de donnés volumineux, avec de nombreuses instances et caractéristiques. Une stratégie consiste donc à utiliser un autoencodeur pour réduire la dimension jusqu'à un niveau raisonnable, puis à employer un autre algorithme de réduction de dimension pour la visualisation. Mettons en place cette stratégie pour visualiser le jeu de données Fashion MNIST. Nous commençons par utiliser l'encodeur de notre autoencodeur empilé de façon à abaisser la dimension jusqu'à 30, puis nous nous servons de l'implémentation Scikit-Learn de l'algorithme t-SNE pour la réduire jusqu'à 2 en vue d'un affichage :

```
from sklearn.manifold import TSNE

X_valid_compressed = stacked_encoder.predict(X_valid)
tsne = TSNE(init="pca", learning_rate="auto", random_state=42)
X_valid_2D = tsne.fit_transform(X_valid_compressed)
```

Nous pouvons alors représenter graphiquement le résultat :

```
plt.scatter(X_valid_2D[:, 0], X_valid_2D[:, 1], c=y_valid, s=10, cmap="tab10")
plt.show()
```

La figure 9.5 montre le nuage de points obtenu, illustré par quelques images. L'algorithme t-SNE a identifié plusieurs groupes, qui correspondent raisonnablement aux classes (chacune est représentée par une couleur différente[253]).

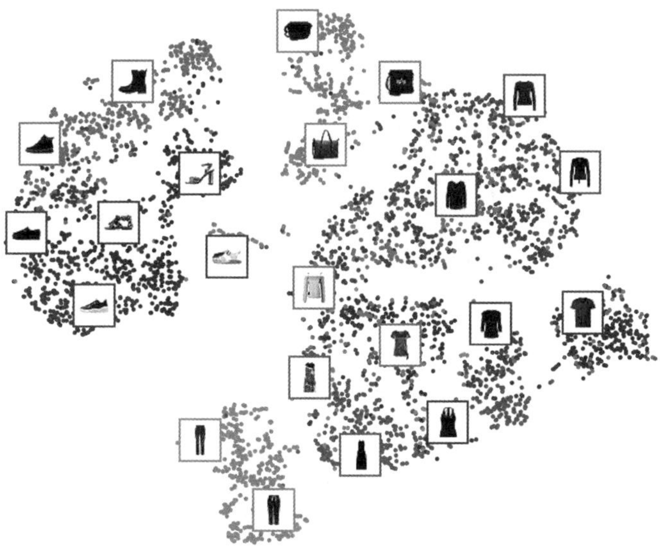

Figure 9.5 – Visualisation de Fashion MNIST à l'aide d'un autoencodeur suivi de l'algorithme t-SNE

252. Comme ceux décrits au chapitre 8 de l'ouvrage *Machine Learning avec Scikit-Learn*, A. Géron, Dunod (3e édition, 2023).

253. Pour la version en couleurs de la figure, voir « 17_autoencoders_gans_and_diffusion_models.ipyn » sur *https://homl.info/colab3*.

Les autoencodeurs peuvent donc être employés pour la réduction de dimension. Parmi leurs autres applications, le préentraînement non supervisé figure en bonne place.

9.3.4 Préentraînement non supervisé avec des autoencodeurs empilés

Comme nous l'avons vu au chapitre 3, si l'on s'attaque à une tâche supervisée complexe sans disposer d'un grand nombre de données d'entraînement étiquetées, une solution consiste à trouver un réseau de neurones qui effectue une tâche comparable et à réutiliser ses couches inférieures. Cela permet d'entraîner un modèle très performant avec peu de données d'entraînement, car votre réseau de neurones n'aura pas à apprendre toutes les caractéristiques de bas niveau. Il réutilisera simplement les détecteurs de caractéristiques appris par le réseau existant.

De manière comparable, si vous disposez d'un vaste jeu de données, mais dont la plupart ne sont pas étiquetées, vous pouvez commencer par entraîner un autoencodeur empilé avec toutes les données, réutiliser les couches inférieures pour créer un réseau de neurones dédié à votre tâche réelle et entraîner celui-ci à l'aide des données étiquetées. Par exemple, la figure 9.6 montre comment exploiter un autoencodeur empilé afin d'effectuer un préentraînement non supervisé pour un réseau de neurones de classification. Pour l'entraînement du classificateur, si vous avez vraiment peu de données d'entraînement étiquetées, vous pouvez figer les couches préentraînées (au moins les plus basses).

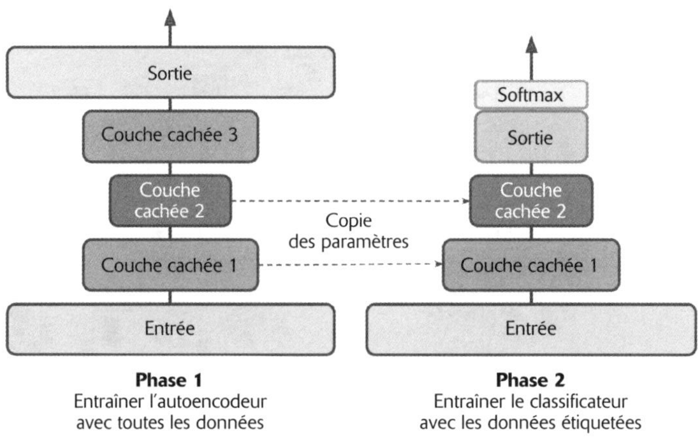

Figure 9.6 – Préentraînement non supervisé avec des autoencodeurs (FC : couche intégralement connectée)

Ce cas est en réalité assez fréquent, car la construction d'un vaste jeu de données non étiquetées est souvent peu coûteuse (par exemple, un simple script est en mesure de télécharger des millions d'images à partir d'Internet), alors que leur étiquetage fiable ne peut être réalisé que par des humains (par exemple, classer des images comme mignonnes ou non). Cette procédure étant longue et coûteuse, il est assez fréquent de n'avoir que quelques centaines d'instances étiquetées.

L'implémentation n'a rien de particulier. Il suffit d'entraîner un autoencodeur avec toutes les données d'entraînement (étiquetées et non étiquetées), puis de réutiliser les couches de l'encodeur pour créer un nouveau réseau de neurones (voir les exercices à la fin de ce chapitre).

Examinons à présent quelques techniques d'entraînement des autoencodeurs empilés.

9.3.5 Lier des poids

Lorsqu'un autoencodeur est parfaitement symétrique, comme celui que nous venons de construire, une technique répandue consiste à *lier* les poids des couches du décodeur aux poids des couches de l'encodeur. Cela permet de diviser par deux le nombre de poids dans le modèle, accélérant ainsi l'entraînement et limitant les risques de surajustement. Plus précisément, si l'autoencodeur comporte N couches (sans compter la couche d'entrée) et si $\mathbf{W}_L$ représente les poids des connexions de la $L^{\text{ième}}$ couche (par exemple, la couche 1 est la première couche cachée, la couche $N/2$ est la couche de codage, et la couche N est la couche de sortie), alors les poids de la couche du décodeur peuvent être simplement définis par $\mathbf{W}_L = \mathbf{W}_{N-L+1}{}^T$ (avec $L = N/2+1, \ldots, N$).

Pour lier des poids entre des couches à l'aide de Keras, nous définissons une couche personnalisée :

```
class DenseTranspose(tf.keras.layers.Layer):
    def __init__(self, dense, activation=None, **kwargs):
        super().__init__(**kwargs)
        self.dense = dense
        self.activation = tf.keras.activations.get(activation)

    def build(self, batch_input_shape):
        self.biases = self.add_weight(name="bias",
                                      shape=self.dense.input_shape[-1],
                                      initializer="zeros")
        super().build(batch_input_shape)

    def call(self, inputs):
        Z = tf.matmul(inputs, self.dense.weights[0], transpose_b=True)
        return self.activation(Z + self.biases)
```

Cette couche personnalisée opère à la manière d'une couche `Dense` normale, mais elle utilise les poids d'une autre couche `Dense`, transposés (spécifier `transpose_b=True` équivaut à transposer le second argument, mais l'approche choisie est plus efficace car la transposition est effectuée à la volée dans l'opération `matmul()`). Cependant, elle utilise son propre vecteur de termes constants. Nous pouvons maintenant construire un nouvel autoencodeur empilé, semblable au précédent, mais dont les couches `Dense` du décodeur sont liées aux couches `Dense` de l'encodeur :

```
dense_1 = tf.keras.layers.Dense(100, activation="relu")
dense_2 = tf.keras.layers.Dense(30, activation="relu")

tied_encoder = tf.keras.Sequential([
    tf.keras.layers.Flatten(),
```

```
    dense_1,
    dense_2
])

tied_decoder = tf.keras.Sequential([
    DenseTranspose(dense_2, activation="relu"),
    DenseTranspose(dense_1),
    tf.keras.layers.Reshape([28, 28])
])

tied_ae = tf.keras.Sequential([tied_encoder, tied_decoder])
```

Ce modèle permet d'obtenir à peu près la même erreur de reconstruction que le modèle précédent, avec un nombre de paramètres presque divisé par deux.

9.3.6 Entraîner un autoencodeur à la fois

Au lieu d'entraîner l'intégralité de l'autoencodeur empilé en un seul coup, comme nous venons de le faire, il est possible d'entraîner un autoencodeur peu profond à la fois, puis de les empiler tous de façon à obtenir un seul autoencodeur empilé (d'où le nom) ; voir la figure 9.7. Cette technique est peu employée aujourd'hui, mais vous risquez de la rencontrer dans des articles qui parlent d'« entraînement glouton par couche » (*greedy layer-wise training*). Il est donc intéressant de savoir ce que cela signifie.

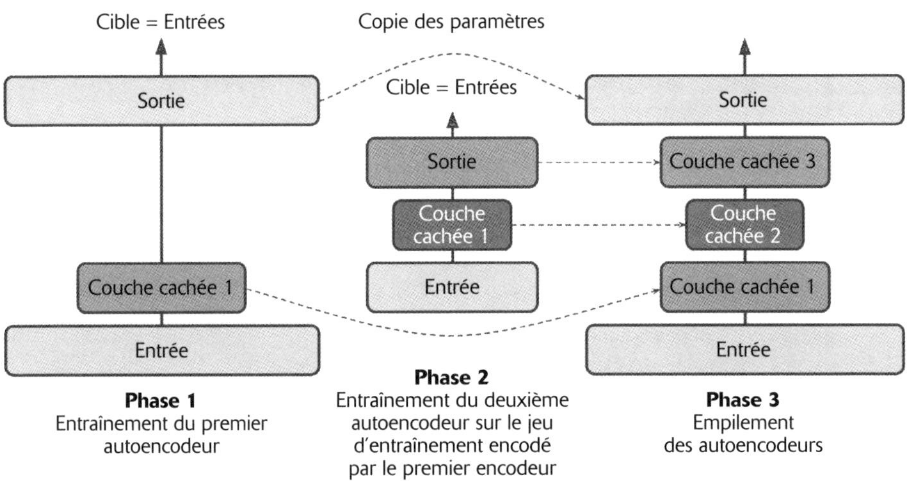

Figure 9.7 – Entraînement d'un autoencodeur à la fois

Au cours de la phase 1 de l'entraînement, le premier autoencodeur apprend à reconstruire les entrées. Puis nous encodons l'intégralité du jeu d'entraînement en utilisant ce premier autoencodeur, ce qui nous donne un nouveau jeu d'entraînement (compressé). Ensuite, au cours de la phase 2, nous entraînons un deuxième autoencodeur sur ce nouveau jeu de données. Pour finir, nous construisons un gros sandwich avec tous ces autoencodeurs (voir la figure 9.7), en commençant par empiler les couches cachées de chaque autoencodeur, puis les couches de sortie en ordre inverse. Nous obtenons alors l'autoencodeur empilé final (une implémentation en est donnée dans la section « Training One Autoencoder at a Time » du notebook de ce chapitre[254]). En procédant ainsi, nous pouvons facilement entraîner un plus grand nombre d'autoencodeurs, pour arriver à un autoencodeur empilé très profond.

Comme je l'ai expliqué précédemment, l'un des éléments déclencheurs du grand tsunami du Deep Learning a été la découverte par Geoffrey Hinton *et al.* en 2006 du fait que les réseaux de neurones profonds peuvent être préentraînés de façon non supervisée, en utilisant cette approche gloutonne par couche. Ils ont utilisé pour cela des machines de Boltzmann restreintes (RBM ; voir l'annexe C) mais, en 2007, Yoshua Bengio *et al.* ont montré[255] que les autoencodeurs fonctionnaient tout aussi bien. Pendant plusieurs années, il s'agissait de la seule manière efficace d'entraîner des réseaux profonds, jusqu'à ce que nombre des techniques décrites au chapitre 3 rendent possible l'entraînement d'un réseau profond en une fois.

Les autoencodeurs ne sont pas limités aux réseaux denses. Vous pouvez également construire des autoencodeurs convolutifs. Voyons cela.

9.4 AUTOENCODEURS CONVOLUTIFS

Si vous manipulez des images, les autoencodeurs décrits jusqu'à présent ne fonctionneront pas très bien (sauf si les images sont très petites). Comme nous l'avons vu au chapitre 6, les réseaux de neurones convolutifs conviennent mieux au traitement des images que les réseaux denses. Si vous souhaitez construire un autoencodeur pour des images (par exemple, pour un préentraînement non supervisé ou une réduction de dimension), vous devez construire un autoencodeur convolutif[256]. L'encodeur est un CNN normal constitué de couches de convolution et de couches de pooling. Il réduit la dimension spatiale des entrées (c'est-à-dire la hauteur et la largeur), tout en augmentant la profondeur (c'est-à-dire le nombre de cartes de caractéristiques). Le décodeur doit réaliser l'inverse (ramener la taille de l'image et la profondeur aux dimensions d'origine) et, pour cela, vous pouvez employer des couches de convolution transposées (vous pouvez également combiner des couches de suréchantillonnage à des couches de convolution).

Voici un autoencodeur convolutif élémentaire pour Fashion MNIST :

```
conv_encoder = tf.keras.Sequential([
    tf.keras.layers.Reshape([28, 28, 1]),
    tf.keras.layers.Conv2D(16, 3, padding="same", activation="relu"),
    tf.keras.layers.MaxPool2D(pool_size=2),  # sortie : 14 × 14 × 16
    tf.keras.layers.Conv2D(32, 3, padding="same", activation="relu"),
    tf.keras.layers.MaxPool2D(pool_size=2),  # sortie : 7 × 7 × 32
    tf.keras.layers.Conv2D(64, 3, padding="same", activation="relu"),
```

254. Voir « 17_autoencoders_gans_and_diffusion_models.ipynb » sur *https://homl.info/colab3*.

255. Yoshua Bengio *et al.*, « Greedy Layer-Wise Training of Deep Networks », *Proceedings of the 19th International Conference on Neural Information Processing Systems (2006), 153-160 : https://homl.info/112.*

256. Jonathan Masci *et al.*, « Stacked Convolutional Auto-Encoders for Hierarchical Feature Extraction », *Proceedings of the 21st International Conference on Artificial Neural Networks*, 1 (2011), 52-59: *https://homl.info/convae.*

```
    tf.keras.layers.MaxPool2D(pool_size=2),  # sortie : 3 × 3 × 64
    tf.keras.layers.Conv2D(30, 3, padding="same", activation="relu"),
    tf.keras.layers.GlobalAvgPool2D()  # sortie : 30
])
conv_decoder = tf.keras.Sequential([
    tf.keras.layers.Dense(3 * 3 * 16),
    tf.keras.layers.Reshape((3, 3, 16)),
    tf.keras.layers.Conv2DTranspose(32, 3, strides=2, activation="relu"),
    tf.keras.layers.Conv2DTranspose(16, 3, strides=2, padding="same",
                                    activation="relu"),
    tf.keras.layers.Conv2DTranspose(1, 3, strides=2, padding="same"),
    tf.keras.layers.Reshape([28, 28])
])
conv_ae = tf.keras.Sequential([conv_encoder, conv_decoder])
```

Il est aussi possible de créer des autoencodeurs ayant d'autres types d'architectures, comme des RNN (voir un exemple dans le notebook de ce chapitre[257]).

Prenons un peu de recul. Nous avons vu différentes sortes d'autoencodeurs (de base, empilés et convolutifs) et comment les entraîner (en une fois ou couche par couche). Nous avons également examiné deux applications : la visualisation de données et le préentraînement non supervisé.

Jusqu'à présent, pour forcer l'autoencodeur à apprendre des caractéristiques intéressantes, nous avons limité la taille de la couche de codage, le rendant sous-complet. Mais il est possible d'utiliser de nombreuses autres sortes de contraintes, y compris autoriser la couche de codage à être aussi vaste que les entrées, voire plus vaste, donnant un *autoencodeur sur-complet*. Dans les sections qui suivent, nous examinerons quelques autres sortes d'autoencodeurs : les autoencodeurs débruiteurs, les autoencodeurs creux et les autoencodeurs variationnels.

9.5 AUTOENCODEURS DÉBRUITEURS

Pour obliger l'autoencodeur à apprendre des caractéristiques utiles, une autre approche consiste à ajouter du bruit sur ses entrées et à l'entraîner pour qu'il retrouve les entrées d'origine, sans le bruit. Cette idée date des années 1980 ; elle est mentionnée en particulier dans la thèse de doctorat de Yann LeCun en 1987. Dans un article[258] publié en 2008, Pascal Vincent *et al.* ont montré que les autoencodeurs peuvent également servir à extraire des caractéristiques. Et, dans un article[259] de 2010, Vincent *et al.* ont présenté les *autoencodeurs débruiteurs empilés*.

257. Voir « 17_autoencoders_gans_and_diffusion_models.ipynb » sur *https://homl.info/colab3*.

258. Pascal Vincent *et al.*, « Extracting and Composing Robust Features with Denoising Autoencoders », *Proceedings of the 25th International Conference on Machine Learning* (2008), 1096-1103 : *https://homl.info/113*.

259. Pascal Vincent *et al.*, « Stacked Denoising Autoencoders: Learning Useful Representations in a Deep Network with a Local Denoising Criterion », *Journal of Machine Learning Research*, 11 (2010), 3371-3408 : *https://homl.info/114*.

Le bruit peut être un bruit purement gaussien ajouté aux entrées ou un blocage aléatoire des entrées, comme dans la technique d'abandon (ou *dropout*, voir chapitre 3). La figure 9.8 illustre ces deux possibilités.

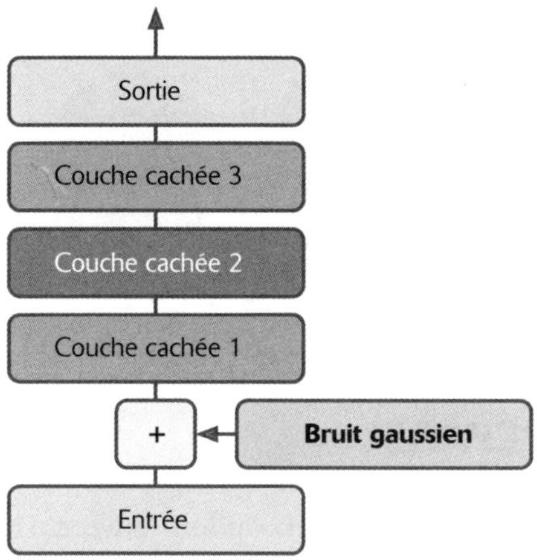

Figure 9.8 – Autoencodeur débruiteur, avec ajout d'un bruit gaussien (à gauche) ou abandon (à droite)

L'implémentation en est simple. Il s'agit d'un autoencodeur empilé normal auquel on ajoute derrière la couche d'entrée de l'encodeur soit une couche `GaussianNoise`, soit une couche `Dropout` d'abandon. Rappelons que cette nouvelle couche n'est active que pendant l'entraînement :

```
dropout_encoder = tf.keras.Sequential([
    tf.keras.layers.Flatten(),
    tf.keras.layers.Dropout(0.5),
    tf.keras.layers.Dense(100, activation="relu"),
    tf.keras.layers.Dense(30, activation="relu")
])
dropout_decoder = tf.keras.Sequential([
    tf.keras.layers.Dense(100, activation="relu"),
    tf.keras.layers.Dense(28 * 28),
    tf.keras.layers.Reshape([28, 28])
])
dropout_ae = tf.keras.Sequential([dropout_encoder, dropout_decoder])
```

La figure 9.9 montre quelques images avec du bruit (la moitié des pixels ont été désactivés) et les images reconstruites par l'autoencodeur débruiteur avec abandon. Vous remarquerez que l'autoencodeur a deviné des détails qui ne font pas partie de l'entrée, comme le col de la chemise blanche (ligne du bas, quatrième image). Ainsi que vous pouvez le voir, les autoencodeurs débruiteurs peuvent non seulement être utilisés pour la visualisation de données et le préentraînement non supervisé, comme les autres autoencodeurs décrits jusqu'à présent, mais ils peuvent également être exploités assez simplement et efficacement pour retirer du bruit dans des images.

Figure 9.9 – Des images comportant du bruit (en haut) et leur reconstruction (en bas)

9.6 AUTOENCODEURS ÉPARS

La *dispersion* est un autre type de contrainte qui conduit souvent à une bonne extraction de caractéristiques. En ajoutant un terme approprié à la fonction de coût, l'autoencodeur est poussé à réduire le nombre de neurones actifs dans la couche de codage. C'est ce qu'on appelle un *autoencodeur épars*, ou *autoencodeur parcimonieux* (en anglais, *sparse autoencoder*). Par exemple, il peut être incité à n'avoir en moyenne que 5 % de neurones hautement actifs. Il est ainsi obligé de représenter chaque entrée comme une combinaison d'un petit nombre d'activations. En conséquence, chaque neurone de la couche de codage finit généralement par représenter une caractéristique utile (si l'on ne pouvait prononcer que quelques mots chaque mois, on ne choisirait que ceux qui valent vraiment la peine d'être entendus).

Une approche simple consiste à utiliser la fonction d'activation sigmoïde dans la couche de codage (pour contraindre les codages à des valeurs comprises entre 0 et1), à utiliser une grande couche de codage (par exemple, avec 300 unités) et à ajouter une régularisation ℓ_1 aux activations de la couche de codage (le décodeur n'est qu'un décodeur ordinaire) :

```
sparse_l1_encoder = tf.keras.Sequential([
    tf.keras.layers.Flatten(),
    tf.keras.layers.Dense(100, activation="relu"),
    tf.keras.layers.Dense(300, activation="sigmoid"),
    tf.keras.layers.ActivityRegularization(l1=1e-4)
])
sparse_l1_decoder = tf.keras.Sequential([
    tf.keras.layers.Dense(100, activation="relu"),
    tf.keras.layers.Dense(28 * 28),
    tf.keras.layers.Reshape([28, 28])
])
sparse_l1_ae = tf.keras.Sequential([sparse_l1_encoder, sparse_l1_decoder])
```

Cette couche `ActivityRegularization` se contente de retourner ses entrées, mais elle ajoute une perte d'entraînement égale à la somme des valeurs absolues de ses entrées, ceci uniquement pendant l'entraînement. De manière équivalente, vous pouvez retirer la couche `ActivityRegularization` et donner à `activity_regularizer` la valeur `keras.regularizers.l1(1e-4)` dans la couche précédente. Cette pénalité encouragera le réseau de neurones à produire des codages proches de 0, mais, puisqu'il sera également pénalisé s'il ne parvient pas à reconstruire correctement les entrées, il devra sortir au moins quelques valeurs différentes de zéro. En utilisant la norme ℓ_1 plutôt que la norme ℓ_2, nous incitons le réseau de neurones à préserver les codages les plus importants tout en éliminant ceux qui ne sont pas indispensables pour l'image d'entrée (plutôt que de réduire simplement tous les codages).

Une autre approche, qui conduit souvent à de meilleurs résultats, consiste à mesurer la dispersion effective de la couche de codage lors de chaque itération d'entraînement et à pénaliser le modèle lorsque la dispersion mesurée diffère d'une dispersion cible. Pour cela, on calcule l'activation moyenne de chaque neurone de la couche de codage, sur l'intégralité du lot d'entraînement. La taille du lot ne doit pas être trop faible pour que la moyenne puisse être suffisamment précise.

Après avoir obtenu l'activation moyenne par neurone, on pénalise ceux qui sont trop actifs, ou pas assez, en ajoutant à la fonction de coût une *perte de dispersion* (*sparsity loss*). Par exemple, si l'on détermine que l'activation moyenne d'un neurone est de 0,3 alors que la dispersion cible est de 0,1, il faut le pénaliser pour réduire son degré d'activité. On pourrait ajouter simplement l'erreur quadratique $(0{,}3 - 0{,}1)^2$ à la fonction de coût, mais, en pratique, une meilleure approche consiste à utiliser la divergence de Kullback-Leibler (ou divergence de KL, décrite brièvement au chapitre 1). En effet, elle a des gradients beaucoup plus forts que l'erreur quadratique moyenne, comme le montre la figure 9.10.

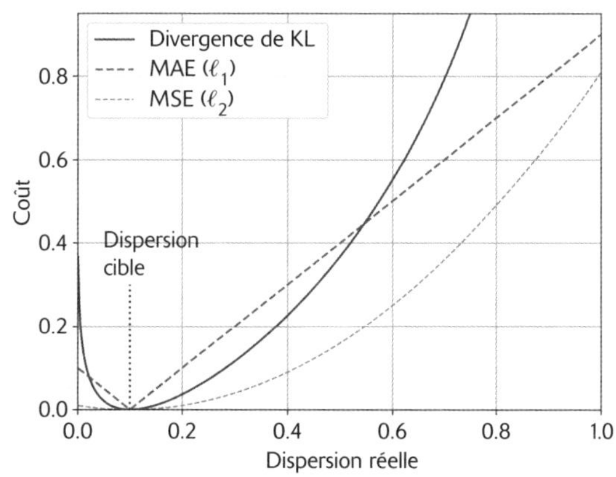

Figure 9.10 – Perte de dispersion

Étant donné deux distributions de probabilité discrètes P et Q, la divergence de KL entre ces distributions, notée $D_{KL}(P \mid\mid Q)$, peut être calculée à l'aide de l'équation 9.1.

Équation 9.1 – Divergence de KL

$$D_{KL}(P \parallel Q) = \sum_i P(i) \log \frac{P(i)}{Q(i)}$$

Dans notre cas, nous voulons mesurer la divergence entre la probabilité cible p qu'un neurone de la couche de codage s'activera et la probabilité réelle q, estimée en mesurant l'activation moyenne sur le lot d'entraînement. Nous pouvons donc simplifier la divergence de KL et obtenir l'équation 9.2.

Équation 9.2 – Divergence de KL entre la dispersion cible p et la dispersion réelle q

$$D_{KL}(p \parallel q) = p \log \frac{p}{q} + (1 - p) \log \frac{1 - p}{1 - q}$$

Après avoir calculé la perte de dispersion pour chaque neurone de la couche de codage, il suffit d'additionner ces pertes et d'ajouter le résultat à la fonction de coût. Pour contrôler l'importance relative de la perte de dispersion et de la perte de reconstruction, on multiplie la première par un hyperparamètre de poids de dispersion. Si ce poids est trop élevé, le modèle restera proche de la dispersion cible, mais il risquera de ne pas reconstruire correctement les entrées et donc d'être inutile. À l'inverse, s'il est trop faible, le modèle ignorera en grande partie l'objectif de dispersion et n'apprendra aucune caractéristique intéressante.

Nous disposons à présent des éléments nécessaires à l'implémentation d'un autoencodeur épars fondé sur la divergence de KL. Commençons par créer un régularisateur personnalisé de façon à appliquer une régularisation par divergence de KL :

```
kl_divergence = tf.keras.losses.kullback_leibler_divergence

class KLDivergenceRegularizer(tf.keras.regularizers.Regularizer):
    def __init__(self, weight, target):
        self.weight = weight
        self.target = target

    def __call__(self, inputs):
        mean_activities = tf.reduce_mean(inputs, axis=0)
        return self.weight * (
            kl_divergence(self.target, mean_activities) +
            kl_divergence(1. - self.target, 1. - mean_activities))
```

Nous pouvons maintenant construire l'autoencodeur épars, en utilisant `KLDivergenceRegularizer` pour les activations de la couche de codage :

```
kld_reg = KLDivergenceRegularizer(weight=5e-3, target=0.1)
sparse_kl_encoder = tf.keras.Sequential([
    tf.keras.layers.Flatten(),
    tf.keras.layers.Dense(100, activation="relu"),
    tf.keras.layers.Dense(300, activation="sigmoid",
                          activity_regularizer=kld_reg)
])
sparse_kl_decoder = tf.keras.Sequential([
    tf.keras.layers.Dense(100, activation="relu"),
    tf.keras.layers.Dense(28 * 28),
    tf.keras.layers.Reshape([28, 28])
])
sparse_kl_ae = tf.keras.Sequential([sparse_kl_encoder, sparse_kl_decoder])
```

Au terme de l'entraînement de cet autoencodeur épars sur Fashion MNIST, la couche de codage a une dispersion d'environ 10 %.

9.7 AUTOENCODEURS VARIATIONNELS

Une autre catégorie importante d'autoencodeurs a été présentée en 2013 par Diederik Kingma et Max Welling et est rapidement devenue l'une des variantes les plus en vogue : les *autoencodeurs variationnels*[260] (*variational autoencoders*, ou VAE)

Ils sont relativement différents de tous les autres autoencodeurs décrits jusqu'à présent, notamment sur les points suivants :

- Il s'agit d'*autoencodeurs probabilistes*, ce qui signifie que leurs sorties sont partiellement déterminées par le hasard, même après l'entraînement (contrairement aux autoencodeurs débruiteurs, qui n'utilisent le hasard que pendant l'entraînement).
- Plus important encore, il s'agit d'*autoencodeurs génératifs*, c'est-à-dire capables de générer de nouvelles instances qui semblent provenir du jeu d'entraînement.

Ces deux propriétés les rendent comparables aux machines de Bolzmann restreintes (ou RBM), mais ils sont plus faciles à entraîner et le processus d'échantillonnage est plus rapide (avec les RBM, il faut attendre que le réseau se stabilise dans un « équilibre thermique » avant de pouvoir échantillonner une nouvelle instance). Comme leur nom le suggère, les autoencodeurs variationnels effectuent une inférence bayésienne variationnelle[261], une manière efficace de réaliser une inférence bayésienne approchée. Effectuer une inférence bayésienne consiste à mettre à jour une distribution de probabilité sur la base de nouvelles données, en utilisant des formules mathématiques dérivées du théorème de Bayes. La distribution d'origine est appelée *distribution a priori* (en anglais, *prior*), tandis que la distribution mise à jour est appelée *distribution a posteriori* (en anglais, *posterior*). Dans le cas présent, nous voulons trouver une bonne approximation de la distribution de données. Après quoi, nous pourrons échantillonner à partir de celle-ci.

Étudions le fonctionnement des VAE. La figure 9.11 présente en partie gauche un autoencodeur variationnel. On peut reconnaître la structure de base de tous les autoencodeurs, avec un encodeur suivi d'un décodeur (dans cet exemple, ils ont chacun deux couches cachées), mais on constate également un petit changement. Au lieu de produire directement un codage pour une entrée donnée, l'encodeur produit un *codage moyen* $\boldsymbol{\mu}$ et un écart-type $\boldsymbol{\sigma}$. Le codage réel est ensuite échantillonné aléatoirement à partir d'une distribution gaussienne de moyenne $\boldsymbol{\mu}$ et d'écart-type $\boldsymbol{\sigma}$. Ensuite, le décodeur décode comme d'habitude le codage échantillonné. La partie droite de la figure montre une instance d'entraînement qui passe par cet autoencodeur. Tout d'abord, l'encodeur produit $\boldsymbol{\mu}$ et $\boldsymbol{\sigma}$, puis un codage est généré aléatoirement (remarquons qu'il ne se trouve pas exactement à $\boldsymbol{\mu}$). Enfin, ce codage est décodé et la sortie finale ressemble à l'instance d'entraînement.

260. Diederik Kingma et Max Welling, « Auto-Encoding Variational Bayes » (2013) : *https://homl.info/115*.
261. Voir le chapitre 9 de l'ouvrage *Machine Learning avec Scikit-Learn*, A. Géron, Dunod (3e édition, 2023).

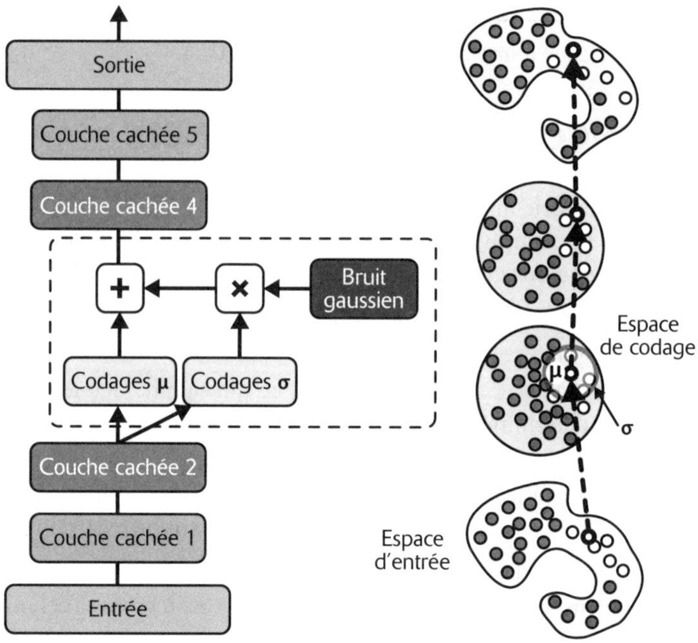

Figure 9.11 – Autoencodeur variationnel (à gauche) traitant une instance (à droite)

Vous le voyez sur la figure, même si les entrées peuvent avoir une distribution très complexe, un autoencodeur variationnel a tendance à produire des codages qui semblent avoir été échantillonnés à partir d'une simple distribution gaussienne[262] : au cours de l'entraînement, la fonction de coût (voir ci-après) pousse les codages à migrer progressivement vers l'espace de codage (également appelé espace *latent*) pour occuper une région semblable à un nuage de points gaussien. En conséquence, après l'entraînement d'un autoencodeur variationnel, vous pouvez très facilement générer une nouvelle instance : il suffit de choisir au hasard un codage dans la distribution gaussienne et de le décoder.

Passons à présent à la fonction de coût, qui comprend deux parties. La première est la perte de reconstruction habituelle, qui pousse l'autoencodeur à reproduire ses entrées (on peut choisir la MSE pour cela, comme précédemment). La seconde est la *perte latente*, qui pousse l'autoencodeur à produire des codages semblant avoir été échantillonnés à partir d'une simple distribution normale, pour laquelle on utilisera la divergence de KL entre la distribution cible (la loi normale) et la distribution réelle des codages. Le calcul est légèrement plus complexe qu'avec les autoencodeurs épars, notamment en raison du bruit gaussien, qui limite la quantité d'informations pouvant être transmises à la couche de codage : ceci incite l'autoencodeur à

262. Les autoencodeurs variationnels sont en réalité plus généraux ; les codages ne se limitent pas aux distributions gaussiennes.

apprendre des caractéristiques utiles. Heureusement, les équations se simplifient et la perte latente peut être calculée assez simplement avec l'équation 9.3[263] :

Équation 9.3 – Perte latente d'un autoencodeur variationnel

$$\mathcal{L} = -\frac{1}{2}\sum_{i=1}^{n}\left[1 + \log\left(\sigma_i^2\right) - \sigma_i^2 - \mu_i^2\right]$$

Dans cette équation, $\mathcal{L}$ correspond à la perte latente, n est la dimension des codages, et μ_i et σ_i sont la moyenne et l'écart-type de la $i^{\text{ème}}$ composante des codages. Les vecteurs $\boldsymbol{\mu}$ et $\boldsymbol{\sigma}$ (qui contiennent tous les μ_i et σ_i) sont produits par l'encodeur, comme le montre la figure 9.11 (partie gauche).

Une variante répandue de l'architecture de l'autoencodeur variationnel consiste à entraîner l'encodeur pour produire $\boldsymbol{\gamma} = \log(\boldsymbol{\sigma}^2)$ à la place de $\boldsymbol{\sigma}$. La perte latente peut alors être calculée conformément à l'équation 9.4. Cette approche est numériquement plus stable et accélère l'entraînement.

Équation 9.4 – Perte latente d'un autoencodeur variationnel, réécrite en utilisant $\gamma = \log(\sigma^2)$

$$\mathcal{L} = -\frac{1}{2}\sum_{i=1}^{n}\left[1 + \gamma_i - \exp(\gamma_i) - \mu_i^2\right]$$

Commençons à construire un autoencodeur variationnel pour Fashion MNIST (comme représenté à la figure 9.11, mais en utilisant la variante $\boldsymbol{\gamma}$). Tout d'abord, nous créons une couche personnalisée pour échantillonner les codages à partir de $\boldsymbol{\mu}$ et $\boldsymbol{\gamma}$:

```
class Sampling(tf.keras.layers.Layer):
    def call(self, inputs):
        mean, log_var = inputs
        return tf.random.normal(tf.shape(log_var)) * tf.exp(log_var / 2) + mean
```

Cette couche `Sampling` reçoit deux entrées : `mean` ($\boldsymbol{\mu}$) et `log_var` ($\boldsymbol{\gamma}$). Elle utilise la fonction `tf.random.normal()` pour échantillonner un vecteur aléatoire (de la même forme que $\boldsymbol{\gamma}$) à partir de la distribution normale de moyenne 0 et d'écart-type 1. Elle multiplie ensuite ce vecteur par $\exp(\boldsymbol{\gamma}/2)$ (qui est égal à $\boldsymbol{\sigma}$, comme vous pouvez le vérifier), puis ajoute $\boldsymbol{\mu}$ et renvoie le résultat. La couche échantillonne donc un vecteur de codages à partir d'une distribution normale (c.-à-d. gaussienne) de moyenne $\boldsymbol{\mu}$ et d'écart-type $\boldsymbol{\sigma}$.

Nous pouvons à présent créer l'encodeur, en utilisant l'API fonctionnelle, car le modèle n'est pas intégralement séquentiel :

```
codings_size = 10

inputs = tf.keras.layers.Input(shape=[28, 28])
Z = tf.keras.layers.Flatten()(inputs)
Z = tf.keras.layers.Dense(150, activation="relu")(Z)
```

263. Tous les détails mathématiques se trouvent dans l'article d'origine sur les autoencodeurs variationnels et dans le superbe tutoriel écrit en 2016 par Carl Doersch (*https://homl.info/116*).

```
Z = tf.keras.layers.Dense(100, activation="relu")(Z)
codings_mean = tf.keras.layers.Dense(codings_size)(Z)  # μ
codings_log_var = tf.keras.layers.Dense(codings_size)(Z)  # γ
codings = Sampling()([codings_mean, codings_log_var])
variational_encoder = tf.keras.Model(
    inputs=[inputs], outputs=[codings_mean, codings_log_var, codings])
```

Notez que les couches `Dense` qui produisent `codings_mean` (**μ**) et `codings_log_var` (**γ**) ont les mêmes entrées (c'est-à-dire les sorties de la deuxième couche `Dense`). Nous pouvons ensuite passer `codings_mean` et `codings_log_var` à la couche `Sampling`. Enfin, le modèle `variational_encoder` possède trois sorties. Seules `codings` est recquise, mais nous ajoutons `codings_mean` et `codings_log_var` pour le cas où nous aurions besoin d'inspecter leurs valeurs. Construisons à présent le décodeur :

```
decoder_inputs = tf.keras.layers.Input(shape=[codings_size])
x = tf.keras.layers.Dense(100, activation="relu")(decoder_inputs)
x = tf.keras.layers.Dense(150, activation="relu")(x)
x = tf.keras.layers.Dense(28 * 28)(x)
outputs = tf.keras.layers.Reshape([28, 28])(x)
variational_decoder = tf.keras.Model(inputs=[decoder_inputs],
                                     outputs=[outputs])
```

Dans ce cas, nous aurions pu utiliser l'API séquentielle à la place de l'API fonctionnelle, car le décodeur n'est qu'une simple pile de couches, pratiquement identique à bon nombre d'autres décodeurs construits jusqu'à présent. Nous terminons par la mise en place du modèle d'autoencodeur variationnel :

```
_, _, codings = variational_encoder(inputs)
reconstructions = variational_decoder(codings)
variational_ae = tf.keras.Model(inputs=[inputs], outputs=[reconstructions])
```

Nous ignorons les deux premières sorties de l'encodeur (nous souhaitons simplement fournir les codages au décodeur). Enfin, nous devons ajouter la perte latente et la perte de reconstruction :

```
latent_loss = -0.5 * tf.reduce_sum(
    1 + codings_log_var - tf.exp(codings_log_var) - tf.square(codings_mean),
    axis=-1)
variational_ae.add_loss(tf.reduce_mean(latent_loss) / 784.)
```

Nous commençons par appliquer l'équation 9.4 de façon à calculer la perte latente pour chaque instance du lot (l'addition se fait sur le dernier axe). Puis nous calculons la perte moyenne sur toutes les instances du lot et divisons le résultat par 784 afin de lui donner l'échelle appropriée par rapport à la perte de reconstruction. La perte de reconstruction de l'autoencodeur variationnel est supposée correspondre à la somme des erreurs de reconstruction des pixels. Mais, lorsque Keras calcule la perte `"mse"`, il calcule la moyenne non pas sur la somme mais sur l'ensemble des 784 pixels. La perte de reconstruction est donc 784 fois plus petite que celle dont nous avons besoin. Nous pourrions définir une perte personnalisée pour calculer la somme plutôt que la moyenne, mais il est plus simple de diviser la perte latente par 784 (la perte finale sera 784 fois plus petite qu'elle ne le devrait, mais cela signifie simplement que nous devons utiliser un taux d'apprentissage plus important).

Pour finir, nous pouvons entraîner l'autoencodeur !

```
variational_ae.compile(loss="mse", optimizer="nadam")
history = variational_ae.fit(X_train, X_train, epochs=25, batch_size=128,
                             validation_data=(X_valid, X_valid))
```

9.8 GÉNÉRER DES IMAGES FASHION MNIST

Utilisons cet autoencodeur variationnel pour générer des images qui ressemblent à des articles de mode. Il suffit de choisir aléatoirement des codages à partir d'une distribution gaussienne et de les décoder.

```
codings = tf.random.normal(shape=[3 * 7, codings_size])
images = variational_decoder(codings).numpy()
```

La figure 9.12 montre les 12 images obtenues.

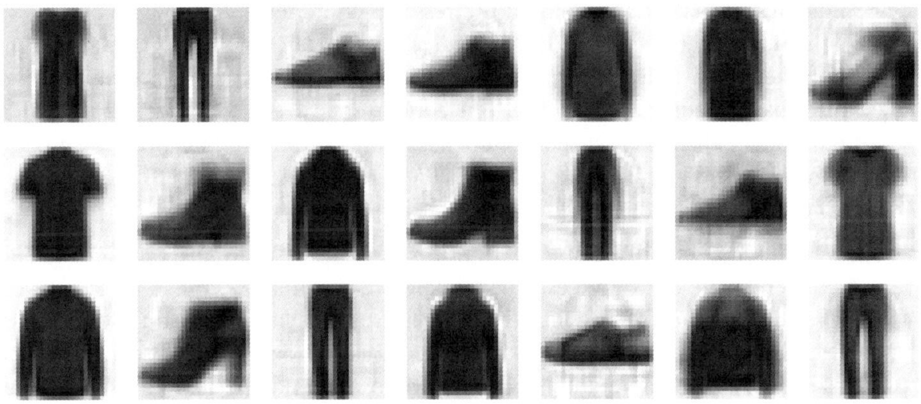

Figure 9.12 – Images Fashion MNIST générées par l'autoencodeur variationnel

Même si elles sont un peu trop floues, la plupart de ces images restent plutôt convaincantes. Pour les autres, le résultat n'est pas extraordinaire, mais ne soyez pas trop dur avec l'autoencodeur, car il n'a eu que quelques minutes pour apprendre !

Grâce aux autoencodeurs variationnels, il est possible d'effectuer une *interpolation sémantique*. Au lieu d'effectuer une interpolation entre deux images au niveau du pixel (ce qui ressemblerait à une superposition des deux images), nous pouvons effectuer cette interpolation au niveau des codages. Prenons par exemple quelques codages le long d'une ligne arbitraire dans l'espace latent et décodons les points Nous obtenons une séquence d'images qui vont graduellement des pantalons aux vestes (voir figure 9.13) :

```
codings = np.zeros([7, codings_size])
codings[:, 3] = np.linspace(-0.8, 0.8, 7)  # l'axe 3 paraît le meilleur
                                           # dans ce cas
images = variational_decoder(codings).numpy()
```

Figure 9.13 – Interpolation sémantique

Focalisons-nous à présent sur les GAN : ils sont plus difficiles à entraîner, mais quand vous arrivez à les faire fonctionner, ils produisent des images assez étonnantes.

9.9 RÉSEAUX ANTAGONISTES GÉNÉRATIFS (GAN)

Les réseaux antagonistes génératifs (en anglais *generative adversial network*, ou GAN) ont été proposés en 2014 dans un article[264] rédigé par Ian Goodfellow *et al.* Même si l'idée a presque instantanément intéressé les chercheurs, il aura fallu quelques années pour surmonter certaines des difficultés de l'entraînement des GAN. À l'instar de nombreuses grandes idées, elle semble simple après coup : faire en sorte que des réseaux de neurones soient mis en concurrence les uns contre les autres en espérant que ce duel les pousse à exceller. Comme le montre la figure 9.14, un GAN est constitué de deux réseaux de neurones :

- *Un générateur*

  Il reçoit en entrée une distribution aléatoire (d'ordinaire gaussienne) et produit en sortie des données – généralement une image. Vous pouvez considérer les entrées aléatoires comme les représentations latentes (c'est-à-dire les codages) de l'image qui doit être générée. Vous le comprenez, le générateur joue un rôle comparable au décodeur dans un autoencodeur variationnel et peut être employé de la même manière pour générer de nouvelles images (il suffit de lui fournir un bruit gaussien pour qu'il produise une toute nouvelle image). En revanche, son entraînement est très différent, comme nous le verrons plus loin.

- *Un discriminateur*

  Il reçoit en entrée soit une image factice provenant du générateur, soit une image réelle provenant du jeu d'entraînement, et doit deviner si cette image d'entrée est fausse ou réelle.

264. Ian Goodfellow *et al.*, « Generative Adversarial Nets », *Proceedings of the 27th International Conference on Neural Information Processing Systems*, 2 (2014), 2672-2680 : *https://homl.info/gan*.

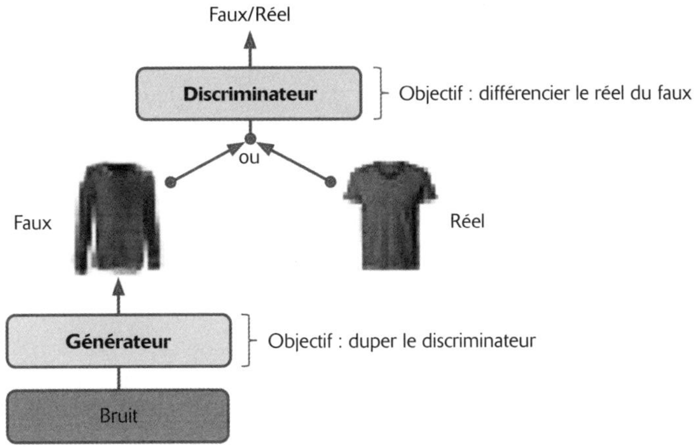

Figure 9.14 – Réseau antagoniste génératif

Pendant l'entraînement, le générateur et le discriminateur ont des objectifs opposés. Le discriminateur tente de distinguer les images factices des images réelles, tandis que le générateur tente de produire des images suffisamment réelles pour tromper le discriminateur. Puisque le GAN est constitué de deux réseaux aux objectifs différents, il ne peut pas être entraîné à la manière d'un réseau de neurones normal. Chaque itération d'entraînement comprend deux phases :

- Au cours de la première phase, nous entraînons le discriminateur. Un lot d'images réelles est échantillonné à partir du jeu entraînement, auquel est ajouté un nombre égal d'images factices produites par le générateur. Les étiquettes sont fixées à 0 pour les images factices et à 1 pour les images réelles. Le discriminateur est entraîné sur ce lot étiqueté pendant une étape, en utilisant une perte d'entropie croisée binaire. Il est important de noter que, au cours de cette étape, la rétropropagation optimise uniquement les poids du discriminateur.
- Au cours de la seconde phase, nous entraînons le générateur. Nous l'utilisons tout d'abord pour produire un autre lot d'images factices et, une fois encore, le discriminateur doit dire si les images sont fausses ou réelles. Cette fois-ci, nous n'ajoutons aucune image réelle au lot et toutes les étiquettes sont fixées à 1 (réelles). Autrement dit, nous voulons que le générateur produise des images que le discriminateur considérera (à tort) réelles ! Il est indispensable que les poids du discriminateur soient figés au cours de cette étape, de sorte que la rétropropagation affecte uniquement les poids du générateur.

Le générateur ne voit jamais d'images réelles et pourtant il apprend progressivement à produire de fausses images convaincantes ! Il reçoit uniquement les gradients qui reviennent du discriminateur. Heureusement, plus le discriminateur est bon, plus les informations sur les images réelles contenues dans ces gradients de seconde main sont pertinentes. Le générateur peut donc réaliser des progrès significatifs.

Construisons un GAN simple pour Fashion MNIST.

Nous devons tout d'abord construire le générateur et le discriminateur. Le générateur est comparable au décodeur d'un autoencodeur, tandis que le discriminateur est un classificateur binaire normal (il prend en entrée une image et se termine par une couche `Dense` qui contient une seule unité et utilise la fonction d'activation sigmoïde). Pour la seconde phase de chaque itération d'entraînement, nous avons également besoin du modèle GAN complet constitué du générateur suivi du discriminateur :

```
codings_size = 30

Dense = tf.keras.layers.Dense
generator = tf.keras.Sequential([
    Dense(100, activation="relu", kernel_initializer="he_normal"),
    Dense(150, activation="relu", kernel_initializer="he_normal"),
    Dense(28 * 28, activation="sigmoid"),
    tf.keras.layers.Reshape([28, 28])
])
discriminator = tf.keras.Sequential([
    tf.keras.layers.Flatten(),
    Dense(150, activation="relu", kernel_initializer="he_normal"),
    Dense(100, activation="relu", kernel_initializer="he_normal"),
    Dense(1, activation="sigmoid")
])
gan = tf.keras.Sequential([generator, discriminator])
```

Nous devons à présent compiler ces modèles. Puisque le discriminateur est un classificateur binaire, nous pouvons naturellement utiliser la perte d'entropie croisée binaire. Le modèle `gan` est aussi un classificateur binaire, donc il peut aussi utiliser la perte d'entropie croisée binaire. Cependant, le générateur n'étant entraîné qu'au travers du modèle `gan`, il est inutile de le compiler. Le discriminateur ne devant pas être entraîné au cours de la seconde phase, nous le rendons non entraînable avant de compiler le modèle `gan` :

```
discriminator.compile(loss="binary_crossentropy", optimizer="rmsprop")
discriminator.trainable = False
gan.compile(loss="binary_crossentropy", optimizer="rmsprop")
```

Keras tient compte de l'attribut `trainable` uniquement au moment de la compilation d'un modèle. Par conséquent, après avoir exécuté ce code, le `discriminator` *est* entraînable si nous appelons directement sa méthode `fit()` ou sa méthode `train_on_batch()` (que nous utiliserons), tandis qu'il *n'est pas* entraînable lorsque nous appelons ces méthodes sur le modèle `gan`.

Puisque la boucle d'entraînement est inhabituelle, nous ne pouvons pas utiliser la méthode `fit()` normale. À la place, nous écrivons une boucle d'entraînement personnalisée. Pour cela, nous devons tout d'abord créer un `Dataset` de façon à parcourir les images :

```
batch_size = 32
dataset = tf.data.Dataset.from_tensor_slices(X_train).shuffle(buffer_size=1000)
dataset = dataset.batch(batch_size, drop_remainder=True).prefetch(1)
```

Nous sommes alors prêts à écrire la boucle d'entraînement, que nous plaçons dans une fonction `train_gan()` :

```
def train_gan(gan, dataset, batch_size, codings_size, n_epochs):
    generator, discriminator = gan.layers
    for epoch in range(n_epochs):
        for X_batch in dataset:
            # phase 1 - entraînement du discriminateur
            noise = tf.random.normal(shape=[batch_size, codings_size])
            generated_images = generator(noise)
            X_fake_and_real = tf.concat([generated_images, X_batch], axis=0)
            y1 = tf.constant([[0.]] * batch_size + [[1.]] * batch_size)
            discriminator.train_on_batch(X_fake_and_real, y1)
            # phase 2 - entraînement du générateur
            noise = tf.random.normal(shape=[batch_size, codings_size])
            y2 = tf.constant([[1.]] * batch_size)
            gan.train_on_batch(noise, y2)

train_gan(gan, dataset, batch_size, codings_size, n_epochs=50)
```

Vous pouvez retrouver les deux phases de chaque itération comme présenté précédemment :

- Dans la phase 1, nous fournissons au générateur un bruit gaussien afin qu'il produise des images factices et nous complétons ce lot d'images par autant d'images réelles. Les cibles `y1` sont fixées à 0 pour les fausses images et à 1 pour les images réelles. Ensuite, nous entraînons le discriminateur sur ce lot. N'oubliez pas que le discriminateur est entraînable dans cette phase, mais que nous ne touchons pas au générateur.
- Dans la phase 2, nous alimentons le GAN avec du bruit gaussien. Son générateur commence à produire des images factices, puis le discriminateur tente de deviner si ces images sont fausses ou réelles. Durant cette phase, nous essayons d'améliorer le générateur, ce qui signifie que nous voulons que le discriminateur échoue : c'est pourquoi les cibles `y2` sont toutes initialisées à 1, alors même que les images sont fausses. Durant cette phase, le discriminateur n'est pas entraînable, par conséquent la seule partie du modèle `gan` qui va s'améliorer est le générateur.

Et voilà ! Après l'entraînement, vous pouvez échantillonner au hasard certains codages de la distribution gaussienne, et les fournir en entrée au générateur afin de produire de nouvelles images :

```
codings = tf.random.normal(shape=[batch_size, codings_size])
generated_images = generator.predict(codings)
```

Si vous affichez les images générées (voir la figure 9.15), vous verrez qu'au bout de la première époque elles commencent déjà à ressembler à des images Fashion MNIST (mais avec beaucoup de bruit).

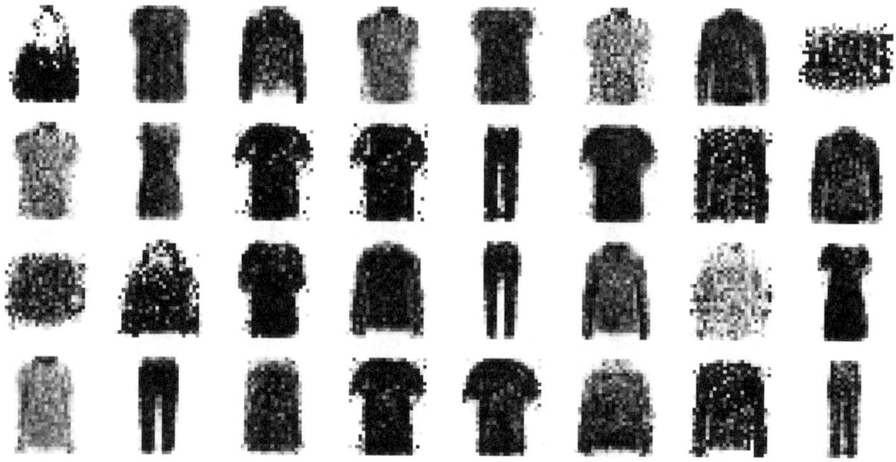

Figure 9.15 – Images générées par le GAN après une époque d'entraînement

Malheureusement, les images ne vont jamais réellement s'améliorer et vous pourrez même trouver des époques où le GAN semble oublier ce qu'il a appris. Quelle en est la raison ? En réalité, l'entraînement d'un GAN peut se révéler un véritable défi. Voyons pourquoi.

9.9.1 Les difficultés de l'entraînement des GAN

Pendant l'entraînement, le générateur et le discriminateur tentent constamment de se montrer plus malin que l'autre, dans un jeu à somme nulle. Alors que l'entraînement progresse, le jeu peut arriver dans un état que les théoriciens du jeu appellent *équilibre de Nash* (du nom du mathématicien John Nash). Cela se produit lorsque aucun joueur n'a intérêt à changer sa stratégie, en supposant que les autres joueurs ne changent pas la leur.

Par exemple, un équilibre de Nash est atteint lorsque tout le monde conduit du côté droit de la route : aucun conducteur n'a intérêt à être le seul à changer de côté. Bien entendu, il existe un second équilibre de Nash possible : lorsque tout le monde conduit du côté *gauche* de la route. En fonction de l'état initial et de la dynamique, l'équilibre atteint peut être l'un ou l'autre. Dans cet exemple, il n'existe qu'une seule stratégie optimale lorsqu'un équilibre est atteint (c'est-à-dire rouler du même côté que tout le monde), mais un équilibre de Nash peut impliquer de multiples stratégies concurrentes (par exemple, un prédateur chasse sa proie, la proie tente de s'échapper et aucun d'eux n'a intérêt à changer de stratégie).

En quoi cela concerne-t-il les GAN ? Les auteurs de l'article les présentant ont démontré qu'un GAN ne peut atteindre qu'un seul équilibre de Nash : lorsque le générateur produit des images parfaitement réalistes et que le discriminateur est alors obligé de deviner (50 % réelles, 50 % factices). Cette conclusion est très encourageante, car il semblerait qu'il suffise donc d'entraîner le GAN pendant un temps suffisamment long pour qu'il finisse par atteindre cet équilibre, nous donnant le générateur parfait. Malheureusement, ce n'est pas si simple. Rien ne garantit que cet équilibre sera un jour atteint.

La plus grande difficulté se nomme *effondrement des modes* (en anglais, *mode collapse*) : il s'agit du moment où les sorties du générateur deviennent progressivement de moins en moins variées, signe que celui-ci ignore les autres modes de la distribution. Comment cela peut-il se produire ? Supposons que le générateur parvienne de mieux en mieux à produire des chaussures convaincantes, plus que toute autre classe. Il trompera un peu mieux le discriminateur avec les chaussures, ce qui l'encouragera à générer encore plus d'images de chaussures. Progressivement, il oubliera comment produire d'autres images. Dans le même temps, les seules images factices que verra le discriminateur représenteront des chaussures, et il oubliera progressivement comment identifier les fausses images d'autres classes. À terme, lorsque le discriminateur réussira à différencier les fausses chaussures des vraies, le générateur sera obligé de passer à une autre classe. Il pourra alors devenir performant sur les chemises, par exemple, oubliant tout des chaussures, et le discriminateur fera de même. Le GAN pourrait ainsi passer par plusieurs classes, sans jamais devenir bon dans aucune d'entre elles.

Par ailleurs, puisque le générateur et le discriminateur luttent constamment l'un contre l'autre, leurs paramètres peuvent finir par osciller et devenir instables. L'entraînement peut débuter correctement, puis diverger soudainement sans cause apparente, en raison de ces instabilités. Et, puisque de nombreux facteurs affectent ces mouvements complexes, les GAN sont très sensibles aux valeurs des divers paramètres. Vous devrez peut-être consacrer beaucoup d'efforts à les ajuster. En pratique, c'est la raison pour laquelle j'ai utilisé RMSProp plutôt que Nadam lorsque j'ai compilé les modèles : en utilisant Nadam, j'ai abouti à un effondrement des modes gravissime.

Ces problèmes ont largement occupé les chercheurs depuis 2014. De nombreux articles ont été écrits sur ce sujet, certains proposant de nouvelles fonctions de coût[265] (même si un article[266] publié en 2018 par des chercheurs de Google remet en question leur efficacité) ou des techniques permettant de stabiliser l'entraînement ou d'éviter le problème d'effondrement des modes. Par exemple, une technique répandue nommée *réitération d'expériences* ou *rejeu d'expériences* (en anglais, *experience replay*) consiste à stocker dans un tampon les images produites par le générateur à chaque itération (les images plus anciennes sont retirées au fur et à mesure) et à entraîner le discriminateur en employant des images réelles et des images factices extraites de ce tampon (plutôt que seulement des images factices produites par le générateur actuel). Cela réduit les risques que le discriminateur surajuste les dernières sorties du générateur.

Une autre technique fréquente se nomme *discrimination par mini-lots* (*mini-batch discrimination*). Elle mesure la similitude des images sur le lot et fournit cette information au discriminateur, qui peut alors facilement rejeter tout un lot d'images factices qui manquent de diversité. Cela encourage le générateur à produire une grande

265. Le projet GitHub mené par Hwalsuk Lee (*https://homl.info/ganloss*) propose une bonne comparaison des principales pertes des GAN.

266. Mario Lucic *et al.*, « Are GANs Created Equal? A Large-Scale Study », *Proceedings of the 32nd International Conference on Neural Information Processing Systems* (2018), 698-707 : *https://homl.info/gansequal*.

variété d'images, réduisant ainsi le risque d'effondrement des modes. D'autres articles proposent simplement des architectures spécifiques qui montrent de bonnes performances.

En résumé, ce domaine de recherche est encore très actif et la dynamique des GAN n'est pas encore parfaitement comprise. Néanmoins, les avancées existent et certains résultats sont véritablement époustouflants ! Examinons à présent certaines des architectures les plus abouties, en commençant par les GAN convolutifs profonds, qui représentaient encore l'état de l'art il y a quelques années. Ensuite, nous étudierons deux architectures plus récentes (et plus complexes).

9.9.2 GAN convolutifs profonds

Les auteurs du premier article sur les GAN ont mené leurs expérimentations avec des couches de convolution mais n'ont tenté de générer que de petites images. Peu après, de nombreux chercheurs ont essayé de construire des GAN fondés sur des réseaux convolutifs plus profonds afin de produire des images de plus grande taille. Cela s'est révélé délicat car l'entraînement était très instable. Cependant, fin 2015, Alec Radford *et al.* ont fini par y parvenir, après avoir mené de nombreuses expériences avec diverses architectures et différents hyperparamètres. Ils ont nommé leur architecture GAN *convolutif profond* (en anglais, *deep convolutional* GAN, ou DCGAN)[267]. Voici leurs principales propositions pour mettre en place des GAN convolutifs stables :

- Remplacer les couches de pooling par des couches de convolution avec pas (dans le discriminateur) et par des convolutions transposées (dans le générateur).
- Utiliser une normalisation par lots dans le générateur et dans le discriminateur, excepté dans la couche de sortie du générateur et dans la couche d'entrée du discriminateur.
- Retirer les couches cachées intégralement connectées pour les architectures plus profondes.
- Dans le générateur, choisir l'activation ReLU pour toutes les couches excepté la couche de sortie, qui doit opter pour la fonction tanh.
- Dans le discriminateur, choisir l'activation Leaky ReLU pour toutes les couches.

Ces recommandations se révéleront pertinentes dans de nombreux cas, mais pas tous. Vous devrez continuer à faire des essais avec différents hyperparamètres. En réalité, le simple fait de changer le germe aléatoire et d'entraîner exactement le même modèle peut parfois fonctionner. Voici, par exemple, un petit DCGAN qui donne des résultats plutôt bons avec Fashion MNIST :

```
codings_size = 100

generator = tf.keras.Sequential([
    tf.keras.layers.Dense(7 * 7 * 128),
    tf.keras.layers.Reshape([7, 7, 128]),
```

267. Alec Radford *et al.*, « Unsupervised Representation Learning with Deep Convolutional Generative Adversarial Networks » (2015) : *https://homl.info/dcgan*.

```
    tf.keras.layers.BatchNormalization(),
    tf.keras.layers.Conv2DTranspose(64, kernel_size=5, strides=2,
                                    padding="same", activation="relu"),
    tf.keras.layers.BatchNormalization(),
    tf.keras.layers.Conv2DTranspose(1, kernel_size=5, strides=2,
                                    padding="same", activation="tanh"),
])
discriminator = tf.keras.Sequential([
    tf.keras.layers.Conv2D(64, kernel_size=5, strides=2, padding="same",
                           activation=tf.keras.layers.LeakyReLU(0.2)),
    tf.keras.layers.Dropout(0.4),
    tf.keras.layers.Conv2D(128, kernel_size=5, strides=2, padding="same",
                           activation=tf.keras.layers.LeakyReLU(0.2)),
    tf.keras.layers.Dropout(0.4),
    tf.keras.layers.Flatten(),
    tf.keras.layers.Dense(1, activation="sigmoid")
])
gan = tf.keras.Sequential([generator, discriminator])
```

Le générateur reçoit des codages de taille 100, les projette en 6272 dimensions ($= 7 \times 7 \times 128$), et reforme le résultat pour obtenir un tenseur 7×7×128. Celui-ci subit une normalisation par lots, puis est transmis à une couche de convolution transposée avec un pas de 2. Elle le suréchantillonne de 7×7 à 14×14 et réduit sa profondeur de 128 à 64. Le résultat subit de nouveau une normalisation par lots, puis est transmis à une autre couche de convolution transposée avec un pas de 2. Elle le suréchantillonne de 14×14 à 28×28 et réduit sa profondeur de 64 à 1. Cette couche utilise la fonction d'activation tanh, donc les sorties sont dans la plage –1 à 1. C'est pourquoi, avant d'entraîner le GAN, nous devons transformer le jeu d'entraînement de sorte qu'il se trouve dans cette plage. Nous devons également en changer la forme pour ajouter la dimension du canal :

```
X_train_dcgan = X_train.reshape(-1, 28, 28, 1) * 2. - 1. # changer forme
                                                          # et valeurs
```

Le discriminateur ressemble fortement à un CNN de classification binaire, excepté que les couches de pooling maximum servant à sous-échantillonner l'image sont remplacées par des convolutions à pas (`strides=2`). Notez que nous utilisons la fonction d'activation Leaky ReLU.

Globalement, nous avons respecté les recommandations DCGAN, à l'exception du remplacement, dans le discriminateur, des couches `BatchNormalization` par des couches `Dropout` ; sinon, dans ce cas, l'entraînement était instable. N'hésitez pas à modifier légèrement cette architecture. Vous constaterez combien elle est sensible aux hyperparamètres, en particulier les taux d'apprentissage relatifs des deux réseaux.

Enfin, pour construire le jeu de données, puis compiler et entraîner ce modèle, nous pouvons réutiliser le code précédent. Après 50 époques d'entraînement, le générateur produit des images semblables à celles illustrées à la figure 9.16. Ce n'est toujours pas parfait, mais ces images sont plutôt convaincantes.

Figure 9.16 – Images générées par le DCGAN au bout de 50 époques d'entraînement

Si vous étendez cette architecture et l'entraînez sur un jeu de données de visages important, vous pourrez obtenir des images plutôt réalistes. Comme vous pouvez le voir à la figure 9.17, les GAN sont capables d'apprendre des représentations latentes assez significatives. De nombreuses images ont été générées et neuf d'entre elles ont été sélectionnées manuellement (en haut à gauche) : trois représentent des hommes portant des lunettes, trois autres, des hommes sans lunettes, et trois autres encore, des femmes sans lunettes. Pour chacune de ces catégories, nous avons effectué une moyenne sur les codages utilisés pour générer les images, et une image a été générée à partir des codages moyens résultant (en bas à gauche). Autrement dit, chacune des trois images de la partie inférieure gauche représente la moyenne des trois images qui se trouvent au-dessus. Il s'agit non pas d'une simple moyenne calculée au niveau du pixel (cela donnerait trois visages superposés), mais d'une moyenne calculée dans l'espace latent. Les images ressemblent donc toujours à des visages normaux.

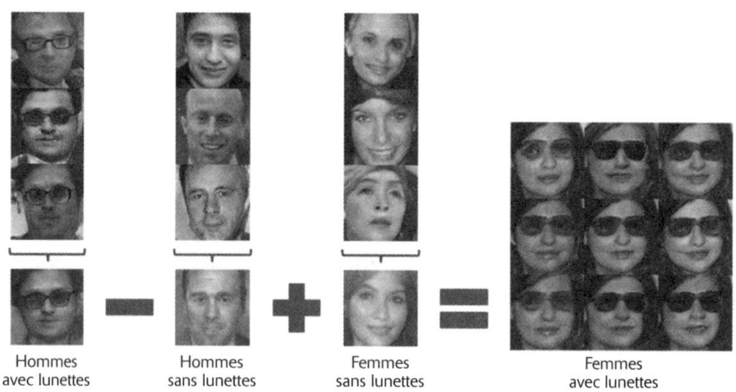

Figure 9.17 – Arithmétique vectorielle pour des concepts visuels (une partie de la figure 7 tirée de l'article DCGAN)[268]

268. Reproduite avec l'aimable autorisation des auteurs et adaptée pour la version française.

Si vous effectuez le calcul hommes avec lunettes, moins hommes sans lunettes, plus femmes sans lunettes – où chaque terme correspond à l'un des codages moyens – et si vous générez l'image qui correspond à ce codage, vous obtenez celle placée au centre de la grille 3×3 de visages sur la droite : une femme avec des lunettes ! Les huit autres images ont été générées à partir du même vecteur, auquel un léger bruit a été ajouté. Cela permet d'illustrer les capacités d'interpolation sémantique des DCGAN. Avec l'arithmétique de visages, nous entrons dans le monde de la science-fiction !

Toutefois, les DCGAN sont loin d'être parfaits. Par exemple, si vous essayez de générer de très grandes images avec des DCGAN, vous obtenez souvent des caractéristiques locales convaincantes mais des incohérences globales (comme une chemise avec une manche plus longue que l'autre, des boucles d'oreille différentes ou des yeux ne regardant pas dans la même direction). Comment corriger cela ?

Si vous ajoutez la classe de chaque image comme entrée supplémentaire du générateur et du discriminateur, ils apprendront tous deux l'aspect de chaque classe. Vous serez ainsi capable de contrôler la classe de chaque image produite par le générateur. Il s'agit d'un *GAN conditionnel* (en anglais, *conditional GAN*, ou CGAN[269]).

9.9.3 Croissance progressive des GAN

Une technique importante a été proposée dans un article[270] publié en 2018 par Tero Karras *et al.*, chercheurs chez Nvidia. Les auteurs ont proposé de générer de petites images au début de l'entraînement, puis d'ajouter progressivement des couches de convolution au générateur et au discriminateur afin de produire des images de plus en plus grandes (4×4, 8×8, 16×16, …, 512×512, 1 024×1 024). Cette approche ressemble à un entraînement glouton par couche d'autoencodeurs empilés. La couche supplémentaire est ajoutée à la fin du générateur et au début du discriminateur, les couches précédemment entraînées restant entraînables.

Par exemple, lors de l'augmentation des sorties du générateur de 4×4 à 8×8 (voir la figure 9.18), une couche de suréchantillonnage (effectuant une extrapolation à partir du plus proche voisin) est ajoutée à la couche de convolution Conv1 existante afin de produire des cartes de caractéristiques 8×8. Celles-ci sont ensuite transmises à la nouvelle couche de convolution Conv2, qui à son tour alimente une nouvelle couche de convolution de sortie. Pour ne pas détériorer les poids entraînés de Conv1, on augmente graduellement l'importance relative des deux nouvelles couches de convolution (représentées par des lignes pointillées sur la figure 9.18), tout en diminuant graduellement l'importance de la couche de sortie d'origine. Les sorties finales sont une somme pondérée des nouvelles sorties (avec un poids α) et des sorties d'origine (avec un poids $1\times\alpha$), où α croît graduellement de 0 à 1. Cette technique de substitution progressive est également utilisée lorsqu'une nouvelle couche

269. Mehdi Mirza et Simon Osindero, « Conditional Generative Adversarial Nets » (2014) : *https://homl.info/cgan*.
270. Tero Karras *et al.*, « Progressive Growing of GANs for Improved Quality, Stability, and Variation », *Proceedings of the International Conference on Learning Representations* (2018) : *https://homl.info/progan*.

de convolution est ajoutée au discriminateur (suivie d'une couche de pooling moyen pour le sous-échantillonnage). Notez que toutes les couches de convolution utilisent un remplissage de type `"same"` et un pas de 1, de façon à préserver la hauteur et la largeur de leurs entrées. Ceci est vrai également pour la couche de convolution d'origine, ce qui fait qu'elle produira désormais des sorties 8×8 (étant donné qu'elle recevra maintenant des entrées 8×8). Enfin, les couches de sortie utilisent une taille de noyau de 1. Elles projettent simplement leurs entrées sur le nombre désiré de canaux de couleur (en général 3).

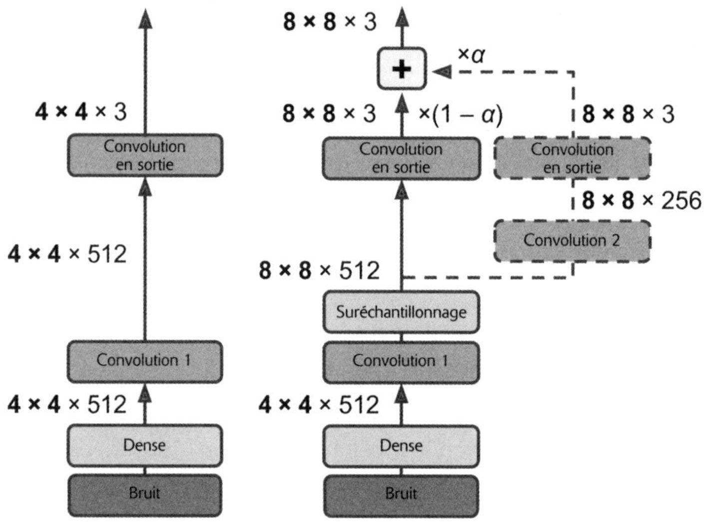

Figure 9.18 – Croissance progressive d'un GAN : le générateur du GAN produit des images 4x4 en couleurs (à gauche) et il est étendu pour produire des images 8×8 (à droite)

L'article propose plusieurs autres techniques dont l'objectif est d'augmenter la diversité des sorties (pour éviter tout *effondrement des modes*) et de rendre l'entraînement plus stable :

- *Couche d'écart-type par mini-lot*

  Elle est ajoutée près de la fin du discriminateur. Pour chaque composante en entrée, elle calcule l'écart-type sur tous les canaux et toutes les instances du lot (`S = tf.math.reduce_std(inputs, axis=[0, -1])`). Puis elle calcule la moyenne de tous ces écarts-types pour obtenir une valeur unique (`v = tf.reduce_mean(S)`). Enfin, une carte de caractéristiques supplémentaire est ajoutée à chaque instance du lot et remplie à l'aide de la valeur calculée (`tf.concat([inputs, tf.fill([batch_size, height, width, 1], v)], axis=-1)`). En quoi cela peut-il aider ? Si le générateur produit des images présentant peu de diversité, les cartes de caractéristiques du discriminateur auront un écart-type faible. Grâce à cette couche, le discriminateur aura accès à cette information et il sera moins trompé par un générateur peu imaginatif. Celui-ci sera donc encouragé à produire des sorties plus variées, ce qui réduit le risque d'effondrement des modes.

- *Taux d'apprentissage égalisé*

  Tous les poids sont initialisés non pas à l'aide d'une initialisation de He mais d'une simple distribution gaussienne de moyenne 0 et d'écart-type 1. Cependant, au moment de l'exécution (autrement dit, chaque fois que la couche est exécutée), les poids sont réduits du même facteur que dans l'initialisation de He : ils sont divisés par $\sqrt{\frac{2}{n_{\text{entrées}}}}$, où $n_{\text{entrées}}$ est le nombre d'entrées de la couche. L'article a montré que cette technique améliore de façon importante les performances du GAN lorsqu'un optimiseur de gradients adaptatif, comme RMSProp, Adam ou autre, est utilisé. Bien entendu, ces optimiseurs normalisent les mises à jour de gradients par leur écart-type estimé (voir le chapitre 3). Par conséquent, il faudra plus de temps pour entraîner des paramètres dont la plage dynamique[271] est plus étendue, tandis que les paramètres dont la plage dynamique est faible pourraient être actualisés trop rapidement, conduisant à des instabilités.

  En redimensionnement les poids au sein du modèle lui-même plutôt qu'au moment de l'initialisation, cette approche garantit que la plage dynamique reste la même pour tous les paramètres, tout au long de l'entraînement. Ils seront donc appris à la même vitesse. L'entraînement s'en trouve ainsi à la fois accéléré et stabilisé.

- *Couche de normalisation par pixel*

  Elle est ajoutée dans le générateur après chaque couche de convolution. Elle normalise chaque activation en fonction de toutes les activations dans la même image et au même emplacement, mais sur tous les canaux (en divisant par la moyenne quadratique des activations). Dans un code TensorFlow, cela se traduit par `inputs / tf.sqrt(tf.reduce_mean(tf.square(X), axis=-1, keepdims=True) + 1e-8)` (le terme de lissage `1e-8` est indispensable pour éviter toute division par zéro). Cette technique évite les explosions des activations dues à une compétition excessive entre le générateur et le discriminateur.

La combinaison de toutes ces techniques a permis aux auteurs de générer des images de visages en haute définition extrêmement convaincantes (*https://homl.info/progandemo*). Mais qu'entendons-nous précisément par « convaincantes » ? L'évaluation est l'un des plus grands défis des GAN. S'il est possible d'évaluer automatiquement la variété des images générées, juger de leur qualité est une tâche beaucoup plus ardue et subjective. Une technique consiste à utiliser des évaluateurs humains, mais elle est coûteuse et chronophage. Les auteurs ont donc proposé de mesurer la similarité de structure locale entre les images générées et les images entraînées, en prenant en compte chaque échelle. Cette idée les a conduits à une autre innovation révolutionnaire : les StyleGAN.

271. La plage dynamique d'une variable est le rapport entre la valeur la plus élevée et la valeur la plus faible qu'elle peut avoir.

9.9.4 StyleGAN

L'état de l'art de la génération d'images en haute résolution a de nouveau fait un bond en avant grâce à la même équipe de chercheurs chez Nvidia. Dans un article[272] publié en 2018, les auteurs ont présenté l'architecture StyleGAN. Ils ont utilisé des techniques de *transfert de style* dans le générateur pour s'assurer que les images générées présentent la même structure locale que les images d'entraînement, à chaque échelle, améliorant énormément la qualité des images produites. Le discriminateur et la fonction de perte n'ont pas été modifiés, seul le générateur l'a été. Un générateur StyleGAN est constitué de deux réseaux (voir la figure 9.19) :

- *Réseau de correspondance*

  Un perceptron à huit couches transforme les représentations latentes **z** (c'est-à-dire les codages) en un vecteur **w**. Ce vecteur est transmis ensuite à plusieurs *transformations affines* (c'est-à-dire des couches `Dense` sans fonction d'activation, représentées par les carrés « A » dans la figure 9.19). Nous obtenons alors plusieurs vecteurs, qui contrôlent le style de l'image générée à différents niveaux, allant de la texture fine (par exemple, la couleur des cheveux) à des caractéristiques de haut niveau (par exemple, adulte ou enfant). En résumé, le réseau de correspondance associe les codages à plusieurs vecteurs de styles.

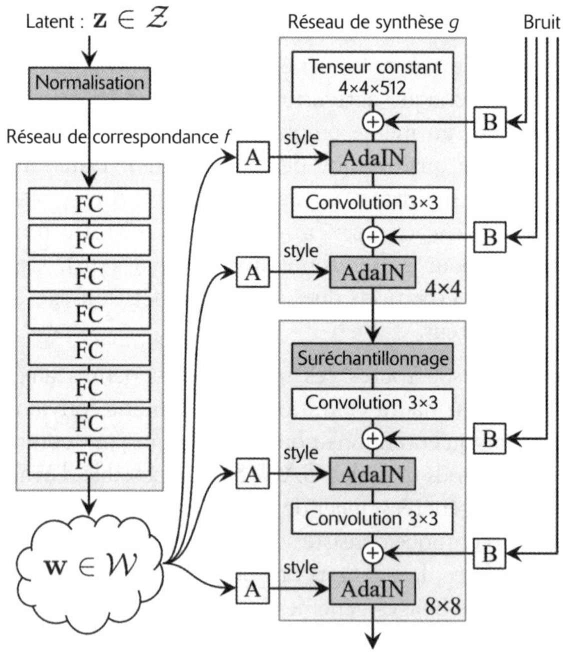

Figure 9.19 – Architecture du générateur d'un StyleGAN (d'après une partie de la figure 1 de l'article StyleGAN)[273] ; (FC : couche intégralement connectée)

272. Tero Karras *et al.*, « A Style-Based Generator Architecture for Generative Adversarial Networks » (2018) : *https://homl.info/stylegan*.

273. Reproduite avec l'aimable autorisation des auteurs et adaptée pour la version française.

- *Réseau de synthèse*

  Il est responsable de la génération des images. Il dispose d'une entrée apprise constante (plus précisément, cette entrée sera constante *après* l'entraînement, mais, *pendant* l'entraînement, elle est peu à peu ajustée par la rétropropagation). Comme précédemment, il traite cette entrée à l'aide de plusieurs couches de convolution et de suréchantillonnage, mais avec deux ajustements supplémentaires. Premièrement, du bruit est ajouté à l'entrée et à toutes les sorties des couches de convolution (avant la fonction d'activation). Deuxièmement, chaque couche de bruit est suivie d'une couche de *normalisation d'instance adaptative* (*adaptive instance normalization*, ou AdaIn). Elle normalise indépendamment chaque carte de caractéristiques (en soustrayant la moyenne de la carte de caractéristiques et en divisant par son écart-type), puis utilise le vecteur de style pour déterminer l'échelle et le décalage de chaque carte de caractéristiques (le vecteur de style contient un facteur multiplicatif et un terme constant pour chaque carte de caractéristiques).

L'idée d'ajouter du bruit indépendamment des codages est très importante. Certaines parties d'une image sont assez aléatoires, comme l'emplacement exact de chaque tache de rousseur ou poil. Dans les GAN précédents, ce côté aléatoire devait provenir soit des codages, soit d'un bruit pseudo-aléatoire produit par le générateur lui-même. S'il était issu des codages, le générateur devait dédier une partie significative de la puissance de représentation des codages au stockage du bruit ; un vrai gaspillage. De plus, le bruit devait passer par tout le réseau pour atteindre les couches finales du générateur ; une contrainte plutôt inutile qui ralentissait probablement l'entraînement. Enfin, certains artefacts visuels pouvaient apparaître car le même bruit était utilisé à différents niveaux. Si, à la place, le générateur tente de produire son propre bruit pseudo-aléatoire, celui-ci risque de ne pas être très convaincant, conduisant à encore plus d'artefacts visuels. Sans oublier qu'une partie des poids du générateur doit être réservée à la production d'un bruit pseudo-aléatoire, ce qui ressemble de nouveau à du gaspillage. En ajoutant des entrées de bruit supplémentaires, tous ces problèmes sont évités ; le GAN est capable d'utiliser le bruit fourni pour ajouter la bonne quantité de hasard à chaque partie de l'image.

Le bruit ajouté est différent pour chaque niveau. Chaque entrée de bruit est constituée d'une seule carte de caractéristiques remplie d'un bruit gaussien, qui est diffusé à toutes les cartes de caractéristiques (du niveau donné) et recalibré à l'aide des facteurs de redimensionnement par caractéristique appris (les carrés « B » dans la figure 9.20) avant d'être ajouté.

Pour finir, un StyleGAN utilise une technique de *régularisation par mélange* (*mixing regularization*), ou *mélange de style* (*style mixing*), dans laquelle un pourcentage des images générées est produit en utilisant deux codages différents. Plus précisément, les codages $\mathbf{c}_1$ et $\mathbf{c}_2$ passent par le réseau de correspondance, ce qui donne deux vecteurs de styles $\mathbf{w}_1$ et $\mathbf{w}_2$. Ensuite, le réseau de synthèse génère une image à partir des styles $\mathbf{w}_1$ pour les premiers niveaux, et les styles $\mathbf{w}_2$ pour les niveaux restants. Le niveau de transition est choisi aléatoirement. Cela évite que le réseau ne suppose une corrélation entre des styles de niveaux adjacents, ce qui encourage la localité dans le GAN, à savoir que chaque vecteur de styles affecte uniquement un nombre limité de caractéristiques dans l'image générée.

Il existe une telle variété de GAN qu'il faudrait un livre entier pour les décrire tous. Nous espérons que cette introduction vous a apporté les idées principales et, plus important, le souhait d'en savoir plus. Ensuite, implémentez votre propre GAN et ne soyez pas découragé si son apprentissage est au départ problématique. Malheureusement, ce comportement est normal et il faut un peu de patience avant d'obtenir des résultats, mais ils en valent la peine. Si vous rencontrez un problème avec un détail d'implémentation, vous trouverez un grand nombre d'exemples d'implémentations avec Keras ou TensorFlow. Mais, si vous souhaitez uniquement obtenir des résultats impressionnants très rapidement, vous pouvez vous contenter d'utiliser un modèle préentraîné (il existe des modèles StyleGAN préentraînés pour Keras).

Maintenant que nous avons examiné les autoencodeurs et les GAN, voyons un dernier type d'architecture : les modèles de diffusion.

9.10 MODÈLES DE DIFFUSION

Les idées constituant la base des modèles de diffusion existent depuis de nombreuses années, mais ce n'est qu'en 2015 qu'elles ont été formulées dans leur forme moderne dans un article[274] cosigné par Jascha Sohl-Dickstein et d'autres chercheurs des universités de Stanford et de Berkeley.

Les auteurs ont appliqué des outils du domaine de la thermodynamique pour modéliser un processus de diffusion analogue à la façon dont une goutte de lait se diffuse dans une tasse de thé. L'idée centrale consiste à entraîner un modèle à apprendre le processus inverse : partir de l'état complètement mélangé, puis séparer graduellement le lait du thé. En utilisant cette idée, ils ont obtenu des résultats prometteurs en matière de génération d'images, mais étant donné que les GAN produisaient à l'époque des images plus convaincantes, les modèles de diffusion n'ont pas beaucoup attiré l'attention.

Puis en 2020, Jonathan Ho a réussi, avec d'autres chercheurs de l'université de Berkeley, à construire un modèle de diffusion capable de générer des images hautement réalistes, qu'ils ont appelé *modèle probabiliste de diffusion de débruitage* (*denoising diffusion probabilistic model*, ou DDPM)[275]. Peu après, dans un article publié en 2021[276], Alex Nichol et Prafulla Dhariwal, d'OpenAI, ont analysé l'architecture DDPM et proposé plusieurs améliorations qui ont permis aux DDPM de faire mieux finalement que les GAN : non seulement les DDPM sont plus faciles à entraîner, mais les images générées sont plus diverses et de qualité encore meilleure. Le principal inconvénient

274. Jascha Sohl-Dickstein *et al.*, « Deep Unsupervised Learning using Nonequilibrium Thermodynamics », arXiv preprint arXiv:1503.03585 (2015) : *https://homl.info/diffusion*.

275. Jonathan Ho *et al.*, « Denoising Diffusion Probabilistic Models » (2020) : *https://homl.info/ddpm*.

276. Alex Nichol and Prafulla Dhariwal, « Improved Denoising Diffusion Probabilistic Models » (2021) : *https://homl.info/ddpm2*.

des DDPM, comme vous le verrez, c'est qu'ils mettent très longtemps à générer des images, par rapport aux GAN ou aux VAE.

Comment fonctionne donc exactement un DDPM ? Supposons que vous partiez de l'image d'un chat (comme celle de la figure 9.20) notée $\mathbf{x}_0$, et qu'à chaque étape temporelle t vous ajoutiez un petit peu de bruit gaussien à l'image, de moyenne 0 et de variance β_t. Ce bruit est indépendant pour chaque pixel : on dit qu'il est *isotrope*. Vous obtenez d'abord l'image $\mathbf{x}_1$, puis $\mathbf{x}_2$, et ainsi de suite, jusqu'à ce que le chat soit complètement caché par le bruit, impossible à voir. La dernière étape temporelle est notée T. Dans l'article DDPM d'origine, les auteurs ont utilisé $T = 1\,000$ et ont choisi la variance β_t de telle sorte que le signal du chat s'affaiblisse linéairement entre les étapes temporelles 0 et T. Dans l'article sur le DDPM amélioré, T a été porté à 4 000 et l'évolution de la variance a été légèrement modifiée de manière à évoluer plus lentement au début et à la fin. En bref, nous noyons graduellement le chat dans le bruit : c'est ce qu'on appelle le *processus avant* (en anglais, *forward process*).

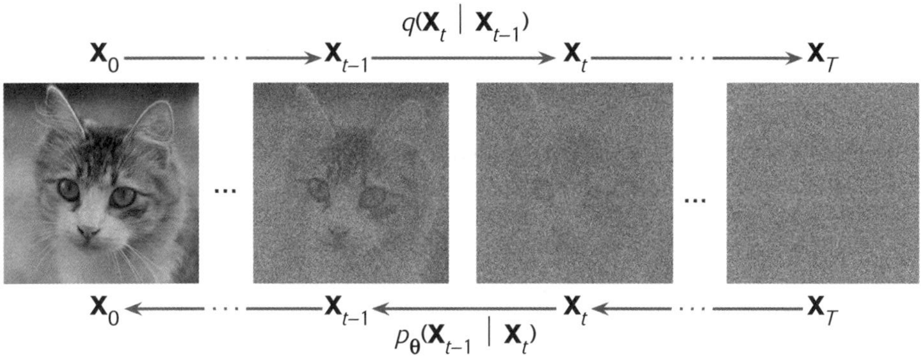

Figure 9.20 – Le processus avant q et le processus inverse p

Au fur et à mesure que nous ajoutons du bruit gaussien au cours du processus avant, la distribution des valeurs des pixels devient de plus en plus gaussienne. Un détail important que je n'ai pas encore mentionné est que les valeurs des pixels sont réduites légèrement à chaque étape, d'un facteur $\sqrt{1 - \beta_t}$. Ceci garantit que la moyenne des valeurs des pixels se rapprochera graduellement de 0, étant donné que ce facteur de réduction est un peu plus petit que 1 (imaginez ce qui se passe si vous multipliez à de nombreuses reprises un nombre par 0,99). Ceci garantit également que la variance va converger graduellement vers 1. En effet, l'écart-type des valeurs des pixels se trouve aussi multiplié par $\sqrt{1 - \beta_t}$, et donc la variance est multipliée par $1 - \beta_t$ (soit le carré du facteur de réduction). Mais la variance ne va pas diminuer jusqu'à 0, étant donné que nous ajoutons un bruit gaussien de variance β_t à chaque étape. Et étant donné que les variances s'ajoutent lorsqu'on additionne des distributions gaussiennes, la variance ne peut que converger vers $1 - \beta_t + \beta_t = 1$.

Le processus de diffusion avant est résumé dans l'équation 9.5. Celle-ci ne vous apprendra rien de neuf sur le processus avant, mais il est utile de comprendre ce type de notation mathématique, qui est souvent utilisée dans les articles de Machine Learning. Cette équation définit la distribution de probabilité q de $\mathbf{x}_t$, connaissant $\mathbf{x}_{t-1}$, comme une distribution gaussienne (ou distribution normale, d'où le $\mathcal{N}$) de moyenne $\mathbf{x}_{t-1}$ multipliée par le facteur de réduction et de matrice de covariance égale à $\beta_t\mathbf{I}$ où $\mathbf{I}$ est la matrice identité, ce qui signifie que le bruit est isotrope de variance β_t.

Équation 9.5 – Distribution de probabilité q du processus de diffusion avant

$$q(\mathbf{x}_t \mid \mathbf{x}_{t-1}) = \mathcal{N}(\sqrt{1-\beta_t}\,\mathbf{x}_{t-1}, \beta_t\mathbf{I})$$

Chose intéressante, il existe un raccourci pour le processus avant : il est possible d'échantillonner une image $\mathbf{x}_t$, connaissant $\mathbf{x}_0$, sans avoir à calculer au préalable $\mathbf{x}_1$, $\mathbf{x}_2$, ..., $\mathbf{x}_{t-1}$. En effet, étant donné que la somme de plusieurs distributions gaussiennes est aussi une distribution gaussienne, tout le bruit peut être additionné en une seule fois en utilisant l'équation 9.6. C'est celle-ci que nous utiliserons, car elle est beaucoup plus rapide.

Équation 9.6 – Raccourci pour le processus de diffusion avant

$$q(\mathbf{x}_t \mid \mathbf{x}_0) = \mathcal{N}(\sqrt{\bar{\alpha}_t}\,\mathbf{x}_0, (1-\bar{\alpha}_t)\mathbf{I})$$

Notre but, bien sûr, n'est pas de noyer les chats dans le bruit. Au contraire, nous voulons créer beaucoup de nouveaux chats ! Nous pouvons le faire en entraînant un modèle qui effectue le processus inverse : passer de $\mathbf{x}_t$ à $\mathbf{x}_{t-1}$. Nous pouvons alors l'utiliser pour enlever un tout petit peu de bruit d'une image, et répéter l'opération de nombreuses fois jusqu'à ce que l'ensemble du bruit ait disparu. Si nous entraînons le modèle sur un jeu de données contenant de nombreuses images de chats, alors nous pouvons lui donner une image entièrement remplie de bruit gaussien, et le modèle va progressivement faire apparaître un tout nouveau chat (voir figure 9.20).

Commençons donc à coder ! La première chose à effectuer, c'est de coder le processus avant. Pour cela, nous devons d'abord implémenter l'évolution de la variance. Comment pouvons-nous contrôler la vitesse à laquelle le chat disparaît ? Initialement, 100 % de la variance provient de l'image de chat d'origine. Puis à chaque étape temporelle t, la variance est multipliée par $1-\beta_t$, comme expliqué précédemment, et le bruit est ajouté. Donc la part de la variance provenant de la distribution initiale est multipliée par le facteur $1-\beta_t$ (et donc réduite) à chaque étape. Si nous définissons $\alpha_t = 1-\beta_t$, alors au bout de t étapes temporelles, le signal du chat aura été multiplié par un facteur $\bar{\alpha}_t = \alpha_1 \times \alpha_2 \times \ldots \times \alpha_t = \prod_{i=1}^{t}\alpha_t$. C'est ce facteur « signal de chat » $\bar{\alpha}_t$ que nous voulons contrôler de sorte qu'il décroisse progressivement de 1 à 0 entre les étapes temporelles 0 et T. Dans l'article DDPM amélioré, les auteurs choisissent une décroissance de $\bar{\alpha}_t$ selon l'équation 9.7. La courbe de décroissance correspondante est représentée figure 9.21.

Équation 9.7 – Évolution de la variance pour le processus de diffusion avant

$$\beta_t = 1 - \frac{\bar{\alpha}_t}{\bar{\alpha}_{t-1}}, \text{ avec } \bar{\alpha}_t = \frac{f(t)}{f(0)} \text{ et } f(t) = \cos\left(\frac{t/T+s}{1+s}\cdot\frac{\pi}{2}\right)^2$$

Dans ces équations :

- s est une petite valeur qui empêche β_t d'être trop petit aux alentours de $t = 0$. Dans leur article, les auteurs ont utilisé $s = 0{,}008$.
- β_t est tronqué pour ne pas dépasser 0,999 et éviter des instabilités au voisinage de $t = T$.

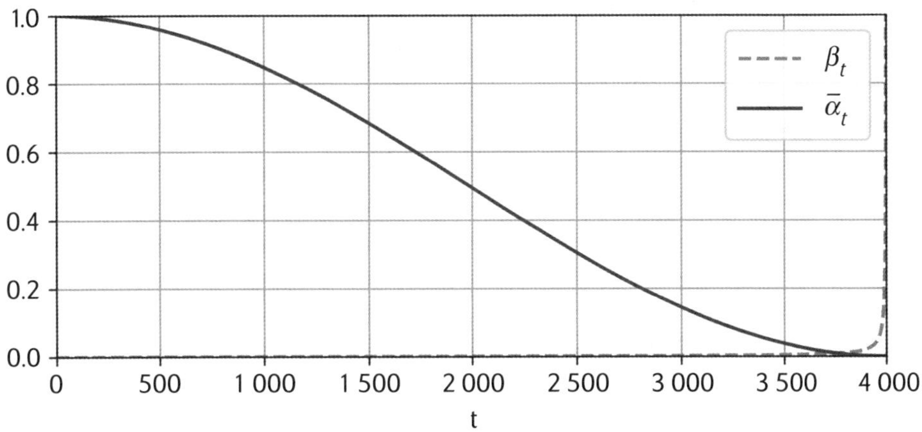

Figure 9.21 – Évolution de la variance du bruit β_t et variance du signal résiduel $\bar{\alpha}_t$

Créons une petite fonction qui calcule α_t, β_t et $\bar{\alpha}_t$ et appelons-la avec $T = 4000$:

```
def variance_schedule(T, s=0.008, max_beta=0.999):
    t = np.arange(T + 1)
    f = np.cos((t / T + s) / (1 + s) * np.pi / 2) ** 2
    alpha = np.clip(f[1:] / f[:-1], 1 - max_beta, 1)
    alpha = np.append(1, alpha).astype(np.float32)  # ajouter α₀ = 1
    beta = 1 - alpha
    alpha_cumprod = np.cumprod(alpha)
    return alpha, alpha_cumprod, beta  # αₜ , ᾱₜ , βₜ pour t = 0 à T

T = 4000
alpha, alpha_cumprod, beta = variance_schedule(T)
```

Pour entraîner notre modèle à inverser le processus de diffusion, nous aurons besoin d'images comportant du bruit provenant de différentes étapes temporelles du processus avant. Pour cela, créons une fonction `prepare_batch()` qui va prendre un lot d'images propres dans le jeu de données et les préparer :

```
def prepare_batch(X):
    X = tf.cast(X[..., tf.newaxis], tf.float32) * 2 - 1  # ramener entre -1
                                                          # et +1
    X_shape = tf.shape(X)
    t = tf.random.uniform([X_shape[0]], minval=1, maxval=T + 1,
                          dtype=tf.int32)
    alpha_cm = tf.gather(alpha_cumprod, t)
    alpha_cm = tf.reshape(alpha_cm, [X_shape[0]] + [1] * (len(X_shape) - 1))
    noise = tf.random.normal(X_shape)
```

```
    return {
        "X_noisy": alpha_cm ** 0.5 * X + (1 - alpha_cm) ** 0.5 * noise,
        "time": t,
    }, noise
```

Analysons ce code :

- Par souci de simplicité, nous utiliserons Fashion MNIST, c'est pourquoi la fonction doit d'abord ajouter un axe de canal. Il sera également utile de transformer les valeurs des pixels pour qu'elles soient toutes comprises entre –1 et 1, afin de se rapprocher de la distribution gaussienne finale de moyenne 0 et de variance 1.
- Ensuite, la fonction crée `t`, un vecteur contenant une étape temporelle choisie au hasard entre 1 et T pour chaque image du lot.
- Puis elle utilise `tf.gather()` pour obtenir la valeur de `alpha_cumprod` pour chacune des étapes temporelles contenues dans le vecteur `t`. Ceci nous donne le vecteur `alpha_cm` contenant une valeur de $\bar{\alpha}_t$ pour chaque image.
- La ligne suivante change la forme de `alpha_cm` de [*taille du lot*] en [*taille du lot*, 1, 1, 1]. C'est ce qui permettra de diffuser `alpha_cm` sur l'ensemble du lot `X`.
- Puis nous générons du bruit gaussien de moyenne 0 et de variance 1.
- Enfin, nous utilisons l'équation 9.6 pour appliquer le processus de diffusion aux images. Notez que `x ** 0.5` est égal à la racine carrée de `x`. La fonction renvoie un n-uplet contenant les entrées et les cibles. Les entrées sont représentées sous forme d'un dictionnaire Python contenant les images avec bruit et les étapes temporelles utilisées pour les générer. Les cibles correspondent au bruit gaussien utilisé pour générer chaque image.

Préparé ainsi, le modèle va prédire le bruit qui doit être soustrait de l'image d'entrée pour obtenir l'image d'origine. Pourquoi ne pas prédire l'image d'origine directement ? En réalité, les auteurs l'ont essayé : la réponse est que, tout simplement, ça ne marche pas aussi bien.

Ensuite, nous allons créer un jeu de données d'entraînement et un jeu de validation qui va appliquer la fonction `prepare_batch()` à chaque lot. Comme précédemment, `X_train` et `X_valid` contiennent les images de Fashion MNIST avec des valeurs de pixels allant de 0 à 1 :

```
def prepare_dataset(X, batch_size=32, shuffle=False):
    ds = tf.data.Dataset.from_tensor_slices(X)
    if shuffle:
        ds = ds.shuffle(buffer_size=10_000)
    return ds.batch(batch_size).map(prepare_batch).prefetch(1)

train_set = prepare_dataset(X_train, batch_size=32, shuffle=True)
valid_set = prepare_dataset(X_valid, batch_size=32)
```

Maintenant nous sommes prêts à construire le modèle de diffusion lui-même. Cela peut être n'importe quel modèle de votre choix, du moment qu'il prenne en entrée les images avec bruit et les étapes temporelles, et qu'il prédise le bruit qu'il faut soustraire aux images d'entrée.

```
def build_diffusion_model():
    X_noisy = tf.keras.layers.Input(shape=[28, 28, 1], name="X_noisy")
    time_input = tf.keras.layers.Input(shape=[], dtype=tf.int32, name="time")
    [...]  # construire le modèle recevant les images avec bruit et les étapes
    outputs = [...]  # prédire le bruit à retrancher (même forme que
                     # les entrées)
    return tf.keras.Model(inputs=[X_noisy, time_input], outputs=[outputs])
```

Les chercheurs ayant présenté DDPM ont utilisé une architecture U-Net modifiée[277] qui ressemble en bien des points à l'architecture de réseau entièrement convolutif (FCN) que nous avons vue au chapitre 6 pour la segmentation sémantique. C'est un réseau de neurones convolutif qui sous-échantillonne progressivement les images d'entrée, puis les suréchantillonne à nouveau progressivement, avec des connexions de saut reliant chacune niveau de la partie sous-échantillonnage au niveau correspondant de la partie suréchantillonnage. Pour prendre en compte les étapes temporelles, ils les ont encodées grâce à la même technique que les encodages positionnels dans l'architecture de transformeurs (voir chapitre 8). À chaque niveau de l'architecture U-Net, ils ont fait transiter ces encodages temporels par des couches `Dense` puis les ont transmis au réseau U-Net. Enfin, ils ont également utilisé à différents niveaux des couches d'attention à plusieurs têtes. Le notebook de ce chapitre[278] en propose une implémentation basique, mais vous pouvez aussi consulter *https://homl.info/ddpmcode* pour l'implémentation officielle. Celle-ci est basée sur une version TensorFlow 1.x désormais obsolète, mais c'est plutôt lisible.

Nous pouvons maintenant entraîner le modèle normalement. Les auteurs ont remarqué qu'ils obtenaient de meilleurs résultats avec la perte MAE qu'avec la MSE. Vous pouvez aussi utiliser la perte de Huber :

```
model = build_diffusion_model()
model.compile(loss=tf.keras.losses.Huber(), optimizer="nadam")
history = model.fit(train_set, validation_data=valid_set, epochs=100)
```

Une fois le modèle entraîné, vous pouvez l'utiliser pour générer de nouvelles images. Malheureusement, il n'existe pas de raccourci dans le processus de diffusion inverse, et il vous faut donc échantillonner $\mathbf{x}_T$ aléatoirement à partir d'une distribution gaussienne de moyenne 0 et de variance 1, puis le transmettre au modèle pour prédire le bruit, puis retrancher ce dernier de l'image en utilisant l'équation 9.8, afin d'obtenir $\mathbf{x}_{T-1}$. Répétez alors le processus 3 999 fois supplémentaires jusqu'à ce que vous obteniez $\mathbf{x}_0$. Si tout s'est bien passé, le résultat obtenu devrait ressemblait à une image Fashion MNIST normale !

Équation 9.8 – Étape élémentaire en sens inverse du processus de diffusion

$$\mathbf{x}_{t-1} = \frac{1}{\sqrt{\alpha_t}}\left(\mathbf{x}_t - \frac{\beta_t}{\sqrt{1-\bar{\alpha}_t}}\,\boldsymbol{\varepsilon}_\theta(\mathbf{x}_t, t)\right) + \sqrt{\beta_t}\,z$$

277. Olaf Ronneberger *et al.*, « U-Net: Convolutional Networks for Biomedical Image Segmentation », arXiv preprint arXiv:1505.04597 (2015) : *https://homl.info/unet*.

278. Voir « 17_autoencoders_gans_and_diffusion_models.ipynb » sur *https://homl.info/colab3*.

Dans cette équation, $\boldsymbol{\varepsilon}_\theta(\mathbf{x}_t, t)$ représente le bruit prédit par le modèle étant donné l'image d'entrée $\mathbf{x}$ et l'étape temporelle t. Les paramètres du modèle sont représentés par $\boldsymbol{\theta}$, et $\mathbf{z}$ est un bruit gaussien de moyenne 0 et de variance 1. Ceci rend le processus inverse stochastique : si vous l'exécutez à plusieurs reprises, vous obtiendrez différentes images.

Écrivons une fonction qui implémente ce processus inverse, puis appelons-la pour générer quelques images :

```
def generate(model, batch_size=32):
    X = tf.random.normal([batch_size, 28, 28, 1])
    for t in range(T, 0, -1):
        noise = (tf.random.normal if t > 1 else tf.zeros)(tf.shape(X))
        X_noise = model({"X_noisy": X, "time": tf.constant([t] * batch_size)})
        X = (
            1 / alpha[t] ** 0.5
            * (X - beta[t] / (1 - alpha_cumprod[t]) ** 0.5 * X_noise)
            + (1 - alpha[t]) ** 0.5 * noise
        )
    return X

X_gen = generate(model)  # images générées
```

Ceci prendra peut-être quelques minutes. C'est le principal inconvénient des modèles de diffusion : la génération des images est lente, vu qu'il faut appeler le modèle de nombreuses fois. On peut accélérer la chose en choisissant une valeur de T plus petite, ou en utilisant la même prédiction du modèle pour plusieurs étapes à la fois, mais les images résultantes ne seront peut-être pas si bonnes. Cela dit, en dépit de cette limitation due au temps de calcul, les modèles de diffusion produisent des images diverses et de haute qualité, comme vous pouvez le voir sur la figure 9.22.

Figure 9.22 – Images générées par le DDPM

Les modèles de diffusion ont fait des progrès considérables récemment. En particulier, dans un article publié en décembre 2021[279], Robin Rombach, Andreas

279. Robin Rombach, Andreas Blattmann, *et al.*, « High-Resolution Image Synthesis with Latent Diffusion Models », arXiv preprint arXiv:2112.10752 (2021) : *https://homl.info/latentdiff*.

Blattmann *et al.* ont présenté les *modèles de diffusion latente*, où le processus de diffusion prend place dans l'espace latent, plutôt que dans l'espace des pixels. Pour ce faire, ils utilisent un autoencodeur puissant pour compresser chaque image d'entraînement dans un espace latent beaucoup plus petit dans lequel se passe le processus de diffusion, puis ils utilisent l'autoencodeur pour décompresser la représentation latente finale, afin de générer l'image de sortie. Ceci accélère considérablement la génération d'images et réduit grandement le temps d'entraînement et le coût. Chose importante, la qualité des images générées est exceptionnelle.

De plus, les chercheurs ont aussi adapté différentes techniques de conditionnement pour guider le processus de diffusion en utilisant des messages de texte, des images, ou toute autre forme d'entrée. Il devient possible grâce à cela de produire rapidement une superbe image haute résolution d'une salamandre en train de lire un livre, ou de ce qui peut vous passer par la tête. Vous pouvez aussi contraindre le processus de génération d'images à utiliser une image en entrée. Ceci ouvre la porte à de nombreuses applications, comme de compléter une image d'entrée au-delà de ses bords externes (en anglais, *outpainting*), ou au contraire d'en combler les manques (*inpainting*).

Enfin, un puissant modèle préentraîné de diffusion latente, nommé *Stable Diffusion*, a été proposé en open source en août 2022 : c'est le fruit d'une collaboration entre l'université Louis-et-Maximilien de Münich et quelques entreprises parmi lesquelles StabilityAI et Runway, aidées par EleutherAI et LAION. En septembre 2022, ce modèle a été porté vers TensorFlow et inclus dans KerasCV (*https://keras.io/keras_cv*), une bibliothèque consacrée à la vision par ordinateur construite par l'équipe Keras. Désormais n'importe qui peut générer des images impressionnantes en quelques secondes, gratuitement, même sur un ordinateur portable ordinaire (voir le dernier exercice de ce chapitre). Les possibilités sont innombrables !

Dans le chapitre suivant, nous aborderons un domaine du Deep Learning totalement différent : l'apprentissage par renforcement profond.

9.11 EXERCICES

1. Quelles sont les principales tâches dans lesquelles les autoencodeurs sont employés ?
2. Supposons que vous souhaitiez entraîner un classificateur et que vous disposiez d'un grand nombre de données d'entraînement non étiquetées, mais seulement de quelques milliers d'instances étiquetées. En quoi les autoencodeurs peuvent-ils vous aider ? Comment procéderiez-vous ?
3. Si un autoencodeur reconstruit parfaitement les entrées, est-il nécessairement un bon autoencodeur ? Comment pouvez-vous évaluer les performances d'un autoencodeur ?
4. Que sont les autoencodeurs sous-complets et sur-complets ? Quel est le principal risque d'un autoencodeur excessivement sous-complet ? Et celui d'un autoencodeur sur-complet ?

5. Comment liez-vous des poids dans un autoencodeur empilé ? Quel en est l'intérêt ?
6. Qu'est-ce qu'un modèle génératif ? Nommez un type d'autoencodeur génératif.
7. Qu'est-ce qu'un GAN ? Nommez quelques tâches dans lesquelles les GAN peuvent briller.
8. Quelles sont les principales difficultés de l'entraînement des GAN ?
9. Quel est le domaine d'application des modèles de diffusion ? Quelle est leur principale limitation ?
10. Préentraînement d'un classificateur d'images avec un autoencodeur débruiteur. Vous pouvez utiliser MNIST (option la plus simple) ou n'importe quel autre jeu d'images plus complexes, comme CIFAR10 (*https://homl.info/122*), si vous souhaitez augmenter la difficulté. Quel que soit le jeu de données choisi, voici les étapes à suivre :
    - Divisez les données en un jeu d'entraînement et un jeu de test. Entraînez un autoencodeur débruiteur profond sur l'intégralité du jeu d'entraînement.
    - Vérifiez que les images sont correctement reconstruites. Affichez les images qui produisent la plus grande activation de chaque neurone dans la couche de codage.
    - Construisez un réseau de neurones profond de classification, en réutilisant les couches inférieures de l'autoencodeur. Entraînez-le avec uniquement 500 images du jeu d'entraînement. Ses performances sont-elles meilleures avec ou sans préentraînement ?
11. Entraînez un autoencodeur variationnel sur le jeu d'images de votre choix et faites-lui générer des images. Vous pouvez également essayer de trouver un jeu de données non étiquetées qui vous intéresse et vérifier que l'autoencodeur est capable de générer de nouveaux échantillons.
12. Entraînez un DCGAN sur le jeu de données d'images de votre choix et servez-vous-en pour générer des images. Ajoutez un rejeu d'expériences et voyez si les performances sont meilleures. Convertissez-le en un GAN conditionnel dans lequel vous pouvez contrôler la classe générée.
13. Étudiez l'excellent tutoriel de KerasCV sur Stable Diffusion (*https://homl.info/sdtuto*) puis générez un beau dessin de salamandre en train de lire un livre. Si vous postez votre meilleure image sur X (ex-Twitter), n'oubliez pas d'ajouter un tag @aureliengeron. Je serai enchanté de voir vos créations !

Les solutions de ces exercices sont données à l'annexe A.

10 Apprentissage par renforcement

L'*apprentissage par renforcement* (*reinforcement learning*, ou RL) est aujourd'hui l'un des domaines les plus passionnants du Machine Learning, mais il est également l'un des plus anciens. Datant des années 1950, il a trouvé de nombreuses applications intéressantes au fil des années[280], notamment dans le jeu (par exemple, *TD-Gammon*, un jeu de backgammon) et dans la commande de machines, mais il a rarement fait la une des journaux.

L'année 2013 a connu une révolution, lorsque des chercheurs de la start-up anglaise DeepMind ont présenté un système capable d'apprendre à jouer à n'importe quel jeu Atari[281], allant jusqu'à battre les humains[282] dans la plupart d'entre eux, en utilisant uniquement les pixels bruts en entrée et sans connaissances préalables des règles du jeu[283]. Cela n'a été que le premier d'une série d'exploits stupéfiants, avec pour point culminant la victoire de leur système AlphaGo en mars 2016 sur Lee Sedol, un joueur de go légendaire, et, en mai 2017, sur Ke Jie, le champion du monde. Aucun programme n'avait jamais été en mesure de battre un maître de ce jeu, encore moins le champion du monde. Aujourd'hui, le domaine de l'apprentissage par renforcement fourmille de nouvelles idées, avec une grande diversité d'applications. DeepMind a été rachetée par Google en 2014 pour plus de 500 millions de dollars.

280. Pour de plus amples informations, consultez l'ouvrage *Reinforcement Learning: An Introduction* (MIT Press), de Richard Sutton et Andrew Barto (*https://homl.info/126*).

281. Volodymyr Mnih *et al.*, « Playing Atari with Deep Reinforcement Learning » (2013) : *https://homl.info/dqn*.

282. Volodymyr Mnih *et al.*, « Human-Level Control Through Deep Reinforcement Learning », *Nature*, 518 (2015), 529-533 : *https://homl.info/dqn2*.

283. Des vidéos montrant le système de DeepMind qui apprend à jouer à *Space Invaders*, *Breakout* et d'autres sont disponibles à l'adresse *https://homl.info/dqn3*.

Comment les chercheurs de DeepMind sont-ils arrivés à ce résultat ? Avec le recul, cela semble plutôt simple. Ils ont appliqué la puissance de l'apprentissage profond au domaine de l'apprentissage par renforcement et cela a fonctionné au-delà de leurs espérances.

Dans ce chapitre, nous commencerons par expliquer ce qu'est l'apprentissage par renforcement et ses applications de prédilection. Nous présenterons ensuite deux des techniques les plus importantes de l'apprentissage par renforcement profond, les *gradients de politique* et les DQN (*deep Q-networks*), et nous expliquerons les *processus de décision markoviens* (*Markov decision processes*, ou MDP).

10.1 APPRENDRE À OPTIMISER LES RÉCOMPENSES

Dans l'apprentissage par renforcement, un *agent* logiciel procède à des *observations* et réalise des *actions* au sein d'un *environnement*. En retour, il reçoit des *récompenses*. Son objectif est d'apprendre à agir de façon à maximiser les récompenses espérées sur le long terme. En faisant un peu d'anthropomorphisme, on peut voir une récompense positive comme un plaisir, et une récompense négative comme une douleur (le terme « récompense » est quelque peu malheureux dans ce cas). Autrement dit, l'agent opère dans l'environnement et apprend par tâtonnements à augmenter son plaisir et à diminuer sa douleur.

Cette formulation plutôt générale peut s'appliquer à une grande diversité de tâches. En voici quelques exemples (voir la figure 10.1) :

- L'agent peut être le programme qui contrôle un robot. Dans ce cas, l'environnement est le monde réel, l'agent observe l'environnement au travers de *capteurs*, comme des caméras et des capteurs tactiles, et ses actions consistent à envoyer des signaux pour activer les moteurs. Il peut être programmé de façon à recevoir des récompenses positives lorsqu'il approche de la destination visée, et des récompenses négatives lorsqu'il perd du temps ou va dans la mauvaise direction.
- L'agent peut être le programme qui contrôle Ms. Pac-Man. Dans ce cas, l'environnement est une simulation du jeu Atari, les actions sont les neuf positions possibles du joystick (en haut à gauche, en bas, au centre, etc.), les observations sont les captures d'écran et les récompenses sont simplement les points obtenus au jeu.
- De façon comparable, l'agent peut être le programme qui joue à un jeu de plateau, comme le jeu de go. Il n'obtient une récompense que lorsqu'il gagne.
- L'agent ne contrôle pas obligatoirement le déplacement d'un objet physique (ou virtuel). Il peut s'agir, par exemple, d'un thermostat intelligent qui reçoit des récompenses positives dès qu'il permet d'atteindre la température visée en économisant de l'énergie, et des récompenses négatives lorsque quelqu'un ajuste la température manuellement. L'agent doit donc apprendre à anticiper les besoins des personnes.
- L'agent peut observer les prix des actions et décider du nombre à acheter ou à vendre chaque seconde. Les récompenses dépendent évidemment des gains et des pertes.

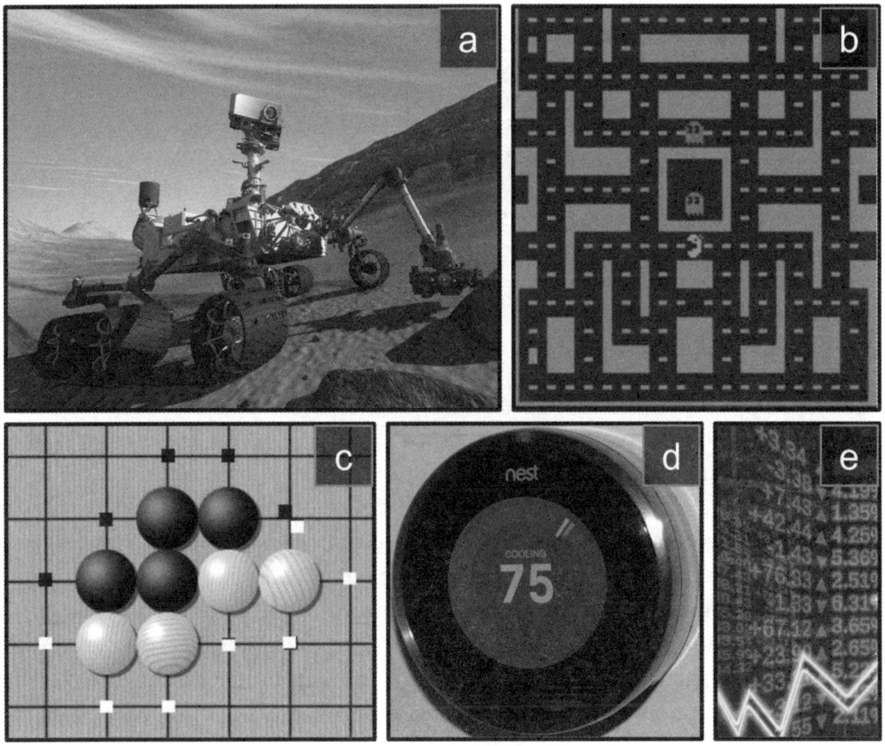

Figure 10.1 – Exemples d'apprentissage par renforcement : (a) robot, (b) Ms. Pac-Man, (c) joueur de Go, (d) thermostat, (e) courtier automatique[284]

Parfois, les récompenses positives n'existeront pas. Par exemple, l'agent peut se déplacer dans un labyrinthe, en recevant une récompense négative à chaque pas. Il vaut donc mieux pour lui trouver la sortie aussi rapidement que possible ! Il existe de nombreux autres exemples de tâches pour lesquelles l'apprentissage par renforcement convient parfaitement, comme les voitures autonomes, les systèmes de recommandation, le placement de publicités dans les pages web ou encore le contrôle de la zone d'une image sur laquelle un système de classification d'images doit focaliser son attention.

10.2 RECHERCHE DE POLITIQUE

L'algorithme que l'agent logiciel utilise pour déterminer ses actions est appelé *stratégie* ou *politique* (*policy*). Cette politique peut être un réseau de neurones qui prend en entrée des observations et produit en sortie l'action à réaliser (voir la figure 10.2).

284. L'image (a) provient de la NASA (domaine public). (b) est une capture d'écran du jeu *Ms. Pac-Man* d'Atari (l'auteur pense que son utilisation dans ce chapitre est acceptable). (c) et (d) proviennent de Wikipédia. (c) a été créée par l'utilisateur Stevertigo et a été publiée sous licence Creative Commons BY-SA 2.0 (*https://creativecommons.org/licenses/by-sa/2.0/*). (e) a été reproduite à partir de Pixabay, publiée sous licence Creative Commons CC0 (*https://creativecommons.org/publicdomain/zero/1.0/*).

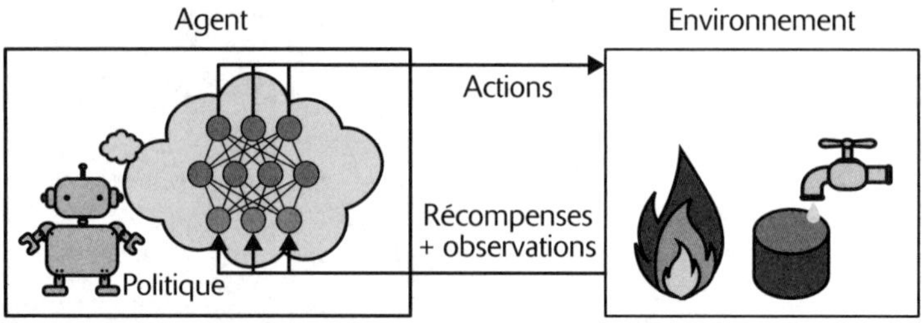

Figure 10.2 – Apprentissage par renforcement qui utilise un réseau de neurones comme politique

La politique peut être tout algorithme imaginable et n'est pas nécessairement déterministe. En réalité, dans certains cas, il n'a même pas besoin d'observer son environnement ! Prenons un robot aspirateur dont la récompense est le volume de poussière ramassée en 30 minutes. Sa politique pourrait être d'avancer à chaque seconde avec une probabilité p ou de tourner aléatoirement vers la gauche ou la droite avec une probabilité $1 - p$. L'angle de rotation pourrait avoir une valeur aléatoire comprise entre $-r$ et $+r$. Puisque cette politique présente un caractère aléatoire, il s'agit d'une *politique stochastique*. Le robot aura une trajectoire erratique de sorte qu'il finira par arriver à tout endroit qu'il peut atteindre et il ramassera toute la poussière. La question est : quelle quantité de poussière va-t-il ramasser en 30 minutes ?

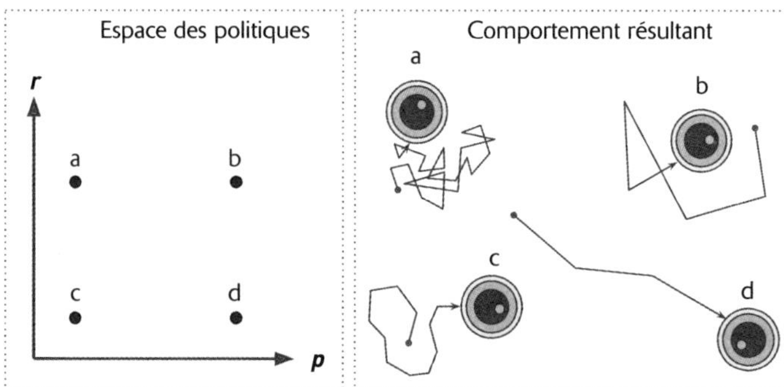

Figure 10.3 – Quatre points dans l'espace des politiques (à gauche) et comportement correspondant de l'agent (à droite)

Comment pouvons-nous entraîner un tel robot ? Nous n'avons que deux *paramètres de politique* à ajuster : la probabilité p et la plage de l'angle r. L'algorithme d'apprentissage pourrait consister à essayer de nombreuses valeurs différentes pour ces paramètres et à retenir la combinaison qui affiche les meilleures performances (voir la figure 10.3). Voilà un exemple de *recherche de politique*, dans ce cas fondée sur une approche par force brute. Cependant, lorsque l'*espace des politiques* est trop vaste (ce qui est fréquent), rechercher un bon jeu de paramètres revient à rechercher une aiguille dans une gigantesque botte de foin.

Une autre manière d'explorer l'espace des politiques consiste à utiliser des *algorithmes génétiques*. Par exemple, on peut créer aléatoirement une première génération de 100 politiques et les essayer, puis « tuer » les 80 plus mauvaises[285] et laisser les 20 survivantes produire chacune quatre descendants. Un descendant n'est rien d'autre qu'une copie de son parent[286] avec une variation aléatoire. Les politiques survivantes et leurs descendants forment la deuxième génération. On peut ainsi poursuivre cette itération sur les générations jusqu'à ce que l'évolution produise une politique appropriée[287].

Une autre approche se fonde sur des techniques d'optimisation. Il s'agit d'évaluer les gradients des récompenses par rapport aux paramètres de la politique, puis d'ajuster ces paramètres en suivant les gradients vers des récompenses plus élevées[288]. Cette approche est appelée *gradients de politique* et nous y reviendrons plus loin dans ce chapitre. Par exemple, dans le cas du robot aspirateur, on peut augmenter légèrement p et évaluer si cela augmente la quantité de poussière ramassée par le robot en 30 minutes. Dans l'affirmative, on augmente encore un peu p, sinon on le réduit. Nous implémenterons avec TensorFlow un algorithme de gradients de politique bien connu, mais avant cela nous devons commencer par créer un environnement dans lequel opérera l'agent. C'est le moment de présenter la bibliothèque Gymnasium.

10.3 INTRODUCTION À GYMNASIUM

Dans l'apprentissage par renforcement, l'entraînement d'un agent ne peut pas se faire sans un environnement de travail. Si l'on veut programmer un agent qui apprend à jouer à un jeu Atari, on a besoin d'un simulateur de jeu Atari. Si l'on veut programmer un robot marcheur, l'environnement est alors le monde réel et l'entraînement peut se faire directement dans cet environnement, mais cela a certaines limites : si le robot tombe d'une falaise, on ne peut pas simplement cliquer sur « annuler ». Il est également impossible d'accélérer le temps ; l'augmentation de la puissance de calcul ne fera pas avancer le robot plus vite, et il est généralement trop coûteux d'entraîner 1 000 robots en parallèle. En résumé, puisque, dans le monde réel, l'entraînement est difficile et long, on a généralement besoin d'un *environnement simulé*, au moins pour débuter l'entraînement. Vous pouvez, par exemple, employer des bibliothèques comme PyBullet (*https://pybullet.org*) ou MuJoCo (*https://www.mujoco.org*) pour des simulations physiques en trois dimensions.

---

285. Il est souvent préférable de laisser une petite chance de survie aux moins bons éléments afin de conserver une certaine diversité dans le « patrimoine génétique ».

286. S'il n'y a qu'un seul parent, il s'agit d'une *reproduction asexuée*. Avec deux parents ou plus, il s'agit d'une *reproduction sexuée*. Le génome d'un descendant (dans ce cas un jeu de paramètres de politique) est constitué de portions aléatoires des génomes de ses parents.

287. L'algorithme *NeuroEvolution of Augmenting Topologies* (NEAT) (*https://homl.info/neat*) est un exemple intéressant d'algorithme génétique utilisé pour l'apprentissage par renforcement.

288. Il s'agit d'une *montée de gradient*. Cela équivaut à une descente de gradient, mais dans le sens opposé : maximisation à la place de minimisation.

Gymnasium (*https://github.com/Farama-Foundation/Gymnasium*) est une boîte à outils vous fournissant divers environnements simulés (jeux Atari, jeux de plateau, simulations physiques en 2D et 3D, etc.) qui vous permettent d'entraîner des agents, de les comparer ou de développer de nouveaux algorithmes d'apprentissage par renforcement. Elle a initialement été développée par OpenAI[289] sous le nom Gym, mais OpenAI a transmis sa maintenance et son développement à Farama, une association à but non lucratif.

Sur Colab, il faut commencer par installer Gymnasium. Vous devez également installer quelques packages logiciels nécessaires à son fonctionnement (encore appelés *dépendances*). Si vous développez sur votre propre machine et non sur Colab, et si vous avez suivi les instructions d'installation données sur *https://homl.info/install*, alors vous pouvez sauter cette étape. Sinon, exécutez les commandes suivantes :

```
# N'exécutez ces commandes que sur Colab ou Kaggle !
%pip install -q -U gymnasium swig
%pip install -q -U gymnasium[classic_control,box2d,atari,accept-rom-license]
```

Ces commandes `%pip` installent la dernière version de la bibliothèque Gymnasium, ainsi que les bibliothèques requises pour exécuter différentes sortes d'environnements. L'option `-q` (*quiet*) demande une installation silencieuse, c'est-à-dire produisant moins d'informations en sortie. L'option `-U` (*upgrade*) demande une mise à jour. Parmi les environnements installés, on trouve en particulier des environnements classiques en théorie du contrôle (la science du contrôle des systèmes dynamiques) comme celui consistant à garder en équilibre un bâton vertical sur un chariot, des environnements basés sur la bibliothèque Box2D avec un moteur de physique 2D pour les jeux, et enfin des environnements basés sur l'ALE (*arcade learning environment*), qui est un émulateur pour les jeux Atari 2600. Plusieurs jeux Atari sont téléchargés automatiquement, et en exécutant leur code vous acceptez les licences Atari correspondantes.

Cela fait, vous êtes prêt à utiliser la bibliothèque Gymnasium. Importons-la et préparons un environnement :

```
>>> import gymnasium as gym

>>> env = gym.make("CartPole-v1", render_mode="rgb_array")
```

Nous avons créé un environnement CartPole. Il s'agit d'une simulation 2D dans laquelle un chariot peut être accéléré vers la gauche ou la droite afin de garder en équilibre le bâton qui est posé dessus (voir figure 10.4). Il s'agit d'une tâche de contrôle classique.

289. OpenAI est une entreprise de recherche en intelligence artificielle à but non lucratif cofondée par Elon Musk. Son objectif annoncé est de promouvoir et de développer des intelligences artificielles conviviales au profit de l'humanité (et non pour la détruire).

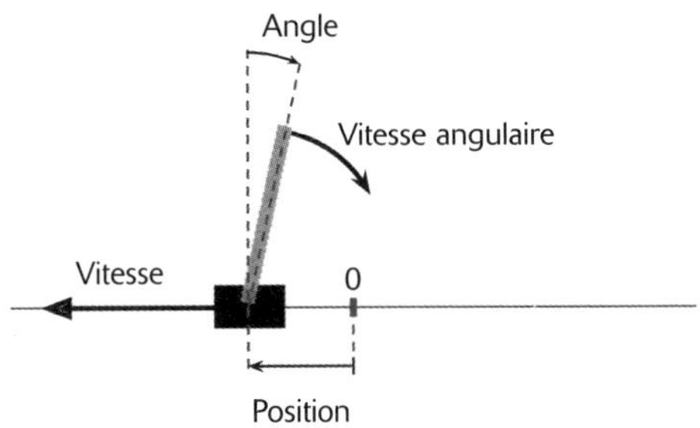

Figure 10.4 – L'environnement CartPole

Le dictionnaire `gym.envs.registry` fournit le nom et les spécifications de chacun des environnements disponibles.

Après avoir créé l'environnement, il faut l'initialiser à l'aide de la méthode `reset()`, en spécifiant éventuellement le germe de génération des valeurs aléatoires. On obtient alors la première observation. Les observations dépendent du type d'environnement. Dans le cas de CartPole, chaque observation est un tableau NumPy à une dimension qui contient quatre valeurs en virgule flottante (type `float`) représentant la position horizontale du chariot (`0.0` = centre), sa vitesse (vitesse positive si dirigée vers la droite), l'angle du bâton (`0.0` = vertical) et sa vitesse angulaire (valeur positive si orientée dans le sens des aiguilles d'une montre). La méthode renvoie également un dictionnaire qui peut contenir des informations supplémentaires spécifiques à l'environnement. Cela peut se révéler utile pour le débogage ou pour l'entraînement. Ainsi, dans de nombreux environnement Atari, celui-ci contient le nombre de vies restantes. Toutefois, dans l'environnement CartPole, ce dictionnaire est vide.

```
>>> obs, info = env.reset(seed=42)
>>> obs
array([ 0.0273956 , -0.00611216,  0.03585979,  0.0197368 ], dtype=float32)
>>> info
{}
```

À présent, appelons la méthode `render()` pour afficher cet environnement sous forme d'image. Étant donné que nous avons spécifié `render_mode="rgb_array"` lors de la création de l'environnement, cette image sera renvoyée sous forme d'un tableau NumPy :

```
>>> img = env.render()
>>> img.shape  # hauteur, largeur, canaux (3 = rouge, vert, bleu)
(400, 600, 3)
```

Vous pouvez alors utiliser la fonction `imshow()` de Matplotlib pour afficher cette image, comme d'habitude.

Demandons maintenant à l'environnement quelles sont les actions possibles :

```
>>> env.action_space
Discrete(2)
```

`Discrete(2)` signifie que les actions possibles sont les entiers 0 et 1, qui représentent une accélération vers la gauche (0) ou vers la droite (1). D'autres environnements peuvent proposer plus d'actions discrètes ou d'autres types d'actions (par exemple, continues). Puisque le bâton penche vers la droite (`obs[2] > 0`), accélérons le chariot vers la droite :

```
>>> action = 1 # accélérer vers la droite
>>> obs, reward, done, truncated, info = env.step(action)
>>> obs
array([ 0.02727336,  0.18847767,  0.03625453, -0.26141977], dtype=float32)
>>> reward
1.0
>>> done
False
>>> truncated
False
>>> info
{}
```

La méthode `step()` exécute l'action désirée et renvoie cinq valeurs :

- `obs` : il s'agit de la nouvelle observation. Le chariot se déplace à présent vers la droite (`obs[1]>0`). Le bâton est toujours incliné vers la droite (`obs[2]>0`), mais sa vitesse angulaire est devenue négative (`obs[3]<0`). Il va donc probablement pencher vers la gauche après l'étape suivante.
- `reward`: dans cet environnement, vous recevez la récompense 1.0 à chaque étape, quelle que soit votre action. L'objectif est donc de poursuivre l'exécution aussi longtemps que possible.
- `done`: cette valeur sera égale à `True` lorsque l'épisode sera terminé. Cela se produira lorsque l'inclinaison du bâton sera trop importante, sortira de l'écran ou après 200 étapes (dans ce dernier cas, vous aurez gagné). L'environnement doit alors être réinitialisé avant de pouvoir être de nouveau utilisé.
- `truncated`: cette valeur sera égale à `True` lorsque l'épisode aura été interrompu prématurément, par exemple par une classe emballant et modifiant cet environnement qui impose un nombre maximum d'étapes par épisode (pour plus d'informations sur ces emballages d'environnement (en anglais, *environment wrapper*), reportez-vous à la documentation de Gym). Certains algorithmes d'apprentissage par renforcement traitent différemment les épisodes tronqués et ceux qui se sont terminés normalement (c.-à-d. pour lesquels `done` vaut `True`), mais dans ce chapitre nous les traiterons de manière identique.
- `info`: ce dictionnaire spécifique à l'environnement fournit des informations supplémentaires, tout comme celui renvoyé par la méthode `reset()`.

Lorsque vous en avez terminé avec un environnement, pensez à appeler sa méthode `close()` pour libérer les ressources qu'il occupait.

Implémentons une politique simple qui déclenche une accélération vers la gauche lorsque le bâton penche vers la gauche, et une accélération vers la droite lorsque le bâton penche vers la droite. Ensuite, exécutons-la pour voir quelle récompense moyenne elle permet d'obtenir après 500 épisodes :

```
def basic_policy(obs):
    angle = obs[2]
    return 0 if angle < 0 else 1

totals = []
for episode in range(500):
    episode_rewards = 0
    obs, info = env.reset(seed=episode)
    for step in range(200):
        action = basic_policy(obs)
        obs, reward, done, truncated, info = env.step(action)
        episode_rewards += reward
        if done or truncated:
            break

totals.append(episode_rewards)
```

Ce code se comprend de lui-même. Examinons le résultat :

```
>>> import numpy as np
>>> np.mean(totals), np.std(totals), min(totals), max(totals)
(41.698, 8.389445512070509, 24.0, 63.0)
```

Même au bout de 500 essais, cette stratégie n'a pas réussi à garder le bâton vertical pendant plus de 63 étapes consécutives. Peu satisfaisant. Si vous observez la simulation dans le notebook de ce chapitre[290], vous constaterez que le chariot oscille à gauche et à droite de plus en plus fortement jusqu'à ce que le bâton soit trop incliné. Voyons si un réseau de neurones ne pourrait pas aboutir à une meilleure politique.

10.4 POLITIQUES PAR RÉSEAU DE NEURONES

Créons une politique basée sur un réseau de neurones. Ce réseau de neurones reçoit une observation en entrée et produit en sortie l'action à exécuter, tout comme la politique codée précédemment. Plus précisément, il estime une probabilité pour chaque action et nous sélectionnons aléatoirement une action en fonction des probabilités estimées (voir la figure 10.5). Dans le cas de l'environnement CartPole, puisqu'il n'y a que deux actions possibles (gauche ou droite), nous n'avons besoin que d'un seul neurone de sortie. Il produira la probabilité p de l'action 0 (gauche), et celle de l'action 1 (droite) sera donc $1 - p$. Par exemple, s'il fournit en sortie 0,7, nous choisirons l'action 0 avec 70 % de probabilité et l'action 1 avec 30 % de probabilité.

Pourquoi sélectionner aléatoirement une action en fonction de la probabilité donnée par le réseau de neurones plutôt que prendre celle qui possède le score le plus élevé ? Cette approche permet à l'agent de trouver le bon équilibre entre *explorer*

290. Voir « 18_reinforcement_learning.ipynb » sur *https://homl.info/colab3*.

de nouvelles actions et *exploiter* les actions réputées bien fonctionner. Voici une analogie : supposons que vous alliez dans un restaurant pour la première fois et que, puisque tous les plats semblent aussi appétissants l'un que l'autre, vous en choisissiez un au hasard. S'il est effectivement bon, vous augmentez sa probabilité de le commander la prochaine fois, mais vous ne devez pas la passer à 100 % car cela vous empêcherait d'essayer d'autres plats, qui pourraient être meilleurs que votre choix initial. Ce dilemme exploration/exploitation est au cœur de l'apprentissage par renforcement.

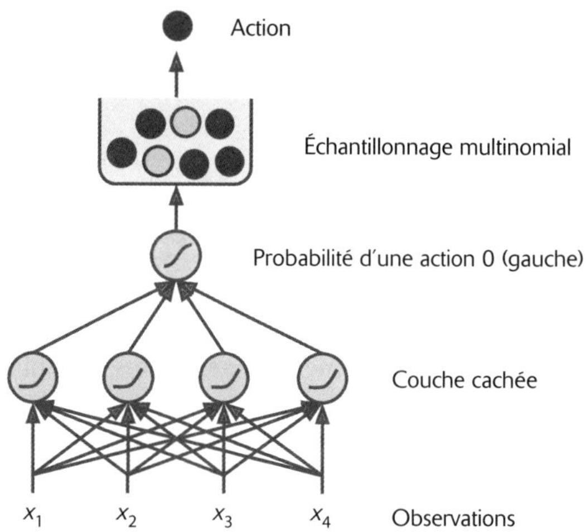

Figure 10.5 – Politique par réseau de neurones

Dans cet environnement particulier, les actions et les observations antérieures peuvent être ignorées, car chaque observation contient l'intégralité de l'état de l'environnement. S'il existait un état caché, vous devriez également prendre en compte les observations et les actions antérieures. Par exemple, si l'environnement ne donnait que la position du chariot, sans indiquer sa vitesse, vous auriez à considérer non seulement l'observation actuelle mais également l'observation précédente de façon à estimer sa vitesse actuelle. De même, lorsque les observations sont entachées de bruit, il faut généralement tenir compte de quelques observations antérieures afin d'estimer l'état courant le plus probable. Le problème de CartPole ne peut donc être plus simple ; les observations sont dépourvues de bruit et contiennent l'intégralité de l'état de l'environnement.

Voici le code qui permet de construire une politique par réseau de neurones très simple avec Keras :

```
import tensorflow as tf

model = tf.keras.Sequential([
    tf.keras.layers.Dense(5, activation="relu"),
    tf.keras.layers.Dense(1, activation="sigmoid"),
])
```

Nous employons un modèle `Sequential` pour définir le réseau de politique. Le nombre d'entrées correspond à la dimension de l'espace des observations (qui, dans le cas de CartPole, est égale à 5), et nous avons uniquement cinq unités cachées car le problème n'est pas très complexe. Enfin, puisque nous voulons produire en sortie une seule probabilité (la probabilité d'aller à gauche), nous avons un seul neurone de sortie qui utilise la fonction d'activation sigmoïde. Si le nombre d'actions possibles était supérieur à deux, nous aurions un neurone de sortie par action et nous opterions à la place pour la fonction d'activation softmax.

Nous disposons à présent d'une politique par réseau de neurones qui prend des observations et produit des actions. Mais comment l'entraîner ?

10.5 ÉVALUER DES ACTIONS : LE PROBLÈME D'AFFECTATION DE CRÉDIT

Si nous connaissions la meilleure action à chaque étape, nous pourrions entraîner le réseau de neurones de façon habituelle, en minimisant l'entropie croisée entre la probabilité estimée et la probabilité visée. Il s'agirait simplement d'un apprentissage supervisé normal. Toutefois, dans l'apprentissage par renforcement, la seule aide que reçoit l'agent vient des récompenses, qui sont généralement rares et différées. Par exemple, si l'agent réussit à équilibrer le bâton pendant 100 étapes, comment peut-il savoir quelles actions parmi les 100 réalisées étaient bonnes, et lesquelles étaient mauvaises ? Il sait simplement que le bâton est tombé après la dernière action, mais bien sûr celle-ci n'est pas la seule responsable. Il s'agit du *problème d'affectation de crédit* (*credit assignment problem*) : lorsque l'agent obtient une récompense, il lui est difficile de déterminer quelles actions doivent en être créditées (ou blâmées). Comment un chien qui serait gratifié plusieurs heures après un bon comportement pourrait-il comprendre l'origine de la récompense ?

Pour résoudre ce problème, une stratégie classique consiste à évaluer une action en fonction de la somme de toutes les récompenses qui s'ensuivent, en appliquant généralement un *facteur de rabais* (*discount factor*) γ (gamma) à chaque étape. Cette somme des récompenses avec rabais est appelée le *rendement* (*return*) de l'action. Par exemple (voir la figure 10.6), si un agent décide d'aller à droite trois fois de suite et reçoit en récompense + 10 après la première étape, 0 après la deuxième et enfin – 50 après la troisième, et en supposant que l'on utilise un facteur de rabais $\gamma = 0{,}8$, alors la première action obtient un rendement de $10 + \gamma \times 0 + \gamma^2 (-50) = -22$.

Si le facteur de rabais est proche de 0, les récompenses futures compteront peu en comparaison des récompenses immédiates. À l'inverse, si le facteur de rabais est proche de 1, les récompenses arrivant très tardivement compteront presque autant que les récompenses immédiates. En général, le facteur de rabais est fixé entre 0,9 et 0,99. Avec un facteur égal à 0,95, les récompenses qui arrivent 13 étapes dans le futur comptent pour environ la moitié des récompenses immédiates (car $0{,}95^{13} \approx 0{,}5$). En revanche, avec un facteur de rabais de 0,99, ce sont les récompenses arrivant 69 étapes dans le futur qui comptent pour moitié autant que les récompenses immédiates. Dans l'environnement CartPole, les actions ont plutôt des effets à court terme et le choix d'un facteur de rabais à 0,95 semble raisonnable.

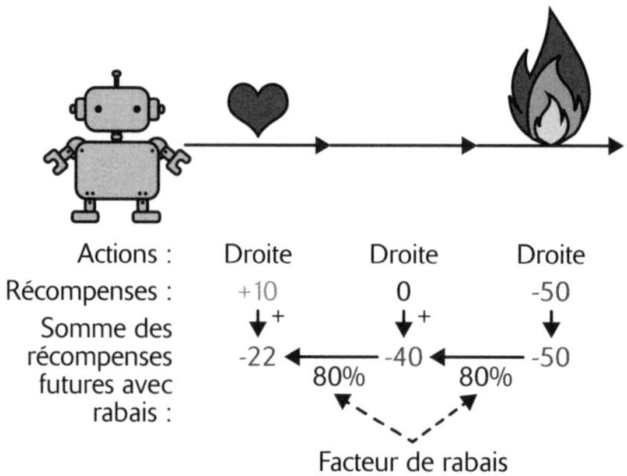

Figure 10.6 – Calcul du rendement d'une action : somme des récompenses futures avec rabais

Bien entendu, une bonne action peut être suivie de plusieurs mauvaises actions qui provoquent la chute rapide du bâton. Dans ce cas, la bonne action reçoit un rendement faible, comme un bon acteur peut parfois jouer dans un très mauvais film. Cependant, si l'on joue un nombre suffisant de parties, les bonnes actions obtiendront en moyenne un meilleur rendement que les mauvaises. Nous souhaitons estimer la qualité moyenne d'une action en comparaison des autres actions possibles. Il s'agit du *bénéfice de l'action* (*action advantage*). Pour cela, nous devons exécuter de nombreux épisodes et normaliser tous les rendements des actions (en soustrayant la moyenne et en divisant par l'écart-type). Suite à cela, on peut raisonnablement supposer que les actions ayant un bénéfice négatif étaient mauvaises, tandis que celles ayant un bénéfice positif étaient bonnes. Puisque nous avons à présent une solution pour évaluer chaque action, nous sommes prêts à entraîner notre premier agent en utilisant des gradients de politique.

10.6 GRADIENTS DE POLITIQUE

Comme nous l'avons indiqué précédemment, les algorithmes de *gradients de politique* (en anglais, *policy gradients*, ou PG) optimisent les paramètres d'une politique en suivant les gradients vers les récompenses les plus élevées. L'une des classes les plus répandues d'algorithmes de gradients de politique, appelés *algorithmes REINFORCE*, a été présentée[291] en 1992 par Ronald Williams. En voici une variante fréquente :

- Tout d'abord, on laisse la politique par réseau de neurones jouer plusieurs fois au jeu et, à chaque étape, on calcule les gradients qui augmenteraient la probabilité de l'action choisie, mais on ne les applique pas encore.

291. Ronald J. Williams, « Simple Statistical Gradient-Following Algorithms for Connectionist Reinforcement Leaning », *Machine Learning*, 8 (1992), 229-256 : *https://homl.info/132*.

- Au bout de plusieurs épisodes, on calcule le bénéfice de chaque action à l'aide de la méthode décrite au paragraphe précédent.
- Un bénéfice positif indique que l'action était bonne et l'on applique donc les gradients calculés précédemment pour que l'action ait davantage de chances d'être choisie dans le futur. En revanche, si son bénéfice est négatif, cela signifie que l'action était mauvaise et l'on applique donc les gradients opposés pour qu'elle devienne un peu *moins* probable dans le futur. La solution consiste à multiplier chaque vecteur de gradient par le bénéfice de l'action correspondante.
- Enfin, on calcule la moyenne de tous les vecteurs de gradients obtenus et on l'utilise pour effectuer une étape de descente de gradient.

Implémentons cet algorithme avec Keras. Nous entraînerons le réseau de neurones construit plus haut de façon qu'il maintienne le bâton en équilibre sur le chariot. Tout d'abord, nous avons besoin d'une fonction qui joue une étape du jeu. Pour le moment, nous prétendrons que l'action réalisée, quelle qu'elle soit, est appropriée afin que nous puissions calculer la perte et ses gradients. Ces gradients seront simplement conservés pendant un certain temps et nous les modifierons ultérieurement en fonction de la qualité réelle de l'action :

```
def play_one_step(env, obs, model, loss_fn):
    with tf.GradientTape() as tape:
        left_proba = model(obs[np.newaxis])
        action = (tf.random.uniform([1, 1]) > left_proba)
        y_target = tf.constant([[1.]]) - tf.cast(action, tf.float32)
        loss = tf.reduce_mean(loss_fn(y_target, left_proba))

    grads = tape.gradient(loss, model.trainable_variables)
    obs, reward, done, truncated, info = env.step(int(action))
    return obs, reward, done, truncated, grads
```

Étudions cette fonction :

- Dans le bloc `GradientTape` (voir le chapitre 4), nous commençons par appeler le modèle en lui fournissant une seule observation (puisque le modèle attend un lot, nous modifions la forme de l'observation afin qu'elle devienne un lot d'une seule instance). Nous obtenons alors la probabilité d'aller à gauche.
- Ensuite, nous tirons au hasard un nombre aléatoire à virgule flottante entre 0 et 1, et nous le comparons à `left_proba`. Le résultat, `action`, vaudra `False` avec une probabilité `left_proba`, ou `True` avec une probabilité `1 - left_proba`. Après avoir converti cette valeur booléenne en un entier, l'action sera égale à 0 (gauche) ou 1 (droite) avec les probabilités appropriées.
- Puis nous définissons la probabilité visée d'aller à gauche. Elle est égale à 1 moins l'action (convertie en un nombre à virgule flottante). Si l'action vaut 0 (gauche), alors la probabilité visée d'aller à gauche sera égale à 1. Si l'action vaut 1 (gauche), alors la probabilité visée sera égale à 0.
- Nous calculons alors la perte à l'aide de la fonction indiquée et nous utilisons l'enregistrement pour calculer les gradients de la perte en rapport avec les

variables entraînables du modèle. À nouveau, ces gradients seront ajustés ultérieurement, avant de les appliquer, en fonction de la qualité réelle de l'action.

- Enfin, nous jouons l'action sélectionnée et retournons la nouvelle observation, la récompense, un indicateur de fin de l'épisode, un indicateur de partie interrompue et, bien entendu, les gradients calculés.

Créons à présent une autre fonction qui s'appuiera sur la fonction `play_one_step()` pour jouer plusieurs épisodes, en renvoyant toutes les récompenses et tous les gradients pour chaque épisode et chaque étape :

```
def play_multiple_episodes(env, n_episodes, n_max_steps, model, loss_fn):
    all_rewards = []
    all_grads = []
    for episode in range(n_episodes):
        current_rewards = []
        current_grads = []
        obs, info = env.reset()
        for step in range(n_max_steps):
            obs, reward, done, truncated, grads = play_one_step(
                env, obs, model, loss_fn)
            current_rewards.append(reward)
            current_grads.append(grads)
            if done or truncated:
                break

        all_rewards.append(current_rewards)
        all_grads.append(current_grads)

    return all_rewards, all_grads
```

Ce code renvoie une liste de listes de récompenses (une liste de récompenses par épisode, contenant une récompense par étape), ainsi qu'une liste de listes de gradients (une liste de gradients par épisode, chacun contenant un n-uplet de gradients par étape, chacun d'eux contenant un tenseur de gradient par variable entraînable).

L'algorithme utilisera la fonction `play_multiple_episodes()` pour jouer plusieurs parties (par exemple, dix), puis reviendra en arrière pour examiner toutes les récompenses, leur appliquer un rabais et les normaliser. Pour cela, nous avons besoin de deux autres fonctions. La première calcule la somme des récompenses futures avec rabais à chaque étape. La seconde normalise toutes ces récompenses avec rabais (rendements) sur plusieurs épisodes, en soustrayant la moyenne et en divisant par l'écart-type.

```
def discount_rewards(rewards, discount_factor):
    discounted = np.array(rewards)
    for step in range(len(rewards) - 2, -1, -1):
        discounted[step] += discounted[step + 1] * discount_factor
    return discounted

def discount_and_normalize_rewards(all_rewards, discount_factor):
    all_discounted_rewards = [discount_rewards(rewards, discount_factor)
                              for rewards in all_rewards]
```

```
    flat_rewards = np.concatenate(all_discounted_rewards)
    reward_mean = flat_rewards.mean()
    reward_std = flat_rewards.std()
    return [(discounted_rewards - reward_mean) / reward_std
            for discounted_rewards in all_discounted_rewards]
```

Vérifions que tout cela fonctionne :

```
>>> discount_rewards([10, 0, -50], discount_factor=0.8)
array([-22, -40, -50])
>>> discount_and_normalize_rewards([[10, 0, -50], [10, 20]],
...                                discount_factor=0.8)
...
[array([-0.28435071, -0.86597718, -1.18910299]),
 array([1.26665318, 1.0727777 ])]
```

L'appel à `discount_rewards()` retourne exactement ce que nous attendions (voir la figure 10.6). Vous pouvez vérifier que la fonction `discount_and_normalize_rewards()` retourne bien les bénéfices normalisés de l'action pour chaque action dans les deux épisodes. Notez que le premier épisode a été bien plus mauvais que le second, et que ses bénéfices normalisés sont donc tous négatifs. Toutes les actions du premier épisode seront considérées mauvaises et, inversement, toutes celles du second seront considérées bonnes.

Nous sommes presque prêts à exécuter l'algorithme ! Définissons à présent les hyperparamètres. Nous effectuerons 150 itérations d'entraînement, en jouant 10 épisodes par itération, et chaque épisode durera au moins 200 étapes. Nous utiliserons un facteur de rabais égal à 0,95 :

```
n_iterations = 150
n_episodes_per_update = 10
n_max_steps = 200
discount_factor = 0.95
```

Nous avons également besoin d'un optimiseur et de la fonction de perte. Un optimiseur Nadam normal avec un taux d'apprentissage de 0,01 fera l'affaire, et nous utiliserons la fonction de perte par entropie croisée binaire, car nous entraînons un classificateur binaire (il existe deux actions possibles : gauche et droite) :

```
optimizer = tf.keras.optimizers.Nadam(learning_rate=0.01)
loss_fn = tf.keras.losses.binary_crossentropy
```

Nous sommes prêts à construire et à exécuter la boucle d'entraînement !

```
for iteration in range(n_iterations):
    all_rewards, all_grads = play_multiple_episodes(
        env, n_episodes_per_update, n_max_steps, model, loss_fn)
    all_final_rewards = discount_and_normalize_rewards(all_rewards,
                                                       discount_factor)
    all_mean_grads = []
    for var_index in range(len(model.trainable_variables)):
        mean_grads = tf.reduce_mean(
            [final_reward * all_grads[episode_index][step][var_index]
             for episode_index, final_rewards in enumerate(all_final_rewards)
                 for step, final_reward in enumerate(final_rewards)], axis=0)
        all_mean_grads.append(mean_grads)
    optimizer.apply_gradients(zip(all_mean_grads, model.trainable_variables))
```

Examinons ce code :

- À chaque itération d'entraînement, la boucle appelle la fonction `play_multiple_episodes()`, qui joue dix parties (ou épisodes) et retourne toutes les récompenses et tous les gradients de chaque étape de chaque épisode.
- Ensuite, nous appelons `discount_and_normalize_rewards()` pour calculer le bénéfice normalisé de chaque action (que, dans le code, nous appelons `final_reward`). Cela nous indique après coup la qualité réelle de chaque action.
- Puis nous parcourons chaque variable d'entraînement et, pour chacune, nous calculons la moyenne pondérée des gradients sur tous les épisodes et toutes les étapes, pondérée par `final_reward`.
- Enfin, nous appliquons ces gradients moyens en utilisant l'optimiseur. Les variables entraînables du modèle seront ajustées et, espérons-le, la politique sera un peu meilleure.

Et voilà ! Ce code entraînera la politique par réseau de neurones et apprendra à équilibrer le bâton placé sur le chariot. La récompense moyenne par épisode sera très proche de 200 (le maximum par défaut avec cet environnement). C'est gagné !

L'algorithme de gradients de politique que nous venons d'entraîner a résolu la tâche CartPole, mais il ne s'adapterait pas bien à des tâches plus grandes et plus complexes. À vrai dire, il est hautement inefficace dans l'exploitation des exemples (en anglais, *sample inefficient*), ce qui signifie qu'il doit explorer le jeu pendant très longtemps avant de pouvoir véritablement progresser. Ceci est dû au fait qu'il doit exécuter de nombreuses parties pour estimer l'avantage de chaque action. Cependant, ceci constitue la base d'algorithmes plus puissants, tels que les algorithmes *acteur-critique* (dont nous parlerons brièvement la fin de ce chapitre).

Les chercheurs tentent de trouver des algorithmes qui fonctionnent correctement même lorsque l'agent ne connaît initialement rien de son environnement. Cependant, hormis si vous rédigez un article, il est préférable de fournir à l'agent le maximum de connaissances préalables, car cela accélère énormément l'entraînement. Par exemple, puisque vous savez que le bâton doit être aussi vertical que possible, vous pouvez ajouter des récompenses négatives proportionnelles à l'angle du bâton. Ainsi, les récompenses se feront moins rares et l'entraînement s'en trouvera accéléré. De même, si vous disposez déjà d'une politique relativement convenable (par exemple, programmée à la main), vous pouvez entraîner le réseau de neurones afin de l'imiter, avant d'utiliser des gradients de politique pour l'améliorer.

Nous allons à présent examiner une autre famille d'algorithmes très en vogue. Alors que les algorithmes de gradients de politique essaient d'optimiser directement la politique de façon à augmenter les récompenses, ces nouveaux algorithmes opèrent de façon plus indirecte. L'agent apprend à estimer le rendement attendu pour chaque état, ou pour chaque action dans chaque état, puis décide d'agir en fonction de ces connaissances. Pour comprendre ces algorithmes, nous devons commencer par étudier les *processus de décision markoviens*.

10.7 PROCESSUS DE DÉCISION MARKOVIENS

Au début du XXe siècle, le mathématicien Andreï Markov a étudié les processus stochastiques sans mémoire, appelés *chaînes de Markov*. Un tel processus possède un nombre fixe d'états et évolue aléatoirement d'un état à l'autre à chaque étape. La probabilité pour qu'il passe de l'état *s* à l'état *s'* est fixée et dépend uniquement du couple (*s*, *s'*), non des états passés. C'est pour cela qu'on dit que le système n'a pas de mémoire.

La figure 10.7 illustre un exemple de chaînes de Markov avec quatre états.

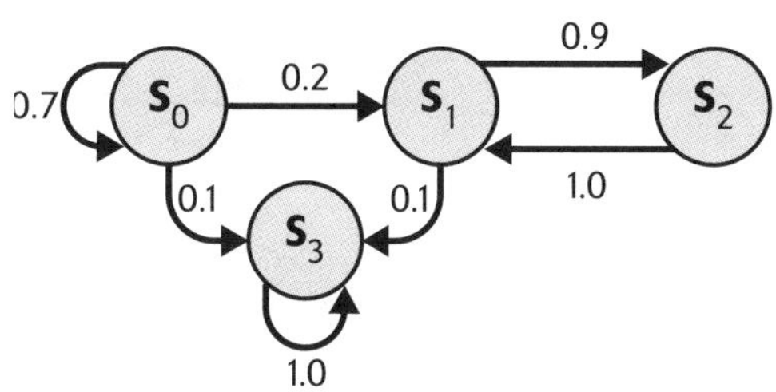

Figure 10.7 – Exemple d'une chaîne de Markov

Supposons que le processus démarre dans l'état s_0 et que ses chances de rester dans cet état à l'étape suivante soient de 70 %. À terme, il finira bien par quitter cet état pour ne jamais y revenir, car aucun autre état ne pointe vers s_0. S'il passe dans l'état s_1, il ira probablement ensuite dans l'état s_2 (probabilité de 90 %), pour revenir immédiatement dans l'état s_1 (probabilité de 100 %). Il peut osciller un certain nombre de fois entre ces deux états mais finira par aller dans l'état s_3, pour y rester indéfiniment car il n'y a pas de chemin pour en sortir : il s'agit d'un état terminal. Les chaînes de Markov peuvent avoir des dynamiques très différentes et sont très utilisées en thermodynamique, en chimie, en statistiques et bien d'autres domaines.

Les *processus de décision markoviens* (*Markov decision processes*, ou MDP) ont été décrits[292] pour la première fois dans les années 1950 par Richard Bellman. Ils ressemblent aux chaînes de Markov mais, à chaque étape, un agent peut choisir parmi plusieurs actions possibles et les probabilités des transitions dépendent de l'action choisie. Par ailleurs, certaines transitions entre états renvoient une récompense (positive ou négative) et l'objectif de l'agent est de trouver une politique qui maximise les récompenses au fil du temps.

Par exemple, le MDP représenté à la figure 10.8 possède trois états (représentés par des cercles) et jusqu'à trois actions discrètes possibles à chaque étape (représentées par des losanges). S'il démarre dans l'état s_0, l'agent peut choisir entre les actions a_0, a_1 et a_2. S'il opte pour l'action a_1, il reste dans l'état s_0 avec certitude et sans aucune

292. Richard Bellman, « A Markovian Decision Process », *Journal of Mathematics and Mechanics*, 6, n° 5 (1957), 679-684 : *https://homl.info/133*.

récompense. Il peut ensuite décider d'y rester à jamais s'il le souhaite. En revanche, s'il choisit l'action a_0, il a une probabilité de 70 % d'obtenir une récompense égale à +10 et de rester dans l'état s_0. Il peut ensuite essayer de nouveau pour obtenir autant de récompenses que possible. Mais, à un moment donné, il finira bien par aller dans l'état s_1, où il n'a que deux actions possibles : a_0 et a_2. Il peut décider de ne pas bouger en choisissant en permanence l'action a_0 ou de passer dans l'état s_2 en recevant une récompense négative égale à –50. Dans l'état s_2, il n'a pas d'autre choix que d'effectuer l'action a_1, qui le ramènera très certainement dans l'état s_0, gagnant au passage une récompense de +40.

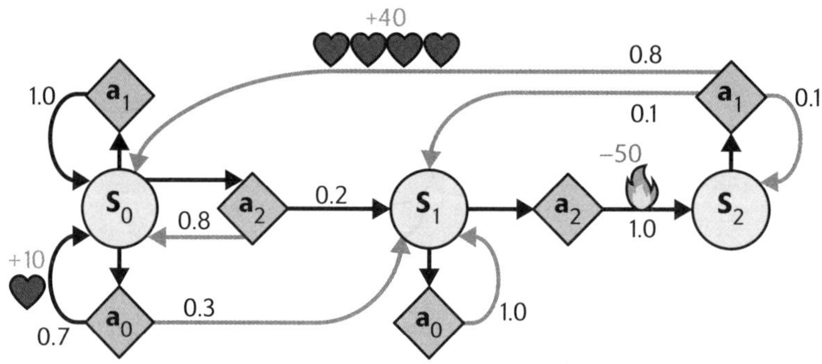

Figure 10.8 – Exemple de processus de décision markovien

Voilà pour le principe. En examinant ce MDP, pouvez-vous deviner quelle stratégie permettra d'obtenir la meilleure récompense au fil du temps ? Dans l'état s_0, il est clair que l'action a_0 est la meilleure option, et que dans l'état s_2 l'agent n'a pas d'autre choix que de prendre l'action a_1, mais, dans l'état s_1, il n'est pas facile de déterminer si l'agent doit rester là (a_0) ou traverser les flammes (a_2).

Bellman a trouvé une façon d'estimer la *valeur d'état optimale* de tout état s, notée $V^*(s)$, qui correspond à la somme de toutes les récompenses futures avec rabais que l'agent peut espérer en moyenne après qu'il a atteint cet état s, en supposant qu'il agisse de manière optimale. Il a montré que si l'agent opère de façon optimale, alors l'*équation d'optimalité de Bellman* s'applique (voir l'équation 10.1). Cette équation récursive dit que si l'agent agit de façon optimale, alors la valeur optimale de l'état courant est égale à la récompense qu'il obtiendra en moyenne après avoir effectué une action optimale, plus la valeur optimale espérée pour tous les états suivants possibles vers lesquels cette action peut conduire.

Équation 10.1 – Équation d'optimalité de Bellman

$$V^*(s) = \max_a \sum_{s'} T(s,a,s')\left[R(s,a,s') + \gamma \cdot V^*(s')\right] \quad \text{pour tout } s$$

Dans cette équation :

- $T(s, a, s')$ est la probabilité de transition de l'état s vers l'état s' si l'agent choisit l'action a. Par exemple, à la figure 10.8, $T(s_2, a_1, s_0) = 0{,}8$.

- $R(s, a, s')$ est la récompense obtenue par l'agent lorsqu'il passe de l'état s à l'état s' si l'agent choisit l'action a. Par exemple, à la figure 10.8, $R(s_2, a_1, s_0) = +40$.
- γ est le facteur de rabais.

Cette équation conduit directement à un algorithme qui permet d'estimer précisément la valeur d'état optimale de chaque état possible. On commence par initialiser toutes les estimations des valeurs d'états à zéro et on les actualise progressivement en utilisant un algorithme d'*itération sur la valeur* (voir l'équation 10.2). Si l'on prend le temps nécessaire, ces estimations vont obligatoirement converger vers les valeurs d'état optimales, qui correspondent à la politique optimale.

Équation 10.2 – Algorithme d'itération sur la valeur

$$V_{k+1}(s) \leftarrow \max_{a} \sum_{s'} T(s,a,s')\left[R(s,a,s') + \gamma \cdot V_k(s')\right] \text{ pour tout } s$$

Dans cette équation, $V_k(s)$ est la valeur estimée de l'état s au cours de la $k^{\text{ième}}$ itération de l'algorithme.

Cet algorithme est un exemple de *programmation dynamique*, qui décompose un problème complexe en sous-problèmes traitables qui peuvent être résolus de façon itérative.

Connaître les valeurs d'état optimales est utile, en particulier pour évaluer une politique, mais cela ne dit pas explicitement à l'agent ce qu'il doit faire. Heureusement, Bellman a trouvé un algorithme comparable pour estimer les *valeurs état-action optimales*, généralement appelées *valeurs qualité* ou *valeurs Q*. La valeur Q optimale du couple état-action (s, a), notée $Q^*(s, a)$, est la somme des récompenses futures avec rabais que l'agent peut espérer en moyenne après avoir atteint l'état s et choisi l'action a, mais avant qu'il ne voie le résultat de cette action, en supposant qu'il agisse de façon optimale après cette action.

Voici comment il fonctionne. Une fois encore, on commence par initialiser toutes les estimations des valeurs Q à zéro, puis on les actualise à l'aide de l'algorithme d'*itération sur la valeur Q* (*Q-value iteration*) (voir l'équation 10.3).

Équation 10.3 – Algorithme d'itération sur la valeur Q

$$Q_{k+1}(s,a) \leftarrow \sum_{s'} T(s,a,s')\left[R(s,a,s') + \gamma \cdot \max_{a'} Q_k(s',a')\right] \text{ pour tout } (s, a)$$

Après avoir obtenu les valeurs Q optimales, il n'est pas difficile de définir la politique optimale, notée $\pi^*(s)$: lorsque l'agent se trouve dans l'état s, il doit choisir l'action qui possède la valeur Q la plus élevée pour cet état, c'est-à-dire $\pi^*(s) = \max_{a} Q^*(s,a)$.

Appliquons cet algorithme au MDP représenté à la figure 10.8. Commençons par définir celui-ci :

```
transition_probabilities = [  # forme=[s, a, s']
    [[0.7, 0.3, 0.0], [1.0, 0.0, 0.0], [0.8, 0.2, 0.0]],
    [[0.0, 1.0, 0.0], None, [0.0, 0.0, 1.0]],
```

```
    [None, [0.8, 0.1, 0.1], None]
]
rewards = [  # forme=[s, a, s']
    [[+10, 0, 0], [0, 0, 0], [0, 0, 0]],
    [[0, 0, 0], [0, 0, 0], [0, 0, -50]],
    [[0, 0, 0], [+40, 0, 0], [0, 0, 0]]
]
possible_actions = [[0, 1, 2], [0, 2], [1]]
```

Par exemple, pour connaître la probabilité de transition de s_2 à s_0 après avoir réalisé l'action a_1, nous examinons `transition_probabilities[2][1][0]` (qui vaut 0,8). De façon comparable, pour obtenir la récompense correspondante, nous examinons `rewards[2][1][0]` (qui vaut +40). Et, pour obtenir la liste des actions possibles en s_2, nous consultons `possible_actions[2]` (dans ce cas, seule l'action a_1 est possible). Ensuite, nous devons initialiser toutes les valeurs Q à zéro (excepté pour les actions impossibles, pour lesquelles nous fixons les valeurs Q à $-\infty$) :

```
Q_values = np.full((3, 3), -np.inf) # -np.inf pour les actions impossibles
for state, actions in enumerate(possible_actions):
    Q_values[state, actions] = 0.0  # pour toutes les actions possibles
```

Exécutons à présent l'algorithme d'itération sur la valeur Q. Il applique l'équation 10.3 de façon répétitive, à toutes les valeurs Q, pour chaque état et chaque action possible :

```
gamma = 0.90   # facteur de rabais

for iteration in range(50):
    Q_prev = Q_values.copy()
    for s in range(3):
        for a in possible_actions[s]:
            Q_values[s, a] = np.sum([
                    transition_probabilities[s][a][sp]
                    * (rewards[s][a][sp] + gamma * Q_prev[sp].max())
                for sp in range(3)])
```

Voici les valeurs Q résultantes :

```
>>> Q_values
array([[18.91891892, 17.02702702, 13.62162162],
       [ 0.        ,        -inf, -4.87971488],
       [       -inf, 50.13365013,        -inf]])
```

Par exemple, lorsque l'agent se trouve dans l'état s_0 et choisit l'action a_1, la somme attendue des récompenses futures avec rabais est environ égale à 17,0.

Pour chaque état, nous pouvons trouver l'action qui possède la plus haute valeur Q :

```
>>> Q_values.argmax(axis=1)  # action optimale pour chaque état
array([0, 0, 1])
```

On obtient ainsi la politique optimale pour ce MDP avec un facteur de rabais 0,90 : dans l'état s_0, choisir l'action a_0, puis dans l'état s_1, choisir l'action a_0 (rester sur place), et dans l'état s_2, choisir l'action a_1 (la seule possible). Si l'on augmente le facteur de rabais à 0,95, il est intéressant de constater que la politique optimale change : dans l'état s_1, la meilleure action devient a_0 (traverser les flammes !). Ce résultat est sensé, car plus on accorde de valeur aux récompenses futures, plus on est prêt à endurer les souffrances présentes pour obtenir la récompense ultérieure.

10.8 APPRENTISSAGE PAR DIFFÉRENCE TEMPORELLE

Si les problèmes d'apprentissage par renforcement avec des actions discrètes peuvent souvent être modélisés à l'aide des processus de décision markoviens, l'agent n'a initialement aucune idée des probabilités des transitions (il ne connaît pas $T(s, a, s')$) et ne sait pas quelles seront les récompenses (il ne connaît pas $R(s, a, s')$). Il doit tester au moins une fois chaque état et chaque transition pour connaître les récompenses, et il doit le faire à plusieurs reprises s'il veut avoir une estimation raisonnable des probabilités des transitions.

L'algorithme d'*apprentissage par différence temporelle*, ou TD (pour *temporal difference*), *TD Learning* en anglais, est très proche de l'algorithme d'itération sur la valeur, mais il prend en compte le fait que l'agent n'a qu'une connaissance partielle du MDP. En général, on suppose que l'agent connaît initialement uniquement les états et les actions possibles, rien de plus. Il se sert d'une *politique d'exploration*, par exemple une politique purement aléatoire, pour explorer le MDP, et, au fur et à mesure de sa progression, l'algorithme d'apprentissage TD actualise les estimations des valeurs d'état en fonction des transitions et des récompenses observées (voir l'équation 10.4).

Équation 10.4 – Algorithme d'apprentissage TD

$$V_{k+1}(s) \leftarrow (1-\alpha)V_k(s) + \alpha\left(r + \gamma \cdot V_k(s')\right)$$

ou, de façon équivalente :

$$V_{k+1}(s) \leftarrow V_k(s) + \alpha \cdot \delta_k(s,r,s')$$

avec

$$\delta_k(s,r,s') = r + \gamma \cdot V_k(s') - V_k(s)$$

Dans cette équation :

- α est le taux d'apprentissage (par exemple, 0,01).
- $r + \gamma \cdot V_k(s')$ est appelé *cible de différence temporelle*, ou *cible TD*.
- $\delta_k(s, r, s')$ est appelé *erreur de différence temporelle*, ou *erreur TD*.

Une façon plus concise d'écrire la première forme de cette équation se fonde sur la notation $a \underset{\alpha}{\leftarrow} b$, qui signifie $a_{k+1} \leftarrow (1-\alpha) \cdot a_k + \alpha \cdot b_k$. La première ligne de l'équation 10.4 peut donc être récrite ainsi : $V(s) \underset{\alpha}{\leftarrow} r + \gamma \cdot V(s')$.

L'apprentissage TD présente de nombreuses similitudes avec la descente de gradient stochastique, notamment son traitement d'un échantillon à la fois. À l'instar de cette descente de gradient, il ne peut réellement converger que si l'on réduit progressivement le taux d'apprentissage (sinon il oscillera en permanence autour des valeurs Q optimales).

Pour chaque état s, l'algorithme conserve une moyenne mobile de la récompense immédiate reçue par l'agent en quittant cet état plus les récompenses avec rabais qu'il espère obtenir ultérieurement s'il agit de façon optimale.

10.9 APPRENTISSAGE Q

De manière comparable, l'algorithme d'apprentissage Q (*Q-Learning*) correspond à l'algorithme d'itération sur la valeur Q adapté au cas où les probabilités des transitions et les récompenses sont initialement inconnues (voir l'équation 10.5). Il regarde un agent jouer (par exemple, aléatoirement) et améliore progressivement ses estimations des valeurs Q. Lorsqu'il dispose d'estimations de valeur Q précises (ou suffisamment proches), la politique optimale est de choisir l'action qui possède la valeur Q la plus élevée (autrement dit, la politique gloutonne).

Équation 10.5 – Algorithme d'apprentissage Q

$$Q(s,a) \underset{\alpha}{\leftarrow} r + \gamma \cdot \max_{a'} Q_k(s',a')$$

Pour chaque couple état-action (s, a), cet algorithme conserve une moyenne mobile de la récompense r reçue par l'agent lorsqu'il quitte l'état s avec l'action a plus la somme des récompenses futures avec rabais qu'il espère obtenir. Pour estimer cette somme, nous prenons le maximum des estimations de la valeur Q pour l'état s' suivant, car nous supposons que la politique cible travaillera à terme de manière optimale.

Implémentons cet algorithme d'apprentissage Q. Tout d'abord, nous devons faire en sorte qu'un agent explore l'environnement. Pour cela, nous avons besoin d'une fonction (`step`) qui permette à l'agent d'exécuter une action et d'obtenir l'état et la récompense résultants :

```
def step(state, action):
    probas = transition_probabilities[state][action]
    next_state = np.random.choice([0, 1, 2], p=probas)
    reward = rewards[state][action][next_state]
    return next_state, reward
```

Passons à présent à la politique d'exploration de l'agent. Puisque l'espace des états est relativement réduit, une simple politique aléatoire suffira. Si nous exécutons l'algorithme suffisamment longtemps, l'agent visitera chaque état à plusieurs reprises et essaiera également chaque action possible plusieurs fois :

```
def exploration_policy(state):
    return np.random.choice(possible_actions[state])
```

Ensuite, après avoir initialisé les valeurs Q comme précédemment, nous sommes prêts à exécuter l'algorithme d'apprentissage Q avec une décroissance du taux d'apprentissage (en utilisant la décroissance hyperbolique décrite au chapitre 3) :

```
alpha0 = 0.05  # taux d'apprentissage initial
decay = 0.005  # décroissance du taux d'apprentissage
gamma = 0.90  # facteur de rabais
```

```
state = 0  # état initial

for iteration in range(10_000):
    action = exploration_policy(state)
    next_state, reward = step(state, action)
    next_value = Q_values[next_state].max()  # politique gloutonne
                                             # à l'étape suivante
    alpha = alpha0 / (1 + iteration * decay)
    Q_values[state, action] *= 1 - alpha
    Q_values[state, action] += alpha * (reward + gamma * next_value)
    state = next_state
```

Cet algorithme convergera vers les valeurs Q optimales, mais il faudra de nombreuses itérations et, potentiellement, un assez grand nombre d'ajustements des hyperparamètres. Vous pouvez le voir à la figure 10.9, l'algorithme d'itération sur la valeur Q (à gauche) converge très rapidement, en moins de 20 itérations, tandis que la convergence de l'algorithme d'apprentissage Q (à droite) demande environ 8 000 itérations. Il est clair que ne pas connaître les probabilités de transition ou les récompenses complique énormément la recherche de la politique optimale !

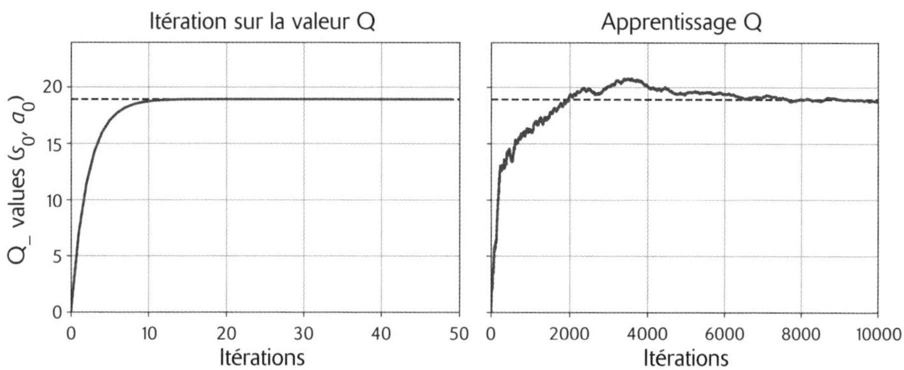

Figure 10.9 – L'algorithme d'itération sur la valeur Q (à gauche) et l'algorithme d'apprentissage Q (à droite)

L'algorithme d'apprentissage Q est un *algorithme hors politique* (*off-policy algorithm*) car la politique entraînée n'est pas nécessairement celle qui est utilisée durant l'entraînement. Ainsi, dans le code que nous venons d'exécuter, la politique exécutée (la politique d'exploration) est totalement aléatoire, tandis que la politique entraînée choisit toujours les actions ayant des valeurs Q les plus élevées. À l'inverse, l'algorithme des gradients de politique est un *algorithme sur politique* (*on-policy algorithm*), car il explore le monde en utilisant la politique entraînée. Il est assez surprenant que l'apprentissage Q soit capable d'apprendre la politique optimale en regardant simplement un agent agir de façon aléatoire. C'est comme si l'on parvenait à apprendre à jouer au golf parfaitement en regardant simplement un singe ivre jouer. Peut-on faire mieux ?

10.9.1 Politiques d'exploration

L'apprentissage Q ne fonctionne que si la politique d'exploration explore suffisamment le MDP. Même si une politique purement aléatoire finit nécessairement par visiter chaque état et chaque transition à de nombreuses reprises, elle risque de prendre un temps extrêmement long. Une meilleure approche consiste à employer la *politique ε-gourmande (en anglais, ε-greedy)* : à chaque étape, elle agit de façon aléatoire avec la probabilité ε (epsilon), ou de façon gourmande (*greedy*) avec la probabilité $1-\varepsilon$ (c'est-à-dire en choisissant l'action ayant la valeur Q la plus élevée). En comparaison d'une politique totalement aléatoire, la politique ε-gourmande présente l'avantage de passer de plus en plus de temps à explorer les parties intéressantes de l'environnement, au fur et à mesure que les estimations de la valeur Q s'améliorent, tout en passant encore un peu de temps dans les régions inconnues du MDP. Il est assez fréquent de débuter avec une valeur élevée pour ε (par exemple, 1,0) et ensuite de la réduire progressivement (par exemple, jusqu'à 0,05).

À la place d'une exploration au petit bonheur la chance, une autre approche consiste à encourager la politique d'exploration à essayer des actions qu'elle a peu testées auparavant. Cela peut être mis en œuvre par l'intermédiaire d'un bonus ajouté aux estimations de la valeur Q (voir l'équation 10.6).

Équation 10.6 – Apprentissage Q avec une fonction d'exploration

$$Q(s,a) \underset{\alpha}{\leftarrow} r + \gamma \cdot \max_{\alpha'} f\left(Q(s',a'), N(s',a')\right)$$

Dans cette équation :

- $N(s', a')$ compte le nombre de fois où l'action a' a été choisie dans l'état s'.
- $f(Q, N)$ est une *fonction d'exploration*, par exemple $f(Q, N) = Q + \kappa/(1 + N)$, où κ est un hyperparamètre de curiosité qui mesure l'attrait de l'agent pour l'inconnu.

10.9.2 Apprentissage Q par approximation et apprentissage Q profond

L'apprentissage Q s'adapte mal aux MDP de grande taille, voire de taille moyenne, avec de nombreux états et actions. Envisageons, par exemple, l'utilisation de l'apprentissage Q pour entraîner un agent à jouer à Ms. *Pac-Man* (voir la figure 10.1). Il y a plus de 150 gommes à manger, et comme à tout instant une gomme peut être présente ou absente (déjà mangée), le nombre d'états possibles est supérieur à $2^{150} \approx 10^{45}$. Si l'on ajoute toutes les combinaisons possibles d'emplacements des fantômes et de Ms. Pac-Man, le nombre d'états possibles est largement supérieur au nombre d'atomes sur notre planète. Il est donc absolument impossible de conserver une estimation de chaque valeur Q.

La solution consiste à trouver une fonction $Q_\theta(s, a)$ qui permet d'obtenir une approximation de la valeur Q de n'importe quel couple état-action (s, a) en utilisant un nombre de paramètres raisonnable (donnés par le vecteur de paramètres $\boldsymbol{\theta}$). Cette approche est appelée *apprentissage Q par approximation*. Pendant longtemps, la recommandation a été d'employer des combinaisons linéaires de caractéristiques fabriquées manuellement à partir de l'état (par exemple, la distance des fantômes les plus proches, leur direction, etc.) pour estimer les valeurs Q, mais, en 2013, DeepMind a montré que l'utilisation de réseaux de neurones profonds donne de bien meilleurs résultats (*https://homl.info/dqn*), en particulier avec des problèmes complexes. Cela permet également d'éviter le travail laborieux d'élaboration de bonnes caractéristiques. Un tel réseau utilisé pour l'estimation des valeurs Q est un *réseau Q profond* (en anglais, *deep Q-network*, ou DQN), et l'utilisation d'un DQN pour l'apprentissage Q par approximation est appelée *apprentissage Q profond* (*deep Q-learning*).

Mais comment entraîner un réseau Q profond ? Pour le comprendre, considérons la valeur Q estimée par ce DQN pour un couple état-action (s, a). Grâce à Bellman, on sait qu'il faudrait que cette estimation soit aussi proche que possible de la récompense r que l'on observe après avoir joué l'action a dans l'état s, plus la somme des récompenses futures avec rabais que l'on peut espérer si l'on joue ensuite de façon optimale. Afin d'estimer cette valeur, on peut simplement utiliser le DQN sur l'état suivant s', et pour toutes les actions suivantes possibles a'. On obtient ainsi une estimation de la valeur Q pour chaque action suivante possible. Il suffit alors de prendre la plus élevée (car on suppose qu'on jouera de façon optimale), de lui appliquer un rabais, et l'on obtient ainsi une estimation de la somme des récompenses futures avec rabais. En y ajoutant la récompense r, on obtient une valeur Q cible $y(s, a)$ pour le couple état-action (s, a) (voir l'équation 10.7).

Équation 10.7 – Valeur Q cible

$$y(s,a) = r + \gamma \cdot \max_{a'} Q_{\theta}(s',a')$$

Avec cette valeur Q cible, nous pouvons exécuter une étape d'entraînement à l'aide de tout algorithme de descente de gradient. Plus précisément, nous essayons en général de minimiser l'erreur quadratique entre la valeur Q estimée $Q_{\theta}(s, a)$ et la valeur Q cible $y(s, a)$ (ou la perte de Hubber pour réduire la sensibilité de l'algorithme aux grandes erreurs). Voilà tout pour l'apprentissage Q profond de base ! Voyons comment l'implémenter pour résoudre l'environnement CartPole.

10.10 IMPLÉMENTER L'APPRENTISSAGE Q PROFOND

En premier lieu, il nous faut un réseau Q profond. En théorie, il faut un réseau de neurones qui prend en entrée un couple état-action et produit en sortie une valeur Q approchée. Mais, en pratique, il est beaucoup plus efficace d'utiliser un réseau de neurones qui prend en entrée uniquement un état et génère une valeur Q approchée pour chaque action possible. Pour résoudre l'environnement CartPole, nous n'avons pas besoin d'un réseau très complexe ; deux couches cachées suffiront :

```
input_shape = [4]  # == env.observation_space.shape
n_outputs = 2  # == env.action_space.n

model = tf.keras.Sequential([
    tf.keras.layers.Dense(32, activation="elu", input_shape=input_shape),
```

```
    tf.keras.layers.Dense(32, activation="elu"),
    tf.keras.layers.Dense(n_outputs)
])
```

Avec ce réseau Q profond, l'action choisie est celle dont la valeur Q prédite est la plus grande. Pour nous assurer que l'agent explore l'environnement, nous utilisons une politique ε-gourmande (autrement dit, nous choisissons une action aléatoire avec une probabilité ε) :

```
def epsilon_greedy_policy(state, epsilon=0):
    if np.random.rand() < epsilon:
        return np.random.randint(n_outputs)  # action au hasard
    else:
        Q_values = model.predict(state[np.newaxis], verbose=0)[0]
        return Q_values.argmax()  # action optimale selon le DQN
```

Au lieu d'entraîner le DQN en fonction des dernières expériences uniquement, nous stockons toutes les expériences dans une *mémoire de rejeu* (ou *tampon de rejeu*) et nous en extrayons un lot aléatoire à chaque itération d'entraînement. Cela permet de réduire les corrélations entre les expériences d'un lot d'entraînement et facilite énormément cet entraînement. Pour cela, nous utilisons simplement une file d'attente à double extrémité, ou deque :

```
from collections import deque

replay_buffer = deque(maxlen=2000)
```

Un *deque* est une file d'attente dans laquelle on peut facilement ajouter ou supprimer des éléments aux deux extrémités. Ajouter et supprimer des éléments aux deux extrémités est très rapide, mais l'accès aléatoire peut être lent lorsque la file d'attente devient longue. Si vous avez besoin d'un très grand tampon de rejeu, utilisez plutôt un tampon circulaire (voir une implémentation dans le notebook de ce chapitre[293]) ou consultez la bibliothèque Reverb de DeepMin (*https://homl.info/reverb*).

Chaque expérience est constituée de six éléments : un état *s*, l'action *a* effectuée par l'agent, la récompense résultante *r*, l'état suivant *s'* atteint, une valeur booléenne indiquant si l'épisode est à présent terminé (`done`), et enfin une autre valeur booléenne indiquant si l'épisode a été interrompu à ce stade. Nous avons besoin d'une petite fonction d'échantillonnage d'un lot aléatoire d'expériences à partir de la mémoire de rejeu. Elle renvoie six tableaux NumPy qui correspondent aux six éléments de l'expérience :

```
def sample_experiences(batch_size):
    indices = np.random.randint(len(replay_buffer), size=batch_size)
    batch = [replay_buffer[index] for index in indices]
    return [
        np.array([experience[field_index] for experience in batch])
        for field_index in range(6)
    ]  # [états, actions, récompenses, états suivants, fins, interruptions]
```

293. Voir « 18_reinforcement_learning.ipynb » sur *https://homl.info/colab3*.

Créons également une fonction qui réalise une seule étape en utilisant la politique ε-gloutonne, puis stocke l'expérience résultante dans la mémoire de rejeu :

```
def play_one_step(env, state, epsilon):
    action = epsilon_greedy_policy(state, epsilon)
    next_state, reward, done, truncated, info = env.step(action)
    replay_buffer.append((state, action, reward, next_state, done, truncated))
    return next_state, reward, done, truncated, info
```

Pour finir, écrivons une dernière fonction qui échantillonne un lot d'expériences à partir de la mémoire de rejeu et entraîne le DQN en réalisant une seule étape de descente de gradient sur ce lot :

```
batch_size = 32
discount_factor = 0.95
optimizer = tf.keras.optimizers.Nadam(learning_rate=1e-2)
loss_fn = tf.keras.losses.mean_squared_error

def training_step(batch_size):
    experiences = sample_experiences(batch_size)
    states, actions, rewards, next_states, dones, truncateds = experiences
    next_Q_values = model.predict(next_states, verbose=0)
    max_next_Q_values = next_Q_values.max(axis=1)
    runs = 1.0 - (dones | truncateds)  # l'épisode n'est ni terminé
                                       # ni interrompu
    target_Q_values = rewards + runs * discount_factor * max_next_Q_values
    target_Q_values = target_Q_values.reshape(-1, 1)
    mask = tf.one_hot(actions, n_outputs)
    with tf.GradientTape() as tape:
        all_Q_values = model(states)
        Q_values = tf.reduce_sum(all_Q_values * mask, axis=1, keepdims=True)
        loss = tf.reduce_mean(loss_fn(target_Q_values, Q_values))

    grads = tape.gradient(loss, model.trainable_variables)
    optimizer.apply_gradients(zip(grads, model.trainable_variables))
```

Voici ce qui se passe dans ce code :

- Nous commençons par définir certains hyperparamètres et créons l'optimiseur et la fonction de perte.
- Puis nous créons la fonction `training_step()`. Elle commence par échantillonner un lot d'expériences, puis se sert du DQN pour prédire la valeur Q de chaque action possible dans l'état suivant de chaque expérience. Puisque nous supposons que l'agent va jouer de façon optimale, nous conservons uniquement la valeur maximale de chaque état suivant. Puis nous utilisons l'équation 10.7 pour calculer la valeur Q cible du couple état-action de chaque expérience.
- Nous voulons utiliser le DQN pour calculer la valeur Q de chaque couple état-action retenu. Toutefois, le DQN va produire non seulement les valeurs Q de l'action réellement choisie par l'agent mais également celles des autres actions possibles. Nous devons donc masquer toutes les valeurs Q dont nous n'avons pas besoin. La fonction `tf.one_hot()` permet de convertir un tableau d'indices d'actions en un tel masque. Par exemple, si les trois premières

expériences contiennent, respectivement, les actions 1, 1, 0, alors le masque commencera par `[[0, 1], [0, 1], [1, 0],...]`. Nous pouvons ensuite multiplier la sortie du DQN par ce masque afin d'annuler toutes les valeurs dont nous n'avons pas besoin. Puis nous effectuons une somme sur l'axe 1 pour nous débarrasser de tous les zéros, en ne conservant que les valeurs Q des couples état-action retenus. Nous obtenons alors le tenseur `Q_values`, qui contient une valeur Q prédite pour chaque expérience du lot.

- Puis nous calculons la perte. Il s'agit de l'erreur quadratique moyenne entre les valeurs Q cibles et prédites pour les couples état-action retenus.
- Enfin, nous effectuons une descente de gradient pour minimiser la perte vis-à-vis des variables entraînables du modèle.

Voilà pour la partie la plus difficile. L'entraînement du modèle est à présent un jeu d'enfant :

```
for episode in range(600):
    obs, info = env.reset()
    for step in range(200):
        epsilon = max(1 - episode / 500, 0.01)
        obs, reward, done, truncated, info = play_one_step(env, obs, epsilon)
        if done or truncated:
            break

    if episode > 50:
        training_step(batch_size)
```

Nous exécutons 600 épisodes, chacun pour un maximum de 200 étapes. À chaque étape, nous commençons par calculer la valeur `epsilon` pour la politique ε-gourmande. Elle décroîtra linéairement de 1 à 0,01, en un peu moins de 500 épisodes. Ensuite, nous appelons la fonction `play_one_step()`, qui utilise la politique ε-gourmande pour sélectionner une action, l'exécuter et enregistrer l'expérience dans la mémoire de rejeu. Si l'épisode est terminé ou interrompu, nous sortons de la boucle. Enfin, si nous avons dépassé le 50e épisode, nous appelons la fonction `training_step()` pour entraîner le modèle sur un lot échantillonné à partir de la mémoire de rejeu. Les nombreux épisodes sans entraînement donnent à la mémoire de rejeu le temps de se remplir (si nous n'attendons pas suffisamment longtemps, elle manquera de diversité). Nous venons d'implémenter l'algorithme d'apprentissage Q profond !

La figure 10.10 montre les récompenses totales obtenues par l'agent au cours de chaque épisode.

Vous le constatez, l'algorithme ne fait aucun progrès apparent pendant au moins 300 épisodes (en partie parce que la valeur de ε était très élevée au début). Puis son comportement devient erratique : il atteint une première fois la récompense maximale aux alentours de l'épisode 220, puis il redescend immédiatement avant d'effectuer plusieurs rebonds et de se stabiliser enfin aux alentours de la récompense maximale, et aux alentours de l'épisode 320, le score obtenu est à nouveau en chute libre. C'est ce qu'on appelle l'*oubli catastrophique*, l'un des plus gros problèmes auxquels sont confrontés virtuellement tous les algorithmes d'apprentissage par renforcement : au fur et à mesure que l'agent explore l'environnement, il actualise sa politique, mais ce qu'il apprend dans une partie de l'environnement peut remettre en question ce qu'il a appris précédemment dans les autres parties de l'environnement. Les expériences présentent une certaine corrélation et l'environnement d'apprentissage change sans cesse – une situation peu idéale pour la descente de gradient ! Si vous augmentez la taille de la mémoire de rejeu, l'algorithme sera moins sujet à ce problème. Un ajustement du taux d'apprentissage peut également aider. Mais, en vérité, l'apprentissage par renforcement est difficile. L'entraînement est souvent instable et vous devrez tester de nombreuses valeurs pour les hyperparamètres et les germes aléatoires avant de trouver une combinaison qui convienne parfaitement. Par exemple, si vous tentez de passer de la fonction d'activation `"elu"` à la fonction `"relu"`, le résultat sera beaucoup moins bon.

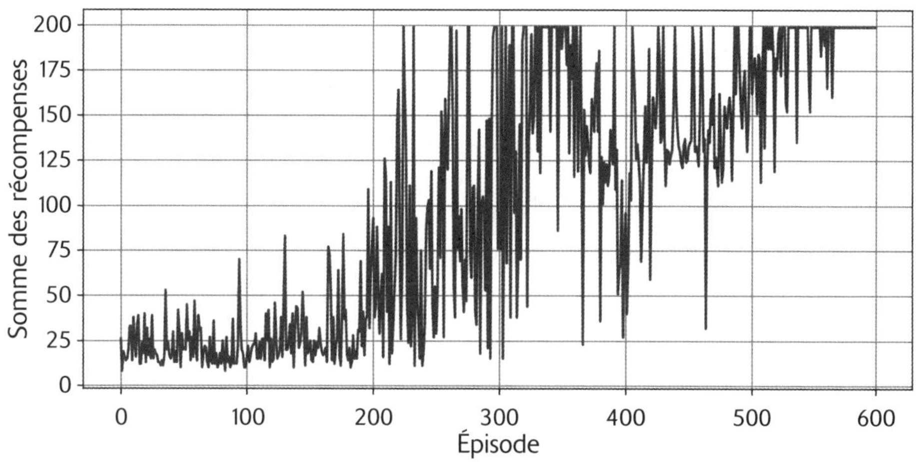

Figure 10.10 – Courbe de progression de l'algorithme d'apprentissage Q profond

L'apprentissage par renforcement est notoirement difficile, essentiellement en raison des instabilités de l'entraînement et de l'importante sensibilité au choix des valeurs des hyperparamètres et des germes aléatoires[294]. Comme le dit le chercheur Andrej Karpathy, « [l'apprentissage supervisé] souhaite travailler. [...] l'apprentissage par renforcement doit être forcé à travailler ». Il vous faudra du temps, de la patience, de la persévérance et, peut-être aussi, un peu de chance. C'est l'une des principales raisons pour lesquelles l'apprentissage par renforcement n'est pas aussi largement adopté que l'apprentissage profond classique (par exemple, les réseaux convolutifs). Il existe cependant quelques applications réelles, en dehors d'AlphaGo et des jeux Atari. Par exemple, Google l'utilise pour optimiser les coûts de son datacenter et il est appliqué dans certaines applications robotiques, pour l'ajustement d'hyperparamètres et dans les systèmes de recommandations.

294. Un excellent billet publié en 2018 par Alex Irpan expose parfaitement les plus grandes difficultés et limites de l'apprentissage par renforcement : *https://homl.info/rlhard.*

Nous n'avons pas affiché la perte, car il s'agit d'une piètre mesure de la performance du modèle. La perte peut baisser alors que l'agent est mauvais. Par exemple, si l'agent reste bloqué dans une petite région de l'environnement et si le DQN commence à surajuster cette région. À l'inverse, la perte peut augmenter alors que l'agent travaille mieux. Par exemple, si le DQN avait sous-estimé les valeurs Q et s'il commence à améliorer ses prédictions, l'agent affichera de meilleures performances, obtiendra plus de récompense, mais la perte peut augmenter car le DQN fixe également les cibles, qui seront aussi plus grandes. C'est pourquoi il est préférable de représenter graphiquement les récompenses.

L'algorithme d'apprentissage Q profond de base que nous avons utilisé est trop instable pour apprendre à jouer aux jeux d'Atari. Comment ont donc procédé les chercheurs de DeepMind ? Ils ont simplement perfectionné l'algorithme.

10.11 VARIANTES DE L'APPRENTISSAGE Q PROFOND

Examinons quelques variantes de l'algorithme d'apprentissage Q profond qui permettent de stabiliser et d'accélérer l'entraînement.

10.11.1 Cibles de la valeur Q fixées

Dans l'algorithme d'apprentissage Q profond de base, le modèle est utilisé à la fois pour effectuer des prédictions et pour fixer ses propres cibles. Cela peut conduire à une situation analogue à un chien courant après sa queue. Cette boucle de rétroaction peut rendre le réseau instable : il peut diverger, osciller, se bloquer, etc. Pour résoudre ce problème, les chercheurs de DeepMind ont proposé, dans leur article de 2013, d'utiliser deux réseaux Q profonds au lieu d'un seul. Le premier est le *modèle en ligne*, qui apprend à chaque étape et sert à déplacer l'agent. Le second est le *modèle cible* utilisé uniquement pour définir les cibles. Le modèle cible n'est qu'un clone du modèle en ligne :

```
target = tf.keras.models.clone_model(model) # cloner l'architecture du modèle
target.set_weights(model.get_weights()) # copier les poids
```

Ensuite, dans la fonction `training_step()`, il suffit de changer une ligne pour utiliser le modèle cible à la place du modèle en ligne au moment du calcul des valeurs Q des états suivants :

```
next_Q_values = target.predict(next_states, verbose=0)
```

Enfin, dans la boucle d'entraînement, nous devons, à intervalles réguliers (par exemple, tous les 50 épisodes), copier les poids du modèle en ligne vers le modèle cible :

```
if episode % 50 == 0:
    target.set_weights(model.get_weights())
```

Puisque le modèle cible est actualisé moins souvent que le modèle en ligne, les cibles de la valeur Q sont plus stables, la boucle de rétroaction mentionnée est atténuée et ses effets sont moins sévères. Cette approche a été l'une des principales contributions des chercheurs de DeepMind dans leur article de 2013 : elle a permis aux agents d'apprendre à jouer aux jeux Atari à partir des pixels bruts. Pour stabiliser l'entraînement, ils ont utilisé un taux d'apprentissage minuscule égal à 0,00025, n'ont actualisé le modèle cible que toutes les 10 000 étapes (à la place de 50 dans l'exemple de code précédent), et ont employé une très grande mémoire de rejeu d'un million d'expériences. Ils ont fait baisser `epsilon` très lentement, de 1 à 0,1 en un million d'étapes, et ils ont laissé l'algorithme s'exécuter pendant 50 millions d'étapes. De plus, leur DQN était un réseau convolutif profond.

Maintenant, examinons une autre variante de DQN qui a réussi une fois de plus à surpasser ce qui se faisait de mieux jusque-là.

10.11.2 DQN double

Dans un article[295] publié en 2015, les chercheurs de DeepMind ont peaufiné leur algorithme DQN, en améliorant ses performances et en stabilisant quelque peu l'entraînement. Ils ont nommé cette variante *DQN double*. La modification s'est fondée sur l'observation suivante : le réseau cible est sujet à une surestimation des valeurs Q. Supposons que toutes les actions soient toutes aussi bonnes les unes que les autres. Les valeurs Q estimées par le modèle cible devraient être identiques, mais, puisqu'il s'agit d'approximations, certaines peuvent être légèrement supérieures à d'autres, uniquement par hasard. Le modèle cible choisira toujours la valeur Q la plus élevée, qui pourra être légèrement supérieure à la valeur Q moyenne, conduisant probablement à une surestimation de la valeur Q réelle (un peu comme compter la hauteur de la plus haute vague aléatoire lors de la mesure de la profondeur d'une piscine).

Pour corriger cela, ils ont proposé d'utiliser le modèle en ligne à la place du modèle cible lors de la sélection des meilleures actions pour les prochains états, et d'utiliser le modèle cible uniquement pour estimer les valeurs Q pour ces meilleures actions. Voici la fonction `training_step()` améliorée :

```
def training_step(batch_size):
    experiences = sample_experiences(batch_size)
    states, actions, rewards, next_states, dones, truncateds = experiences
    next_Q_values = model.predict(next_states, verbose=0)
                                                # ≠ target.predict()
    best_next_actions = next_Q_values.argmax(axis=1)
    next_mask = tf.one_hot(best_next_actions, n_outputs).numpy()
    max_next_Q_values = (target.predict(next_states, verbose=0) * next_mask
                        ).sum(axis=1)
[...]  # le reste comme précédemment
```

Quelques mois plus tard, une autre amélioration de l'algorithme DQN était proposée. Nous allons l'examiner.

10.11.3 Rejeu d'expériences à priorités

Au lieu de prendre des expériences de façon *uniforme* dans la mémoire de rejeu, pourquoi ne pas échantillonner les expériences importantes plus fréquemment ? Cette idée, nommée *échantillonnage préférentiel* (*importance sampling*, ou IS) ou *rejeu*

295. Hado van Hasselt *et al.*, « Deep Reinforcement Learning with Double Q-Learning », *Proceedings of the 30th AAAI Conference on Artificial Intelligence* (2015), 2094-2100 : *https://homl.info/doubledqn*.

d'expériences à priorités (*prioritized experience replay*, ou PER), a été introduite dans un article[296] de 2015 publié, de nouveau, par les chercheurs de DeepMind.

Plus précisément, des expériences sont considérées « importantes » si elles conduisent probablement à une rapide amélioration de l'apprentissage. Mais comment l'estimer ? Une approche satisfaisante consiste à mesurer l'ampleur de l'erreur de différence temporelle (ou l'erreur TD) $\delta = r + \gamma \cdot V(s') - V(s)$. Une erreur TD importante indique qu'une transition (s, r, s') est très surprenante et qu'il est donc probablement intéressant de l'apprendre[297]. Lorsqu'une expérience est enregistrée dans la mémoire de rejeu, sa priorité est fixée à une valeur très élevée, cela pour garantir qu'elle sera échantillonnée au moins une fois. Cependant, après qu'elle a été choisie (et chaque fois qu'elle est), l'erreur TD δ est calculée et la priorité de cette expérience est fixée à $p = |\delta|$ (plus une petite constante pour garantir que chaque expérience a une probabilité d'être choisie différente de zéro). La probabilité P d'échantillonner une expérience de priorité p est proportionnelle à p^ζ, où ζ est un hyperparamètre qui contrôle le niveau d'avidité de l'échantillonnage préférentiel. Lorsque $\zeta = 0$, nous voulons un échantillonnage uniforme, et lorsque $\zeta = 1$, nous voulons un échantillonnage préférentiel total. Dans l'article, les auteurs ont utilisé $\zeta = 0{,}6$, mais la valeur optimale dépendra de la tâche.

Il y a toutefois un petit souci. Puisque les échantillons vont privilégier les expériences importantes, nous devons compenser ce travers pendant l'entraînement en abaissant les poids des expériences en fonction de leur importance. Dans le cas contraire, le modèle surajusterait les expériences importantes. Plus clairement, nous voulons que les expériences importantes soient échantillonnées plus souvent, mais cela signifie également que nous devons leur donner un poids plus faible pendant l'entraînement. Pour cela, nous définissons le poids d'entraînement de chaque expérience à $w = (nP)^{-\beta}$, où n est le nombre d'expériences dans la mémoire de rejeu et β est un hyperparamètre qui contrôle le niveau de compensation du biais de l'échantillonnage préférentiel (0 signifie aucun, tandis que 1 signifie totalement). Dans leur article, les auteurs ont choisi $\beta = 0{,}4$ au début de l'entraînement, pour l'augmenter linéairement jusqu'à 1 à la fin de l'entraînement. De nouveau, la valeur optimale dépendra de la tâche, mais, si vous augmentez l'un, vous devrez, en général, augmenter l'autre également.

Voyons à présent une dernière variante importante de l'algorithme DQN.

10.11.4 Duel de DQN

L'algorithme *duel de DQN* (*dueling DQN*, ou DDQN, à ne pas confondre avec le DQN double, même si les deux techniques peuvent être facilement combinées) a été proposé dans un article[298] publié en 2015 encore une fois par des chercheurs de DeepMind.

296. Tom Schaul *et al.*, « Prioritized Experience Replay » (2015) : *https://homl.info/prioreplay*.

297. Il se pourrait également que les récompenses soient simplement bruyantes, auquel cas il existe de meilleures méthodes pour estimer l'importance d'une expérience (l'article donne quelques exemples).

298. Ziyu Wang *et al.*, « Dueling Network Architectures for Deep Reinforcement Learning » (2015) : *https://homl.info/ddqn*.

Pour comprendre son fonctionnement, nous devons tout d'abord remarquer que la valeur Q d'un couple état-action (s, a) peut être exprimée sous la forme $Q(s, a) = V(s) + A(s, a)$, où $V(s)$ est la valeur de l'état s et $A(s, a)$ correspond à l'*avantage* de prendre l'action a dans l'état s, en comparaison de toutes les autres actions possibles dans cet état. Par ailleurs, la valeur d'un état est égale à la valeur Q de la meilleure action a^* pour cet état (puisque nous supposons que la politique optimale sélectionnera la meilleure action). Par conséquent, $V(s) = Q(s, a^*)$, ce qui implique que $A(s, a^*) = 0$. Dans un duel de DQN, le modèle estime à la fois la valeur de l'état et l'avantage de chaque action possible. Puisque la meilleure action doit avoir un avantage égal à zéro, le modèle soustrait l'avantage maximal prédit de tous les avantages prédits.

Voici un modèle de duel de DQN simple, implémenté avec l'API fonctionnelle :

```
input_states = tf.keras.layers.Input(shape=[4])
hidden1 = tf.keras.layers.Dense(32, activation="elu")(input_states)
hidden2 = tf.keras.layers.Dense(32, activation="elu")(hidden1)
state_values = tf.keras.layers.Dense(1)(hidden2)
raw_advantages = tf.keras.layers.Dense(n_outputs)(hidden2)
advantages = raw_advantages - tf.reduce_max(raw_advantages, axis=1,
                                            keepdims=True)
Q_values = state_values + advantages
model = tf.keras.Model(inputs=[input_states], outputs=[Q_values])
```

La suite de l'algorithme est identique à l'algorithme précédent. Vous pouvez même construire un duel de DQN double et le combiner avec le rejeu d'expériences à priorités ! Plus généralement, de nombreuses techniques d'apprentissage par renforcement peuvent être associées, comme l'a démontré DeepMind dans un article[299] publié en 2017. Les auteurs ont combiné six techniques différentes dans un agent nommé *Rainbow*. Ils ont réussi à surpasser largement l'état de l'art de l'époque.

Comme vous pouvez le voir, l'apprentissage par renforcement profond est un domaine qui évolue rapidement, et il reste beaucoup à découvrir !

10.12 QUELQUES ALGORITHMES RL INTÉRESSANTS

Avant de clore ce chapitre, passons brièvement en revue quelques autres algorithmes d'apprentissage par renforcement intéressants :

- AlphaGo

  AlphaGo[300] utilise une variante de la recherche arborescente de Monte Carlo (*Monte Carlo tree search*, ou MCTS) à base de réseaux de neurones profonds pour battre les grands maîtres du jeu de Go. La méthode MCTS a été conçue en 1949 par Nicholas Metropolis et Stanislaw Ulam. L'algorithme sélectionne le meilleur coup à jouer après avoir effectué de nombreuses simulations, en explorant de

299. Matteo Hessel *et al.*, « Rainbow: Combining Improvements in Deep Reinforcement Learning » (2017), 3215-3222 : *https://homl.info/rainbow*.
300. David Silver *et al.*, « Mastering the Game of Go with Deep Neural Networks and Tree Search », *Nature* 529 (2016), 484-489 : *https://homl.info/alphago*.

manière répétée l'arbre de recherche à partir de la position courante, et en passant davantage de temps sur les branches les plus prometteuses. Lorsqu'il atteint un nœud qui n'a pas encore été visité, il se met à jouer au hasard jusqu'à la fin de la partie et met à jour ses estimations pour chaque nœud visité (en excluant les déplacements aléatoires) en augmentant ou en diminuant chaque estimation en fonction du résultat final. AlphaGo est basé sur le même principe, mais il utilise un réseau de politique pour sélectionner ses coups, plutôt que de jouer au hasard. Ce réseau de politique est entraîné en utilisant les gradients de politique. L'algorithme d'origine incluait trois réseaux de neurones de plus et était plus compliqué, mais il a été simplifié en AlphaGo Zero[301], qui utilise un seul réseau de neurones pour tout à la fois sélectionner les coups à jouer et évaluer les états du jeu. Un autre article[302] a présenté AlphaZero, qui généralise l'algorithme précédent en le rendant capable de s'attaquer à d'autres jeux, comme les échecs ou le shogi (échecs japonais). Enfin, l'article consacré à MuZero[303] a encore proposé des améliorations de cet algorithme, faisant mieux que les versions précédentes bien que l'agent commence sans même connaître les règles du jeu !

- *Acteur-critique*

  Il s'agit d'une famille d'algorithmes RL qui combinent les gradients de politique et les réseaux Q profonds. Un agent acteur-critique comprend deux réseaux de neurones : un réseau de politique et un DQN. Le DQN est entraîné de manière normale, en apprenant à partir des expériences de l'agent. Le réseau de politique apprend différemment (et beaucoup plus rapidement) d'un algorithme PG normal. Au lieu d'estimer la valeur de chaque action en parcourant plusieurs épisodes, puis en additionnant les récompenses à rabais futures pour chaque action, et, pour finir, en les normalisant, l'agent (acteur) se fonde sur les valeurs d'action estimées par le DQN (critique). C'est un peu comme un athlète (l'agent) qui apprend avec l'aide d'un coach (le DQN).

- *Acteur-critique asynchrone à avantages*[304] (A3C, *asynchronous advantage actor-critic)*

  Cette variante importante de l'acteur-critique a été présentée en 2016 par des chercheurs de DeepMind. De multiples agents apprennent en parallèle, en explorant différentes copies de l'environnement. À intervalles réguliers, mais de façon asynchrone, chaque agent envoie les actualisations de poids à un réseau maître, puis récupère les poids les plus récents auprès de ce réseau. Chaque agent contribue donc à l'amélioration du réseau maître et bénéficie des

301. David Silver *et al.*, « Mastering the Game of Go Without Human Knowledge », *Nature* 550 (2017), 354-359 : *https://homl.info/alphagozero*.

302. David Silver *et al.*, « Mastering Chess and Shogi by Self-Play with a General Reinforcement Learning Algorithm », arXiv preprint arXiv:1712.01815 : *https://homl.info/alphazero*.

303. Julian Schrittwieser *et al.*, « Mastering Atari, Go, Chess and Shogi by Planning with a Learned Model », arXiv preprint arXiv:1911.08265 (2019) : *https://homl.info/muzero*.

304. Volodymyr Mnih *et al.*, « Asynchonous Methods for Deep Reinforcement Learning », *Proceedings of the 33rd International Conference on Machine Learning* (2016), 1928-1937 : *https://homl.info/a3c*.

éléments appris par les autres agents. Par ailleurs, au lieu d'estimer les valeurs Q, le DQN estime l'avantage de chaque action, ce qui stabilise l'entraînement.

- *Acteur-critique à avantages*[305] *(A2C, advantage actor-critic)*

  Cette variante de l'algorithme A3C retire l'asynchronisme. Puisque toutes les actualisations du modèle sont synchrones, les actualisations des gradients sont effectuées sur des lots plus grands. Cela permet au modèle de mieux profiter de la puissance du GPU.

- *Acteur-critique soft*[306] *(SAC, soft actor-critic)*

  Il s'agit d'une variante de l'acteur-critique proposée en 2018 par Tuomas Haarnoja et d'autres chercheurs de l'université de Californie à Berkeley. Elle apprend non seulement les récompenses, mais maximise également l'entropie de ses actions. Autrement dit, elle tente d'être aussi imprévisible que possible tout en obtenant autant de récompenses que possible. Cela encourage l'agent à explorer l'environnement, accélérant ainsi l'entraînement, et réduit la probabilité qu'il exécute de façon répétée la même action lorsque le DQN produit des estimations imparfaites. Cet algorithme a démontré une efficacité étonnante (contrairement à tous les algorithmes antérieurs à SAC, qui apprennent très lentement).

- *Optimisation de politique proximale*[307] *(PPO, proximal policy optimization)*

  Cet algorithme proposé par John Schulman et d'autres chercheurs d'OpenAI se fonde sur A2C mais il rogne la fonction de perte de façon à éviter les actualisations excessivement importantes des poids (souvent sources d'instabilité de l'entraînement). PPO est une simplification de l'algorithme d'*optimisation de la politique de région de confiance*[308] (TRPO, *trust region policy optimization*), également proposé par des chercheurs d'OpenAI. Cette dernière a fait sensation en avril 2019 avec son intelligence artificielle, appelée *OpenAI Five* et fondée sur l'algorithme PPO, qui a battu les champions du monde du jeu multijoueur *Dota 2*.

- *Exploration fondée sur la curiosité*[309] *(curiosity-based exploration)*

  La rareté des récompenses est un problème récurrent de l'apprentissage par renforcement. L'apprentissage s'en trouve très lent et inefficace. Deepak Pathak et d'autres chercheurs de l'université de Californie à Berkeley ont proposé une manière très intéressante d'aborder ce problème : pourquoi ne pas ignorer les récompenses et rendre l'agent extrêmement curieux pour qu'il explore l'environnement ? Les récompenses ne viennent plus de l'environnement mais

305. *https://homl.info/a2c*

306. Tuomas Haarnoja *et al.*, « Soft Actor-Critic: Off-Policy Maximum Entropy Deep Reinforcement Learning with a Stochastic Actor », *Proceedings of the 35th International Conference on Machine Learning* (2018), 1856-1865 : *https://homl.info/sac*.

307. John Schulman *et al.*, « Proximal Policy Optimization Algorithms » (2017) : *https://homl.info/ppo*.

308. John Schulman *et al.*, « Trust Region Policy Optimization », *Proceedings of the 32nd International Conference on Machine Learning* (2015), 1889-1897 : *https://homl.info/trpo*.

309. Deepak Pathak *et al.*, « Curiosity-Driven Exploration by Self-Supervised Prediction », *Proceedings of the 34th International Conference on Machine Learning* (2017), 2778-2787 : *https://homl.info/curiosity*.

sont alors intrinsèques à l'agent. De façon comparable, la stimulation de la curiosité d'un enfant donnera probablement de meilleurs résultats qu'une simple récompense pour ses bonnes notes. Comment cette idée est-elle mise en œuvre ? L'agent tente en permanence de prédire le résultat de ses actions et recherche des situations dans lesquelles le résultat ne correspond pas à ses prédictions. Autrement dit, il veut être surpris. Si le résultat est prévisible (ennuyeux), il va ailleurs. Cependant, si le résultat est imprévisible et que l'agent remarque qu'il n'a aucun contrôle dessus, cela finit également par l'ennuyer. Grâce à la seule curiosité, les auteurs ont réussi à entraîner un agent dans de nombreux jeux vidéo. Même si l'agent n'est pas pénalisé lorsqu'il perd, le jeu recommence au début et cela finit par l'ennuyer. Il apprend donc à ne pas perdre.

- *Apprentissage ouvert (OEL, open-ended learning)*

  L'objectif de l'apprentissage ouvert est d'entraîner des agents capables d'apprendre sans fin des tâches nouvelles et intéressantes, en général générées de manière procédurale. Nous n'y sommes pas encore, mais d'impressionnants progrès ont été réalisés au cours des dernières années. Ainsi, dans un article[310] de 2019, une équipe de chercheurs de Uber AI a présenté l'algorithme POET, qui génère de nombreux environnements simulés comportant des creux et des bosses et entraîne un agent par environnement : le but de l'agent est de marcher aussi vite que possible tout en évitant les obstacles.

  L'algorithme commence par des environnements simples, puis leur difficulté augmente graduellement au cours du temps : c'est ce qu'on appelle l'*apprentissage de parcours* (*curriculum learning*). Bien que chaque agent ne soit entraîné que sur un environnement, il doit régulièrement entrer en compétition avec les autres agents, sur l'ensemble des environnements. Dans chaque environnement, le gagnant vient remplacer l'agent qui y était précédemment. Ainsi, la connaissance est transférée régulièrement entre les environnements, et les agents les plus adaptables sont sélectionnées. Au bout du compte, ces agents sont de bien meilleurs marcheurs que ceux qui ont été entraînés sur une seule tâche et ils peuvent s'attaquer à des environnements beaucoup plus difficiles. Bien sûr, ce principe peut également s'appliquer à d'autres environnements et d'autres tâches. Si OEL vous intéresse, consulter l'article sur POET amélioré[311] ainsi que celui de DeepMind[312] sur ce même sujet.

310. Rui Wang *et al.*, « Paired Open-Ended Trailblazer (POET): Endlessly Generating Increasingly Complex and Diverse Learning Environments and Their Solutions », arXiv preprint arXiv:1901.01753 (2019) : *https://homl.info/poet*.

311. Rui Wang *et al.*, « Enhanced POET: Open-Ended Reinforcement Learning Through Unbounded Invention of Learning Challenges and Their Solutions », arXiv preprint arXiv:2003.08536 (2020) : *https://homl.info/epoet*.

312. Open-Ended Learning Team *et al.*, « Open-Ended Learning Leads to Generally Capable Agents », arXiv preprint arXiv:2107.12808 (2021) : *https://homl.info/oel2021*.

Si vous souhaitez approfondir vos connaissances en matière d'apprentissage par renforcement, vous pouvez consulter le livre *Reinforcement Learning* de Phil Winder (O'Reilly).

Nous avons abordé de nombreux sujets dans ce chapitre : gradients de politique, chaînes de Markov, processus de décision markoviens, apprentissage Q, apprentissage Q par approximation et apprentissage Q profond, ainsi que ses principales variantes (cibles de la valeur Q fixées, DQN double, duel de DQN et rejeu avec expériences à priorités), et, pour finir, nous avons décrit brièvement d'autres algorithmes répandus. L'apprentissage par renforcement est un domaine vaste et passionnant, avec de nouvelles idées et algorithmes surgissant quotidiennement. J'espère que ce chapitre a piqué votre curiosité : vous avez tout un monde à explorer !

10.13 EXERCICES

1. Comment définiriez-vous l'apprentissage par renforcement ? En quoi est-il différent d'un entraînement supervisé ou non supervisé classique ?
2. Imaginez trois applications possibles de l'apprentissage par renforcement que nous n'avons pas mentionnées dans ce chapitre. Pour chacune d'elles, décrivez l'environnement approprié, l'agent, les actions possibles et les récompenses.
3. Qu'est-ce que le facteur de rabais ? La politique optimale change-t-elle si le facteur de rabais est modifié ?
4. Comment pouvez-vous mesurer les performances d'un agent dans l'apprentissage par renforcement ?
5. Qu'est-ce que le problème d'affectation du crédit ? Quand survient-il ? Comment peut-il être réduit ?
6. Quel est l'intérêt d'utiliser une mémoire de rejeu ?
7. Qu'est-ce qu'un algorithme d'apprentissage par renforcement hors politique ?
8. Utilisez les gradients de politique pour résoudre l'environnement LunarLander-v2 de Gymnasium.
9. Utilisez un duel de DQN doubles pour entraîner un agent capable d'atteindre le niveau surhumain dans le fameux jeu *Breakout* d'Atari (`"ALE/Breakout-v5"`). Les observations sont des images. Pour simplifier la tâche, convertissez-les en niveaux de gris (en effectuant une moyenne sur l'axe des canaux), puis rognez-les et sous-échantillonnez-les de sorte qu'elles soient juste assez grandes pour jouer, mais pas plus. Une image prise isolément ne vous dit pas dans quel sens vont la balle et les raquettes, c'est pourquoi vous devez regrouper deux ou trois images consécutives pour constituer chaque état. Enfin, le DQN doit être composé principalement de couches de convolution.

10. Si vous avez une centaine d'euros à y consacrer, vous pouvez acheter un Raspberry Pi 3 et quelques composants robotiques bon marché, installer TensorFlow sur le Pi et partir à l'aventure ! Consultez, par exemple, le billet amusant publié par Lukas Biewald (*https://homl.info/2*) ou jetez un œil à GoPiGo ou à BrickPi. Commencez avec des objectifs simples, comme faire tourner le robot afin de trouver l'angle le plus lumineux (s'il est équipé d'un capteur lumineux) ou l'objet le plus proche (s'il est équipé d'un capteur à ultrasons) et de le déplacer dans cette direction. Exploitez ensuite le Deep Learning. Par exemple, si le robot dispose d'une caméra, vous pouvez essayer d'implémenter un algorithme de détection d'objets afin qu'il repère les personnes et se dirige vers elles. Vous pouvez également essayer de mettre en place un apprentissage par renforcement de façon que l'agent apprenne lui-même comment utiliser ses moteurs pour atteindre cet objectif. Amusez-vous !

Les solutions de ces exercices sont données à l'annexe A.

11

Entraînement et déploiement à grande échelle de modèles TensorFlow

Vous disposez d'un beau modèle qui réalise d'époustouflantes prédictions. Très bien, mais que pouvez-vous en faire ? Le mettre en production, évidemment ! Par exemple, vous pourriez tout simplement exécuter le modèle sur un lot de données, en écrivant éventuellement un script qui lance la procédure chaque nuit. Cependant, la mise en production est souvent beaucoup plus complexe. Il est possible que différentes parties de votre infrastructure aient besoin d'appliquer le modèle sur des données en temps réel, auquel cas vous voudrez probablement l'intégrer dans un service web. De cette manière, n'importe quelle partie de l'infrastructure peut interroger le modèle à tout moment en utilisant une simple API REST (ou tout autre protocole)[313].

Mais, au bout d'un certain temps, il faudra certainement réentraîner le modèle sur des données récentes et mettre cette version actualisée en production. Vous devez donc assurer la gestion des versions du modèle, en proposant une transition en douceur d'une version à la suivante, avec la possibilité éventuelle de revenir au modèle précédent en cas de problème, voire exécuter plusieurs modèles différents en parallèle pour effectuer des *tests A/B*[314]. En cas de succès de votre produit, votre service va commencer à recevoir un grand nombre de *requêtes par seconde* (QPS, *queries per second*) et devra changer d'échelle pour supporter la charge. Nous le verrons dans

313. Voir le chapitre 2 de l'ouvrage *Machine Learning avec Scikit-Learn*, A. Géron, Dunod (3e édition, 2023).

314. Un test A/B consiste à proposer deux versions différentes d'un produit à différents groupes d'utilisateurs afin de déterminer celle qui fonctionne le mieux et d'obtenir d'autres informations.

ce chapitre, une bonne solution pour augmenter l'échelle de votre service consiste à utiliser TF Serving, soit sur votre propre infrastructure matérielle, soit au travers d'un service de cloud comme Google Vertex AI[315]. TF Serving se chargera de servir votre modèle de façon efficace, de traiter les changements de version en douceur, et de bien d'autres aspects. Si vous optez pour une plateforme de cloud, vous bénéficierez également de nombreuses autres fonctionnalités, comme des outils de supervision puissants.

Par ailleurs, si la quantité de données d'entraînement est importante et si les modèles demandent des calculs intensifs, le temps d'entraînement risque d'être extrêmement long. Dans le cas où votre produit doit s'adapter rapidement à des changements, une durée d'entraînement trop longue risque d'être rédhibitoire (imaginez, par exemple, un système de recommandations d'informations qui promeut des nouvelles de la semaine précédente). Peut-être plus important encore, un entraînement trop long pourrait vous empêcher d'expérimenter de nouvelles idées. Dans le domaine du Machine Learning, comme dans bien d'autres, il est difficile de savoir à l'avance les idées qui fonctionneront. Vous devez donc en essayer autant que possible, aussi rapidement que possible. Une manière d'accélérer l'entraînement consiste à employer des accélérateurs matériels, comme des GPU ou des TPU. Pour aller encore plus vite, vous pouvez entraîner un modèle sur plusieurs machines, chacune équipée de multiples accélérateurs matériels. L'API de stratégies de distribution de TensorFlow, simple et néanmoins puissante, facilite une telle mise en place.

Dans ce chapitre, nous verrons comment déployer des modèles, tout d'abord avec TF Serving, puis avec Vertex AI. Nous expliquerons brièvement comment déployer des modèles sur des applications mobiles, des dispositifs embarqués et des applications web. Puis nous montrerons comment accélérer les calculs en utilisant des GPU et comment entraîner des modèles sur plusieurs processeurs et serveurs à l'aide de l'API de stratégies de distribution. Enfin, nous verrons comment utiliser Vertex AI pour entraîner des modèles et régler finement leurs hyperparamètres à moindre coût. Cela fait beaucoup de sujets à traiter, commençons tout de suite !

11.1 SERVIR UN MODÈLE TENSORFLOW

Après avoir entraîné un modèle TensorFlow, vous pouvez aisément l'utiliser dans n'importe quel code Python. S'il s'agit d'un modèle Keras, il suffit d'invoquer sa méthode `predict()` ! Mais, avec l'expansion de votre infrastructure, viendra le moment où il sera préférable d'intégrer le modèle dans un petit service, dont le seul rôle sera d'effectuer des prédictions, et de laisser le reste de l'infrastructure l'interroger (par exemple, au travers d'une API REST ou gRPC)[316]. Le modèle est

315. Google AI Platform (connue précédemment sous l'appellation Google ML Engine) et Google AutoML ont fusionné en 2021 pour former Google Vertex AI.

316. Une API REST (ou RESTful) utilise des verbes HTTP, comme GET, POST, PUT et DELETE, et des entrées et des sorties au format JSON. Le protocole gRPC est plus complexe, mais aussi plus efficace. Les échanges de données se font par l'intermédiaire de tampons de protocole (voir le chapitre 5).

ainsi découplé des autres parties de l'infrastructure, ce qui facilite le changement de version du modèle, le dimensionnement du service en fonction des besoins (indépendamment du reste de l'infrastructure), la mise en place de tests A/B, tout en garantissant que tous vos composants logiciels s'appuient sur les mêmes versions de modèle. Cela simplifie également les tests et les développements. Vous pouvez créer votre propre microservice en utilisant la technologie de votre choix (par exemple, la bibliothèque Flask), mais pourquoi réinventer la roue alors que vous pouvez bénéficier de TF Serving ?

11.1.1 Utiliser TensorFlow Serving

TF Serving est un serveur de modèles efficace et éprouvé, écrit en C++. Il est capable de supporter une charge élevée, de servir plusieurs versions de vos modèles, de surveiller un dépôt de modèles de façon à déployer automatiquement les dernières versions, etc. (voir la figure 11.1).

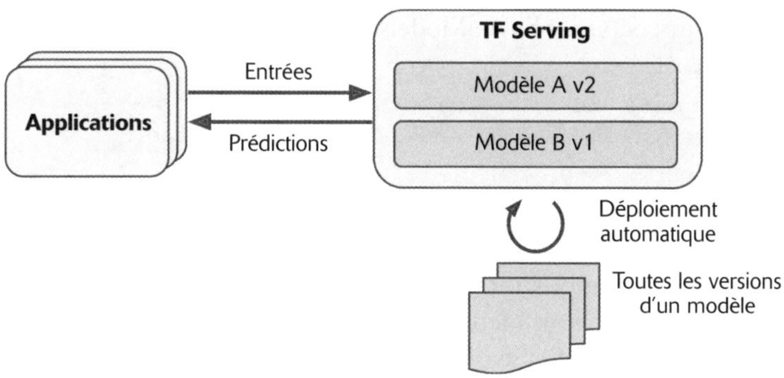

Figure 11.1 – TF Serving peut servir de multiples modèles et déployer automatiquement leur dernière version

Supposons que vous ayez entraîné un modèle MNIST avec Keras et que vous souhaitiez le déployer avec TF Serving. La première chose à faire est d'exporter ce modèle au *format SavedModel* présenté au chapitre 2.

Exporter des SavedModels

Vous savez déjà comment sauvegarder un modèle : il suffit d'appeler `model.save()`. Maintenant, pour gérer les versions du modèle, il vous suffit de créer un sous-répertoire par version. Facile !

```
from pathlib import Path
import tensorflow as tf

X_train, X_valid, X_test = [...]  # charge et partage le jeu de données MNIST
model = [...]  # construit et entraîne un modèle MNIST
               # (et prétraite les images)

model_name = "my_mnist_model"
```

```
model_version = "0001"
model_path = Path(model_name) / model_version
model.save(model_path, save_format="tf")
```

En général, il est préférable d'inclure toutes les couches de prétraitement dans le modèle final qui sera exporté afin qu'il puisse ingérer les données sous leur forme naturelle après sa mise en production. Cela évite d'avoir à se soucier du prétraitement dans l'application qui utilise le modèle. La mise à jour ultérieure des étapes de prétraitement s'en trouve simplifiée, et les risques d'incohérence entre un modèle et les prétraitements dont il a besoin sont réduits.

Puisqu'un SavedModel comprend le graphe de calcul, il ne peut être utilisé qu'avec des modèles fondés exclusivement sur des opérations TensorFlow, ce qui exclut donc l'opération `tf.py_function()` (qui enveloppe du code Python quelconque).

TensorFlow fournit une petite commande interactive nommée `saved_model_cli` pour inspecter les SavedModels. Utilisons-la pour inspecter le modèle que nous avons exporté :

```
$ saved_model_cli show --dir my_mnist_model/0001
The given SavedModel contains the following tag-sets:
'serve'
```

Que signifie cette sortie ? Un SavedModel contient un ou plusieurs *métagraphes*. Un métagraphe est un graphe de calcul accompagné de définitions de signatures de fonctions, y compris les noms de leurs entrées et sorties, les types et les formes. Chaque métagraphe est identifié par un ensemble de balises (ou tags). Par exemple, vous pourriez souhaiter avoir un métagraphe qui contient l'intégralité du graphe de calcul, avec les opérations d'entraînement (celui-ci pourrait recevoir la balise `"training"`), et un second contenant un graphe de calcul élagué avec uniquement les opérations de prédiction, y compris certaines opérations propres au GPU (celui-ci pourrait être associé à l'ensemble de balises `"serve"`, `"gpu"`). Vous pouvez aussi obtenir d'autres types de métagraphes en utilisant l'API TensorFlow de bas niveau `tf.saved_model` (*https://homl.info/savedmodel*). Cependant, lorsque vous enregistrez un modèle Keras en utilisant sa méthode `save()`, celui-ci enregistre par défaut un seul métagraphe de balise `"serve"`. Inspectons-le :

```
$ saved_model_cli show --dir 0001/my_mnist_model --tag_set serve
The given SavedModel MetaGraphDef contains SignatureDefs with these keys:
SignatureDef key: "__saved_model_init_op"
SignatureDef key: "serving_default"
```

Ce métagraphe contient deux définitions de signature : une fonction d'initialisation appelée `"__saved_model_init_op"` dont vous n'avez pas à vous soucier, et une fonction de service par défaut appelée `"serving_default"`. Lorsque vous sauvegardez un modèle Keras, la fonction de service par défaut est la méthode `call()` du modèle, qui effectue des prédictions comme vous le savez déjà. Obtenons davantage d'informations sur cette fonction de service :

```
$ saved_model_cli show --dir 0001/my_mnist_model --tag_set serve \
                       --signature_def serving_default
```

```
The given SavedModel SignatureDef contains the following input(s):
  inputs['flatten_input'] tensor_info:
      dtype: DT_UINT8
      shape: (-1, 28, 28)
      name: serving_default_flatten_input:0
The given SavedModel SignatureDef contains the following output(s):
  outputs['dense_1'] tensor_info:
      dtype: DT_FLOAT
      shape: (-1, 10)
      name: StatefulPartitionedCall:0
Method name is: tensorflow/serving/predict
```

Notez que l'entrée de la fonction est nommée `"flatten_input"` et la sortie `"dense_1"`. Ces noms correspondent à ceux des couches d'entrée et de sortie du modèle Keras. Vous pouvez aussi voir le type et la forme des données d'entrée et de sortie.

Parfait ! Vous disposez à présent d'un SavedModel. L'étape suivante consiste à installer TF Serving.

Installer et démarrerTensorFlow Serving

Il existe différentes manières d'installer TF Serving : en utilisant le gestionnaire d'installation de logiciels du système, à partir d'une image Docker[317], à partir des fichiers sources, etc. Étant donné que Colab s'exécute sur Ubuntu, nous pouvons utiliser `apt`, le gestionnaire de logiciels d'Ubuntu, comme ceci :

```
url = "https://storage.googleapis.com/tensorflow-serving-apt"
src = "stable tensorflow-model-server tensorflow-model-server-universal"
!echo 'deb {url} {src}' > /etc/apt/sources.list.d/tensorflow-serving.list
!curl '{url}/tensorflow-serving.release.pub.gpg' | apt-key add -
!apt update -q && apt-get install -y tensorflow-model-server
%pip install -q -U tensorflow-serving-api
```

Ce script commence par ajouter l'entrepôt logiciel de TensorFlow à la liste des sources de paquets logiciels d'Ubuntu. Puis il télécharge la clé publique GPG de TensorFlow et l'ajoute à la liste de clés du gestionnaire logiciel afin de pouvoir vérifier les signatures des paquets logiciels de TensorFlow. Ensuite, il utilise `apt` pour charger le paquet logiciel `tensorflow-model-server`. Enfin, il installe la bibliothèque `tensorflow-serving-api` qui nous permettra de communiquer avec le serveur.

Maintenant nous voulons démarrer le serveur. La commande exige le chemin d'accès absolu du répertoire de base du modèle (à savoir, le chemin d'accès complet à

317. Si vous ne connaissez pas Docker, sachez que cet outil vous permet de télécharger facilement un ensemble d'applications préparées sous forme d'une *image Docker* (avec toutes les dépendances et, en général, dans une configuration par défaut adéquate) et de les exécuter sur votre système à l'aide d'un *moteur Docker*. Lorsque vous exécutez une image, le moteur crée un *conteneur Docker* qui assure une parfaite isolation entre les applications et votre propre système (vous pouvez lui accorder un accès limité si vous le souhaitez). Le conteneur est comparable à une machine virtuelle, mais il est beaucoup plus rapide et plus léger, car il se fonde directement sur le noyau de l'hôte. L'image n'a donc pas besoin d'inclure ni d'exécuter son propre noyau.

my_mnist_model, et non à 001), c'est pourquoi nous allons le sauvegarder dans la variable d'environnement MODEL_DIR :

```
import os

os.environ["MODEL_DIR"] = str(model_path.parent.absolute())
```

Nous pouvons maintenant lancer le serveur :

```
%%bash --bg
tensorflow_model_server \
     --port=8500 \
     --rest_api_port=8501 \
     --model_name=my_mnist_model \
     --model_base_path="${MODEL_DIR}" >my_server.log 2>&1
```

Sous Jupyter ou Colab, la commande %%bash – bg exécute ce qui suit avec l'interpéteur de commandes bash, et en arrière-plan. La partie >my_server.log 2>&1 de la commande redirige la sortie standard et la sortie d'erreur vers le fichier *my_server.log*. Et c'est tout ! TF Serving s'exécute désormais en arriètre-plan et enregistre tous ses messages dans *my_server.log*. Il a chargé notre modèle MNIST (version 1) et il attend désormais des requêtes gRPC et REST, sur les ports 8500 et 8501 respectivement.

Exécuter TF Server dans un conteneur Docker

Si vous exécutez le notebook sur votre propre machine et si vous avez installé Docker (*https://docker.com*), vous pouvez exécuter la commande docker pull tensorflow/serving à partir d'un terminal pour télécharger l'image TF SERVER. L'équipe TensorFlow recommande fortement cette méthode d'installation car elle est simple, elle n'interfère pas avec votre système et elle offre d'excellentes performances[318]. Pour démarrer le serveur à l'intérieur d'un conteneur Docker, vous pouvez exécuter la commande suivante sur un terminal :

```
$ docker run -it --rm \
    -v "/path/to/my_mnist_model:/models/my_mnist_model" \
    -p 8500:8500 -p 8501:8501 \
    -e MODEL_NAME=my_mnist_model tensorflow/serving
```

Voici la signification des options de la commande :

- -it

  Rend le conteneur interactif (vous pouvez appuyer sur Ctrl-C pour l'arrêter) et affiche la sortie du serveur.

- --rm

  Supprime le conteneur lorsque vous l'arrêtez : il est inutile d'encombrer votre machine avec des conteneurs interrompus. Toutefois, l'image n'est pas supprimée.

318. Il existe également des images compatibles GPU, ainsi que d'autres options d'installation. Pour en savoir plus, reportez-vous aux instructions d'installation officielles (*https://homl.info/tfserving*).

- `-v "/chemin/absolu/vers/my_mnist_model:/models/mnist_model"`

  Permet au conteneur d'accéder au modèle de chemin d'accès absolu spécifié *via* le chemin `/models/mnist_model`. Sur les systèmes Windows, vous devrez remplacer / par \ dans le chemin d'accès du système de fichiers (mais pas dans le chemin du conteneur, car Docker s'exécute sous Linux).

- `-p 8500:8500`

  Fait en sorte que le moteur Docker redirige le port TCP 8500 de l'hôte vers le port TCP 8500 du conteneur. Par défaut, TF Serving utilise ce port pour l'API gRPC.

- `-p 8501:8501`

  Redirige le port TCP 8501 de l'hôte vers le port TCP 8501 du conteneur. Par défaut, l'image de Docker utilise ce port pour l'API REST.

- `-e MODEL_NAME=my_mnist_model`

  Fixe la valeur de la variable d'environnement `MODEL_NAME` du conteneur afin que TF Serving sache quel modèle servir. Par défaut, il recherchera des modèles dans le répertoire */models* et servira automatiquement la dernière version trouvée.

- `tensorflow/serving`

  Le nom de l'image à exécuter.

Maintenant que le serveur est lancé, envoyons-lui des requêtes, tout d'abord par le biais de l'API REST, puis de l'API gRPC.

Interroger TF Serving avec l'API REST

Commençons par créer la requête. Elle doit contenir le nom de la signature de la fonction à invoquer et, bien entendu, les données d'entrée. Étant donné que la requête doit être au format JSON, nous devons convertir le tableau NumPy des images d'entrée en une liste Python :

```
import json

X_new = X_test[:3]  # 3 nouvelles images de chiffres à classer
request_json = json.dumps({
    "signature_name": "serving_default",
    "instances": X_new.tolist(),
})
```

Notez que le format JSON est exclusivement textuel. La chaîne de requête ressemble à ceci :

```
>>> request_json
'{"signature_name": "serving_default", "instances": [[[0, 0, 0, 0, ... ]]]}'
```

Transmettons maintenant ceci à TF Serving sous forme d'une requête HTTP POST. La bibliothèque `requests` facilite cette opération (elle ne fait pas partie de la bibliothèque standard de Python, mais elle est préinstallée sur Colab) :

```
import requests

server_url = "http://localhost:8501/v1/models/my_mnist_model:predict"
response = requests.post(server_url, data=request_json)
response.raise_for_status()  # lever une exception en cas d'erreur
response = response.json()
```

Si tout se passe bien, la réponse devrait être un dictionnaire contenant une seule clé `"predictions"`. La valeur correspondante est la liste des prédictions. Il s'agit d'une liste Python, que nous convertissons en tableau NumPy et dont nous arrondissons les valeurs réelles à la deuxième décimale :

```
>>> import numpy as np
>>> y_proba = np.array(response["predictions"])
>>> y_proba.round(2)
array([[0.  , 0.  , 0.  , 0.  , 0.  , 0.  , 0.  , 1.  , 0.  , 0.  ],
       [0.  , 0.  , 0.99, 0.01, 0.  , 0.  , 0.  , 0.  , 0.  , 0.  ],
       [0.  , 0.97, 0.01, 0.  , 0.  , 0.  , 0.  , 0.01, 0.  , 0.  ]])
```

Super, nous avons les prédictions ! Le modèle est presque sûr à 100 % que la première image est un 7, sûr à 99 % que la deuxième est un 2 et sûr à 96 % que la troisième est un 1. C'est exact.

L'API REST est simple et fonctionne parfaitement lorsque les données d'entrée et de sortie ne sont pas trop volumineuses. Par ailleurs, quasiment n'importe quelle application cliente peut effectuer des requêtes REST sans compléments logiciels, alors que la disponibilité d'autres protocoles est moindre. Toutefois, elle se fonde sur JSON, un format textuel plutôt verbeux. Par exemple, nous avons dû convertir le tableau NumPy en une liste Python et chaque nombre à virgule flottante a été représenté sous forme d'une chaîne de caractères. Cette approche est très inefficace, à la fois en temps de sérialisation/désérialisation (pour convertir tous les réels en chaînes de caractères, et inversement) et en occupation mémoire, car de nombreuses valeurs ont été représentées avec plus de quinze caractères, ce qui correspond à plus de 120 bits pour des nombres à virgule flottante sur 32 bits ! Cela conduira à un temps d'attente notable et à une occupation importante de la bande passante pour le transfert de tableaux NumPy de grande taille[319]. Voyons donc comment utiliser à la place gRPC.

> Pour le transfert d'une grande quantité de données, ou lorsque le temps d'attente est important, il est préférable d'utiliser l'API gRPC (si l'application cliente le permet), car elle se fonde sur un format binaire compact et un protocole de communication efficace (à base de trames HTTP/2).

319. Pour être honnête, ce problème peut être atténué en sérialisant les données et en les encodant au format Base64 préalablement à la création de la requête REST. Par ailleurs, les requêtes REST peuvent être compressées avec gzip, ce qui réduit énormément la taille des informations transmises.

Interroger TF Serving avec l'API gRPC

L'API gRPC attend en entrée un protobuf `PredictRequest` sérialisé et produit en sortie un protobuf `PredictResponse` sérialisé. Ces classes font partie de la bibliothèque `tensorflow-serving-api`, que nous avons déjà installée. Commençons par créer la requête :

```
from tensorflow_serving.apis.predict_pb2 import PredictRequest

request = PredictRequest()
request.model_spec.name = model_name
request.model_spec.signature_name = "serving_default"
input_name = model.input_names[0]  # == "flatten_input"
request.inputs[input_name].CopyFrom(tf.make_tensor_proto(X_new))
```

Ce code crée un protobuf `PredictRequest` et remplit les champs requis, y compris le nom du modèle (défini précédemment), le nom de la signature de la fonction à appeler, et les données d'entrée sous la forme d'un protobuf `Tensor`. La fonction `tf.make_tensor_proto()` crée ce protobuf `Tensor` à partir du tenseur ou du tableau NumPy donné, dans ce cas `X_new`.

Nous transmettons ensuite la requête au serveur et obtenons sa réponse. Pour cela, nous utilisons la bibliothèque `grpcio`, qui est préinstallée dans Colab :

```
import grpc
from tensorflow_serving.apis import prediction_service_pb2_grpc

channel = grpc.insecure_channel('localhost:8500')
predict_service = prediction_service_pb2_grpc.PredictionServiceStub(channel)
response = predict_service.Predict(request, timeout=10.0)
```

Ce code n'a rien de compliqué. Après les importations, nous créons un canal de communication gRPC avec *localhost* sur le port TCP 8500, puis un service gRPC sur ce canal. Nous l'utilisons pour envoyer une requête, avec un délai d'expiration de 10 secondes (l'appel étant synchrone, il restera bloqué jusqu'à la réception de la réponse ou l'expiration du délai). Dans cet exemple, le canal n'est pas sécurisé (aucun chiffrement, aucune authentification), mais gRPC et TF Serving permettent également de gérer des canaux de communication sécurisés *via* SSL/TLS.

Convertissons ensuite le protobuf `PredictResponse` en un tenseur :

```
output_name = model.output_names[0]  # == "dense_1"
outputs_proto = response.outputs[output_name]
y_proba = tf.make_ndarray(outputs_proto)
```

Si vous exécutez ce code et imprimez `y_proba.round(2)`, vous obtiendrez exactement les mêmes probabilités de classe estimées que précédemment. C'est là tout l'intérêt de la chose. En quelques lignes de code, vous pouvez à présent accéder à distance à votre modèle TensorFlow, en utilisant REST ou gRPC.

Déployer une nouvelle version d'un modèle

Créons à présent une nouvelle version du modèle et exportons comme précédemment un SavedModel, mais cette fois dans le répertoire *my_mnist_model/0002* :

```
model = [...]  # construit et entraîne une nouvelle version du modèle MNIST

model_version = "0002"
model_path = Path(model_name) / model_version
model.save(model_path, save_format="tf")
```

À intervalles réguliers (le délai est configurable), TF Serving vérifie l'existence de nouvelles versions dans le répertoire du modèle. S'il en trouve une, il prend automatiquement en charge la transition. Par défaut, il répond aux éventuelles requêtes en attente avec la version précédente du modèle, tout en traitant les nouvelles requêtes avec la nouvelle version. Dès que toutes les requêtes en cours ont été traitées, la version précédente du modèle est déchargée. Vous pouvez constater ces opérations dans les journaux de TF Serving (dans *my_server.log*) :

```
[...]
Reading SavedModel from: /models/my_mnist_model/0002
Reading meta graph with tags { serve }
[...]
Successfully loaded servable version {name: my_mnist_model version: 2}
Quiescing servable version {name: my_mnist_model version: 1}
Done quiescing servable version {name: my_mnist_model version: 1}
Unloading servable version {name: my_mnist_model version: 1}
```

Si le SavedModel contient quelques instances d'exemples dans le répertoire *assets/extra*, vous pouvez configurer TF Serving de sorte qu'il exécute le nouveau modèle sur ces instances avant de commencer à l'utiliser pour répondre à des requêtes. C'est ce qu'on appelle l'*échauffement du modèle* (*model warmup*) : ceci permet de s'assurer que tout est correctement chargé et d'éviter des temps de réponse très longs pour les premières requêtes.

Cette approche permet une transition en douceur, mais elle risque d'exiger une très grande quantité de mémoire (en particulier la RAM du GPU, qui est généralement la plus limitée). Dans ce cas, vous pouvez configurer TF Serving pour qu'il traite les requêtes en attente avec la version précédente du modèle et décharge celle-ci avant de charger et d'utiliser la nouvelle. Cette configuration évitera la présence simultanée des deux versions du modèle en mémoire, mais le service sera indisponible pendant une courte période.

Vous le constatez, TF Serving simplifie énormément le déploiement de nouveaux modèles. De plus, si vous découvrez que la version 2 ne fonctionne pas comme attendu, le retour à la version 1 consiste simplement à supprimer le répertoire *my_mnist_model/0002*.

TF Serving dispose d'une autre fonctionnalité très intéressante : la mise en lots automatique. Pour l'activer, ajoutez l'option `--enable_batching` lors du lancement. Lorsque TF Serving reçoit plusieurs requêtes en une courte période de temps (le délai est configurable), il les regroupe automatiquement en un lot avant d'invoquer le modèle. Cela permet d'améliorer énormément les performances en exploitant la puissance du GPU. Après que le modèle a retourné les prédictions, TF Serving renvoie chaque prédiction au client approprié. Vous pouvez accepter un temps de réponse légèrement plus élevé dans le but d'obtenir un débit supérieur en augmentant le délai de regroupement (voir l'option `--batching_parameters_file`).

Si vous pensez que le nombre de requêtes par seconde sera très élevé, vous pouvez déployer TF Serving sur plusieurs serveurs et répartir les requêtes de façon équilibrée (voir la figure 11.2). Il faudra pour cela déployer et gérer de nombreux conteneurs TF Serving sur ces serveurs. Pour vous y aider, tournez-vous vers un outil comme Kubernetes (*https://kubernetes.io*). Il s'agit d'un système open source qui simplifie l'orchestration de conteneurs sur de nombreux serveurs. Si vous ne souhaitez pas acheter, maintenir et mettre à niveau toute l'infrastructure matérielle, vous pouvez opter pour des machines virtuelles sur une plateforme de cloud, comme Amazon AWS, Microsoft Azure, Google Cloud Platform, IBM Cloud, Alibaba Cloud, Oracle Cloud ou toute autre offre de plateforme en tant que service (PaaS, *Platform-as-a-Service*). La gestion de toutes les machines virtuelles, l'orchestration des conteneurs (même avec l'aide de Kubernetes), la configuration, le réglage et la supervision de TF Serving, tout cela peut être un travail à plein temps.

Heureusement, certains fournisseurs de services proposent de s'en occuper à votre place. Dans ce chapitre, nous allons utiliser Vertex AI car elle est, aujourd'hui, la seule plateforme à disposer de TPU (*tensor processing units*, voir chapitre 4), elle est compatible avec TensorFlow 2, Scikit-Learn et XGBoost, et elle propose une suite de services AI intéressants. Mais il existe dans ce secteur plusieurs autres fournisseurs capables également de servir des modèles TensorFlow, comme Amazon AWS SageMaker et Microsoft AI Platform, alors n'oubliez pas de regarder de ce côté également.

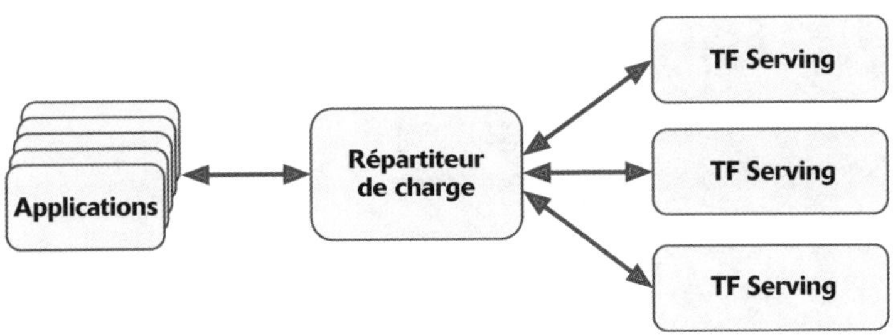

Figure 11.2 – Répartition de charge avec TF Serving

Voyons à présent comment servir notre merveilleux modèle MNIST depuis le cloud !

11.1.2 Créer un service de prédiction sur Vertex AI

Vertex AI est une plateforme au sein de GCP (alias Google Cloud Platform), la plateforme cloud de Google. Vous pouvez y charger des jeux de données, les faire étiqueter par des humains, ranger des caractéristiques couramment utilisées dans un entrepôt de caractéristiques et les utiliser pour l'entraînement ou en production, répartir l'entraînement d'un modèle sur un grand nombre de serveurs GPU ou TPU, avec réglage des hyperparamètres ou recherche d'architecture de modèle (AutoML) automatiques. Vous pouvez aussi gérer vos modèles entraînés, les utiliser pour effectuer des prédictions groupées sur de grandes quantités de données, exécuter selon un calendrier précis de multiples applications concernant vos flux de données, rendre vos modèles accessibles *via* REST ou gPRC en les ajustant à la charge, et essayer vos données et modèles dans un environnement Jupyter hébergé appelé le *Workbench*. Il y a même un service de moteur de comparaison qui vous permet de comparer des vecteurs très efficacement (c'est-à-dire de fournir une approximation des plus proches voisins). GCP comporte aussi d'autres services d'IA comme des API pour la reconnaissance d'images, la traduction, la reconnaissance vocale, etc.

Avant de commencer, une phase de préparation est nécessaire :

1. Connectez-vous à votre compte Google, puis rendez-vous sur la console Google Cloud Platform à l'adresse *https://console.cloud.google.com* (voir figure 11.3). Si vous ne disposez d'aucun compte Google, vous devrez en créer un.

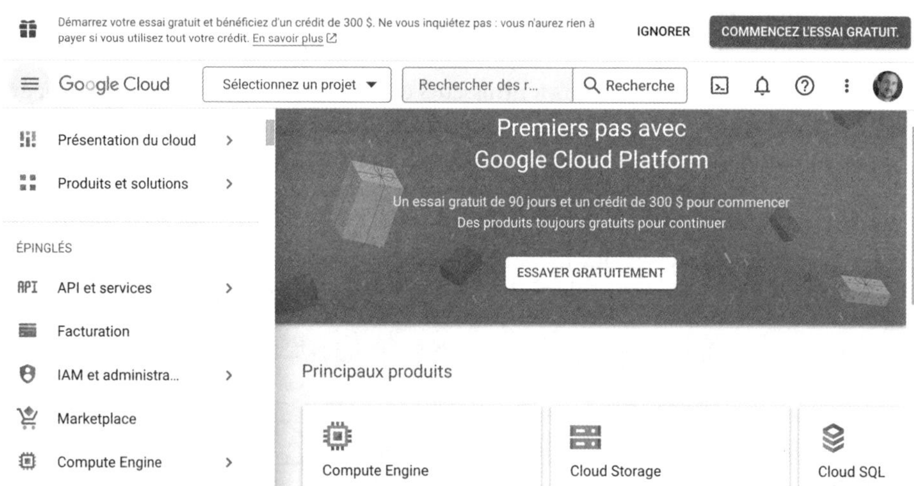

Figure 11.3 – Console de Google Cloud Platform

2. S'il s'agit de votre première utilisation de GCP, vous devrez lire et accepter les conditions d'utilisation. Il est proposé aux nouveaux utilisateurs un crédit de 300 $ valable pendant 90 jours (conditions en septembre 2023). Vous n'aurez besoin que d'une petite partie de cette somme pour payer les services que vous utiliserez dans ce chapitre. Après avoir accepté un essai gratuit, vous devrez

créer un profil de paiement et saisir le numéro de votre carte bancaire. Elle est utilisée pour des vérifications (probablement pour éviter plusieurs inscriptions à l'essai gratuit), mais vous ne serez pas facturé pour les 300 premiers dollars et, par la suite, vous ne serez facturé que si vous avez choisi de passer à un compte payant.

3. Si vous avez déjà employé GCP et si votre période d'essai gratuit a expiré, les services utilisés dans ce chapitre vous coûteront un peu d'argent. Le montant sera faible, notamment si vous pensez à désactiver les services lorsque vous n'en avez plus besoin. Avant d'exécuter un service, assurez-vous de bien comprendre les conditions tarifaires, puis acceptez-les. Je décline toute responsabilité si des services finissent par vous coûter plus qu'attendu ! Vérifiez également que votre compte de facturation est actif. Pour cela, ouvrez le menu de navigation ≡ et cliquez sur Facturation. Assurez-vous d'avoir configuré une méthode de paiement et que le compte de facturation est actif.
4. Dans GCP, toutes les ressources sont associées à un *projet*. Cela comprend toutes les machines virtuelles que vous utilisez, les fichiers que vous stockez et les tâches d'entraînement que vous exécutez. Lorsque vous créez un compte, GCP crée automatiquement un projet intitulé « My First Project ». Vous pouvez changer son nom d'affichage en allant dans les paramètres du projet. Pour cela, dans le menu de navigation ≡, choisissez « IAM et administration » → Paramètres, modifiez le nom du projet et cliquez sur Enregistrer. Notez que le projet possède également un identifiant et un numéro unique. L'identifiant peut être choisi au moment de la création du projet, mais il ne peut plus être changé ensuite. Le numéro du projet est généré automatiquement et ne peut pas être modifié. Pour créer un nouveau projet, cliquez sur « Sélectionner un projet », puis sur « Nouveau projet ». Saisissez le nom du projet, modifiez éventuellement son ID en cliquant sur Modifier, et cliquez sur Créer. Vérifiez que la facturation est active sur ce nouveau projet de sorte que le coût du service puisse vous être facturé (sur votre avoir, le cas échéant).

Lorsque vous savez que vous n'aurez besoin de services que pour quelques heures, définissez toujours une alarme pour vous rappeler de les désactiver. Si vous l'oubliez, ils risquent de s'exécuter pendant des jours ou des mois, conduisant à des coûts potentiellement élevés.

5. Maintenant que vous disposez d'un compte GCP et d'un projet, avec une facturation activée, vous devez activer les API dont vous avez besoin. Dans le menu de navigation ≡, sélectionnez « API et services », et assurez-vous que l'API Cloud Storage est activée. Si nécessaire, cliquez sur « + Activer les API et les services », trouvez Stockage Cloud et activez-le. Activez également l'API Vertex AI.

Vous pourriez continuer en travaillant exclusivement à partir de la console GCP, mais je vous recommande d'utiliser plutôt Python : vous pourrez ainsi écrire des scripts pour automatiser tout ce que vous voulez faire avec GCP, et c'est souvent plus pratique que de cliquer à travers des menus et des formulaires, tout particulièrement pour les tâches usuelles.

CLI et interpréteur de Google Cloud

L'interface en ligne de commande (*command line interface*, ou CLI) de Google Cloud comporte une commande `gcloud` qui vous permet de contrôler à peu près tout dans GCP, ainsi que `gsutil` qui vous permet d'interagir avec Google Cloud Storage. Cette interface en ligne de commande est préinstallée dans Colab : il vous suffit de vous authentifier à l'aide de `google.auth.authenticate_user()` et vous pouvez travailler. Par exemple, `!gcloud config list` affichera la configuration.

GCP offre également un interpréteur de commande préconfiguré nommé Google Cloud Shell, que vous pouvez utiliser directement dans votre navigateur : il s'exécute sur une machine virtuelle Linux gratuite (Debian) avec Google Cloud SDK préinstallé et configuré pour vous, c'est pourquoi il n'y a pas besoin de s'authentifier. Vous pouvez accéder au Cloud Shell n'importe où dans GCP : cliquez simplement sur l'icône « Activer Cloud Shell » en haut et à droite de la page (voir figure 11.4)

Figure 11.4 – Activation de Google Cloud Shell

Si vous préférez installer l'interface en ligne de commande sur votre machine (*https://homl.info/gcloud*), vous devrez ensuite l'initialiser en exécutant `gcloud init` : suivez les instructions pour vous connecter à GCP et donner accès à vos ressources GCP, puis sélectionnez le projet par défaut que vous voulez utiliser (si vous en avez plusieurs) et la région par défaut dans laquelle vous voulez exécuter vos programmes.

Avant d'utiliser un service GCP quel qu'il soit, la première chose à faire est de s'authentifier. Le plus simple, lorsqu'on utilise Colab, est d'exécuter le code suivant :

```
from google.colab import auth

auth.authenticate_user()
```

Le processus d'authentification s'appuie sur Oauth 2.0 (*https://oauth.net*) : une fenêtre contextuelle vous demandera de confirmer que vous voulez que le notebook Colab accède à vos informations d'identification Google. Si vous acceptez, vous devez utiliser le même compte Google que celui que vous utilisez pour GCP. Puis vous devrez confirmer que vous acceptez de donner à Colab un accès total à toutes vos données sur Google Drive et sur GCP. Si vous autorisez l'accès, seul le notebook courant aura cet accès et uniquement pour la durée de vie de l'environnement d'exécution Colab. Il est évident que vous ne devez l'accepter que si vous faites confiance au code qui figure dans le notebook.

Si vous ne travaillez pas avec les notebooks officiels de *https://github.com/ageron/handson-ml3*, soyez extrêmement vigilant : si l'auteur du notebook est malintentionné, il peut y avoir placé du code faisant ce que bon lui semble avec vos données.

Authentification et autorisation dans GCP

En général, l'utilisation d'une authentification Oauth 2.0 n'est recommandée que lorsqu'une application doit accéder aux données personnelles de l'utilisateur ou aux ressources d'une autre application, au nom de l'utilisateur. Certaines applications, par exemple, permettent à l'utilisateur de sauvegarder des données sur Google Drive, mais pour cela l'application a d'abord besoin que l'utilisateur s'authentifie auprès de Google et donne accès à ses données sur Google Drive. En général, l'application ne demandera que le niveau d'accès qui lui est nécessaire ; il ne s'agira pas d'un accès illimité : par exemple, l'application ne demandera que l'accès à Google Drive, pas à Gmail ou à un autre service Google. De plus, l'autorisation expire d'ordinaire après un certain temps et peut être révoquée à tout moment.

Lorsqu'une application a besoin d'accéder à un service sur GCP pour ses propres besoins, et non pour le compte d'un utilisateur, alors elle devrait en général utiliser un compte de service. Si par exemple vous construisez un site web ayant besoin d'envoyer des requêtes de prédiction à un point de terminaison Vertex AI, alors le site web accédera au service en son propre nom. Il n'a besoin d'accéder à aucune donnée ni ressource dans le compte Google de l'utilisateur. En pratique, beaucoup d'utilisateurs du site web n'auront pas même de compte Google. Dans ce cas, vous devez d'abord créer un compte de service. Sélectionnez « IAM et administration » → « Comptes de service » dans le menu de navigation ≡ de la console GCP (ou utilisez la boîte de recherche), puis cliquez sur « + Créer un compte de service », remplissez la première page du formulaire (nom du compte de service, identifiant, description) puis cliquez sur « Créer et continuer ». Ensuite, vous devez donner à ce compte un certain nombre de droits d'accès. Sélectionnez le rôle « Utilisateur Vertex AI » : ceci permettra aux comptes de service d'effectuer des prédictions et d'utiliser d'autres services Vertex AI, mais rien d'autre. Cliquez sur Continuer. Vous pouvez maintenant accorder éventuellement à certains utilisateurs un droit d'accès au compte de service : ceci est utile lorsque votre compte d'utilisateur GCP est celui d'une entreprise ou d'un organisme et que vous souhaitez autoriser d'autres personnes de l'entreprise à déployer des applications s'appuyant sur ce compte de service ou à gérer également ce compte de service. Ensuite, cliquez sur OK.

Une fois que vous avez créé un compte de service, votre application doit utiliser l'authentification de ce compte de service. Ceci peut se faire de plusieurs façons. Si votre application est hébergée sur GCP, comme dans le cas où vous avez développé un site web hébergé sur Google Compute Engine, alors la solution la plus simple et la plus sûre consiste à rattacher le compte de service à la ressource GCP qui héberge votre site web, comme par exemple une instance de machine virtuelle ou un service Google App Engine. Ceci peut être réalisé lors de la création de la ressource GCP, en sélectionnant le compte de service dans la section « Identité et accès à l'API ». Certaines ressources telles que les instances de machine virtuelle vous permettent aussi d'attacher le compte de service après que l'instance a été créée : vous devez dans ce cas l'arrêter et mettre à jour sa configuration. Dans tous les cas, une fois qu'un compte de service est attaché à une instance de machine virtuelle ou à toute autre ressource GCP exécutant votre code, les bibliothèques clientes de GCP (dont nous parlerons bientôt) utiliseront automatiquement le compte de service choisi pour effectuer leur authentification, sans aucune étape supplémentaire.

Si votre application est hébergée *via* Kubernetes, utilisez le service Google Workload Identity pour associer le bon compte de service à chacun des comptes de service Kubernetes. Si votre application n'est pas hébergée sur GCP (ce qui est le cas, entre autres, si vous vous contentez d'exécuter un notebook Jupyter sur votre propre machine), alors vous pouvez :

- soit utiliser le service Workload Identity Federation (encore appelé Fédération d'identité de charge de travail), solution la plus sûre mais la plus difficile aussi,
- soit générer une clé d'accès pour votre compte de service, et la sauvegarder dans un fichier JSON dont vous conserverez le chemin d'accès dans la variable d'environnement `GOOGLE_APPLICATION_CREDENTIALS` afin que votre application cliente puisse y accéder.

Vous pouvez gérer les clés d'accès en cliquant sur le compte de service que vous venez de créer, puis en ouvrant l'onglet CLÉS. Veillez à la confidentialité du fichier contenant la clé : c'est en quelque sorte un mot de passe vers le compte de service.

Pour plus d'informations sur la configuration de l'authentification et de l'autorisation permettant à votre application d'accéder aux services GCP, reportez-vous à la documentation (*https://homl.info/gcpauth*).

Pour pouvoir enregistrer des modèles, il faut d'abord créer un bucket Google Cloud Storage : il s'agit d'un simple conteneur pour vos données. Nous utiliserons pour cela la bibliothèque `google-cloud-storage`, qui est préinstallée dans Colab. Nous créons tout d'abord un objet `Client`, qui servira d'interface avec GCS, puis nous l'utilisons pour créer le bucket :

```
from google.cloud import storage

project_id = "my_project"  # à remplacer par votre ID de projet
bucket_name = "my_bucket"  # à remplacer par un nom de bucket unique
location = "us-central1" # emplacement géographique du bucket

storage_client = storage.Client(project=project_id)
bucket = storage_client.create_bucket(bucket_name, location=location)
```

Si vous voulez réutiliser un bucket existant, remplacez la dernière ligne par `bucket = storage_client.bucket(bucket_name)`, et assurez-vous que `location` a bien pour valeur l'emplacement géographique de ce bucket.

Puisque GCS utilise un seul espace de noms mondial pour les buckets, les noms trop simples, surtout en anglais, risquent d'être indisponibles. Assurez-vous que le nom du bucket est conforme aux conventions de nommage du DNS, car il pourra être utilisé dans des enregistrements DNS. Par ailleurs, les noms des buckets sont publics. Évitez donc d'y inclure des informations privées. Une pratique courante consiste à utiliser votre nom de domaine ou votre nom d'entreprise comme préfixe afin de garantir une certaine unicité, ou d'inclure simplement un nombre aléatoire dans le nom.

Vous pouvez changer l'emplacement géographique si vous le voulez, mais assurez-vous d'en choisir un qui gère les GPU. Votre choix sera peut-être également dicté par d'autres considérations, comme les prix qui varient grandement d'une région à l'autre, le fait que certaines régions produisent beaucoup plus de CO_2 ou ne proposent pas tous les services, ou qu'un emplacement géographique monorégion permet d'obtenir de meilleures performances. Pour en savoir plus, consultez la liste des régions de Google Cloud (*https://homl.info/regions*) et la documentation de Vertex AI sur les emplacements géographiques (*https://homl.info/locations*). En cas d'hésitation, le mieux est probablement de choisir votre propre région.

Chargeons ensuite le répertoire *my_mnist_model* dans le nouveau bucket. Dans GCS, les fichiers sont appelés *blobs* (ou *objets*) et en pratique ils sont tous placés dans le bucket sans aucune structuration arborescente. Les noms des blobs peuvent être des chaînes Unicode arbitraires et peuvent même contenir des barres obliques (/). La console GCP ainsi que d'autres outils utilisent ces barres obliques pour donner l'illusion qu'il y a une structure arborescente. Par conséquent, lorsque nous chargeons le répertoire *my_mnist_model* vers le serveur, nous ne nous soucions que des fichiers, et non des répertoires :

```
def upload_directory(bucket, dirpath):
    dirpath = Path(dirpath)
    for filepath in dirpath.glob("**/*"):
        if filepath.is_file():
            blob = bucket.blob(filepath.relative_to(dirpath.parent).as_posix())
            blob.upload_from_filename(filepath)

upload_directory(bucket, "my_mnist_model")
```

Cette fonction convient bien pour l'instant, mais elle prendrait trop de temps s'il y avait beaucoup de fichiers à charger sur le serveur. Il n'est pas trop difficile d'accélérer considérablement le processus en gérant plusieurs fils d'exécution (ce qu'on appelle le *multithreading* – voir le notebook de ce chapitre[320] pour une implémentation). Avec l'interface en ligne de commande de Google Cloud, vous pouvez aussi exécuter la commande suivante :

```
!gsutil -m cp -r my_mnist_model gs://{nom_de_bucket}/
```

Ensuite, faisons connaître à Vertex AI notre modèle MNIST. Pour communiquer avec Vertex AI, nous pouvons utiliser la bibliothèque `google-cloud-aiplatform` (qui utilise toujours l'ancien nom *AI Platform* au lieu de *Vertex AI*). Elle n'est pas préinstallée dans Colab, il nous faut donc l'installer. Après quoi, nous pouvons importer la bibliothèque et l'initialiser, en spécifiant des valeurs par défaut pour l'identifiant de projet et l'emplacement géographique. Après cela, nous pouvons

320. Voir « 19_training_and_deploying_at_scale.ipynb » sur *https://homl.info/colab3*.

créer un nouveau modèle Vertex AI : nous devons donner un nom à afficher, le chemin d'accès GCS de notre modèle (dans ce cas la version 0001) et l'URL du conteneur Docker dans lequel nous voulons que Vertex AI exécute ce modèle. Si vous accédez à cette URL et remontez d'un niveau, vous trouverez d'autres conteneurs que vous pouvez utiliser. Celui-ci est compatible avec TensorFlow 2.8 et un GPU :

```
from google.cloud import aiplatform

server_image = "gcr.io/cloud-aiplatform/prediction/tf2-gpu.2-8:latest"

aiplatform.init(project=project_id, location=location)
mnist_model = aiplatform.Model.upload(
    display_name="mnist",
    artifact_uri=f"gs://{bucket_name}/my_mnist_model/0001",
    serving_container_image_uri=server_image,
)
```

Déployons maintenant ce modèle de façon à pouvoir lui transmettre des requêtes *via* l'API gRPC ou REST pour qu'il fasse des prédictions. Pour cela nous avons d'abord besoin de créer un *point de terminaison* (*endpoint*). C'est ce à quoi les applications clientes se connectent lorsqu'elles veulent accéder à un service. Puis nous devons déployer notre modèle sur ce point de terminaison :

```
endpoint = aiplatform.Endpoint.create(display_name="mnist-endpoint")

endpoint.deploy(
    mnist_model,
    min_replica_count=1,
    max_replica_count=5,
    machine_type="n1-standard-4",
    accelerator_type="NVIDIA_TESLA_K80",
    accelerator_count=1
)
```

Ce code mettra peut-être quelques minutes à s'exécuter, car Vertex AI doit préparer une machine virtuelle. Dans cet exemple, nous utilisons une machine plutôt basique de type `n1-standard-4` (voir la description des autres types sur *https://homl.info/machinetypes*). Nous utilisons aussi un GPU de base de type `NVIDIA_TESLA_K80` (voir la description des autres types d'accélérateurs sur *https://homl.info/accelerators*). Si vous avez sélectionné une autre région que `"us-central1"`, il vous faudra peut-être choisir un type de machine ou un type d'accélérateur pris en charge dans cette région (toutes les régions n'ont pas de GPU NVIDIA Tesla K80 par exemple).

Google Cloud Platform applique différents quotas aux GPU, tant au niveau non mondial que par région : vous ne pouvez pas créer des milliers de GPU sans avoir obtenu au préalable l'autorisation de Google. Pour vérifier vos quotas, ouvrez « IAM et administration → Quotas » dans la console GCP. Si certains quotas sont trop faibles (c'est-à-dire s'il vous faut davantage de GPU dans une région donnée), vous pouvez demander que le quota soit augmenté ; cela prend en général à peu près 48 heures.

Vertex AI va générer initialement le nombre minimal de nœuds de calcul (un seulement dans le cas présent) et si jamais le nombre de requêtes par seconde (*queries per second*, ou QPS) devient trop élevé, il créera davantage de nœuds (dans la limite du maximum que vous avez indiqué, cinq dans le cas présenté) et équilibrera la charge de requêtes entre ceux-ci. Si le taux de QPS diminue pendant un certain temps, Vertex AI arrêtera les nœuds de calcul supplémentaires automatiquement. Le coût est par conséquent directement lié à la charge, aux types de machine et d'accélérateur choisis, ainsi qu'à la quantité de données que vous stockez sur GCS. Le modèle de facturation convient bien aux utilisateurs occasionnels et aux services ayant d'importants pics de charge. Il est aussi idéal pour les start-up : le prix reste bas jusqu'à ce que la start-up décolle réellement.

Félicitations, vous venez de déployer votre premier modèle dans le cloud ! À présent, interrogeons ce service de prédiction :

```
response = endpoint.predict(instances=X_new.tolist())
```

Nous devons d'abord convertir les images à classer en une liste Python, comme nous l'avons fait précédemment lorsque nous avons transmis des requêtes à TF Serving en utilisant l'API REST. L'objet `response` contient les prédictions, représentées par une liste Python de listes de nombres en virgule flottante. Arrondissons-les à deux décimales et convertissons-les en un tableau NumPy :

```
>>> import numpy as np
>>> np.round(response.predictions, 2)
array([[0.  , 0.  , 0.  , 0.  , 0.  , 0.  , 0.  , 1.  , 0.  , 0.  ],
       [0.  , 0.  , 0.99, 0.01, 0.  , 0.  , 0.  , 0.  , 0.  , 0.  ],
       [0.  , 0.97, 0.01, 0.  , 0.  , 0.  , 0.  , 0.01, 0.  , 0.  ]])
```

Bien ! Nous obtenons exactement les mêmes prédictions que précédemment. Nous avons maintenant un sympathique service de prédiction s'exécutant dans le cloud que nous pouvons interroger en toute sécurité à partir de n'importe où, et qui peut automatiquement monter en puissance ou inversement, en fonction du nombre de requêtes par seconde. Lorsque vous avez fini d'utiliser le point de terminaison, n'oubliez pas de le détruire afin d'éviter de payer pour rien :

```
endpoint.undeploy_all()  # cesser le déploiement des modèles associés
endpoint.delete()
```

Voyons maintenant comment exécuter une tâche sur Vertex AI pour effectuer des prédictions sur un lot de données potentiellement de très grande taille.

11.1.3 Effectuer des prédictions groupées sur Vertex AI

Si nous devons effectuer un grand nombre de prédictions, alors au lieu d'appeler à de nombreuses reprises notre service de prédiction, nous pouvons demander à Vertex AI d'exécuter une tâche de prédiction pour nous. Ceci ne nécessite pas de point de terminaison, mais uniquement un modèle. Lançons par exemple une tâche de prédiction sur les 100 premières images du jeu de test, en utilisant notre modèle MNIST. Pour cela, nous devons d'abord préparer le lot et le charger vers GCS. Un des moyens consiste à créer un fichier contenant une instance par ligne, chacune d'elle étant formatée comme une valeur JSON (ce format est appelé *JSON Lines*), puis à transmettre ce fichier à Vertex AI. Créons donc un fichier JSON Lines dans un nouveau répertoire, puis chargeons ce répertoire vers GCS :

```
batch_path = Path("my_mnist_batch")
batch_path.mkdir(exist_ok=True)
with open(batch_path / "my_mnist_batch.jsonl", "w") as jsonl_file:
    for image in X_test[:100].tolist():
        jsonl_file.write(json.dumps(image))
        jsonl_file.write("\n")

upload_directory(bucket, batch_path)
```

Maintenant nous pouvons lancer la tâche de prédiction, en spécifiant son nom, le type et le nombre de machines et d'accélérateurs à utiliser, le chemin d'accès GCS vers le fichier JSON Lines que nous venons de créer, et le chemin d'accès vers le répertoire GCS dans lequel Vertex AI sauvegardera les prédictions du modèle :

```
batch_prediction_job = mnist_model.batch_predict(
    job_display_name="my_batch_prediction_job",
    machine_type="n1-standard-4",
    starting_replica_count=1,
    max_replica_count=5,
    accelerator_type="NVIDIA_TESLA_K80",
    accelerator_count=1,
    gcs_source=[f"gs://{bucket_name}/{batch_path.name}/my_mnist_batch.jsonl"],
    gcs_destination_prefix=f"gs://{bucket_name}/my_mnist_predictions/",
    sync=True  # choisir False si vous ne voulez pas attendre la fin
)
```

Pour les lots de données très importants, vous pouvez partager les entrées entre plusieurs fichiers JSON Lines dont vous donnerez la liste dans le paramètre d'appel `gcs_source`.

Ceci va prendre quelques minutes, essentiellement pour déployer les nœuds de calcul sur Vertex AI. Une fois la commande exécutée, les prédictions seront disponibles dans un jeu de fichiers dont les noms seront de la forme *prediction.results-00001-of-00002*. Ces fichiers sont par défaut au format JSON Lines, et chaque valeur est un dictionnaire contenant une instance et sa prédiction correspondante (c'est-à-dire 10 probabilités). Les instances sont listées dans le même ordre que les entrées. La tâche produit aussi en sortie des fichiers dont le nom commence par *prediction-errors*, qui peuvent être utiles pour le débogage en cas de problème. Nous pouvons effectuer une itération sur l'ensemble des fichiers de sortie en utilisant `batch_prediction_job.iter_outputs()`. Parcourons donc l'ensemble des prédictions et rangeons-les dans un tableau `y_probas` :

```
y_probas = []
for blob in batch_prediction_job.iter_outputs():
    if "prediction.results" in blob.name:
        for line in blob.download_as_text().splitlines():
            y_proba = json.loads(line)["prediction"]
            y_probas.append(y_proba)
```

Voyons maintenant ce que valent ces prédictions :

```
>>> y_pred = np.argmax(y_probas, axis=1)
>>> accuracy = np.sum(y_pred == y_test[:100]) / 100
0.98
```

Très bien, une exactitude de 98 % !

JSON Lines est le format par défaut, mais lorsque vous avez des instances de grande taille telles que des images, ce format n'est pas assez compact. Heureusement, la méthode `batch_predict()` possède également un argument `instances_format` qui vous permet de choisir un autre format si vous le souhaitez. Sa valeur par défaut est `"jsonl"`, mais vous pouvez le modifier en `"csv"`, `"tf-record"`, `"tf-record-gzip"`, `"bigquery"` ou `"file-list"`. Si vous lui donnez la valeur `"file-list"`, alors l'argument `gcs_source` doit pointer vers un fichier texte comportant un chemin d'accès de fichier d'entrée par ligne ; il pourra par exemple pointer vers des fichiers d'images PNG. Vertex AI lira ces fichiers en format binaire, les encodera en utilisant Base64, et transmettra les chaînes d'octets résultantes au modèle. Ceci signifie que vous devez ajouter une couche de prétraitement à votre modèle pour décoder ces chaînes Base64 en utilisant `tf.io.decode_base64()`. Si les fichiers sont des images, vous devez alors décoder le résultat à l'aide d'une fonction telle que `tf.io.decode_image()` ou `tf.io.decode_png()`, comme nous l'avons vu au chapitre 5.

Lorsque vous avez fini d'utiliser le modèle, vous pouvez le détruire si vous le souhaitez, en exécutant `mnist_model.delete()`. Vous pouvez aussi détruire les répertoires que vous avez créés dans votre bucket GCS, ainsi que le bucket lui-même (s'il est vide) et la tâche de prédiction groupée :

```
for prefix in ["my_mnist_model/", "my_mnist_batch/", "my_mnist_predictions/"]:
    blobs = bucket.list_blobs(prefix=prefix)
    for blob in blobs:
        blob.delete()

bucket.delete()  # si le bucket est vide
batch_prediction_job.delete()
```

Vous savez maintenant comment déployer un modèle sur Vertex AI, comment créer un service de prédiction et comment exécuter des tâches de prédiction groupées. Voyons à présent comment déployer votre modèle sur une application mobile ou un système embarqué comme un système de contrôle de chauffage, un capteur d'activité ou un véhicule autonome.

11.2 DÉPLOYER UN MODÈLE SUR UN ÉQUIPEMENT MOBILE OU EMBARQUÉ

Les modèles de Machine Learning ne se limitent pas à tourner sur de grands serveurs centralisés disposant de nombreux GPU : ils peuvent tourner au plus près de la source des données, par exemple sur un appareil portable usuel ou sur un équipement embarqué : c'est ce qu'on appelle le *calcul périphérique*, mieux connu sous l'appelation anglaise de *edge computing*. Il y a de nombreux avantages à décentraliser les calculs et à les déporter vers l'utilisateur: ceci permet à l'appareil d'être intelligent même lorsqu'il n'est pas connecté à Internet, diminue le temps de réponse car il n'y a pas à transmettre les données à un serveur distant, réduit la charge des serveurs et peut contribuer à mieux protéger les données de l'utilisateur car celles-ci restent sur l'appareil.

Cependant, déployer des modèles en périphérie a aussi ses inconvénients. La puissance de calcul de l'appareil est en général faible au regard de celle d'un gros serveur multi-GPU. Un modèle volumineux risque de ne pas tenir sur l'appareil, il peut utiliser trop de RAM ou de CPU et peut être trop long à télécharger. Le risque, c'est une application qui ne répond plus, un appareil qui chauffe ou une batterie qui se décharge trop rapidement. Pour éviter tout cela, vous devez créer un modèle léger et efficace, mais sans trop sacrifier la qualité de ses prédictions.

La bibliothèque TFLite (*https://tensorflow.org/lite*) fournit plusieurs outils[321] qui vous aideront à déployer vos modèles *en périphérie* (c'est-à-dire sur des systèmes mobiles ou embarqués), avec trois objectifs principaux:

- Réduire la taille du modèle, afin de raccourcir les temps de téléchargement et de diminuer l'encombrement mémoire.
- Réduire la quantité de calculs nécessaire à chaque prédiction, afin de diminuer le temps de réponse, l'utilisation de la batterie et la surchauffe.
- Adapter le modèle aux contraintes du périphérique.

Pour réduire la taille du modèle, le convertisseur de TFLite peut prendre un SavedModel et le compresser dans un format beaucoup plus léger fondé sur FlatBuffers (*https://google.github.io/flatbuffers*). Cette bibliothèque de sérialisation efficace et multiplateforme (un peu comme Protocol Buffers) a été créée initialement par Google pour les jeux. Sa conception permet de charger des FlatBuffers directement en mémoire sans aucun prétraitement. Cela permet de réduire le temps de chargement et l'encombrement mémoire. Après que le modèle a été chargé sur le périphérique mobile ou embarqué, l'interpréteur de TFLite l'exécute pour qu'il effectue ses prédictions. Voici comment convertir un SavedModel au format FlatBuffers et l'enregistrer dans un fichier *.tflite*:

```
converter = tf.lite.TFLiteConverter.from_saved_model(str(model_path))
tflite_model = converter.convert()
with open("my_converted_savedmodel.tflite", "wb") as f:
    f.write(tflite_model)
```

Vous pouvez également enregistrer un modèle Keras directement dans un fichier FlatBuffers en utilisant `tf.lite.TFLiteConverter.from_keras_model()`.

321. Jetez également un œil à Graph Transform Tool (*https://homl.info/tfgtt*) de TensorFlow pour modifier et optimiser des graphes de calcul.

Le convertisseur optimise également le modèle, pour réduire à la fois sa taille et son temps de réponse. Il élimine toutes les opérations inutiles aux prédictions (comme les opérations d'entraînement), optimise les calculs dans la mesure du possible (par exemple, $3 \times a + 4 \times a + 5 \times a$ est converti en $12 \times a$) et tente également de fusionner des opérations. Par exemple, si c'est possible, les couches de normalisation par lots sont repliées dans les opérations d'addition et de multiplication de la couche précédente.

Afin d'avoir une idée de l'optimisation effectuée par TFLite sur un modèle, téléchargez l'un des modèles TFLite préentraînés (*https://homl.info/litemodels*) tels qu'Inception_V1_quant (cliquez sur *tflite&pb*), extrayez le contenu de l'archive, puis ouvrez Netron, un excellent outil de visualisation de graphes (*https://netron.app*), et importez le fichier .pb pour visualiser le modèle d'origine. Il s'agit d'un graphe plutôt volumineux et complexe. Ouvrez ensuite le modèle *.tflite* optimisé et admirez sa beauté !

Une autre manière de réduire la taille de modèle (hormis une simple utilisation d'architectures de réseaux de neurones plus petites) consiste à utiliser un nombre de bits inférieur. Par exemple, si vous utilisez des nombres de type `float16` (sur 16 bits) à la place des nombres à virgule flottante normaux (sur 32 bits), la taille du modèle sera réduite de moitié, au prix d'une baisse de la précision (généralement faible). De plus, l'entraînement sera plus rapide et la quantité de RAM occupée sur le GPU sera deux fois moindre.

Le convertisseur de TFLite peut aller encore plus loin, en quantifiant les poids du modèle en entiers sur 8 bits ! Cela permet une réduction d'un facteur 4 par rapport à l'utilisation des nombres à virgule flottante sur 32 bits. L'approche la plus simple se nomme *quantification post-entraînement*. Il s'agit de quantifier les poids après l'entraînement (c'est-à-dire de les associer à un nombre fini de valeurs entières, en utilisant une technique de quantification symétrique relativement basique mais efficace. Elle recherche le maximum de la valeur absolue des poids, m, puis met en correspondance la plage des nombres à virgule flottante $-m$ à $+m$ et celle des entiers de –127 à +127. Par exemple, si les poids vont de –1,5 à +0,8, alors les octets –127, 0 et +127 correspondront, respectivement, aux valeurs à virgule flottante –1,5, 0,0 et +1,5 (voir la figure 11.5). Notez que, dans une quantification symétrique, 0,0 est toujours associé à 0 et notez également que les valeurs +68 à +127 ne seront pas utilisées dans cet exemple, car elles correspondent à des réels de valeur supérieure à +0,8.

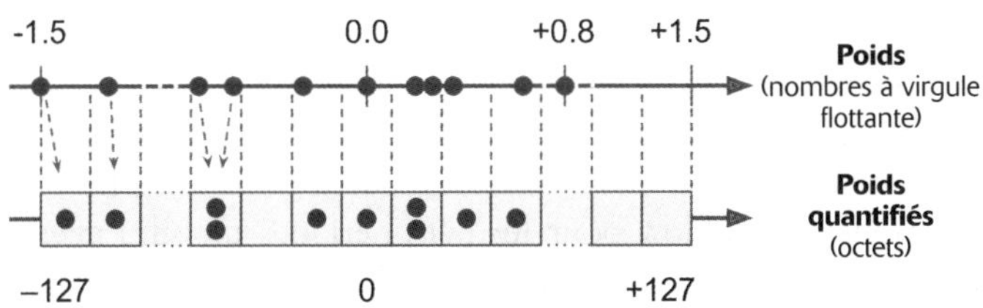

Figure 11.5 – Conversion de nombres à virgule flottante sur 32 bits en entiers sur 8 bits par quantification symétrique

Pour réaliser cette quantification post-entraînement, ajoutez simplement `DEFAULT` à la liste des optimisations du convertisseur avant d'invoquer la méthode `convert()` :

```
converter.optimizations = [tf.lite.Optimize.DEFAULT]
```

Cette technique réduit considérablement la taille du modèle, le rendant plus rapide à télécharger et moins volumineux à stocker. Toutefois, au moment de l'exécution, les poids quantifiés sont reconvertis en nombres à virgule flottante avant d'être utilisés (les valeurs retrouvées ne sont pas parfaitement identiques aux valeurs d'origine, mais sans être trop éloignées, et la perte de précision est généralement acceptable). Pour éviter qu'elles soient recalculées à chaque fois, les valeurs flottantes récupérées sont placées en cache. Ceci ne réduit donc pas l'encombrement mémoire et n'accélère pas non plus l'exécution. C'est surtout utile pour réduire la taille de l'application.

La manière la plus efficace de réduire le temps de réponse et la consommation électrique consiste à quantifier également les activations. Les calculs se feront alors entièrement sur des entiers, sans recourir à des opérations en virgule flottante. Même lorsque le nombre de bits reste identique (par exemple, des entiers sur 32 bits à la place de nombres à virgule flottante sur 32 bits), le gain est sensible car les calculs sur des entiers demandent moins de cycles de processeur, consomment moins d'énergie et produisent moins de chaleur. Si vous réduisez également le nombre de bits de codage (par exemple, en prenant des entiers sur 8 bits), vous obtenez des accélérations importantes. Par ailleurs, certains dispositifs accélérateurs de réseaux de neurones, comme le Edge TPU de Google, ne peuvent traiter que des entiers. Une quantification intégrale des poids et des activations est donc impérative. Cela peut être réalisé après l'entraînement. Puisqu'il faudra une étape de calibrage pour trouver le maximum des valeurs absolues des activations, vous devrez fournir un exemple représentatif de données d'entraînement à TFLite (il n'a pas besoin d'être volumineux), qui les soumettra au modèle et mesurera les caractéristiques statistiques des valeurs d'activation nécessaires pour leur quantification (cette étape est généralement rapide).

Le principal problème de la quantification réside dans la légère perte de précision. Cela équivaut à l'ajout d'un bruit aux poids et aux activations. Si la baisse de précision est trop importante, vous devrez utiliser un *entraînement sensible à la quantification*. Ceci consiste à ajouter des opérations de quantification factices au modèle afin qu'il apprenne à ignorer le bruit de la quantification pendant l'entraînement. Les poids finaux seront moins sensibles à la quantification. Par ailleurs, l'étape de calibrage peut être menée de façon automatique pendant l'entraînement, ce qui simplifie le processus global.

J'ai expliqué les principes de base de TFLite, mais il faudrait un livre complet pour décrire en détail le codage d'une application mobile ou d'un programme embarqué. Heureusement, il en existe. Si vous souhaitez en savoir plus sur le développement d'applications TensorFlow pour les périphériques mobiles et embarqués, consultez l'ouvrage *TinyML: Machine Learning with TensorFlow on Arduino and Ultra-Low Power Micro-Controllers* de Pete Warden (qui dirige l'équipe TFLite) et Daniel Situnayake (*https://homl.info/tinyml*), ainsi que *AI and Machine Learning for On-Device Development* de Laurence Moroney (*https://homl.info/ondevice*), aux éditions O'Reilly.

Voyons maintenant comment utiliser votre modèle sur un site web, en l'exécutant directement dans le navigateur de l'utilisateur.

11.3 EXÉCUTER UN MODÈLE DANS UNE PAGE WEB

Exécuter votre modèle de Machine Learning côté client, dans le navigateur de l'utilisateur, peut se révéler utile dans de nombreux scénarios tels que ceux qui suivent :

- Lorsque l'application web est souvent employée alors que la connexion de l'utilisateur est intermittente ou lente (par exemple, un site web pour randonneurs). L'exécution du modèle directement sur le client est alors la seule manière d'obtenir un site web fiable.
- Lorsque les réponses du modèle doivent arriver aussi rapidement que possible (par exemple, pour un jeu en ligne). Ne plus avoir à interroger le serveur pour obtenir des prédictions améliore le temps de réponse et rend le site web beaucoup plus réactif.
- Lorsque votre service web effectue des prédictions fondées sur des données privées de l'utilisateur et que leur confidentialité doit être assurée. En effectuant les prédictions du côté client, les données privées ne quittent jamais la machine de l'utilisateur.

Dans toutes ces situations, vous pouvez utiliser TFJS, la bibliothèque JavaScript TensorFlow.js (*https://tensorflow.org/js*). Celle-ci permet de charger un modèle TFLite et d'effectuer des prédictions directement dans le navigateur de l'utilisateur. Ainsi, le module JavaScript suivant importe la bibliothèque TFJS, télécharge un modèle préentraîné MobileNet, utilise ce modèle pour classer une image et enregistrer les prédictions. Vous pouvez essayer ce code en utilisant Glitch.com (*https://homl.info/tfjscode*), un site web vous permettant de construire gratuitement des applications web dans votre navigateur ; cliquez sur le bouton PREVIEW en bas et à droite de la page pour voir le code en action :

```
import "https://cdn.jsdelivr.net/npm/@tensorflow/tfjs@latest";
import "https://cdn.jsdelivr.net/npm/@tensorflow-models/mobilenet@1.0.0";

const image = document.getElementById("image");

mobilenet.load().then(model => {
    model.classify(image).then(predictions => {
        for (var i = 0; i < predictions.length; i++) {
            let className = predictions[i].className
            let proba = (predictions[i].probability * 100).toFixed(1)
            console.log(className + " : " + proba + "%");
        }
    });
});
```

Il est même possible de transformer ce site web en une *application web progressive* (*progressive web app*, ou PWA) : il s'agit d'un site web respectant un certain nombre de critères[322] de façon à pouvoir être visualisé dans n'importe quel navigateur et même être installé comme application indépendante sur un appareil mobile. Essayez par exemple de consulter *https://homl.info/tfjswpa* sur votre smartphone : la plupart des navigateurs modernes vous demanderont si vous souhaitez ajouter TFJS Demo à votre écran d'accueil. Si vous acceptez, vous verrez apparaître une nouvelle icône dans votre liste d'applications. En cliquant sur celle-ci, vous déclencherez le chargement du site web TFJS Demo dans sa propre fenêtre, tout comme une application mobile ordinaire. Un PWA peut même être configuré pour travailler hors connexion, en utilisant un *service worker* : il s'agit d'un module JavaScript qui utilise un fil d'exécution (ou *thread*) séparé dans le navigateur et intercepte les requêtes au réseau, permettant de mettre en cache les ressources de sorte que le PWA puisse s'exécuter plus rapidement, voire entièrement en mode déconnecté. Il peut aussi délivrer des notifications, exécuter des tâches en arrière-plan, etc. Les PWA vous permettent de gérer une même base logicielle pour le web et pour vos appareils mobiles. Il devient plus facile de garantir que tous les utilisateurs exécuteront la même version de votre application. Vous pouvez expérimenter avec le code PWA de TFJS Demo sur Glitch.com (*https://homl.info/wpacode*).

Vous trouverez d'autres démos de modèles de Machine Learning pouvant s'exécuter dans votre navigateur sur *https://tensorflow.org/js/demos*.

TFJS vous permet aussi d'entraîner un modèle directement dans votre navigateur, et cela plutôt rapidement. Si votre ordinateur dispose d'une carte GPU, alors TFJS peut en général l'utiliser, même si ce n'est pas une carte Nvidia. De fait, TFJS utilisera WebGL s'il est disponible, et comme les navigateurs web modernes sont compatibles en général avec un grand nombre de cartes GPU, TFJS gère en pratique davantage de cartes GPU que TensorFlow (qui, par lui-même, ne gère que les cartes Nvidia).

Entraîner un modèle dans le navigateur d'un utilisateur peut être particulièrement utile pour garantir la confidentialité des données de cet utilisateur. Un modèle peut être entraîné centralement, puis ajusté localement dans un navigateur, à partir des données de l'utilisateur. Si ce sujet vous intéresse, jetez un œil à l'apprentissage fédéré (*https://tensorflow.org/federated*).

De nouveau, pour traiter comme il se doit ce sujet, il faudrait un livre complet. Si vous souhaitez en savoir plus sur TensorFlow.js, consultez l'ouvrage *Practical Deep Learning for Cloud, Mobile, and Edge* de Anirudh Koul, Siddha Ganju et Meher Kasam (*https://homl.info/tfjsbook*) ou *Learning TensorFlow.js* de Gant Laborde, aux éditions O'Reilly.

Maintenant que nous avons vu comment déployer des modèles TensorFlow avec TF Serving, ou sur le cloud avec Vertex AI, ou sur des appareils mobiles ou des systèmes embarqués avec TFLite, ou sur un navigateur web avec TFJS, voyons à présent comment utiliser des GPU pour accélérer les calculs.

322. Un PWA doit par exemple inclure des icônes de différentes tailles pour les différents types d'appareils mobiles, il doit utiliser le protocole HTTPS, il doit inclure un fichier manifeste contenant des métadonnées telles que le nom de l'application et la couleur de fond.

11.4 UTILISER DES GPU POUR ACCÉLÉRER LES CALCULS

Au chapitre 3, nous avons examiné plusieurs techniques qui permettent d'accélérer considérablement l'entraînement : meilleure initialisation des poids, optimiseurs sophistiqués, etc. Cependant, malgré toutes ces techniques, l'entraînement d'un vaste réseau de neurones sur une seule machine équipée d'un seul processeur peut prendre des jours, voire des semaines pour certaines tâches. Grâce aux GPU, ce temps d'entraînement peut être réduit à quelques minutes ou quelques heures. Non seulement ceci vous fait économiser énormément de temps, mais cela signifie aussi que vous pouvez expérimenter beaucoup plus facilement divers modèles, et réentraîner fréquemment vos modèles sur de nouvelles données.

Dans les chapitres précédents, nous avons utilisé des environnements d'exécution gérant des GPU dans Google Colab. Il suffisait pour cela de sélectionner « Modifier le type d'exécution » dans le menu « Exécution », puis de choisir le type d'accélérateur matériel souhaité. TensorFlow détecte automatiquement le GPU et l'utilise pour accélérer les calculs, le code étant exactement le même que sans GPU. Puis, dans ce chapitre, vous avez vu comment déployer vos modèles sur Vertex AI, sur des nœuds de terminaison gérant plusieurs GPU : il suffit pour cela de sélectionner la bonne image Docker gérant les GPU lors de la création du modèle Vertex AI, et de sélectionner le type de GPU lors de l'appel à `endpoint.deploy()`. Mais qu'en est-il si vous voulez acheter votre propre GPU, ou si vous voulez distribuer les calculs entre un CPU et plusieurs GPU sur la même machine (voir figure 11.6) ? C'est ce dont nous allons parler maintenant. Puis, plus loin dans ce chapitre, nous verrons comment distribuer les calculs sur plusieurs serveurs.

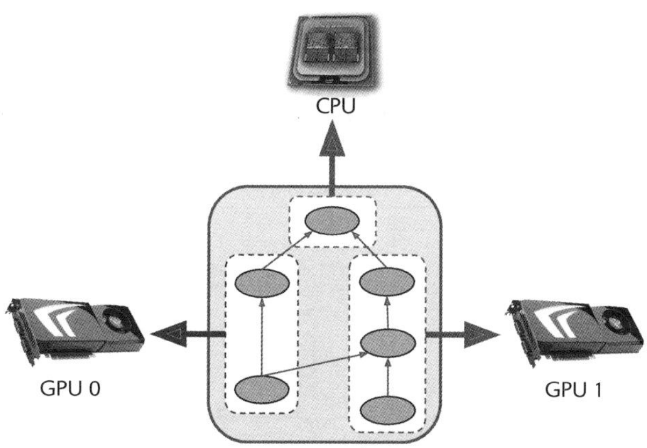

Figure 11.6 – Exécution d'un graphe TensorFlow en parallèle sur plusieurs processeurs

11.4.1 Acheter votre propre GPU

Si vous savez que vous aurez intensément recours à un GPU et pendant longtemps, alors il peut être raisonnable financièrement d'acheter le vôtre. Vous pouvez aussi vouloir entraîner vos modèles localement parce que vous ne voulez pas charger vos données dans le cloud. Ou peut-être voulez-vous une carte graphique pour vos jeux, tout en souhaitant l'utiliser également pour vos applications de Deep Learning. Si vous décidez d'acheter une carte graphique, prenez le temps d'effectuer le bon choix. Vous devrez prendre en compte la quantité de RAM nécessaire pour vos tâches (au moins 10 Go pour le traitement d'images ou du langage naturel), la bande passante (c'est-à-dire la vitesse à laquelle vous pouvez transférer les données vers et depuis votre GPU), le nombre de cœurs, le système de refroidissement, etc. Tim Dettmers a rédigé un billet très intéressant qui vous aidera à choisir une carte (*https://homl.info/66*) : je vous encourage à le lire attentivement. Au départ, TensorFlow ne prenait en charge – hormis les TPU de Google qui sont évidemment reconnus – que les cartes Nvidia dotées de la technologie CUDA Compute Capability, en version 3.5 ou ultérieure (*https://homl.info/cudagpus*), mais la compatibilité avec d'autres fabricants a été améliorée depuis, alors vérifiez de temps à autre dans la documentation de TensorFlow (*https://tensorflow.org/install*) quels sont les matériels pris en charge.

Si vous optez pour une carte graphique Nvidia, vous devrez installer les pilotes Nvidia adéquats, ainsi que plusieurs bibliothèques Nvidia[323], en particulier :

- la bibliothèque CUDA (*compute unified device architecture*) Toolkit, qui permet aux développeurs d'exploiter les GPU compatibles CUDA dans toutes sortes de calculs et pas uniquement pour l'accélération graphique ;
- la bibliothèque cuDNN (*CUDA deep neural network*), qui comprend des primitives accélérées par le GPU pour les DNN. Elle fournit des implémentations optimisées des calculs propres aux réseaux de neurones profonds, comme les couches d'activation, la normalisation, les convolutions directes et transposées, et le *pooling* (voir chapitre 6). La bibliothèque cuDNN fait partie du kit de développement logiciel Deep Learning de Nvidia (SDK). Notez qu'il vous faudra créer un compte développeur Nvidia pour le charger.

TensorFlow utilise CUDA et cuDNN pour contrôler les cartes graphiques et accélérer les calculs (voir la figure 11.7).

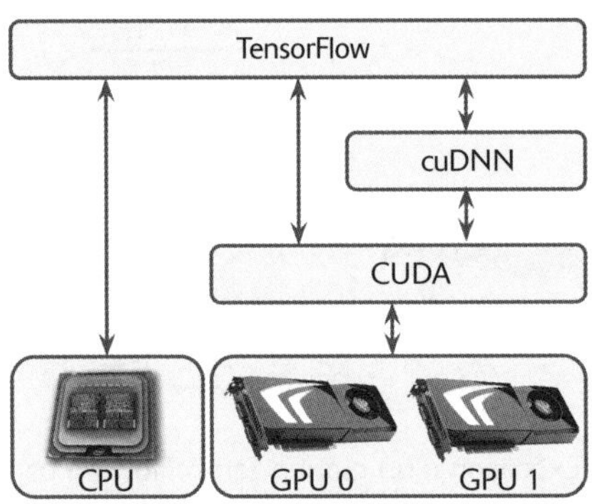

Figure 11.7 – TensorFlow utilise CUDA et cuDNN pour contrôler les GPU et accélérer les DNN

323. Vérifiez la documentation TensorFlow où vous trouverez des instructions d'installation détaillées et à jour, car les modifications sont fréquentes.

Après avoir installé la ou les cartes graphiques, ainsi que les pilotes et les bibliothèques nécessaires, vous pouvez utiliser la commande `nvidia-smi` pour vérifier la bonne installation de CUDA. Elle affiche la liste des cartes graphiques disponibles et les processus qui s'exécutent sur chacune d'elles. Dans l'exemple ci-après, il s'agit d'une carte GPU NVidia Tesla T4 dotée d'environ 15 Go de RAM, sur laquelle aucun processus n'est en cours d'exécution :

```
$ nvidia-smi
Sun Apr 10 04:52:10 2022
+-----------------------------------------------------------------------------+
| NVIDIA-SMI 460.32.03    Driver Version: 460.32.03    CUDA Version: 11.2     |
|-------------------------------+----------------------+----------------------+
| GPU  Name        Persistence-M| Bus-Id        Disp.A | Volatile Uncorr. ECC |
| Fan  Temp  Perf  Pwr:Usage/Cap|         Memory-Usage | GPU-Util  Compute M. |
|                               |                      |               MIG M. |
|===============================+======================+======================|
|   0  Tesla T4            Off  | 00000000:00:04.0 Off |                    0 |
| N/A   34C    P8     9W /  70W |      3MiB / 15109MiB |      0%      Default |
|                               |                      |                  N/A |
+-------------------------------+----------------------+----------------------+
+-----------------------------------------------------------------------------+
| Processes:                                                                  |
|  GPU   GI   CI        PID   Type   Process name                  GPU Memory |
|        ID   ID                                                   Usage      |
|=============================================================================|
|  No running processes found                                                 |
+-----------------------------------------------------------------------------+
```

Pour vérifier que TensorFlow voit bien votre GPU, exécutez les commandes suivantes et vérifiez que le résultat n'est pas vide :

```
>>> physical_gpus = tf.config.list_physical_devices("GPU")
>>> physical_gpus
[PhysicalDevice(name='/physical_device:GPU:0', device_type='GPU')]
```

11.4.2 Gérer la RAM du GPU

Par défaut, TensorFlow s'octroie automatiquement la quasi-intégralité de la RAM disponible sur toutes les cartes graphiques la première fois qu'on démarre une session ; l'objectif est de limiter la fragmentation de la mémoire du GPU. Cela signifie que si vous tentez de démarrer un second programme TensorFlow (ou tout programme qui a besoin du GPU), il sera rapidement en manque de mémoire. Toutefois, cette situation est plus rare que vous pourriez le penser car, en général, un seul programme TensorFlow s'exécutera sur une machine. Le plus souvent, il s'agira d'un script d'entraînement, d'un nœud TF Serving ou d'un notebook Jupyter. Si, pour une raison ou pour une autre, vous devez exécuter plusieurs programmes (par exemple, pour entraîner en parallèle deux modèles différents sur la même machine), vous devrez répartir la mémoire du GPU entre ces processus de façon plus équilibrée.

Si votre machine est équipée de plusieurs cartes graphiques, une solution simple consiste à affecter chacune d'elle à un seul processus. Pour cela, il suffit de fixer la variable d'environnement `CUDA_VISIBLE_DEVICES` de sorte que chaque processus voie uniquement les cartes graphiques appropriées. Fixez également la variable d'environnement CUDA_DEVICE_ORDER à PCI_BUS_ID pour être certain que chaque identifiant fait toujours référence à la même carte graphique. Par exemple, si vous avez quatre cartes graphiques, vous pouvez lancer deux programmes, en affectant deux GPU à chacun d'eux. Il suffit d'exécuter des commandes semblables aux suivantes dans deux fenêtres de terminal distinctes:

```
$ CUDA_DEVICE_ORDER=PCI_BUS_ID CUDA_VISIBLE_DEVICES=0,1 python program_1.py
# et sur un autre terminal :
$ CUDA_DEVICE_ORDER=PCI_BUS_ID CUDA_VISIBLE_DEVICES=3,2 python program_2.py
```

Le programme 1 voit uniquement les cartes graphiques 0 et 1, nommées respectivement /gpu:0 et /gpu:1, tandis que le programme 2 voit uniquement les cartes 2 et 3 (nommées respectivement /gpu:1 et /gpu:0 (remarquez l'ordre). Tout fonctionne parfaitement (voir la figure 11.8). Bien entendu, vous pouvez également définir ces variables d'environnement dans Python en fixant les valeurs de os.environ["CUDA_DEVICE_ORDER"] et de os.environ["CUDA_VISIBLE_DEVICES"], à condition de le faire avant d'utiliser TensorFlow.

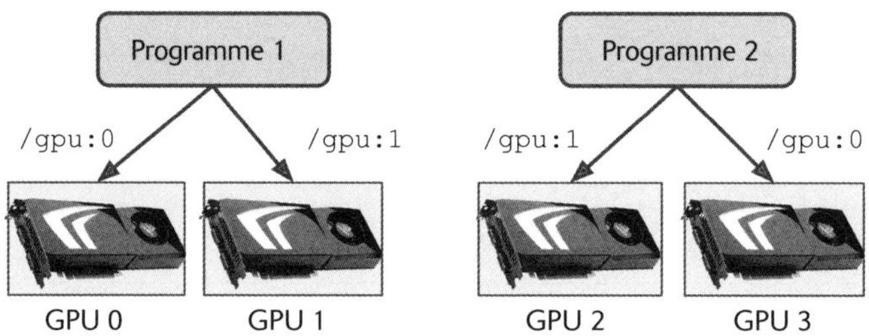

Figure 11.8 – Chaque programme reçoit deux GPU

Une autre solution consiste à indiquer à TensorFlow de ne réserver qu'une partie de la mémoire. Il faut le faire immédiatement après avoir importé TensorFlow. Par exemple, pour que TensorFlow s'octroie uniquement 2 Gio de la mémoire de chaque carte graphique, il faut créer un *périphérique GPU logique* (parfois appelé *périphérique GPU virtuel*) pour chaque processeur graphique physique et limiter sa mémoire à 2 Gio (c'est-à-dire 2048 Mio):

```
for gpu in physical_gpus:
    tf.config.set_logical_device_configuration(
        gpu,
        [tf.config.LogicalDeviceConfiguration(memory_limit=2048)]
    )
```

En supposant que vous disposiez de quatre GPU, chacun équipé d'au moins 4 Gio de mémoire, deux programmes comme celui-ci peuvent à présent s'exécuter en parallèle, chacun utilisant les quatre cartes graphiques (voir la figure 11.9). Si vous exécutez la commande nvidia-smi pendant que les deux programmes s'exécutent, vous devriez constater que chacun possède 2 Gio de RAM sur chaque carte.

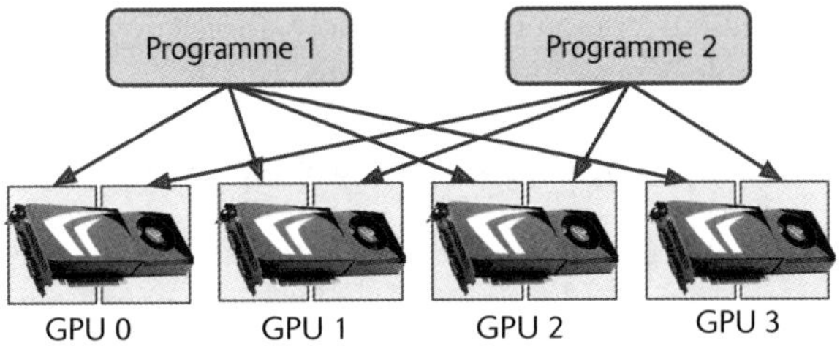

Figure 11.9 – Chaque programme peut utiliser les quatre GPU, mais uniquement 2 Gio de leur RAM

Une autre solution consiste à indiquer à TensorFlow de ne prendre de la mémoire que lorsqu'il en a besoin. Là aussi, il faut le spécifier immédiatement après avoir importé TensorFlow :

```
for gpu in physical_gpus:
    tf.config.experimental.set_memory_growth(gpu, True)
```

Vous pouvez également fixer la variable d'environnement `TF_FORCE_GPU_ALLOW_GROWTH` à `true`. Dans ce cas, TensorFlow ne libérera jamais la mémoire qu'il a reçue (de nouveau, afin d'éviter sa fragmentation), excepté lorsque le programme se termine. Avec cette méthode, il sera probablement plus difficile de garantir un comportement déterministe (par exemple, un programme peut s'arrêter parce qu'un autre programme a utilisé plus de mémoire qu'autorisé). Par conséquent, en production, il est préférable d'opter pour l'une des options précédentes. Cependant, il existe des cas où cette approche se révèle très utile, par exemple lorsque vous utilisez une machine pour exécuter plusieurs notebooks Jupyter, plusieurs d'entre eux utilisant TensorFlow. La variable d'environnement `TF_FORCE_GPU_ALLOW_GROWTH` est fixée à `true` dans les environnements d'exécution de Colab.

Enfin, dans certains cas, vous voudrez diviser un GPU en deux *GPU logiques*. Cela peut se révéler utile si vous ne disposez que d'un seul GPU physique, comme dans l'environnement d'exécution Colab, et que vous voulez tester un algorithme multi-GPU. Le code suivant divise le GPU 0 en deux processeurs virtuels, chacun disposant de 2 Gio de RAM (là encore, cela doit être effectué juste après avoir importé TensorFlow) :

```
tf.config.set_logical_device_configuration(
    physical_gpus[0],
    [tf.config.LogicalDeviceConfiguration(memory_limit=2048),
     tf.config.LogicalDeviceConfiguration(memory_limit=2048)]
)
```

Ces deux périphériques logiques seront nommés `"/gpu:0"` et `"/gpu:1"`, et vous pouvez les utiliser comme s'il s'agissait de deux GPU indépendants. Vous pouvez obtenir la liste de tous les processeurs logiques comme ceci :

```
>>> logical_gpus = tf.config.list_logical_devices("GPU")
>>> logical_gpus
[LogicalDevice(name='/device:GPU:0', device_type='GPU'),
 LogicalDevice(name='/device:GPU:1', device_type='GPU')]
```

Voyons à présent comment TensorFlow choisit les processeurs sur lesquels il va placer des variables et exécuter des opérations.

11.4.3 Placer des opérations et des variables sur des processeurs

Keras et tf.data font généralement un bon travail de placement des opérations et des variables, mais, pour un plus grand contrôle, vous pouvez également placer des opérations et des variables manuellement sur chaque processeur :

- Les opérations de prétraitement des données seront généralement placées sur le CPU, tandis que les opérations du réseau de neurones iront sur les GPU.
- Les GPU disposent généralement d'une bande passante de communication relativement limitée. Il est donc important d'éviter les transferts de données inutiles vers et depuis les GPU.
- Puisque l'ajout de mémoire destinée au processeur d'une machine est simple et peu onéreux, elle en est généralement bien pourvue. En revanche, la mémoire du GPU est intégrée à la carte graphique, ce qui en fait une ressource limitée et onéreuse. Par conséquent, si une variable n'est pas utile lors des quelques étapes d'entraînement suivantes, elle doit probablement être placée sur le CPU (par exemple, les datasets sont généralement confiés au CPU).

Par défaut, toutes les variables et toutes les opérations seront placées sur le premier GPU (nommé `/gpu:0`), à l'exception de celles qui n'ont pas de noyau GPU[324], qui iront sur le CPU (nommé `/cpu:0`). L'attribut `device` d'un tenseur ou d'une variable indique le processeur sur lequel l'élément a été placé[325] :

```
>>> a = tf.Variable([1., 2., 3.])  # variable float32 sur le GPU
>>> a.device
'/job:localhost/replica:0/task:0/device:GPU:0'
>>> b = tf.Variable([1, 2, 3])  # variable int32 sur le CPU
>>> b.device
'/job:localhost/replica:0/task:0/device:CPU:0'
```

Vous pouvez, pour le moment, ignorer le préfixe `/job:localhost/replica:0/task:0` ; nous présenterons les jobs, les répliques et les tâches plus loin dans ce chapitre. Vous le constatez, la première variable a été placée sur le GPU 0, qui correspond au processeur par défaut. En revanche, la seconde variable a été placée sur le CPU, car il n'existe aucun noyau GPU pour les variables entières (ou pour les opérations qui impliquent des tenseurs entiers). TensorFlow s'est donc replié sur le CPU.

Pour placer une opération sur un processeur différent de celui par défaut, utilisez un contexte `tf.device()` :

```
>>> with tf.device("/cpu:0"):
...     c = tf.Variable([1., 2., 3.])
```

324. Nous l'avons vu au chapitre 4, un noyau est l'implémentation d'une opération pour un type de données et un type de processeur spécifiques. Par exemple, il existe un noyau GPU pour l'opération `float32` `tf.matmul()`, mais pas pour `int32` `tf.matmul()` (uniquement un noyau CPU).

325. Vous pouvez également appeler `tf.debugging.set_log_device_placement(True)` pour consigner tous les placements sur les processeurs.

```
...
>>> c.device
'/job:localhost/replica:0/task:0/device:CPU:0'
```

Le CPU est toujours considéré comme un seul processeur (`/cpu:0`), même si votre machine est équipée d'un processeur à plusieurs cœurs. Une opération confiée au CPU peut s'exécuter en parallèle sur plusieurs cœurs si elle dispose d'un noyau multithread.

Si vous tentez de placer explicitement une opération ou une variable sur un processeur qui n'existe pas ou pour lequel il n'existe aucun noyau, alors TensorFlow se rabattra silencieusement sur le processeur qu'il aurait choisi par défaut. Ceci est utile lorsque vous voulez pouvoir exécuter le même code sur différentes machines n'ayant pas le même nombre de GPU. Cependant, vous pouvez exécuter `tf.config.set_soft_device_placement(False)` si vous préférez obtenir une exception.

Voyons à présent comment TensorFlow exécute toutes ces opérations sur plusieurs processeurs.

11.4.4 Exécuter en parallèle sur plusieurs processeurs

Nous l'avons vu au chapitre 4, l'un des avantages des fonctions TF réside dans leur capacité d'exécution en parallèle. Examinons cela d'un peu plus près. Lorsque TensorFlow exécute une fonction TF, il commence par analyser son graphe afin de trouver la liste des opérations à évaluer et compte le nombre de dépendances de chacune. Il ajoute ensuite chaque opération n'ayant aucune dépendance (c'est-à-dire chaque opération source) dans la file d'évaluation du processeur de cette opération (voir la figure 11.10).

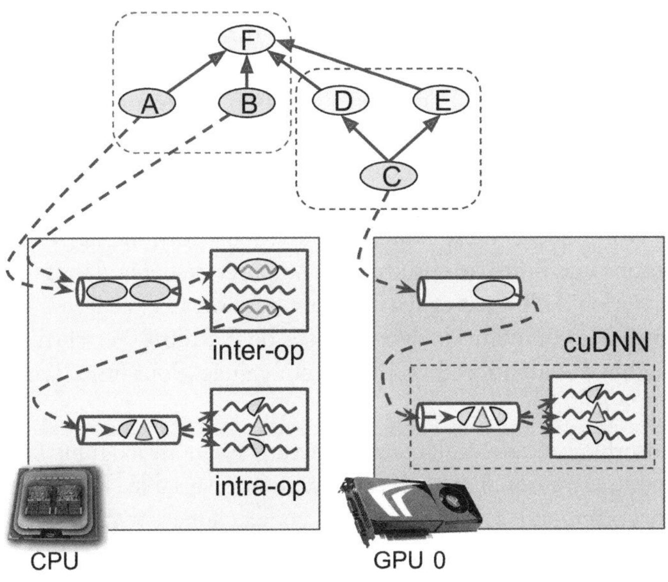

Figure 11.10 – Exécution en parallèle d'un graphe TensorFlow

Après qu'une opération a été évaluée, le compteur de dépendances de chaque opération qui en dépend est décrémenté. Lorsque ce compteur atteint zéro, l'opération correspondante est placée dans la file d'évaluation de son processeur. Une fois que toutes les sorties ont été calculées, elles sont renvoyées toutes ensemble.

Les opérations qui se trouvent dans la file d'évaluation du CPU sont distribuées à un pool de threads appelé *pool de threads inter-op*. Si le CPU dispose de plusieurs cœurs, ces opérations sont effectivement évaluées en parallèle. Certaines opérations disposent de noyaux CPU multithreads. Dans ce cas, ces noyaux divisent leurs tâches en plusieurs sous-opérations, qui sont placées dans une autre file d'évaluation et distribuées à un second pool de threads appelé *pools de threads intra-op* (il est partagé par tous les noyaux de CPU multithreads). En résumé, de multiples opérations et sous-opérations peuvent être évaluées en parallèle sur différents cœurs de CPU.

Pour le GPU, les choses sont un peu plus simples. Les opérations dans la file d'évaluation d'un GPU sont traitées séquentiellement. Toutefois, la plupart disposent de noyaux GPU multithreads, souvent implémentés par des bibliothèques dont dépend TensorFlow, comme CUDA et cuDNN. Ces implémentations disposent de leurs propres pools de threads et exploitent en général autant de threads de GPU qu'elles le peuvent (c'est la raison pour laquelle un pool de threads inter-op est inutile dans les GPU ; chaque opération occupe déjà la plupart des threads du GPU).

Par exemple, sur la figure 11.10, les opérations A, B et C sont des opérations source et peuvent donc être évaluées immédiatement. Les opérations A et B sont placées sur le CPU et sont donc envoyées à la file d'évaluation du CPU, puis transmises au pool de threads inter-op et immédiatement évaluées en parallèle. Puisque l'opération A dispose d'un noyau multithread, ses calculs sont divisés en trois parties, exécutées en parallèle par le pool de threads intra-op. L'opération C va dans la file d'évaluation du GPU 0 et, dans cet exemple, son noyau GPU utilise cuDNN, qui gère son propre pool de threads intra-op et exécute les opérations sur plusieurs threads de GPU en parallèle. Supposons que C se termine en premier. Les compteurs de dépendances de D et de E sont décrémentés et arrivent à zéro. Ces deux opérations sont envoyées à la file d'évaluation du GPU 0 et sont exécutées séquentiellement. Notez que C n'est évaluée qu'une seule fois, même si D et E en dépendent. Supposons que B finisse ensuite. Le compteur de dépendances de F passe alors de 4 à 3 et, puisqu'il n'est pas égal à 0, F n'est pas encore exécutée. Dès que A, D et E sont terminées, le compteur de dépendances de F atteint 0 et cette opération est placée dans la file d'évaluation du CPU et est évaluée. Pour finir, TensorFlow retourne les sorties demandées.

TensorFlow ajoute également un petit traitement magique lorsque la fonction TF modifie une ressource avec état, comme une variable. Il s'assure que l'ordre d'exécution correspond à l'ordre dans le code, même s'il n'existe aucune dépendance explicite entre les instructions. Par exemple, si la fonction TF contient `v.assign_add(1)` suivie de `v.assign(v * 2)`, TensorFlow fait en sorte que ces opérations soient exécutées dans cet ordre.

Vous pouvez contrôler le nombre de threads dans les pools inter-op en appelant `tf.config.threading.set_inter_op_parallelism_threads()`. Pour fixer le nombre de threads intra-op, utilisez `tf.config.threading.set_intra_op_parallelism_threads()`. Ces ajustements seront utiles si vous ne souhaitez pas que TensorFlow utilise tous les cœurs du CPU ou si vous souhaitez qu'il reste monothread[326].

Vous disposez à présent de tout le nécessaire pour exécuter n'importe quelle opération sur n'importe quel processeur et exploiter la puissance de vos GPU ! Voici quelques propositions :

- Vous pouvez entraîner plusieurs modèles en parallèle, chacun sur son propre GPU. Écrivez simplement un script d'entraînement pour chaque modèle et exécutez-les en parallèle, en fixant `CUDA_DEVICE_ORDER` et `CUDA_VISIBLE_DEVICES` de sorte que chaque site ne voie qu'un seul GPU. Cette approche convient parfaitement à l'ajustement d'un hyperparamètre, car vous pouvez entraîner en parallèle plusieurs modèles avec des hyperparamètres différents. Si vous disposez d'une seule machine avec deux GPU et s'il faut une heure pour entraîner un modèle sur un GPU, l'entraînement de deux modèles en parallèle, chacun sur son GPU dédié, ne prendra qu'une heure.
- Vous pouvez entraîner un modèle sur un seul GPU et effectuer tous les prétraitements en parallèle sur le CPU, en utilisant la méthode `prefetch()` du dataset[327] pour préparer à l'avance les quelques lots suivants. Ils seront alors prêts au moment où le GPU en aura besoin (voir le chapitre 5).
- Si votre modèle reçoit deux images en entrée et les traite à l'aide de deux CNN, avant de réunir leurs sorties[328], il s'exécutera probablement plus rapidement si vous placez chaque CNN sur un GPU différent.
- Vous pouvez créer un ensemble efficace : placez simplement un modèle entraîné différent sur chaque GPU. Vous obtiendrez toutes les prédictions plus rapidement, pour ensuite générer la prédiction finale de l'ensemble.

Voyons à présent comment accélérer l'entraînement en utilisant plusieurs GPU.

11.5 ENTRAÎNER DES MODÈLES SUR PLUSIEURS PROCESSEURS

Il existe deux approches principales à l'entraînement d'un seul modèle sur plusieurs processeurs : le *parallélisme du modèle*, dans lequel le modèle est réparti sur

326. Cette option peut se révéler utile pour garantir une parfaite reproductibilité, comme il est expliqué dans la vidéo disponible à l'adresse *https://homl.info/repro* ; elle est basée sur TF 1.

327. Au moment de l'écriture de ces lignes, la lecture anticipée des données se fait uniquement vers la mémoire du CPU, mais vous pouvez utiliser `tf.data.experimental.prefetch_to_device()` pour que la lecture anticipée des données soit effectuée par le processeur de votre choix. Ainsi, le GPU ne perdra pas de temps à attendre le transfert des données.

328. Lorsque les deux réseaux de neurones convolutifs (ou CNN) sont identiques, ceci s'appelle un *réseau de neurones siamois*.

les processeurs, et le *parallélisme des données*, dans lequel le modèle est répliqué sur chaque processeur et chaque *réplique* est entraînée sur un sous-ensemble des données. Examinons de plus près ces deux options, avant d'entraîner un modèle sur plusieurs GPU.

11.5.1 Parallélisme du modèle

Jusque-là, nous avons exécuté chaque réseau de neurones sur un seul processeur. Comment pouvons-nous exécuter un seul réseau de neurones sur plusieurs processeurs ? Pour cela, nous devons partager notre modèle en morceaux séparés et exécuter chacun d'eux sur un processeur différent. Malheureusement, cette méthode est relativement complexe et son efficacité dépend totalement de l'architecture du réseau de neurones. Lorsqu'un réseau est intégralement connecté, le parallélisme du modèle apporte généralement peu de gains (voir la figure 11.11).

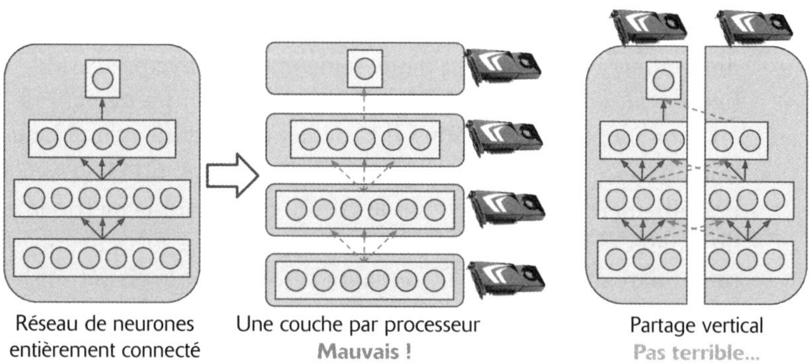

Figure 11.11 – Partage d'un réseau de neurones intégralement connecté

Intuitivement, on pourrait penser qu'un partage facile du modèle consisterait à placer chaque couche du réseau sur un processeur différent, mais cette solution fonctionne très mal car chaque couche doit attendre la sortie de la couche précédente pour pouvoir travailler. Dans ce cas, pourquoi ne pas partager le réseau verticalement, par exemple en plaçant la moitié gauche de chaque couche sur un processeur, et la moitié droite sur un autre ? Les résultats sont un peu meilleurs, car les deux moitiés de chaque couche peuvent effectivement travailler en parallèle, mais le problème est que chaque moitié de la couche suivante a besoin de la sortie des deux moitiés précédentes. Cela conduit donc à un grand nombre de communications entre les processeurs (représentées par les flèches en pointillé), qui risquent d'annuler totalement le bénéfice des calculs parallèles. En effet, les communications de ce type sont lentes, et encore plus lorsqu'elles se font entre des machines séparées.

Certaines architectures de réseaux de neurones, comme les réseaux de neurones convolutifs (voir le chapitre 6), comprennent des couches qui ne sont que partiellement connectées aux couches inférieures. Dans ce cas, il est beaucoup plus facile d'en répartir efficacement des portions entre les processeurs (voir la figure 11.12).

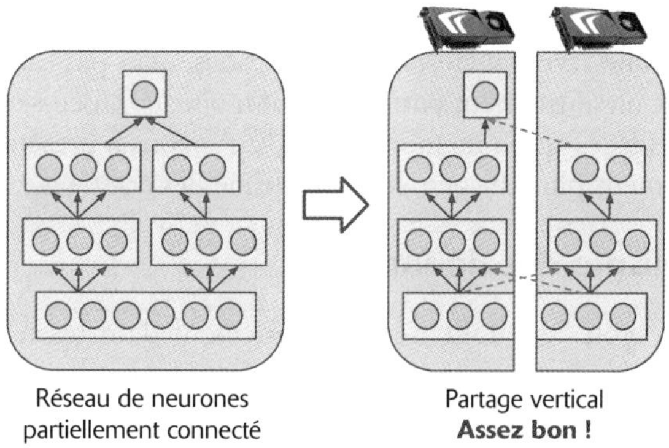

Figure 11.12 – Partage d'un réseau de neurones partiellement connecté

Certaines architectures de réseaux de neurones, en particulier les réseaux de neurones récurrents profonds (voir chapitre 7) permettent un partage plus efficace entre plusieurs GPU. Si vous partagez horizontalement un tel réseau en plaçant chaque couche sur un processeur différent, et si vous alimentez le réseau avec une séquence d'entrées à traiter, alors, pendant la première étape, un seul processeur est actif (travaillant sur le premier élément de la séquence), pendant la deuxième étape, deux processeurs le sont (la deuxième couche traite la sortie produite par la première couche pour le premier élément, tandis que la première couche traite le deuxième élément de la séquence), et, lorsque le signal atteint la couche de sortie, tous les processeurs sont actifs simultanément (voir la figure 11.13). Cette approche implique un grand nombre de communications entre les processeurs, mais, puisque chaque cellule peut être relativement complexe, l'intérêt d'en exécuter plusieurs en parallèle peut, en théorie, contrebalancer le coût des communications. Malgré tout, en pratique, une pile normale de couches `LSTM` s'exécutant sur un seul GPU donne de meilleures performances.

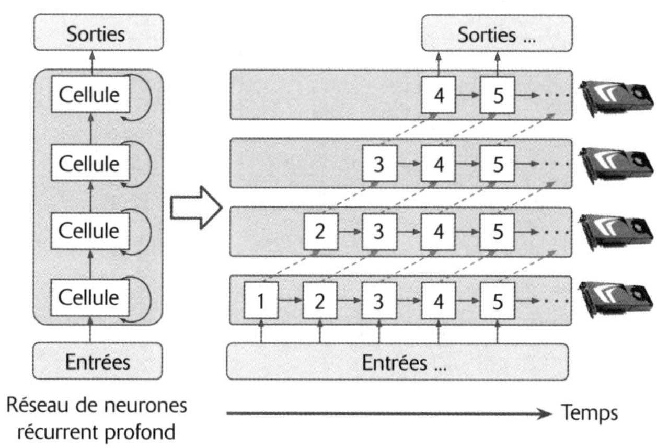

Figure 11.13 – Partage d'un réseau de neurones récurrent profond

En résumé, le parallélisme du modèle peut accélérer l'exécution ou l'entraînement de certains types de réseaux de neurones, mais pas tous. Il exige également une attention et un ajustement particuliers afin que les processeurs qui communiquent le plus soient placés sur la même machine[329]. Voyons à présent une option plus simple et généralement plus efficace, le parallélisme des données.

11.5.2 Parallélisme des données

Une autre façon de paralléliser l'entraînement d'un réseau de neurones consiste à le répliquer sur chaque processeur et à exécuter simultanément une étape d'entraînement sur chacune des répliques, chacun travaillant sur un mini-lot différent. La moyenne des gradients déterminés par chaque réplique est ensuite calculée et permet d'actualiser les paramètres du modèle. Cette approche se nomme *parallélisme des données*, ou parfois *programme unique, données multiples* (*single program, multiple data*, ou SPMD). Il en existe de nombreuses variantes. Décrivons les plus importantes.

Parallélisme des données avec mise en miroir

L'approche certainement la plus simple consiste à répliquer tous les paramètres du modèle sur tous les GPU et à procéder à la même mise à jour des paramètres sur chaque GPU : c'est ce qu'on appelle une *mise en miroir* (*mirroring*). De cette manière, les répliques restent toujours parfaitement identiques. Cette *stratégie de mise en miroir* se révèle plutôt efficace, en particulier lorsqu'on utilise une seule machine (voir la figure 11.14).

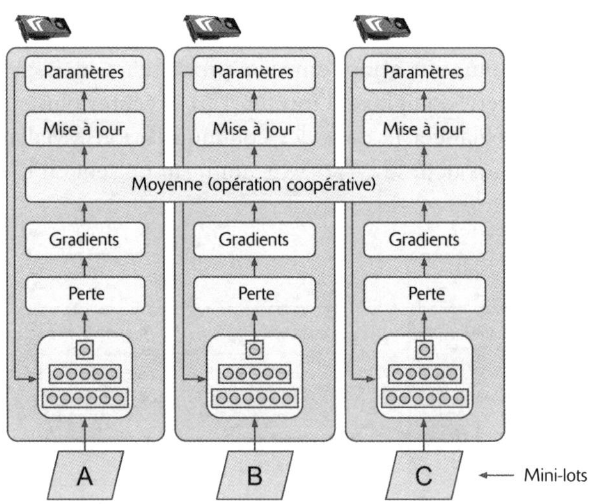

Figure 11.14 – Parallélisme des données par mise en miroir

329. Si vous souhaitez aller plus loin en matière de parallélisme du modèle, intéressez-vous à Mesh TensorFlow (*https://github.com/tensorflow/mesh*).

La partie complexe de cette approche réside dans le calcul efficace de la moyenne de tous les gradients provenant de tous les GPU et de la distribution du résultat sur tous les GPU. La solution réside dans un algorithme *AllReduce*. Dans cette classe d'algorithmes, plusieurs nœuds collaborent pour réaliser efficacement une opération de réduction (comme calculer la moyenne, la somme et le maximum), tout en garantissant que tous les nœuds obtiennent le même résultat final. Heureusement, il existe des implémentations prêtes à l'emploi pour ces algorithmes.

Parallélisme des données avec centralisation des paramètres

Une autre approche consiste à stocker les paramètres du modèle en dehors des GPU qui s'occupent des calculs (appelés *travailleurs*), par exemple sur le CPU (voir la figure 11.15). Dans une configuration distribuée, tous les paramètres peuvent être placés sur un ou plusieurs serveurs à CPU uniquement (appelés *serveurs de paramètres*), leur seul rôle étant d'héberger et de mettre à jour ces paramètres.

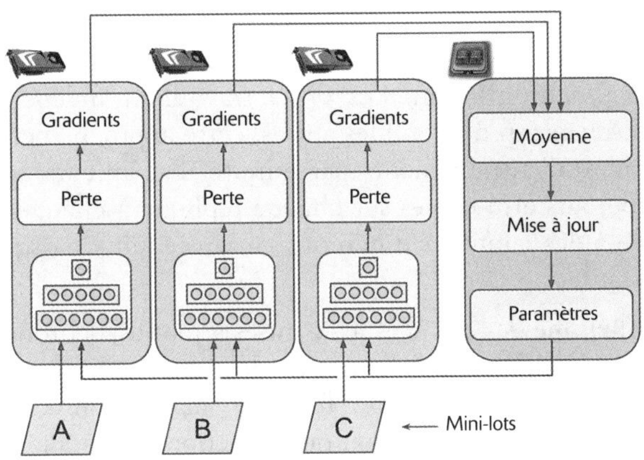

Figure 11.15 – Parallélisme des données avec paramètres centralisés

Alors que la stratégie avec mise en miroir impose une mise à jour synchronisée des paramètres sur tous les GPU, cette approche centralisée autorise des mises à jour synchrones ou asynchrones. Voyons les avantages et les inconvénients de ces deux options.

Mises à jour synchrones

Dans le cas des *mises à jour synchrones*, l'agrégateur attend que tous les gradients soient disponibles avant d'en calculer la moyenne et de les passer à l'optimiseur, qui met à jour les paramètres du modèle. Lorsqu'une réplique a terminé le calcul de ses gradients, elle doit attendre que les paramètres soient mis à jour avant de pouvoir traiter le mini-lot suivant. L'inconvénient est que certains processeurs peuvent être plus lents que d'autres et qu'à chaque étape les plus rapides doivent tous attendre les plus lents, ce qui rend l'ensemble du processus aussi lent que le plus lent des processeurs. De plus, les paramètres seront copiés sur chaque processeur presque au même moment (immédiatement après l'application des gradients), ce qui risque de saturer la bande passante des serveurs de paramètres.

Afin de diminuer le temps d'attente à chaque étape, il est possible d'ignorer les gradients des travailleurs (GPU) les plus lents (habituellement les 10 % les plus lents). Par exemple, on peut exécuter sur 20 travailleurs, mais n'agréger à chaque étape que les gradients des 18 travailleurs les plus rapides et ignorer ceux des 2 retardataires. Dès que les paramètres sont actualisés, les 18 premiers peuvent recommencer à travailler, sans avoir à attendre les 2 travailleurs les plus lents. Une telle configuration est généralement présentée comme ayant 18 répliques plus 2 *répliques de rechange*[330].

Mises à jour asynchrones

Avec les mises à jour asynchrones, dès qu'un travailleur a terminé le calcul des gradients, il les utilise immédiatement pour actualiser les paramètres du modèle. L'agrégation est absente (l'étape « Moyenne » sur la figure 11.15 disparaît), tout comme la synchronisation. Les GPU travaillent indépendamment les uns des autres. Puisqu'aucun n'attend les autres, cette approche permet de réaliser un plus grand nombre d'entraînements par minute. Par ailleurs, même si les paramètres doivent toujours être copiés sur chaque réplique à chaque étape, cette opération est réalisée à des moments différents, ce qui réduit les risques de saturation de la bande passante.

Le parallélisme des données avec mises à jour asynchrones est très attrayant, en raison de sa simplicité, de l'absence de délai de synchronisation et d'une meilleure utilisation de la bande passante. Toutefois, malgré son comportement convenable en pratique, il est assez surprenant qu'il fonctionne ! Au moment où un travailleur a terminé le calcul des gradients à partir de certaines valeurs des paramètres, ceux-ci auront été actualisés à plusieurs reprises par d'autres travailleurs (en moyenne $N-1$ fois s'il y a N répliques) et rien ne garantit que les gradients calculés pointeront toujours dans la bonne direction (voir figure 11.16). Lorsque les gradients sont fortement obsolètes, ils sont appelés *gradients périmés* (*stale gradients*). Ils peuvent ralentir la convergence, en introduisant du bruit et des effets de secousse (la courbe d'apprentissage peut contenir des oscillations temporaires), et peuvent même faire diverger l'algorithme d'entraînement.

330. Le terme peut introduire une légère confusion, car il semble indiquer que certains travailleurs (GPU) sont particuliers, ne faisant rien. En réalité, ils sont tous équivalents et s'efforcent de faire partie des plus rapides à chaque étape d'entraînement. Les perdants ne sont pas nécessairement les mêmes à chaque étape (sauf si certains processeurs sont réellement plus lents que d'autres). Toutefois, cela signifie qu'en cas de dysfonctionnement d'un ou deux processeurs, l'entraînement se poursuivra sans problème.

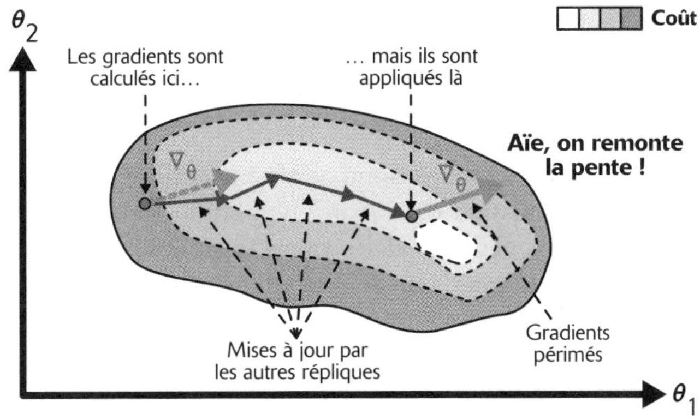

Figure 11.16 – Gradients périmés lors des mises à jour asynchrones

Il existe quelques solutions pour diminuer les effets des gradients périmés :

- abaisser le taux d'apprentissage ;
- ignorer les gradients périmés ou les réduire ;
- ajuster la taille du mini-lot ;
- démarrer les quelques premières époques en utilisant une seule réplique (*phase d'échauffement*). Les gradients périmés ont tendance à avoir un effet plus important au début de l'entraînement, lorsqu'ils sont grands et que les paramètres ne sont pas encore entrés dans une vallée de la fonction de coût, ce qui peut conduire différentes répliques à pousser les paramètres dans des directions assez différentes.

Un article[331] publié par l'équipe Google Brain en avril 2016 évalue différentes approches. Il conclut que le parallélisme des données avec mises à jour synchrones et quelques répliques de rechange est le plus efficace, en raison d'une convergence plus rapide et de la production d'un meilleur modèle. Cependant, cela reste un sujet de recherche très actif et il n'est pas encore possible d'écarter les mises à jour asynchrones.

Saturation de la bande passante

Que les mises à jour se fassent de façon synchrone ou asynchrone, le parallélisme des données avec centralisation des paramètres implique la transmission des paramètres du modèle depuis les serveurs de paramètres vers toutes les répliques au début de chaque étape d'entraînement, et celle des gradients dans le sens inverse à la fin de chaque étape. De façon comparable, dans la stratégie avec mise en miroir, les gradients produits par chaque GPU doivent être partagés avec chaque autre GPU. Malheureusement, cela signifie qu'à un certain stade l'ajout d'un GPU supplémentaire n'améliorera plus les performances, car le temps passé à échanger les données

331. Jianmin Chen *et al.*, « Revisiting Distributed Synchronous SGD » (2016) : *https://homl.info/68*.

avec la RAM du GPU (éventuellement au travers du réseau, s'il s'agit d'un environnement distribué) annulera l'accélération obtenue par la répartition de la charge de calcul. À partir de là, l'ajout d'autres GPU ne fera qu'augmenter la saturation et ralentir l'entraînement.

La saturation est encore plus importante avec les grands modèles denses, car ils impliquent la transmission d'un grand nombre de paramètres et de gradients. Elle est moindre avec les petits modèles (mais le gain obtenu grâce à la parallélisation est faible) et avec les grands modèles creux, car la plupart des gradients sont généralement à zéro et peuvent être transmis de façon efficace. Jeff Dean, initiateur et responsable du projet Google Brain, a fait état (*https://homl.info/69*) d'accélérations d'un facteur 25 à 40 lors de la distribution des calculs sur 50 GPU pour des modèles denses, et d'un facteur 300 pour des modèles plus creux entraînés sur 500 GPU. Cela montre bien que les modèles creux sont mieux adaptés à un parallélisme plus étendu. Voici quelques exemples concrets :

- traduction automatique neuronale : accélération d'un facteur 6 sur 8 GPU ;
- Inception/ImageNet : accélération d'un facteur 32 sur 50 GPU ;
- RankBrain : accélération d'un facteur 300 sur 500 GPU.

Beaucoup de travaux de recherche visent actuellement à tenter de résoudre le problème de saturation de la bande passante, avec comme objectif d'obtenir une croissance linéaire des capacités d'entraînement selon le nombre de GPU disponibles. Ainsi, dans un article publié en 2018[332], des chercheurs des universités de Carnegie-Mellon et Stanford, ainsi que de Microsoft Research, ont proposé un système nommé PipeDream permettant de réduire de plus de 90 % les communications réseau, rendant ainsi possible l'entraînement de très grands modèles sur de nombreuses machines. Ils y sont parvenus en utilisant une nouvelle technique appelée *parallélisme en pipeline* (*pipeline parallelism*), qui combine le parallélisme du modèle et le parallélisme des données : le modèle est découpé en parties consécutives appelées *stades* (en anglais, *stages*), chacun de ces stades étant entraîné sur une machine différente.

Ceci donne un pipeline asynchrone dans lequel toutes les machines travaillent en parallèle avec très peu de temps d'inactivité (ou *idle time*). Durant l'entraînement, chaque stade alterne un cycle de propagation avant et un cycle de rétropropagation (voir figure 11.17) : il extrait un mini-lot de sa file d'attente d'entrée, le traite et transmet la sortie à la file d'attente d'entrée du stade suivant, puis il extrait un mini-lot de gradients de sa file d'attente de gradients, effectue la rétropropagation de ces gradients et met à jour ses propres paramètres de modèle et ajoute les gradients rétropropagés à la file d'attente de gradients du stade précédent. Il répète perpétuellement le même processus. Chaque stade peut aussi utiliser le parallélisme des données ordinaire (c'est-à-dire utiliser une stratégie de mise en miroir) indépendamment des autres stades.

332. Aaron Harlap *et al.*, « PipeDream: Fast and Efficient Pipeline Parallel DNN Training », arXiv preprint arXiv:1806.03377 (2018) : *https://homl.info/pipedream*.

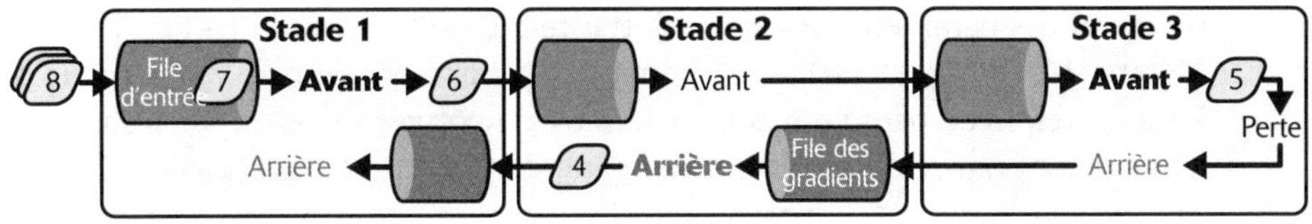

Figure 11.17 – Parallélisme en pipeline de PipeDream

Cependant, tel que présenté ici, PipeDream ne fonctionnerait pas tellement bien. Pour comprendre pourquoi, examinons le mini-lot numéro 5 sur la figure 11.17 : lorsqu'il est passé par le stade 1 durant la passe en avant, les gradients du mini-lot numéro 4 n'avaient pas encore été rétropropagés jusqu'à ce stade, mais au moment où les gradients du lot 5 sont rétropropagés jusqu'au stade 20, les gradients du lot 4 auront été utilisés pour mettre à jour les paramètres du modèle, c'est pourquoi les gradients du lot 5 seront quelque peu périmés. Comme nous l'avons vu, ceci peut nuire à la vitesse d'entraînement et à la précision et même faire diverger l'algorithme : plus il y a de stades, plus le problème s'aggrave. Les auteurs de l'article ont cependant proposé des méthodes pour atténuer ce problème : entre autres, chaque stade sauvegarde les poids durant la propagation avant et les restaure lors de la propagation arrière, afin que les mêmes poids soient utilisés lors de la passe avant et de la passe arrière. C'est ce qu'on appelle la *mise en réserve des poids* (*weight stashing*). Grâce à cela, PipeLine fournit d'excellents résultats en termes de capacité d'extension (*scalability*), bien au-delà du simple parallélisme des données.

La dernière avancée notable dans ce domaine a été présentée dans un article publié en 2022[333] par des chercheurs de Google. Ils ont développé un système nommé *Pathways* utilisant un parallélisme du modèle automatique, un ordonnancement en gang asynchrone et d'autres techniques afin d'atteindre une utilisation du matériel voisine de 100 % sur des milliers de TPU ! L'ordonnancement (ou *scheduling*) consiste à décider où et quand chaque tâche s'exécutera, tandis que l'*ordonnancement en gang* (*gang scheduling*) consiste à exécuter des tâches apparentées en même temps, en parallèle et à proximité les unes des autres pour réduire le temps durant lequel ces tâches doivent attendre les sorties des autres. Comme nous l'avons vu au chapitre 8, ce système a été utilisé pour entraîner un gigantesque modèle linguistique sur plus de 6 000 TPU, avec un taux d'utilisation du matériel voisin de 100 % : c'est une véritable prouesse technique.

À l'heure actuelle, Pathways n'est pas encore dans le domaine public, mais il est probable que bientôt vous pourrez entraîner des modèles très volumineux sur Vertex AI en utilsant Pathways ou un système similaire. En attendant, pour réduire le problème de saturation, il est préférable d'utiliser quelques GPU puissants plutôt qu'un grand nombre de GPU aux performances modestes, et si vous devez entraîner votre modèle sur plusieurs serveurs, il vaut mieux regrouper les GPU sur quelques serveurs parfaitement interconnectés. Vous pouvez également essayer d'abaisser la

333. Paul Barham *et al.*, « Pathways: Asynchronous Distributed Dataflow for ML », arXiv preprint arXiv:2203.12533 (2022) : *https://homl.info/pathways*.

précision des paramètres à virgule flottante du modèle de 32 bits (`tf.float32`) à 16 bits (`tf.bfloat16`). Cela permet de diviser par deux la quantité de données à transférer, avec peu d'impact sur le taux de convergence ou sur les performances du modèle. Enfin, si vous utilisez des paramètres centralisés, vous pouvez les répartir sur plusieurs serveurs de paramètres. En ajoutant des serveurs de paramètres, vous réduisez la charge réseau sur chacun et limitez le risque de saturation de la bande passante.

Fort bien. Après avoir étudié toute la théorie, entraînons à présent un modèle sur plusieurs GPU !

11.5.3 Entraînement à grande échelle en utilisant l'API de stratégies de distribution

Heureusement, TensorFlow dispose d'une très bonne API qui gère toute la complexité liée à la distribution de votre modèle sur plusieurs processeurs et machines : l'API de stratégies de distribution. Pour entraîner un modèle Keras sur tous les GPU disponibles (sur une seule machine, pour le moment) en utilisant le parallélisme des données avec la stratégie de mise en miroir, créez un objet `MirroredStrategy`, appelez sa méthode `scope()` de façon à obtenir un contexte de distribution et effectuez la création et la compilation du modèle à l'intérieur de ce contexte. Ensuite, appelez la méthode `fit()` du modèle de manière classique :

```
strategy = tf.distribute.MirroredStrategy()

with strategy.scope():
    model = tf.keras.Sequential([...])  # créer un modèle Keras normalement
    model.compile([...])  # compiler le modèle normalement

batch_size = 100  # divisible de préférence par le nombre de répliques
model.fit(X_train, y_train, epochs=10,
          validation_data=(X_valid, y_valid), batch_size=batch_size)
```

En interne, Keras sait gérer les environnements distribués. Par conséquent, dans ce contexte de mise en miroir (`MirroredStrategy`), il sait qu'il doit répliquer toutes les variables et toutes les opérations sur tous les GPU disponibles. Si vous examinez les poids du modèle, vous verrez qu'ils sont de type `MirroredVariable` :

```
>>> type(model.weights[0])
tensorflow.python.distribute.values.MirroredVariable
```

Notez que la méthode `fit()` partagera automatiquement chaque lot d'entraînement entre toutes les répliques, c'est pourquoi il est préférable de choisir une taille de lot divisible par le nombre de répliques (c'est-à-dire le nombre de GPU disponibles), afin que toutes les répliques reçoivent des lots de même taille. Et c'est tout ! L'entraînement sera généralement beaucoup plus rapide qu'en utilisant un seul processeur, et la modification du code est vraiment minimale.

Dès que l'entraînement du modèle est terminé, vous pouvez l'utiliser pour réaliser efficacement des prédictions. Appelez la méthode `predict()` pour qu'elle répartisse automatiquement le lot sur toutes les répliques et effectue les prédictions en parallèle (de nouveau, la taille du lot doit être divisible par le nombre de répliques). Si vous appelez la méthode save() du modèle, il sera enregistré non pas comme un modèle en miroir avec plusieurs répliques, mais comme un modèle normal. Par conséquent, lorsque vous le chargez, il s'exécutera en tant que modèle normal, sur un seul processeur (par défaut le GPU 0, ou, en l'absence de GPU, sur le CPU). Si vous souhaitez le charger et l'exécuter sur tous les processeurs disponibles, vous devez appeler tf.keras.models.load_model() à l'intérieur d'un contexte de distribution :

```
with strategy.scope():
    model = tf.keras.models.load_model("my_mirrored_model")
```

Pour n'utiliser qu'un sous-ensemble de tous les GPU disponibles, passez-en la liste au constructeur de MirroredStrategy :

```
strategy = tf.distribute.MirroredStrategy(devices=["/gpu:0", "/gpu:1"])
```

Par défaut, la classe MirroredStrategy s'appuie sur la bibliothèque NCCL de Nvidia (*NVIDIA collective communications library*) pour le calcul de la moyenne des gradients selon l'algorithme AllReduce, mais vous pouvez modifier ce fonctionnement en transmettant à son constructeur, *via* l'argument cross_device_ops, une instance de la classe tf.distribute.HierarchicalCopyAllReduce ou bien de la classe tf.distribute.ReductionToOneDevice. L'option NCCL, qui est l'option par défaut, consiste à utiliser la classe tf.distribute.NcclAllReduce, qui se révèle généralement plus rapide, mais cela dépend du nombre et du type des GPU. Il vous faudra peut-être essayer les autres options[334].

Si vous voulez essayer le parallélisme des données avec centralisation des paramètres, remplacez MirroredStrategy par CentralStorageStrategy :

```
strategy = tf.distribute.experimental.CentralStorageStrategy()
```

Dans l'argument compute_devices, vous pouvez également préciser la liste des processeurs utilisés comme travailleurs ou *workers* (par défaut, tous les GPU disponibles seront utilisés) et, dans l'argument parameter_device, le processeur qui devra stocker les paramètres (par défaut, il s'agira du CPU, ou du GPU s'il n'y en a qu'un).

Voyons à présent comment entraîner un modèle sur un groupe de serveurs TensorFlow !

11.5.4 Entraîner un modèle sur une partition TensorFlow

Une *partition TensorFlow* est un groupe de processus TensorFlow qui s'exécutent en parallèle, en général sur différentes machines, et qui communiquent les uns avec les autres pour réaliser une tâche, comme entraîner ou exécuter un réseau de neurones. Chaque processus TF de la partition est appelé *tâche*, ou *serveur TF*. Il possède une

334. Pour de plus amples informations sur les algorithmes AllReduce, consultez le billet rédigé par Yuichiro Ueno (*https://homl.info/uenopost*) et la page sur l'évolutivité des ressources d'entraînement avec NCCL (*https://homl.info/ncclalgo*).

adresse IP, un port et un type (également appelé son *rôle* ou *job*). Le type peut être `"worker"`, `"chief"`, `"ps"` (pour serveur de paramètres) ou `"evaluator"` :

- Chaque *travailleur* (`worker`) effectue des calculs, en général sur une machine dotée d'un ou plusieurs GPU.
- Le *chef* (`chief`) effectue lui aussi des calculs (il s'agit d'un travailleur) mais réalise des opérations supplémentaires, comme remplir des journaux TensorBoard ou effectuer des sauvegardes ponctuelles. Il n'y a qu'un seul chef dans une partition. Si aucun chef n'est désigné, le premier travailleur le devient.
- Un *serveur de paramètres* (*parameter server*, `ps`) conserve uniquement des valeurs de variables et se trouve en général sur une machine équipée seulement d'un CPU. Ce type de tâche n'est utilisé qu'avec `ParameterServerStrategy`.
- Un *évaluateur* (`evaluator`) prend évidemment en charge l'évaluation. Ce type n'est pas utilisé très souvent, et lorsqu'il l'est, il n'y a en général qu'un seul évaluateur.

Pour démarrer une partition TensorFlow, vous devez commencer par la définir, c'est-à-dire préciser l'adresse IP, le port TCP et le type de chaque tâche. Par exemple, la *spécification de partition* suivante définit une partition possédant trois tâches (deux travailleurs et un serveur de paramètres ; voir figure 11.18). La spécification est un dictionnaire avec une clé par rôle, et les valeurs sont des listes d'adresses de tâches (*adresse IP:port*) :

```
cluster_spec = {
    "worker": [
        "machine-a.example.com:2222",      # /rôle:travailleur/tâche:0
        "machine-b.example.com:2222"       # /rôle:travailleur/tâche:1
    ],
    "ps": ["machine-a.example.com:2221"]  # /rôle:ps/tâche:0
}
```

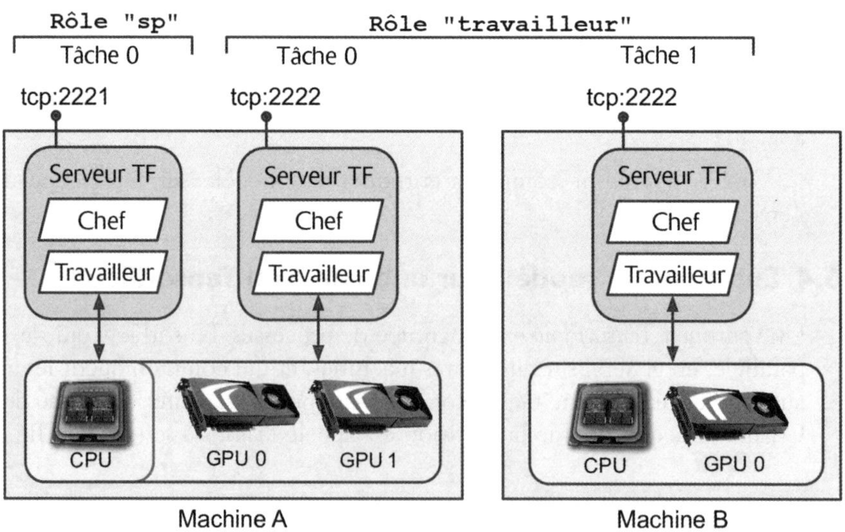

Figure 11.18 – Partition TensorFlow

De façon générale, il y a une tâche par machine, mais, comme le montre cet exemple, vous pouvez configurer plusieurs tâches sur la même machine (si elles partagent les mêmes GPU, assurez-vous que la mémoire est correctement répartie).

Par défaut, chaque tâche de la partition peut communiquer avec toutes les autres tâches. Assurez-vous que votre pare-feu est configuré de façon à autoriser les communications entre ces machines sur les ports indiqués (il est généralement plus simple d'utiliser le même port sur toutes les machines).

Lorsque vous démarrez une tâche, vous devez lui fournir la spécification de partition et lui indiquer son type et son indice (par exemple, travailleur 0). Pour tout préciser en même temps (spécification de partition et type et indice de la tâche courante), l'approche la plus simple consiste à définir la variable d'environnement `TF_CONFIG` avant de démarrer TensorFlow. Sa valeur doit être un dictionnaire JSON contenant une spécification de partition (sous la clé `"cluster"`) et le type et l'indice de la tâche courante (sous la clé `"task"`). Par exemple, la variable d'environnement `TF_CONFIG` suivante utilise la partition que nous venons de définir et indique que la tâche à démarrer est le travailleur 0 :

```
os.environ["TF_CONFIG"] = json.dumps({
    "cluster": cluster_spec,
    "task": {"type": "worker", "index": 0}
})
```

En règle générale, la variable d'environnement `TF_CONFIG` sera définie en dehors de Python de façon à ne pas fixer le type et l'indice de la tâche courante dans le code (il pourra ainsi être utilisé sur tous les travailleurs).

Entraînons à présent un modèle sur une partition. Nous commencerons avec la stratégie de mise en miroir. Nous devons tout d'abord donner la valeur appropriée à la variable `TF_CONFIG` pour chaque tâche. Il ne doit y avoir aucun serveur de paramètres (la clé `"ps"` est retirée de la spécification de partition) et, en général, vous opterez pour un seul travailleur par machine. Vérifiez bien qu'un indice différent est attribué à chaque tâche. Terminez en exécutant le code suivant sur chaque travailleur :

```
import tempfile
import tensorflow as tf

strategy = tf.distribute.MultiWorkerMirroredStrategy()  # au démarrage !
resolver = tf.distribute.cluster_resolver.TFConfigClusterResolver()
print(f"Starting task {resolver.task_type} #{resolver.task_id}")
[...] # charger et partager les données MNIST

with strategy.scope():
    model = tf.keras.Sequential([...])  # construire le modèle Keras
```

```
    model.compile([...])  # compiler le modèle

model.fit(X_train, y_train, validation_data=(X_valid, y_valid), epochs=10)

if resolver.task_id == 0:  # le chef sauveagarde le modèle au bon endroit
    model.save("my_mnist_multiworker_model", save_format="tf")
else:
    tmpdir = tempfile.mkdtemp()  # les autres sauvegardent dans
                                 # un répertoire temporaire
    model.save(tmpdir, save_format="tf")
    tf.io.gfile.rmtree(tmpdir)  # on peut le supprimer à la fin !
```

C'est à peu près le même code que précédemment, excepté l'utilisation de `MultiWorkerMirroredStrategy`. Au lancement de ce script sur les premiers travailleurs, ils resteront bloqués à l'étape AllReduce. Mais, dès que le dernier travailleur démarre, l'entraînement débute et vous les voyez tous progresser au même rythme puisqu'ils se synchronisent à chaque étape.

Lorsqu'on utilise `MultiWorkerMirroredStrategy`, il est important de vérifier que tous les travailleurs font bien la même chose, y compris sauvegarder les points de reprise du modèle ou écrire dans les journaux de bord TensorBoard, même si vous ne conserverez que ce que le chef écrit. C'est parce qu'il pourrait y avoir besoin d'exécuter des opérations AllReduce, et donc tous les travailleurs doivent rester synchronisés.

Il existe deux implémentations de AllReduce : un algorithme AllReduce en anneau fondé sur des communications réseau gRPC, et l'implémentation NCCL de Nvidia. Le meilleur algorithme dépendra du nombre de travailleurs, du nombre et du type de GPU, ainsi que du réseau. Par défaut, TensorFlow sélectionnera l'algorithme approprié à partir de certaines heuristiques, mais vous pouvez forcer l'utilisation de NCCL (ou de RING) comme ceci :

```
strategy = tf.distribute.MultiWorkerMirroredStrategy(
    communication_options=tf.distribute.experimental.CommunicationOptions(
        implementation=
            tf.distribute.experimental.CollectiveCommunication.NCCL))
```

Si vous préférez mettre en place un parallélisme des données asynchrone avec des serveurs de paramètres, changez la stratégie en `ParameterServerStrategy`, ajoutez un ou plusieurs serveurs de paramètres et configurez `TF_CONFIG` de façon appropriée pour chaque tâche. Même si les travailleurs vont opérer de façon asynchrone, notez que les répliques sur chaque travailleur opéreront de façon synchrone.

Enfin, si vous avez accès à des TPU sur Google Cloud (*https://cloud.google.com/tpu*) – par exemple si vous utilisez Colab et si vous avez choisi TPU comme type d'accélérateur –, vous pouvez créer une `TPUStrategy` comme ceci :

```
resolver = tf.distribute.cluster_resolver.TPUClusterResolver()
tf.tpu.experimental.initialize_tpu_system(resolver)
strategy = tf.distribute.experimental.TPUStrategy(resolver)
```

Ceci doit être exécuté juste après l'importation de TensorFlow. Vous pouvez ensuite utiliser cette stratégie normalement.

Si vous êtes un chercheur, vous pourriez être éligible à une utilisation gratuite des TPU. Pour de plus amples informations, rendez-vous sur *https://tensorflow.org/tfrc.*

Vous pouvez à présent entraîner des modèles sur plusieurs GPU et plusieurs serveurs. Vous pouvez vous féliciter ! Mais si vous souhaitez entraîner un très grand modèle, vous aurez besoin de nombreux GPU, sur de nombreux serveurs. Il vous faudra alors acheter un grand nombre de matériels ou gérer un grand nombre de machines virtuelles dans le cloud. Le plus souvent, il sera moins pénible et moins onéreux d'utiliser un service de cloud qui provisionne et gère toute cette infrastructure pour vous, uniquement lorsque vous en avez besoin. Voyons comment procéder en utilisant Vertex AI.

11.5.5 Exécuter des tâches d'entraînement volumineuses sur Vertex AI

Vertex AI vous permet de créer des modèles personnalisés intégrant votre propre code d'entraînement. En fait, vous pouvez utiliser pratiquement le même code d'entraînement que celui que vous utiliseriez sur votre propre partition TF. La principale chose à modifier est l'emplacement où le chef doit sauvegarder le modèle, les points de reprise et les journaux TensorBoard. Au lieu de sauvegarder le modèle dans un répertoire local, le chef doit le sauvegarder dans GCS, en utilisant le chemin d'accès fourni par Vertex AI dans la variable d'environnement `AIP_MODEL_DIR`. Pour les points de reprise du modèle et les journaux de bord TensorBoard, vous devez utiliser les chemins d'accès contenus respectivement dans les variables d'environnement `AIP_CHECKPOINT_DIR` et `AIP_TENSORBOARD_LOG_DIR`. Vous devez bien sûr aussi vous assurer que les machines virtuelles peuvent accéder aux données d'entraînement, que ce soit sur GCS, ou un autre service GCP tel que BigQuery, ou directement sur le web. Enfin, Vertex AI définit explicitement le titre de la tâche `"chief"`, c'est pourquoi il vous faut identifier le chef en utilisant `resolved.task_type == "chief"` au lieu de `resolved.task_id == 0:`

```
import os
[...]  # importations, création MultiWorkerMirroredStrategy et resolver

if resolver.task_type == "chief":
    model_dir = os.getenv("AIP_MODEL_DIR")  # chemins fournis par Vertex AI
    tensorboard_log_dir = os.getenv("AIP_TENSORBOARD_LOG_DIR")
    checkpoint_dir = os.getenv("AIP_CHECKPOINT_DIR")
else:
    tmp_dir = Path(tempfile.mkdtemp())  # autres travailleurs :
                                        # répertoires temporaires
    model_dir = tmp_dir / "model"
    tensorboard_log_dir = tmp_dir / "logs"
    checkpoint_dir = tmp_dir / "ckpt"

callbacks = [tf.keras.callbacks.TensorBoard(tensorboard_log_dir),
             tf.keras.callbacks.ModelCheckpoint(checkpoint_dir)]
```

```
[...] # construire et compiler dans le contexte de la stratégie,
      # comme précédemment
model.fit(X_train, y_train, validation_data=(X_valid, y_valid), epochs=10,
          callbacks=callbacks)
model.save(model_dir, save_format="tf")
```

Si vous placez les données d'entraînement sur GCS, vous pouvez y accéder en créant un `tf.data.TextLineDataset` ou un `tf.data.TFRecordDataset`. Il suffit d'utiliser des chemins GCS comme noms de fichiers (par exemple, *gs://my_bucket/data/001.csv*). Ces jeux de données utilisent `tf.io.gfile` pour l'accès aux fichiers, qu'ils soient locaux ou sur GCS.

À partir du script suivant, vous pouvez maintenant créer une tâche d'entraînement personnalisée sur Vertex AI. Vous devrez spécifier le nom de la tâche, le chemin d'accès de votre script d'entraînement, l'image Docker à utiliser pour l'entraînement, celle à utiliser pour les prédictions (après l'entraînement), ainsi que toutes les bibliothèques Python supplémentaires dont vous pourriez avoir besoin, et enfin le bucket qui constituera le répertoire de travail dans lequel Vertex AI placera le script d'entraînement. Par défaut, c'est aussi là que le script d'entraînement sauvegardera le modèle entraîné, ainsi que les journaux TensorBoard et les points de reprise du modèle (s'il y en a). Créons donc la tâche :

```
custom_training_job = aiplatform.CustomTrainingJob(
    display_name="my_custom_training_job",
    script_path="my_vertex_ai_training_task.py",
    container_uri="gcr.io/cloud-aiplatform/training/tf-gpu.2-4:latest",
    model_serving_container_image_uri=server_image,
    requirements=["gcsfs==2022.3.0"],  # pas nécessaire, c'est juste un exemple
    staging_bucket=f"gs://{bucket_name}/staging"
)
```

Maintenant, exécutons-le sur deux travailleurs, comportant deux GPU chacun :

```
mnist_model2 = custom_training_job.run(
    machine_type="n1-standard-4",
    replica_count=2,
    accelerator_type="NVIDIA_TESLA_K80",
    accelerator_count=2,
)
```

Et voilà ! Vertex AI fournira les nœuds de calcul que vous avez demandés (dans la limite de vos quotas) et exécutera votre script d'entraînement sur ceux-ci. À la fin de l'exécution, la méthode `run()` renverra un modèle entraîné que vous pourrez utiliser exactement comme celui que vous avez créé précédemment : vous pourrez le déployer sur un nœud de terminaison ou l'utiliser pour effectuer des prédictions groupées. Si quelque chose se passe mal durant l'entraînement, vous pouvez consulter les journaux d'exécution sur la console : dans le menu de navigation ≡, sélectionnez « Vertex AI » → Entraînement, cliquez sur votre tâche d'entraînement, puis sur « Voir les journaux ». Sinon, vous pouvez cliquer sur l'onglet « Tâches personnalisées » et copier l'identificateur de la tâche (p. ex. 1234), puis sélectionner Journaux dans le menu de navigation ≡ et consulter `resource.labels.job_id=1234`.

Pour visualiser la progression de l'entraînement, démarrez TensorBoard et faites pointer son `--logdir` vers le chemin d'accès GCS des journaux. Il utilisera le compte par défaut de l'application, que vous pouvez définir en utilisant `gcloud auth application-default login`. Vertex AI propose également des serveurs TensorBoard hébergés, si vous le préférez.

Si vous souhaitez essayer quelques valeurs d'hyperparamètres, une des solutions consiste à exécuter plusieurs tâches. Vous pouvez transmettre les valeurs des hyperparamètres sur la ligne de commande de lancement de votre script et les récupérer par l'intermédiaire du paramètre d'appel `args` de la méthode `run()`, ou les transmettre sous forme de variable d'environnement en les récupérant par l'intermédiaire du paramètre `environment_variables`.

Toutefois, si vous voulez effectuer dans le cloud une longue tâche de réglage des hyperparamètres, il est bien préférable d'utiliser le service de réglage des hyperparamètres de Vertex AI. Voyons comment.

11.5.6 Réglage des hyperparamètres sur Vertex AI

Le service d'ajustement des hyperparamètres de Vertex AI s'appuie sur un algorithme d'optimisation bayésienne capable de trouver rapidement les combinaisons optimales des hyperparamètres. Pour l'utiliser, vous devez d'abord créer un script d'entraînement qui transmet les valeurs des hyperparamètres en tant qu'arguments de la ligne de commande. Votre script pourrait par exemple utiliser la bibliothèque standard `argparse` comme ceci :

```
import argparse

parser = argparse.ArgumentParser()
parser.add_argument("--n_hidden", type=int, default=2)
parser.add_argument("--n_neurons", type=int, default=256)
parser.add_argument("--learning_rate", type=float, default=1e-2)
parser.add_argument("--optimizer", default="adam")
args = parser.parse_args()
```

Le service de réglage des hyperparamètres va appeler votre script à de nombreuses reprises, chaque fois avec des valeurs différentes des hyperparamètres : chaque exécution est appelée un *essai* (*trial*), et l'ensemble des essais est appelé une *étude* (*study*). Votre script d'entraînement doit utiliser les valeurs des hyperparamètres fournies par Vertex AI pour construire et compiler un modèle. Vous pouvez au besoin utiliser une stratégie de distribution en miroir si vous voulez que chaque essai s'exécute sur une machine multi-GPU. Puis le script peut charger le jeu de données et entraîner le modèle. En voici un exemple :

```
import tensorflow as tf

def build_model(args):
    with tf.distribute.MirroredStrategy().scope():
        model = tf.keras.Sequential()
        model.add(tf.keras.layers.Flatten(input_shape=[28, 28],
                                          dtype=tf.uint8))
```

```
        for _ in range(args.n_hidden):
            model.add(tf.keras.layers.Dense(args.n_neurons, activation="relu"))
        model.add(tf.keras.layers.Dense(10, activation="softmax"))
        opt = tf.keras.optimizers.get(args.optimizer)
        opt.learning_rate = args.learning_rate
        model.compile(loss="sparse_categorical_crossentropy", optimizer=opt,
                      metrics=["accuracy"])
        return model

[...] # chargement du jeu de données
model = build_model(args)
history = model.fit([...])
```

Vous pouvez utiliser les variables d'environnement `AIP_*` mentionnées précédemment pour déterminer où sauvegarder les points de reprise, les journaux TensorBoard et le modèle final.

Enfin, le script doit renvoyer au service de réglage des hyperparamètres de Vertex AI la mesure de performance (ou métrique) choisie pour le modèle, afin qu'il puisse décider quels hyperparamètres essayer ensuite. Pour cela, vous devez utiliser la bibliothèque `hypertune` qui est automatiquement installée sur les machines virtuelles d'entraînement de Vertex AI :

```
import hypertune

hypertune = hypertune.HyperTune()
hypertune.report_hyperparameter_tuning_metric(
    hyperparameter_metric_tag="accuracy",  # nom de la métrique renvoyée
    metric_value=max(history.history["val_accuracy"]),  # valeur de la métrique
    global_step=model.optimizer.iterations.numpy(),
)
```

Maintenant que votre script d'entraînement est prêt, vous devez définir le type de machine sur lequel vous souhaitez l'exécuter. Pour cela, vous devez définir une tâche personnalisée que Vertex AI utilisera comme gabarit (ou *template*) pour chaque essai :

```
trial_job = aiplatform.CustomJob.from_local_script(
    display_name="my_search_trial_job",
    script_path="my_vertex_ai_trial.py",  # chemin d'accès du script
                                          # d'entraînement
    container_uri="gcr.io/cloud-aiplatform/training/tf-gpu.2-4:latest",
    staging_bucket=f"gs://{bucket_name}/staging",
    accelerator_type="NVIDIA_TESLA_K80",
    accelerator_count=2, # ici, chaque essai se fera sur 2 GPU
)
```

Enfin vous voilà prêt à lancer et exécuter la tâche de réglage des hyperparamètres :

```
from google.cloud.aiplatform import hyperparameter_tuning as hpt

hp_job = aiplatform.HyperparameterTuningJob(
    display_name="my_hp_search_job",
    custom_job=trial_job,
```

```
    metric_spec={"accuracy": "maximize"},
    parameter_spec={
        "learning_rate": hpt.DoubleParameterSpec(min=1e-3, max=10,
                                                  scale="log"),
        "n_neurons": hpt.IntegerParameterSpec(min=1, max=300, scale="linear"),
        "n_hidden": hpt.IntegerParameterSpec(min=1, max=10, scale="linear"),
        "optimizer": hpt.CategoricalParameterSpec(["sgd", "adam"]),
    },
    max_trial_count=100,
    parallel_trial_count=20,
)
hp_job.run()
```

Ici, nous demandons à Vertex AI de maximiser la métrique nommée `"accuracy"` : ce nom doit correspondre au nom de la métrique indiquée dans le script d'entraînement. Nous définissons également la zone de recherche par quadrillage, en utilisant une échelle logarithmique pour le taux d'entraînement et une échelle linéaire pour les autres hyperparamètres. Les noms des hyperparamètres doivent correspondre à ceux fournis sur la ligne de commande du script d'entraînement. Puis nous fixons à 100 le nombre maximum d'essais, et à 20 le nombre maximum d'essais qui pourront s'exécuter en parallèle. Si vous accroissez le nombre d'essais en parallèle (par exemple à 60), le temps de recherche total sera significativement réduit, d'un facteur pouvant aller jusqu'à 3. Mais les 60 premiers essais seront démarrés en parallèle donc ils ne mettront pas à profit les informations envoyées par les autres essais. Par conséquent, il faudrait aussi augmenter le nombre maximum d'essais pour compenser cela, en le passant par exemple à 140.

Cela prendra pas mal de temps. Une fois la tâche terminée, vous pouvez récupérer les résultats des essais dans `hp_job.trials`. Chaque résultat d'essai est rangé dans un protobuf contenant les valeurs des hyperparamètres et de la métrique résultante. Recherchons le meilleur essai :

```
def get_final_metric(trial, metric_id):
    for metric in trial.final_measurement.metrics:
        if metric.metric_id == metric_id:
            return metric.value

trials = hp_job.trials
trial_accuracies = [get_final_metric(trial, "accuracy") for trial in trials]
best_trial = trials[np.argmax(trial_accuracies)]
```

Regardons quelle est l'exactitude obtenue pour cet essai, et avec quelles valeurs des hyperparamètres :

```
>>> max(trial_accuracies)
0.977400004863739
>>> best_trial.id
'98'
>>> best_trial.parameters
[parameter_id: "learning_rate" value { number_value: 0.001 },
 parameter_id: "n_hidden" value { number_value: 8.0 },
 parameter_id: "n_neurons" value { number_value: 216.0 },
 parameter_id: "optimizer" value { string_value: "adam" }
]
```

Voilà ! Maintenant vous pouvez récupérer le SavedModel de cet essai, éventuellement l'entraîner un peu plus, puis le déployer en production.

Vertex AI possède aussi un service AutoML, qui s'occupe entièrement pour vous de la recherche de la bonne architecture de modèle et de son entraînement. Il vous suffit de charger votre jeu de données sur Vertex AI en utilisant un format spécial qui dépend du type de vos données (images, texte, tableau, vidéo, etc.), puis de créer une tâche d'entraînement AutoML en l'associant à ce jeu de données et en spécifiant le nombre maximum d'heures de calcul que vous êtes prêt à payer. Voyez un exemple dans le notebook de ce chapitre[335].

Réglage des hyperparamètres avec Keras Tuner sur Vertex AI

Au lieu d'utiliser le service de réglage des hyperparamètres de Vertex AI, vous pouvez utiliser Keras Tuner (présenté au chapitre 2) et l'exécuter sur les machines virtuelles de Vertex AI. Keras Tuner fournit un moyen simple d'étendre la recherche des hyperparamètres en la distribuant sur de nombreuses machines : il suffit de définir trois variables d'environnement sur chaque machine, puis d'exécuter votre code Keras Tuner habituel sur celles-ci. Vous pouvez utiliser le même script sur toutes les machines. L'une des machines agit en tant que chef (l'oracle), et les autres agissent en tant que travailleurs. Chaque travailleur demande au chef les valeurs d'hyperparamètres à essayer, entraîne le modèle en utilisant ces valeurs d'hyperparamètres, et renvoie à la fin la mesure de performance du modèle au chef, qui peut alors décider quelles valeurs d'hyperparamètres le travailleur doit ensuite essayer.

Voici les trois variables d'environnement à définir sur chaque machine :

- `KERASTUNER_TUNER_ID`

  Doit avoir pour valeur `"chief"` sur la machine chef, ou un identifiant unique sur chaque machine travailleur, comme `"worker0"`, `"worker1"`, etc.

- `KERASTUNER_ORACLE_IP`

  C'est l'adresse IP ou le nom de machine de la machine chef. Le chef lui-même doit en général utiliser `"0.0.0.0"` pour se mettre à l'écoute sur toutes les adresses IP de la machine.

- `KERASTUNER_ORACLE_PORT`

  C'est le port TCP sur lequel le chef sera à l'écoute.

Vous pouvez distribuer Keras Tuner sur un ensemble quelconque de machines. Si vous voulez l'exécuter sur des machines Vertex AI, alors vous pouvez lancer une tâche d'entraînement normale, en modifiant simplement le script d'entraînement de façon à définir correctement les variables d'environnement avant d'utiliser Keras Tuner. Vous en trouverez un exemple dans le notebook de ce chapitre[336].

335. Voir « 19_training_and_deploying_at_scale.ipynb » sur *https://homl.info/colab3*.
336. Voir « 19_training_and_deploying_at_scale.ipynb » sur *https://homl.info/colab3*.

Vous disposez à présent de tous les outils et de toutes les connaissances nécessaires pour créer des architectures de réseaux de neurones performantes, les entraîner à grande échelle en utilisant diverses stratégies de distribution, sur votre propre infrastructure ou dans le cloud, puis les déployer où vous le souhaitez. En d'autres termes, vous disposez désormais de super-pouvoirs : utilisez-les au mieux !

11.6 EXERCICES

1. Que contient un SavedModel ? Comment pouvez-vous inspecter son contenu ?
2. Quand devez-vous utiliser TF Serving ? Quelles sont ses principales caractéristiques ? Donnez quelques outils que vous pouvez utiliser pour le mettre en service.
3. Comment déployez-vous un modèle sur plusieurs instances de TF Serving ?
4. Quand devez-vous utiliser l'API gRPC à la place de l'API REST pour interroger un modèle servi par TF Serving ?
5. De quelles manières TFLite réduit-il la taille d'un modèle afin qu'il puisse s'exécuter sur un périphérique mobile ou embarqué ?
6. Qu'est-ce qu'un entraînement conscient de la quantification et pourquoi en auriez-vous besoin ?
7. Expliquez ce que sont le parallélisme du modèle et le parallélisme des données. Pourquoi conseille-t-on généralement ce dernier ?
8. Lors de l'entraînement d'un modèle sur plusieurs serveurs, quelles stratégies de distribution pouvez-vous appliquer ? Comment choisissez-vous celle qui convient ?
9. Entraînez un modèle (celui que vous voulez) et déployez-le sur TF Serving ou Google Vertex AI. Écrivez le code client qui l'interrogera au travers de l'API REST ou de l'API gRPC. Actualisez le modèle et déployez la nouvelle version. Votre code client interrogera alors cette nouvelle version. Revenez à la première.
10. Entraînez un modèle de votre choix sur plusieurs GPU sur la même machine en utilisant `MirroredStrategy` (si vous n'avez pas accès à des GPU, vous pouvez employer Google Colab dans un environnement d'exécution avec GPU et créer deux GPU logiques). Entraînez de nouveau le modèle en utilisant `CentralStorageStrategy` et comparez les temps d'entraînement.
11. Ajustez un modèle de votre choix sur Vertex AI, en utilisant le service de réglage d'hyperparamètres de Keras Tuner ou celui de Vertex AI.

Les solutions de ces exercices sont données à l'annexe A.

Le mot de la fin

Avant de clore le dernier chapitre de cet ouvrage, je voudrais vous remercier de l'avoir lu jusqu'au bout. J'espère sincèrement que sa lecture vous a procuré autant de plaisir que moi à l'écrire, et qu'il sera utile à vos projets, petits ou grands.

Si vous découvrez des erreurs, avertissez-moi. Plus généralement, j'aimerais connaître votre avis, alors n'hésitez pas à me contacter par l'intermédiaire des éditions Dunod ou du projet GitHub *ageron/handson-ml3* ou @aureliengeron sur X (ex-Twitter).

Le meilleur conseil que je puisse vous donner est de pratiquer et de pratiquer encore. Essayez de réaliser les exercices proposés, de jouer avec les notebooks, de rejoindre Kaggle ou d'autres communautés ML, de suivre des cours sur l'apprentissage automatique, de lire des articles, de participer à des conférences et de rencontrer des experts. Les choses évoluent rapidement, essayez donc de vous tenir au courant. Plusieurs chaînes YouTube présentent régulièrement et de manière très détaillée des publications de Deep Learning, ceci d'une façon très accessible. Je recommande particulièrement les chaînes de Yannic Kilcher et Letitia Parcalabescu. Sur ML Street Talk ainsi que sur la chaîne de Lex Fridman, vous pourrez suivre des discussions passionnantes sur le Machine Learning et profiter de points de vue de haut niveau. Ces chaînes sont en anglais, mais il existe bien sûr également d'excellentes chaînes en français, notamment celles du Collège de France, de Hugo Larochelle, de Yann LeCun, Machine Learnia, Alexandre TL, et bien d'autres.

Il est également plus facile de progresser si vous avez un projet concret sur lequel travailler, que ce soit dans un cadre professionnel ou pour le plaisir (idéalement pour les deux). Par conséquent, si vous avez toujours rêvé de construire quelque chose, allez-y ! Avancez progressivement. Ne visez pas la Lune tout de suite, mais restez focalisé sur votre projet et construisez-le morceau par morceau. Vous devrez faire preuve de patience et de persévérance, mais, dès que votre robot marchera, que votre chatbot sera opérationnel ou que vous aurez réussi à construire ce que vous souhaitez, cela sera extrêmement gratifiant.

Mon plus grand souhait est que cet ouvrage vous incite à créer une application ML exceptionnelle qui bénéficiera à tout le monde. Quelle sera-t-elle ?

Annexe A

Solutions des exercices

Les solutions des exercices de programmation figurent dans les notebooks Jupyter disponibles en ligne sur *https://homl.info/colab3*.[337]

CHAPITRE 1 : LES FONDAMENTAUX DU MACHINE LEARNING

1. Si vous avez un jeu d'entraînement comportant des millions de variables, vous pouvez utiliser une descente de gradient stochastique ou une descente de gradient par mini-lots, ou encore une descente de gradient ordinaire si le jeu d'entraînement tient en mémoire. Mais vous ne pouvez pas utiliser l'équation normale, car le temps de calcul augmente très rapidement avec le nombre de variables (plus que quadratiquement).
2. Si les caractéristiques composant votre jeu d'entraînement ont des échelles très différentes, la fonction de coût aura la forme d'un bol allongé, et les algorithmes de descente de gradient mettront plus longtemps à converger. Pour résoudre ce problème, vous devez normaliser toutes les variables (c'est-à-dire les ramener à la même échelle) avant d'entraîner le modèle. Par contre, l'équation normale ne nécessite pas de changement d'échelle. Par ailleurs, si vous utilisez un modèle régularisé (ridge, lasso, elastic net…), il est d'autant plus important de normaliser les variables, car sans cela vous pourriez aboutir à une solution bien moins performante : dans un tel modèle, les poids des variables sont

337. Les corrigés se trouvent en fin des notebooks des différents chapitres, sachant que le chapitre 1 du présent livre correspond au chapitre 4 sur Github, puis le chapitre 2 correspond au chapitre 10 sur Github, le chapitre 3 au 11, etc. jusqu'au 11, correspondant au 19.

contraints de rester petits, donc les variables dont les valeurs sont plus petites que les autres auront tendance à être ignorées.

3. Une descente de gradient ne peut pas rester bloquée sur un minimum local lors de l'entraînement d'un modèle de régression logistique, car la fonction de coût est convexe[338].
4. Si la fonction à optimiser est convexe (comme par exemple pour une régression linéaire ou une régression logistique) et si le taux d'apprentissage n'est pas trop élevé, alors tous les algorithmes de descente de gradient s'approcheront du minimum global et produiront au final des modèles assez similaires. Cependant, si vous ne réduisez pas graduellement le taux d'apprentissage, les descentes de gradient stochastique et par mini-lots ne convergeront jamais véritablement : au lieu de cela, elles continueront à errer autour du minimum global. Cela signifie que, même si vous les laissez s'exécuter pendant très longtemps, ces algorithmes de descente de gradient produiront des modèles légèrement différents.
5. Si l'erreur de validation augmente régulièrement après chaque époque, alors il se peut que le taux d'apprentissage soit trop élevé et que l'algorithme diverge. Si l'erreur d'entraînement augmente également, alors c'est clairement là qu'est le problème et vous devez réduire le taux d'apprentissage. Par contre, si l'erreur d'entraînement n'augmente pas, votre modèle surajuste le jeu d'entraînement et vous devez arrêter l'entraînement.
6. Du fait de leur nature aléatoire, rien ne garantit qu'une descente de gradient stochastique ou qu'une descente de gradient par mini-lots fera des progrès à chaque itération de l'entraînement. Par conséquent, si vous arrêtez immédiatement l'entraînement dès que l'erreur de validation augmente, vous risquez de vous arrêter bien trop tôt, alors que le minimum n'est pas atteint. Une meilleure solution consiste à sauvegarder le modèle à intervalles réguliers, puis, lorsqu'il ne s'est plus amélioré pendant assez longtemps (ce qui signifie probablement qu'il ne fera jamais mieux), vous pouvez revenir au meilleur modèle sauvegardé.
7. La descente de gradient stochastique est celle dont l'itération d'entraînement est la plus rapide étant donné qu'elle ne prend en compte qu'une seule observation d'entraînement à la fois, et par conséquent c'est celle qui arrive le plus rapidement à proximité du minimum global (ou la descente de gradient par mini-lots, lorsque la taille du lot est très petite). Cependant, seule la descente de gradient ordinaire convergera effectivement, si le temps d'entraînement est suffisant. Comme expliqué ci-dessus, les descentes de gradient stochastique et par mini-lots continueront à errer autour du minimum, à moins de réduire graduellement le taux d'apprentissage.

338. Le segment de droite reliant deux points quelconques de la courbe ne traverse jamais la courbe.

8. Si l'erreur de validation est beaucoup plus élevée que l'erreur d'entraînement, c'est vraisemblablement parce que votre modèle surajuste le jeu d'entraînement. Un des remèdes consiste à réduire le degré polynomial : un modèle ayant moins de degrés de liberté risque moins de surajuster. Vous pouvez également essayer de régulariser le modèle en ajoutant par exemple une pénalité ℓ_2 (régression de crête) ou ℓ_1 (lasso) à la fonction de coût : ceci réduira aussi les degrés de liberté du modèle. Enfin vous pouvez essayer d'accroître la taille du jeu d'entraînement.
9. Si l'erreur d'entraînement et l'erreur de validation sont à peu près égales et assez élevées, le modèle sous-ajuste vraisemblablement le jeu d'entraînement, ce qui signifie que le biais est important. Vous devez essayer de réduire l'hyperparamètre de régularisation α.
10. Voyons voir :
    - Un modèle avec un peu de régularisation donne en général de meilleurs résultats qu'un modèle sans aucune régularisation, c'est pourquoi vous préférerez en général la régression ridge à la régression linéaire simple[339].
    - La régression lasso utilise une pénalité ℓ_1 qui tend à ramener les coefficients de pondération à zéro exactement. Ceci conduit à des modèles creux, où tous les poids sont nuls sauf les plus importants. C'est une façon de sélectionner automatiquement des variables, ce qui est judicieux si vous soupçonnez que seules certaines d'entre elles ont de l'importance. Si vous n'en êtes pas sûr, préférez la régression ridge.
    - Elastic net est préférée en général à lasso, car cette dernière méthode peut se comporter de manière désordonnée dans certains cas (lorsque plusieurs variables sont fortement corrélées ou lorsqu'il y a plus de variables que d'observations d'entraînement). Cependant, cela fait un hyperparamètre supplémentaire à ajuster. Si vous souhaitez une régression lasso mais sans comportement désordonné, vous pouvez utiliser elastic net avec un `l1_ratio` proche de 1.
11. Si vous voulez classer des photos en extérieur/intérieur et jour/nuit, sachant qu'il ne s'agit pas de classes s'excluant mutuellement (les 4 combinaisons sont possibles), vous devez entraîner deux classificateurs de régression logistique.

La solution de l'exercice 12 figure à la fin du notebook Jupyter *04_training_linear_models.ipynb* disponible sous *https://homl.info/colab3*.

339. De plus, la résolution de l'équation normale nécessite l'inversion d'une matrice, mais cette matrice n'est pas toujours inversible. Par contraste, la matrice de la régression ridge est toujours inversible.

CHAPITRE 2 : INTRODUCTION AUX RÉSEAUX DE NEURONES ARTIFICIELS AVEC KERAS

1. Visitez TensorFlow Playground (*https://playground.tensorflow.org/*) et jouez avec, comme décrit dans l'énoncé de cet exercice.
2. Le réseau de neurones suivant, fondé sur les neurones artificiels de base, calcule $A \oplus B$ (où $\oplus$ représente le OU exclusif), en exploitant le fait que $A \oplus B = (A \wedge \neg B) \vee (\neg A \wedge B)$. Il existe d'autres solutions, par exemple en prenant $A \oplus B = (A \vee B) \wedge \neg(A \wedge B)$, ou encore $A \oplus B = (A \vee B) \wedge (\neg A \vee \neg B)$, etc.

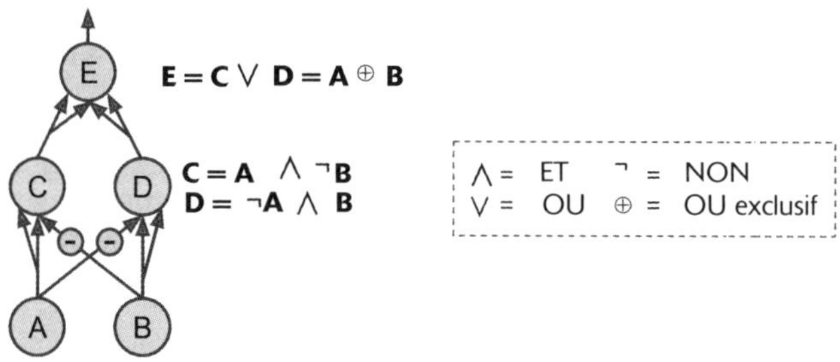

3. Un perceptron classique convergera uniquement si le jeu de données peut être séparé de façon linéaire et ne sera pas capable d'estimer des probabilités de classes. À l'inverse, un classificateur à régression logistique convergera vers une bonne solution même si le jeu de données n'est pas séparable linéairement et produira des probabilités de classes. Si vous remplacez la fonction d'activation du perceptron par la fonction d'activation sigmoïde (ou la fonction d'activation softmax en cas de neurones multiples) et si vous l'entraînez à l'aide de la descente de gradient (ou tout autre algorithme d'optimisation qui minimise la fonction de coût, comme l'entropie croisée), il devient équivalent à un classificateur à régression logistique.
4. La fonction d'activation sigmoïde a été un élément-clé de l'entraînement des premiers perceptrons multicouches, car sa dérivée est toujours différente de zéro, et la descente de gradient peut donc toujours aller vers le bas de la pente. Lorsque la fonction d'activation est une fonction échelon, la pente est nulle et la descente de gradient ne peut donc pas se déplacer.
5. La fonction échelon, la fonction sigmoïde, la tangente hyperbolique (tanh) et la fonction ReLU (*Rectified Linear Unit*) (voir la figure 2.8) sont des fonctions d'activation répandues. D'autres exemples sont donnés au chapitre 3, comme ELU et des variantes de ReLU.
6. Le perceptron multicouche décrit dans la question est constitué d'une couche d'entrée avec 10 neurones intermédiaires, suivie d'une couche cachée de 50 neurones artificiels, et d'une couche de sortie

avec 3 neurones artificiels. Tous les neurones artificiels utilisent la fonction d'activation ReLU.

a. La forme de la matrice d'entrée **X** est $m \times 10$, où m représente la taille du lot d'entraînement.

b. La forme de la matrice des poids $\mathbf{W}_h$ de la couche cachée est 10×50, et la longueur de son vecteur de termes constants $\mathbf{b}_h$ est 50.

c. La forme de la matrice des poids $\mathbf{W}_o$ de la couche de sortie est 50×3, et la longueur de son vecteur de termes constants $\mathbf{b}_o$ est 3.

d. La forme de la matrice de sortie du réseau **Y** est $m \times 3$.

e. $\mathbf{Y} = \text{ReLU}(\text{ReLU}(\mathbf{X}\,\mathbf{W}_h + \mathbf{b}_h)\,\mathbf{W}_o + \mathbf{b}_o)$. Rappelons que la fonction ReLU se contente de remplacer par des zéros les termes négatifs de la matrice. Par ailleurs, notez que lorsque vous additionnez un vecteur de termes constants et une matrice, le vecteur est ajouté à chacune des lignes de la matrice. Cette transformation est appelée *broadcasting*.

7. Pour classer des messages électroniques dans les catégories *spam* et *ham*, la couche de sortie d'un réseau de neurones a besoin d'un seul neurone, indiquant, par exemple, la probabilité que le message soit non sollicité. Pour estimer une probabilité, vous pouvez généralement utiliser la fonction d'activation sigmoïde dans la couche de sortie. Si, à la place, vous voulez traiter le jeu MNIST, vous aurez besoin de dix neurones dans la couche de sortie et la fonction sigmoïde doit être remplacée par la fonction d'activation softmax, car celle-ci est capable de prendre en charge des classes multiples en produisant une probabilité par classe. Si le réseau de neurones doit prédire les prix des maisons, vous avez alors besoin d'un neurone de sortie, sans aucune fonction d'activation dans la couche de sortie. Lorsque les valeurs à prédire ont des échelles très variables, il est possible de prédire le logarithme de la valeur cible plutôt que directement celle-ci. Il suffit de calculer l'exponentielle de la sortie du réseau de neurones pour obtenir la valeur estimée, car $\exp(\log(v)) = v$.

8. La rétropropagation est une technique que l'on utilise pour entraîner les réseaux de neurones artificiels. Elle commence par calculer les gradients de la fonction de coût par rapport à chaque paramètre du modèle (tous les poids et les termes constants), puis elle réalise une étape de descente de gradient en utilisant les gradients calculés. Cette étape de rétropropagation est généralement effectuée des milliers ou des millions de fois, en utilisant de nombreux lots d'entraînement, jusqu'à ce que les paramètres du modèle convergent vers des valeurs qui (avec un peu de chance) minimisent la fonction de coût. Pour calculer les gradients, la rétropropagation utilise une différentiation automatique en mode inverse (elle n'était pas appelée ainsi lorsque la rétropropagation a été imaginée, et elle a été réinventée à plusieurs reprises).

La différentiation automatique en mode inverse effectue une passe en avant sur le graphe de calcul, déterminant la valeur de chaque nœud pour le lot d'entraînement courant, puis réalise une passe en arrière, calculant tous les gradients en une seule fois (voir l'annexe B). Quelle est donc la différence ? La rétropropagation fait référence à l'intégralité du processus d'entraînement d'un réseau de neurones artificiels, qui implique plusieurs étapes de rétropropagation, chacune calculant des gradients et utilisant ceux-ci pour effectuer une étape de descente de gradient. En comparaison, la différentiation automatique en mode inverse n'est qu'une technique de calcul efficace des gradients, employée par la rétropropagation.

9. Voici une liste de tous les hyperparamètres que vous pouvez ajuster dans un perceptron multicouche de base : le nombre de couches cachées, le nombre de neurones dans chaque couche cachée et la fonction d'activation utilisée dans chaque couche cachée et dans la couche de sortie. En général, la fonction d'activation ReLU (ou l'une de ses variantes ; voir le chapitre 3) se révèle un bon choix par défaut pour les couches cachées. Pour la couche de sortie, la fonction d'activation sigmoïde convient aux classifications binaires, la fonction d'activation softmax est adaptée aux classifications à classes multiples, et aucune fonction d'activation n'est requise pour une régression.

   Si le perceptron multicouche surajuste les données d'entraînement, vous pouvez essayer de réduire le nombre de couches cachées, ainsi que leur nombre de neurones.

La solution de l'exercice 10 figure à la fin du notebook Jupyter *10_neural_nets_with_keras.ipynb* disponible sous *https://homl.info/colab3*.

CHAPITRE 3 : ENTRAÎNEMENT DE RÉSEAUX DE NEURONES PROFONDS

1. L'initialisation de Glorot et l'initialisation de He ont été conçues de telle sorte que l'écart-type des sorties soit aussi proche que possible de l'écart-type des entrées, au moins au début de l'entraînement. Ceci limite le problème d'instabilité des gradients.
2. Non, tous les poids doivent être échantillonnés indépendamment et ils ne doivent pas avoir la même valeur initiale. L'échantillonnage aléatoire des poids a pour objectif important de casser les symétries : si tous les poids possèdent la même valeur initiale, même différente de zéro, la symétrie n'est pas rompue (tous les neurones d'une couche donnée sont équivalents) et la rétropropagation ne sera pas en mesure d'y remédier. Concrètement, cela signifie que tous les neurones d'une couche donnée auront toujours le même poids, ce qui revient à n'avoir qu'un seul neurone par couche, en beaucoup

plus lent. Il est quasi impossible qu'une telle configuration converge vers une bonne solution.

3. Il est tout à fait permis d'initialiser les termes constants à zéro. Certaines personnes préfèrent les initialiser comme les poids, et cela convient également ; la différence n'est pas vraiment importante.
4. La fonction ReLU est en général un bon choix par défaut pour les couches cachées, car elle est rapide et donne de bons résultats. Sa capacité à renvoyer exactement la valeur zéro peut aussi être utile dans certains cas (voir chapitre 9). De plus, elle peut parfois bénéficier d'implémentations optimisées et tirer profit d'une accélération matérielle. Les variantes Leaky ReLU de la fonction ReLU peuvent améliorer la qualité du modèle tout en étant moins pénalisantes en termes de vitesse que ReLU. Pour les grands réseaux de neurones et les problèmes plus complexes, GLU, Swish et Mish peuvent vous permettre d'obtenir un modèle de qualité légèrement meilleure, mais moyennant plus de calculs. La tangente hyperbolique (tanh) peut être utile dans la couche de sortie si vous devez produire un nombre dans un intervalle fixé (par défaut entre –1 et 1), mais désormais elle n'est pas beaucoup utilisée dans les couches cachées, sauf dans les réseaux récurrents. La fonction d'activation sigmoïde est utile dans la couche de sortie lorsque vous devez estimer une probabilité (par exemple pour une classification binaire), elle est rarement utilisée dans les couches cachées (mais il y a des exceptions, comme la couche de codage des autoencodeurs variationnels, voir chapitre 9). La fonction d'activation softplus est utile dans la couche de sortie s'il faut que la sortie soit toujours positive. La fonction d'activation softmax est utilisée dans la couche de sortie pour estimer des probabilités d'appartenance à des classes mutuellement exclusives, mais pratiquement jamais dans les couches cachées.
5. Si la valeur de l'hyperparamètre `momentum` est trop proche de 1 (par exemple, 0,99999) lorsqu'un optimiseur `SGD` est utilisé, l'algorithme va prendre beaucoup de vitesse et, avec un peu de chance, aller en direction du minimum global, mais il va dépasser celui-ci en raison de son inertie. Il va ensuite ralentir et revenir, réaccélérer, aller de nouveau trop loin, etc. Il peut osciller ainsi à de nombreuses reprises avant de converger. Globalement, le temps de convergence sera beaucoup plus long qu'avec une valeur de `momentum` plus faible.
6. Pour produire un modèle creux (c'est-à-dire avec la plupart des poids égaux à zéro), une solution consiste à entraîner le modèle normalement, puis à mettre à zéro les poids très faibles. Pour une dispersion encore plus importante, vous pouvez appliquer une régularisation ℓ_1 pendant l'entraînement afin de pousser l'optimiseur vers une dispersion. Une troisième option consiste à utiliser TF-MOT (*TensorFlow model optimization toolkit*).

7. Oui, la régularisation par abandon ralentit l'entraînement, en général d'un facteur 2 environ. Toutefois, il n'a aucun impact sur l'inférence, car il n'est actif que pendant l'entraînement. L'abandon de Monte Carlo est identique à l'abandon ordinaire pendant l'entraînement, mais il reste actif pendant l'inférence. Chaque inférence est donc légèrement ralentie. Toutefois, avec l'abandon MC, l'inférence est généralement exécutée au moins dix fois pour obtenir de meilleures prédictions. Autrement dit, la réalisation des prédictions est ralentie au moins d'un facteur 10.

La solution de l'exercice 8 se trouve à la fin du notebook Jupyter *11_training_deep_neural_networks.ipynb* disponible sous *https://homl.info/colab3*.

CHAPITRE 4 : MODÈLES PERSONNALISÉS ET ENTRAÎNEMENT AVEC TENSORFLOW

1. TensorFlow est une bibliothèque open source pour les calculs numériques, particulièrement bien adaptée et ajustée au Machine Learning à grande échelle. Sa base est comparable à NumPy, mais elle prend également en charge les GPU, les calculs distribués, l'analyse d'un graphe de calcul et son optimisation (avec un format de graphe portable qui vous permet d'entraîner un modèle TensorFlow dans un environnement et de l'exécuter dans un autre), une API d'optimisation basée sur la différentiation automatique en mode inverse et plusieurs autres API, comme tf.keras, tf.data, tf.image, tf.signal, etc. PyTorch, MXNet, Microsoft Cognitive Toolkit, Theano, Caffe2 et Chainer sont d'autres bibliothèques populaires pour le Deep Learning.
2. Bien que la bibliothèque TensorFlow offre la majorité des fonctionnalités que l'on trouve dans NumPy, elle n'en est pas un remplaçant direct, pour plusieurs raisons. Tout d'abord, les noms des fonctions ne sont pas toujours identiques (par exemple `tf.reduce_sum()` à la place de `np.sum()`). Ensuite, certaines fonctions n'affichent pas exactement le même comportement (par exemple, `tf.transpose()` crée une copie transposée d'un tenseur, tandis que l'attribut `T` de NumPy crée une vue transposée, sans réelle copie des données). Enfin, les tableaux NumPy sont modifiables, contrairement aux tenseurs TensorFlow (mais vous pouvez employer un `tf.Variable` si vous avez besoin d'un objet modifiable).
3. Les appels `tf.range(10)` et `tf.constant(np.arange(10))` retournent tous deux un tenseur à une dimension contenant les entiers 0 à 9. Toutefois, le premier utilise des entiers sur 32 bits tandis que le second utilise des entiers sur 64 bits. Par défaut, TensorFlow est en mode 32 bits, tandis que NumPy est en mode 64 bits.

4. Outre les tenseurs normaux, TensorFlow propose plusieurs autres structures de données, comme les tenseurs creux, les tableaux de tenseurs, les tenseurs irréguliers, les files d'attente, les tenseurs chaînes de caractères et les ensembles. Ces deux derniers sont en réalité représentés sous forme de tenseurs normaux, mais TensorFlow fournit des fonctions spéciales pour les manipuler (dans `tf.strings` et `tf.sets`).
5. En général, vous pouvez simplement implémenter une fonction de perte personnalisée sous forme de fonction Python normale. Cependant, si elle doit accepter des hyperparamètres (ou tout autre état), elle doit être une sous-classe de `keras.losses.Loss` et implémenter les méthodes `__init__()` et `call()`. Pour que les hyperparamètres de la fonction de perte soient enregistrés avec le modèle, vous devez également implémenter la méthode `get_config()`.
6. À l'instar des fonctions de perte personnalisées, la plupart des métriques peuvent être définies sous forme de fonctions Python normales. Mais, si votre métrique personnalisée doit prendre en charge des hyperparamètres (ou tout autre état), elle doit dériver de la classe `keras.metrics.Metric`. Par ailleurs, si le calcul de la métrique sur l'intégralité d'une époque diffère du calcul de la métrique moyenne sur tous les lots de cette époque (par exemple, pour les indicateurs de précision et de rappel), vous devez dériver de la classe `tf.keras.metrics.Metric` et implémenter les méthodes `__init__()`, `update_state()` et `result()` afin de gérer en continu l'indicateur tout au long de chaque époque. Vous devez également implémenter la méthode `reset_states()`, sauf s'il suffit de réinitialiser toutes les variables à 0,0. Pour que l'état soit enregistré avec le modèle, la méthode `get_config()` doit être implémentée.
7. Vous devez distinguer les composants internes du modèle (c'est-à-dire les couches ou les blocs de couches réutilisables) et le modèle lui-même (c'est-à-dire l'objet qui sera entraîné). Les premiers doivent dériver de la classe `keras.layers.Layer`, tandis que le dernier doit être une sous-classe de `keras.models.Model`.
8. L'écriture d'une boucle d'entraînement personnalisée est une opération assez complexe et ne doit être envisagée qu'en cas de besoin avéré. Keras fournit plusieurs outils pour personnaliser l'entraînement sans avoir à écrire une boucle personnalisée : les rappels, les régulariseurs personnalisés, les contraintes personnalisées, les pertes personnalisées, etc. Dans la mesure du possible, vous devez les employer au lieu d'écrire une boucle d'entraînement personnalisée, car un tel développement est sujet aux erreurs et le code produit sera difficile à réutiliser. Toutefois, dans certains cas, vous n'aurez pas le choix, par exemple si vous souhaitez utiliser différents optimiseurs pour différentes parties

du réseau de neurones, comme dans l'article Wide & Deep (*https://homl.info/widedeep*). Une boucle d'entraînement personnalisée pourra également être utile lors du débogage ou pour comprendre précisément comment fonctionne l'entraînement.

9. Les composants Keras personnalisés doivent être convertibles en fonctions TF. Autrement dit, vous devez vous limiter autant que possible aux opérations TF et respecter toutes les règles données au paragraphe 4.4.2 « Règles d'une fonction TF ». Si vous devez absolument inclure du code Python quelconque dans un composant personnalisé, vous pouvez soit le placer dans une opération `tf.py_function()` (mais cela réduit les performances et limite la portabilité du modèle), soit indiquer `dynamic=True` lors de la création de la couche personnalisée ou du modèle (ou préciser `run_eagerly=True` lors de l'appel à la méthode `compile()` du modèle).
10. La liste des règles à respecter lors de la création d'une fonction TF est donnée au paragraphe 4.4.2 « Règles d'une fonction TF ».
11. La création d'un modèle Keras dynamique peut être utile pour le débogage. En effet, les composants personnalisés ne seront pas compilés en fonctions TF et vous pourrez utiliser n'importe quel débogueur Python pour analyser le code. Elle pourra également se révéler utile si vous souhaitez inclure du code Python quelconque dans votre modèle (ou dans le code d'entraînement), y compris des appels aux bibliothèques externes. Pour qu'un modèle soit dynamique, vous devez préciser `dynamic=True` au moment de sa création. Vous pouvez également fixer `run_eagerly` à `True` lors de l'invocation de la méthode `compile()` du modèle. Lorsqu'un modèle est dynamique, Keras n'est pas en mesure d'utiliser les fonctionnalités de graphe de TensorFlow. L'entraînement et les inférences seront donc ralentis et vous n'aurez pas la possibilité d'exporter le graphe de calcul. La portabilité du modèle sera donc limitée.

Les solutions des exercices 12 et 13 figurent à la fin du notebook Jupyter *12_custom_models_and_training_with_tensorflow.ipynb* disponible sous *https://homl.info/colab3*.

CHAPITRE 5 : CHARGEMENT ET PRÉTRAITEMENT DE DONNÉES AVEC TENSORFLOW

1. Le chargement et le prétraitement efficaces d'un jeu de donnés volumineux peuvent représenter un véritable défi. L'API tf.data simplifie ces opérations. Elle fournit de nombreuses fonctionnalités, y compris le chargement de données à partir de différentes sources (comme des fichiers textuels ou binaires), la lecture de données en parallèle à partir de plusieurs sources, leur transformation,

l'entrelacement des enregistrements, le mélange des données, leur mise en lots et leur lecture anticipée.

2. Le découpage d'un jeu de donnés volumineux en plusieurs fichiers permet son mélange à un niveau grossier, avant de le mélanger à un niveau plus fin en utilisant un tampon de mélange. Cela permet également de prendre en charge des jeux de données trop gros pour tenir sur une seule machine. Il est également plus facile de manipuler des milliers de petits fichiers qu'un énorme fichier, comme décomposer les données en plusieurs sous-ensembles. Enfin, si les données sont réparties dans plusieurs fichiers distribués sur plusieurs serveurs, il est possible de télécharger simultanément plusieurs fichiers à partir de différents serveurs, améliorant ainsi l'utilisation de la bande passante.
3. Vous pouvez employer TensorBoard pour visualiser des données de profilage : si le GPU n'est pas pleinement utilisé, alors le pipeline d'entrée constitue probablement le goulot d'étranglement. Pour résoudre ce problème, vous pouvez faire en sorte que les données soient lues et prétraitées dans plusieurs threads en parallèle, et effectuer une lecture anticipée de quelques lots. Si cela ne suffit pas à l'exploitation totale du GPU pendant l'entraînement, assurez-vous que le code de prétraitement est optimisé. Vous pouvez également essayer d'enregistrer le jeu de données dans plusieurs fichiers TFRecord et, si nécessaire, d'effectuer une partie du prétraitement à l'avance afin qu'elle ne se fasse pas à la volée pendant l'entraînement (TF Transform peut vous aider sur ce point). Si nécessaire, prenez une machine avec une plus grande capacité de calcul et une plus grande quantité de mémoire. Assurez-vous que la bande passante du GPU est suffisamment importante.
4. Un fichier TFRecord est constitué d'une suite d'enregistrements binaires quelconques. Vous pouvez stocker absolument n'importe quelles données binaires dans chaque enregistrement. Cependant, en pratique, la plupart des fichiers TFRecord contiennent des suites de protobufs sérialisés. Il est ainsi possible de bénéficier des avantages des protobufs, comme le fait qu'ils puissent être lus facilement sur diverses plateformes et langages, et que leur définition puisse être modifiée ultérieurement en conservant la rétrocompatibilité.
5. L'avantage du format du protobuf `Example` tient dans les opérations TensorFlow qui permettent de l'analyser sans que vous ayez à définir votre propre format (les fonctions `tf.io.parse*example()`). Il est suffisamment souple pour pouvoir représenter des instances dans la plupart des jeux de données. Toutefois, s'il ne répond pas à vos besoins, vous pouvez définir votre propre protobuf, le compiler avec `protoc` (en précisant les arguments `--descriptor_set_out` et `--include_imports` de façon à exporter le descripteur de protobuf) et utiliser la fonction `tf.io.decode_proto()`

pour analyser les protobufs sérialisés (un exemple est donné dans la section « Custom protobuf » du notebook[340]). La procédure est plus complexe et impose le déploiement du descripteur avec le modèle, mais elle est réalisable.

6. Lorsque des fichiers TFRecord sont utilisés, leur compression sera généralement activée s'ils doivent être téléchargés par le script d'entraînement. En effet, elle permet de réduire leur taille et donc le temps de téléchargement. En revanche, si les fichiers se trouvent sur la même machine que le script d'entraînement, il est préférable de la désactiver afin de ne pas gaspiller du temps processeur dans la décompression.
7. Voici les avantages et les inconvénients de chaque option de prétraitement :
   - Si les données sont prétraitées lors de la création des fichiers de données, le script d'entraînement s'exécutera plus rapidement, car il n'aura pas à effectuer ces étapes à la volée. Dans certains cas, la taille des données prétraitées sera également plus petite que celle des données d'origine. Vous économiserez alors de la place et accélérerez les téléchargements. Il peut être également utile de matérialiser les données prétraitées, par exemple pour les inspecter ou les archiver, mais cette approche présente quelques inconvénients. Tout d'abord, il peut être difficile de mener des expériences fondées sur différentes logiques de prétraitement si un jeu de données prétraitées doit être généré pour chaque cas. Ensuite, si vous souhaitez effectuer une augmentation des données, vous devrez matérialiser de nombreuses variantes du jeu de données, ce qui occupera un espace important sur le disque et prendra beaucoup de temps. Enfin, le modèle entraîné attendra des données prétraitées et vous devrez donc ajouter le code de prétraitement dans l'application avant qu'elle n'appelle le modèle.
   - Si les données sont prétraitées dans un pipeline tf.data, il est beaucoup plus facile d'ajuster la logique de prétraitement et d'appliquer une augmentation des données. Par ailleurs, tf.data simplifie la construction de pipelines de prétraitement extrêmement efficaces (par exemple, avec le multithread et la lecture anticipée). Toutefois, un tel prétraitement des données ralentira l'entraînement. De plus, chaque instance d'entraînement sera prétraitée une fois par époque et non pas une seule fois lorsque le prétraitement se fait au moment de la création des fichiers de données. Enfin, le modèle entraîné attendra toujours des données prétraitées. Mais si vous utilisez des couches de prétraitement dans votre pipeline tf.data, alors vous pourrez simplement réutiliser ces couches dans votre modèle final (en les ajoutant

340. Voir « 13_loading_and_preprocessing_data.ipynb » sur *https://homl.info/colab3*.

après l'entraînement) pour éviter toute duplication de code ou incohérence du préentraînement..

– Si vous ajoutez des couches de prétraitement à votre modèle, vous n'aurez à écrire le code correspondant qu'une seule fois pour l'entraînement et la prédiction. Si votre modèle doit être déployé sur de nombreuses plateformes différentes, vous n'aurez pas à écrire le code de prétraitement à plusieurs reprises. De plus, vous n'encourez pas le risque d'utiliser la mauvaise logique de prétraitement pour votre modèle, puisqu'elle fera partie du modèle. En revanche, le prétraitement des données ralentira l'entraînement et chaque instance d'entraînement sera prétraitée une fois par époque. Par ailleurs, les opérations de prétraitement des données à la volée durant l'entraînement ralentiront les choses, et chaque instance sera prétraitée une fois par époque.

8. Voyons comment encoder des variables qualitatives et du texte :
   – Pour encoder une variable qualitative ordinale, c'est-à-dire présentant un ordre naturel, comme les critiques cinématographiques (par exemple, « mauvais », « moyen », « bon »), la solution la plus simple consiste à utiliser un encodage ordinal. Les modalités sont triées selon leur ordre naturel et chacune est associée à son rang (par exemple, « mauvais » correspond à 0, « moyen » à 1, et « bon » à 2). Cependant, la plupart des variables qualitatives n'ont pas un tel ordre naturel. Par exemple, il n'en existe pas pour les professions ni pour les pays. Dans ce cas, vous pouvez employer un encodage *one-hot* ou, s'il existe de nombreuses catégories, un plongement.
   – Pour le texte, la couche `TextVectorization` est facile à utiliser et fonctionne bien pour les tâches simples ; sinon, vous trouverez dans TF Text des fonctionnalités plus évoluées. Cependant, vous souhaiterez souvent avoir recours à des modèles linguistiques préentraînés que vous pourrez obtenir grâce à des outils tels que TF Hub ou la bibliothèque de transformeurs de Hugging Face. Ces deux dernières approches sont décrites dans le chapitre 8.

Les solutions des exercices 9 et 10 figurent à la fin du notebook Jupyter *13_loading_and_preprocessing_data.ipynb* disponible sous https://homl.info/colab3.

CHAPITRE 6 : VISION PAR ORDINATEUR ET RÉSEAUX DE NEURONES CONVOLUTIFS

1. Dans le contexte de la classification des images, voici les principaux avantages d'un réseau de neurones convolutif (ou CNN) par rapport à un réseau de neurones profond (ou DNN) intégralement connecté :
   – Puisque les couches consécutives ne sont que partiellement connectées et puisqu'il réutilise massivement ses poids, un CNN possède un nombre de paramètres bien inférieur à un DNN

intégralement connecté, ce qui rend son entraînement plus rapide, réduit les risques de surajustement et nécessite une quantité de données d'entraînement moindre.

- Lorsqu'un CNN a appris un noyau capable de détecter une caractéristique particulière, il peut la détecter n'importe où dans l'image. À l'inverse, lorsqu'un DNN apprend une caractéristique en un endroit donné, il ne peut la détecter qu'en cet endroit précis. Puisque les images possèdent généralement des caractéristiques très répétitives, la généralisation des CNN est bien meilleure que celle des DNN dans les tâches de traitement d'images, comme la classification, en utilisant des exemples d'entraînement moins nombreux.
- Enfin, un DNN n'a aucune connaissance préalable de l'organisation des pixels ; il ne sait pas que les pixels voisins sont proches. L'architecture d'un CNN intègre cette connaissance. Les couches inférieures identifient généralement des caractéristiques dans de petites zones des images, tandis que les couches supérieures combinent les caractéristiques de plus bas niveau pour identifier des caractéristiques plus larges. Cela fonctionne bien avec la plupart des images naturelles, donnant aux CNN un avantage décisif par rapport au DNN.

2. Calculons le nombre de paramètres d'un CNN. Puisque sa première couche de convolution comprend 3 × 3 noyaux et puisque l'entrée est constituée de trois canaux (rouge, vert et bleu), chaque carte de caractéristiques possède 3 × 3 × 3 poids, plus un terme constant. Cela représente 28 paramètres par carte de caractéristiques. Puisque cette première couche de convolution a 100 cartes de caractéristiques, nous arrivons à un total de 2 800 paramètres. La deuxième couche de convolution comprend 3 × 3 noyaux et son entrée est l'ensemble des 100 cartes de caractéristiques de la couche précédente. Chaque carte de caractéristiques a donc 3 × 3 × 100 = 900 poids, plus un terme constant. Cette couche contient 200 cartes de caractéristiques, donc elle possède 901 × 200 = 180 200 paramètres. Enfin, la troisième et dernière couche de convolution comprend également 3 × 3 noyaux et son entrée est constituée des 200 cartes de caractéristiques de la couche précédente. Par conséquent, chaque carte de caractéristiques implique 3 × 3 × 200 = 1 800 poids, plus un terme constant. Avec ses 400 cartes de caractéristiques, cette couche a donc 1 801 × 400 = 720 400 paramètres. Au total, le CNN possède donc 2 800 + 180 200 + 720 400 = 903 400 paramètres.

Calculons à présent la quantité minimale de RAM nécessaire à ce réseau de neurones lorsqu'il effectue une prédiction pour une seule instance. Commençons par déterminer la taille d'une carte de caractéristiques pour chaque couche. Puisque nous utilisons un pas de 2 et le remplissage `"same"`, les dimensions horizontale et verticale des cartes de caractéristiques sont divisées par deux à chaque couche (et arrondies si nécessaire). Par conséquent, puisque les canaux d'entrée font 200 × 300 pixels, les cartes de caractéristiques de la première couche ont une taille de 100 × 150, celles de la deuxième, une taille de 50 × 75, et celles de la troisième, une taille de 25 × 38. Puisque 32 bits font 4 octets et que la première couche de convolution comprend 100 cartes de caractéristiques, elle a besoin de 4 × 100 × 150 × 100 = 6 millions d'octets (6 Mo). La deuxième couche occupe 4 × 50 × 75 × 200 = 3 millions d'octets (3 Mo). Enfin, la troisième couche demande 4 × 25 × 38 × 400 = 1 520 000 octets (environ 1,5 Mo). Cependant, lorsqu'une couche a été calculée, la mémoire occupée par la couche précédente peut être libérée et il faudra donc seulement 6 + 3 = 9 millions d'octets (9 Mo) de RAM (lorsque la deuxième couche vient d'être calculée, mais que la mémoire occupée par la première couche n'a pas encore été libérée). Nous devons également ajouter la mémoire occupée par les paramètres du CNN. Nous sommes arrivés à 903 400 paramètres, chacun occupant 4 octets, ce qui fait 3 613 600 octets (environ 3,6 Mo) supplémentaires. La quantité de RAM totale nécessaire est (au moins) de 12 613 600 octets (environ 12,6 Mo).

Terminons en calculant la quantité de RAM minimale nécessaire à l'entraînement du CNN sur un mini-lot de 50 images. Pendant l'entraînement, TensorFlow met en œuvre une rétropropagation qui a besoin de toutes les valeurs calculées pendant la passe en avant, jusqu'à ce que la passe en arrière débute. Nous devons donc déterminer la RAM totale requise par toutes les couches pour une seule instance et multiplier ce résultat par 50. À ce stade, nous pouvons compter en mégaoctets plutôt qu'en octets. Nous avons déterminé précédemment que les trois couches ont respectivement besoin de 6 Mo, 3 Mo et 1,5 Mo pour chaque instance. Cela représente un total de 10,5 Mo par instance. Pour 50 instances, la quantité de RAM totale est donc de 525 Mo. Ajoutons cela à la mémoire nécessaire aux images d'entrée, c'est-à-dire 50 × 4 × 200 × 300 × 3 = 36 millions d'octets (36 Mo), plus la mémoire occupée par les paramètres du modèle, environ 3,6 Mo (calculée précédemment), plus un peu de mémoire pour les gradients (nous pouvons l'oublier car elle sera libérée au fur et à mesure de la progression de la rétropropagation vers les couches inférieures). Nous arrivons à un total approximatif de 525 + 36 + 3,6 = 564,6 Mo. Et ce n'est réellement qu'un strict minimum optimiste.

3. Si votre GPU vient à manquer de mémoire pendant l'entraînement d'un CNN, voici cinq actions que vous pouvez effectuer pour tenter de résoudre le problème (autres qu'acheter une carte graphique avec une plus grande quantité de RAM) :
   - Réduire la taille du mini-lot.
   - Réduire la dimension en utilisant un pas plus grand dans une ou plusieurs couches.

  - Supprimer une ou plusieurs couches.
  - Utiliser des nombres à virgule flottante sur 16 bits à la place de 32 bits.
  - Distribuer le CNN sur plusieurs processeurs.
4. Une couche de pooling maximum ne possède aucun paramètre, tandis qu'une couche de convolution en utilise beaucoup (voir les questions précédentes).
5. Une couche de normalisation de réponse locale permet aux neurones les plus actifs d'inhiber ceux situés aux mêmes emplacements mais dans des cartes de caractéristiques voisines. De cette manière, les cartes de caractéristiques différentes ont tendance à se spécialiser et à se distinguer, et se voient obligées d'explorer une plage de caractéristiques plus importante. Cette normalisation se rencontre habituellement dans les couches inférieures de façon à obtenir des caractéristiques de bas niveau plus nombreuses, que les couches supérieures pourront exploiter.
6. Les principales innovations de l'architecture AlexNet par rapport à LeNet-5 sont une largeur et une profondeur plus importantes, et un empilement des couches de convolution directement l'une au-dessus de l'autre à la place d'un empilement d'une couche de pooling au-dessus d'une couche de convolution. La principale innovation de GoogLeNet vient des *modules Inception*, grâce auxquels le réseau peut être beaucoup plus profond qu'avec les architectures de CNN précédentes, pour un nombre de paramètres moindre. La principale innovation de ResNet réside dans l'introduction des connexions de saut, qui permettent d'aller bien au-delà des 100 couches. Sa simplicité et son uniformité sont également des éléments innovants. La principale innovation de SENet vient de l'utilisation d'un bloc SE (un réseau dense de deux couches) après chaque module Inception dans un réseau Inception ou après chaque unité résiduelle dans un ResNet, de façon à recalibrer l'importance relative des cartes de caractéristiques. La principale innovation de Xception réside dans l'utilisation de couches de convolution séparables en profondeur, qui examinent séparément les motifs spatiaux et les motifs en profondeur. Enfin, la principale innovation d'EfficientNet a été la méthode de calibrage composé, pour adapter efficacement un modèle à votre budget informatique.
7. Les réseaux entièrement convolutifs (ou FCN) sont des réseaux constitués exclusivement de couches de convolution et de couches de pooling. Les FCN sont en mesure de traiter efficacement des images quelles que soient leur hauteur et leur largeur (tout au moins au-dessus de la taille minimale). Ils sont surtout utiles pour la détection d'objets et la segmentation sémantique, car ils n'ont besoin d'examiner l'image qu'une seule fois, au lieu d'appliquer à plusieurs reprises un réseau de neurones convolutif (ou CNN) sur différentes

parties de l'image. Si vous disposez d'un CNN ayant des couches denses au sommet, vous pouvez convertir celles-ci en couches de convolution afin d'obtenir un FCN. Il suffit de remplacer la couche dense la plus basse par une couche de convolution dont la taille du noyau est égale à la taille de la sortie de la couche, avec un filtre par neurone dans la couche dense, et avec le remplissage `"valid"`. En général, le pas doit être égal à 1, mais, si vous le souhaitez, vous pouvez lui donner une valeur plus élevée. La fonction d'activation doit être identique à celle de la couche dense. Les autres couches denses peuvent être converties de la même manière, mais en utilisant des filtres 1×1. Il est possible de convertir un CNN entraîné de cette manière, en modifiant de façon appropriée la forme des matrices de poids des couches denses.

8. La principale difficulté technique de la segmentation sémantique vient du fait qu'un grand nombre d'informations spatiales sont perdues dans un CNN alors que le signal traverse chaque couche, en particulier dans les couches de pooling et celles dont le pas est supérieur à 1. Ces informations spatiales doivent être retrouvées d'une manière ou d'une autre pour prédire avec exactitude la classe de chaque pixel.

Les solutions des exercices 9 à 11 figurent à la fin du notebook Jupyter *14_deep_computer_vision_with_cnns.ipynb* disponible sous https://homl.info/colab3.

CHAPITRE 7 : TRAITEMENT DES SÉQUENCES AVEC DES RNN ET DES CNN

1. Voici quelques applications des RNN :
   - Pour un RNN séquence-vers-séquence : prédire la météo (ou n'importe quelle autre série chronologique), traduction automatique (en utilisant une architecture encodeur-décodeur), sous-titrage vidéo, reconnaissance vocale, génération musicale (ou toute autre génération de séquences), identification des accords dans une chanson.
   - Pour un RNN séquence-vers-vecteur : classification d'échantillons musicaux par genre musical, analyse de sentiment pour une critique littéraire, prédire le mot auquel un patient aphasique pense en fonction des lectures effectuées grâce à des implants cérébraux, prédire la probabilité qu'une personne souhaite regarder un film en fonction de son historique de visionnage (l'une des nombreuses implémentations possibles du *filtrage collaboratif* pour un système de recommandation).
   - Pour un RNN vecteur-vers-séquence : génération de légendes pour des images, création d'une liste de lecture musicale en fonction d'un plongement de l'artiste en cours d'écoute, génération d'une

mélodie fondée sur un ensemble de paramètres, localisation des piétons dans une image (par exemple, une vidéo provenant de la caméra d'une voiture autonome).

2. Une couche de RNN doit avoir des entrées à trois dimensions : la première dimension correspond à la dimension de lot (sa taille est celle du lot), la deuxième représente le temps (sa taille est le nombre d'étapes temporelles), et la troisième contient les entrées de chaque étape temporelle (sa taille est le nombre de caractéristiques d'entrées par étape temporelle). Par exemple, si vous souhaitez traiter un lot contenant 5 séries chronologiques de 10 étapes temporelles chacune, avec 2 valeurs par étape temporelle (par exemple, la température et la vitesse du vent), la forme sera [5, 10, 2]. Les sorties ont également trois dimensions, les deux premières étant identiques à celles des entrées, la dernière étant le nombre de neurones. Par exemple, si une couche de RNN comprenant 32 neurones traite le lot que nous venons de mentionner, la sortie aura la forme [5, 10, 32].
3. Pour construire un RNN séquence-vers-séquence profond avec Keras, vous devez préciser `return_sequences=True` pour toutes les couches de RNN. Pour construire un RNN séquence-vers-vecteur, vous devez indiquer `return_sequences=True` pour toutes les couches de RNN, à l'exception de la couche supérieure, pour laquelle `return_sequences` doit avoir la valeur `False` (vous pouvez ne pas fixer cet argument, car sa valeur par défaut est `False`).
4. Si vous disposez d'une série chronologique univariée de relevés quotidiens et si vous souhaitez prévoir les sept jours suivants, l'architecture de RNN la plus simple est une pile de couches de RNN (toutes avec `return_sequences` égal à `True`, à l'exception de la couche supérieure du RNN), en utilisant sept neurones dans la couche de sortie. Vous pouvez ensuite entraîner ce modèle en utilisant des fenêtres aléatoires sur les séries chronologiques (par exemple, des séquences de trente jours consécutifs en entrée, et un vecteur contenant les valeurs des sept jours suivants comme cible). Il s'agit d'un RNN séquence-vers-vecteur. En indiquant `return_sequences=True` pour toutes les couches de RNN, vous créez un RNN séquence-vers-séquence, que vous pouvez entraîner en utilisant des fenêtres aléatoires sur les séries chronologiques, avec des séquences de la même longueur que les entrées et les cibles. Chaque séquence cible doit avoir sept valeurs par étape temporelle (par exemple, pour l'étape temporelle t, la cible doit être un vecteur contenant les valeurs aux étapes temporelles $t + 1$ à $t + 7$).
5. Les deux principales difficultés de l'entraînement des RNN sont l'instabilité des gradients (explosion ou disparition) et une mémoire à court terme très limitée. Ces deux problèmes empirent lorsque les séquences sont longues. Pour alléger le problème d'instabilité des

gradients, vous pouvez utiliser un taux d'apprentissage plus faible, une fonction d'activation saturante, comme la tangente hyperbolique (le choix par défaut), et, éventuellement, l'écrêtage de gradients, la normalisation par couche ou un abandon (*dropout*) à chaque étape temporelle. Pour traiter le problème de mémoire à court terme limitée, vous pouvez employer des couches `LSTM` ou `GRU` (cela aide aussi à réduire le problème d'instabilité des gradients).

6. L'architecture d'une cellule LSTM semble complexe, mais elle n'est pas si compliquée lorsque l'on comprend la logique sous-jacente. La cellule possède un vecteur d'état à court terme et un vecteur d'état à long terme. À chaque étape temporelle, les entrées et l'état à court terme précédent sont passés à une cellule de RNN et trois portes : la porte d'oubli choisit ce qui doit être retiré de l'état à long terme, la porte d'entrée choisit quelle partie de la sortie de la cellule de RNN simple doit être ajoutée à l'état à long terme, et la porte de sortie décide de la partie de l'état à long terme qui doit être sortie lors de cette étape temporelle (après être passée par la fonction d'activation tanh). Le nouvel état à court terme est égal à la sortie de la cellule. Voir la figure 7.12.
7. Une couche de RNN est fondamentalement séquentielle. Pour calculer des sorties à l'étape temporelle *t*, elle doit commencer par calculer les sorties de toutes les étapes temporelles précédentes. La parallélisation est donc impossible. D'un autre côté, une couche de convolution à une dimension est bien adaptée à la parallélisation, car elle ne maintient pas d'état entre les étapes temporelles. Autrement dit, elle n'a aucune mémoire : la sortie de n'importe quelle étape temporelle peut être calculée à partir d'une petite fenêtre de valeurs sur les entrées sans avoir à connaître toutes les valeurs passées. De plus, puisqu'une telle couche de convolution n'est pas récurrente, elle souffre moins de l'instabilité des gradients. Dans un RNN, une ou plusieurs couches de convolution à une dimension pourront permettre un prétraitement efficace des entrées, par exemple pour réduire leur résolution temporelle (sous-échantillonnage) et ainsi aider les couches de RNN à détecter des motifs à long terme. En réalité, il est possible de n'utiliser que des couches de convolution, par exemple en construisant une architecture WaveNet.
8. Pour classer des vidéos en fonction du contenu visuel, une architecture possible consisterait à prendre, par exemple, une trame par seconde, à passer chaque trame à un même réseau de neurones convolutif (par exemple, un modèle Xception préentraîné, éventuellement figé si le jeu de données n'est pas volumineux), à transmettre la sortie de ce CNN à un RNN séquence-vers-vecteur, et, enfin, à passer sa sortie au travers d'une couche softmax qui donnerait toutes les probabilités de classes. Pour l'entraînement, l'entropie croisée peut être choisie comme fonction de coût. Si vous souhaitez utiliser également le son

pour la classification, vous pouvez utiliser une pile de couches de convolution à pas à une dimension de manière à réduire la résolution temporelle, en passant de milliers de trames audio par seconde à juste une trame par seconde (pour correspondre au nombre d'images par seconde), et concaténer la séquence de sortie aux entrées du RNN séquence-vers-vecteur (le long de la dernière dimension).

Les solutions des exercices 9 et 10 figurent à la fin du notebook Jupyter *15_processing_sequences_using_rnns_and_cnns.ipynb* disponible sous https://homl.info/colab3.

CHAPITRE 8 : TRAITEMENT AUTOMATIQUE DU LANGAGE NATUREL AVEC LES RNN ET LES ATTENTIONS

1. Les RNN sans état ne peuvent capturer que des motifs dont la longueur est inférieure ou égale à la taille des fenêtres sur lesquelles le RNN est entraîné. À l'inverse, les RNN avec état peuvent capturer des motifs à plus long terme. Toutefois, l'implémentation d'un RNN avec état est beaucoup plus complexe, notamment pour la préparation correcte du jeu de données. De plus, ces RNN n'affichent pas toujours de meilleures performances, en partie parce que les lots consécutifs ne sont pas indépendants et distribués de façon identique. La descente de gradients apprécie peu les jeux de données de ce genre.
2. En général, la traduction d'une phrase mot à mot donne un très mauvais résultat. Par exemple, la phrase anglaise « It is up to you » signifie « C'est à toi de décider », mais sa traduction un mot à la fois pourrait donner « Il est haut à toi ». Pardon ? Il est nettement préférable de lire tout d'abord la phrase dans son intégralité, puis de la traduire. Un RNN séquence-vers-séquence ordinaire commencerait à traduire une phrase immédiatement après la lecture du premier mot, tandis qu'un RNN encodeur-décodeur lira l'intégralité de la phrase, puis la traduira. Cela dit, nous pouvons imaginer un RNN séquence-vers-séquence de base qui produirait un silence dès qu'il ne sait pas ce qu'il doit dire ensuite (à l'instar des interprètes lors des traductions en direct).
3. Pour prendre en charge les séquences d'entrée de longueur variable, il est possible de remplir les séquences les plus courtes de sorte que toutes les séquences d'un lot aient la même longueur et d'utiliser les masques pour s'assurer que le RNN ignore le token de remplissage. Pour de meilleures performances, vous pouvez également créer des lots contenant des séquences de taille similaire. Les tenseurs irréguliers peuvent contenir des séquences de longueur variable et tf.keras finira par les prendre en charge, ce qui simplifiera énormément le traitement des séquences d'entrée de longueur variable (ce n'est pas le cas au moment de l'écriture de ces lignes). En ce qui concerne les séquences de sortie de longueur variable, si leur taille est connue à

l'avance (par exemple, si vous savez qu'elle est identique à celle de la séquence d'entrée), vous devez simplement configurer la fonction de perte pour qu'elle ignore les tokens venant après la fin de la séquence. De façon comparable, le code qui utilisera le modèle doit ignorer les tokens qui se trouvent après la fin de la séquence. Mais, en général, la longueur de la séquence de sortie n'est pas connue à l'avance et la solution consiste à entraîner le modèle afin qu'il termine chaque séquence par un token de fin.

4. La recherche en faisceau est une solution d'amélioration des performances d'un modèle encodeur-décodeur entraîné, par exemple dans un système de traduction automatique neuronale. L'algorithme conserve une liste restreinte des *k* séquences de sortie les plus prometteuses (par exemple, les trois premières) et, à chaque étape, tente de leur ajouter un mot ; il garde ensuite uniquement les *k* séquences les plus probables. Le paramètre *k* est la *largeur du faisceau*. Plus le faisceau est large, plus la puissance de calcul et la quantité mémoire requises sont importantes, mais plus le système est précis. Au lieu de choisir immédiatement à chaque étape le prochain mot le plus probable de façon à étendre une seule séquence, cette technique permet au système d'explorer plusieurs phrases prometteuses simultanément. C'est une technique bien adaptée à la parallélisation. Vous pouvez implémenter la recherche en faisceau relativement facilement grâce à TensorFlow Addons.
5. Le mécanisme d'attention est une technique employée initialement dans les modèles encodeur-décodeur pour donner au décodeur un accès direct à la séquence d'entrée, lui permettant de prendre en charge des séquences d'entrée plus longues. À chaque étape temporelle du décodeur, l'état courant du décodeur et sa sortie complète sont traités par un modèle d'alignement qui produit un score d'alignement pour chaque étape temporelle d'entrée. Ce score indique la partie de l'entrée la plus pertinente pour l'étape temporelle courante du décodeur. La somme pondérée de la sortie de l'encodeur (pondérée par le score d'alignement) est transmise au décodeur, qui produit l'état suivant du décodeur et la sortie pour cette étape temporelle. Le mécanisme d'attention a pour principal avantage de permettre au modèle encodeur-décodeur de traiter des séquences d'entrée plus longues. Par ailleurs, grâce au score d'alignement, le modèle est plus facile à déboguer et à interpréter. Par exemple, s'il fait une erreur, vous pouvez examiner la partie de l'entrée à laquelle il prêtait attention à ce moment-là, ce qui pourra vous aider à diagnostiquer le problème. Le mécanisme d'attention est également au cœur de l'architecture des transformeurs, dans les couches d'attention à plusieurs têtes. Voir la prochaine réponse.
6. Dans l'architecture d'un transformeur, la couche d'attention à plusieurs têtes est la plus importante (l'architecture d'origine en contient 18,

y compris 6 couches d'attention à plusieurs têtes masquées). Elle est au centre de modèles de langage, comme BERT et GPT-2. Son rôle est de permettre au modèle d'identifier les mots présentant le meilleur alignement avec chaque autre mot, et d'exploiter ensuite ces indices contextuels pour améliorer la représentation de chaque mot.

7. La technique softmax échantillonnée est utilisée pour l'entraînement d'un modèle de classification lorsque les classes sont nombreuses (des milliers). Elle calcule une approximation de la perte d'entropie croisée à partir du logit prédit par le modèle pour la classe appropriée et les logits prédits pour un échantillon de mots incorrects. L'entraînement s'en trouve considérablement amélioré par rapport à un calcul softmax sur tous les logits suivi d'une estimation de la perte d'entropie croisée. Après l'entraînement, le modèle peut être employé de façon habituelle, en utilisant la fonction softmax normale pour calculer toutes les probabilités de classes en fonction de tous les logits.

Les solutions des exercices 8 à 11 figurent à la fin du notebook Jupyter *16_nlp_with_rnns_and_attention.ipynb* disponible sous https://homl.info/colab3.

CHAPITRE 9 : AUTOENCODEURS, GAN ET MODÈLES DE DIFFUSION

1. Voici quelques-uns des principaux usages des autoencodeurs :
   - extraction de caractéristiques ;
   - préentraînement non supervisé ;
   - réduction de dimension ;
   - modèles génératifs ;
   - détection d'anomalies (un autoencodeur a généralement du mal à reconstruire des aberrations).
2. Si vous voulez entraîner un classificateur en ayant une grande quantité de données d'entraînement non étiquetées, mais seulement quelques milliers d'instances étiquetées, vous pouvez commencer par entraîner un autoencodeur profond sur le jeu de données complet (étiqueté + non étiqueté), puis réutiliser sa moitié inférieure pour le classificateur (c'est-à-dire réutiliser les couches allant jusqu'à la couche de codage incluse), en entraînant celui-ci avec les données étiquetées. Si vous avez peu de données étiquetées, vous voudrez probablement figer les couches réutilisées pendant l'entraînement du classificateur.
3. Le fait qu'un autoencodeur reconstruise parfaitement ses entrées ne signifie pas nécessairement qu'il est un bon autoencodeur ; peut-être s'agit-il simplement d'un autoencodeur sur-complet qui a appris à copier ses entrées vers la couche de codage, puis vers les sorties. En

réalité, même si la couche de codage ne contient qu'un seul neurone, un autoencodeur très profond a la possibilité d'apprendre à faire correspondre chaque instance d'entraînement à un codage différent (par exemple, la première instance peut être associée à 0,001, la deuxième à 0,002, la troisième à 0,003, etc.) et il peut apprendre « par cœur » à reconstruire la bonne instance d'entraînement pour chaque codage. Il reconstruirait parfaitement ses entrées sans réellement apprendre de motifs utiles dans les données. Dans la pratique, il est peu probable qu'une telle correspondance se produise, mais elle illustre le fait qu'une reconstruction parfaite ne garantit pas que l'autoencodeur a appris quelque chose d'intéressant. En revanche, s'il produit de très mauvaises reconstructions, il s'agit alors presque à coup sûr d'un mauvais autoencodeur. Pour évaluer la performance d'un autoencodeur, il est possible de mesurer la perte de reconstruction (par exemple, calculer la MSE, la moyenne quadratique des sorties moins les entrées). De nouveau, une perte de reconstruction élevée est un bon signe que l'autoencodeur est mauvais, mais une perte de reconstruction faible ne garantit pas qu'il est bon. Vous devez également évaluer l'autoencodeur en fonction de son utilisation. Par exemple, s'il sert au préentraînement non supervisé d'un classificateur, vous devez aussi évaluer les performances de celui-ci.

4. Un autoencodeur sous-complet possède une couche de codage plus petite que les couches d'entrée et de sortie. Si elle est plus grande, alors il s'agit d'un autoencodeur sur-complet. Un autoencodeur fortement sous-complet court le risque d'échouer dans la reconstruction des entrées. Un autoencodeur sur-complet risque de se contenter de recopier les entrées sur les sorties, sans rien apprendre d'intéressant.
5. Pour lier les poids d'une couche d'encodage à la couche de décodage correspondante, vous pouvez simplement rendre les poids du décodeur égaux à la transposée des poids du décodeur. Le nombre de paramètres du modèle est ainsi divisé par deux, avec pour conséquence un entraînement qui converge souvent plus rapidement pour une quantité de données d'entraînement moindre, et une diminution du risque de surajustement du jeu d'entraînement.
6. Un modèle génératif est un modèle capable de produire aléatoirement des sorties qui ressemblent aux instances d'entraînement. Par exemple, après un entraînement réussi sur le jeu de données MNIST, un modèle génératif peut servir à générer de façon aléatoire des images de chiffres réalistes. La distribution de la sortie est en général comparable à celle des données d'entraînement. Par exemple, puisque MNIST comprend de nombreuses images de chaque chiffre, le modèle génératif va sortir approximativement le même nombre d'images de chacun d'eux. Certains modèles génératifs possèdent des paramètres, par exemple pour générer uniquement certains types de

sorties. L'autoencodeur variationnel est un exemple d'autencodeur génératif.

7. Un réseau génératif antagoniste (ou GAN) est une architecture de réseau de neurones constituée de deux parties, le générateur et le discriminateur, dont les objectifs sont opposés. Le but du générateur est de produire des instances semblables à celles présentes dans le jeu d'entraînement afin de tromper le discriminateur. Celui-ci doit différencier les instances réelles et les instances générées. À chaque itération d'entraînement, le discriminateur est entraîné comme un classificateur binaire normal, puis le générateur est entraîné de façon à maximiser l'erreur du discriminateur. Des GAN sont employés dans les traitements d'images complexes, comme la super-résolution, la colorisation, l'édition élaborée d'images (remplacer des objets par des arrière-plans réalistes), convertir une simple esquisse en une image photoréaliste ou prédire les trames suivantes dans une vidéo. Ils servent également à augmenter un jeu de données (pour entraîner d'autres modèles), à générer d'autres types de données (par exemple du texte, de l'audio ou des séries chronologiques) et à identifier les faiblesses dans d'autres modèles et les corriger.
8. L'entraînement des GAN est réputé difficile, en raison de la dynamique complexe entre le générateur et le discriminateur. La principale difficulté est l'effondrement des modes, lorsque le générateur finit par produire des sorties présentant très peu de diversité. Par ailleurs, l'entraînement peut être terriblement instable. Il peut commencer parfaitement, pour soudainement se mettre à osciller ou à diverger, sans raison apparente. Les GAN sont également très sensibles au choix des hyperparamètres.
9. Les modèles de diffusion donnent de bons résultats lorsqu'on veut produire des images diverses et de haute qualité. Ils sont aussi beaucoup plus faciles à entraîner que les GAN. Toutefois, comparés aux GAN et aux autoencodeurs variationnels (ou VAE), ils sont beaucoup plus lents durant la phase de génération d'images, car ils doivent parcourir toutes les étapes du processus de diffusion inverse.

Les solutions des exercices 10 à 13 figurent à la fin du notebook Jupyter *17_autoencoders_gans_and_diffusion_models.ipynb* disponible sous https://homl.info/colab3.

CHAPITRE 10 : APPRENTISSAGE PAR RENFORCEMENT

1. L'apprentissage par renforcement est un domaine de l'apprentissage automatique dont l'objectif est de créer des agents capables d'effectuer des actions dans un environnement en faisant en sorte qu'elles maximisent les récompenses au fil du temps. Il existe de nombreuses différences entre l'apprentissage par renforcement et l'apprentissage automatique « normal », supervisé ou non. En voici quelques-unes :

- Dans l'apprentissage supervisé ou non supervisé, l'objectif est généralement de découvrir des motifs dans les données afin de pouvoir faire des prédictions. Dans l'apprentissage par renforcement, l'objectif est de trouver une bonne politique.
- Contrairement à l'apprentissage supervisé, la « bonne » réponse n'est pas explicitement donnée à l'agent. Il doit apprendre par tâtonnement.
- Contrairement à l'apprentissage non supervisé, il existe une forme de supervision, au travers des récompenses. On ne précise pas à l'agent comment effectuer une tâche, mais on lui indique s'il fait des progrès ou s'il échoue.
- Dans l'apprentissage par renforcement, l'agent doit trouver le bon équilibre entre explorer l'environnement, rechercher de nouvelles manières de recevoir des récompenses et exploiter les sources de récompenses qu'il connaît déjà. À l'inverse, les systèmes d'apprentissage supervisé ou non supervisé n'ont pas à s'occuper de l'exploration et exploitent simplement les données d'entraînement qui leur sont fournies.
- Dans l'apprentissage supervisé ou non supervisé, les instances d'entraînement sont généralement indépendantes (en fait, elles sont souvent mélangées). Dans l'apprentissage par renforcement, des observations consécutives ne sont généralement *pas* indépendantes. Puisqu'un agent peut rester un certain temps dans la même région de l'environnement avant de se déplacer, des observations consécutives seront fortement corrélées. Dans certains cas, une mémoire (tampon) de rejeu est mise en place afin que l'algorithme d'entraînement obtienne des observations assez indépendantes.

2. Voici quelques applications possibles de l'apprentissage par renforcement, autres que celles mentionnées au chapitre 10 :

Personnalisation musicale

L'environnement correspond à une radio web personnalisée pour l'utilisateur. L'agent est le logiciel qui décide de la chanson que l'utilisateur va écouter ensuite. Les actions possibles sont soit de jouer n'importe quelle chanson du catalogue (l'agent doit essayer de choisir une chanson que l'utilisateur appréciera), soit de passer une publicité (il doit essayer de choisir une publicité qui intéressera l'utilisateur). L'agent obtient une petite récompense chaque fois que l'utilisateur écoute une chanson, une récompense plus importante chaque fois qu'il écoute une publicité, une récompense négative lorsqu'il saute une chanson ou une publicité, et une récompense très négative lorsqu'il quitte l'application.

Marketing

L'environnement correspond au service marketing de votre entreprise. L'agent est le logiciel qui détermine les utilisateurs ciblés par une campagne de mailing, à partir de leur profil et de leur historique d'achat (pour chaque client, il existe deux actions possibles : envoyer et ne pas envoyer). Il reçoit une récompense négative en fonction du coût de la campagne de mailing et une récompense positive en fonction des revenus estimés générés par cette campagne.

Livraison de produits

L'agent contrôle une flotte de camions de livraison, en décidant des produits qu'ils doivent prendre dans les dépôts, où ils doivent se rendre, ce qu'ils doivent livrer, etc. Il reçoit des récompenses positives pour les produits livrés à temps et des récompenses négatives pour les livraisons hors délai.

3. Lors de l'estimation de la valeur d'une action, les algorithmes d'apprentissage par renforcement additionnent généralement toutes les récompenses auxquelles cette action conduit, en donnant plus de poids aux récompenses immédiates et moins de poids aux récompenses ultérieures (en considérant qu'une action a plus d'influence sur le futur proche que sur le futur éloigné). Pour modéliser ce fonctionnement, un facteur de rabais est généralement appliqué à chaque étape temporelle. Par exemple, avec un facteur de rabais égal à 0,9, une récompense de 100 qui sera reçue dans deux étapes temporelles futures compte uniquement pour $0{,}9^2 \times 100 = 81$ lors de l'estimation de la valeur de l'action. Le facteur de rabais peut être vu comme une mesure de la valeur du futur relativement au présent. S'il est très proche de 1, alors le futur compte presque autant que le présent. S'il est très proche de 0, alors seules les récompenses immédiates importent. Bien entendu, cela impacte énormément la politique optimale. Si le futur est valorisé, vous êtes prêt à souffrir immédiatement dans l'objectif d'éventuelles récompenses ultérieures. En revanche, si le futur n'est pas valorisé, vous prenez simplement toute récompense immédiate trouvée, sans miser sur l'avenir.
4. Pour mesurer les performances d'un agent d'apprentissage par renforcement, vous pouvez simplement additionner les récompenses obtenues. Dans un environnement simulé, vous pouvez exécuter de nombreux épisodes et examiner le total des récompenses qu'il reçoit en moyenne (et éventuellement tenir compte du minimum, du maximum, de l'écart-type, etc.).
5. Le problème d'affectation du crédit est lié au fait qu'un agent d'apprentissage par renforcement qui reçoit une récompense ne peut pas connaître directement celles de ses actions passées qui ont contribué à cette récompense. Ce problème survient souvent lorsque le délai entre une action et les récompenses résultantes est important (par exemple, dans le jeu *Pong* d'Atari, il peut y avoir plusieurs dizaines d'étapes temporelles entre le moment où l'agent frappe la balle et le moment où il gagne le point). Pour le

minimiser, une solution consiste à donner à l'agent des récompenses à plus court terme, lorsque c'est possible. En général, cela nécessite des connaissances préalables sur la tâche. Par exemple, dans le cas d'un agent qui apprend à jouer aux échecs, on peut le récompenser non pas uniquement lorsqu'il gagne la partie, mais chaque fois qu'il capture une pièce de l'adversaire.

6. Il est fréquent qu'un agent reste un certain temps dans la même région de son environnement. Pendant cette période, toutes ses expériences seront très similaires et cela peut introduire une forme de biais dans l'algorithme d'apprentissage. L'agent peut peaufiner sa politique pour cette région de l'environnement, mais ses performances ne seront pas aussi bonnes lorsqu'il en sortira. Pour résoudre ce problème, on peut employer une mémoire de rejeu. Au lieu de fonder son apprentissage uniquement sur les expériences immédiates, l'agent apprendra à partir d'une mémoire de ses expériences passées, récentes et moins récentes (voilà peut-être pourquoi nous rêvons la nuit : pour rejouer nos expériences du jour et mieux apprendre d'elles).
7. Un algorithme d'apprentissage par renforcement hors politique (*off-policy*) apprend la valeur de la politique optimale (c'est-à-dire la somme des récompenses avec rabais qu'il peut attendre pour chaque état si l'agent agit de façon optimale), alors que l'agent suit une politique différente. L'apprentissage Q est un bon exemple de ce type d'algorithme. À l'inverse, un algorithme sur politique (*on-policy*) apprend la valeur de la politique que l'agent exécute réellement (ce qui inclut à la fois l'exploration et l'exploitation).

Les solutions des exercice 8 à 10 figurent à la fin du notebook Jupyter *18_reinforcement_learning.ipynb* disponible sous https://homl.info/colab3.

CHAPITRE 11 : ENTRAÎNEMENT ET DÉPLOIEMENT À GRANDE ÉCHELLE DE MODÈLES TENSORFLOW

1. Un SavedModel contient un modèle TensorFlow, y compris son architecture (un graphe de calcul) et ses poids. Il est stocké sous forme d'un répertoire contenant un fichier *saved_model.pb*, qui définit le graphe de calcul (représenté sous forme de protobuf sérialisé), et d'un sous-répertoire *variables* contenant des valeurs de variables. Pour les modèles qui comprennent un grand nombre de poids, ces valeurs de variables peuvent être réparties dans plusieurs fichiers. Un SavedModel inclut également un sous-répertoire *assets* qui peut contenir des données supplémentaires, comme des fichiers de vocabulaire, des noms de classes ou des instances d'exemples pour le modèle. De façon plus précise, un SavedModel peut contenir un ou plusieurs *métagraphes*. Un métagraphe est un graphe de calcul accompagné de définitions de signatures de fonctions (y compris

les noms de leurs entrées et sorties, les types et les formes). Chaque métagraphe est identifié par un ensemble de balises. Pour inspecter un SavedModel, vous pouvez utiliser l'outil en ligne de commande `saved_model_cli` ou l'examiner dans Python après l'avoir chargé avec `tf.saved_model.load()`.

2. TF Serving permet de déployer plusieurs modèles TensorFlow (ou plusieurs versions du même modèle) et de les rendre facilement accessibles à toutes vos applications au travers d'une API REST ou gRPC. Si vous utilisiez les modèles directement dans vos applications, le déploiement d'une nouvelle version d'un modèle sur toutes les applications serait plus complexe. Développer votre propre microservice intégrant un modèle TF demanderait beaucoup de travail pour obtenir une petite partie des nombreuses fonctionnalités de TF Serving. TF Serving peut surveiller un répertoire et déployer automatiquement les modèles qui y sont placés, sans avoir à modifier ni même redémarrer les applications pour qu'elles bénéficient de nouvelles versions des modèles ; il est rapide, bien testé et s'adapte parfaitement aux besoins. Il prend en charge les tests A/B de modèles expérimentaux et le déploiement de nouvelles versions d'un modèle à un groupe d'utilisateurs (dans ce cas, le modèle est appelé un *canari*). Il est également capable de regrouper des requêtes individuelles en lots pour les exécuter conjointement sur le GPU. Pour déployer TF Serving, vous pouvez partir des fichiers sources, mais il est plus simple d'employer une image Docker. Pour déployer un groupe d'images Docker de TF Serving, vous pouvez utiliser un outil d'orchestration, comme Kubernetes, ou vous tourner vers une solution hébergée, comme Vertex AI.
3. Pour déployer un modèle sur plusieurs instances de TF Serving, vous devez simplement configurer ces instances pour qu'elles surveillent le même répertoire de *modèles*, puis exporter votre nouveau modèle au format SavedModel dans un sous-répertoire.
4. L'API gRPC est plus efficace que l'API REST. Toutefois, ses bibliothèques clientes sont moins répandues et, en activant la compression dans l'API REST, vous pouvez arriver à des performances comparables. Par conséquent, l'API gRPC est la plus utile lorsque vous avez besoin des plus hautes performances possible et lorsque les clients ne sont pas limités à l'API REST.
5. Pour réduire la taille d'un modèle de sorte qu'il puisse s'exécuter sur un périphérique mobile ou embarqué, TFLite met en œuvre plusieurs techniques :
   - Son convertisseur est capable d'optimiser un SavedModel : il rétrécit le modèle et réduit son temps de réponse. Pour cela, il élague toutes les opérations non indispensables aux prédictions (comme les opérations d'entraînement) et optimise et fusionne des opérations lorsque c'est possible.

- Le convertisseur peut également effectuer une quantification post-entraînement. Cette technique réduit énormément la taille du modèle, qui devient plus rapide à télécharger et à stocker.
- Le modèle optimisé est enregistré au format FlatBuffer, qui peut être chargé directement en RAM sans analyse préalable. Le temps de chargement et l'encombrement mémoire s'en trouvent réduits.

6. Dans un entraînement conscient de la quantification, on ajoute au modèle des opérations de quantification factices pendant l'entraînement. Cela permet au modèle d'apprendre à ignorer le bruit lié à la quantification ; les poids finaux seront moins sensibles à la quantification.
7. Dans le parallélisme du modèle, le modèle est découpé en plusieurs parties, qui sont exécutées en parallèle sur plusieurs processeurs, dans le but d'accélérer l'entraînement ou l'inférence. Dans le parallélisme des données, plusieurs répliques identiques du modèle sont créées et déployées sur plusieurs processeurs. À chaque itération d'entraînement, chaque réplique reçoit un lot de données différent et calcule les gradients de la perte conformément aux paramètres du modèle. Dans le parallélisme des données en mode synchrone, les gradients de toutes les répliques sont ensuite agrégés et l'optimiseur effectue une étape de descente de gradient. Les paramètres peuvent être centralisés (par exemple, sur des serveurs de paramètres) ou copiés sur toutes les répliques, l'algorithme AllReduce assurant la synchronisation. Dans le parallélisme des données en mode asynchrone, les paramètres sont centralisés et les répliques s'exécutent indépendamment les unes des autres, chacune mettant directement à jour les paramètres centraux à la fin de chaque itération d'entraînement, sans attendre les autres répliques. De façon générale, le parallélisme des données permet une plus grande accélération de l'entraînement que le parallélisme du modèle. Cela vient essentiellement du fait qu'il demande moins de communications entre les processeurs. Par ailleurs, son implémentation est plus facile et il travaille de la même manière quel que soit le modèle. En revanche, le parallélisme du modèle impose une analyse du modèle afin de déterminer la meilleure façon de le découper en morceaux.
8. Lors de l'entraînement d'un modèle sur plusieurs serveurs, vous pouvez utiliser les stratégies de distribution suivantes :
   - `MultiWorkerMirroredStrategy` effectue un parallélisme des données avec mise en miroir. Le modèle est répliqué sur tous les serveurs et processeurs disponibles, et chaque réplique reçoit un lot de données différent à chaque itération d'entraînement et calcule ses propres gradients. La moyenne des gradients est calculée et transmise à toutes les répliques à l'aide d'une implémentation distribuée d'AllReduce (par défaut NCCL), et toutes les répliques effectuent la même étape de descente de gradient. Cette stratégie

est la plus simple car tous les serveurs et processeurs sont traités de la même manière. De plus, ses performances sont plutôt bonnes. De façon générale, vous devriez employer cette stratégie. Sa principale limite est que le modèle doit tenir dans la mémoire de chaque réplique.

– `ParameterServerStrategy` réalise un parallélisme des données en mode asynchrone. Le modèle est répliqué sur tous les processeurs sur tous les travailleurs, et les paramètres sont éclatés sur tous les serveurs de paramètres. Chaque travailleur dispose de sa propre boucle d'entraînement, qui s'exécute de façon asynchrone par rapport aux autres travailleurs. Lors de chaque itération d'entraînement, un travailleur reçoit son propre lot de données et récupère la dernière version des paramètres du modèle à partir des serveurs de paramètres. Il calcule ensuite les gradients de la perte par rapport à chacun de ces paramètres et les envoie aux serveurs de paramètres. Ceux-ci réalisent une étape de descente de gradient à partir des gradients reçus. Cette stratégie est généralement plus lente que la précédente et un peu plus difficile à déployer, car elle exige une gestion des serveurs de paramètres. Toutefois, elle se révélera utile pour l'entraînement de modèles extrêmement volumineux qui ne tiennent pas dans la mémoire du GPU.

Les solutions des exercices 9 à 11 figurent à la fin du notebook Jupyter *19_training_and_deploying_at_scale.ipynb* disponible sous *https://homl.info/colab3*.

Annexe B

Différentiation automatique

Cette annexe explique comment fonctionne la différentiation automatique et la compare à d'autres solutions.

Supposons que nous définissions la fonction $f(x, y) = x^2y + y + 2$ et que nous ayons besoin de ses dérivées partielles $\partial f/\partial x$ et $\partial f/\partial y$, par exemple pour effectuer une descente de gradient (ou tout autre algorithme d'optimisation). Nous avons le choix entre une différentiation manuelle, une approximation par différences finies, une différentiation automatique en mode direct et une différentiation automatique en mode inverse. TensorFlow met en œuvre cette dernière solution, mais pour bien la comprendre, examinons d'abord les autres.

DIFFÉRENTIATION MANUELLE

La première option consiste à prendre un crayon et une feuille de papier, et à exploiter nos connaissances en algèbre pour dériver l'équation appropriée. Pour la fonction $f(x, y)$ définie précédemment, cela n'a rien de très complexe. Nous utilisons simplement cinq règles :

- La dérivée d'une constante est 0.
- La dérivée de λx est λ (où λ est une constante).
- La dérivée de x^λ est $\lambda x^{\lambda-1}$; la dérivée de x^2 est donc $2x$.
- La dérivée d'une somme de fonctions est la somme des dérivées de ces fonctions.
- La dérivée de λ fois une fonction est λ fois la dérivée de la fonction.

En appliquant ces règles, nous obtenons les dérivées suivantes.

Équations B.1 – Dérivées partielles de $f(x, y)$

$$\frac{\partial f}{\partial x} = \frac{\partial(x^2y)}{\partial x} + \frac{\partial y}{\partial x} + \frac{\partial 2}{\partial x} = y\frac{\partial(x^2)}{\partial x} + 0 + 0 = 2xy$$

$$\frac{\partial f}{\partial y} = \frac{\partial(x^2y)}{\partial y} + \frac{\partial y}{\partial y} + \frac{\partial 2}{\partial y} = x^2 + 1 + 0 = x^2 + 1$$

Avec des fonctions plus complexes, cette méthode peut devenir très fastidieuse et le risque d'erreurs n'est pas négligeable. Heureusement, il existe d'autres approches, notamment l'approximation par différences finies.

APPROXIMATION PAR DIFFÉRENCES FINIES

Rappelons que la dérivée $h'(x_0)$ d'une fonction $h(x)$ au point x_0 correspond à la pente (coefficient directeur) de la fonction en ce point. Plus précisément, la dérivée est la limite de la pente d'une ligne droite passant par ce point x_0 et un autre point x de la fonction, lorsque x s'approche indéfiniment de x_0 (voir l'équation B.2).

Équation B.2 – Dérivée d'une fonction $h(x)$ au point x_0

$$\begin{aligned} h'(x_0) &= \lim_{x \to x_0} \frac{h(x) - h(x_0)}{x - x_0} \\ &= \lim_{\varepsilon \to 0} \frac{h(x_0 + \varepsilon) - h(x_0)}{\varepsilon} \end{aligned}$$

Par conséquent, si nous voulons calculer la dérivée partielle de $f(x, y)$ par rapport à x, pour $x = 3$ et $y = 4$, nous pouvons simplement calculer $f(3 + \varepsilon, 4) - f(3, 4)$ et diviser le résultat par ε, en prenant ε très petit. Ce type d'approximation numérique de la dérivée est appelé *approximation par différences finies* et cette équation spécifique est le *taux d'accroissement*. C'est exactement ce que fait le code suivant :

```
def f(x, y):
    return x**2*y + y + 2

def derivative(f, x, y, x_eps, y_eps):
    return (f(x + x_eps, y + y_eps) - f(x, y)) / (x_eps + y_eps)

df_dx = derivative(f, 3, 4, 0.00001, 0)
df_dy = derivative(f, 3, 4, 0, 0.00001)
```

Malheureusement, le résultat n'est pas précis, et c'est encore pire pour les fonctions plus complexes. Les valeurs exactes sont, respectivement, 24 et 10, alors que nous obtenons à la place :

```
>>> df_dx
24.000039999805264
>>> df_dy
10.000000000331966
```

Pour calculer les deux dérivées partielles, nous appelons `f()` au moins trois fois (elle a été appelée à quatre reprises dans le code précédent, mais il peut être optimisé). Si nous avions 1 000 paramètres, nous devrions appeler `f()` au moins 1 001 fois. Dans le cas des grands réseaux de neurones, l'approximation par différences finies manque donc totalement d'efficacité.

Toutefois, cette différentiation est tellement simple à mettre en œuvre qu'elle constitue un bon outil de vérification de l'implémentation des autres méthodes. Par exemple, si elle contredit la dérivée manuelle d'une fonction, il est probable que cette dernière comporte une erreur.

Pour le moment, nous avons vu deux façons de calculer des gradients : la différentiation manuelle et l'approximation par différences finies. Malheureusement, aucune des deux ne convient à l'entraînement d'un réseau de neurones à grande échelle. Tournons-nous vers la différentiation automatique, en commençant par le mode direct.

DIFFÉRENTIATION AUTOMATIQUE EN MODE DIRECT

La figure B.1 illustre le fonctionnement de la différentiation automatique en mode direct sur une fonction encore plus simple, $g(x, y) = 5 + xy$. Le graphe de cette fonction est représenté en partie gauche. La différentiation automatique en mode direct produit le graphe donné en partie droite. Il représente la dérivée partielle $\partial g/\partial x = 0 + (0 \times x + y \times 1) = y$ (nous pouvons obtenir de façon similaire la dérivée partielle par rapport à y).

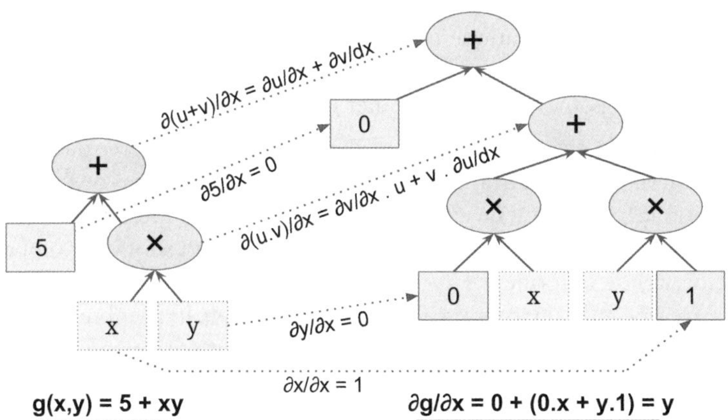

Figure B.1 – Différentiation automatique en mode direct

L'algorithme parcourt le graphe de calcul, depuis les entrées vers les sorties. Il commence par déterminer la dérivée partielle des nœuds feuilles. Le nœud de constante (5) retourne la constante 0, car la dérivée d'une constante est toujours 0. Le nœud de variable x retourne la constante 1 car $\partial x/\partial x = 1$, et celui de y retourne la constante 0 car $\partial y/\partial x = 0$ (si nous recherchions la dérivée partielle par rapport à y, ce serait l'inverse).

Nous pouvons à présent remonter le graphe jusqu'au nœud de multiplication dans la fonction *g*. Les mathématiques nous indiquent que la dérivée d'un produit de deux fonctions *u* et *v* est $\frac{\partial(u \times v)}{\partial x} = \frac{\partial v}{\partial x} \times u + v \times \frac{\partial u}{\partial x}$. Nous pouvons donc construire une grande partie du graphe de droite, qui représente $0 \times x + y \times 1$.

Enfin, nous pouvons aller jusqu'au nœud d'addition dans la fonction *g*. Nous l'avons mentionné précédemment, la dérivée d'une somme de fonctions est la somme des dérivées de ces fonctions. Nous devons donc simplement créer un nœud d'addition et le relier aux parties du graphe que nous avons déjà déterminées. Nous obtenons la dérivée partielle correcte : $\frac{\partial g}{\partial x} = 0 + (0 \times x + y \times 1)$.

Il est possible de simplifier cette équation (énormément). Il suffit d'appliquer quelques étapes d'élagage à ce graphe de calcul pour nous débarrasser de toutes les opérations inutiles. Nous obtenons alors un graphe beaucoup plus petit constitué d'un seul nœud : $\partial g/\partial x = y$. Dans ce cas, la simplification est relativement aisée, mais la différentiation automatique en mode direct d'une fonction plus complexe peut produire un graphe volumineux difficile à simplifier et conduisant à des performances sous-optimales.

Notez que nous avons commencé avec un graphe de calcul et que la différentiation automatique en mode direct a produit un autre graphe de calcul. Il s'agit d'une *différentiation symbolique*, qui présente deux caractéristiques intéressantes. Premièrement, après que le graphe de calcul de la dérivée a été généré, nous pouvons l'employer à de nombreuses reprises pour calculer les dérivées de la fonction donnée pour n'importe quelle valeur de *x* et de *y*. Deuxièmement, nous pouvons effectuer de nouveau une différentiation automatique en mode direct sur le graphe résultant pour obtenir les dérivées secondes (autrement dit, les dérivées des dérivées), si jamais nous en avions besoin. Nous pouvons même calculer les dérivées de troisième ordre, etc.

Mais il est également possible d'effectuer une différentiation automatique en mode direct sans construire un graphe (c'est-à-dire non pas de façon symbolique mais numérique), simplement en calculant des résultats intermédiaires à la volée. Une façon de procéder se fonde sur les *nombres duaux*, qui sont des nombres (bizarres mais fascinants) de la forme $a + b\varepsilon$, où *a* et *b* sont des réels, et ε un nombre infinitésimal de sorte que $\varepsilon^2 = 0$ (mais $\varepsilon \neq 0$). Vous pouvez voir le nombre dual $42 + 24\varepsilon$ comme 42,0000…000024, avec une infinité de 0 (il s'agit évidemment d'une simplification, juste pour donner une idée de ce que sont les nombres duaux). Un nombre dual est représenté en mémoire sous forme d'un couple de nombres à virgule flottante. Par exemple, $42 + 24\varepsilon$ est représenté par le couple (42,0 ; 24,0).

Les nombres duaux peuvent être additionnés, multipliés, etc., comme le montrent les équations B.3.

Équations B.3 – Quelques opérations sur les nombres duaux

$$\lambda(a + b\varepsilon) = \lambda a + \lambda b\varepsilon$$

$$(a + b\varepsilon) + (c + d\varepsilon) = (a + c) + (b + d)\varepsilon$$

$$(a + b\varepsilon) \times (c + d\varepsilon) = ac + (ad + bc)\varepsilon + (bd)\varepsilon^2 = ac + (ad + bc)\varepsilon$$

Plus important, on peut montrer que $h(a + b\varepsilon) = h(a) + b \times h'(a)\varepsilon$ et donc que le calcul de $h(a + \varepsilon)$ nous donne en une seule opération à la fois $h(a)$ et la dérivée $h'(a)$. La figure B.2 montre que la dérivée partielle de $f(x, y)$ par rapport à x en $x = 3$ et $y = 4$ (que je noterai $\frac{\partial f}{\partial x}(3,4)$) peut être calculée à l'aide des nombres duaux. Il suffit de calculer $f(3 + \varepsilon, 4)$ pour obtenir un nombre dual dont la première composante est égale à $f(3, 4)$, et la seconde à $\frac{\partial f}{\partial x}(3,4)$.

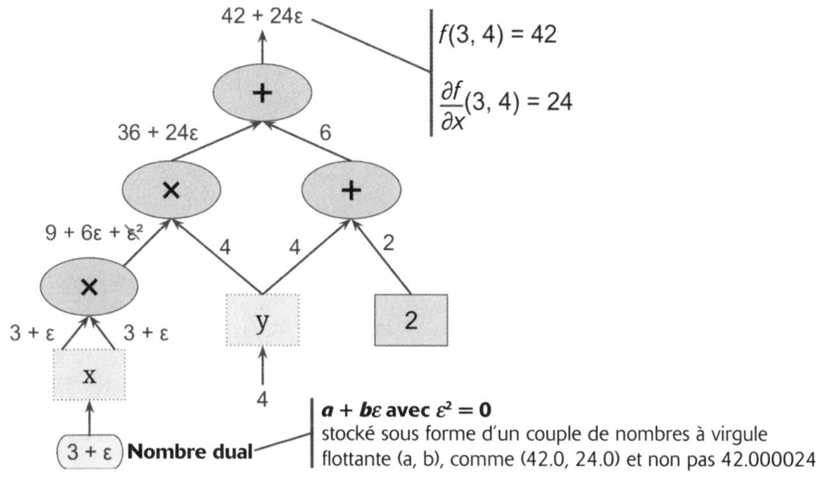

Figure B.2 – Différentiation automatique en mode direct avec des nombres duaux

Pour calculer $\frac{\partial f}{\partial x}(3,4)$, nous devons à nouveau parcourir le graphe, mais cette fois-ci avec $x = 3$ et $y = 4 + \varepsilon$.

La différentiation automatique en mode direct est donc bien plus précise que l'approximation par différences finies, mais elle souffre du même inconvénient majeur, tout au moins en cas de nombreuses entrées et de peu de sorties (ce que l'on trouve avec les réseaux de neurones) : elle demande 1 000 passes dans le graphe pour calculer les dérivées partielles sur 1 000 paramètres. C'est dans cette situation que la différentiation automatique en mode inverse brille : elle est capable de les calculer toutes en seulement deux passes dans le graphe.

DIFFÉRENTIATION AUTOMATIQUE EN MODE INVERSE

La différentiation automatique en mode inverse est la méthode implémentée par TensorFlow. Elle commence par un parcours du graphe dans le sens avant (des entrées vers la sortie) pour calculer la valeur de chaque nœud. Elle procède ensuite à une seconde passe, cette fois-ci en sens inverse (de la sortie vers les entrées) pour calculer toutes les dérivées partielles. Le « mode inverse » du nom de cette différentiation automatique vient de cette seconde passe sur le graphe, dans laquelle les gradients vont dans le sens inverse. La figure B.3 illustre cette seconde phase. Au cours de la première, toutes les valeurs des nœuds ont été calculées, en partant de $x = 3$ et $y = 4$. Ces valeurs sont données en partie inférieure droite de chaque nœud (par exemple, $x \times x = 9$). Pour faciliter la lecture, les nœuds sont libellés n_1 à n_7. Le nœud de sortie est n_7 : $f(3, 4) = n_7 = 42$.

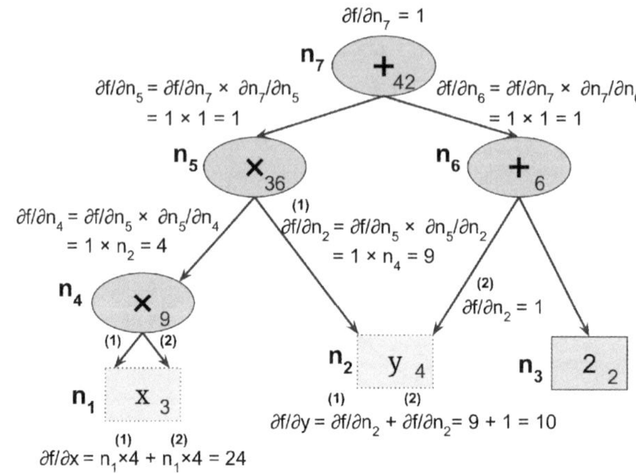

Figure B.3 – Différentiation automatique en mode inverse

L'idée est de descendre progressivement dans le graphe, en calculant la dérivée partielle de $f(x, y)$ par rapport à chaque nœud consécutif, jusqu'à atteindre les nœuds de variables. Pour cela, la différentiation automatique en mode inverse s'appuie énormément sur la *règle de la chaîne* (ou théorème de dérivation des fonctions composées), donnée par l'équation B.4.

Équation B.4 – Règle de la chaîne

$$\frac{\partial f}{\partial x} = \frac{\partial f}{\partial n_i} \times \frac{\partial n_i}{\partial x}$$

Puisque n_7 est le nœud de sortie, $f = n_7$ et $\frac{\partial f}{\partial n_7} = 1$.

Continuons à descendre dans le graphe jusqu'à n_5 : quelle est la variation de f lorsque n_5 varie ? La réponse est $\frac{\partial f}{\partial n_5} = \frac{\partial f}{\partial n_7} \times \frac{\partial n_7}{\partial n_5}$. Puisque nous savons déjà que $\frac{\partial f}{\partial n_7} = 1$, nous avons uniquement besoin de $\frac{\partial n_7}{\partial n_5}$. Puisque n_7 effectue simplement la somme $n_5 + n_6$, nous trouvons que $\frac{\partial n_7}{\partial n_5} = 1$, et donc $\frac{\partial f}{\partial n_5} = 1 \times 1 = 1$.

Nous pouvons à présent poursuivre vers le nœud n_4 : quelle est la variation de f lorsque n_4 varie ? La réponse est $\frac{\partial f}{\partial n_4} = \frac{\partial f}{\partial n_5} \times \frac{\partial n_5}{\partial n_4}$. Puisque $n_5 = n_4 \times n_2$, nous déterminons que $\frac{\partial n_5}{\partial n_4} = n_2$, et donc $\frac{\partial f}{\partial n_4} = 1 \times n_2 = 4$.

Le processus continue jusqu'à atteindre la base du graphe. À ce stade, nous aurons calculé toutes les dérivées partielles de $f(x,y)$ au point $x = 3$ et $y = 4$. Dans cet exemple, nous trouvons $\frac{\partial f}{\partial x} = 24$ et $\frac{\partial f}{\partial y} = 10$. Il semble que nous ayons bon !

La différentiation automatique en mode inverse est une technique très puissante et précise, en particulier lorsque nous avons de nombreuses entrées et peu de sorties. En effet, elle ne demande qu'une seule passe en avant et une passe en arrière par sortie pour calculer toutes les dérivées partielles de toutes les sorties par rapport à toutes les entrées. Lors de l'entraînement des réseaux de neurones, nous souhaitons généralement minimiser la perte. Nous avons par conséquent une seule sortie (la perte), et deux passes sur le graphe suffisent pour calculer les gradients. La différentiation automatique accepte également les fonctions qui ne sont pas différentiables en tout point, à condition de lui demander de calculer les dérivées partielles en des points où elles sont bien différentiables.

À la figure B.3, les résultats numériques sont calculés à la volée, à chaque nœud. TensorFlow procède différemment, en créant à la place un nouveau graphe de calcul. Autrement dit, il met en œuvre une différentiation automatique en mode inverse *symbolique*. De cette manière, le graphe qui sert au calcul des gradients de la perte par rapport à tous les paramètres du réseau de neurones n'est généré qu'une seule fois et peut être exécuté ensuite à de nombreuses reprises, dès que l'optimiseur a besoin de calculer les gradients. De plus, cela permet de calculer des dérivés d'ordre supérieur, si nécessaire.

Si vous voulez implémenter une nouvelle opération TensorFlow de bas niveau en C++ et si vous souhaitez la rendre compatible avec la différentiation automatique, vous devrez fournir une fonction qui retourne les dérivées partielles des sorties de la fonction par rapport à ses entrées. Par exemple, supposons que vous implémentiez une fonction qui calcule le carré de son entrée, $f(x) = x^2$. Dans ce cas, vous devez fournir la fonction dérivée correspondante $f'(x) = 2x$.

Annexe C
Autres architectures de réseaux de neurones artificiels répandues

Dans cette annexe, nous passons rapidement en revue quelques architectures de réseaux de neurones historiquement importantes, mais qui sont moins employées aujourd'hui que les perceptrons multicouches profonds (chapitre 2), les réseaux de neurones convolutifs (chapitre 6), les réseaux de neurones récurrents (chapitre 7) ou les autoencodeurs (chapitre 9). Elles sont souvent citées dans la littérature et certaines sont encore utilisées dans de nombreuses applications. C'est pourquoi il est intéressant de les connaître. De plus, nous présentons les *machines de Boltzmann profondes* (DBN, *deep belief network*), qui représentaient l'état de l'art du Deep Learning jusqu'au début des années 2010. Elles font encore l'objet d'une recherche très active et elles n'ont peut-être pas encore dit leur dernier mot.

RÉSEAUX DE HOPFIELD

Les *réseaux de Hopfield* ont été présentés pour la première fois par W. A. Little en 1974, puis rendus populaires par J. Hopfield en 1982. Il s'agit de réseaux à *mémoire associative*: on commence par leur apprendre certains motifs, puis, lorsqu'ils rencontrent un nouveau motif, ils produisent (avec un peu de chance) le motif appris le plus proche. Ils se sont révélés utiles notamment dans la reconnaissance des caractères, avant d'être dépassés par d'autres approches. On entraîne tout d'abord le réseau en lui fournissant des exemples d'images de caractères (chaque pixel binaire correspond à un neurone) et, lorsqu'on lui montre une nouvelle image de caractère, il produit en sortie, après quelques itérations, le caractère appris le plus proche.

Ce sont des graphes intégralement connectés (voir la figure C.1), car chaque neurone est connecté à chaque autre neurone. Puisque les images de la figure font 6×6 pixels, le réseau de neurones représenté à gauche devrait contenir 36 neurones (et 630 connexions), mais, pour une meilleure lisibilité, nous avons dessiné un réseau bien plus petit.

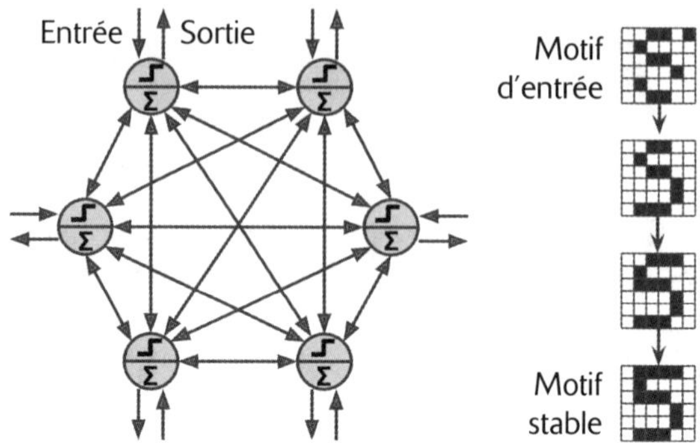

Figure C.1 – Réseau de Hopfield

L'algorithme d'entraînement se fonde sur la loi de Hebb. Pour chaque image d'entraînement, le poids entre deux neurones est augmenté si les pixels correspondants sont tous deux allumés ou éteints, mais diminué si l'un des pixels est allumé et l'autre, éteint.

Pour montrer une nouvelle image au réseau, vous activez simplement les neurones qui correspondent aux pixels allumés. Le réseau calcule ensuite la sortie de chaque neurone, et l'on obtient ainsi une nouvelle image. Vous pouvez prendre cette nouvelle image et répéter l'intégralité du processus. Au bout d'un certain temps, le réseau parvient à un état stable. En général, cela correspond à l'image d'entraînement qui ressemble le plus à l'image d'entrée.

Une *fonction d'énergie* est associée à un réseau de Hopfield. À chaque itération, l'énergie diminue, ce qui garantit à terme une stabilisation du réseau dans un état de faible énergie. L'algorithme d'entraînement ajuste les poids de sorte que le niveau d'énergie des motifs d'entraînement diminue. De cette manière, le réseau finira normalement par se stabiliser dans l'une de ces configurations de faible énergie. Malheureusement, il est possible que des motifs qui ne faisaient pas partie du jeu d'entraînement finissent également par avoir une énergie faible. Le réseau se stabilise donc parfois dans une configuration qui n'a pas été apprise. Il s'agit alors de *faux motifs*.

Les réseaux de Hopfield ont également pour autre inconvénient majeur une difficulté à grandir. Leur capacité de stockage est approximativement égale à 14 % du nombre de neurones. Par exemple, pour classer des images de 28 × 28 pixels, il faut un réseau de Hopfield avec 784 neurones intégralement connectés, et donc 306 936 poids. Un tel réseau ne pourrait apprendre qu'environ 110 caractères différents (14 % de 784). Cela fait beaucoup de paramètres pour une si petite capacité de stockage.

MACHINES DE BOLTZMANN

Les *machines de Boltzmann* ont été inventées en 1985 par Geoffrey Hinton et Terrence Sejnowski. À l'instar des réseaux de Hopfield, ce sont des réseaux intégralement connectés, mais elles se fondent sur des *neurones stochastiques* : au lieu que la valeur de sortie soit décidée par une fonction échelon déterministe, ces neurones produisent un 1 avec une certaine probabilité, sinon un 0. La fonction de probabilité employée par ces réseaux repose sur la distribution de Boltzmann (utilisée en mécanique statistique), d'où leur nom. L'équation C.1 donne la probabilité qu'un neurone particulier produise un 1.

Équation C.1 – Probabilité que le $i^{ème}$ neurone produise un 1

$$p\left(s_i^{(\text{étape suivante})} = 1\right) = \sigma\left(\frac{\sum_{j=1}^{N} w_{i,j} s_j + b_i}{T}\right)$$

- s_j est l'état du $j^{ème}$ neurone (0 ou 1).
- $w_{i,j}$ est le poids de la connexion entre les $i^{ème}$ et $j^{ème}$ neurones. Notez que $w_{i,i}$ est fixé à 0.
- b_i est le terme constant du $i^{ème}$ neurone. On peut implémenter ce terme en ajoutant un neurone de terme constant au réseau.
- N est le nombre de neurones dans le réseau.
- T est un nombre qui donne la *température* du réseau ; plus la température est élevée, plus la sortie est aléatoire (plus la probabilité approche de 50 %).
- σ est la fonction logistique.

Dans les machines de Boltzmann, les neurones sont séparés en deux groupes : les *unités visibles* et les *unités cachées* (voir la figure C.2). Tous les neurones opèrent de la même manière stochastique, mais ce sont les unités visibles qui reçoivent les entrées et qui fournissent les sorties.

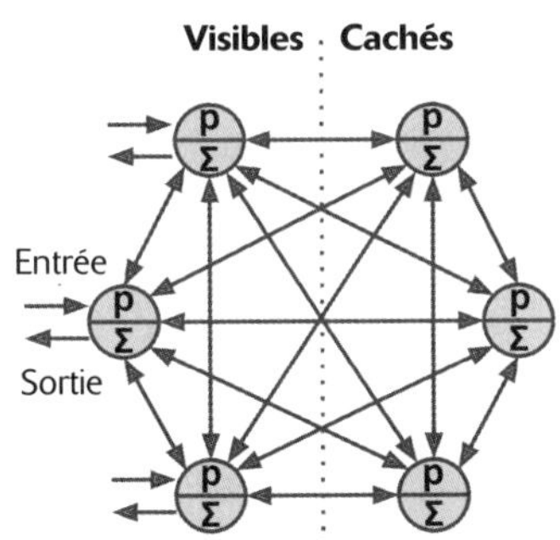

Figure C.2 – Machine de Boltzmann

En raison de sa nature stochastique, une machine de Boltzmann ne parviendra jamais à se stabiliser dans une configuration figée, mais basculera sans cesse entre plusieurs configurations. Si elle s'exécute pendant une durée suffisamment longue, la probabilité d'observer une configuration particulière sera fonction non pas de la configuration d'origine, mais des poids des connexions et des termes constants (de la même manière, si l'on mélange un jeu de cartes suffisamment longtemps, la configuration du jeu ne dépend plus de l'état initial). Lorsque le réseau atteint cet état dans lequel la configuration d'origine est « oubliée », il est dit en *équilibre thermique* (même si sa configuration change en permanence). En fixant correctement les paramètres du réseau, en le laissant atteindre un équilibre thermique et en observant son état, il est possible de simuler une grande diversité de lois de probabilité. Il s'agit d'un *modèle génératif*.

Entraîner une machine de Boltzmann signifie trouver les paramètres qui permettront au réseau d'approcher la loi de probabilité du jeu d'entraînement. Par exemple, s'il y a trois neurones visibles et si le jeu d'entraînement comprend 75 % de triplets (0, 1, 1), 10 % de triplets (0, 0, 1) et 15 % de triplets (1, 1, 1), alors, au terme de l'entraînement d'une machine de Boltzmann, vous pouvez l'utiliser pour générer des triplets binaires aléatoires avec la même loi de probabilité. Par exemple, environ 75 % des triplets générés par cette machine de Boltzmann seront (0, 1, 1).

Un tel modèle génératif peut être exploité de différentes manières. Par exemple, s'il est entraîné sur des images et si l'on fournit au réseau une image partielle ou brouillée, il la « réparera » automatiquement de manière raisonnable. Vous pouvez également utiliser un modèle génératif pour la classification : il suffit pour cela d'ajouter quelques neurones visibles pour encoder la classe de l'image d'entraînement (par exemple, ajouter dix neurones visibles et pendant l'entraînement activer uniquement le cinquième lorsque l'image d'entraînement représente un 5). Ensuite, lorsqu'une nouvelle image sera fournie, le réseau activera automatiquement les neurones visibles appropriés, indiquant ainsi la classe de l'image (par exemple, il allumera le cinquième neurone visible si l'image représente un 5).

Malheureusement, il n'existe aucune technique vraiment efficace pour entraîner des machines de Boltzmann. En revanche, des algorithmes assez puissants ont été développés pour entraîner des *machines de Boltzmann restreintes*.

MACHINES DE BOLTZMANN RESTREINTES

Une machine de Boltzmann restreinte (RBM, *restricted boltzmann machines*) n'est rien d'autre qu'une machine de Boltzmann dépourvue de connexions entre les unités visibles d'une part, et entre les unités cachées d'autre part ; les connexions existent uniquement entre les unités visibles et les unités cachées. Par exemple, la figure C.3 représente une RBM avec trois unités visibles et quatre unités cachées.

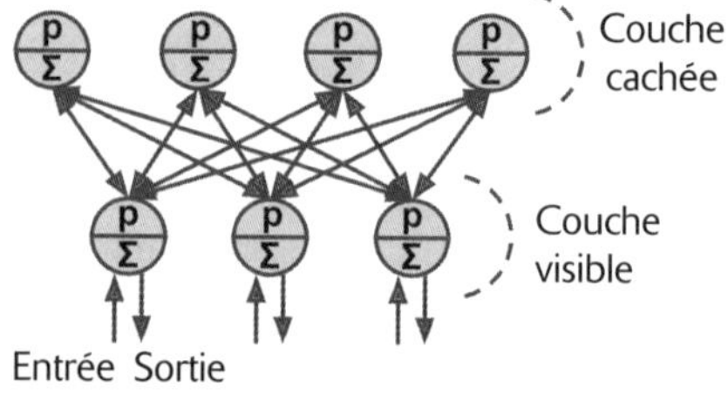

Figure C.3 – Machine de Boltzmann restreinte

Un algorithme d'entraînement très efficace, dit de *divergence contrastive*, a été proposé[341] en 2005 par Miguel Á. Carreira-Perpiñán et Geoffrey Hinton. Voici son fonctionnement. Pour chaque instance d'entraînement **x**, l'algorithme commence par la transmettre au réseau en fixant l'état des unités visibles à $x_1, x_2, \ldots, x_n$. Ensuite, l'état des unités cachées est calculé en appliquant l'équation stochastique C.1 donnée précédemment. Vous obtenez un vecteur caché **h** (où h_i est égal à l'état de la $i^{\text{ème}}$ unité). L'état des unités visibles est ensuite calculé, en appliquant la même équation stochastique. Cela donne un vecteur **x'**. Puis, l'état des unités cachées est de nouveau calculé, produisant un vecteur **h'**. Le poids de chaque connexion peut alors être actualisé en appliquant la règle de l'équation C.2, où η est le taux d'apprentissage.

Équation C.2 – Mise à jour d'un poids par divergence contrastive

$$w_{i,j} \leftarrow w_{i,j} + \eta(\mathbf{x}\mathbf{h}^T - \mathbf{x}'\mathbf{h}'^T)$$

L'avantage de cet algorithme est qu'il est inutile d'attendre que le réseau atteigne un équilibre thermique. Il fait un aller-retour-aller, et c'est tout. Il est incomparablement plus efficace que les algorithmes précédents et cette efficacité a été essentielle aux premiers succès du Deep Learning fondé sur l'empilement de multiples RBM.

MACHINES DE BOLTZMANN PROFONDES

Il est possible d'empiler plusieurs couches de RBM. Les unités cachées du RBM de premier niveau servent d'unités visibles au RBM de deuxième niveau, et ainsi de suite. Un tel empilement de RBM est appelé *machine de Boltzmann profonde* (DBN, *deep belief net*).

Yee-Whye Teh, l'un des étudiants de Geoffrey Hinton, a observé qu'il était possible d'entraîner des DBN une couche à la fois à l'aide de la divergence contrastive, en commençant par les couches inférieures, puis en remontant progressivement vers les couches supérieures. Cette observation a été à l'origine d'un article[342] révolutionnaire qui a déclenché le tsunami du Deep Learning en 2006.

À l'instar des RBM, les DBN apprennent à reproduire la loi de probabilité de leurs entrées, sans aucune supervision. Ils sont toutefois bien meilleurs, pour la même raison que les réseaux de neurones profonds sont plus performants que les réseaux peu profonds : les données du monde réel sont souvent organisées en motifs hiérarchiques et les DBN exploitent cette particularité. Leurs couches inférieures découvrent des caractéristiques de bas niveau dans les données d'entrée, tandis que les couches supérieures apprennent des caractéristiques de haut niveau.

Comme les RBM, les DBN opèrent essentiellement sans supervision, mais vous pouvez également les entraîner de manière supervisée en ajoutant des unités visibles représentant des étiquettes. Par ailleurs, les DBN présentent l'intérêt de pouvoir être

341. Miguel Á. Carreira-Perpiñán et Geoffrey E. Hinton, « On Contrastive Divergence Learning », *Proceedings of the 10th International Workshop on Artificial Intelligence and Statistics* (2005), 59-66 : *https://homl.info/135*.
342. Geoffrey E. Hinton *et al.*, « A Fast Learning Algorithm for Deep Belief Nets », *Neural Computation*, 18 (2006), 1527-1554 : *https://homl.info/136*.

entraînés de façon semi-supervisée. La figure C.4 illustre un DBN configuré pour cette forme d'apprentissage.

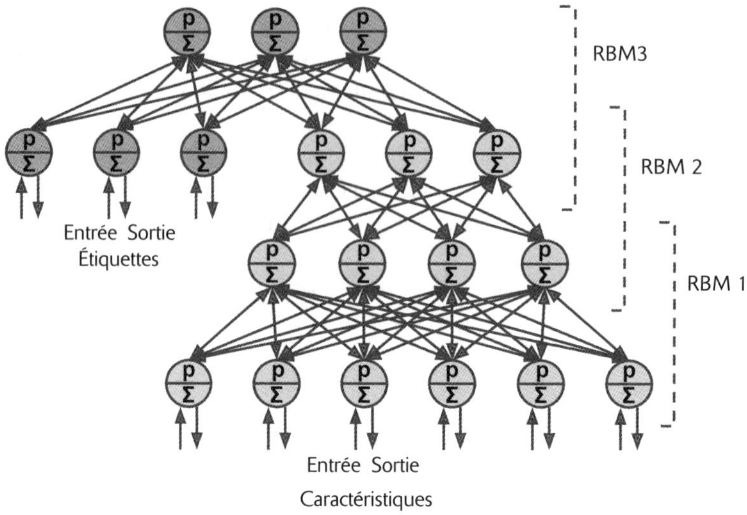

Figure C.4 – Machine de Boltzmann profonde configurée pour un apprentissage semi-supervisé

Tout d'abord, RBM 1 est entraîné sans supervision et apprend les caractéristiques de bas niveau présentes dans les données d'entraînement. Ensuite, RBM 2 est entraîné à partir des unités cachées de RBM 1, qui lui servent d'entrées, de nouveau sans supervision. Il apprend des caractéristiques de plus haut niveau (notons que les unités cachées de RBM 2 comprennent uniquement les trois unités de droite, sans les unités d'étiquettes). Voilà l'idée générale ; plusieurs autres RBM peuvent être empilés ainsi. Jusque-là, l'entraînement a été intégralement non supervisé. Enfin, RBM 3 est entraîné en utilisant en entrée les unités cachées de RBM 2 et des unités visibles supplémentaires pour représenter les étiquettes cibles (par exemple, un vecteur *one-hot* donnant la classe de l'instance). Il apprend à associer des caractéristiques de haut niveau à des étiquettes d'entraînement. Cette étape est supervisée.

Au terme de l'entraînement, si vous fournissez une nouvelle instance à RBM 1, le signal se propage jusqu'à RBM 2, puis jusqu'au sommet de RBM 3, pour revenir ensuite vers les unités d'étiquettes. Si le réseau a bien appris, alors l'étiquette appropriée sera révélée. Voilà comment un DBN peut servir à la classification.

Cette approche semi-supervisée présente un grand avantage : il n'est pas nécessaire de disposer d'une grande quantité de données d'entraînement étiquetées. Si les RBM non supervisés réalisent un bon travail, une petite quantité d'instances d'entraînement étiquetées par classe suffira. C'est comme un jeune enfant qui apprend à reconnaître des objets sans supervision. Lorsque vous lui montrez une chaise et dites « chaise », il peut associer le mot « chaise » à la classe des objets qu'il a déjà appris à reconnaître par lui-même. Vous n'avez pas besoin de désigner chaque chaise individuelle en annonçant « chaise » ; seuls quelques exemples suffiront (ils doivent tout de même être suffisamment nombreux pour que l'enfant sache que vous faites référence à la chaise et non au chat assis dessus, ou à la couleur de la chaise ou encore à son dossier ou ses pieds).

Étonnamment, les DBN peuvent également travailler en sens inverse. Si vous activez l'une des unités d'étiquettes, le signal se propage jusqu'aux unités cachées de RBM 3, puis descend vers RBM 2 et RBM 1. Une nouvelle instance est alors générée par les unités visibles de RBM 1. Elle ressemble en général à une instance normale de la classe dont vous avez activé l'unité d'étiquette. Cette capacité de génération des DBN est très puissante. Elle a été employée, par exemple, pour générer automatiquement des légendes d'images, et inversement. Tout d'abord, un DBN est entraîné (sans supervision) pour apprendre des caractéristiques dans des images, et un autre DBN est entraîné (de nouveau sans supervision) pour apprendre des caractéristiques dans des jeux de légendes (par exemple, « voiture » vient souvent avec « automobile »). Ensuite, un RBM est empilé au-dessus des deux DBN et entraîné avec un jeu d'images et leur légende. Il apprend à relier des caractéristiques de haut niveau dans des images avec des caractéristiques de haut niveau dans des légendes. Si vous fournissez ensuite la photo d'une voiture au DBN d'images, le signal se propage dans le réseau jusqu'au RBM supérieur, et redescend vers le DBN de légendes, générant une légende. En raison de la nature stochastique des RBM et des DBN, la légende change de façon aléatoire, mais elle correspond généralement bien à l'image. En générant quelques centaines de légendes, il est fort probable que celles qui reviennent le plus souvent constituent une bonne description de l'image[343].

CARTES AUTOADAPTATIVES

Les *cartes autoadaptatives* (SOM, *self-organizing map*) sont assez différentes de tous les autres types de réseaux de neurones dont nous avons parlé jusqu'à présent. Elles sont utilisées pour générer une représentation en petites dimensions d'un jeu de données en grandes dimensions, le plus souvent pour la visualisation, le partitionnement ou la classification. Les neurones sont répartis sur une carte (généralement en 2D pour la visualisation, mais le nombre de dimensions peut être quelconque), comme l'illustre la figure C.5, et chaque neurone possède une connexion pondérée avec chaque entrée (la figure montre uniquement deux entrées, mais elles sont généralement beaucoup plus nombreuses, puisque l'objectif des SOM est de réduire la dimension).

343. Pour plus de détails et une démonstration, voir la vidéo publiée par Geoffrey Hinton à l'adresse *https://homl.info/137*

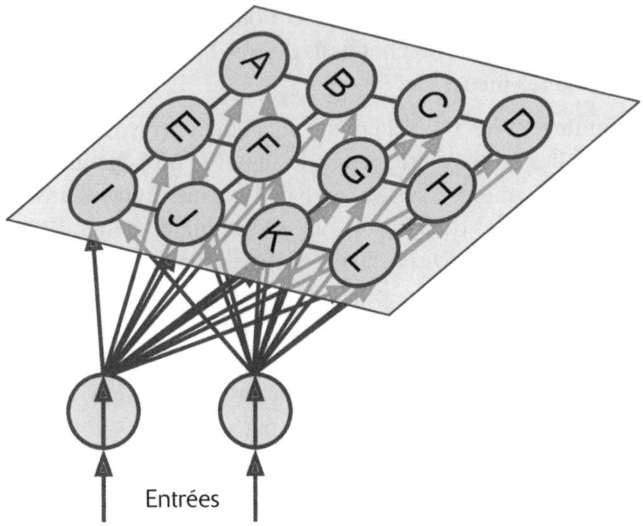

Figure C.5 – Carte autoadaptative

Après l'entraînement du réseau, vous pouvez lui fournir une nouvelle instance, qui n'activera qu'un seul neurone (donc un point sur la carte) : celui dont le vecteur de poids est le plus proche du vecteur d'entrée. En général, les instances qui sont proches dans l'espace d'entrée d'origine vont activer des neurones qui sont proches sur la carte. C'est pourquoi les SOM conviennent bien à la visualisation (vous pouvez notamment identifier facilement des groupes d'instances similaires sur la carte), mais également à des applications comme la reconnaissance vocale. Par exemple, si chaque instance représente l'enregistrement audio d'une personne qui prononce une voyelle, alors différentes prononciations de la voyelle « a » activeront des neurones dans la même zone de la carte, tandis que les instances de la voyelle « e » activeront des neurones dans une autre zone. Les sons intermédiaires activeront généralement des neurones intermédiaires sur la carte.

Il existe une différence importante entre cette technique de réduction de la dimensionnalité et d'autres techniques plus classiques telles que l'analyse en composantes principales[344]. Avec les cartes autoadaptatives, toutes les instances sont en effet associées à un nombre discret de points dans l'espace de faible dimension (un point par neurone). Lorsque les neurones sont très peu nombreux, cette technique tient plus du partitionnement que de la réduction de dimensionnalité.

L'algorithme d'entraînement n'est pas supervisé. Tous les neurones sont en concurrence avec les autres. Les poids sont tout d'abord initialisés de façon aléatoire. Une instance d'entraînement est ensuite choisie aléatoirement et transmise au réseau. Tous les neurones calculent la distance entre leur vecteur de poids et le vecteur d'entrée (un fonctionnement très différent des neurones artificiels vus jusqu'à présent).

344. Voir le chapitre 8 de l'ouvrage *Machine Learning avec Scikit-Learn*, A. Géron, Dunod (3e édition, 2023).

Le neurone qui mesure la plus petite distance l'emporte et ajuste son vecteur de poids pour se rapprocher plus encore du vecteur d'entrée. Il devient alors le favori lors des compétitions suivantes sur d'autres entrées similaires à celle-ci. Il implique également les neurones voisins, qui actualisent leur vecteur de poids pour le rapprocher légèrement du vecteur d'entrée (mais pas autant que le neurone victorieux). L'algorithme choisit ensuite une autre instance d'entraînement et répète le processus, encore et encore. Les neurones voisins ont ainsi tendance à se spécialiser progressivement dans des entrées comparables[345].

345. Imaginons une classe de jeunes enfants ayant des compétences à peu près équivalentes. L'un d'eux se révèle légèrement meilleur que les autres au basket. Cela l'encourage à pratiquer encore plus, notamment avec ses amis. Après un certain temps, ce groupe de copains devient si bon au basket que les autres enfants ne peuvent pas rivaliser. Mais ce n'est pas un problème, car ces autres jeunes se seront spécialisés dans d'autres domaines. À terme, la classe est constituée de petits groupes spécialisés.

Annexe D

Structures de données spéciales

Dans cette annexe, nous présentons très rapidement les structures de données reconnues par TensorFlow, autres que les tenseurs à virgule flottante ou entiers classiques. Cela comprend les chaînes de caractères, les tenseurs irréguliers, les tenseurs creux, les tableaux de tenseurs, les ensembles et les files d'attente.

CHAÎNES DE CARACTÈRES

Ces tenseurs contiennent des chaînes de caractères d'octets et se révéleront particulièrement utiles pour le traitement automatique du langage naturel (voir le chapitre 8) :

```
>>> tf.constant(b"hello world")
<tf.Tensor: shape=(), dtype=string, numpy=b'hello world'>
```

Si vous construisez un tenseur avec une chaîne de caractères Unicode, TensorFlow choisit automatiquement le codage UTF-8 :

```
>>> tf.constant("café")
<tf.Tensor: shape=(), dtype=string, numpy=b'caf\xc3\xa9'>
```

Il est également possible de créer des tenseurs qui représentent des chaînes de caractères Unicode, simplement en créant un tableau d'entiers 32 bits représentant chacun un seul point de code Unicode[346] :

```
>>> u = tf.constant([ord(c) for c in "café"])
>>> u
<tf.Tensor: shape=(4,), [...], numpy=array([ 99,  97, 102, 233], dtype=int32)>
```

346. Si les points de code Unicode ne vous sont pas familiers, consultez la page *https://homl.info/unicode*.

Dans les tenseurs de type `tf.string`, la longueur de la chaîne n'est pas indiquée dans la forme du tenseur. Autrement dit, les chaînes de caractères sont considérées comme des valeurs atomiques. En revanche, dans un tenseur de chaînes de caractères Unicode (c'est-à-dire un tenseur int32), la longueur de la chaîne fait partie de la forme du tenseur.

Le package `tf.strings` offre plusieurs fonctions de manipulation des tenseurs chaînes de caractères, comme `length()` pour dénombrer les octets dans une chaîne d'octets (ou dénombrer les points de code si vous indiquez `unit="UTF8_CHAR"`), `unicode_encode()` pour convertir un tenseur chaîne de caractères Unicode (tenseur int32) en un tenseur chaîne de caractères d'octets, et `unicode_decode()` pour la conversion inverse :

```
>>> b = tf.strings.unicode_encode(u, "UTF-8")
>>> b
<tf.Tensor: shape=(), dtype=string, numpy=b'caf\xc3\xa9'>
>>> tf.strings.length(b, unit="UTF8_CHAR")
<tf.Tensor: shape=(), dtype=int32, numpy=4>
>>> tf.strings.unicode_decode(b, "UTF-8")
<tf.Tensor: shape=(4,), [...], numpy=array([ 99,  97, 102, 233], dtype=int32)>
```

Vous pouvez également manipuler des tenseurs qui contiennent plusieurs chaînes de caractères :

```
>>> p = tf.constant(["Café", "Coffee", "caffè", "咖啡"])
>>> tf.strings.length(p, unit="UTF8_CHAR")
<tf.Tensor: shape=(4,), dtype=int32, numpy=array([4, 6, 5, 2], dtype=int32)>
>>> r = tf.strings.unicode_decode(p, "UTF8")
>>> r
<tf.RaggedTensor [[67, 97, 102, 233], [67, 111, 102, 102, 101, 101],
[99, 97, 102, 102, 232], [21654, 21857]]>
```

Notez que les chaînes de caractères décodées sont enregistrées dans un `RaggedTensor`. Qu'est-ce donc ?

TENSEURS IRRÉGULIERS

Un tenseur irrégulier (*ragged tensor*) est un tenseur de type particulier qui représente une liste de tableaux de tailles différentes. Plus généralement, il s'agit d'un tenseur avec une ou plusieurs *dimensions irrégulières*, autrement dit des dimensions dont les parties peuvent avoir différentes longueurs. Dans le tenseur irrégulier `r`, la deuxième dimension est une dimension irrégulière. Dans tous les tenseurs irréguliers, la première dimension est toujours une dimension régulière (également appelée *dimension uniforme*).

Tous les éléments du tenseur irrégulier `r` sont des tenseurs normaux. Examinons par exemple le deuxième élément :

```
>>> r[1]
<tf.Tensor: [...], numpy=array([ 67, 111, 102, 102, 101, 101], dtype=int32)>
```

Le package `tf.ragged` fournit plusieurs fonctions pour créer et manipuler de tels tenseurs. Créons un second tenseur irrégulier avec `tf.ragged.constant()` et concaténons-le au premier, le long de l'axe 0 :

```
>>> r2 = tf.ragged.constant([[65, 66], [], [67]])
>>> tf.concat([r, r2], axis=0)
<tf.RaggedTensor [[67, 97, 102, 233], [67, 111, 102, 102, 101, 101],
[99, 97, 102, 102, 232], [21654, 21857], [65, 66], [], [67]]>
```

Le résultat n'est pas trop surprenant. Les tenseurs de `r2` ont été ajoutés après les tenseurs de `r` sur l'axe 0. Que se passe-t-il si nous concaténons `r` et un autre tenseur irrégulier le long de l'axe 1 ?

```
>>> r3 = tf.ragged.constant([[68, 69, 70], [71], [], [72, 73]])
>>> print(tf.concat([r, r3], axis=1))
<tf.RaggedTensor [[67, 97, 102, 233, 68, 69, 70], [67, 111, 102, 102, 101, 101,
71], [99, 97, 102, 102, 232], [21654, 21857, 72, 73]]>
```

Cette fois-ci, vous remarquerez que le $i^{\text{ème}}$ tenseur de `r` et le $i^{\text{ème}}$ tenseur de `r3` ont été concaténés. Le résultat est plus inhabituel, car tous ces tenseurs peuvent avoir des longueurs différentes.

Si vous invoquez la méthode `to_tensor()`, le tenseur irrégulier est converti en un tenseur normal par remplissage des tenseurs plus courts avec des zéros afin d'obtenir des longueurs identiques (la valeur par défaut est modifiable *via* l'argument `default_value`) :

```
>>> r.to_tensor()
<tf.Tensor: id=1056, shape=(4, 6), dtype=int32, numpy=
array([[   67,    97,   102,   233,     0,     0],
       [   67,   111,   102,   102,   101,   101],
       [   99,    97,   102,   102,   232,     0],
       [21654, 21857,     0,     0,     0,     0]], dtype=int32)>
```

De nombreuses opérations TF acceptent des tenseurs irréguliers. La liste complète se trouve dans la documentation de la classe `tf.RaggedTensor`.

TENSEURS CREUX

TensorFlow sait aussi représenter efficacement les *tenseurs creux* (*sparse tensors*), c'est-à-dire les tenseurs contenant principalement des zéros. Créez simplement un `tf.SparseTensor`, en précisant les indices et les valeurs des éléments différents de zéro, ainsi que la forme du tenseur. Les indices doivent être fournis conformément à l'ordre normal de lecture (de gauche à droite, et de haut en bas). Si vous avez un doute, utilisez `tf.sparse.reorder()`. Vous pouvez convertir un tenseur creux en un tenseur dense (normal) avec `tf.sparse.to_dense()` :

```
>>> s = tf.SparseTensor(indices=[[0, 1], [1, 0], [2, 3]],
...                     values=[1., 2., 3.],
...                     dense_shape=[3, 4])
...
>>> tf.sparse.to_dense(s)
<tf.Tensor: shape=(3, 4), dtype=float32, numpy=
array([[0., 1., 0., 0.],
       [2., 0., 0., 0.],
       [0., 0., 0., 3.]], dtype=float32)>
```

Notez que les possibilités de manipulation des tenseurs creux sont inférieures à celles des tenseurs denses. Par exemple, si vous pouvez multiplier un tenseur creux par une valeur scalaire, produisant un nouveau tenseur creux, il est en revanche impossible d'ajouter une valeur scalaire à un tenseur creux, car cela ne donnerait pas un tenseur creux :

```
>>> s * 42.0
<tensorflow.python.framework.sparse_tensor.SparseTensor at 0x7f84a6749f10>
>>> s + 42.0
[...] TypeError: unsupported operand type(s) for +: 'SparseTensor' and 'float'
```

TABLEAUX DE TENSEURS

Un `tf.TensorArray` représente une liste de tenseurs. Cette structure de données se révélera pratique dans les modèles dynamiques qui incluent des boucles, car elle permettra d'accumuler des résultats et d'effectuer ultérieurement des statistiques. Vous pouvez lire ou écrire des tenseurs dans n'importe quel emplacement du tableau :

```
array = tf.TensorArray(dtype=tf.float32, size=3)
array = array.write(0, tf.constant([1., 2.]))
array = array.write(1, tf.constant([3., 10.]))
array = array.write(2, tf.constant([5., 7.]))
tensor1 = array.read(1) # => renvoie (et remet à zéro !) tf.constant([3., 10.])
```

Par défaut, la lecture d'un élément le remplace par un tenseur de même forme rempli de zéros. Si vous ne voulez pas cela, vous pouvez donner à `clear_after_read` la valeur `False`.

Lorsque vous écrivez dans le tableau, vous devez réaffecter la sortie au tableau, comme nous l'avons fait dans l'exemple de code. Dans le cas contraire, votre code fonctionnera parfaitement en mode pressé (*eager mode*) mais échouera en mode graphe (ces modes ont été décrits au chapitre 4).

Par défaut, un `TensorArray` a une taille fixe, définie par le paramètre `size` au moment de la création. Vous pouvez également ne pas la préciser et, à la place, indiquer `size=0` et `dynamic_size=True` afin que le tableau puisse grandir automatiquement lorsque nécessaire, mais les performances en pâtiront. Par conséquent, si vous connaissez la taille à l'avance, il vaut mieux utiliser un tableau de taille fixe. Vous devez également préciser `dtype`, et tous les éléments doivent avoir la même forme que le premier ajouté au tableau.

Tous les éléments peuvent être empilés dans un tenseur normal en invoquant la méthode `stack()` :

```
>>> array.stack()
<tf.Tensor: shape=(3, 2), dtype=float32, numpy=
array([[1., 2.],
       [0., 0.],
       [5., 7.]], dtype=float32)>
```

ENSEMBLES

TensorFlow prend en charge les ensembles d'entiers ou de chaînes de caractères (mais pas les ensembles de réels). Il les représente à l'aide de tenseurs normaux. Par exemple, l'ensemble `{1, 5, 9}` est représenté par le tenseur `[[1, 5, 9]]`. Notez que celui-ci doit avoir au moins deux dimensions et que l'ensemble doit se trouver dans la dernière. Par exemple, `[[1, 5, 9], [2, 5, 11]]` est un tenseur qui contient deux ensembles indépendants, `{1, 5, 9}` et `{2, 5, 11}`. Si certains ensembles sont plus courts que d'autres, vous devez les remplir à l'aide d'une valeur de remplissage (par défaut 0, mais vous pouvez la modifier).

Le package `tf.sets` comprend plusieurs fonctions de manipulation des ensembles. Par exemple, créons deux ensembles et déterminons leur union (le résultat étant un tenseur creux, nous appelons `to_dense()` pour l'afficher) :

```
>>> a = tf.constant([[1, 5, 9]])
>>> b = tf.constant([[5, 6, 9, 11]])
>>> u = tf.sets.union(a, b)
>>> u
<tensorflow.python.framework.sparse_tensor.SparseTensor at 0x132b60d30>
>>> tf.sparse.to_dense(u)
<tf.Tensor: [...] numpy=array([[ 1,  5,  6,  9, 11]], dtype=int32)>
```

Vous pouvez également calculer l'union de plusieurs couples d'ensembles simultanément. Si certains ensembles ont moins d'éléments que d'autres, vous devez les compléter avec une valeur de remplissage telle que 0 :

```
>>> a = tf.constant([[1, 5, 9], [10, 0, 0]])
>>> b = tf.constant([[5, 6, 9, 11], [13, 0, 0, 0]])
>>> u = tf.sets.union(a, b)
>>> tf.sparse.to_dense(u)
<tf.Tensor: [...] numpy=array([[ 1, 5, 6, 9, 11],
                               [ 0, 10, 13, 0, 0]], dtype=int32)>
```

Si vous préférez utiliser une valeur de remplissage différente, telle que –1, alors vous devez spécifier `default_value=-1` (ou la valeur de votre choix) lors de l'appel à `to_dense()`.

La valeur par défaut de `default_value` est 0. Par conséquent, lorsque vous manipulez des ensembles de chaînes de caractères, vous devez nécessairement changer `default_value` (par exemple, en la fixant à la chaîne vide).

Parmi les autres fonctions disponibles dans `tf.sets`, nous trouvons par exemple `difference()`, `intersection()` et `size()`, dont le rôle est évident. Pour vérifier si un ensemble contient ou non certaines valeurs, vous pouvez calculer l'intersection de cet ensemble et de ces valeurs. Pour ajouter des valeurs à un ensemble, calculez l'union de l'ensemble et des valeurs.

FILES D'ATTENTE

Une *file d'attente* est une structure de données dans laquelle vous pouvez ajouter des enregistrements de données, pour les en extraire plus tard. TensorFlow implémente plusieurs types de files d'attente dans le package `tf.queue`. Elles étaient très importantes pour la mise en œuvre efficace du chargement des données et des pipelines de prétraitement, mais l'API tf.data les a pratiquement rendues obsolètes (excepté peut-être dans quelques rares cas) car elle est beaucoup plus simple d'emploi et fournit tous les outils nécessaires à la construction de pipelines efficaces. Toutefois, par souci d'exhaustivité, examinons-les rapidement.

La file d'attente la plus simple est de type premier entré/premier sorti (FIFO, *first in, first out*). Pour la construire, vous devez préciser le nombre d'enregistrements qu'elle contiendra. Par ailleurs, chaque enregistrement étant un n-uplet de tenseurs, vous devez préciser le type de chaque tenseur et, éventuellement, leur forme. Par exemple, le code suivant crée une file d'attente FIFO avec un maximum de trois enregistrements, chacun contenant un n-uplet constitué d'un entier sur 32 bits et d'une chaîne de caractères. Il y ajoute ensuite deux enregistrements, affiche sa taille (2 à ce stade) et extrait un enregistrement :

```
>>> q = tf.queue.FIFOQueue(3, [tf.int32, tf.string], shapes=[(), ()])
>>> q.enqueue([10, b"windy"])
>>> q.enqueue([15, b"sunny"])
>>> q.size()
<tf.Tensor: shape=(), dtype=int32, numpy=2>
>>> q.dequeue()
[<tf.Tensor: shape=(), dtype=int32, numpy=10>,
 <tf.Tensor: shape=(), dtype=string, numpy=b'windy'>]
```

Il est également possible d'ajouter et d'extraire plusieurs enregistrements à la fois en utilisant `enqueue_many()` et `dequeue_many()` (pour utiliser `dequeue_many()`, vous devez spécifier l'argument `shapes` lors de la création de la file d'attente, comme nous l'avons fait précédemment) :

```
>>> q.enqueue_many([[13, 16], [b'cloudy', b'rainy']])
>>> q.dequeue_many(3)
[<tf.Tensor: [...], numpy=array([15, 13, 16], dtype=int32)>,
 <tf.Tensor: [...], numpy=array([b'sunny', b'cloudy', b'rainy'],
                                dtype=object)>]
```

Voici les autres types de files d'attente proposés :

- `PaddingFIFOQueue`

  Identique à `FIFOQueue`, mais sa méthode `dequeue_many()` prend en charge l'extraction de plusieurs enregistrements de formes différentes. Elle remplit automatiquement les enregistrements les plus courts afin de garantir que tous les enregistrements du lot ont la même forme.

- `PriorityQueue`

  Cette file d'attente extrait les enregistrements selon la priorité qui leur a été donnée. Cette priorité est un entier sur 64 bits défini par le premier élément de chaque enregistrement. Les enregistrements qui ont la priorité la plus faible seront extraits en premier. Les enregistrements de même priorité seront extraits selon l'ordre FIFO.

- `RandomShuffleQueue`

  Les enregistrements de cette file d'attente sont extraits dans un ordre aléatoire. Elle a été utile pour la mise en œuvre d'un tampon de mélange avant l'arrivée de tf.data.

Lorsqu'une file d'attente est déjà pleine, l'appel à la méthode `enqueue*()` pour ajouter un nouvel enregistrement reste bloqué jusqu'à ce qu'un enregistrement soit retiré par un autre thread. De la même manière, si une file d'attente est vide et si vous essayez d'extraire un enregistrement, la méthode `dequeue*()` reste bloquée jusqu'à ce qu'un enregistrement soit ajouté à la file d'attente par un autre thread.

Annexe E

Graphes TensorFlow

Dans cette annexe, nous étudions les graphes générés par les fonctions TF (voir le chapitre 4).

FONCTIONS TF ET FONCTIONS CONCRÈTES

Les fonctions TF sont polymorphiques. Autrement dit, elles acceptent des entrées de types (et de formes) différents. Prenons, par exemple, la fonction `tf_cube()` suivante :

```
@tf.function
def tf_cube(x):
    return x ** 3
```

Chaque fois que vous appelez une fonction TF avec une nouvelle combinaison de types ou de formes d'entrées, elle génère une nouvelle *fonction concrète* ayant son propre graphe adapté à cette combinaison spécifique. Une telle combinaison de types et de formes d'arguments est appelée *signature d'entrée*. Lorsque vous appelez la fonction TF avec une signature d'entrée qu'elle a déjà rencontrée, elle réutilise la fonction concrète générée précédemment.

Par exemple, pour l'appel `tf_cube(tf.constant(3.0))`, la fonction TF réutilise la fonction concrète déjà employée pour `tf_cube(tf.constant(2.0))` (pour des tenseurs scalaires de type float32). En revanche, elle générera une nouvelle fonction concrète pour les appels `tf_cube(tf.constant([2.0]))` ou `tf_cube(tf.constant([3.0]))` (pour des tenseurs de type float32 et de forme [1]), et encore une autre pour l'appel `tf_cube(tf.constant([[1.0, 2.0], [3.0, 4.0]]))` (pour des tenseurs de type float32 et de forme [2, 2]).

Vous pouvez obtenir la fonction concrète qui correspond à une combinaison particulière d'entrées en invoquant la méthode `get_concrete_function()` de la fonction TF. Elle s'utilise ensuite comme une fonction normale, mais ne prenant en charge qu'une seule signature d'entrée (dans l'exemple suivant, des tenseurs scalaires de type float32) :

```
>>> concrete_function = tf_cube.get_concrete_function(tf.constant(2.0))
>>> concrete_function
<ConcreteFunction tf_cube(x) at 0x7F84411F4250>
>>> concrete_function(tf.constant(2.0))
<tf.Tensor: shape=(), dtype=float32, numpy=8.0>
```

La figure E.1 montre la fonction TF `tf_cube()` après que nous avons exécuté `tf_cube(2)` et `tf_cube(tf.constant(2.0))`. Deux fonctions concrètes ont été générées, une pour chaque signature, chacune avec son propre *graphe de fonction* (`FuncGraph`) optimisé et sa propre *définition de fonction* (`FunctionDef`). Une définition de fonction pointe sur les parties du graphe qui correspondent aux entrées et aux sorties de fonction. Dans chaque `FuncGraph`, les nœuds (les ovales) représentent des opérations (par exemple, puissance, constante ou emplacements pour des arguments comme `x`), tandis que les arêtes (les flèches pleines entre les opérations) représentent les tenseurs qui traverseront le graphe. La fonction concrète illustrée sur la gauche est spécialisée dans le traitement de `x = 2`. TensorFlow a réussi à la simplifier en la laissant produire uniquement la valeur 8 à chaque fois (notez que la définition de fonction ne comprend aucune entrée). La fonction concrète illustrée sur la droite est spécialisée dans le traitement des tenseurs scalaires de type float32 et n'a pas pu être simplifiée. Si nous appelons `tf_cube(tf.constant(5.0))`, la deuxième fonction concrète est utilisée, l'opération de paramètre pour `x` produira 5,0, puis l'opération de puissance calculera `5.0 ** 3`, et la sortie sera 125,0.

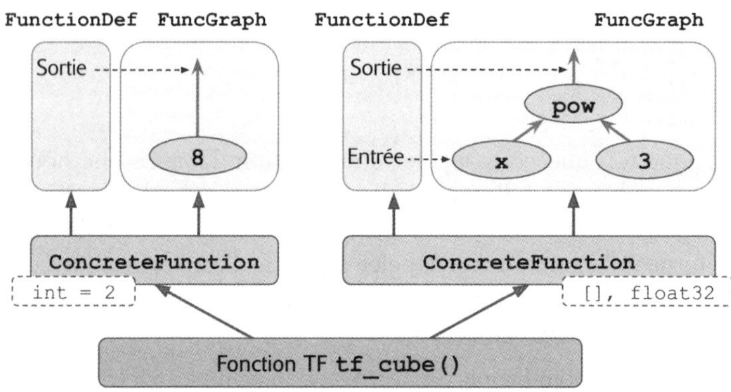

Figure E.1 – La fonction TF `tf_cube()`, avec ses fonctions concrètes et ses graphes de fonctions

Dans ces graphes, les tenseurs sont des *tenseurs symboliques*. Autrement dit, ils n'ont pas de valeur réelle, juste un type de données, une forme et un nom. Ils représentent les futurs tenseurs qui traverseront le graphe dès qu'une valeur réelle sera donnée au paramètre `x` et que le graphe sera exécuté. Grâce aux tenseurs symboliques, il est possible de préciser à l'avance la connexion des opérations et TensorFlow peut inférer récursivement les types de données et les formes de tous les tenseurs à partir des types de données et des formes de leurs entrées.

À présent, entrons un peu plus dans les détails et voyons comment accéder aux définitions de fonctions et aux graphes de fonctions, et comment explorer les opérations et les tenseurs d'un graphe.

EXPLORER LES DÉFINITIONS ET LES GRAPHES DE FONCTIONS

Pour accéder au graphe de calcul d'une fonction concrète, vous pouvez utiliser l'attribut `graph`. La liste de ses opérations est donnée par la méthode `get_operations()` du graphe :

```
>>> concrete_function.graph
<tensorflow.python.framework.func_graph.FuncGraph at 0x7f84411f4790>
>>> ops = concrete_function.graph.get_operations()
>>> ops
[<tf.Operation 'x' type=Placeholder>,
 <tf.Operation 'pow/y' type=Const>,
 <tf.Operation 'pow' type=Pow>,
 <tf.Operation 'Identity' type=Identity>]
```

Dans cet exemple, la première opération représente l'argument d'entrée `x` (il s'agit d'un champ substituable, ou *placeholder*). La deuxième « opération », représente la constante 3. La troisième opération correspond à l'élévation à la puissance (`**`). La dernière représente la sortie de cette fonction (il s'agit d'une opération identité qui se contente de copier la sortie de l'opération puissance[347]).

Chaque opération possède une liste de tenseurs d'entrée et de sortie auxquels vous pouvez facilement accéder *via* les attributs `inputs` et `outputs`. Par exemple, obtenons la liste des entrées et les sorties de l'opération d'élévation à la puissance :

```
>>> pow_op = ops[2]
>>> list(pow_op.inputs)
[<tf.Tensor 'x:0' shape=() dtype=float32>,
 <tf.Tensor 'pow/y:0' shape=() dtype=float32>]
>>> pow_op.outputs
[<tf.Tensor 'pow:0' shape=() dtype=float32>]
```

347. Vous pouvez l'ignorer car elle n'existe que pour des raisons techniques. Elle évite que les fonctions TF ne divulguent des structures internes.

Ce graphe de calcul est représenté à la figure E.2.

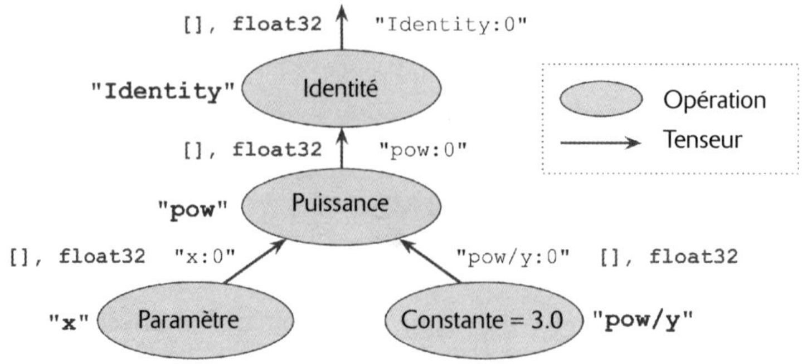

Figure E.2 – Exemple de graphe de calcul

Notez que chaque opération est nommée. Par défaut, il s'agit du nom de l'opération (par exemple, `"pow"`), mais vous pouvez le définir manuellement lors de l'appel à l'opération (par exemple, `tf.pow(x, 3, name="autre_nom")`). Si le nom existe déjà, TensorFlow ajoute automatiquement un suffixe unique (par exemple, `"pow_1"`, `"pow_2"`, etc.). Chaque tenseur a également un nom unique, toujours celui de l'opération qui produit ce tenseur plus `:0` s'il s'agit de la première sortie de l'opération, `:1` s'il s'agit de la deuxième sortie, et ainsi de suite. Vous pouvez obtenir une opération ou un tenseur à partir de leur nom grâce aux deux méthodes `get_operation_by_name()` et `get_tensor_by_name()` du graphe :

```
>>> concrete_function.graph.get_operation_by_name('x')
<tf.Operation 'x' type=Placeholder>
>>> concrete_function.graph.get_tensor_by_name('Identity:0')
<tf.Tensor 'Identity:0' shape=() dtype=float32>
```

La fonction concrète contient également la définition de fonction (au format Protocol Buffers[348]), qui comprend la signature de la fonction. Cette signature permet à la fonction concrète de savoir dans quels paramètres placer les valeurs d'entrée et quels tenseurs renvoyer :

```
>>> concrete_function.function_def.signature
name: "__inference_tf_cube_3515903"
input_arg {
  name: "x"
  type: DT_FLOAT
}
output_arg {
  name: "identity"
  type: DT_FLOAT
}
```

Attardons-nous à présent sur le traçage.

348. Il s'agit d'un format binaire très utilisé décrit au chapitre 5.

AU PLUS PRÈS DU TRAÇAGE

Modifions la fonction `tf_cube()` pour qu'elle affiche son entrée :

```
@tf.function
def tf_cube(x):
    print(f"x = {x}")
    return x ** 3
```

Puis, appelons-la :

```
>>> result = tf_cube(tf.constant(2.0))
x = Tensor("x:0", shape=(), dtype=float32)
>>> result
<tf.Tensor: shape=(), dtype=float32, numpy=8.0>
```

Le résultat semble correct, mais examinez ce qui a été affiché : `x` est un tenseur symbolique ! Il possède une forme et un type de données, mais aucune valeur. Il a également un nom (`"x:0"`). Cela vient du fait que la fonction `print()` n'étant pas une opération TensorFlow, elle s'exécute uniquement lors du traçage de la fonction Python, ce qui se produit en mode graphe, avec des arguments remplacés par des tenseurs symboliques (de même type et forme, mais sans valeur). Puisque la fonction `print()` n'a pas été capturée dans le graphe, les appels suivants à `tf_cube()` avec des tenseurs scalaires de type float32 n'affichent rien :

```
>>> result = tf_cube(tf.constant(3.0))
>>> result = tf_cube(tf.constant(4.0))
```

En revanche, si nous appelons `tf_cube()` avec un tenseur de forme ou de type différent, ou avec une nouvelle valeur Python, la fonction est de nouveau tracée et la fonction `print()` est appelée :

```
>>> result = tf_cube(2) # nouvelle valeur Python : traçage !
x = 2
>>> result = tf_cube(3) # nouvelle valeur Python : traçage !
x = 3
>>> result = tf_cube(tf.constant([[1., 2.]])) # nouvelle forme : traçage !
x = Tensor("x:0", shape=(1, 2), dtype=float32)
>>> result = tf_cube(tf.constant([[3., 4.], [5., 6.]])) # nouvelle forme :
                                                          # traçage !
x = Tensor("x:0", shape=(None, 2), dtype=float32)
>>> result = tf_cube(tf.constant([[7., 8.], [9., 10.]])) # même forme :
                                                           # aucun traçage
```

Si votre fonction inclut des traitements secondaires en Python (si, par exemple, elle enregistre des journaux sur le disque), sachez que le code correspondant ne s'exécutera qu'au moment du traçage de la fonction (c'est-à-dire chaque fois que la fonction TF est appelée avec une nouvelle signature d'entrée). Il est préférable de supposer que la fonction peut être tracée (ou non) lorsque la fonction TF est appelée.

Dans certains cas, vous pourriez souhaiter limiter une fonction TF à une signature d'entrée particulière. Par exemple, supposons que vous sachiez que vous appellerez toujours une fonction TF avec des lots d'images de 28×28 pixels, mais que les lots aient des tailles très différentes. Vous ne voulez pas que TensorFlow génère une fonction concrète différente pour chaque taille de lot, ni compter sur lui pour déterminer quand utiliser `None`. Dans ce cas, vous pouvez préciser la signature d'entrée de la manière suivante :

```
@tf.function(input_signature=[tf.TensorSpec([None, 28, 28], tf.float32)])
def shrink(images):
    return images[:, ::2, ::2] # enlever la moitié des lignes et colonnes
```

Cette fonction TF acceptera tout tenseur de type float32 et de forme [*, 28, 28], et réutilisera à chaque fois la même fonction concrète :

```
img_batch_1 = tf.random.uniform(shape=[100, 28, 28])
img_batch_2 = tf.random.uniform(shape=[50, 28, 28])
preprocessed_images = shrink(img_batch_1) # OK. Traçage de la fonction
preprocessed_images = shrink(img_batch_2) # OK. Même fonction concrète
```

En revanche, si vous tentez d'appeler cette fonction TF avec une valeur Python ou un tenseur ayant un type de donnée ou une forme non pris en charge, une exception est levée :

```
img_batch_3 = tf.random.uniform(shape=[2, 2, 2])
preprocessed_images = shrink(img_batch_3)  # ValueError! Entrées incompatibles
```

CAPTURER LE FLUX DE CONTRÔLE AVEC AUTOGRAPH

Si votre fonction contient une simple boucle `for`, quel comportement attendez-vous ? Prenons, par exemple, une fonction qui ajoute 10 à son entrée en additionnant dix fois la valeur 1 :

```
@tf.function
def add_10(x):
    for i in range(10):
        x += 1
    return x
```

Elle fonctionne parfaitement mais, lorsque nous examinons son graphe, nous constatons l'absence totale de boucle. Elle contient uniquement dix opérations d'addition !

```
>>> add_10(tf.constant(0))
<tf.Tensor: shape=(), dtype=int32, numpy=15>
>>> add_10.get_concrete_function(tf.constant(0)).graph.get_operations()
[<tf.Operation 'x' type=Placeholder>, [...],
 <tf.Operation 'add' type=AddV2>, [...],
 <tf.Operation 'add_1' type=AddV2>, [...],
 <tf.Operation 'add_2' type=AddV2>, [...],
 [...]
 <tf.Operation 'add_9' type=AddV2>, [...],
 <tf.Operation 'Identity' type=Identity>]
```

En réalité, ce résultat fait sens. Lorsque la fonction a été tracée, la boucle s'est exécutée à dix reprises et l'opération `x += 1` a été effectuée dix fois. Puisque que la fonction était en mode graphe, elle a enregistré cette opération dix fois dans le graphe. Vous pouvez considérer cette boucle `for` comme une boucle « statique » déroulée lorsque le graphe est créé.

Si vous préférez que le graphe contienne une boucle « dynamique » (autrement dit, une boucle qui s'exécute lorsque le graphe est exécuté), vous pouvez la créer manuellement à l'aide de l'opération `tf.while_loop()`, mais cette solution est peu intuitive (voir l'exemple donné dans la section « Using AutoGraph to Capture Control Flow » du notebook[349] du chapitre 4). À la place, il est plus simple d'utiliser la fonctionnalité *AutoGraph* de TensorFlow décrite au chapitre 4. En réalité, AutoGraph est activé par défaut (si jamais vous deviez le désactiver, passez `autograph=False` à `tf.function()`). Mais alors, s'il est actif, pourquoi n'a-t-il pas capturé la boucle `for` dans la fonction `add_10()` ? Pour la simple raison qu'il capture uniquement les boucles `for` qui itèrent sur des tenseurs d'objets `tf.data.Dataset`, c'est pourquoi vous devez utiliser `tf.tange()` et non pas `range()`. Vous avez ainsi deux possibilités :

- Si vous utilisez `range()`, la boucle `for` sera statique et ne sera exécutée qu'au moment du traçage de la fonction. La boucle sera « déroulée » en un ensemble d'opérations pour chaque itération, comme nous l'avons vu dans l'exemple.
- Si vous utilisez `tf.range()`, la boucle sera dynamique et sera incluse dans le graphe lui-même (mais ne s'exécutera pas au cours du traçage).

Examinons le graphe produit en remplaçant `range()` par `tf.range()` dans la fonction `add_10()` :

```
>>> add_10.get_concrete_function(tf.constant(0)).graph.get_operations()
[<tf.Operation 'x' type=Placeholder>, [...],
 <tf.Operation 'while' type=StatelessWhile>, [...]]
```

Vous le constatez, le graphe contient à présent une opération de boucle `While`, comme si vous aviez appelé la fonction `tf.while_loop()`.

GÉRER DES VARIABLES ET D'AUTRES RESSOURCES DANS DES FONCTIONS TF

Dans TensorFlow, les variables et les autres objets avec état, comme les files d'attente ou les datasets, sont des *ressources*. Les fonctions TF leur prêtent une attention particulière. Toute opération qui met à jour une ressource est considérée comme ayant un état, et les fonctions TF s'assurent que les opérations avec état sont exécutées dans leur ordre d'apparition (*a contrario* des opérations sans état, qui peuvent être exécutées en parallèle et dont l'ordre d'exécution n'est pas garanti). De plus, toute ressource passée en argument d'une fonction TF est passée par référence : la fonction peut donc la modifier. Par exemple :

```
counter = tf.Variable(0)

@tf.function
def increment(counter, c=1):
    return counter.assign_add(c)
```

349. Voir « 12_custom_models_and_training_with_tensorflow.ipynb » sur *https://homl.info/colab3*.

```
increment(counter) # counter vaut à présent 1
increment(counter) # counter vaut à présent 2
```

Si vous examinez la définition de fonction, le premier argument est marqué comme étant une ressource :

```
>>> function_def = increment.get_concrete_function(counter).function_def
>>> function_def.signature.input_arg[0]
name: "counter"
type: DT_RESOURCE
```

Il est également possible d'utiliser un `tf.Variable` défini en dehors de la fonction, sans le passer explicitement comme un argument :

```
counter = tf.Variable(0)

@tf.function
def increment(c=1):
    return counter.assign_add(c)
```

La fonction TF le traitera comme un premier argument implicite et aura la même signature (à l'exception du nom de l'argument). Cependant, l'utilisation de variables globales pouvant rapidement devenir compliquée, il est préférable d'envelopper les variables (et les autres ressources) dans des classes. Bonne nouvelle, `@tf.function` fonctionne parfaitement avec les deux méthodes :

```
class Counter:
    def __init__(self):
        self.counter = tf.Variable(0)

    @tf.function
    def increment(self, c=1):
        return self.counter.assign_add(c)
```

Avec les variables TF, n'utilisez pas =, +=, -=, ni tout autre opérateur d'affectation Python. À la place, vous devez invoquer les méthodes `assign()`, `assign_add()` et `assign_sub()`. Toute tentative d'utilisation d'un opérateur d'affectation Python conduit à la levée d'une exception au moment de l'appel de la méthode.

Un bon exemple de cette approche orientée objet est, évidemment, Keras. Voyons comment utiliser des fonctions TF avec Keras.

UTILISER (OU NON) DES FONCTIONS TF AVEC KERAS

Par défaut, chaque fonction, couche ou modèle personnalisé que vous utilisez avec Keras sera automatiquement converti en fonction TF. Vous n'avez rien à faire ! Cependant, dans certains cas, vous préférerez désactiver cette conversion automatique, par exemple, si votre code personnalisé ne peut pas être converti en fonction TF ou si vous souhaitez simplement le déboguer, ce qui est beaucoup plus facile en mode pressé. Pour cela, il suffit de préciser `dynamic=True` lors de la création du modèle ou de l'une de ses couches :

```
model = MyModel(dynamic=True)
```

Si votre couche ou modèle personnalisé doit toujours être dynamique, vous pouvez à la place invoquer le constructeur de la classe de base avec `dynamic=True`:

```
class MyDense(tf.keras.layers.Layer):
    def __init__(self, units, **kwargs):
        super().__init__(dynamic=True, **kwargs)
        [...]
```

Vous pouvez également indiquer `run_eagerly=True` lors de l'appel à la méthode `compile()` :

```
model.compile(loss=my_mse, optimizer="nadam", metrics=[my_mae],
              run_eagerly=True)
```

Vous savez à présent comment les fonctions TF prennent en charge le polymorphisme (avec plusieurs fonctions concrètes), comment les graphes sont générés automatiquement avec AutoGraph et le traçage, ce à quoi ils ressemblent, comment explorer leurs opérations et tenseurs symboliques, comment prendre en charge les variables et les ressources, et comment utiliser des fonctions TF avec Keras.

Index

B

C

M

N

O

P

Q

R

T

U

V

84769 - (I) - OSB 70° - PCA - BTT

Imprimerie CHIRAT - 42540 Saint-Just-la-Pendue

Dépôt légal : mars 2024

Imprimé en France